D0231514

Poitou
Vendée
Charentes

La Vieille Fonteclose   2/08/05

Cet ouvrage tient compte des conditions de tourisme
connues au moment de sa rédaction.
Certains renseignements peuvent perdre de leur actualité
en raison de l'évolution incessante des aménagements
et des variations du coût de la vie.
Nos lecteurs sauront le comprendre.

Éditions du Voyage

46, avenue de Breteuil – 75324 Paris Cedex 07
Tél. 01 45 66 12 34
•
www.michelin-travel.com

MANUFACTURE FRANÇAISE DES PNEUMATIQUES MICHELIN

Société en commandite par actions au capital de 2 000 000 000 de francs

Place des Carmes-Déchaux – 63000 Clermont-Ferrand – R. C. S. Clermont-Fd B 855 200 507

© Michelin et Cie, Propriétaires-Éditeurs, 2000

Dépôt légal mars 2000 – ISBN 2-06-037105-8 – ISSN 0293-9436

Toute reproduction, même partielle et quel qu'en soit le support,
est interdite sans autorisation préalable de l'éditeur

Printed in the EU 02-2000/5.1

Compograveur : Nord-Compo à Villeneuve d'Ascq – Impression et brochage : Casterman à Tournai

Conception graphique : Christiane Beylier à Paris 12e

Maquette de couverture extérieure : Agence Carré Noir à Paris 17e

LE GUIDE VERT,
l'esprit de découverte !

Avec cette nouvelle collection LE GUIDE VERT, nous avons l'ambition de faire de vos vacances des moments passionnants et mémorables, d'accompagner votre découverte de nouveaux horizons, bref... de vous faire partager notre passion du voyage.

Voyager avec LE GUIDE VERT, c'est être acteur de ses vacances, profiter pleinement de ce temps privilégié pour découvrir, s'enrichir, apprendre au contact direct du patrimoine culturel et de la nature.

Le temps des vacances avec LE GUIDE VERT, c'est aussi la détente, se faire plaisir, apprécier une bonne adresse pour se restaurer, dormir, ou se divertir.

Explorez notre sélection !

Une mise en pages claire, attrayante, illustrée d'une nouvelle iconographie, des cartes et plans redessinés, outils indispensables pour bâtir vos propres itinéraires de découverte, une nouvelle couverture parachevant l'ensemble...

LE GUIDE VERT change.

Alors plongez vite dans LE GUIDE VERT à la découverte de votre prochaine destination de voyage. Partagez avec nous cette ouverture sur le monde qui donne au temps des vacances son sens, sa substance et en définitive son véritable esprit.

L'esprit de découverte.

Jean-Michel DULIN
Rédacteur en Chef

Sommaire

Spécialité du Poitou, le tourteau fromagé à dôme noir.

La pêche en mer : couleurs de l'océan.

Villes et sites

Perfection de l'art roman en Saintonge : l'église de Talmont-sur-Gironde.

La barque, le fil d'Ariane de ce labyrinthe de canaux qu'est le Marais poitevin.

Cartographie

Les cartes routières qu'il vous faut

Tout automobiliste prévoyant doit se munir d'une bonne cartographie. Les produits Michelin sont complémentaires : chaque site présenté dans ce guide est accompagné de ses références cartographiques sur les différentes gammes de cartes que nous proposons. L'assemblage de nos cartes est présenté ci-dessous avec la délimitation de leur couverture géographique.

Pour circuler sur place, vous avez le choix entre :

• les **cartes régionales** au 1/200 000 n°s 232 et 233 qui couvrent le réseau routier principal, secondaire et donnent de nombreuses indications touristiques. Elles seront favorisées dans le cas d'un voyage qui embrasse un large secteur. Elles permettent d'apprécier chaque site d'un simple coup d'œil. Elles signalent, outre les caractéristiques des routes, les châteaux, les édifices religieux, les points de vue, les monuments mégalithiques, les emplacements de baignade en rivière ou en étang, les piscines, les golfs, les hippodromes, les aérodromes...

• les **cartes détaillées**, dont le fonds est équivalent aux cartes régionales, mais dont le format est réduit à une demi-région pour plus de facilité de manipulation. Celles-ci sont mieux adaptées aux personnes qui envisagent un séjour davantage sédentaire sans déplacement éloigné. Consultez les cartes n°s 67, 68, 71, 72, 75.

• la **carte départementale** (au 1/150 000, agrandissement du 1/200 000). Cette carte de proximité, très lisible, permet de circuler au cœur du département de la Vendée (n° 4085). Elle dispose d'un index complet des localités et donne le plan de la préfecture.

Et n'oubliez pas, la **carte de France n° 989** qui vous offre la vue d'ensemble de la région Poitou-Vendée-Charentes, ses grandes voies d'accès d'où que vous veniez. Le pays est ainsi cartographié au 1/1 000 000 et fait apparaître le réseau routier principal.

Enfin, sachez qu'en complément de ces cartes, un serveur Minitel **3615 Michelin** permet le calcul d'itinéraires détaillés avec leur temps de parcours, et bien d'autres services. Les **3617** et **3623 Michelin** vous permettent d'obtenir ces informations reproduites sur fax ou imprimante. Les internautes pourront bénéficier des mêmes renseignements en surfant sur le site **www. michelin-travel.com.**

L'ensemble de ce guide est par ailleurs riche en cartes et plans, dont voici la liste.

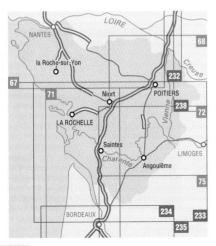

Cartes thématiques

Plans de ville

Plans de monument, de site

Cartes des circuits décrits

Légende

Monuments et sites

Itinéraire décrit,
départ de la visite

Église

Temple

Synagogue - Mosquée

Bâtiment

Statue, petit bâtiment

Calvaire

Fontaine

Rempart - Tour - Porte

Château

Ruine

Barrage

Usine

Fort

Grotte

Monument mégalithique

Table d'orientation

Vue

Autre lieu d'intérêt

Signes particuliers

Parc aquatique

Plage

Départ de promenade
en barque

Sports et loisirs

Hippodrome

Patinoire

Piscine : de plein air,
couverte

Port de plaisance,
centre de voile

Refuge

Téléphérique, télécabine

Funiculaire,
voie à crémaillère

Chemin de fer touristique

Base de loisirs

Parc d'attractions

Parc animalier, zoo

Parc floral, arboretum

Parc ornithologique,
réserve d'oiseaux

Promenade à pied

Intéressant pour
les enfants

Abréviations

A   Chambre d'agriculture

C   Chambre de commerce

H   Hôtel de ville

J   Palais de justice

M   Musée

P   Préfecture, sous-préfecture

POL.   Police

           Gendarmerie

T   Théâtre

U   Université, grande école

	site	station balnéaire	station de sports d'hiver	station thermale
vaut le voyage	★★★	☖☖☖	✳✳✳	♁♁♁
mérite un détour	★★	☖☖	✳✳	♁♁
intéressant	★	☖	✳	♁

Autres symboles

🄸		Information touristique
══	══	Autoroute ou assimilée
❶	❶	Échangeur : complet ou partiel
⊨══	══	Rue piétonne
ɪ══ɪ		Rue impraticable, réglementée
▭▭	----	Escalier - Sentier
🚆	🚆	Gare - Gare auto-train
🚌	🚌 S.N.C.F.	Gare routière
•—•—		Tramway
Ⓜ		Métro
🅿ᴿ		Parking-relais
♿		Facilité d'accès pour les handicapés
✉		Poste restante
☎		Téléphone
✉		Marché couvert
•✕•		Caserne
△		Pont mobile
∪		Carrière
✕		Mine
Ⓑ	Ⓕ	Bac passant voitures et passagers
🚢		Transport des voitures et des passagers
⛴		Transport des passagers
③		Sortie de ville identique sur les plans et les cartes Michelin
Bert (R.)...		Rue commerçante
AZ B		Localisation sur le plan
🏠		Hébergement
🍴		Lieu de restauration

Carnet d'adresses

20 ch : *250/375F*	Nombre de chambres : prix de la chambre une personne/chambre double. *(Chambre d'hôte : petit déjeuner compris)*
⊐ *45F*	Prix du petit déjeuner
jusq. 5 pers. : *sem 1500F,* *w.-end 1000F*	Capacité du gîte rural : prix pour la semaine, pour le week-end
100 appart. *2/4 pers. :* *sem.* *2000/3500F*	Nombre d'appartements et capacité, prix minimum/maximum par semaine *(résidence ou village vacances)*
100 lits : 50F	Nombre de lits et prix par personne *(auberge de jeunesse)*
120 empl. : *80F*	Nombre d'emplacements de camping et prix pour 2 personnes avec voiture
110/250F	Restaurant : prix mini/maxi des menus servis midi et soir ou à la carte
rest. *110/250F*	Repas dans un lieu d'hébergement : prix mini/maxi des menus servis midi et soir ou à la carte
restauration	Petite restauration proposée
repas 85F	Repas type « Table d'hôte »
réserv.	Réservation recommandée
⊄	Cartes bancaires non acceptées
🅿	Parking réservé à la clientèle de l'hôtel

Les prix sont indiqués pour la haute saison

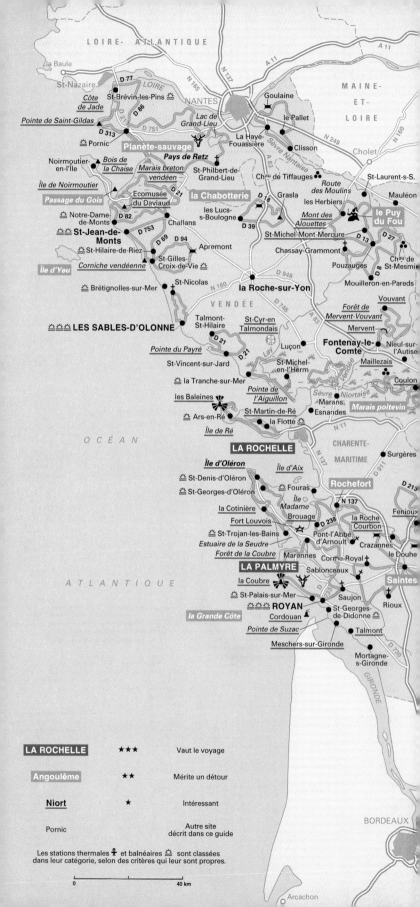

LOIRE- ATLANTIQUE

la Baule

St-Nazaire

Côte de Jade

St-Brévin-les-Pins

Pointe de Saint-Gildas

Pornic

Planète-sauvage

Noirmoutier-en-l'Île

Bois de la Chaise

Île de Noirmoutier

Passage du Gois

Notre-Dame-de-Monts

St-Jean-de-Monts

St-Hilaire-de-Riez

Île d'Yeu

Corniche vendéenne

St-Gilles-Croix-de-Vie

Brétignolles-sur-Mer

St-Nicolas

NANTES

LOIRE

Lac de Grand-Lieu

Pays de Retz

Marais breton vendéen

St-Philbert-de-Grand-Lieu

Écomusée du Daviaud

la Chabotterie

Challans

les Lucs-s-Boulogne

Apremont

Goulaine

le Pallet

La Haye-Fouassière

Clisson

Cholet

MAINE-

ET-

LOIRE

Ch^au de Tiffauges

Route des Moulins

Grasla

les Herbiers

St-Laurent-s-S.

Mauléon

Mont des Alouettes

le Puy du Fou

St-Michel-Mont-Mercure

Chassay-Grammont

Pouzauges

Ch^au de St-Mesmin

Mouilleron-en-Pareds

la Roche-sur-Yon

VENDÉE

Talmont-St-Hilaire

St-Cyr-en-Talmondais

Luçon

Pointe du Payré

St-Vincent-sur-Jard

la Tranche-sur-Mer

Pointe de l'Aiguillon

les Baleines

Ars-en-Ré

Île de Ré

St-Martin-de-Ré

la Flotte

St-Michel-en-l'Herm

Marans

Esnandes

Vouvant

Forêt de Mervent-Vouvant

Mervent

Fontenay-le-Comte

Nieul-sur-l'Autise

Maillezais

Coulon

Sèvre Niortaise

Marais poitevin

LES SABLES-D'OLONNE

LA ROCHELLE

Île d'Oléron

St-Denis-d'Oléron

St-Georges-d'Oléron

la Cotinière

Fort Louvois

St-Trojan-les-Bains

Estuaire de la Seudre

Forêt de la Coubre

Île d'Aix

Fouras

Île Madame

Brouage

Marennes

Sablonceaux

LA PALMYRE

la Coubre

St-Palais-sur-Mer

la Grande Côte

ROYAN

Cordouan

Pointe de Suzac

Meschers-sur-Gironde

CHARENTE-

MARITIME

Surgères

Rochefort

Feniou

la Roche Courbon

Pont-l'Abbé-d'Arnoult

Crazannes

le Douhe

Corme-Royal

Saintes

Rioux

Saujon

St-Georges-de-Didonne

Talmont

Mortagne-s-Gironde

OCÉAN

ATLANTIQUE

GIRONDE

BORDEAUX

Arcachon

LA ROCHELLE ★★★ Vaut le voyage

Angoulême ★★ Mérite un détour

Niort ★ Intéressant

Pornic Autre site décrit dans ce guide

Les stations thermales ☨ et balnéaires ☄ sont classées dans leur catégorie, selon des critères qui leur sont propres.

0   40 km

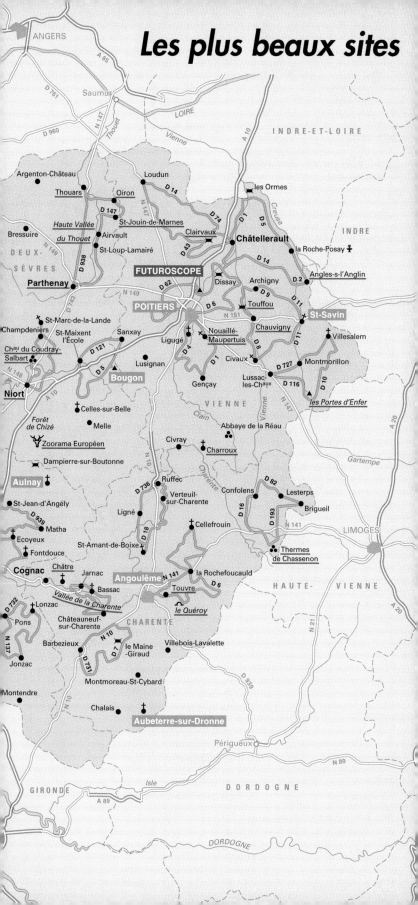

Les plus beaux sites

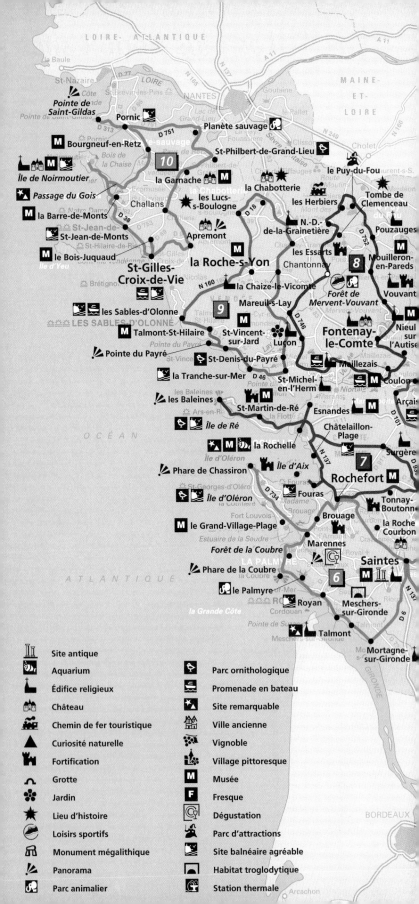

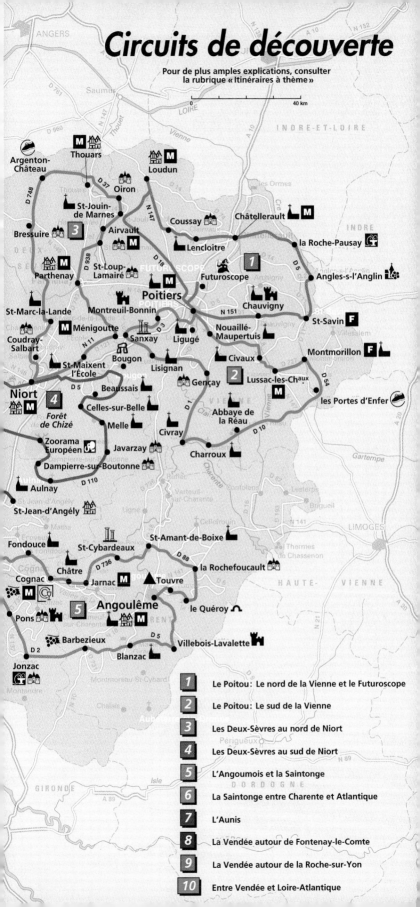

Circuits de découverte

Pour de plus amples explications, consulter
la rubrique « Itinéraires à thème »

40 km

Argenton-Château
Thouars
Loudun
Oiron
St-Jouin-de-Marnes
Coussay
Châtellerault
la Roche-Posay
Bressuire
3
Airvault
Lencloître
INDRE
Angles-s'l'Anglin
Parthenay
St-Loup-Lamairé
FUTUROSCOPE
Futuroscope
1
St-Marc-la-Lande
POITIERS
POITIERS
Chauvigny
St-Savin
F
Montreuil-Bonnin
Ménigoutte
Coudray-Salbart
Sanxay
Ligugé
Nouaillé-Maupertuis
Montmorillon
F
Bougon
St-Maixent-l'École
Lisignan
Civaux
les Portes d'Enfer
Niort
4
Beaussais
Gençay
2
Lussac-les-Ch^{aux}
Forêt de Chizé
Celles-sur-Belle
Abbaye de la Réau
Zoorama Européen
Melle
Civray
Dampierre-sur-Boutonne
Javarzay
Charroux
Aulnay
St-Jean-d'Angély
St-Amant-de-Boixe
Fondouce
St-Cybardeaux
la Rochefoucault
LIMOGES
HAUTE-VIENNE
Châtre
Jarnac
Touvre
Cognac
5
Angoulême
le Quéroy
Pons
Villebois-Lavalette
Barbezieux
Blanzac
Jonzac

1	Le Poitou : Le nord de la Vienne et le Futuroscope
2	Le Poitou : Le sud de la Vienne
3	Les Deux-Sèvres au nord de Niort
4	Les Deux-Sèvres au sud de Niort
5	L'Angoumois et la Saintonge
6	La Saintonge entre Charente et Atlantique
7	L'Aunis
8	La Vendée autour de Fontenay-le-Comte
9	La Vendée autour de la Roche-sur-Yon
10	Entre Vendée et Loire-Atlantique

Le Kinémax du Futuroscope : résolument moderne!

Informations pratiques

Avant le départ

adresses utiles

Ceux qui aiment préparer leur voyage dans le détail peuvent rassembler la documentation utile auprès des professionnels du tourisme de la région. Outre les adresses indiquées ci-dessous, sachez que les coordonnées des offices de tourisme ou syndicats d'initiative des villes et sites décrits dans le corps du guide sont données systématiquement au début de chaque chapitre (paragraphe « la situation »).

Comités régionaux de tourisme

Poitou-Charentes – 62 r. Jean-Jaurès, BP 56, 86002 Poitiers Cedex, ☎ 05 49 50 10 50.

Pays de la Loire (pour les départements de Loire-Atlantique et de Vendée) – 2 r. de la Loire, Île Beaulieu, 44200 Nantes, ☎ 02 40 48 24 20.

Comités départementaux du tourisme

Charente – 27 pl. Bouillaud, 16021 Angoulême Cedex, ☎ 05 45 69 79 09.

Charente-Maritime – 11 bis r. des Augustins, BP 1152, 17088 La Rochelle Cedex 02, ☎ 05 46 41 43 33.

Loire-Atlantique – 2 allée Baco, 44000 Nantes, ☎ 02 51 72 95 30.

Deux-Sèvres – 15 r. Thiers, BP 8510, 79024 Niort Cedex 9, ☎ 05 49 77 19 70.

Vendée – 8 pl. Napoléon, BP 233, 85006 La Roche-sur-Yon Cedex, ☎ 02 51 47 88 22.

Vienne – 15 rue Carnot, BP 287, 86007 Poitiers Cedex, ☎ 05 49 37 48 48.

Maison de province

Maison Poitou-Charentes – 68-70 r. du Cherche-Midi, 75006 Paris, ☎ 01 42 22 83 74. Ouverte du lundi au vendredi de 9h à 18h30 ; le samedi de 10h à 13h (sauf de mi-juillet à août).

Le moulin de Rairé dans le Marais breton.

Cet espace offre à la clientèle d'Île-de-France un large choix de documentations touristiques sur les départements suivants : Charente (16), Charente-Maritime (17), Deux-Sèvres (79) et Vienne (86). Des expositions thématiques ou consacrées à des artistes de la région Poitou-Charentes sont proposées.

météo

Quel temps pour demain ?

Ceux qui ne se contenteraient pas des informations de la presse locale, pourront en savoir plus, avant de partir en randonnée ou de prendre la mer, en composant les numéros suivants mis en place par Météo-France :

Prévisions régionales – ☎ 08 36 68 01 01.

Prévisions départementales – ☎ 08 36 68 02 suivi du numéro du département (☎ 08 36 68 02 85 pour la Vendée par exemple).

Prévisions pour les bords de mer – ☎ 08 36 68 08 suivi du numéro du département côtier et ☎ 08 36 68 08 77 pour les informations au large. Toutes ces informations sont également disponibles sur Minitel 3615 météo (rubriques Météorologie générale et Marine).

Les saisons

Un ensoleillement exceptionnel comparable à celui de l'arrière-pays méditerranéen favorise la côte entre St-Gilles-Croix-de-Vie et Royan, qui reçoit plus de 2 250 heures de soleil par an. L'été est sur la côte la saison touristique par excellence. Les citadins profitent à plein de l'atmosphère vivifiante de l'océan qui s'allie avec la senteur balsamique des pins pour tonifier l'organisme. La brise marine atténue l'ardeur du soleil, et les plages de sable blond s'animent de la rumeur des estivants. Si l'automne est quelque peu pluvieux, des éclaircies permettent de découvrir la palette de couleurs du Marais Poitevin, et dans les Charentes, les belles journées voient se dérouler sous la fine lumière d'arrière-saison le spectacle des vendanges. Les tempêtes de noroît (Nord-Ouest) et de suroît (Sud-Ouest) comblent les amateurs de mer démontée qui peuvent alors admirer les lames déferlant sur les rochers.
L'hiver, bénin sur la côte où croissent chênes verts et mimosas, est plus rude à l'intérieur où siffle la bise froide venue du Massif Central. Le

FORCE	APPELLATION	VITESSE (1) DU VENT		POINTS DE REPÈRE	
		nœud	km/h	à terre	en mer
0	Calme	1	1	La fumée monte tout droit	La mer est d'huile
1	Très légère brise	1 à 3	1 à 5	La fumée est déviée	Petites rides
2	Légère brise	4 à 6	6 à 11	Le feuillage frémit	Vaguelettes courtes
3	Petite brise	7 à 12	12 à 19	Le feuillage est constamment agité	Petites vagues, quelques moutons
4	Jolie brise	11 à 16	20 à 28	Sable et poussière s'envolent	Vagues plus longues, moutons
5	Bonne brise	17 à 21	29 à 38	Les arbustes se balancent	Vagues allongées, nombreux moutons
6	Vent frais	22 à 27	39 à 49	Les fils électriques sifflent	Embruns, lames, écume
7	Grand-frais	28 à 33	50 à 61	Les arbres sont agités, la marche est pénible	L'écume est soufflée en traînées
8	Coup de vent	34 à 40	62 à 74	Marche contre le vent impossible	Vagues de plus de 5 m
9	Fort coup de vent	41 à 47	75 à 88	Dégâts sur les constructions	Grosses lames, visibilité réduite
10	Tempête	48 à 55	89 à 102	Arbres déracinés	Déferlement en rouleaux
11	Violente tempête	56 à 63	103 à 107	Très gros dégâts	Rouleaux énormes, mer recouverte d'embruns
12	Ouragan	64 et plus	118 et plus	Rarissime dans les terres	Visibilité quasi nulle

(1) Les vitesses se rapportent au vent moyen et non aux rafales qui peuvent atteindre des vitesses bien supérieures.

printemps, précoce sur le littoral et dans les îles, est favorable aux fleurs et aux primeurs. Par contre, pluies et tempêtes d'équinoxe risquent de faire déborder les rivières.

transport

PAR LA ROUTE

Capitale du Poitou, Poitiers constitue un important carrefour routier sur les axes Paris-Espagne (via les régions Centre et Aquitaine) et Bretagne-Languedoc (via les régions Pays de la Loire et Limousin). Depuis Paris, l'autoroute A 10 dessert Poitiers, Niort, Saintes, et Rochefort par l'A 837. Compter 3 heures de trajet entre Paris et Poitiers, dans des conditions de circulation normales.

Tourisme-Informations sur Minitel – Consultez le **3615 Michelin** : ce serveur vous aide à préparer ou décider du meilleur itinéraire à emprunter en vous communiquant d'utiles informations routières. Consultez la carte Michelin n° 989 (au 1/1 000 000).

Information autoroutière – Du lundi au vendredi : Centre des renseignements autoroutes, 3 rue Edmond-Valentin, 75007 Paris, ☎ 01 47 05 91 01.

Informations sur les conditions de circulation sur les autoroutes : ☎ 08 36 68 10 77, sur Minitel 3615 autoroute et sur Internet www.autoroutes.fr. Consultez l'Atlas autoroutier Michelin n° 914.

EN AVION

La compagnie Air Inter propose des liaisons quotidiennes entre Paris et Nantes.
Air Liberté propose une liaison directe Paris-La Rochelle, ☎ 0 803 805 805. Renseignements complémentaires auprès des aéroports régionaux :
Aéroport international Nantes-Atlantique – Situé au Sud-Ouest de Nantes : Château Bougon, 44340 Bouguenais, ☎ 02 40 84 80 00.
Aéroport de Poitiers-Biard – Situé à l'Ouest de Poitiers : 86580 Biard, ☎ 05 49 30 04 40.
Aéroport d'Angoulême Brie-Champniers – Situé au Nord-Est d'Angoulême : 16430 Champniers, ☎ 05 45 69 88 09.
Aéroport La Rochelle-Laleu – Situé au Nord de La Rochelle : 17000 La Rochelle, ☎ 05 46 42 09 09.

EN TRAIN

Le TGV Atlantique permet depuis Paris (gare Montparnasse) de rejoindre Nantes en moins de 2h.

Puis des correspondances sont assurées vers Pornic, St-Gilles-Croix-de-Vie, Les Sables-d'Olonne et La Roche-sur-Yon par le train ; vers Challans et le littoral Nord-vendéen (Noirmoutier, St-Jean-de-Monts, Les Sables-d'Olonne) par la compagnie d'autocars Cap Vendée. Le TGV Aquitaine permet depuis Paris (gare Montparnasse) ou Bordeaux (gare St-Jean) de rejoindre Châtellerault, Poitiers et Angoulême. Il existe également une ligne Paris-La Rochelle desservant les gares de Châtellerault, Poitiers, St-Maixent, Niort et Surgères.

Des billets « Découverte 8 », « Découverte 30 », et « Découverte à deux », en nombre limité mais à des tarifs avantageux, sont à réserver, suivant l'option choisie, 8 ou 30 jours à l'avance. Informations générales, Minitel 3615 ou 3616 SNCF ; informations sur le réseau régional, 3615 ou 3616 TER ; informations, réservation, vente, ☎ 08 36 35 35 35 ; informations par répondeur, ☎ 08 36 67 68 69.

tourisme et handicapés

Un certain nombre de curiosités décrites dans ce guide sont accessibles aux handicapés. Elles sont signalées par le symbole &. Pour de plus amples renseignements au sujet de l'accessibilité des musées aux personnes atteintes de handicaps moteurs ou sensoriels, contactez la Direction des musées de France, service Accueil des publics spécifiques, 6 r. des Pyramides, 75041 Paris Cedex 1, ☎ 01 40 15 35 88.

Guides Michelin Hôtels-Restaurants et Camping Caravaning France – Révisés chaque année, ils indiquent respectivement les chambres accessibles aux handicapés physiques et les installations sanitaires aménagées.

3614 Handitel – Ce serveur Minitel est proposé par le **Comité national français de liaison pour la réadaptation des handicapés**, 236 bis r. de Tolbiac, 75013 Paris, ☎ 01 53 80 66 66. Ce service télématique assure un programme d'information au sujet des transports et des vacances.

Guide Rousseau H... comme Handicaps – En relation avec l'association France handicaps (9 r. Luce-de-Lancival, 77340 Pontault-Combault, ☎ 01 60 28 50 12), il donne de précieux renseignements sur la pratique du tourisme et des loisirs.

Hébergement, restauration

Le Poitou, la Vendée et les Charentes sont dans le vent ! Ces terres océanes ont en effet réussi à maintenir la richesse de leur patrimoine historique et à entrer de plain-pied dans la modernité. Elles attirent un public de plus en plus nombreux qu'elles savent fidéliser tout au long de l'année : Angoulême est devenu le royaume de la BD, La Rochelle s'est mis à construire des voitures électriques et à accueillir les nouvelles voix musicales aux Francopholies, le Futuroscope, pôle des techniques de l'image, fait frissonner et s'émerveiller des milliers de visiteurs, le Puy-du-Fou et sa cinéscénie font revivre le passé, une cité du livre et de l'écrit s'anime à Montmorillon, les îles de Ré, d'Oléron, de Noirmoutier ne cessent de faire rêver les citadins... Dynamiques, elles allient parfaitement tourisme vert, repos balnéaire et découverte culturelle. Si vous voulez bronzer face à l'océan, pédaler sur l'île de Ré, faire de la barque dans les marais, vous émerveiller devant les joyaux de l'art roman en Saintonge, ou rêver devant les châteaux du Poitou, alors plus aucune hésitation. Destination Poitou-Vendée-Charentes : ils vous attendent !

les adresses du guide

C'est une des nouveautés de la collection LE GUIDE VERT : partout où vous irez, vous trouverez notre sélection de bonnes adresses. Nous avons sillonné la France pour repérer des chambres d'hôte et des hôtels, des restaurants et des fermes-auberges, des campings et des gîtes ruraux... En privilégiant les étapes agréables, au cœur des villes ou sur nos circuits touristiques, en pleine campagne ou les pieds dans l'eau ; des maisons de pays, des tables régionales, des lieux de charme et des adresses plus simples... Pour découvrir la France autrement : à travers ses traditions, ses produits du terroir, ses recettes et ses modes de vie. Le confort, la tranquillité et la qualité de la cuisine sont bien sûr des critères essentiels !

Toutes les maisons ont été visitées et choisies avec le plus grand soin, toutefois il peut arriver que des modifications aient eu lieu depuis notre dernier passage : faites-le nous savoir, vos remarques et suggestions seront toujours les bienvenues !

Les prix que nous indiquons sont ceux pratiqués en haute saison ; hors saison, de nombreux établissements proposent des tarifs plus avantageux, renseignez-vous...

Art de vivre aux portes de la Venise verte, à Coulon.

MODE D'EMPLOI

Au fil des pages, vous découvrirez nos carnets d'adresses : toujours rattachés à des villes ou à des sites touristiques remarquables du guide, ils proposent une sélection d'adresses à proximité. Si nécessaire, l'accès est donné à partir du site le plus proche ou sur des schémas régionaux.

Dans chaque carnet, les maisons sont classées en trois catégories de prix pour répondre à toutes les attentes :

Vous partez avec un petit budget ? Choisissez vos adresses parmi celles de la catégorie « **À bon compte** » : vous trouverez là des campings, des chambres d'hôte simples et conviviales, des hôtels à moins de 250F et des tables souvent gourmandes, toujours honnêtes, à moins de 100F.

Votre budget est un peu plus large, piochez vos étapes dans les « **Valeurs sûres** » : de meilleur confort, les adresses sont aussi plus agréablement situées et aménagées. Dans cette catégorie, vous trouverez beaucoup de maisons de charme, animées par des passionnés, ravis de vous faire découvrir leur demeure et leur table. Là encore, chambres et tables d'hôte sont au rendez-vous, avec des hôtels et des restaurants plus traditionnels, bien sûr.

Vous souhaitez vous faire plaisir, le temps d'un repas ou d'une nuit, vous aimez voyager dans des conditions très confortables ? La catégorie « **Une petite folie** » est pour vous... La vie de château dans de luxueuses chambres d'hôte – pas si chères que ça – ou la vie de pacha dans les palaces et les grands hôtels : à vous de choisir ! Vous pouvez aussi profiter des décors de rêve des palaces mythiques à moindres frais, le temps d'un brunch ou d'une tasse de thé... À moins que vous ne préfériez casser votre tirelire pour un repas gastronomique dans un restaurant étoilé, par exemple. Sans oublier que la traditionnelle formule « tenue correcte exigée » est toujours d'actualité dans ces lieux élégants !

L'HÉBERGEMENT

LES HÔTELS

Nous vous proposons un choix très large en terme de confort. La location se fait à la nuit et le petit déjeuner est facturé en supplément. Certains établissements assurent un service de restauration également accessible à la clientèle extérieure.

LES CHAMBRES D'HÔTE

Vous êtes reçu directement par les habitants qui vous ouvrent leur demeure. L'atmosphère est plus conviviale qu'à l'hôtel, et l'envie de communiquer doit être réciproque : misanthropes, s'abstenir ! Les prix, mentionnés à la nuit, incluent le petit déjeuner. Certains propriétaires proposent aussi une table d'hôte, en général le soir, et toujours réservée aux résidents de la maison. Il est très vivement conseillé de réserver votre étape, en raison du grand succès de ce type d'hébergement.

LES RÉSIDENCES HÔTELIÈRES

Adaptées à une clientèle de vacanciers, la location s'y pratique à la semaine mais certaines résidences peuvent, suivant les périodes, vous accueillir à la nuitée. Chaque studio ou appartement est généralement équipé d'une cuisine ou d'une kitchenette.

LES GÎTES RURAUX

Les locations s'effectuent à la semaine ou éventuellement pour un week-end. Totalement autonome, vous pourrez découvrir la région à partir de votre lieu de résidence. Il est indispensable de réserver, longtemps à l'avance, surtout en haute saison.

LES CAMPINGS

Les prix s'entendent par nuit, pour deux personnes et un emplacement de tente. Certains campings disposent de bungalows ou de mobile homes d'un confort moins spartiate : renseignez-vous sur les tarifs directement auprès des campings. NB : certains établissements ne peuvent pas recevoir vos compagnons à quatre pattes ou les accueillent moyennant un supplément, pensez à demander lors de votre réservation.

La Restauration

Pour répondre à toutes les envies, nous avons sélectionné des restaurants régionaux bien sûr, mais aussi classiques, exotiques ou à thème... Et des lieux plus simples, où vous pourrez grignoter une salade composée, une tarte salée, une pâtisserie ou déguster des produits régionaux sur le pouce.

Quelques fermes-auberges vous permettront de découvrir les saveurs de la France profonde. Vous y goûterez des produits authentiques provenant de l'exploitation agricole, préparés dans la tradition et généralement servis en menu unique. Le service et l'ambiance sont bon enfant. Réservation obligatoire ! Enfin, n'oubliez pas que les restaurants d'hôtels peuvent vous accueillir.

Les trésors de la mer font les plaisirs de la table...

et aussi...

Si d'aventure vous n'avez pu trouver votre bonheur parmi toutes nos adresses, vous pouvez consulter les guides Michelin d'hébergement ou, en dernier recours, vous rendre dans un hôtel de chaîne.

Le Guide Rouge Hôtels et Restaurants France

Pour un choix plus étoffé et actualisé, le Guide Rouge Michelin recommande hôtels et restaurants sur toute la France. Pour chaque établissement, le niveau de confort et de prix est indiqué, en plus de nombreux renseignements pratiques. Les bonnes tables, étoilées pour la qualité de leur cuisine, sont très prisées par les gastronomes. Le symbole ☺ (Bib gourmand) sélectionne les tables qui proposent une cuisine soignée à moins de 130F.

Le Guide Camping France

Le Guide Michelin Camping propose tous les ans une sélection de terrains visités régulièrement par nos inspecteurs. Renseignements pratiques, niveau de confort, prix, agrément, location de bungalows, de mobile homes ou de chalets y sont mentionnés.

Les chaînes hôtelières

L'hôtellerie dite « économique » peut éventuellement vous rendre service. Sachez que vous y trouverez un équipement complet (sanitaire privé et télévision), mais un confort très simple. Souvent à proximité de grands axes routiers, ces établissements n'assurent pas de restauration. Toutefois, leurs tarifs restent difficiles à concurrencer (moins de 200F la chambre double). En dépannage, voici donc les centrales de réservation de quelques chaînes :
– Akena ☎ 01 69 84 85 17
– B&B ☎ 0 803 00 29 29
– Etap Hôtel ☎ 08 36 68 89 00 (2,23F la minute)
– Mister Bed ☎ 01 46 14 38 00
– Villages Hôtel ☎ 03 80 60 92 70

Enfin, les hôtels suivants, un peu plus chers (à partir de 300F la chambre), offrent un meilleur confort et quelques services complémentaires :
– Campanile ☎ 01 64 62 46 46
– Climat de France ☎ 01 64 46 01 23
– Ibis ☎ 0 803 88 22 22

Services de réservation Loisir-Accueil

Ils proposent des circuits et des forfaits originaux dans une gamme étendue : gîtes ruraux, gîtes d'enfants, chambres d'hôtes, meublés, campings, hôtels de séjour.

Fédération nationale – 280 bd St-Germain, 75007 Paris, ☎ 01 44 11 10 44. Elle édite un annuaire regroupant les coordonnées des 58 SRLA et, pour certains départements, une brochure détaillée. Sur Minitel 3615 Resinfrance.

Pour une réservation rapide, s'adresser directement au « **Loisirs-Accueil** » du département concerné :

Charente – 27 pl. Bouillaud, 16021 Angoulême Cedex, ☎ 05 45 69 79 19.

Charente-Maritime – 11 bis r. des Augustins, BP 1152, 17088 La Rochelle Cedex 02, ☎ 05 46 41 43 33.

Loire-Atlantique – 2 allée Baco, 44000 Nantes, ☎ 02 51 72 95 32.

Deux-Sèvres – 15 r. Thiers, BP 8510, 79025 Niort Cedex 9, ☎ 05 49 77 19 70 ; **Vendée** – 8 pl. Napoléon, BP 233, 85006 La Roche-sur-Yon Cedex, ☎ 02 51 62 65 27. Les adresses sont les mêmes que celles des Comités départementaux de tourisme.

Clévacances

54 bd de l'Embouchure, BP 2166, 31022 Toulouse Cedex, ☎ 05 61 13 55 66, fax 05 61 13 55 94. Minitel

Le château de St-Loup vous accueille...

3615 clévacances. La Fédération nationale Clévacances France propose près de 20 000 locations de vacances réparties sur 43 départements en France, de la villa à la chambre en passant par l'appartement ou le chalet. Cet organisme publie un catalogue par département (passer commande aux services de réservation de chacun des départements) : **Charente**, ☎ 05 45 69 79 09 ; **Loire-Atlantique**, ☎ 02 5172 95 30 ; **Deux-Sèvres**, ☎ 05 49 77 19 70 ; **Vendée**, ☎ 02 51 47 71 07.

« BON WEEK-END EN VILLE »

Une formule que proposent certains offices de tourisme de la région : « Bon week-end en ville » vous permet de passer deux nuits pour le prix d'une dans certains des hôtels de leur ville et en outre de profiter des visites et des activités qu'ils organisent. Rochefort (Charente-Maritime), Saintes et Angoulême (Charente) et Pornic (Loire-Atlantique) ont adhéré à cette formule. La brochure complète répertoriant les hôtels participant à l'opération est disponible dans les offices de tourisme des villes concernées.

HÉBERGEMENT RURAL

Pour tout savoir sur les chambres d'hôte, les gîtes, les fermes équestres ou les fermes-auberges, l'accueil d'enfants ou le camping caravaning à la ferme, se renseigner auprès des Chambres d'agriculture régionales ou départementales.

CHAMBRES D'AGRICULTURE RÉGIONALES

Pays de la Loire – 61 av. Jean-Joxé, BP 325, 49003 Angers Cedex 01, ☎ 02 41 96 76 14.

Poitou-Charentes – Vallée des Touches, 2133 rte de Chauvigny, 86550 Mignaloux-Beauvoir, ☎ 05 49 44 74 74.

CHAMBRES D'AGRICULTURE DÉPARTEMENTALES

Charente – Ma Campagne, 16000 Angoulême, ☎ 05 45 24 49 49.

Charente-Maritime – 2 av. de Fétilly, 17074 La Rochelle, ☎ 05 46 50 45 00.

Loire-Atlantique – R. de la Géraudière, 44939 Nantes Cedex 9, ☎ 02 40 16 36 36.

Deux-Sèvres – Les Ruralies, 79230 Vouillé, ☎ 05 49 77 15 15.

Vendée – 21 bd Réaumur, 85013 La Roche-sur-Yon Cedex, ☎ 02 51 36 82 22.

Vienne – Agropole, 2133 rte de Chauvigny, 86550 Mignaloux-Beauvoir, ☎ 05 49 44 74 74.

GÎTES DE FRANCE

59 r. St-Lazare, 75439 Paris Cedex 09, ☎ 01 49 70 75 75. Cet organisme donne les adresses des relais départementaux et publie des guides sur les différentes possibilités d'hébergement en milieu rural (gîte rural, chambre et table d'hôte, gîte d'étape, chambre d'hôte et gîte de prestige, gîte de neige, gîte et logis de pêche, gîtes équestres). Renseignements sur serveur Minitel 3615 Gîtes de France.
Les Gîtes de France proposent également des vacances à la ferme avec trois formules : ferme de séjour (hébergement, restauration et loisirs), camping à la ferme et ferme équestre (hébergement et activités équestres).
Renseignements et réservation dans les Relais départementaux :
Charente, ☎ 05 45 69 79 09 ;
Charente-Maritime, ☎ 05 46 50 63 63;
Loire-Atlantique, ☎ 02 51 72 95 65 ;
Deux-Sèvres, ☎ 05 49 24 00 42 ;
Vendée, ☎ 02 51 37 87 87 ;
Vienne, ☎ 05 49 37 48 54.

STATIONS VERTES

Hôtel du département de la Côte-d'Or, BP 598, 21016 Dijon Cedex, ☎ 03 80 43 49 47. Cet organisme édite annuellement un répertoire de localités rurales sélectionnées pour leur tranquillité et les distractions de plein air qu'elles proposent. Renseignements sur les 553 stations vertes de vacances et les 29 villages de neige disponibles auprès de la Fédération.

HÉBERGEMENT POUR RANDONNEURS

Les randonneurs peuvent consulter le guide *Gîtes d'étapes, refuges* par A. et S. Mouraret (Éditions La Cadole, 74 r. Albert-Perdreaux, 78140 Vélizy, ☎ 01 34 65 10 40, Minitel 3615 cadole). Cet ouvrage est principalement destiné aux amateurs de randonnées, d'alpinisme, d'escalade, de ski, de cyclotourisme et de canoë-kayak.

● Station balnéaire   ● Station thermale

ces stations sont classées dans leur catégorie, selon des critères qui leur sont propres :
⚱⚱⚱ , ⚱⚱ , ⚱ pour les stations balnéaires.   ‡‡‡ , ‡‡ , ‡ pour les stations thermales.

● Lieu de séjour traditionnel

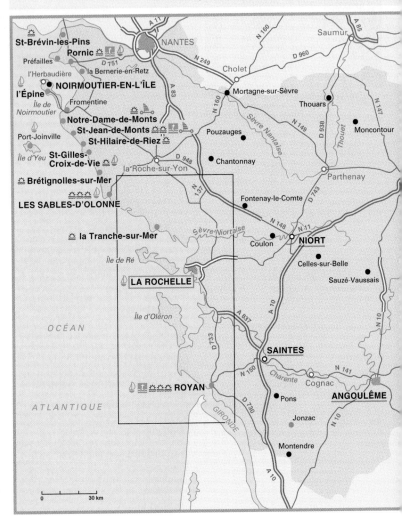

AUBERGES DE JEUNESSE

Ligue française pour les auberges de jeunesse, 67 r. Vergniaud, 75013 Paris, ☎ 01 44 16 78 78 ou par Minitel, 3615 auberge de jeunesse. La carte LFAJ est délivrée contre une cotisation annuelle de 70F pour les moins de 26 ans et de 100F au-delà de cet âge.

sites remarquables du goût

C'est un label dotant des sites dont la richesse gastronomique s'appuie sur des produits de qualité et, ce qui ne gâte rien, un environnement culturel et touristique intéressant. En Poitou-Vendée-Charentes, en bénéficient la ville de Cognac, les marais salants de l'île de Ré, et le bassin de Marennes-Oléron. Inutile de dire pourquoi...

———	Ville-étape	⛵	Port de plaisance
▭	Destination de week-end	⚓	Loisirs de plage
		♨	Centre de thalassothérapie

choisir son lieu de séjour

Faire un tel choix, c'est déjà connaître le type de voyage que vous envisagez. La carte que nous vous proposons fait apparaître des **villes-étapes**, localités de quelque importance possédant de bonnes capacités d'hébergement, et qu'il faut visiter. Les **lieux de séjour traditionnels** sont sélectionnés pour leurs possibilités d'accueil et l'agrément de leur site. Enfin les villes de La Rochelle, de Poitiers et l'île de Ré méritent d'être classées parmi les **destinations de week-end**. Les offices de tourisme et syndicats d'initiative renseignent sur les possibilités d'hébergement (meublés, gîtes ruraux, chambres d'hôte) autres que les hôtels et terrains de camping, décrits dans les publications Michelin, et sur les activités locales de plein air, les manifestations culturelles ou sportives de la région.

Propositions de séjour

Si vous rêvez de partir pour un week-end, trois ou quatre jours ou une semaine, et que vous ne savez plus où donner de la tête face au vaste territoire du Poitou-Vendée-Charentes, ou si vous avez la chance de passer un mois de vacances à bronzer sur la plage, activité absorbante et hautement nécessaire, il se peut que vous cherchiez quelques idées d'évasion. Nous avons pensé à tout.

idées de week-ends

LE BONHEUR À LA ROCHELLE

Commencez par une promenade sur **le port**, dominé par les robustes silhouettes de ses tours médiévales. Continuez dans **les parcs** rochellais et sous les arcades blanches du **quartier ancien** afin d'embrasser du regard la beauté de cette cité. Faites une halte au marché qui se tient tous les matins jusqu'à 13h. N'oubliez pas que vous avez la possibilité d'enfourcher un vélo jaune (gratuit 2h) pour poursuivre la balade. Ensuite on a l'embarras du choix pour visiter de nombreux monuments et musées. Les scientifiques apprécieront le **muséum d'Histoire naturelle,** les esthètes, **le musée des Beaux-Arts,** et les curieux, **le musée du Nouveau Monde.** Un peu de shopping dans d'attrayantes boutiques et l'on retournera flâner sur le vieux port avant d'aller dîner. Le lendemain, on découvrira l'univers nautique de La Rochelle avec **la ville en bois** et **le port des Minimes,** que l'on peut rejoindre grâce à un bus de mer. Le **Musée maritime** et l'**Aquarium** raviront grands et petits.

ROUE LIBRE SUR L'ÎLE DE RÉ

Optez pour la petite reine, c'est le meilleur moyen de transport sur cette île qui révèle au visiteur une variété de paysages : des plages au sable incroyablement blanc longées de forêts de pins, des marais salants, des parcs à huîtres, de charmants villages aux maisons blanches parées de roses trémières, et un terroir de vignes et de légumes primeurs. On peut louer un vélo sur place si l'on n'a pas apporté le sien. Ré est extrêmement bien pourvue en pistes cyclables avec 86 km au total et cinq itinéraires touristiques balisés : le chemin de l'histoire, le chemin du littoral, le chemin de la campagne, le chemin des marais et le chemin de la forêt (renseignements dans tous les offices de tourisme de l'île). Visitez la partie Sud de l'île le samedi : les **fortifications** de **St-Martin-de-Ré,** l'**abbaye des Châteliers** et le fort de la Prée. Le lendemain attaquez la partie Nord : faites provision de sel à **Loix,** puis pédalez autour du Fier d'Ars où se trouve la réserve naturelle de **Lilleau des Niges** et arrêtez-vous pour faire la connaissance des oiseaux du marais, avant de repartir pour le **phare des Baleines**.

L'ART DES FRESQUES DU POITOU

Pour compléter la visite de **Poitiers** qui prend au moins une journée, et où l'on verra notamment les peintures très anciennes du chœur de l'**église St-Hilaire-le-Grand,** on partira le dimanche du côté de **Chauvigny** et de son site magnifique. Ensuite on rejoindra l'abbaye de **St-Savin** dont les fresques romanes (11ᵉ s.) sont classées sur la liste du patrimoine mondial de l'Unesco. Prévoyez d'emporter des jumelles. De là, descendez la vallée de la Gartempe jusqu'à **Antigny** (peintures du 16ᵉ s.) puis **Jouhet** où l'on voit des peintures murales du 15ᵉ s. Poursuivez votre périple jusqu'à **Montmorillon** pour voir les fresques de la crypte Ste-Catherine (12ᵉ s.) de l'église Notre-Dame.

L'ART CONTEMPORAIN DANS LE POITOU

Pendant la saison estivale, faites le tour des expositions des centres d'art du Poitou, loin des clichés du tourisme. On se rendra d'abord dans les Deux-Sèvres au **château d'Oiron** (ouvert toute l'année) où sont unis patrimoine historique et art d'avant-garde. De là, on ira à **Thouars** visiter la **tour Prince de Galles** : une exposition permanente y est dédiée au thème de l'enfermement. Le lendemain, rendez-vous à la **chapelle Jeanne-d'Arc** qui organise des expositions estivales dans un très bel espace (Jacques Villeglé, Guillaume Goutal, etc.). Enfin, partez au **Confort**

Le bois de Trousse-Chemise, sur l'île de Ré, immortalisé par la voix d'Aznavour.

Moderne à **Poitiers** où des expositions sont montées sur une très grande surface, tous les étés depuis 1985 (design, photo, vidéo, peinture, installations...). Si vous disposez de temps, descendez jusqu'à **Angoulême**, ville lumineuse où se trouve le **FRAC Poitou-Charentes**.

WEEK-END FAMILIAL EN VENDÉE

Voici une bonne idée de week-end estival avec des enfants (entre début juin et début septembre). Le samedi, on arrive au **Puy-du-Fou** pour la visite du Grand Parc et pour le spectacle nocturne de la cinéscénie. Pensez à réserver vos places à l'avance et à trouver un hébergement à proximité. Le lendemain, on a le choix entre le **chemin de fer de la Vendée** qui traverse le bocage, la route des moulins autour des **Herbiers**, ou encore un périple dans la Vendée historique autour de **Pouzauges**.

idées de séjours de 3 à 4 jours

POITIERS ET LE FUTUROSCOPE

Ce séjour est idéal pour profiter de la douceur de vivre du Poitou. La ville de **Poitiers** recèle un superbe patrimoine architectural dont le point fort est l'église **N.-D.-la-Grande** et sa merveilleuse façade romane. On y verra aussi plusieurs musées et lieux d'exposition intéressants. Goûtez les spécialités régionales salées, le **farci poitevin**, le **fromage de chèvre**, et sucrées, le broyé du Poitou ou les **macarons de Montmorillon**. Le deuxième jour n'hésitez pas à sortir de la cité jusqu'à **Ligugé** où vous découvrirez de superbes émaux réalisés par des moines selon des dessins de Rouault, Braque et Chagall, et **Nouaillé-Maupertuis** où se dresse un admirable monument de l'art roman, puis descendez jusqu'à **Gençay**. Le ou les jours suivants vous plongeront dans le monde de l'image au **parc européen du Futuroscope** qui propose une multitude de films sur des écrans géants. Avant votre départ, n'oubliez pas de vous renseigner par téléphone, Minitel, ou internet, et de réserver vos places et éventuellement vos billets combinés si vous souhaitez dormir à côté du parc.

LE MARAIS POITEVIN ET LES DEUX-SÈVRES

Préférez le printemps, lorsque la végétation est bien vivante. Le premier jour visitez **Niort**. Montez en haut du **donjon** d'où l'on domine la ville et partez ensuite pour une agréable promenade dans le centre historique

Embarcadère de Maillezais : en route pour la Venise verte.

et les parcs longeant la Sèvre Niortaise. Mettez-vous ensuite en route pour la « Venise verte » du **Marais poitevin**. Laissez-vous tenter par l'incontournable promenade en barque sous les saules et les frênes, mais choisissez de préférence un port calme comme point de départ (**Arçais, Le Vanneau, Damvix, Maillezais**). Après avoir passé la nuit au cœur du marais, enfourchez un vélo et roulez le long des canaux. Et là, appréciez le silence ! Ne repartez pas sans avoir goûté les **anguilles sautées**, plat typique du marais. Prochaines étapes : les **Tumulus de Bougon**, site préhistorique monumental ; **Melle** où vous découvrirez une église bâtie dans le plus pur style roman poitevin et les mines d'argent des rois francs. Le lendemain, rendez-vous avec nos amies les bêtes à la **forêt de Chizé**. Enfin viendra le moment de la visite à l'adorable baudet du Poitou à **Dampierre-sur-Boutonne**, où l'on verra aussi un très beau château Renaissance. De là, il serait dommage de se priver de la découverte de l'**église St-Pierre d'Aulnay**, située à quelques kilomètres.

ROCHEFORT ET LES ÎLES

Vagabondez sereinement à **Rochefort**. Il traîne dans la ville un parfum d'exotisme dû au passé maritime de la ville, et à la mémoire de l'écrivain Pierre Loti dont la maison a été transformée en musée. De là, vous partirez sur les remparts de **Brouage**, étoile de pierre surgie du désert des marais, avant d'arriver à **Fouras** d'où vous embarquerez le lendemain pour l'**île d'Aix** où le souvenir de Napoléon plane encore sur ses fortifications. De retour sur le continent, gagnez l'**île d'Oléron** via **Marennes**, célèbre pour ses « fines de claire » et son énigmatique fort Louvois (pointe du Chapus), où vous pourrez prendre un repos bien mérité. Le troisième jour sera consacré à cette île où un itinéraire balisé à partir du **château** est intitulé « **La route des huîtres** ». Voilà une bonne entrée en matière pour vous donner envie d'en déguster à la première occasion, accompagnées d'un vin produit sur place ! On découvre les cabanes colorées des ostréiculteurs et les parcs d'élevage où engraissent les huîtres, dans un vaste paysage traversé d'oiseaux migrateurs. Plongez-vous dans la nature de l'île et promenez-vous le long des plages de sable et dans des forêts magnifiques, selon vos envies et votre rythme. Depuis la pointe des Saumonards, ne manquez pas le coup d'œil sur **fort Boyard**.

SAINTES, COGNAC ET ANGOULÊME

Les mercredi et samedi matin, il est agréable de se promener dans **Saintes** et de se rendre sur son marché très coloré, situé à proximité de la cathédrale St-Pierre. Cité antique, Saintes possède un arc votif et des arènes, de merveilleuses églises romanes, l'abbaye aux Dames et l'église Ste-Eutrope, ainsi que des musées très intéressants consacrés aux Beaux-Arts et à l'archéologie. Le deuxième jour, **Cognac** vous ouvrira ses chais où vous apprendrez comment est élaborée cette précieuse eau-de-vie. Partez au cœur des vignobles du Cognaçais, en passant par Jarnac, autre ville dédiée à la distillation du cognac, jusqu'à **Angoulême**. On est séduit par une ville fleurie, propre, où vous découvrirez, pendant votre dernier jour de visite, un patrimoine architectural allant du Moyen Âge à nos jours avec la cathédrale, l'hôtel de ville, de beaux hôtels 18e s. et le bâtiment moderne du Centre de la bande dessinée. Dans ses alentours, on verra un des derniers moulins à papier à Fleurac et une chocolaterie artisanale à Trois-Palis.

ROYAN ET LA GRANDE CÔTE

Royan et la côte de Beauté, qui s'étend au Sud jusqu'à Mortagne-sur-Gironde, attirent de nombreux vacanciers en quête de farniente. Station balnéaire reconstruite dans les années 1950, **Royan** dispose des meilleures structures d'accueil touristique et de plages de sable de rêve. Précipitez-vous pour faire la promenade jusqu'au **phare de Cordouan**, un des plus beaux de France. Ensuite on partira au Nord, à la découverte du magnifique **zoo de la Palmyre**, puis on traversera la **forêt de la Coubre** plantée de pins maritimes et de chênes verts, avant d'arriver au phare du même nom. Le lendemain sera consacré à la découverte de l'**estuaire de la Seudre**, que vous apprécierez d'autant mieux si vous prenez place à bord d'un **chemin de fer**

touristique ; on verra le bassin à huîtres et l'on n'hésitera pas à s'en régaler ! Plus au Sud de Royan (où vous pourrez passer votre deuxième nuit), on a l'embarras du choix de plages et de stations accueillantes le long de l'**estuaire de la Gironde**. Ne manquez à aucun prix le village de **Talmont-sur-Gironde** avec son église qui flirte avec la mer, et les blanches falaises crayeuses de **Meschers-sur-Gironde**. Et n'hésitez pas à pousser jusqu'aux sources bleues de **St-Dizant-du-Gua**.

idées de séjours d'une semaine

VACANCES SPORTIVES EN VENDÉE

Mettez-vous deux ou trois jours au vert au cœur du **Marais poitevin**. Non sans avoir visité **Fontenay-le-Comte** et l'abbaye de **Maillezais**, partez en vélo le long des canaux, dans ce que l'on appelle encore « la cathédrale de verdure ». On s'enfoncera ensuite dans la mystérieuse forêt de **Mervent-Vouvant** où l'on peut pratiquer une multitude de sports : randonnée, équitation, VTT, escalade, kayak, canoë et voile. Si vous ne tenez plus, que vous mourrez d'envie de piquer une tête dans la mer, vous aurez l'embarras du choix des plages de sable et des stations balnéaires vendéennes, la plus prisée restant les **Sables-d'Olonne**. Remontez vers le Nord le long de la côte de Lumière et optez pour un séjour sportif sur la granitique **île d'Yeu**. Les liaisons se font depuis **Fromentine** (1 h 10) ou **St-Gilles-Croix-de-Vie** (en saison seulement, 1 h). On se promènera à vélo ou à pied, au plus près de la nature, en attaquant avec une balade au bord de l'océan, le long de la **côte sauvage** où l'on rencontre un **vieux château**, ancien nid de corsaires donnant sur l'océan. Vous pourrez

Qui a dit qu'en Vendée on ne pouvait pas pratiquer le Fun Board ?

aussi visiter tranquillement **Port-Joinville** et **St-Sauveur** à moins que vous ne préfériez opter pour une plongée sous-marine. De retour sur la côte, **St-Jean-de-Monts** vous attend pour la pratique de tous les sports de vent : la voile, la planche à voile et le char à voile.

TRANQUILLITÉ ENTRE LA CHARENTE ET LA DRONNE

Suivez les méandres de la Charente depuis **Charroux** et **Civray**, hauts lieux de l'art roman poitevin, jusqu'à **Ruffec**, votre première étape située au cœur du pays d'élevage et où se tiennent de beaux marchés les mercredi et samedi matin. Non loin de là, ne manquez pas **Verteuil** pour le coup d'œil sur un magnifique château. Partez pour votre prochaine étape et arrêtez-vous pour visiter l'église de **Courcôme** avant d'arriver à **Lichères** où vous attend aussi une jolie église ainsi que les ravissants paysages des bords de Charente. Entre Lichères et **Mansles**, vous pouvez envisager de passer deux jours pour profiter de la nature généreuse. Les amateurs de pêche en eau douce seront ravis par des eaux regorgeant de goujons, brochets et perches. On peut aussi pratiquer des sports : randonnées (sur le GR 36), vélo, canoë ou cheval. Découvrez l'**église St-Amant-de-Boixe** avant de vous installer à **Angoulême** pour deux ou trois jours. Dans ses alentours, vous verrez les derniers moulins à papier angoumois encore en activité : le moulin de **Fleurac** et le moulin du **Verger**. Vous irez aussi à **La Rochefoucauld** pour faire un shopping de charentaises, et pour visiter un magnifique château. Pénétrez ensuite au cœur de la Charente boisée jusqu'aux villages de **Villebois-Lavalette** et de **Montmoreau-St-Cybard**. Pour finir vos vacances en beauté, découvrez plus au Sud **Aubeterre-sur-Dronne**, un des plus beaux villages de France.

Itinéraires à thème

routes historiques

Pour découvrir le patrimoine architectural local, la Caisse nationale des monuments historiques et des sites a élaboré des itinéraires à thème. Tracés et dépliants sont disponibles auprès des offices de tourisme. Sur le terrain, chaque route historique est signalée par des panneaux nominatifs tout au long
du parcours emprunté.
La région couverte par ce guide est parcourue par huit routes historiques :

Route des abbayes et monuments du haut Poitou : mairie de Ligugé, ☏ 05 49 55 21 24.

Route du patrimoine culturel québécois : M. Cousin, Comité Chomedey de Maisoneuve, ☏ 03 25 40 40 62.

Route des Plantagenêts : M. Cloulas, Archives nationales, 60 rue des Francs-Bourgeois, 75003 Paris, ☏ 01 40 27 63 50

Route des trésors de Saintonge : M. Hedelin, ☏ 01 46 51 87 15 ou 05 46 24 02 24.

Route des Rois d'Angleterre : M. Stevenet, ☏ 05 49 24 20 11

Route historique de la Marche Limousine : M. Dumas-Delage, Nature et accueil, ☏ 05 45 85 31 05.

Route du vignoble en Val de Loire : CIVTVL, comité interprofessionnel des vins de Touraine et Val de Loire ☏ 02 47 05 40 01.

Route des circuits Sud-Vendéen : Office de tourisme de Fontenay-le-Comte, ☏ 02 51 69 44 09.

routes thématiques

Les chemins de St-Jacques-de-Compostelle en Poitou-Charentes : M. Auzanneau, ☏ 06 16 08 10 11/05 49 05 18 33.

Les chemins du Poitou Secret : M. Parnaudeau et M. Pipet, ☏ 05 49 64 25 49.

Vallée des Fresques : (en projet) Mme Giroire, ☏ 05 49 91 07 53.

quelques thèmes possibles

AUTOUR DE...

Les oiseaux – Voici un voyage idéal à faire dans un pays d'estuaires, d'îles et de marais. Choisissez le moment des grandes migrations (automne-hiver et printemps). En automne, les oiseaux d'Europe du Nord et de Sibérie descendent vers le Sud. Certains hivernent sur la côte Atlantique, d'autres poursuivent leur route vers

Observez les spatules blanches qui nichent dans la réserve naturelle de Moëze.

des pays chauds mais y font halte pour se ravitailler dans les vasières. Vous vous rendrez de préférence dans la baie de Bourgneuf, sur l'île de Noirmoutier, dans la baie de l'Aiguillon et dans les marais de la région. N'oubliez pas les réserves naturelles : Müllenbourg à Noirmoutier, St-Denis du Payré dans la baie de l'Aiguillon, Lilleau des Niges à Ré, Moëze près de Rochefort, le marais aux oiseaux à Oléron.

Le sel – Votre vie manque de sel ? Partez pour un périple d'île en île à la découverte du travail sur les marais salants, une activité traditionnelle habilement préservée du monde moderne. Depuis 1989, le marais salant du Petit Müllenbourg de Noirmoutier a été remis en activité regroupant une soixantaine de sauniers. Sur Ré, c'est autour du bourg de Loix que l'on verra des salines restaurées et un écomusée. Enfin, sur l'île d'Oléron, Grand-Village offre le cadre reconstitué d'un village de salines.

Les poissons, coquillages et crustacés – Destination : terre océane. Faites votre première halte à La Rochelle où vous vous régalerez de poissons ! La ville possède un port de commerce situé à La Pallice (5,5 km à l'Ouest, à la pointe de Chef de Baie), où est également installé le nouveau port de pêche ultramoderne doté d'une halle à criée informatisée. Les chaluts y ramènent merlus, dorades et soles. Faites un petit crochet jusqu'à Esnandes, lieu d'origine de la culture des moules sur bouchots. Vous partirez ensuite déguster un bar sur l'île de Ré et y faire provision de fleur de sel. Continuez votre tour sur Oléron, au port de la Cotinière, où vous mangerez tourteaux, langoustines et coquilles St-Jacques. Bien entendu, vous goûterez les huîtres du bassin Marennes-Oléron accompagnées de pain de seigle tartiné de beurre de Surgères !

Le cognac – On commencera à Cognac pour une visite mémorable dans des chais aux noms illustres : Henessy, Martell, Otard, Rémy Martin, Hubert de Polignac. Poursuivez votre découverte au cœur de la Champagne charentaise sur la route de Jarnac où s'étendent les vignobles. Le cognac, c'est aussi une terre qui donna naissance à des hommes politiques connus : Jean Monnet, l'un des pères de l'Europe, était issu de Cognac et le président de la République François Mitterrand, était de Jarnac, ville où se trouve l'importante maison Courvoisier, ancien fournisseur de cognac de Napoléon.

Les casinos – L'arrivée récente des machines à sous dans les nombreux casinos du littoral a attiré une nouvelle clientèle désireuse de décrocher le fameux Jackpot (alignement de trois signes identiques). Si vous êtes tentés, sachez où aller : en Charente-Maritime : Châtelaillon, Fouras, La Rochelle, Royan-Pontaillac ; en Loire-Atlantique : Pornic, St-Brévin ; en Vendée : La Faute-sur-Mer, Les Sables-d'Olonne (2), St-Jean-de-Monts, St-Gilles-Croix-de-Vie.

circuits de découverte

Pour visualiser l'ensemble des circuits proposés, reportez-vous à la carte p. 12 du guide.

① LE POITOU : LE NORD DE LA VIENNE ET LE FUTUROSCOPE

Circuit de 230 km au départ de Poitiers – Depuis Poitiers où ont fleuri les églises romanes, on ira vibrer au parc européen de l'image du Futuroscope, devenu véritable symbole de la région Poitou-Charentes. Dirigez-vous ensuite vers Chauvigny et ses châteaux en ruines pour assister à un spectacle de fauconnerie. À St-Savin, on est saisi par la beauté et la force des fresques bibliques (11e s.) qui se déploient sur une voûte de 16 m de haut. Le magnifique village d'Angles-sur-l'Anglin sera le prélude à un arrêt dans la ville thermale de la Roche-Posay. À Châtellerault, on se promènera dans le centre sur les traces de Descartes dont on peut voir la maison familiale ; on continuera avec l'église St-Jacques qui accueillait les pèlerins, le musée municipal, et à la Manu qui abrite un intéressant musée Auto-Moto-Vélo. On n'aura plus qu'à rejoindre la mystérieuse ville de Loudun où naquit le premier journal imprimé en France, s'arrêtant en chemin à l'église romane de Lencloître et au château de Coussay, ancienne propriété de Richelieu. On reviendra à Poitiers par Moncontour, où Coligny et son armée protestante furent vaincus par le duc d'Anjou, le futur Henri III.

② Le Poitou : le Sud de la Vienne

Circuit de 250 km au départ de Poitiers – Nouaillé-Maupertuis qui possède une très belle abbaye romane est resté tristement célèbre pour la bataille dite « de Poitiers » (1356), au cours de laquelle le roi de France Jean le Bon fut défait par le Prince Noir. On ne manquera pas de continuer par Civaux et sa remarquable nécropole mérovingienne. Après les cités poitevines de Lussac-les-Châteaux et Montmorillon, vous partirez en exploration aux Portes d'Enfer : sortez vos chaussures de marche pour une promenade le long d'une rivière fougueuse. Ensuite vous découvrirez les restes des abbayes de la Réau et de Charroux et la magnifique église St-Nicolas de Civray. Après Gençay, on arrivera dans la légendaire ville de Lusignan fondée par la fée Mélusine et au site archéologique de Sanxay (le théâtre, les thermes, le temple). On remontera jusqu'au château de Montreuil-Bonin. Dernière étape avant le retour à Poitiers, l'abbaye de Ligugé, où vous apprendrez tout sur saint Martin et ferez la connaissance d'une communauté monastique très travailleuse.

Le château d'Oiron ou quand l'art contemporain apprivoise l'art classique.

③ Les Deux-Sèvres au Nord de Niort

Circuit de 200 km au départ de Niort – On quittera Niort vers St-Maixent-l'École qui doit sa renommée à son école militaire. En poursuivant au Nord, on arrivera à Parthenay et l'on grimpera dans l'ancienne citadelle pour une agréable balade surplombant le cours du Thouet, avant de redescendre dans la rue de la Vau-St-Jacques, sur les traces des pèlerins de Compostelle. On poursuivra le voyage au cœur de la vallée du Thouet avec la découverte d'Airvault, le

village des ancêtres de Voltaire. Il sera temps de passer aux choses sérieuses pour les amateurs de monuments avec la découverte du château de St-Loup-Lamairé et de l'église St-Jouin-de-Marnes. Au château d'Oiron et à Thouars, l'art contemporain sera au programme, entre autres... À Argenton-Château, on descendra dans la vallée de l'Ouère, au lac d'Hautibus, où est aménagée une base de loisirs. Un petit tour par Bressuire, important marché agricole, avant d'atteindre « le centre du monde » du conteur local Yannick Jaulin : Pougne-Hérisson. Le retour vers Niort s'effectuera par le château de Coudray-Salbart, une forteresse du 13ᵉ s. édifiée par les seigneurs de Parthenay.

④ Les Deux-Sèvres au Sud de Niort

Circuit de 195 km au départ de Niort – Ancienne cité de la draperie, de la mégisserie (art de préparer les cuirs) et de la chamoiserie, Niort est aujourd'hui la ville des mutuelles. Montez au sommet de son imposant donjon, avant de faire une promenade dans ses vieilles rues et dans les parcs longeant la Sèvre Niortaise. Ensuite, partez aux Tumulus de Bougon, d'impressionnantes sépultures monumentales datant du néolithique. Continuez jusqu'à Melle où vous verrez une église bâtie dans le plus pur style roman poitevin et les anciennes mines d'argent des rois francs. Vous ferez une halte à Celles-sur-Belle pour son abbaye très renommée et une autre au château de Javarzay dont une partie est consacrée à Jean-François Cail, grand industriel et inventeur, natif de la petite ville toute proche de Chef-Boutonne. Vous rejoindrez Aulnay et sa magnifique église placée sur le grand chemin de Compostelle. Ensuite arrivera le moment tant attendu de la visite au baudet du Poitou, cet âne attachant qui ressemble à une grosse peluche, et dont la race, menacée d'extinction, fut sauvé grâce à la création de l'asinerie de Dampierre-sur-Boutonne. Pour continuer en compagnie des animaux, visitez le Zoorama de la forêt de Chizé avant de partir sur l'eau dans le Marais poitevin, depuis les ports d'Arçais, Le Vanneau ou Coulon.

⑤ L'Angoumois et la Saintonge

Circuit de 225 km au départ d'Angoulême – Depuis la capitale mondiale de la bande dessinée, on partira à la découverte des sources de la Touvre et des grottes du Queroy. Le tour se prolongera avec la ville des charentaises, La Rochefoucauld, où se dresse un superbe château Renaissance. On ira ensuite à St-Amant-de-Boixe pour sa

Sur le chemin des tumulus de Bougon.

très belle église, puis l'on fera une halte au théâtre gallo-romain de St-Cybardeaux, situé dans un cadre campagnard. À Cognac, vous vous initierez à la distillation de l'eau-de-vie de la cité au musée du Cognac et dans les maisons célèbres. On rejoindra Saintes en passant par l'abbaye de Fontdouce dont on remarquera la salle capitulaire. Et c'est là que commencera l'approche des joyaux de l'art saintongeais. Saintes est une mine de monuments et de musées. L'Antiquité est présente avec l'arc de Germanicus et les arènes, le Moyen Âge l'est avec l'abbaye aux Dames et l'église Ste-Eutrope, et les siècles suivants sont évoqués au travers des collections de peintures et de faïences conservés dans ses musées. Pons permettra de découvrir un bâtiment rare du 12ᵉ s., un hôpital qui servait de refuge aux pèlerins de Compostelle épuisés. On flânera à Jonzac, ville thermale dédiée au pineau des Charentes et au cognac. Depuis Barbezieux, on partira à Blanzac qui possède une belle église dans le style roman et l'on reviendra à Angoulême par le village féodal de Villebois-Lavalette.

⑥ LA SAINTONGE ENTRE CHARENTE ET ATLANTIQUE

Circuit de 210 km au départ de Saintes – Faites d'abord une halte au château de La Roche-Courbon que l'écrivain Pierre Loti appelait « le château de la Belle au bois dormant », avant d'arriver à Rochefort, ville qui vous emplira de quiétude. Vous y verrez la corderie royale, un bâtiment de 374 m de long situé au cœur d'un jardin, et un musée aménagé dans la maison de Loti au décor éclectique et exotique. Partez dans la poésie des marais, vastes étendues solitaires, rendre une petite visite aux oiseaux de la réserve de Moëze, avant de faire une inoubliable promenade sur les remparts de Brouage. Après Marennes et Oléron où l'on aura dégusté des huîtres, on descendra le long de la Grande Côte à travers la forêt de la Coubre sans manquer le zoo de la Palmyre, considéré comme l'un des plus beaux de France. Ensuite, stations balnéaires et plages de sable s'enchaîneront avec nonchalance : St-Palais-sur-Mer, Royan, St-Georges-de-Didonne, Meschers-sur-Gironde. Enfin, allez à Talmont-sur-Gironde, c'est un cliché mais il ne faut pas le rater : le site est vraiment attachant avec la mer, le village et son église plantés au bout d'une presqu'île, et des cabanes de pêcheurs perchées sur pilotis au premier plan.

⑦ L'AUNIS

Circuit de 190 km au départ de Rochefort – Pour vous mettre en condition, sachez qu'au cours de ce circuit vous aurez l'occasion d'enfourcher un vélo et d'enfiler votre maillot de bain. Et vos papilles ne seront pas en reste ! Vous verrez d'abord le pont suspendu de Tonnay-Charente où vous pourrez monter pour profiter des vues sur la vallée. À St-Jean-d'Angély, ville d'histoire, on marchera au milieu des demeures à pans de bois des 15ᵉ-16ᵉ s. et des vieux hôtels restaurés des 17ᵉ-18ᵉ s. Première étape de votre voyage gourmand, Surgères est un important centre laitier réputé pour son beurre. Sur la route de La Rochelle, l'École nationale d'industrie laitière et des industries agro-alimentaires possède un magasin de vente proposant un très grand choix de beurres. La Rochelle, c'est un port, une plage, des parcs, des musées, des forteresses et des églises, à découvrir en pédalant sur un vélo jaune. On y mange poissons et coquillages des côtes charentaises. Bonne entrée en matière avant Esnandes, la ville des bouchots, ces fameux piquets de bois sur lesquels engraissent les moules. On y fera une jolie promenade ponctuée de la découverte d'une église à l'allure de forteresse. En route pour Ré, une île préservée qui ravira les inconditionnels de la douceur de vivre, amoureux des plages de sable et de promenades à vélo. De retour sur la côte, on s'arrêtera à Châtellaillon Plage pour flâner le long de sa promenade de mer avant d'aller étendre sa serviette sur sa superbe plage de sable. À Fouras et Aix, même programme : détente absolue.

⑧ LA VENDÉE AUTOUR DE FONTENAY-LE-COMTE

Circuit de 225 km au départ de Fontenay-le-Comte – On partira de Fontenay, une ville marquée par la Renaissance, située pile entre le Marais poitevin et la forêt de Mervent-Vouvant. Les amateurs de verdure seront comblés par cette forêt et les plus sportifs ne manqueront pas d'amener chaussures de marche ou VTT, équipements d'équitation ou d'escalade. Au cœur de la forêt, on visitera les pittoresques villages de Mervent et de Vouvant. On continuera son voyage dans le bocage vendéen, à Mouilleron-en-Pareds et Pouzauges. Au château du Puy-du-Fou, vous plongerez au cœur d'un parc d'attraction, remontant le temps lors d'un spectacle nocturne, la cinéscénie, et dans le « Grand Parc » historique et écologique. Partez ensuite sur la route des moulins de Vendée avant un arrêt à Mareuil-sur-Lay pour une dégustation des « Fiefs vendéens », des vins de la région qui gagnent à être connus. Entrez à Luçon, petite ville de Vendée où Richelieu, tout juste nommé évêque, prononça ses premiers prêches. De là, on descendra dans les marais desséché, à Chaillé-les-Marais. En revenant vers Fontenay-le-Comte, on découvrira la majestueuse ruine de l'abbaye de Maillezais et le village de Nieul-sur-l'Autise.

Estacade de la pointe des Dames, île de Noirmoutier.

⑨ LA VENDÉE AUTOUR DE LA ROCHE-SUR-YON

Circuit de 200 km au départ de La Roche-sur-Yon – Ce circuit mêle découverte historique et plaisirs de la plage, au départ de la capitale de la Vendée, La Roche-sur-Yon. Cette ville élevée au 19e s. permet au visiteur de voir un haras national et un musée renfermant des œuvres de peintres régionaux et d'artistes contemporains. On découvrira ensuite des lieux de mémoires des guerres de Vendée, au chemin des Lucs-sur-Boulogne et au logis de la Chabotterie. On descendra ensuite vers la partie maritime du Marais poitevin. À St-Denis-du-Payré, on observera les oiseaux de la réserve naturelle grâce à des longues vues. Après la visite de l'abbaye bénédictine de St-Michel-en-l'Herm, on arrivera à l'Aiguillon-sur-Mer pour déguster des huîtres et des moules. À La Tranche-sur-Mer, agréable station balnéaire, les plus sportifs pourront hisser la voile et dériver sur une planche, et les plus intellectuels partiront pour St-Vincent-sur-Jard, petite ville où Clemenceau se retira à la fin de sa vie et où l'on visite sa maison remplie de souvenirs. Continuez le voyage jusqu'aux Sables-d'Olonne, la plus grande station balnéaire de Vendée.

⑩ ENTRE VENDÉE ET LOIRE-ATLANTIQUE

Circuit de 255 km au départ de St-Gilles-Croix-de-Vie – St-Gilles est un actif port de pêche de la côte vendéenne que l'on quittera vers le Nord, en longeant le front de mer et une partie de la forêt des Pays de Monts jusqu'à la station balnéaire de St-Jean-de-Monts, dotée d'immenses plages de sable et idéale pour des vacances familiales. Vacances que l'on poursuivra sur Noirmoutier, île au charme de jadis où l'on partira sur les traces des oiseaux et des derniers sauniers. Autre site privilégié, Pornic est une station très prisée. Attiré par le vert soutenu des flots de la côte de Jade, on se rendra jusqu'à la pointe rocheuse de St-Gildas. On rentrera ensuite, à l'intérieur des terres, à la Planète sauvage, un parc animalier organisé comme un safari. À St-Philibert-de-Grand-Lieu, on visitera la maison du Lac où on apprendra tout sur les oiseaux de la réserve naturelle du lac de Grand-Lieu. On redescendra enfin vers le Sud à Challans pour faire provision de canards et de poulets noirs.

La bourrine à Rosalie

Découvrir autrement la région

au fil de l'eau

CROISIÈRES FLUVIALES

La région possède deux voies navigables : la **Charente**, d'Angoulême à Rochefort (170 km), et la **Sèvre Niortaise**, de Niort à Marans (90 km).

Location de bateaux habitables – D'une durée d'un week-end à une semaine, voire plus, la location s'effectue sans pilote accompagnateur. Aucun permis n'est exigé, mais le barreur doit être majeur ; une leçon théorique et pratique est donnée à bord avant le début de la croisière. Le respect des limitations de vitesse, la prudence et les conseils du loueur, en particulier pour passer les écluses et accoster, suffisent pour manœuvrer ce type de bateau. Le prix moyen de la location varie selon la saison, mais il faut compter un budget de 6 000F pour une semaine.

Aunis Fluvial – BP 1, 17350 Port-d'Envaux, ☎ 05 46 91 76 60.

Charente Croisières – Bases de Chaniers et de Fléac, r. de l'Écluse, 16730 Fléac, ☎ 05 45 91 38 18.

Crown Blue Line – Base de départ Jarnac, r. Port-Gros-Jean, 16200 Jarnac, ☎ 05 45 36 59 98.

Nicols – Base de Sireuil, rte du Puy-St-Bonnet, 49300 Cholet, ☎ 02 41 56 46 56.

Saintonge Rivières – Île de la Grenouillère, BP 55, 17413 St-Jean-d'Angély, ☎ 05 46 90 35 49.

La **Maison Poitou-Charentes** (à Paris, ☎ 01 42 22 83 74) édite une brochure consacrée au « Tourisme Fluvial ». Les éditions **Grafocarte** (Issy-les-Moulineaux) publient un guide concernant la navigation sur la Charente.

CROISIÈRES MARITIMES

Des croisières permettent de découvrir l'archipel charentais : îles d'Aix, Oléron, Ré *(voir « carnets pratiques » à ces noms)*.

On peut également se donner la sensation d'un grand voyage, en faisant une croisière dans l'estuaire de la Gironde. Cette dernière vous emmènera au pied du phare de Cordouan, le long des falaises de Meschers, ou le long du promontoire de Talmont.

Richard Grass, vedette la Bohème II, 4 rue Jean Pares, 33123 Le Verdon-sur-Mer, embarcadère sur le quai de Gosport au port de plaisance de Royan, ☎ 05 56 09 62 93 ou 05 46 39 05 55.

Royan Croisières, 28 route du Port, 17200 Royan, ☎ 05 46 06 42 36.

DÉCOUVERTE DES FORTS DE MER

Un pied dans l'eau, un pied sur terre, un peu de culture et beaucoup d'embruns : c'est ce que vous propose cette ingénieuse route des forts de mer.

Route des forts de la mer : étoiles de pierre, étoile de mer – Mlle Moreau, ☎ 05 46 00 24 00.

en gourmands

La gourmandise n'est pas un vilain défaut, et moins encore, quand elle vous permet de découvrir la région. À vos estomacs, partez !

Route du Chabichou et des fromages de chèvre – Mme Balland, ☎ 05 49 29 18 19.

Route des vins du haut Poitou – M. Rat, ☎ 05 49 51 21 65.

Route du cognac (en projet) – Mlle James, ☎ 05 45 81 27 29.

Route du vignoble, sur les pas d'Ausone – Mme Cellou, ☎ 05 46 48 05 21.

sur rail et sur roues

TRAINS TOURISTIQUES

Plusieurs chemins de fer touristiques permettent d'effectuer d'agréables excursions à travers champs, bois ou marais, dans des wagons surannés tractés souvent par de pittoresques locomotives à vapeur. Dans la région, 4 lignes sont en service : Les Herbiers/Mortagne (Vendée) ; St-Trojan-les-Bains/La Côte Sauvage (Île d'Oléron) ; Saujon/La Tremblade (Charente-Maritime) ; Richelieu/Chinon (Indre-et-Loire).

*Port de St-Savinien :
une étape dans votre croisière fluviale.*

VÉLO-RAIL

Pourquoi vélo-rail ? Tout simplement parce que vous pédalez sur les rails d'une ancienne voie ferrée. Des promenades de 10 km sont proposées dans les alentours de St-Gilles-Croix-de-Vie, et le long du littoral. De 2 à 5 personnes par draisine, vous découvrez la région d'un point de vue que généralement vous n'avez pas le temps d'apprécier. À moins que nous n'alliez aussi vite que le train...

Gare du vélo-rail – Commequiers, ☎ 02 51 54 79 99.

En roulotte – Ce moyen de transport original permet aux amateurs de nature de pouvoir découvrir une région au rythme de la foulée du cheval (4 km/h), en empruntant des voies secondaires. La vie de nomade peut durer de 2 à 7 jours suivant le type de circuit organisé par le loueur. Cette formule qui fait la joie des enfants est particulièrement adaptée pour la découverte du Marais poitevin (départ de Damvix).

Roulottes du Marais poitevin – Se renseigner à la mairie de Damvix (Vendée), ☎ 02 51 87 14 20.

Sports et loisirs

baignade

Soleil et sable fin : le littoral de Vendée et de Charente-Maritime remporte le duo gagnant. Il rassemble près de la moitié des communes qui figurent au palmarès du « pavillon bleu d'Europe », drapeau garantissant la qualité des eaux de baignage. Sur la côte ou sur les îles, ventées ou abritées, voici quelques-unes de ses plus belles plages, où vous pourrez exercer votre sport favori en vacances : la baignade !
Île de Noirmoutier, plage des Dames au bois de la Chaize ; île d'Yeu, plage de l'anse dessous, plage des Sabias, plage des Ovaires, Grande Conche, plage de Ker Châlon. Île d'Aix, grande plage, plage aux Coquillages ; Brétignolles-sur-Mer, plages de Sauveterre et de l'Aubraie, au bord de la forêt d'Olonne ; St-Jean-de-Monts ; Notre-Dame-de-Monts ; La Tranche-sur-Mer ; Châtelaillon.
Si vous êtes dans les terres, et que vous voulez vous baigner, c'est possible ! Lacs, étangs et plans d'eau vous attendent et vous offrent une large gamme de loisirs : voile, planche à voile, motonautisme, ski nautique, etc.

canoë-kayak

La pratique de cette activité connaît actuellement un succès croissant. Amateur de glisse, d'émotions mais aussi de calme, d'imprévu, les cours d'eau de cette région sont idéals pour s'initier et maîtriser les divers aspects de ces deux disciplines.
Le **canoë** (d'origine canadienne) se manie avec une pagaie simple. C'est l'embarcation pour la promenade fluviale en famille, à la journée, en rayonnant au départ d'une base, ou en randonnée pour la découverte d'une vallée à son rythme.
Le **kayak** (d'origine esquimaude) se déplace avec une pagaie double. Les lacs et les parties basses des cours d'eau offrent un vaste choix de parcours.

FÉDÉRATION FRANÇAISE DE CANOË-KAYAK
87 quai de la Marne, BP 58, 94344 Joinville-le-Pont, ☎ 01 45 11 08 50, ou sur Minitel 3615 code canoe plus. Avec le concours de l'IGN, la fédération publie une carte de France (905) des cours d'eau praticables.

COMITÉS RÉGIONAUX DE CANOË-KAYAK
Pays de la Loire – 75 av. du Lac-de-Maine, 49000 Angers, ☎ 02 41 73 86 10.
Poitou-Charentes – 202 rte de Vars, 16160 Gond-Pontouvre, ☎ 05 45 69 32 43.
Pour sortir des eaux calmes des lacs et des marais, où ces disciplines se pratiquent également, le sportif confirmé pourra descendre la Charente, la Graine, la Tardoire (Charente) ou la Sèvre Nantaise (Vendée). Le débutant, quant à lui, pourra développer sa technique sur des parcours offrant peu de difficultés.

cerf-volant

À l'origine objet de culte dans les pays asiatiques, permettant au disciple de communier avec les dieux, le cerf-volant s'est imposé, aujourd'hui, comme un véritable sport sur les plages du littoral. Les magasins spécialisés proposent des stages d'initiation ou de perfectionnement au pilotage. Pratiquée à marée basse, cette activité n'est pas autorisée, en saison, sur les plages de certaines communes (se renseigner).

Plans d'eau	Dépt.	Superficie (ha)	Baignade	Base	Pêche
Brossac (étang Vallier)	16	4,5	🏊	–	🎣
Pressignac (barrage de Lavaud)	16	220	🏊	–	–
St-Yrieix-sur-Charente (lac de la Grande Prairie)	16	25	🏊	⛵	🎣
Verneuil (barrage de Lavaud)	16	220	–	⛵	–
Jonzac (plan d'eau d'Heurtebise)	17	2,5	🏊	⛵	–
Montendre (lac Baron Desqueyroux)	17	7,5	🏊	⛵	–
St-Jean-d'Angely (plan d'eau de Bernouet)	17	2,5	–	⛵	🎣
St-Sornin (lac de Cadeuil et de la Sablière)	17	20	🏊	⛵	–
St-Philbert-de-Grand-Lieu (lac de)	44	5	🏊	⛵	–
Argenton-Château (lac d'Hautibus)	79	8	🏊	–	🎣
Cherveux (Plan d'eau de)	79	6	🏊	–	1re cat.
Prailles (plan d'eau de Lambon)	79	13	🏊	⛵	🎣
Verruyes (étang du Prieuré St-Martin)	79	7	🏊	–	🎣
Apremont (lac d')	85	166	🏊	⛵	🎣
Bazoges-en-Pareds (lac de Rochereau)	85	127	🏊	⛵	–
La Guyonnière (lac de la Chausselière)	85	14	🏊	⛵	🎣
Luçon (lac des Guifettes)	85	42	🏊	⛵	–
La Roche-sur-Yon (lac de Moulin Papon)	85	100	–	⛵	2e cat.
Xanton-Chassenon (lac d'Albert)	85	104	🏊	⛵	🎣
Ayron (étang de Fleix)	86	18	🏊	⛵	🎣
Champagné-St-Hilaire (plan d'eau des 3 Fontaines)	86	6	🏊	–	🎣
Moncontour (lac du Grand Magne)	86	10	🏊	⛵	1re cat.
Payré (les Ôles de)	86	7	🏊	–	2e cat.
St-Cyr (parc de loisirs)	86	85	🏊	⛵	🎣

Cerf-volant synchronisé : armez-vous de patience pour réussir des figures en double.

Commission nationale de cerf-volant – 4 r. de Suisse, 06000 Nice, ☎ 04 93 88 62 89 ou sur Minitel 3615 FFVL.

char à voile et speed sail

Ces disciplines (réglementées en saison) se pratiquent à marée basse quand la mer se retire et laisse une large surface de sable mouillé. Les plages du littoral vendéen et du Sud charentais, vastes et planes, sont particulièrement adaptées à ces engins sur roues se déplaçant trois fois plus vite que le vent.

CHAR À VOILE

Engin à trois roues mû par la seule force du vent, il existe en 4 versions : le débutant fera son apprentissage sur un Mini 4, puis évoluera sur une classe 5 ; le pratiquant chevronné pourra piloter une classe 2 (tend à disparaître) ou une classe 3, véritable Formule 1 à voile qui peut atteindre les 120 km/h (le record du monde est de 155,55 km/h). Dans toutes les versions, le port du casque est obligatoire.

SPEED SAIL

Né à la fin des années 1970 de l'imagination d'Arnaud de Rosnay (disparu en mer en 1984), cet engin hybride est composé d'une sorte de gigantesque skate-board (planche à roulettes) et d'un gréement de planche à voile. Piloté debout, le *speed sail* est un char à voile de classe 7 et peut atteindre les 60 km/h. Montée sur des axes oscillants *(trucks)*, la planche doit être souple sous les pieds du pratiquant, qui en appuyant sur ses pointes fera accélérer l'engin, ou au contraire le freinera s'il appuie sur les talons.

Char à voile sur deux roues... à éviter si vous débutez.

FÉDÉRATION FRANÇAISE DE CHAR À VOILE

ZI de la Vignogne, BP 165, 62605 Berck-sur-Mer Cedex, ☎ 03 21 84 27 69.

LIGUES DÉPARTEMENTALES

Pays de la Loire – 27 av. Chanzy, 44380 Pornichet, ☎ 02 40 61 83 73. La Vendée compte 6 clubs, de La Barre-de-Monts aux Sables-d'Olonne (N.-D.-de-Monts étant le Centre régional).

Sud-Ouest – BP 22, 33780 Soulac-sur-Mer, ☎ 05 56 73 62 16. La Charente-Maritime compte 2 clubs (Marennes et St-Georges-de-Didonne).

golf

Les amateurs de ce sport consulteront la carte *Golf, les parcours français,* établie à partir de la **carte Michelin 989.**

FÉDÉRATION FRANÇAISE DE GOLF

68 r. Anatole-France, 92309 Levallois-Perret Cedex, ☎ 01 41 49 77 00, Minitel 3615 FFGolf ou site Internet, www.ffg.org.

Voici la liste des principaux golfs que propose la région :

CHARENTE

Golf d'Angoulême l'Hirondelle – 9 tr. – Champ-Fleuri, 16000 Angoulême, ☎ 05 45 61 16 94 ;

Golf du Cognac – 18 tr. – La-Maurie, 16100 St-Brice, ☎ 05 45 32 18 17 ;

Golf International de la Preze – 9 tr. – 16220 Ecuras-Montbron, ☎ 05 45 23 24 74.

CHARENTE-MARITIME

Golf d'Oléron – 9 tr. – Vieille-Perrotine, 17310 St-Pierre d'Oléron, ☎ 05 46 47 11 59 ;

Blue Green Golf de la Pré La Rochelle – 18 tr. – 17137 Marsilly, ☎ 05 46 01 20 24 ;

Golf de Royan – 18 tr. – Maine-Gaudin, 17420 St-Palais-sur-Mer, ☎ 05 46 23 16 24 ;

Golf de Saintonge – 18 tr. – Fontcouverte, 17100 Saintes, ☎ 05 46 74 27 61 ;

Golf de Trousse Chemise – 9 tr. – Rte de la Levée-Verte, 17880 Les-Portes-en-Ré, ☎ 05 46 29 69 37

LOIRE-ATLANTIQUE

Golf Club de Pornic – 18 tr. – 49 bis bd de l'Océan, 44210 Pornic, ☎ 02 40 82 06 69.

DEUX-SÈVRES

Golf Club château des Forges – 27 tr. – Domaine des Forges, 79340 Menigoute, ☎ 05 49 69 91 77 ;

Golf Club Niortais – 18 tr. – Chemin du Grand Orneau, 79000 Niort Romagné, ☎ 05 49 09 01 41.

VENDÉE

Golf Club de la Domangère – 18 tr. – Rte. de Nesmy, 85310 La Roche-sur-Yon, ☎ 02 51 07 60 15 ;

Golf Club de Port Bourgenay – 18 tr. – Av. de la Mine, 85440 Talmont-St-Hilaire, ☎ 02 51 23 35 45 ;

Golf de St-Jean-de-Monts – 18 tr. – 85160 St-Jean-de-Monts, ☎ 02 51 58 82 73 ;

Golf Club des Olonnes – 18 tr. – Gazé, 85340 Olonnes-sur-Mer, ☎ 02 51 33 16 16.

VIENNE

Golf du Haut Poitou – 18 tr. et 9 tr. – Parc de Loisirs, 86130 St-Cyr, ☎ 05 49 62 53 62 ;

Golf de Loudun – 18 tr. – Domaine de St-Hilaire, 86120 Loudun Roiffe, ☎ 05 49 98 78 06.

navigation de plaisance

Les principaux ports pouvant accueillir les bateaux de plaisance, à voile ou à moteur, figurent sur la carte des lieux de séjour *(p. 22).* Ils ont été sélectionnés pour leur nombre de places important et les services dispensés : carburant, eau douce et électricité à quai, sanitaires et douches, manutention par grue ou élévateur, réparation, gardiennage.
Pour les amateurs de croisières, il est possible de louer des bateaux, avec ou sans équipage.

pêche

EN EAU DOUCE

La région propose à l'amateur de pêche un riche réseau de rivières et de ruisseaux, les canaux du Marais mouillé et de vastes étangs et plans d'eau *(voir tableau ci-après),* qui sont classés en deux catégories :

– **eaux à salmonidés** (truite). Classées en 1ʳᵉ catégorie, elles occupent le cours supérieur de rivières importantes.

Pêche au lancer en bord de plage.

– eaux à cyprinidés (ablette, barbeau, brème, carpe, gardon, tanche). Classées en 2ᵉ catégorie, elles occupent les cours moyen et inférieur des rivières.

Réglementation – Quel que soit l'endroit choisi, il convient d'observer la réglementation nationale ou locale, de s'affilier, pour l'année en cours, à une association de pêche et de pisciculture agréée, d'acquitter les taxes afférentes au mode de pêche pratiqué, etc. Pour certains étangs ou lacs, des cartes journalières sont délivrées.

Visite – Pour mieux comprendre l'art de la pêche, Mallièvre (Vendée) met à la disposition du public, en bordure de la Sèvre Nantaise, **La vitrine du Pêcheur** (sous la Maison de l'eau).

FÉDÉRATIONS DÉPARTEMENTALES DE PÊCHE

Charente – R. Iriarte, 60 r. du Bourlion, 16160 Gond-Pontouvre, ☎ 05 45 69 33 91.

Charente-Maritime – 43 av. Émile-Normandin, 17000 La Rochelle, ☎ 46 44 11 18. Édite deux topoguides, *Parcours de pêche en Saintonge* et *La Seugne et ses affluents* (38 F dans les offices de tourisme).

Loire-Atlantique – R. Gascoin, 1 r. Eugène-Varlin, 44100 Nantes, ☎ 02 40 73 62 42.

Deux-Sèvres – R. Cadillon, 33 r. Caluchet, 79000 Niort, ☎ 05 49 09 23 33.

Vendée – M. Bisson, BP 673, 85016 La Roche-sur-Yon Cedex, ☎ 02 51 37 19 05. Édite une carte-dépliant, *La pêche en Vendée*.

Vienne – A. Couraud, 178 r. Guynemer, 86000 Poitiers, ☎ 05 49 37 66 60.

AU NIVEAU NATIONAL

Une carte-dépliant commentée, *Pêche en France*, est en vente (15F) auprès du **Conseil supérieur de la pêche**, 134 av. de Malakoff, 75016 Paris, ☎ 01 45 02 20 20.

EN MER

L'étendue des côtes, les baies sinueuses, les îles, les pertuis semblent promettre un champ d'activités sans limite à l'amateur de pêche en mer qui pourra pratiquer à pied, en bateau ou en plongée. Au départ des principaux ports, des sorties avec des pêcheurs professionnels peuvent être organisées à la journée. S'adresser aux offices de tourisme.

Réglementation – Si la pêche en mer ne demande pas d'affiliation à une association, le pêcheur individuel se gardera de concurrencer les pêcheurs professionnels et d'enfreindre la réglementation nationale, ainsi que celle propre aux différents quartiers des Affaires Maritimes (Noirmoutier, Yeu, Les Sables-d'Olonne, La Rochelle, Marennes-Oléron).

La pêche à pied peut se pratiquer sans aucune formalité administrative, sauf pour l'usage des filets qui nécessite une autorisation délivrée par les Affaires Maritimes. Il existe toutefois des restrictions locales (date, quantité autorisée par pêcheur) qui diffèrent selon le littoral et selon les zones. Il convient de se renseigner auprès des autorités compétentes et de tenir compte des panneaux législatifs placés à proximité des zones de pêche.

La chasse sous-marine est quant à elle soumise à une réglementation stricte, aussi convient-il de s'informer préalablement auprès du service des Affaires Maritimes.

plongée

Ce sport, qui nécessite une bonne forme physique, attire nombre d'amateurs désireux de rentrer dans une autre dimension pour découvrir la faune et la flore aquatiques. La région possède avec l'île d'Yeu un site idéal pour la pratique de ce sport (criques limpides, poissons et crustacés).

Comité interrégional Bretagne-Pays de la Loire de la Fédération française d'Études Sous-Marines – 39 r. de la Villeneuve, 56100 Lorient, ☎ 02 97 37 51 51.

randonnée cycliste

C'est le pays de la petite reine ; grâce à un relief peu accidenté, les plaines du Poitou, les coteaux du vignoble des Charentes et du pays nantais, les forêts, les marais, les rivages charentais et vendéens sont autant de terrains accessibles à tous. Avec La Rochelle comme capitale du vélo, la Charente-Maritime continue de développer ses réseaux de pistes cyclables, notamment dans les îles.

**FÉDÉRATION FRANÇAISE
DE CYCLOTOURISME**

8 r. Jean-Marie-Jégo, 75013 Paris,
☎ 01 44 16 88 88 ou Minitel 3615
FFCT.

LIGUES RÉGIONALES DE CYCLOTOURISME

Pays de la Loire – 6 allée des
Tilleuls, 49360 Toutlemonde,
☎ 02 41 55 06 37.

Poitou-Charentes – 11 r. du Dr-A.-
Schweitzer, 79100 Thouars,
☎ 05 49 68 00 61.

**COMITÉS DÉPARTEMENTAUX
DE CYCLOTOURISME**

Charente – La Combe, 80 rte du Mas,
16710 St-Yrieix, ☎ 05 45 68 31 48.

Charente-Maritime – Maison des
associations, 31 r. du Cormier, 17100
Saintes, ☎ 05 46 92 52 20.

Loire-Atlantique – 32 r. d'Aquitaine,
44115 Basse-Goulaine,
☎ 02 40 06 06 83.

Deux-Sèvres – Bel Air, 79500 Paizay-
le-Tort, ☎ 05 49 27 12 39.

Vendée – 11 r. du Stade, BP 24, 85280
La Ferrière, ☎ 02 51 98 43 38.

Vienne – 12 r. Ste-Bernadette, 86000
Poitiers, ☎ 05 49 55 32 78.

randonnée équestre

La région dispose de centaines de
kilomètres d'itinéraires équestres
disséminés à travers les forêts, le
bocage, et le long des côtes.

ORGANISMES NATIONAUX

Fédération française d'équitation –
30 avenue d'Iéna, 75116 Paris,
☎ 01 53 67 43 00.

**Délégation nationale du tourisme
équestre (DNTE)** – 30 avenue d'Iéna,
75116 Paris, ☎ 01 53 67 44 44. Édite
un guide, *Tourisme et loisirs équestres
en France* (50F), répertoriant, région
par région, les centres équestres
dûment patentés, et énumérant
leurs activités.

ORGANISME RÉGIONAL

**Association régionale de tourisme
équestre de Poitou-Charentes**

(ARTE) – J.-G. Mercier, 2 rue du
Puits, 17330 Villeneuve-la-Comtesse,
☎ 05 46 24 05 94.

**COMITÉS DÉPARTEMENTAUX DE TOURISME
ÉQUESTRE (CDTE)**

Charente – Bd de Bury, 1600
Angoulême, ☎ 05 45 38 94 48.

Charente-Maritime – Gîte de
Cresson, 17380 Puy-du-Lac,
☎ 05 46 33 34 63.

Loire-Atlantique – H. Ménager,
Le Clos de la Vigne, 44460 Fégréac,
☎ 02 40 91 21 47.

Deux-Sèvres – J.-G. Mercier, 2 rue du
Puits, 17330 Villeneuve-la-Comtesse,
☎ 05 46 24 60 87. Par l'intermédiaire
de sa section « Deux-Sèvres en selle »,
ce comité anime 30 relais, reliés entre
eux par un circuit de 1 200 km de
chemins balisés.

Vendée – J. Marquis, 8 rue de la
Liberté, 85460 La Faute-sur-Mer,
☎ 06 80 14 96 37.

Vienne – J.-R. Ferru, La Poinière,
86480 Rouillé, ☎ 05 49 58 13 83.

randonnée pédestre

GRANDE RANDONNÉE

Des sentiers de **Grande Randonnée
(GR)**, jalonnés de traits rouges et
blancs horizontaux, permettent de
découvrir la diversité des paysages
de la région. Des topoguides en
donnent le tracé détaillé et
procurent d'indispensables
conseils aux randonneurs ;
renseignements sur le serveur
Minitel : 3615 rando.

GR 4 – Il parcourt les Charentes
depuis Angoulême, longe l'Océan et
traverse la forêt de la Coubre jusqu'à
Royan.

GR 36 – Depuis Thouars, il traverse
les Deux-Sèvres, les forêts de Chizé et
d'Aulnay avant de se diriger vers La
Rochefoucauld et Angoulême.

GR 360 – Il décrit une boucle parmi
les églises romanes saintongeaises.

GR 364 – Il part de Vivonne (Vienne)
pour atteindre la mer près d'Olonne-
sur-Mer (Vendée).

PETITE RANDONNÉE

Les sentiers de **Petite Randonnée
(PR)** sont destinés aux marcheurs
d'un jour. Au départ des circuits, des
balisages de couleur indiquent la
durée de la promenade :

Bleu – Jusqu'à 2h.

Jaune – De 2h15 à 3h45.

Vert – De 4h à 6h.

ORGANISME NATIONAL

**Fédération française de la
randonnée pédestre** – 14 r. Riquet,
75019 Paris, ☎ 01 44 89 93 90.

L'entrée du port de la Rochelle est surveillée par une Vierge à l'enfant

Comité national des sentiers de Grande Randonnée – 64 r. de Gergovie, 75014 Paris, ☎ 01 45 45 31 02.
Cette fédération édite des topoguides et un guide annuel, *Rando guide.*

COMITÉS RÉGIONAUX DE LA RANDONNÉE PÉDESTRE

Pays de la Loire – 2 r. de Strasbourg, 44000 Nantes.

Poitou-Charentes – 22 pl. Charles-de-Gaulle, 86000 Poitiers.

COMITÉS DÉPARTEMENTAUX DE LA RANDONNÉE PÉDESTRE

Charente – 22 bd de Bury, 16000 Angoulême, ☎ 05 45 38 94 48.

Charente-Maritime – L'Aubrée, 17350 Taillant, ☎ 05 46 90 16 45.

Loire-Atlantique – 2 r. de Strasbourg, 44000 Nantes, ☎ 02 51 88 95 40.

Deux-Sèvres – 31 r. Romaine, 79370 Celles-sur-Belle, ☎ 05 49 79 91 73.

Vendée – Maison des sports, 202 bd A.-Briand, 85000 La Roche-sur-Yon, ☎ 02 51 44 27 38.

Vienne – 22 pl. du Général-de-Gaulle, 86000 Poitiers, ☎ 05 49 88 93 48.

sports de glisse

PLANCHE À VOILE

Inventée au début des années 1960 sur la côte Ouest des États-Unis, cette discipline s'est développée sur le littoral français au début des années 1980. Son évolution fut spectaculaire et, grâce à de nouvelles techniques de fabrication, sa forme s'allongea, son poids et sa dimension diminuèrent pour laisser place à une planche maniable prête à affronter les vagues. La pratique de la planche à voile est réglementée sur les plages : s'adresser aux clubs de voile. Sur toutes les grandes plages, locations de planches (à l'heure ou à la demi-journée).

Ce sport est affilié à la FFV : 55 av. Kléber, 75784 Paris Cedex 16, ☎ 01 44 05 81 00.

SKI NAUTIQUE

Plutôt pratiqué sur les étendues d'eau douce, ce sport se rencontre également en saison sur le littoral, notamment à St-Gilles-Croix-de-Vie, aux Sables-d'Olonne et à Royan. Se renseigner auprès des offices de tourisme et de la **Fédération française de ski nautique** : 16 r. Clément-Marot, 75008 Paris, ☎ 01 47 20 05 00.

SURF ET BODYSURF

Le bodysurf (Royan, Les Sables-d'Olonne) consiste à prendre la vague déferlante, allongé sur la planche, en s'aidant éventuellement de palmes. Dans la région, ces deux disciplines se pratiquent essentiellement lors de grandes marées. Les quelques « spots » (plages spécifiques au surf) se trouvent dans le Sud de la Vendée et en Charente-Maritime, et permettent l'initiation à la prise de la vague.

Bodysurf : le corps au cœur des vagues...

SCOOTER DES MERS

Le pilotage de ces jets motorisés de 300 à 750 cm^3 demande une très grande vigilance. Les pratiquants les plus chevronnés peuvent exécuter de spectaculaires figures. En saison, nombre de communes interdisent l'accès de leurs plages à ces engins.

KAYAK DE MER ET KAYAK DE SURF (WAVE-SKI)

Ces deux disciplines sont regroupées au sein de la Fédération française de canoë-kayak.

voile

De nombreux clubs proposent l'enseignement de la voile sur Optimist (voilier pour enfant), dériveur (monocoque) ou catamaran (double coque), et pratiquent

En régate, le sens de la tactique est indispensable pour remporter une manche.

également la location de bateaux à l'heure ou à la demi-journée *(s'adresser à l'Office du tourisme de la station balnéaire).*

Dans les grandes stations, des régates sont organisées tout au long de la saison.

ORGANISMES NATIONAUX

Fédération française de Voile – 55 av. Kléber, 75784 Paris Cedex 16, ☎ 01 44 05 81 00. Minitel 3615 FFV.

Stations-Voile – La Fédération française de voile (FFV) attribue le label Station-Voile aux pays côtiers, aux stations touristiques ou aux ports qui s'engagent à offrir les meilleures conditions pour pratiquer l'ensemble des activités nautiques. **France-Station-Voile,** La Corderie royale, BP 108, 17303 Rochefort Cedex, ☎ 05 46 82 07 47.

LIGUES RÉGIONALES DE VOILE

Pays de la Loire – Guy Mabo, 44 r. Romain-Rolland, 44103 Nantes Cedex 04, ☎ 02 40 58 61 23.

Poitou-Charentes – J.-L. Staub, môle central des Minimes, av. de la Capitainerie, 17042 La Rochelle Cedex 01, ☎ 05 46 44 58 31.

COMITÉS DÉPARTEMENTAUX DE VOILE

Charente-Maritime – C. Peudupin, av. de la Capitainerie, 17000 La Rochelle, ☎ 05 46 34 67 83.

Loire-Atlantique – Maison des sports, 44 r. Romain–Rolland, 44103 Nantes Cedex 04, ☎ 02 40 58 61 34.

Vendée – 202 bd A.-Briand, 85000 La Roche-sur-Yon, ☎ 02 51 44 27 20.

VTT

L'évolution technique du vélo a déclenché, depuis les années 1990, le phénomène VTT (Vélo Tout Terrain). Née en Californie, cette génération de vélos franchit l'Atlantique, après treize ans de pratique, pour faire son apparition en France en 1983. Initialement conçu pour la descente, le VTT touche aujourd'hui un large public, roulant désormais sur l'asphalte. Ce sport rassemble de nombreux compétiteurs se divisant en quatre disciplines : descente, cross-country, rallye, trial.

Quelques circuits balisés ont été mis en place, notamment près du lac de Moncontour (Vienne) et au Sud de Royan, où les sentiers proposés varient en distance, permettant à chacun de partir pour quelques heures ou pour la journée.

Pour parcourir en toute tranquillité la **haute Saintonge**, un topoguide de 32 circuits mixtes et un randoguide de 18 circuits spécifiques VTT ont été réalisés par le CDC. Ils sont en vente (50 F) dans les offices de tourisme ou auprès du CDC haute Saintonge, BP 9, Mairie, 17501 Jonzac, ☎ 46 48 12 11.

Fédération française de cyclisme – 5 r. de Rome, 93561 Rosny-sous-Bois, ☎ 01 49 35 69 45. Publie le *Guide des centres VTT* et s'occupe de la compétition, serveur Minitel : 3615 FFC ou 3615 centres VTT.

Forme et santé

thalassothérapie

Les grandes stations balnéaires de la région se sont équipées d'instituts de thalassothérapie performants, permettant aux curistes et aux citadins stressés de retrouver la forme, grâce aux vertus de l'eau de mer, des algues et du microclimat régnant sur le littoral. Généralement installés au sein d'un complexe hôtelier, ces centres accueillent également les non-pensionnaires

pour des soins en cures simples (compter en moyenne 450F par jour).

CHARENTE-MARITIME

Châtelaillon – Centre Gitaform Océan La Rochelle Sud, la Falaise, 17340 Châtelaillon-Plage, ☎ 05 46 56 17 17.

Île d'Oléron – Thalassa Oléron, 1 plage de Gatseau, 17370 St-Trojan-les-Bains, ☎ 05 46 76 02 46.

Île de Ré – Le Richelieu, 44 av. de la Plage, 17630 La Flotte-en-Ré, ☎ 05 46 09 60 70 ; Atalante-Neptune,

Thalassothérapie à Pornic...
très chic contre le stress.

port Notre-Dame, 17740 Ste-Marie-de-Ré, ☎ 05 46 30 21 22.
Royan – Institut de Thalassothérapie Cap Royan, fort du Chay, BP 83, 17204 Royan Cedex, ☎ 05 46 39 96 96.

LOIRE-ATLANTIQUE
Pornic – Centre de Thalassothérapie Alliance Phytomer, hôtel Alliance, plage de la Source, 44210 Pornic, ☎ 02 40 82 21 21.

VENDÉE
Les Sables-d'Olonne – Thalassa Les Sables-d'Olonne, hôtel Mercure, lac de Tanchet, 85100 Les Sables-d'Olonne, ☎ 02 51 21 77 77.

St-Jean-de-Monts – Thermes Marins, hôtel Mercure, le Sloï, BP 425, av. des Pays-de-Monts, 85164 St-Jean-de-Monts Cedex, ☎ 02 51 59 18 18.

nature et environnement

PARC INTERRÉGIONAL DU MARAIS POITEVIN
Centre d'information – Maison des Marais mouillés, 79510 Coulon, ☎ 05 49 35 86 77.

UNION NATIONALE DES CENTRES PERMANENTS D'INITIATIVES POUR L'ENVIRONNEMENT
Ces centres organisent des séjours et des week-ends de sensibilisation à l'environnement naturel, surnommés « Sépia ».
2 r. de Washington, 75008 Paris, ☎ 01 45 63 63 67.
Serveurs Minitel
– 3615 environnement
– 3615 natur
– 3615 devtel

LIGUE POUR LA PROTECTION DES OISEAUX
Sorties organisées dans la réserve naturelle des marais de Müllembourg (nombreux limicoles), Fort-Larron, Noirmoutier-en-l'Île, ☎ 02 51 35 81 16.

Souvenirs

Que vous préferriez votre maison à votre estomac, vous n'avez que l'embarras du choix pour trouver quelque chose à rapporter : des charentaises, du sel et des pommes de terre de l'île de Ré, des macarons de Montmorillon, des mouchoirs brodés aux jours d'Angles d'Angles-sur-l'Anglin, du Cognac, du Pineau des Charentes, de la Brioche vendéenne, des maquettes de bateau, des assiettes à escargots en faïence de Charente, de la confiture à l'angélique... non, décidément la liste est trop longue. Voici quelques adresses afin de vous sortir de l'embarras... N'hésitez pas non plus à consulter les carnets pratiques de vos lieux de séjour...

à déguster

APÉRITIFS
Bise dur, La Chouanette, Rosée des Charentes *(Vendée)* – Société H. Vrignaud, 1 place Richelieu, 85400 Luçon, ☎ 02 51 56 11 49.

Pineau des Charentes – Les adresses des producteurs sont regroupées en fin du livre *Les Chemins du Pineau des Charentes* (Éd. Patrimoines & Médias).

Trouspinette *(Vendée)* – Maison Mourat, La Ferme des Ardillers, 85320 Mareuil-sur-Lay, ☎ 02 51 97 20 10.

Trinquet vendéen *(Vendée)* – C. et I. Cochain, La Rivière, 85160 St-Jean-de-Monts, ☎ 02 51 58 82 40.

DIGESTIFS
Cognac *(Charente)* – Les principales maisons de cognac ouvrent leur cave à la visite, où elles vendent leur production.

Fine Bretagne *(Loire-Atlantique)* – Distillerie Seguin, 10 boulevard St-Rémy, 44270 Machecoul, ☎ 02 40 31 40 50.

Kamok, Liqueur des Vendéens *(Vendée)* – Société H. Vrignaud, 1 place Richelieu, 85400 Luçon, ☎ 02 51 56 11 48.

Les chocolats Letuffe existent depuis 1873. Les Duchesses d'Angoulême sont des nougatines fourrées au praliné.

DOUCEURS

Les **macarons de Montmorillon**, les chardons du Poitou, les broyés, les gâteaux de bonne mémé, etc... une seule adresse : Ranou-Métivier, 30 r. des Cordeliers à Poitiers, ☎ 05 49 41 01 62, à Montmorillon, 32 bd de Strasbourg, ☎ 05 49 83 03 30.

La **brioche vendéenne** : boulangerie Brosset, 7 route de l'océan, 85 250 Vendrennes, ☎ 02 51 66 09 25 ; boulangerie Souchet, 85300 Sallertaine, ☎ 02 51 35 62 20.

Angélique : verte et savoureuse, l'angélique se décline en tiges confites, liqueur, coulis, crème, confiture et chocolats. Angéli Cado, 6 bis r. Ste-Marthe, 79008 Niort ☎ 05 49 24 10 23. Thonnard, av. de Sevreau, ☎ 05 49 73 47 42.

PRODUITS DU TERROIR

Des producteurs fermiers diffusent leurs spécialités en se regroupant en association. Le plus souvent locale, celle-ci sélectionne ses adhérents de façon draconienne, assurant ainsi la promotion de produits de qualité.

La Ferme des Bois – 79140 Brétignolles, ☎ 05 49 81 12 49.

Les Ruralies – 79230 Prahecq, ☎ 05 49 75 67 30.

Vitrine de la Vendée – Aire de la Vendée (A 83), 85210 Ste-Hermine.

Maison de pays – Aire de la Briande, 86200 Chalais, ☎ 05 49 98 84 10.

Le vieux Bellefonds – 86210 Bellefonds, ☎ 05 49 85 23 13.

VINS

VINS DE MAREUIL (VENDÉE)

La Ferme des Ardillers – Maison Mourat, 85320 Mareuil-sur-Lay, ☎ 02 51 97 20 10.

Domaine des Dames – Daniel Gentreau, Follet, 85320 Rosnay, ☎ 02 51 30 55 39.

MUSCADET DE SÈVRE ET MAINE, GROS PLANT, MUSCADET (LOIRE-ATLANTIQUE).

Domaine La Roche Renard – I. et P. Denis, Les Laures, 44330 Vallet, ☎ 02 40 36 63 65.

Maison des Vins de Nantes – Bellevue, 44690 La Haye-Fouassière, ☎ 02 40 36 90 10.

Domaine des Herbauges – 44830 Bouaye, ☎ 02 40 65 44 92.

VAL DE LOIRE – VINS D'ANJOU ET VINS DU THOUARSAIS (DEUX-SÈVRES).

Le Logis de Preuil – C. Herpin, 79290 Bouille-St-Paul, ☎ 05 49 67 03 26.

Domaine Gigon – M. Gigon, 79100 Oiron, ☎ 05 49 96 51 36.

pour la maison

Archiac *(Charente-Maritime)* – **Tonnellerie d'art** Allary, ☎ 05 46 49 17 59.

Chasseneuil-sur-Bonnieure – **Charentaises**, magasin de l'usine Rondinaud, 27 rue d'Angoulême, ☎ 05 45 39 52 70.

Ligugé *(Vienne)* – **Émaux**, fabriqués par les moines de l'abbaye St-Martin, ☎ 05 49 55 21 12.

Nieul-sur-l'Autise *(Vendée)* – **Vannerie du Marais**, place de l'Église, ☎ 02 51 52 49 56.

Pornic *(Loire-Atlantique)* – **Faïencerie de Pornic**, chemin du Cracaud, ☎ 02 40 82 01 73.

La Rochelle *(Charente-Maritime)* – **Vent d'Ouest**, maquettes de bateaux, 9 rue Dupaty, ☎ 05 46 50 51 59.

Île de Ré *(Charente-Maritime)* – **Cristallerie Steiner**, St-Martin, ☎ 05 46 09 42 73.

St-Jean-de-Monts *(Vendée)* – **Demi-coque**, Bertrand, 5 rue de la Foudrière, ☎ 02 51 58 23 38.

St-Hilaire-de-Villefranche *(Charente-Maritime)* – **Girouettes et enseignes**, ☎ 05 46 95 31 99.

Sallertaine *(Vendée)* – **L'île aux artisans** (en saison).

Si vous passez par Niort, pensez à rapporter de l'angélique pour vos prochains desserts... pourquoi ne pas faire un cake avec les tiges confites de cette savoureuse plante ?

Kiosque

presse

Centre Presse, La Charente libre, Charente-Maritime, La Nouvelle République, Ouest-France, Sud-Ouest, quotidiens.

ouvrages généraux – tourisme

Angoulême, M. Ortiz, Éditions Ouest-France.

Châtellerault, M. Renouard, Éditions Ouest-France.

L'île d'Aix, J.-P. Bosc, Éditions Ouest-France.

L'île d'Oléron, C. Esquines et J.-L. Labour, Éditions Ouest-France.

L'île de Ré, N. Vray, Éditions Ouest-France.

Charente, J. Gomez de Soto et C. Morillon, Bonneton.

Haut-Poitou, Vendée, Bonneton.

architecture – art – photographie

Bastions de la mer (les fortifications de la Charente-Maritime), N. Faucherre, Rempart.

Châteaux, manoirs et logis : la Charente, la Charente-Maritime, les Deux-Sèvres et la Vienne, l'Association Promotion Patrimoine, Patrimoines Médias.

Cordouan, Les Baleines, Chassiron : les trois plus anciens phares de France, R. Faille, Patrimoines Médias.

Haut Poitou roman, R. Oursel, Zodiaque.

Le Mobilier régional (Vendée, Poitou-Charentes), G. Aubisse, Geste Éditions.

Les Côtes atlantiques vues du ciel,

Cadran solaire et roses trémières sur l'île d'Aix.

Y. Arthus-Bertrand et G. Guicheteau, Chêne.

Gens de mer, Gens du Marais, G. Rabiller.

Le Marais poitevin, T. Guinhut, La Renaissance du Livre.

Noirmoutier, île atlantique, J. et M. Thiery, l'Étrave.

Plein ciel sur les châteaux de Vendée, J. Rouillé, Éd. du Vieux Chouan.

gastronomie – nature

Dictionnaire de la cuisine de Poitou-Charentes et Vendée, I. Rouyer, Bonneton.

Les Chemins du Pineau des Charentes, M. Ortiz et M. Garnier, Patrimoines Médias.

Meilleures recettes de coquillages et crustacés, R. Charlon, Éditions Ouest-France.

Les Recettes des bords de mer au fil des saisons, D. Noël, Éd. du Vieux Chouan.

Produits du terroir & recettes traditionnelles de Vendée, L'Étrave.

Vignes et vignerons de Vendée, J. Huguet et G. Rabiller, L'Étrave.

La Côte atlantique, entre Loire et Gironde (Vendée, Aunis, Saintonge), M. Bournérias, C. Pomerol et Y. Turquier, Delachaux & Niestlé.

Comprendre les marées, O. Guérin, Éditions Ouest-France.

La Nature dans le Marais poitevin, J.-L. Eulin et E. Rousseau, Éditions Ouest-France.

histoire – civilisation

De châteaux en logis, itinéraires des familles de la Vendée (7 tomes), G. de Raignac, Bonnefonds.

1793 L'insurrection vendéenne, M. Ragon, Albin Michel.

Histoire de la Vendée, A. de Wismes, France-Empire.

Les Lucs, la Vendée, la terreur et la mémoire, P. Marambaud, L'Étrave.

La Préhistoire du Poitou, R. Joussaume, Ouest-France.

Saintes antique, L. Maurin et M. Thauré, Guides archéologiques de la France.

Sanxay, sanctuaire gallo-romain, P. Aupert, Guides archéologiques de la France.

Sur les traces de Charette, A. Gérard, *Sur les traces de Gilles de Rais,* O. Blanchard et A. Gérard, L'Étrave.

littérature

L'Accent de ma mère, M. Ragon, Livre de Poche.

Le Cocher de Boiroux, M. Ragon, Albin Michel.

Double crime aux Sables d'Olonne, D. Gallot, L'Étrave.

La Fille du Saulnier, Hortense Dufour, Grasset.

Les Mouchoirs rouges de Cholet et la Louve de Mervent, M. Ragon, Albin Michel.

Les Pêches de Vigne, Y. Viollier, Robert Laffont.

Le Roman d'un enfant, P. Loti, Flammarion.

Tobie des Marais, S. Germain, Gallimard.

La Terre qui meurt, R. Bazin, Siloë.

Le Voyageur de la Toussaint, G. Simenon, Gallimard.

Dans les ports de l'Atlantique, mouettes et chalutier sont indissociables.

loisirs sportifs

Balades à vélo en Loire-Atlantique, Éditions Ouest-France.

Île de Ré, promenades à bicyclette et à pied, J.-P. Rault, Éditions C.M.D.

Pays du bocage Bressuirais-pays Thouarsais, pays de Gâtine et tour du pays Mellois : itinéraires de randonnées pédestres, équestres et VTT en Deux-Sèvres, Comité départemental de la randonnée pédestre.

Poitou-Charentes (du Val de Loire au Marais poitevin), ainsi que d'autres topoguides sur la Charente-Maritime et ses îles, Fédération française de la randonnée pédestre.

vie rurale et traditions populaires

Les Bourrines du marais breton, G. Perraudeau, Séquences.

Compère Guillery, J. Lavallée, Geste Éditions.

Dictionnaire du français régional de Poitou-Charentes et Vendée, P. Rézeau, Bonneton.

L'Énigme de la Pierre Branlante et autres contes et légendes de l'île d'Yeu, Y. Logé et J.-O. Héron, L'Étrave.

BD

Barbe-Bleue (Les aventures de Jhen), J. Martin, Casterman.

Mythes et légendes de Pougne-Hérisson, Y. Jaulin et L. Bannes, Geste Éditions.

Le Ponton (Les passagers du vent, tome 2), F. Bourgeon, Glénat.

La Saison des anguilles, D. Lapière et P. Bailly, Dargaud.

Le Trésor du Vendéen, Pibuc et Elbée, La Lorampière.

Yeu existe ! Yeu l'ai rencontrée !, D. Rocher, Oya Nouvelles.

La Bédéthèque idéale, guide pratique contenant un classement des différents genres de BD, éditions du CNBDI, 1998.

trois petites notes de musique...

Trousse-chemise, de C. Aznavour.

Pougne-Hérisson et la vie des roses, de Y. Jaulin, Mélodie.

Le Coq et la pendule, de C. Nougaro.

La Symphonie de l'île d'Yeu, Oya.

Cinéma

Le Poitou, la Vendée et les Charentes sont apparus à l'écran dans quelques films demeurés célèbres. Ont été tournés :

À **Angoulême** (Charente) : *Blanche et Marie* (1984) de J. Renard, avec S. Bonnaire et Miou-Miou.

À **Angoulême** et **Cognac** (Charente) : *Un si joli village* (1978) d'É. Périer, avec J. Carmet, V. Lanoux et V. Mairesse.

Au **Fort Boyard** (Charente-Maritime) : *Les Aventuriers* (1967) de R. Enrico, avec A. Delon et L. Ventura.

À **Loudun** (Vienne) : *L'Affaire Marie Besnard* (1986), téléfilm de Y.-A. Hubert, avec A. Sapritch.

Sur l'**île de Ré** (Charente-Maritime) : *Le Jour le plus long* (1962) de D. Zanuck, avec H. Fonda, R. Mitchum, J. Wayne.

À **Rochefort** (Charente-Maritime) : *Les Demoiselles de Rochefort* (1966) de J. Demy, avec C. Deneuve, F. Dorléac, G. Kelly et M. Piccoli. *Les demoiselles ont 25 ans* (1992) d'A. Varda avec C. Deneuve et M. Bodard.

À **La Rochelle** (Charente-Maritime) : *Les Fantômes du chapelier* (1982) de C. Chabrol, avec C. Aznavour, M. Chaumette et M. Serrault.

À **Rouans** (Loire-Atlantique) : *Le Grand Chemin* (1986) de J.-L. Hubert, avec Anémone et R. Bohringer.

À **Royan** (Charente-Maritime) : *Noyade interdite* (1987) de P. Granier-Deferre, avec S. Flon, Ph. Noiret et S. Sandrelli.

Aux **Sables-d'Olonne** (Vendée) : *Les Vieux de la vieille* (1960) de G. Grangier, avec P. Fresnay, J. Gabin et Noël-Noël.

À **St-Juire-Champgillon** (Vendée) : *L'Arbre, le maire et la médiathèque* (1993) d'É. Rohmer, avec A. Dombasle et F. Luchini.

À **Saujon** (Charente-Maritime) : *Fièvres...* (1941) de J. Delannoy, avec J. Delubac, T. Rossi et M. Sologne.

Sur l'**île d'Yeu** (Vendée) : *La Révolte des enfants* (1991) de G. Poitou-Weber, avec M. Aumont.

Fête à Coulon sur la Sèvre Niortaise.

Calendrier festif

festivals

Janvier
Salon international de la bande dessinée (en fin de mois), ☏ 05 45 97 86 50. — **Angoulême**

Mars
Festival du film de voile « Images de la mer » (en fin de mois), ☏ 05 46 44 46 39. — **La Rochelle**

Festival international du film policier (en fin de mois) ☏ 05 45 82 10 71. — **Cognac**

Avril
Le Printemps musical (dernière semaine du mois), ☏ 05 49 41 21 24. — **Poitiers**

Mai-juin
Festival des musiques métisses, ☏ 05 45 95 43 42. — **Angoulême**

Festival de musique de St-Savinien, classique (2ᵉ quinzaine de mai à début juin), ☏ 05 49 29 08 23. — **Melle**

Festival international de jazz (du vendredi au dimanche de Pentecôte), ☏ 02 51 55 03 66. — **St-Gilles-Croix-de-Vie**

Juin-juillet
Festival international du film (fin juin à début juillet), ☏ 05 48 06 16 66. — **La Rochelle**

Festival ludique de Parthenay.

Juillet
Festival ludique international (du 1ᵉʳ au 3ᵉ week-end du mois), ☏ 05 49 95 24 20. — **Parthenay**

Jazz au fil de l'eau (2ᵉ semaine du mois), ☏ 05 49 64 24 24. — **Parthenay et environs**

Les Francofolies, festival de l'Atlantique (autour du 14 juillet). — **La Rochelle**

Rencontres internationales folkloriques enfantines (2ᵉ semaine du mois), ☏ 05 49 79 13 77. — **St-Maixent-l'École**

Les Académies musicales de l'abbaye aux Dames (1ᵉʳᵉ quinzaine du mois), ☏ 05 46 95 94 50. — **Saintes**

Festival international de folklore, les Jeux santons (2ᵉ et 3ᵉ semaine du mois), ☏ 05 46 74 47 50. — **Saintes**

Festival « la Terre et ses Métiers » (fin du mois), ☏ 05 49 80 25 36.

Août
Festival Blues Passions (début du mois), ☏ 05 45 32 17 28. — **Cognac**

Festival international de folklore (2ᵉ semaine du mois), ☏ 05 45 84 00 77. — **Confolens**

Festival de musiques traditionnelles et métissées, « De bouche à oreille » (3ᵉ semaine du mois), ☏ 05 49 94 90 70. — **Parthenay et environs**

Septembre
Festival d'automne, ☎ 02 49 57 00 80. **Fontaine-le-Comte**

Octobre
Piano en Valois (1re quinzaine du mois), ☎ 05 45 94 74 00. **Angoulême**

Octobre-novembre
Festival international du film ornithologique (vers la fin octobre-début novembre), ☎ 05 49 69 90 09. **Ménigoute**

Décembre
Festival de courts métrages, « Rencontres Henri-Langlois » (début du mois), ☎ 05 49 41 80 00. **Poitiers**

spectacles « son et lumière »

Juin
Bougon

Nuit du Solstice, musée des Tumulus (week-end vers le 21 du mois), ☎ 05 49 05 12 13.

Cinéscénie « Jacques Maupillier, paysan vendéen » (spectacle proposé les vendredis et samedis à 22h, de mi-juin à début septembre), ☎ 02 51 64 11 11. **Le Puy-du-Fou**

Juillet
Concert et féerie lumière (2e quinzaine du mois), ☎ 02 51 56 36 52. **Luçon**

Mi-juillet/mi-août
Animation nocturne dans l'enceinte du château **Clisson**

Rencontres imaginaires de l'abbaye (visite-spectacle à 22h), ☎ 02 51 52 49 03. **Nieul-sur-l'Autise**

Spectacle historique (proposé plusieurs fois par semaine), ☎ 05 45 63 07 45. **La Rochefoucauld**

Spectacle historique au château de Peyr, ☎ 05 45 71 25 25. **Roumazières-Loubert**

« Les Lumières de Châtres » (du jeudi au samedi à 22h30), ☎ 05 45 35 37 53. **St-Brice**

Rencontres imaginaires de l'abbatiale carolingienne (visite-spectacle à 21h30), ☎ 02 40 78 73 88. **St-Philbert-de-Grand-Lieu**

fêtes et foires

Avril
Foire aux bovins (organisée aussi en septembre). **Champdeniers**

Fêtes romanes (dernière semaine d'avril), ☎ 05 46 05 77 06. **Royan**

Fête des fleurs (mi-avril), ☎ 02 51 30 33 96. **La Tranche-sur-Mer**

Juin
Foire aux ovins. **Argenton-Château**

Juillet
Foire du Chabichou du Poitou et du fromage de chèvre. **Melle**

Fête de la cagouille (1er week-end du mois), ☎ 05 46 01 80 13. **St-Sauveur-d'Aunis**

Mi-juillet/mi-août
« Autrefois Challans », la foire des 4 jeudis. **Challans**

Fête des alambics et des vieux métiers (3e dimanche de juillet et 1er dimanche d'août), ☎ 05 46 02 00 14. **St-Romain-de-Benet**

Août
Foire-exposition (animations). **Luçon**

Fête des traditions paysannes. **Ménigoute**

Fête de l'âne (samedi précédant le 25 du mois). **Mirebeau**

Foire aux oignons. **St-Gilles-Croix-de-Vie**

Foire aux melons. **Sauzé-Vaussais**

Septembre
Fête des rosières (1er week-end du mois), ☎ 05 49 05 05 75. **La Mothe-St-Héray**

Reconstitution de la foire aux canards pendant la foire des 4 jeudis de Challans.

Foire aux champs. Septembre-octobre   **Argenton-Château**

Fête des Vendanges (année impaire), en alternance avec   **Cognac**
celle des Floralies (année paire), ☎ 05 45 32 05 11.

Novembre

Foire aux vins et à la gastronomie.   **Sauzé-Vaussais**

rencontres sportives et salons

Mai-juin

Semaine internationale de la Voile (pendant les « ponts »   **La Rochelle**
de l'Ascension et de la Pentecôte), ☎ 05 46 44 62 44.

Juin

Les Foulées du Gois, course à pied contre la marée   **Beauvoir-sur-Mer**
(avant-dernier ou dernier week-end du mois), ☎ 02 51
68 71 13 ou 02 51 39 80 71.

Août

Régate de vieux gréements, au Bois de la Chaize (en   **Noirmoutier**
début de mois), ☎ 02 51 39 80 71.

Sur les Chemins de St-Jacques, randonnées animées à   **Parthenay**
pied ou à vélo (vers le 15 du mois).

Olympiades maraîchines (2e dimanche d'août), ☎ 02 51   **Le Perrier**
68 09 05.

Septembre

Circuit des remparts, course de vieilles voitures (vers le   **Angoulême**
15 du mois), ☎ 05 45 94 95 67.

Raid des chaussées de Sèvre (canoë, cheval, course à   **Mallièvre**
pied, VTT).

Salon européen de modèles réduits, Modelexpo (dernier   **Neuville-de-Poitou**
week-end du mois), ☎ 05 49 51 20 44.

Le Grand Pavois, salon nautique à flot (3e semaine du   **La Rochelle**
mois), ☎ 05 46 44 46 39.

Novembre

Vendée Globe (départ de cette course à la voile en soli-   **Les Sables-d'Olonne**
taire, tous les 4 ans depuis 1988 en début de mois),
☎ 02 51 32 03 28.

Le charme du Marais poitevin

*Invitation
au voyage*

Terre océane

Depuis l'estuaire de la Loire jusqu'à celui de la Gironde, la côte égrène ses stations balnéaires et ses îles, Noirmoutier, Ré, Oléron, Yeu – sur trois départements : la Loire-Atlantique, la Vendée et la Charente-Maritime. Grâce au Gulf Stream, elle bénéficie d'un micro-climat exceptionnel et d'une lumière magique, à nulle autre pareille, changeant parfois d'heure en heure. C'est le rendez-vous des amoureux de grands vents, de plages de sable et de bois odorants. Les

pêches y sont encore miraculeuses et l'on s'y régale de sardines grillées, de thons, de soles, et des incontournables Marennes-Oléron.

Mariage entre terre et océan, la façade atlantique s'infiltre dans d'immenses marais poitevin et vendéen, embrassant des paysages intérieurs au patrimoine étonnant.

Le rivage et la mer

Des plages et des îles accueillantes vous attendent sur cette côte où les embruns frappent le visage et l'air iodé regonfle les poumons. On y part pour un week-end sur une île ou pour des vacances sur la côte : soleil, mer, sport et découverte au programme.

La côte

Tout au long de cette côte, les rives rongées par l'érosion ou bien caressées par les courants réservent bien des surprises à ceux qui les croient monotones. Et la mer s'y dévoile dans tous ses états, de toute beauté.

Si le rivage est dominé par la présence des plages de sable, l'érosion marine lui a parfois donné l'aspect de falaises ou de caps (pointe de La Pallice), du haut desquels le spectacle de la mer déchaînée est impressionnant. L'érosion a pu aussi isoler des îles, comme la granitique île d'Yeu, ou creuser des baies (anse de La Rochelle) où se sont installés des ports abrités. Ailleurs, c'est l'accumulation littorale qui a joué son rôle, déposant au ralenti les morceaux de roches arrachés au rivage ou apportés par les fleuves. Elle a par-

LES BATEAUX

La présence d'écoles de voile, de ports de plaisance et de grands événements sportifs (aux Sables-d'Olonne et à La Rochelle) confèrent une vocation nautique à cette région, qui concentre les plus grands noms de la construction de bateaux de plaisance. La Vendée est au 1er rang national avec les constructeurs nautiques Bénéteau et Jeantot-Marine. Mais c'est à La Rochelle (Charente-Maritime) et dans ses environs que l'on trouve le plus de sociétés d'équipement (accastillage et armement, mâts et voiles) et de services de plaisance. La ville abrite aussi le Centre de recherche pour l'architecture et l'industrie nautique (CRAIN) qui conçoit des bateaux de course. Ce dernier fut initié après le succès du premier voilier sponsorisé par un département : *Charente-Maritime* qui gagna les transatlantiques La Rochelle-La Nouvelle-Orléans en 1882 et Lorient-Les Bermudes-Lorient en 1983.

Cabines de plage à Royan, et accessoires indispensables...

La beauté
éphémère d'un
château de sable,
Pointe du Devin
à Noirmoutier, et
villa du littoral

fois bouché des baies et isolé des marais.
Les dépôts s'accumulant sur les obstacles du rivage ont aussi permis la formation de dunes (La Tranche) au pied
desquelles s'alignent de nombreuses,
longues et belles plages de sable fin, propices à la baignade.

L'océan

Redoutable pour ses colères, majestueux
pour la beauté de sa houle, l'Atlantique
est un monde en soi. Ses horizons ont
fasciné les habitants de la Charente et du Poitou les amenant, au 17ᵉ s., à émigrer
massivement en Acadie, à la conquête de territoires inexploités. Face à l'océan,
deux espaces marins se dessinent, séparés par le pertuis de Maumusson, entre la
pointe extrême d'Oléron et le continent : la mer charentaise avec ses îles, ses courants et ses larges estrans, à laquelle préside La Rochelle, et l'estuaire de la Gironde,
le plus grand estuaire d'Europe, avec Royan et Talmont et, « le roi des phares,
phare des rois », Cordouan.

Le pays du soleil

L'arrivée constante d'air océanique sur les côtes atténue les possibilités d'écarts ther-
miques et fait de cette région un petit paradis. L'ensoleillement y est comparable à
celui du Midi méditerranéen. Sur les côtes et les îles les températures sont plus élevées qu'à l'intérieur des terres. On a relevé 2 370 heures d'ensoleillement par an sur
l'île d'Yeu et 2 560 heures aux Sables-d'Olonne, contre 1 900 heures à Poitiers et 2 000
heures à Niort. Les pluies d'origine océanique sont de courte durée, suivies par de
rapides améliorations. Les ciels lumineux lavés par les vents, traînant quelquefois
derrière eux quelques cumulus, ont fait la réputation de la région et le bonheur des
peintres : Renoir (1841-1919) à Noirmoutier, Corot (1796-1875), Signac (1863-1935)
et Marquet (1847-1947) à La Rochelle. Conséquences de la douceur de ce climat
côtier, le pin parasol et le mimosa, espèces originaires du bassin méditerranéen, ont
été conquis par cette région où ils voisinent avec des chênes verts.

Les stations balnéaires

La mode des bains de mer venue d'Angleterre au 19ᵉ s. s'est
répandue sur les côtes de la Manche et de l'Atlantique avec
la construction de stations balnéaires toutes conçues selon
le même modèle : des villas aux architectures éclectiques,
une église et un casino. Au 20ᵉ s., tandis que le tourisme
prenait de l'ampleur, ces stations se sont étendues,

THALASSOTHÉRAPIE
À mi-distance entre les centres emblématiques du Morbihan et de Biarritz, la Charente-Maritime tente de surfer sur la vague bleue de la thalassothérapie en choisissant d'être plus jeune, plus dynamique et plus verte aussi. Elle a pour elle des atouts d'envergure : un littoral nouvellement drainé, deux îles au microclimat méditerranéen, et autant d'heures de soleil que sur la Côte d'Azur. Châtelaillon-Plage, Royan, Sainte-Marie-de-Ré, La Flotte, et Saint-Trojan-les-Bains vous proposent ainsi de tirer le meilleur de l'Océan.

urbanisées et métamorphosées, et jalonnent aujourd'hui le littoral atlantique allant de la Loire jusqu'à la Gironde : Pornic, St-Jean-de-Monts, St-Gilles-Croix-de-Vie, Les Sables-d'Olonne, St-Vincent-sur-Jard, La Tranche-sur-Mer, Fouras, Royan et ses environs. La plupart de ces stations proposent des activités sportives et des ports de plaisance.

Les plages de sable

Le long de la côte, plusieurs plages de sable s'étendent à l'infini : St-Jean-de-Monts, Les Sables-d'Olonne, La Tranche-sur-Mer, Châtelaillon. Parfois, des dunes recouvertes d'oyats puis de forêts prolongent ces étendues naturelles vers l'intérieur des terres. Entre la Coubre et Royan, on trouve les grandes plages superbes de La Palmyre et de la pointe de Vallières. À Royan même, les plages de la Grande Conche et la conche de Pontaillac sont magnifiques ; autour de Royan, le rivage de falaises basses et de grottes est entrecoupé de petites baies aux fonds de sable bordées de chênes verts. Les îles sont également très bien pourvues avec de belles plages : l'île d'Yeu, l'île de Ré, l'île d'Oléron et l'île d'Aix.

Les îles

Petites (Aix, Madame) ou grandes (Oléron, Ré, Noirmoutier, Yeu), les îles charentaises et vendéennes ont un charme unique. Très fréquentées l'été, il est préférable de les découvrir hors saison. La plupart sont reliées au continent par un pont ; seules Aix et Yeu sont accessibles par bateau.

De petits paradis

Havres de quiétude que l'on parcourt à vélo ou à pied, les îles bénéficient d'une végétation foisonnante de landes, de forêts de pins et de chênes verts, de mimosas et de palmiers. La beauté de la nature y rivalise avec une identité préservée que l'on rencontre encore dans de petits villages aux maisons blanches, bordées

Vue de la rade des Sables-d'Olonne

*Le Remblai aux Sables-d'Olonne
et catamaran sur l'Atlantique*

Tempête aux Sables-d'Olonne

de roses trémières et de camélias. Dans des ports aux bateaux colorés, les maisons sont basses et orientées en fonction du vent, et portes et volets des maisons de pêcheurs sont peintes de couleurs vives.

Sans collines ni falaises, Noirmoutier est comme un bateau lourdement chargé. Son horizon est juste ponctué de toits pointus et des derniers moulins à vent, tandis que ses côtes s'étirent en bancs de sable interminables. Oléron est la plus grande des îles françaises après la Corse, et une terre toujours verte où se plaisent l'oranger et l'olivier. Quant à Ré, reliée au continent par un spectaculaire pont de 3 km, et souvent surnommée Ré la Blanche en raison de son soleil et ses murs, elle ne cesse d'attirer et de fidéliser de plus en plus de personnes.

D'anciens bastions

Forteresses aujourd'hui endormies, les îles de Charente-Maritime possèdent des vestiges d'un temps où elles durent se défendre contre les Anglais ou les Hollandais. Des bastions furent édifiés aux 17e et 18e s. pour faire face aux progrès de l'artillerie, notamment par l'ingénieur militaire Vauban (1633-1707). Ré et Oléron protégeaient l'accès aux ports de La Rochelle, Brouage et Rochefort, eux-mêmes fortifiés. L'île d'Oléron, la plus exposée, fut la plus défendue avec Le Château-d'Oléron et deux îlots-sentinelles : le fort Chapus situé entre l'île et le continent, et le désormais célèbre fort Boyard qui trône entre Oléron et Aix.

Les trésors de la mer

Place à la nourriture de la mer : poissons, coquillages et crustacés de l'Atlantique vont vous enchanter par leur saveur et leur fraîcheur !

Pratiquée par des professionnels ou par des amateurs, la pêche en mer connaît des techniques variées, allant de la pêche au chalut raclant les fonds marins à la pêche de rivage utilisant des carrelets (filets suspendus).

*Mimosas de
Noirmoutier*

Fort Boyard

LES VÉLOS

Sur les îles (Oléron, Ré, Aix, Noirmoutier et Yeu), on part en balade à vélo que l'on peut louer sur place si l'on n'a pas apporté le sien. L'île de Ré est incontestablement la mieux pourvue en pistes cyclables avec 86 km au total et cinq itinéraires touristiques balisés : le chemin de l'histoire, le chemin du littoral, le chemin de la campagne, le chemin des marais et le chemin de la forêt. Sachez que la petite reine est également à l'honneur à La Rochelle où l'on peut enfourcher un vélo jaune gratuitement pendant 2 h.

La pêche hauturière

La pêche industrielle et les gros chalutiers de plus de 100 tonneaux ont presque totalement disparu sur cette partie de la côte atlantique. Ce sont des chalutiers de taille moyenne (20 à 50 tonneaux) qui partent pour la **pêche hauturière** (pêche en haute mer) pendant 2 à 3 semaines entre les Açores et la mer d'Irlande. Cette pêche se pratique avec un chalut : énorme filet que le bateau traîne sur des fonds atteignant 500 m et ramenant merlus, dorades et soles.

Cette « pêche fraîche » demeure très importante pour l'économie de La Rochelle, des Sables-d'Olonne, de l'île d'Yeu et de St-Gilles-Croix-de-Vie.

On pratique la **pêche au thon** de juin à octobre à la traîne à l'appât vivant (sardines, anchois, etc.) ou au filet maillant dérivant (île d'Yeu). On pêche le thon blanc ou germon en début de campagne entre le Portugal et les Açores, et l'on suit sa migration au large du golfe de Gascogne jusqu'au Sud-Ouest de l'Irlande.

La pêche côtière

Son rayon est plus restreint que celui de la pêche hauturière, mais on en rapporte des espèces particulièrement prisées dans leur première fraîcheur.

La **pêche à la sardine** est pratiquée avec des filets tournants (sennes) de 200 à 300 m de long sur des embarcations qui regagnent chaque jour le port où le poisson est vendu aussitôt à la criée. Mais la raréfaction des bancs sardiniers sur le littoral vendéen oblige de plus en plus à pêcher au large des côtes du Maroc avec des sardiniers-congélateurs.

De nombreux petits chalutiers et des canots à moteur pêchent le **poisson plat ou rond** selon les parages, soles, raies, merlans, rougets, merluchons et maquereaux. À l'aide de « casiers » ou nasses, la **pêche aux crustacés** ramène homards et langoustes capturés surtout dans les eaux froides des côtes rocheuses de Vendée et de l'île d'Yeu. Les langoustines, en revanche, sont cherchées plus au large par les chalutiers.

Et sur les bancs de Soulac et de Cordouan en Gironde, les marins de Royan et de la Cotinière traquent la crevette.

Esnandes : baie de l'Aiguillon

LES CARRELETS

Depuis des cabanes sur pilotis construites de planches de bois peintes, les pêcheurs manient les **carrelets**, filets suspendus à un mât par un système de poulies. Leurs alignements nombreux dans l'estuaire de la Gironde forment des paysages superbes. Lieux de prédilection de quelques irréductibles malgré leur rentabilité incertaine, ces cabanes les pieds dans l'eau sont situées sur le domaine public maritime. Des autorisations d'exploitation sont délivrées pour cinq ans, renouvelables, mais la plupart restent dans les mêmes familles de génération en génération.

La pêche en amateur

La **petite pêche** s'accomplit depuis le rivage ou non loin des côtes, au moyen de lignes, cordes, sennes de plage et filets fixes. Au printemps, lors de la remontée des cours d'eau pour la ponte des œufs (le frai), les amateurs s'adonnent à la **pêche en estuaire**. Aloses et lamproies s'attrapent dans l'estuaire de la Gironde, notamment dans les carrelets.

À la même époque, les anguilles reviennent de leur migration depuis la mer des Sargasses (près des Bermudes, à 6 000 km de l'Europe) où elles sont allées se reproduire : les alevins, de minuscules « **pibales** », sont capturés du rivage, par milliers à la fois, à l'aide de **haveneaux**, épuisettes à mailles très fines.

La pêche à pied

Elles est praticable par tous et en toute saison lorsque la mer se retire. Cette cueillette permet d'allier la découverte de la faune marine au plaisir de déguster le produit de sa pêche. Il convient avant tout de se renseigner sur les horaires des

De gauche à droite : Départ de pêche, Crustacés, Crevettes, Pêche à pied en Vendée, Port de l'Île d'Yeu. Ci-dessous : Paniers de pêche.

marées (annuaire) en sachant que les pêches les plus abondantes se pratiquent lorsque le coefficient d'amplitude de la marée est supérieur à 100.

Sur **les côtes rocheuses**, pour pêcher les petits crustacés (bouquets, étrilles) ou les coquillages (bigorneaux, patelles), munissez-vous de chaussures en caoutchouc ou d'une paire de tennis, d'un coupe-vent ou d'un ciré, d'un gant épais, d'un panier porté en bandoulière, d'une épuisette, d'un crochet métallique et d'un couteau.

Sur **les côtes de sable fin**, les grandes étendues délaissées momentanément par la mer laissent apparaître les silhouettes des pêcheurs accroupis près de leur panier, fouillant méthodiquement le sable à l'aide d'une griffe ou d'un grattoir, à la recherche de coques, couteaux, donaces, palourdes, pétoncles ou praires. La pêche au filet permet, en poussant un haveneau (épuisette), de piéger les crevettes et parfois de petites soles qui d'ordinaire se piquent, tout comme l'anguille, avec un gros harpon (une foëne).

Réglementation et sécurité

Même si la pêche à pied ne demande aucune autorisation particulière, elle est formellement interdite dans certaines zones ostréicoles et à proximité des écluses à poissons. Pour sauvegarder les espèces, il est souhaitable de ne prélever que la quantité nécessaire à sa consommation personnelle. La plus grande prudence est recommandée lors du retour de marée ; pour ne pas se laisser surprendre, il est préférable de ne pas rester seul sur le rivage et de remonter aussitôt que les autres pêcheurs quittent l'estran. Il est également prudent de se renseigner pour savoir si un arrêté n'a pas été délivré en cas de pollution momentanée.

Des filets dans la tourmente

Menacés d'interdiction par l'Union européenne, les filets maillants dérivants de l'île d'Yeu sont sur la sellette. Ces filets sont déployés par les pêcheurs entre les

Les filets de pêche sur le port d'Île d'Yeu

Açores et l'Irlande pour attraper les thons lors de leur migration. Objets de discorde avec les pêcheurs espagnols qui pêchent le thon à la canne avec des appâts naturels, ces filets sont aussi accusés de provoquer une véritable catastrophe écologique en retenant prisonniers de nombreux dauphins et tortues. Les pêcheurs français s'en défendent, arguant que ces filets ne font que 2 % de prises accessoires et que leur longueur de 2,5 km est conforme aux orientations manifestées en la matière par les Nations unies. Or dans la Baltique, il est admis que les pêcheurs de saumon utilisent des filets de 21 km de long. La dispute n'est pas encore terminée !

La conchyliculture

La culture des coquillages est omniprésente sur la façade atlantique de la Loire à la Gironde. Et contrairement à une idée reçue, il n'y a pas de saison pour déguster à volonté les huîtres et les moules de la région !

Les huîtres

Véritable berceau de l'huître, le bassin de Marennes-Oléron va de la Charente à l'embouchure de la Gironde et alimente la moitié du marché français. Et l'appellation d'origine « Marennes-Oléron » est connue internationalement. Après-guerre, des Charentais développèrent l'ostréiculture dans la baie de Bourgneuf ; cette production d'huîtres, située au Nord de la Vendée, porte le nom de Vendée Atlantique.

Barque à huîtres

Nature et histoire – Il existe deux espèces principales, l'huître plate et l'huître creuse, vivant à l'état naturel en gisements fixés aux rochers marins (creuse) ou sur des bancs de sable (plate). La **plate** est connue localement depuis l'époque gallo-romaine et, dès lors, fut récoltée par cueillette ou par dragage. Elle figura sur la table de Louis XIV. Presque anéantie vers 1920 à la suite d'une maladie, cette espèce subsiste en petite quantité dans la région de Marennes.

Plus charnues et souvent plus grasses, mais de goût moins fin et très différent, les **huîtres creuses** sont moins sensibles aux intempéries. Celles-ci ont été introduites accidentellement en 1868 ; à la suite d'une tempête, un navire revenant du Portugal fit une escale trop prolongée en Gironde : sa cargaison d'huîtres destinée à l'Angleterre dut être jetée à la mer (à la hauteur de Talais). Les survivantes se sont dispersées et imposées ensuite dans la plupart des élevages. Mais la maladie ravagea à nouveau les parcs en 1971, et l'on a remplacé l'huître portugaise par la « japonaise » *(Crassostrea gigas)*, huître originaire du Pacifique et importée du Japon ou du Canada (Colombie britannique).

L'exploitation – Artisanale ou familiale, elle est quoi qu'il en soit aléatoire : outre la maladie, la dégénérescence, la pollution, l'envasement ou la salinité excessive, une tempête ou un froid vif peut détruire un parc, attaqué par ailleurs par des crabes, des étoiles de mer et des bigorneaux.

Bouchots

Les petites huîtres ou **naissain**, voguant au gré des courants, se fixent en été sur des **collecteurs**, tuiles blanchies à la chaux, ardoises, piquets de bois ou pierres, selon les endroits. Ceux-ci sont transportés ensuite dans un premier parc. Au bout de un à deux ans, les huîtres sont décollées (c'est le **détroquage**), puis mises dans un second parc (généralement dans des « poches » placées sur des tables), pendant un à deux ans. Enfin, elles subissent l'affinage en « **claires** », des bassins peu profonds alimentés en eau par des chenaux reliés à la mer.

Choix et dégustation – Il existe un classement des huîtres selon la durée de leur séjour dans les claires. Les « **fines de claire** » restent au moins un mois dans le bassin d'affinage. Les

Les coquillages de haut en bas :
Plateau d'huîtres
Pétoncle
Moule
Bigorneau
Coque
Couteau

huîtres dites « **spéciales** » effectuent un séjour de deux mois au moins en bassin où elles sont réparties en faible densité (10 huîtres au m²) et sont plus charnues que les « fines de claires ».

Il n'est pas forcément bon de consommer l'huître sitôt sortie de l'eau et il vaut mieux attendre qu'elle soit rassise après quatre à cinq jours. On les conserve dans leur bourriche dans un endroit frais (une cave ou le rebord d'une fenêtre) avec un poids posé dessus pour les empêcher de s'ouvrir. Par contre, il n'est pas bon de les conserver sur de la glace. L'huître se déguste le plus souvent crue et vivante ! Il faut qu'elle bouge encore si on la pique avec son couteau. On y met un peu de jus de citron ou un mélange de vinaigre et d'échalotes et on la mange avec un morceau de pain de seigle tartiné de beurre.

Les moules

Très appréciée des Romains, la moule sauvage vit en colonies sur les rochers battus par la mer. Domestiquée dès le 13ᵉ s., elle fait l'objet d'un élevage distinct de celui des huîtres (sauf dans la baie de l'Aiguillon), car ces deux coquillages présentent des incompatibilités biologiques.

Aujourd'hui, les centres de production de moules sont, au Sud l'anse de Fouras, la côte près de Brouage et l'île d'Oléron (baie de Boyardville), et au Nord la baie de l'Aiguillon.

La mytiliculture est l'art de faire croître et embellir les moules. Cette culture est d'ailleurs susceptible de développement, malgré la concurrence de la Hollande, la France ne produisant qu'une partie de sa consommation.

Les moules se fixent et engraissent sur des pieux plantés dans la vase : ce sont les **bouchots** que les « boucholeurs » disposent en files ou réunissent en assemblages. Selon les secteurs, l'organisation des bouchots est différente et soumise à une réglementation stricte.

Dans le pertuis Breton, on trouve le bouchot à naissain (embryons ou larves), situé vers le large ; le bouchot à cordes ; le bouchot d'élevage, situé près de la côte, où les moules atteignent leur taille de commercialisation. Il faut voir les boucholeurs allant aux moules sur de petits bateaux plats ou, à marée basse, sur leurs « accons », simples caisses qu'ils font glisser sur la vase à grands coups de botte.

N'oublions pas que les moules servent de base à la préparation de spécialités gastronomiques régionales : la mouclade et l'éclade figurent parmi les plus délicieuses.

LA MOUCLADE

Cette recette charentaise tient son nom des moules appelées « moucles ». Il en existe de nombreuses variantes. En voici une :

Pour 4 personnes. Gratter et laver à grande eau 2 l de moules. Les cuire à la marinière, c'est-à-dire dans un récipient avec un oignon coupé fin, du persil haché et un verre de vin blanc, à gros feu pendant 10 mn. Lorsqu'elles sont ouvertes, enlever une coquille à chaque moule et les ranger toutes dans un plat allant au four. Faire revenir 4 oignons, puis verser dessus la moitié de l'eau des moules et faire réduire 1/2h. Ajouter du poivre et une pincée de safran. Hors du feu, mélanger 100 g de crème fraîche et 2 jaunes d'œuf. Verser ce mélange dans le bouillon et le tout sur les moules. Passer quelques minutes au four chaud et servir aussitôt.

La mouclade, spécialité charentaise.

Ci-contre :
Collecte du sel dans les marais salants
et logo des producteurs de sel de l'île de Ré.
Ci-dessous : Salorge

Le monde des marais

Prépondérants en cette région bordant l'océan, les marais s'étirent du Nord au Sud, du pays de Retz jusqu'aux falaises de l'Aunis. Quelques marais salants ont subsisté, quand ils ne sont pas devenus des havres pour les oiseaux ou des bassins à huîtres. Ailleurs ce sont des polders où paissent bovins ou moutons de pré-salé, des prairies et des terres cultivées bordées de haies et de canaux où barbotent les canards. Ces espaces se succèdent sous de larges horizons depuis le Marais breton-vendéen jusqu'au célèbre Marais poitevin.

Dans ce monde aquatique et végétal bouleversé au fil du temps, les paysages sont en évolution constante, remodelés par la nature et la main de l'homme.

Du règne du sel à celui des oiseaux

Aujourd'hui pour la plupart abandonnés par les hommes, les anciens marais salants ont été conquis par les oiseaux. Un voyage dans la région est ainsi idéal pour découvrir le travail des derniers sauniers de l'Atlantique et pour aborder l'observation des oiseaux migrateurs et des espèces protégées.

Les marais salants

Depuis le néolithique (5 000-2 500 avant J.-C.), le sel est utilisé par les hommes comme condiment et comme moyen de conservation des viandes et poissons. De nos jours, les progrès techniques dans le domaine du froid ont rendu les salaisons obsolètes mais elles subsistent encore pour un certain nombre de produits comme les cornichons, les olives et les charcuteries.

L'or blanc – Les marais salants se sont formés par l'envasement de la mer et par l'évaporation de l'eau sur ces nouvelles terres, où apparurent les cristaux de sel. C'est au Moyen Âge que l'exploitation des marais salants débuta sur les côtes vendéennes et charentaises faisant la prospérité de la région du 11ᵉ au 18ᵉ s. Les marais salants bordaient presque toute la côte, du pays de Retz à l'estuaire de la Gironde. Richesses du Poitou et surtout de l'Aunis et de la Saintonge, des milliers de salines scintillaient sous le soleil. Le sel faisait l'objet d'un important trafic fluvial et maritime jusqu'aux villes de l'Europe du Nord. C'est la croissance de la pêche dans cette zone qui entraîna une augmentation de la demande en sel pour conserver morues et harengs chargés dans les cales. Des bateaux hollandais, allemands, anglais et scandinaves venaient chercher le sel nécessaire à la conservation des poissons et aussi des viandes. La préférence pour le sel extrait des mines à la fin du 19ᵉ s. et les progrès de la technique du froid ont entraîné la disparition de la plupart des salines. Dans la baie de Brouage, ancien grenier à sel, la mer a reculé et les marais envasés sont passés à l'état de marais « gâts » (gâtés) où rôdait la fièvre. Les autres marais sont devenus pâturages, jardins maraîchers ou réserves pour les huîtres ou les oiseaux.

Une exploitation délicate – Les marais salants dessinent un quadrillage délimité par de petits talus ou « **bossis** » de terre argileuse. L'eau de mer est amenée dans ces immenses damiers lors des marées, par des canaux ou « **étiers** ». Conduite d'abord dans des grands bassins où elle commence à se décanter et se concentrer, l'eau circule grâce à des systèmes de dénivellation successifs dans une suite de réservoirs de moins en moins profonds. Dans les « **œillets** », compartiments centraux rectangulaires où elle parvient finalement, la couche n'a plus que 5 cm d'épaisseur. C'est là que l'eau s'évapore et que le sel se cristallise.

LA FLEUR DE SEL, UN PRODUIT PUR

À la surface de l'eau de l'œillet (bassin central), la fleur de sel apparaît. Ses cristaux peuvent être de tailles différentes à cause du vent plus ou moins fort balayant l'eau. Elle sèche naturellement au soleil et ne subit ensuite aucun lavage ni concassage. Son petit goût de violette très caractéristique a déjà séduit plus d'un grand chef cuisinier ! Ne pas confondre le sel de mer traité qui vient de Méditerranée et le sel marin, produit pur, venant de l'Atlantique.

L'une des fonctions du **saunier** (ou paludier) est de contrôler la circulation et le débit de l'eau afin que les bassins ne soient ni noyés ni asséchés. De mai à septembre, le saunier « tire » le sel gris déposé au fond, à l'aide d'un râteau au long manche de frêne le « **simoussi** ». Geste ultime, il écume avec une pelle plate, le sel blanc à la surface, la fleur de sel. La récolte est ensuite assemblée en tas ou « **mulons** » sur les bords du salin. Ces mulons sont souvent protégés des intempéries par des bâches en plastique, puis stockés dans des « **salorges** », magasins généralement construits en bois.

Ne vous inquiétez pas si les sauniers que vous rencontrez utilisent d'autres termes techniques, le patois change presque d'un marais à un autre !

Les derniers sauniers – Il ne reste aujourd'hui plus que quelques sauniers à travailler encore de manière traditionnelle à Noirmoutier, Oléron et Ré *(site Internet www.sel-de-re.tm.fr.)*. Ils travaillent toute l'année dans les marais salants pour une récolte du 15 juin au 15 septembre. Seuls la marée, le soleil et le vent président à l'élaboration lente du sel.

Qu'ils soient migrateurs ou sédentaires, dans la région, les oiseaux sont comblés par la nourriture qu'ils trouvent dans les grands bancs de sable et dans la vase des marais : coquillages et petits vers qui se nourrissent de plancton.

Les oiseaux migrateurs

Les oiseaux migrateurs qui s'installent pour l'hiver dans la région atlantique (comme les marais vendéens et charentais où ils trouvent une nourriture abondante) sont originaires pour la plupart du Nord de l'Europe. Quelques-uns de ces visiteurs d'hiver sont : l'avocette élégante, la bernache cravant, le pluvier argenté, le gorge-bleue, le courlis cendré et le bécasseau. On les observe pour la plupart de septembre à février. L'avocette élégante est un échassier moyen au plumage noir et blanc et au long bec noir effilé et recourbé vers le haut ; la bernache cravant est une oie de couleur sombre avec un long cou noir et un collier blanc ; le pluvier argenté tout comme le bécasseau sont des échassiers moyens ; le gorge-bleue est un petit oiseau furtif qui fréquente les marais salants.

D'autres quittent la région en hiver et y reviennent au printemps. Bref, l'oiseau, comme on le sait tous, est libre comme l'air !

Les sédentaires

Les oiseaux sédentaires ne posent pas de problème aux « aventuriers du ciel » que sont les oiseaux migrateurs. Au contraire, et à l'image des êtres humains de la région, ils ont un très grand sens de l'hospitalité ! À tel point que certains oiseaux migrateurs ont choisi d'élire domicile à temps plein dans la région car ils s'y sentaient protégés : le héron cendré au lac de Grand-Lieu, le canard colvert, l'huîtrier pie et le vanneau huppé.

S'il y a un oiseau sédentaire représentatif des marais et que vous ne devriez pas rater, c'est le martin-pêcheur ! Il a un corps trapu et un long bec noir. Son plumage est bleu-vert électrique sur le

Fleur de chardon

dessus, son ventre roux et ses joues rouge et blanc. Et écoutez-le, il pousse un cri très reconnaissable quand il vole : « tiit, tiit ! »

Les sites d'observation

Plusieurs zones d'observation se dessinent dans cette région entre terre et eaux : les anciens marais salants de la **baie de Bourgneuf** (une immense vasière) et de Brouage (la réserve de **Moëze**), le **lac de Grand-Lieu** et la **baie de l'Aiguillon** (la réserve ornithologique de St-Denis-du-Payré), les embouchures riches en poissons de la Loire, de la Charente et de la Gironde. N'oublions pas les plans d'eau du bocage vendéen, le Marais breton-vendéen et le marais desséché. Et les îles et leurs sites d'observation : **Noirmoutier** (la réserve naturelle des marais de Müllembourg), **Ré** (la réserve naturelle de Lilleau des Niges, *accès par la maison des Marais*) et **Oléron** (le Marais aux oiseaux).

Les marais secrets

Formés de débris accumulés par les courants marins ou les fleuves, ces marais s'abritent derrière des dunes.

On peut reconnaître d'anciennes îles rocheuses qui pointent çà et là et les premières hauteurs à l'intérieur des terres marquent le dessin de l'ancienne côte.

Les conquêtes de l'homme

Le Marais breton-vendéen et le Marais poitevin n'étaient que d'immenses golfes marins parsemés d'îles avant notre ère. La mer du golfe du Poitou venait jusqu'à l'actuelle ville de Niort ! Ces zones côtières furent progressivement colmatées par les courants accumulant des alluvions à l'entrée des golfes.

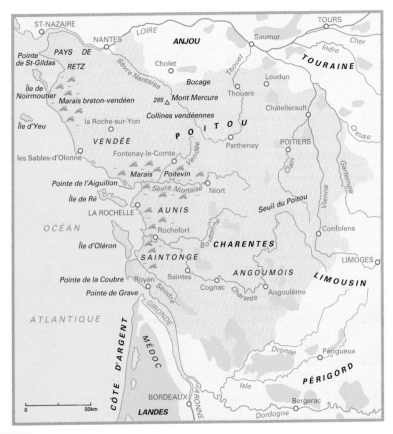

De gauche à droite :
Poule d'eau,
Héron, Loutre au zoorama
de Chizé. Baudet du Poitou.

Les marais ont été conquis par l'homme entre le 9e et le 15e s., d'abord par les moines, puis grâce à de grands travaux d'assainissement et de comblement sous François Ier puis sous Henri IV. Au cœur du « Marais desséché » les travaux des ingénieurs hollandais rompus à la technique des polders se sont poursuivis jusqu'au 18e s. Aujourd'hui on y voit des prairies naturelles humides pour bovins, havres de nombreux oiseaux. Un drainage important a été effectué pour y établir de vastes terrains de cultures céréalières. La zone que l'on appelle le « Marais mouillé » était régulièrement inondée par les crues des rivières (Sèvre Niortaise ou Vendée) et ce n'est que sous Napoléon III que des travaux d'assèchement furent poursuivis, lui donnant sa configuration actuelle. Plusieurs rivières y alimentent un vaste réseau de canaux rectilignes qui courent autour d'une multitude de parcelles.

Le Marais breton-vendéen

Depuis l'abandon des marais salants, l'eau y pénètre pour la culture des coquillages mais il est surtout dédié à l'élevage. Le marais cache encore quelques « **bourrines** », petites maisons basses en « bourre » (terre malaxée avec de la paille), blanchies à la chaux et couvertes de « rouches » (roseaux). Entouré d'eau la moitié de l'année, le **maraîchin** du Marais breton-vendéen profitait du dimanche pour rompre son isolement ; il se rendait à la messe en yole (barque plate), puis s'installait au café pour d'interminables parties de cartes (l'aluette ou la mouche). Ce travailleur, méfiant à l'égard des hommes et des innovations hasardeuses, était un homme de foi ; le Vendredi saint, il veillait à envelopper sa « fraïe » (bêche) d'un linge afin de ne pas faire « saigner la terre ». C'est dans le Marais breton-vendéen que se déroulait autrefois une curieuse coutume appelée le maraîchinage. Maraîchiner consistait à s'asseoir à deux, sous un grand parapluie, et à s'embrasser à l'abri des regards indiscrets. Le rite exigeait que la maraîchine repousse d'abord les avances du galant en bredouillant : « É diro' o churaïe (curé). » Puis elle finissait par consentir en spécifiant prudemment : « Fais tôt' ce que tu veille mais vaque à ma coëf (coiffe). »

BAUDET DU POITOU
Son origine reste mystérieuse. On suppose qu'il était déjà connu sous les Gaulois. Très doux et attachant, ce grand âne à longs poils brun-roux était très réputé pour sa résistance et fut beaucoup utilisé lors des travaux d'assèchement du Marais poitevin. Mais il est surtout connu pour son talent de reproducteur de la mule poitevine, née du croisement entre un baudet et une jument. C'est à Melle et dans le pays mellois que l'élevage et le négoce de baudait prospérait. Quant aux mules, animaux hybrides ne pouvant se reproduire, leur résistance était si renommée qu'elles étaient emenées dans le monde entier pour effectuer des travaux pénibles. La mécanisation dans le domaine agricole rendit les mules et baudets inutiles. Menacé de disparaître, le baudet du Poitou doit sa survie à l'asinerie nationale de Dampierre-sur-Boutonne (voir à ce nom) créée en 1980.

Le Marais poitevin

Les maisons isolées parmi les cultures et les prairies du Marais desséché sont de grandes exploitations dont le corps de logement seul possède un étage. Modelées depuis le Moyen Âge, les terres sont plantées de frênes, de peupliers et supportent habitations et cultures. Mais les cultures traditionnelles sont de plus en plus souvent détrônées au profit des cultures de céréales (maïs, tournesol…).

Bleu de la Sèvre nantaise au petit matin Vert d'une conche dans le Marais poitevin

Terres et fleuves : la palette des paysages

Alliance des plaines du Poitou, de la vallée de la Charente, du bocage et des collines vendéennes, l'intérieur des terres offre de multiples attraits. Les fleuves et les rivières y sont nombreux. Et la Charente, ancienne route conduisant vers les ports maritimes reste un havre naturel à découvrir au fil de l'eau.

Poitou

À cette ancienne province correspondent les trois départements suivants : Vienne, Deux-Sèvres et Vendée. Délimitée par les massifs anciens de Vendée (extrémité méridionale du Massif armoricain) et du Limousin, **la plaine** calcaire qu'entaillent de profondes vallées dessine un croissant allant de Loudun à Luçon. À peu près dépourvue d'arbres, elle étend à l'infini ses champs, ses landes et ses prés, à peine interrompue par de gros villages. Pourtant des nuances sont perceptibles. Au Nord, la plaine s'apparente à la Touraine ; de Thouars à Châtellerault, la craie tourangelle affleure, tapissée de maigres cultures et de landes que tondent les moutons. Par endroits, les sables se sont déposés et les bois de pins voisinent avec les champs d'asperges. Sur les coteaux bien exposés du Thouet ou de la Vienne s'éparpillent les maisons de pierre des vignerons.

Autour de Chauvigny et de Montmorillon, les confins du Poitou étaient jadis le domaine des landes ou « **brandes** ». Il en subsiste des fragments où l'on rencontre les moutons de race charmoise ou les chèvres dont le lait est utilisé pour la confection du chabichou.

Ailleurs, les brandes défrichées ont permis l'élevage de bovins, limousins ou charolais. Près des fermes s'ébattent les « pirons », oies élevées pour leur peau et leur duvet dont on fait des « houppes de cygne ».

À l'Ouest du Clain jusqu'à Melle et St-Maixent, c'est la « **terre de groie** » dont la fertilité est proverbiale, notamment pour les céréales et les plantes fourragères (trèfle, luzerne).

Au Sud et à l'Ouest du Thouet, la Gâtine de Parthenay et la Vendée constituent l'empire du **bocage**. Des prairies coupées de haies d'aubépines ou de genêts sont sillonnées de chemins conduisant à des fermes basses cachées dans la verdure, les borderies. L'élevage prévaut dans ces prés où s'engraissent les bœufs de race parthenaise. De-ci de-là apparaissent vergers de pommiers et champs de plantes fourragères nécessaires à l'alimentation du bétail. Une chaîne de sommets arrondis forme l'arête de la Gâtine et de la Vendée.

Ce « Haut Bocage vendéen » représente l'arête dorsale de la Vendée et constitue ce que l'on appelle les **collines vendéennes**. Entre Sèvre Nantaise et bocage, leurs monts s'alignent des Herbiers à St-Pierre-du-Chemin *(au Sud-Est de Pouzauges)*, se prolongeant par les hauteurs de la Gâtine jusqu'au Sud de Parthenay. Ils sont couverts de landes désertiques relevées de jaune pâle à la fin de l'hiver par les genêts et ajoncs. Arrosée par les nuages atlantiques qui viennent se déchirer sur ses pentes, la chaîne se relève au Nord-Ouest où elle domine le bocage vers la mer. Là sont les principaux « monts » : mont des Alouettes (231 m), puy du Fou, **mont Mercure** qui, avec ses 285 m, revendique le titre de point culminant du massif, bois de la Folie

LES CHÈVRES ET LES CHABICHOUS

Ce sont les envahisseurs Sarrasins qui amenèrent la chèvre vivant en Méditerranée jusqu'au Poitou ! Quelques siècles plus tard, leur lait nourrissait les pèlerins de St-Jacques-de-Compostelle passant dans la région et dès le 16e s., lait et fromages de chèvres étaient courants dans le Poitou. De nos jours, les laiteries et les fermiers du Poitou-Charentes sont les premiers producteurs de fromages de chèvre en France. Depuis le 19e s. un fromage s'est distingué, le chabichou, qui a obtenu l'appellation d'origine contrôlée. Il est fait essentiellement autour de Poitiers, à Lusignan, Civray, la Mothe-Saint-Heray et Lezay.

LE BŒUF PARTHENAIS
Cette variété bovine née en Gâtine, dans les Deux-Sèvres, ne manque pas de caractère avec sa robe blonde et ses naseaux noirs. Élevée en plein air, elle se nourrit de lait maternel jusqu'au sevrage, puis d'herbe, de maïs et de foin. Sa masse musculaire imposante (de 750 à 900 kg pour les femelles et de 1 000 à 1 300 kg pour les mâles) en fait une viande tendre et savoureuse. Elle est vendue au marché de Parthenay, l'un des principaux centres de négoce de bestiaux de France depuis le 18ᵉ s. La zone d'élevage du bœuf parthenais dépasse le cadre du Poitou pour s'étendre aux pays de la Loire, la Grande-Bretagne et l'Amérique du Nord.

(278 m) et puy Crapaud (270 m). Ces hauteurs avaient une importance militaire déjà sous les Romains qui y avaient établi une route épousant la ligne des crêtes et un temple couronnant le mont Mercure. Durant la Révolution, les Vendéens s'en sont servis pour échanger des signaux, soit avec des feux, soit en modifiant la position des ailes de leurs moulins.

Charentes

Les Charentes rassemblent les départements de Charente et Charente-Maritime, qui couvrent les anciennes provinces de l'**Angoumois** (région d'Angoulême), de l'**Aunis** (région de La Rochelle) et de la **Saintonge** (région de Saintes). Dans une vallée baignée d'une lumière nacrée, la Charente, escortée de peupliers, déroule lentement ses méandres dans des prairies qu'elle inonde en hiver. Voilée par beau temps d'un halo bleuté, elle est bordée de collines aux contours doux. Longue de 360 km, la Charente, née en Limousin, arrose l'Angoumois et la Saintonge, servant de trait d'union entre les pays qu'elle traverse, du Confolentais aux marais. Les principales villes qui jalonnent son cours furent d'abord des escales pour le transport fluvial, et faisaient d'elle, au dire d'Henri IV, « le plus beau fossé du royaume ». Ses paysages évoluent passant des prairies communales où paissent les troupeaux qui ont valu aux Charentes leur réputation laitière et des vignes qui, d'Angoulême à Saintes, donnent les eaux-de-vie de Cognac.

En aval d'Angoulême, dans le vignoble, on remarque le plan caractéristique des maisons de maître, blanches sous le ciel : le colombier, le logis et les dépendances délimitent une cour dans laquelle on pénètre par une porte cochère en arrondi.

Navigable à partir d'Angoulême, la Charente ressent la marée jusqu'à Saintes. Dès l'époque romaine, les bateliers transportaient vers l'intérieur sel et poissons. À partir du 17ᵉ s. le papier et la pierre de taille d'Angoulême et les eaux-de-vie de Cognac descendent le fleuve sur les gabares, grandes embarcations à fond plat, qui chargent à la remontée le sel du marais, les bois et, par la suite, les charbons du Nord. Sous Louis-Philippe, des bateaux à vapeur, avec restaurant à bord, assurent le transport des passagers, de Saintes à Rochefort. Chaque bourg a son quai. De nos jours des **croisières** sont organisées sur le fleuve, au départ d'Angoulême, de Cognac, Saintes ou St-Savinien.

Le cœur des Charentes bat à Cognac, capitale de cette « **champagne** » qui s'étend sur la rive gauche de la Charente.

Du papier
à l'image animée

La région a en main de nombreux atouts culturels d'hier et de demain, depuis la tradition du papier à Angoulême, en passant par la bande dessinée, jusqu'à l'univers de l'image animée et le multimédia.

Du papier au livre

On découvre à Angoulême les derniers ateliers de fabrication de papier à la main. Du papier au livre... l'enchaînement est facile, et l'évocation des écrivains de la région permettra à tout un chacun de réviser ses classiques et de découvrir des auteurs contemporains.

La papeterie, un savoir-faire ancien

Issue des eaux pures de la Charente coulant à Angoulême, la tradition papetière fit les beaux jours de la ville au 17ᵉ s. La papeterie d'Angoulême est alors connue jusqu'en Grande-Bretagne et en Hollande, pays pour lesquels près de 100 moulins des bords de la Charente fabriquent du papier filigrané. Convertis au protestantisme, la plupart des papetiers émigrent en Hollande après la révocation de l'édit de Nantes (1685). Aujourd'hui, des usines spécialisées dans le papier mince et le papier à lettres subsistent à Ruelle, St-Michel et la Couronne. Et deux moulins sont encore en activité dans les alentours d'Angoulême : le moulin de Fleurac et le moulin du Verger de Puymoyen.

La fabrication du papier à la cuve – Pour façonner le papier de manière traditionnelle, on travaille à la main, feuille à feuille. Pour la pâte, on utilise des **fibres** de coton, de lin et de chanvre, broyées dans une cuve munie de lames. Puis la **pâte** est additionnée d'un peu d'eau et de colle, et remuée. Elle est alors mise en feuille sur une **forme**, un grand cadre rectangulaire possédant un tamis fait de fines tiges de métal ou de bois en son centre. Le papetier plonge la forme dans la **cuve** et en retire une mince couche qui se dépose uniformément. Après écoulement de l'eau, la feuille est « couchée » sur un **feutre**. Quand on obtient une pile d'une centaine de feuilles intercalées de feutres, on la passe sous une presse pour en faire sortir l'eau. Les feuilles sont ensuite mises à sécher dans un **étendoir**, de quelques heures à quelques jours, selon le grammage du papier et l'humidité ambiante.

Un papier fait pour durer – Ce papier à base de fibres végétales est destiné aux éditions de gravures et de livres rares ou à la restauration de livres anciens. C'est grâce à la qualité remarquable du papier de fabrication traditionnelle que les **manuscrits médiévaux** sont parvenus jusqu'à nous. Il faut savoir que le papier industriel fabriqué chimiquement aujourd'hui a une durée de vie qui n'excède pas trente ans. D'ailleurs ni le Louvre ni la Bibliothèque nationale qui se fournissent en Angoumois ne s'y sont trompés.

VELIN, VERGÉ OU FILIGRANÉ ?
On saisit ces subtiles différences en regardant la feuille de papier par transparence.
Le papier velin est d'aspect uniforme et homogène, voire nuageux. Le vergé possède des stries parallèles serrées entrecoupées de sillons plus espacés, et le filigrané possède un motif, résultat d'une empreinte faite dans la pâte.

Les écrivains et les livres

Est-ce en raison de sa tradition papetière que la région a vu naître autant d'écrivains ? Cela est aussi peu probable que sérieux. Cependant nombreux sont les auteurs régionaux comme le conteur Yannick Jaulin et les romanciers contemporains qui ont construit

Ci-contre : les piles à maillet au moulin de Fleurac.
Ci-dessus : les rotatives d'Aubin Imprimeur.
Ci-dessous : l'atelier Quillet de Loix-en-Ré restaure les livres et documents anciens : un artisanat de haute technicité.

leurs œuvres autour des univers familiers de leur enfance en Poitou-Charentes : Jacques Chardonne, Michel Ragon, Hortense Dufour, Madeleine Chapsal ou Régine Desforges.

Les classiques

Au Moyen Âge **Guillaume IX** (1071-1127), duc d'Aquitaine et 7e comte de Poitiers, le « premier des troubadours », commençait à versifier en occitan à Poitiers, pourtant situé dans une région de langue d'oïl (du Nord).

Surtout connu pour ses amours avec Héloïse, **Abélard** (1079-1142), né au Pallet près de Clisson, s'est fait un nom dans l'enseignement de la philosophie et de la théologie.

Quelques siècles plus tard, au début du 16e s., Fontenay-le-Comte est un foyer humaniste que fréquente Rabelais dans sa jeunesse. Autour de l'université de Poitiers se rassemblent des érudits dont Rabelais et plusieurs poètes de la Pléiade, tels Du Bellay et Baïf. **Scévole de Ste-Marthe** (1536-1623), auteur de nombreux poèmes en latin, tient salon à Loudun.

En Angoumois et en Saintonge, l'art de cour se pratique dans les châteaux d'Angoulême ou de Cognac avec **Marguerite d'Angoulême** (1492-1549) et **Mellin de Saint-Gelais** (1491-1558) dont les poèmes furent prisés de François Ier comme de Henri II.

En Saintonge se trouve le génie littéraire le plus original de l'époque, **Agrippa d'Aubigné** (1552-1630), à la fois polémiste dans *Les Tragiques* et sentimental dans ses *Sonnets*.

L'Angoumois est le pays des moralistes du grand siècle (17e s.) : **Guez de Balzac** (1597-1654) et **La Rochefoucauld**. Le premier a rédigé des *Lettres* dans lesquelles il expose ses idées de morale politique et de critique littéraire. Quant à La Rochefoucauld (1613-1680), il a montré son pessimisme dans ses fameuses *Maximes*.

Pierre Loti

Après sa rupture avec Marie Dorval, **Alfred de Vigny** (1797-1863) se retire au manoir du Maine-Giraud ; là, dans sa « tour d'ivoire », il compose *La Mort du loup*.

À la fin du 19e s., deux romanciers de la région se distinguent : le Rochelais **Eugène Fromentin** (1820-1876) et le Rochefortais **Pierre Loti** (1850-1923) qui décrivent respectivement leur pays natal dans *Dominique* et *Le Roman d'un enfant*. Mais l'essentiel de l'œuvre de Loti exprime la tendance à l'exotisme de cet écrivain fasciné par la magie de l'Orient.

Considéré comme le père du roman policier français, **Émile Gaboriau** (1832-1873), né à Saujon, fut un auteur estimé *(Le Crime d'Orcival)*.

Les contemporains

Du début du 20e s., on a **Jacques Chardonne** (1884-1968), né à Barbezieux, romancier de *L'Épithalame*, du *Bonheur de Barbezieux*, œuvres ayant pour cadre les Charentes. **Jean Yole** (1878-1956), quant à lui, a célébré la Vendée au fil de son œuvre. Il est né à Soullans où un musée lui est consacré. **Maurice Fombeurre** (1906-1981), né à

LES LIVRES ET ÉCRIVAINS À L'HONNEUR DANS LE POITOU

Dès la Renaissance, Poitiers est une capitale intellectuelle avec une université en pleine expansion. Les Poitevins Scévole de Sainte-Marthe, Jean Bouchet, Guillaume Bouchet et de nombreux libraires-imprimeurs se distinguent par leurs écrits ou leurs publications. Aujourd'hui, cette vocation se maintient à Poitiers avec l'accueil d'écrivains en résidences et s'initie à Montmorillon (Vienne), où un ambitieux projet va permettre à la ville de se doter d'une « Cité de l'écrit et des métiers du livre ».

Jardres (Vienne), qui publia des recueils, tel *À dos d'oiseau*, tient une place de choix dans la poésie contemporaine.

Plus près de nous, **Michel Ragon** (né à Fontenay-le-Comte en 1924), écrivain aux facettes multiples, s'est attaché à décrire la Vendée de son enfance (*L'Accent de ma mère* ; *Enfances vendéennes*), et à faire revivre les guerres de Vendée (*Les Mouchoirs rouges de Cholet* ; *La Louve de Mervent*). Originaires de Charente-Maritime, **Hortense Dufour** (née en 1946) et **Madeleine Chapsal** (née en 1925) ont situé dans ce département l'intrigue de quelques-uns de leurs romans, *Le Bouchot*, *La Fille du saunier* pour la première, et *On attend les enfants* pour la seconde. **Régine Desforges** est née à Montmorillon, charmante ville de la Vienne où se déroule l'action de *La Bicyclette Bleue*. Il faut retenir également le Yonnais **Yannick Jaulin** (né en 1959), conteur et chanteur, qui décrit dans ses spectacles l'univers populaire de Pougne-Hérisson (*localité décrite dans les environs de Parthenay*).

Les écrivains de passage

Choderlos de Laclos (La Rochelle), **Honoré de Balzac** (Angoulême), **René Bazin** (Sallertaine), **Paul Léautaud** (Pornic), le Belge **Georges Simenon** dont certains des romans ont pour cadre une ville de la région (*Le Voyageur de la Toussaint* : La Rochelle ; *Maigret a peur* : Fontenay-le-Comte), ou encore **Pierre Barouh**, dont l'enfance vendéenne inspira les paroles de célèbres chansons (*La Bicyclette* ; *Les Ronds dans l'eau*).

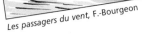

Les passagers du vent, F.-Bourgeon

L'image à l'avant-garde

Longtemps estampillée « tranquille », la région Poitou-Charentes ne mérite plus qu'une telle étiquette lui colle à la peau. Les projets culturels s'y sont multipliés depuis les années 70 avec d'abord la création du salon de la bande dessinée d'Angoulême. Lancé par une bande de jeunes, c'est aujourd'hui un rendez-vous international. Dans les années 80, ce fut le Futuroscope, premier parc européen de l'image et bijou architectural qui jaillit des champs de céréales du Poitou. Aujourd'hui, c'est encore Angoulême, première ville industrielle de la région, qui relève un défi, celui de se doter d'un pôle économique et touristique dédié à l'image animée. À suivre...

La bande dessinée

Ancienne reine de la fabrication du papier, Angoulême est désormais la capitale mondiale de la bande dessinée. Mariage réussi de l'image et de l'écrit, la BD conquiert un public de tous âges et possède même son propre musée à Angoulême.

La création du salon de la BD d'Angoulême

Si le premier festival de la bande dessinée se tint à Angoulême en 1974, il faut savoir qu'il ne fut pas le premier du genre et qu'un autre salon exis-

Dalle peinte du CNBDI à Angoulême

Peinture murale d'André Juillard à Angoulême

tait déjà à Lucca, en Italie. Cette manifestation séduisit un Angoumois passionné de BD, Francis Groux, alors animateur de MJC., et lui donna l'envie de créer un salon dans sa ville. En 1965, Claude Molteni avait monté une exposition à Paris intitulée « Dix millions d'images », consistant en un ensemble de photos agrandies (4 m²) de planches de bandes dessinées en noir et blanc. Cette exposition connut un très grand succès autour du monde avant d'être reprise à Angoulême en 1972, grâce à Francis Groux et Jean-Claude Mardikian. En 1974, le Belge André Franquin, créateur de Gaston Lagaffe, sera couronné lors du premier salon. Depuis lors le salon devenu festival prit de plus en plus d'ampleur, réunissant chaque année presque tous les éditeurs de BD, un public grandissant, et couronnant de nouveaux prodiges de la plume et du crayon.

La BD aujourd'hui

On appelle volontiers la BD, le « 9ᵉ art ». Outre le célébrissime Hergé, créateur de Tintin, certains auteurs ont fait des émules comme Moebius dans le genre fantastique ou Gotlib dans le genre humoristique.

Le Futuroscope

Traversant d'importantes difficultés économiques dans les années 80, le département de la Vienne avait besoin d'une nouvelle dynamique qui fut impulsée par la décision du Conseil général et de son président René Monory de créer le Futuroscope.

Un pôle économique

Inauguré le 31 mai 1987 à Jaunay-Clan, à 7 km au Nord de Poitiers, l'ensemble comprend un parc de loisirs, un complexe de formation et un pôle industriel. Parc de 110 ha consacré à l'image et aux technologies de pointes qui y sont liées, il s'est imposé en quelques années comme l'emblème de la région. Il devrait être doté de sa propre station de TGV au printemps 2000, année où le départ du Tour de France y sera donné.

Un parc d'attraction

Tourner son regard vers le futur, voici une proposition qui ne manque pas de charme pour le visiteur qui pourra toujours se ressourcer avec la découverte du patrimoine et des merveilleuses recettes du terroir poitevin après son plongeon dans l'avenir. Le parc se donne pour mission d'informer le public sur les techniques de communication les plus avancées et de le distraire avec des films spectaculaires. L'image y est à l'honneur : images cinématographiques, images virtuelles, images jouant avec la perception visuelle... Dans des salles de projection aux équipements ultra-sophistiqués, on voit des films sur des écrans géants, plats ou demi-sphériques, assis sur des sièges mouvants, ou muni de lunettes à cristaux liquides *(voir Futuroscope)*. Actuellement société d'économie mixte, son actionnaire principal, le Conseil général, va bientôt céder le Futuroscope à un opérateur privé.

Le pôle image

Ce projet en développement à Angoulême devrait se réaliser sur sept ans autour de trois axes : la formation des jeunes aux métiers du cinéma d'animation, des entreprises spécialisées dans le dessin animé et l'image 3 D, et un centre de loisirs autour du cinéma et de Tintin, star incontestée de la BD !

Futuroscope

Le cognac et le pineau des Charentes

Depuis des siècles, le cognac représente une extraordinaire vitrine de la région des Charentes sur le monde. Il est le fruit d'un terroir, d'un climat et de la longue patience d'hommes qui connaissent le prix du temps, sachant que rien de beau, rien de durable ne s'élabore dans la hâte. Fort de son succès, le cognac a entraîné dans son sillage le pineau des Charentes, son dérivé.

Le cognac

Eau-de-vie obtenue de la double distillation des vins blancs produits dans la région délimitée d'appellation « cognac » (essentiellement la Charente et la Charente-Maritime), le cognac est l'un des symboles universels du raffinement. La réussite des Cognaçais et le rayonnement du cognac résident dans une géographie avantageuse (la terre calcaire et le climat) et à un savoir-faire séculaire que les hommes n'ont eu de cesse d'améliorer.

Une longue histoire

La situation géographique de la ville de Cognac, en plein cœur du trafic fluvial sur la Charente et à quelques kilomètres de la mer, a incontestablement été un atout pour le développement du commerce de la fameuse eau-de-vie.

Les Hollandais et les Britanniques – Au 16ᵉ s., les Hollandais commencent à brûler le vin charentais, pratiquant les premières distillations aux Pays-Bas pour produire le *brandewijn* (vin brûlé). La distillation dans des alambics de cuivre se généralise en Charente au début du 17ᵉ s. L'avantage du brandevin consiste dans sa bonne conservation pendant le transport maritime et son moindre encombrement, l'alcool y étant plus concentré (une barrique d'eau-de-vie pour 7 de vin). Par la Charente, les gabares (bateaux plats) chargées de barriques gagnent Tonnay-Charente et La Rochelle où se fait le transbordement sur les voiliers. Dans un premier temps, le commerce reste entre les mains des Hollandais mais les Cognaçais vendent très vite eux-mêmes leur eau-de-vie qui adopte bientôt le nom de la ville où elle est commercialisée, Cognac.

Dès la fin du 17ᵉ s. et au 18ᵉ s., la mode du *brandy* s'introduit dans la haute société londonienne et lorsque les Hollandais

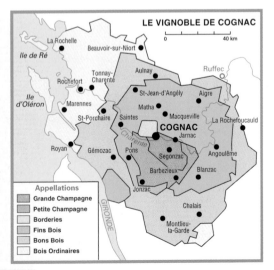

LE VIGNOBLE DE COGNAC

0   40 km

La Rochelle   Beauvoir-sur-Niort

Ile de Ré

Rochefort   Tonnay-Charente   Aulnay   Ruffec

Ile d'Oléron   Marennes   St-Jean-d'Angély   Aigre

St-Porchaire   Saintes   Matha   Macqueville   La Rochefoucauld

COGNAC

Jarnac

Royan   Gémozac   Pons   Segonzac   Angoulême

Barbezieux   Blanzac

Jonzac

Chalais

Montlieu-la-Garde

GIRONDE

Appellations
- Grande Champagne
- Petite Champagne
- Borderies
- Fins Bois
- Bons Bois
- Bois Ordinaires

perdent leur suprématie commerciale, les Anglais prennent la relève. Plusieurs grandes maisons de cognac ont d'ailleurs aujourd'hui encore des noms à consonance anglo-saxonne.

Dans cette ville où les protestants ont toujours été nombreux, lorsqu'en 1685 Louis XIV révoque l'édit de Nantes qui assurait leur sécurité, beaucoup s'exilent au Nord de l'Europe. Ils entrent alors en contact avec leurs anciennes relations de négoce et leurs banquiers et continuent à faire prospérer le Cognaçais.

Le vignoble – Dans les années 1870, le phylloxéra, un insecte parasite, s'attaque au vignoble et le ruine. Ce dernier sera replanté par la bourgeoisie cognaçaise qui échappe à la faillite grâce à ses stocks d'eau-de-vie en cours de vieillissement.

Avant le phylloxéra, le cépage le plus répandu était la Folle ou Folle blanche, idéal pour faire le meilleur cognac. Aujourd'hui le vignoble couvre près de 90 000 ha surtout plantés en cépage Ugni blanc et doit son unité au sol calcaire et au climat tempéré, humide en hiver, ensoleillé en été.

Les crus – Les eaux-de-vie des Charentes n'atteignent pas partout la même qualité, et l'on distingue six crus officiels dont cinq formant une couronne autour de la Grande Champagne où le cognac atteint le sommet de sa perfection *(voir carte)*. L'usage du nom même de « champagne » dans le Cognaçais peut surprendre. C'est un nom qui vient du latin *Campania* et qui désignait la plaine fertile des environs de Naples. Nom donné à plusieurs régions de la Gaule, il se transforma ensuite en « champagne » et les producteurs de la région de Reims prirent de vitesse les Cognaçais en l'adoptant pour en faire l'appellation de leur vin !

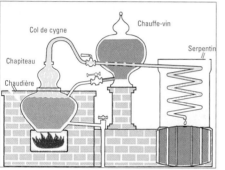

Col de cygne

Chauffe-vin

Serpentin

Chapiteau

Chaudière

L'élaboration du cognac

Au mois de décembre, dès que le vin est fermenté, les bouilleurs commencent leur distillation et n'ont que jusqu'au mois de mars pour l'achever, pour s'assurer d'un délai raisonnable de conservation du vin. L'alcool obtenu est ensuite stocké dans des fûts de chêne pour une durée qui peut aller jusqu'à 100 ans, puis l'on procède aux assemblages d'eaux-de-vie pour atteindre une bonne qualité finale de cognac.

La distillation – Le procédé de distillation consiste en une chauffe d'un liquide fermenté comme le vin pour permettre l'évaporation de l'alcool et la collection des vapeurs condensées dans un autre récipient. Dans l'alambic « charentais », en cuivre martelé, la distillation des vins se fait en deux temps. Lors d'une première chauffe (durée : 8 h environ) ou première distillation, le vin est porté à ébullition et ses vapeurs se condensent dans le serpentin. On obtient un alcool de 25 à 35°, le **brouillis**. Il faut trois chauffes pour obtenir le volume suffisant pour la seconde chauffe. Le brouillis est réintroduit dans la chaudière (ou cucurbite), après évacuation des vinasses, pour ce qu'on appelle la « repasse » ou « bonne chauffe » (12h). Les vapeurs comprimées dans le chapiteau passent dans le col de cygne qui les envoie se condenser dans le serpentin d'une cuve réfrigérante, après avoir traversé le chauffe-vin où elles se sont refroidies (et dont s'échauffe le contenu, destiné au

Fûts de cognac

remplissage de la chaudière). Tout l'art du bouilleur réside dans le fait de ne conduire que les meilleures vapeurs condensées d'alcool dans son serpentin. Au sortir de l'alambic, l'eau-de-vie, qui ne doit pas dépasser 72°, est incolore et faiblement parfumée.

Le vieillissement – C'est au moment du vieillissement que s'établit le style de chaque cognac. Dans l'obscurité des chais, la maturation se fait dans des fûts fabriqués avec des chênes de plus de cinquante ans. Ces derniers sont de deux types : le chêne de la forêt de Tronçais qui fut plantée par Colbert au 17e s. dans l'Allier, et le chêne du Limousin. Le bois est séché à l'extérieur, exposé à l'air et à la pluie, avant d'être transformé en tonneaux de 350 l en moyenne. Les fibres du chêne favorisent le passage de l'air, donnant au cognac sa robe ambrée. Mais l'évaporation de l'alcool, appelée « **la part des anges** », fait perdre l'équivalent d'environ 12 millions de bouteilles par an. C'est dans des chais appelés « **paradis** » que sont conservés les plus vieux cognacs.

Les assemblages – Dans les grandes maisons de négoce, les mélanges d'eaux-de-vie de crus et d'âges différents, dosés et surveillés suivant une tradition séculaire, procurent au cognac une qualité constante et les caractères spécifiques à chaque marque.

Les amateurs

Commercialisé depuis son existence par les Hollandais et les Anglais, le cognac a conservé une clientèle étrangère majoritaire qui fait son choix parmi une multitude de cognacs.

Les différents cognacs – Selon leur durée de vieillissement en fûts de chêne, on distingue plusieurs types de cognacs.
Le trois étoiles est un cognac de qualité courante de deux à quatre ans d'âge.
Les sigles VO (Very Old), VSOP (Very Superior Old Pale), Réserve s'appliquent à des cognacs d'âge moyen de quatre à six ans.
Les termes XO (Extra Old), Vieille Réserve, Napoléon, Extra s'appliquent à des cognacs de six ans ou plus.
La fine champagne désigne une eau-de-vie de Grande et de Petite Champagne.

Les amateurs – Par tradition ils sont **anglo-saxon**s (États-Unis et Royaume-Uni) ou **asiatiques** (Japon, Hong Kong, Singapour, Malaisie, Taiwan). Ces derniers boivent le cognac allongé d'eau, tout au long du repas. En France, il est de plus en plus souvent dégusté en apéritif, mélangé à du soda ou du jus d'orange. Nous voilà bien loin du temps où Talleyrand (1754-1838), homme politique français, donnait une petite leçon de dégustation de cognac à un convive qui, à la fin d'un dîner, avait bu son verre de cognac d'un trait (récit de A. Castelot) : « Ce n'est pas ainsi qu'il faut boire le cognac. On prend son verre dans le creux de sa main, on le réchauffe, on l'agite en lui donnant une impulsion circulaire afin que la liqueur dégage son parfum. Alors on le porte à ses narines, on le respire… et puis, Monsieur, on pose le verre et on cause. »

Le pineau des Charentes

Vin de liqueur dérivé du cognac, le pineau blanc ou rosé, se consomme très frais en apéritif et est fabriqué dans les mêmes limites de production que le cognac. Sa renommée resta longtemps locale mais elle s'étend de nos jours à toute la France et à l'étranger.

La légende

L'origine du pineau remonte au 16e s. lorsqu'un vigneron laisse sans le vouloir du jus de raisin dans une barrique contenant un fond de cognac. Voyant qu'aucune fermentation ne se produit dans ce fût, il l'abandonne au fond de son chai. Quelle

De haut en bas et de droite à gauche :
Vignes, grappe et Muscadet
Pineau des Charentes
Kamok
Vins de Mareuil

agréable surprise, quand il découvre quelques années plus tard un vin doux et capiteux, délicieusement fruité ! Et voilà le premier pineau des Charentes !

L'opération fut répétée avec du jus de raisin provenant des cépages Ugni blanc, colombard pour le blanc et cabernet-franc, cabernet-sauvignon pour le rosé.

Une appellation d'origine contrôlée

Les jus de raisin utilisés avant le mutage (addition de cognac) doivent atteindre 10° d'alcool. Après addition de cognac, le pineau doit avoir un degré alcoolique supérieur à 16,5°. Son vieillissement se fait dans des fûts de chêne entreposés pendant un an au moins dans des chais obscurs. Ensuite une commission de dégustation lui délivre l'appellation : pineau des Charentes.

Il existe un classement de pineaux : le « vieux pineau » a plus de cinq ans et le « très vieux pineau » a plus de dix ans.

Le pineau occupe une place importante sur le marché national et compte parmi ses clients étrangers la Belgique, le Canada, l'Allemagne, les États-Unis et le Luxembourg.

LE MUSCADET

Vin bénéficiant de l'appellation d'origine contrôlée (AOC) depuis 1936, le **muscadet** appartient, avec le gros-plant et les coteaux d'Ancenis, au groupe des **Vins de Nantes** dont le vignoble s'étend principalement au Sud de la Loire, couvrant tout le Sud du département de la Loire-Atlantique et une petite partie de la Vendée et du Maine-et-Loire. Le muscadet est issu d'un cépage originaire de Bourgogne, le « melon », qui fut implanté en pays nantais après l'hiver terrible de 1709 du fait de sa résistance au gel. On distingue trois appellations correspondant à trois régions : le muscadet de Sèvre et Maine (deux rivières aux alentours de Vallet), qui représente la majeure partie de la production, le muscadet des coteaux de la Loire et le muscadet (autour de St-Philbert-de-Grand-Lieu). Vin blanc sec, léger, dont la teneur en alcool est limitée à 12°, le muscadet, servi frais, accompagne à merveille poissons et fruits de mer. Le **gros-plant du pays nantais** est un vin délimité de qualité supérieure (VDQS) depuis 1954. Son cépage est la Folle blanche d'origine charentaise, cultivé dans tout le pays nantais depuis le 16e s. Vin léger (11° maximum), servi frais, il convient aux fruits de mer en général et aux coquillages en particulier.

Les différentes phases de préparation de l'éclade.

Les saveurs régionales

La gastronomie du Poitou et de la Charente ne fait pas de jaloux : elle propose les saveurs de la mer comme celles de la terre, l'une étant aussi généreuse que l'autre.
Une douzaine d'huîtres de Marennes-Oléron pour commencer avec du pain de seigle tartiné de beurre d'Échiré, une omelette aux fameux escargots gris que les Charentais appellent les cagouilles, un carré d'agneau du Poitou servi avec des mojettes. En fromage, un petit chabichou, et comme dessert, une brioche vendéenne : cela vous tente ?

Le beurre et le fromage

Au début du 19e s., le Poitou est une région productrice de beurre. L'expansion de la production aux Charentes vient de la destruction de la vigne par le phylloxéra dans les années 1870. Les viticulteurs se tournèrent vers les cultures céréalières et fourragères et vers l'élevage de vaches laitières. Très apprécié des gourmets pour sa finesse, le **beurre Charentes-Poitou** constitue encore une part notable de l'activité de l'industrie laitière régionale et bénéficie d'une appellation d'origine contrôlée.

Savez-vous ce qui fait qu'un beurre aura meilleur goût qu'un autre ? Les résultats de recherches ont démontré que ce n'était pas les vaches qui sont en cause mais l'herbe qu'elles mangent ! Située sur les bords de la Sèvre, la coopérative **d'Échiré** fabrique un beurre utilisé par les grands chefs français et dont la réputation dépasse les frontières du pays. Rigueur et hygiène, collecte quotidienne du lait y compris le dimanche et jours fériés, barattage des crèmes dans une baratte en bois de teck imputrescible, sont les clefs de sa réussite.

Fabriqués à partir de lait de chèvre, les fromages régionaux sont des fromages frais et fermentés dont l'ambassadeur est le **chabichou** du Poitou (appellation contrôlée). Du pays rochefortais, la **jonchée** est une spécialité au lait de vache coagulé mélangé à des plantes : ce fromage enveloppé de paillons de jonc se déguste arrosé d'eau de lauriers amandée.

Les recettes traditionnelles

Il faut absolument déguster le **farci poitevin**, un plat simple et incontournable en Poitou, fait avec des légumes printaniers. On y met du chou, de la laitue, du poireau, de l'ail, de l'oignon, de l'oseille, du persil et du lard salé. Les légumes sont lavés et coupés très fins et le lard en petits dés. On mélange le tout avec de la mie de pain, des œufs.

Les **mojettes**, cultivées dans les marais de Vendée, sont des haricots blancs à écosser que l'on trouve secs ou demi-secs. Ces haricots accompagnent le jambon de pays généralement servi chaud.

Les délicieuses **pommes de terre** de l'île de Ré bénéficient d'un climat doux et d'un sol sablonneux avantageux qui font toute leur distinction. On les trouve sous l'appellation « primeurs ». La plupart des variétés ont en général la chair ferme (Roseval, Charlotte et Amandine). Cuites à la vapeur ou au four, elles accompagnent des poissons grillés. On n'oubliera pas non plus les pommes de terre de Noirmoutier, qui se préparent râpées dans une omelette ou en purée. Elles servent aussi à la confection de galettes.

Le farci poitevin

En Vendée on déguste des soupes épaisses souvent faites à base de chou vert, de jambon fumé, de pommes de terre et d'ail. L'Océan donne la **chaudrée**, soupe de poissons au vin blanc où entrent congre, merlan, sole, plie.

Régions d'élevage, le Poitou et les Charentes fournissent bœuf, mouton, porc, volailles (oies du Poitou, poulardes de Bressuire et de Barbezieux, canards blancs et poulets noirs de Challans). On y trouve aussi du gibier d'eau : canard sauvage, sarcelle, bécassine, sans oublier le lapin de garenne dont on fait un **pâté vendéen**. L'**agneau du Poitou** est une viande très utilisée dans la cuisine régionale. Bénéficiant d'un label rouge, et des contraintes de production qui vont de paire, l'élevage de l'agneau s'est surtout développé dans la Gâtine poitevine et en Charente limousine, riches en prairies. La région de Montmorillon en est le principal centre producteur et représente à elle seule un quart du cheptel ovin de boucherie.

Les produits de la mer foisonnent sur le littoral. La **mouclade** charentaise est un plat succulent composé de moules préparées à la marinière et nappées d'une sauce à la crème ; l'**éclade** est un plat où les moules sont posées à la verticale sur une planche, recouvertes d'aiguilles de pins que l'on enflamme. Les crustacés du littoral charentais ne sont pas en reste : homards, langoustines, crabes, crevettes. Les huîtres de Marennes-Oléron, engraissées dans les claires, peuvent se manger au naturel ou chaudes. Dans le Marais poitevin, on mange une spécialité : **la bouilliture** ou **matelote d'anguilles** au vin rouge et aux aromates.

C'est sous le nom amusant de cagouilles que l'on désigne les escargots dans les Charentes. La potée de cagouilles avec ail, oignon, échalotes, poireaux, dés de lard et persil, comblera les amateurs. Dans le Poitou, les escargots sont appelés « lumas » et peuvent se consommer à la vigneronne, c'est-à-dire avec une sauce au vin, oignons ou échalotes, et ail.

Le **tourteau fromagé** (ou fromager), spécialité du Poitou, très exactement de la Mothe-Saint-Héray, est reconnaissable à son dôme noir. Traditionnellement, il est fait de fromage blanc de lait de chèvre mais beaucoup aujourd'hui le fabriquent avec du fromage blanc de lait de vache. Il est tellement connu qu'il a même son site Web *(www.tourteau.com)* ! Quant au **broyé du Poitou** c'est une spécialité de la Vienne. Son nom vient d'une tradition qui veut que cette galette au beurre soit brisée d'un coup de poing.

Comme le tourteau fromagé, le broyé est dégusté à l'occasion des mariages, au moment du vin d'honneur. La **brioche vendéenne**, spécialité au beurre, était jadis préparée lors des fêtes de Pâques et pour les noces. Citons aussi les **macarons de Montmorillon**, l'**angélique de Niort**, les marguerites et les duchesses d'Angoulême (bonbons au chocolat), les nougatines de Poitiers et les fruits au cognac.

Galette à l'angélique et tarte aux pruneaux

Tourteaux fromagés et brioche tressée

Histoire

Repères chronologiques

- **476** – Chute de l'Empire romain d'Occident ; les Barbares occupent la Gaule.
- **507** – Première bataille dite « de Poitiers » : à Vouillé *(17 km à l'Ouest de Poitiers)*, Clovis bat Alaric II. Cette victoire met un terme à la mainmise wisigothique en Aquitaine.
- **732** – Seconde bataille de Poitiers : à Moussais-la-Bataille, Charles Martel arrête la progression arabe en Aquitaine.
- **800** – Charlemagne est couronné Empereur d'Occident à Rome.

Saint Jacques en pèlerin (église St-Jacques à Châtellerault)

- **820** – Début des incursions normandes. Vers 850, destruction de Saintes et d'Angoulême.
- **987** – Hugues Capet se fait élire roi. Il fonde sa dynastie.
- **10ᵉ s.** – Début du pèlerinage à St-Jacques-de-Compostelle.
- **10-11ᵉ s.** – Le Sud-Ouest est sous la domination des comtes de Poitiers et d'Angoulême.
- **1095** – Prêche de la 1ʳᵉ croisade à Clermont.
- **1137** – Le prince Louis, fils du roi de France, épouse Aliénor (ou Éléonore) d'Aquitaine, qui lui apporte en dot le Sud-Ouest de la France. Le prince Louis deviendra le roi Louis VII la même année. Quinze ans plus tard, leur divorce et surtout le remariage d'Aliénor avec Henri II Plantagenêt, futur roi d'Angleterre, sont pour le Capétien une catastrophe politique.
- **12ᵉ s.** – Les pèlerins qui fréquentent les chemins de St-Jacques-de-Compostelle animent les villes de Parthenay, Saintes, Pons, Poitiers...
- **1204** – Mort d'Aliénor, Philippe Auguste s'empare de Poitiers. Cependant ce n'est qu'en 1224 que le Poitou sera annexé au domaine royal.
- **1224** – Rattachement de l'Aunis et de la Saintonge au domaine royal.
- **1308** – L'Angoumois est confisqué au profit du domaine royal. Vingt ans plus tard, il est donné à Jeanne de Navarre.
- **1309-1377** – La papauté s'installe à Avignon.
- **1356** – À Nouaillé *(voir ce nom)*, le roi Jean le Bon perd la « bataille de Poitiers » ; il est fait prisonnier par le Prince Noir.
- **1360** – Traité de Brétigny : l'Aquitaine, l'Aunis, la Saintonge et l'Angoumois deviennent possessions du roi d'Angleterre.
- **1422** – Charles VII proclamé roi à Poitiers.
- **1453** – Dernière bataille de la guerre de Cent Ans, gagnée à Castillon-la-Bataille. Les Anglais abandonnent progressivement le pays.
- **1494** – Naissance de François Ier à Cognac. En succédant à Louis XII sur le trône de France en 1515, il fait passer la couronne de la branche des Valois-Orléans à celle des Valois-Angoulême.
- **1534-1535** – Jean Calvin prêche la Réforme en Saintonge, en Angoumois et à Poitiers.
- **1539** – L'Ordonnance de Villers-Cotterêts instaure l'usage du français, substitué au latin, pour les actes publics et notariés.
- **1562** – Début des guerres de Religion. En 1569, batailles de Jarnac et de Moncontour remportées par le duc d'Anjou sur les réformés.
- **1569** – Siège de Poitiers par les protestants de Coligny.
- **1572** – La St-Barthélemy : massacre des protestants dans la nuit du 23 août.
- **1576** – Formation de la Sainte Ligue fondée par les Guise contre les protestants.
- **1589** – Début du règne de Henri IV.
- **1598** – Fin des guerres de Religion. L'édit de Nantes rendu par Henri IV accorde aux protestants une centaine de places de sûreté, dont La Rochelle.
- **1610** – Après l'assassinat de Henri IV, règne de Louis XIII ; Richelieu, devenu Premier ministre en 1624, réduit l'importance politique du protestantisme.

Agrippa d'Aubigné

- **1627-1628** – Siège et prise de La Rochelle.
- **1643** – Début du règne de Louis XIV.
- **1660** – Louis XIV, renonçant à Marie Mancini *(voir Brouage)*, épouse l'infante Marie-Thérèse d'Autriche.
- **1664** – Colbert prend conscience de la vulnérabilité du littoral atlantique aux incursions anglaises. Il entreprend l'aménagement de Rochefort.
- **1685** – Révocation de l'édit de Nantes par Louis XIV. De nombreux protestants s'expatrient.
- **1773** – Les Acadiens en Poitou *(voir ci-après)*.
- **1789** – Réunion des États généraux ; Assemblée constituante ; prise de la Bastille ; abolition des privilèges.
- **1790** – L'Assemblée constituante crée les départements de Charente (Angoumois), Charente-Inférieure (Aunis et Saintonge), Vendée (Bas-Poitou), Deux-Sèvres et Vienne (Haut-Poitou).
- **1792** – Bataille de Valmy (20 septembre) : la France est sauvée de l'invasion des Prussiens. Proclamation de la République.
- **1793** – Le 21 janvier, exécution de Louis XVI.
- **1793-1796** – Guerre de Vendée *(voir ci-après)*.
- **1804** – Le 2 décembre, Napoléon Iᵉʳ est sacré empereur des Français, à Notre-Dame de Paris, par le pape Pie VII.
- **1806** – Le blocus continental, destiné à ruiner l'Angleterre en la privant de ses débouchés commerciaux sur le continent, réduit l'activité des ports du littoral atlantique.
- **1832** – La duchesse de Berry tente de soulever la Vendée contre Louis-Philippe.
- **1848** – Louis Napoléon élu le 10 décembre président de la République au suffrage universel.
- **1852** – Le Second Empire plébiscité, le 10 décembre : Napoléon III empereur.
- **1870** – Chute du Second Empire, la République est proclamée à Paris.
- **1876** – Crise du phylloxéra dans la région qui provoque un important exode rural. En Saintonge la culture du blé et l'élevage viennent remplacer la culture de la vigne.
- **1888** – Première laiterie coopérative fondée à Chaillé *(4 km au Nord-Est de Surgères)*. Les coopératives se répandent bientôt dans les plaines du Poitou et de l'Aunis où la vigne a été anéantie.
- **1890** – Le président de la République Sadi Carnot inaugure le port de La Pallice, à proximité de La Rochelle.
- **1905** – Émile Combes (1835-1921), maire de Pons, et Georges Clemenceau, alors député à l'Assemblée nationale *(voir St-Vincent-sur-Jard)*, font voter la loi de séparation des Églises et de l'État.
- **1945** – Soldats et résistants français assiègent les Allemands encore retranchés dans les « poches de l'Atlantique », dont celle de Royan *(voir ce nom)*.
Le 8 mai, le général de Lattre de Tassigny, originaire de Mouilleron-en-Pareds, signe au rang des Alliés l'acte de capitulation de l'Allemagne.
- **1960** – Création de la région administrative Poitou-Charentes, la Vendée étant rattachée aux Pays de la Loire.
- **1966** – Oléron, première île française reliée au continent par un pont.
- **1988** – Achèvement du pont de l'île de Ré.
- **1990** – Desserte de Châtellerault, Poitiers et Angoulême par le TGV Atlantique.
- **1996** – Décédé le 8 janvier à Paris, le président François Mitterrand regagne Jarnac, son village natal.
- **1999** – Fin décembre : les côtes de Vendée et de Charente-Maritime sont touchées par la marée noire du pétrolier Erika. Par ailleurs, la région subit fortement la tempête qui s'est abattue sur la France les 26 et 27 décembre.

La préhistoire

Dès le **paléolithique** (de 18 000 à 10 000 ans avant J.-C.), la présence humaine est attestée dans la région d'Angoulême (sites de Fontéchevade et de la Quina) et de Poitiers (Angles-sur-l'Anglin, Le Grand-Pressigny). De la fin de cette période datent la gravure et le bâton de commandement trouvés dans la grotte de Montgaudier (près de Montbron), les gisements côtiers entre Pornic et la pointe de St-Gildas, témoins de la civilisation des grands chasseurs, ainsi que les représentations humaines sur galets gravés de Lussac-les-Châteaux.

Le **néolithique** (75 à 25 siècles avant J.-C.) est marqué par la généralisation du polissage et de la céramique, le développement de l'agriculture (blé, orge) et de l'élevage (moutons, chèvres), la sédentarisation des populations, l'usage des métaux (bronze, cuivre) et les constructions mégalithiques : menhirs, dolmens, tumulus comme ceux de Bougon et celui de Montiou à Ste-Soline *(15 km à l'Est de Melle)*.

Occupation romaine et christianisation

Au 1er s. avant J.-C., Agrippa crée dans un but politique tout un réseau de voies romaines au départ de Lyon. Celles de Narbonne, d'Orléans et de Lyon aboutissent à Saintes, ville où furent édifiés l'arc de Germanicus et les arènes. Durant toute la période gallo-romaine, la région est en plein essor comme en témoignent le sanctuaire païen, les thermes et le théâtre de Sanxay, le théâtre de St-Cybardeaux, le sanctuaire de Masamas proche de Montmorillon et la ville gallo-romaine du Vieux-Poitiers.

Le christianisme qui fut introduit en Gaule dès le 2e s. par des commerçants grecs et des légionnaires romains, pénètre en Poitou vers le 4e s. Le baptistère St-Jean à Poitiers et la nécropole de Civaux illustrent l'évangélisation de la région.

Aliénor d'Aquitaine (vers 1122-1204) et l'État Plantagenêt

Aliénor d'Aquitaine

Un premier mariage avec un roi français, un divorce, un remariage avec un roi d'Angleterre, les vicissitudes de la vie sentimentale et des intrigues d'Aliénor d'Aquitaine n'ont pas fini de faire couler de l'encre !

Une dot exceptionnelle

En 1137, Louis, fils du roi de France Louis VI, épouse, à Bordeaux, Aliénor (ou Éléonore), fille unique de Guillaume X, duc d'Aquitaine et de Poitou, qui lui apporte en dot la Guyenne, la Gascogne, le Périgord, le Limousin, la Marche, le Poitou, l'Angoumois, la Saintonge, la suzeraineté sur l'Auvergne et le comté de Toulouse.

Le mariage est mal assorti. Louis, devenu la même année le roi **Louis VII**, est une sorte de moine couronné, la reine est plus frivole... En 1147, tous deux participent à la deuxième croisade. Une fois arrivés à Antioche, leurs rapports se détériorent. Après quinze années de vie conjugale, le roi, à son retour, fait prononcer son divorce par le concile de Beaugency (1152). Outre sa liberté, Aliénor recouvre sa dot.

Première page de la liste des convertis « l'état des religionnaires »

TRAIT

OMS, DE L'AGE,
roiſſe de ceux qui ont eſté
s, par les ſoins & la me-
u Preſident de Fontmort,
datte du jour de leur Con-
& le nom des Preſtres
eceu leur abjuration.

N Brault Marchand, âgé
30 ans, de la Paroiſſe de Nô-
-Dame de Niort, par le Pere
nets Superieur de l'Oratoire.
Jeanne Dupuis, femme d'E-
ontieu Eſcuyer, âgé de 40
roiſſe de Nôtre-Dame, le 16
par Danets.

Son remariage, deux mois plus tard, avec Henri Plantagenêt, duc de Normandie, comte d'Anjou et suzerain du Maine et de la Touraine, est pour les Capétiens une catastrophe politique : les domaines réunis d'Henri et d'Aliénor, qui s'étendent de la Manche aux Pyrénées, sont aussi vastes que ceux du roi de France.

Deux ans plus tard, Henri Plantagenêt devient, par héritage, roi d'Angleterre sous le nom de **Henri II**. Cette fois, l'équilibre est rompu et la lutte franco-anglaise qui s'engage durera trois siècles.

Une vie mouvementée

Aliénor finit par avoir des démêlés avec son deuxième époux : elle se sépare de lui, quittant Londres pour s'installer à Poitiers où elle tient une cour brillante. À partir de 1173, elle commence à intriguer contre Henri II, soutenant son fils Richard Cœur de Lion, et sera emprisonnée par le roi en Angleterre pendant quinze ans. Elle sera libérée en 1189 à la mort d'Henri II. Le nouveau roi Richard Cœur de Lion vient batailler contre Philippe Auguste en Poitou mais perd la vie en 1199, en Limousin. Sous le règne de son fils cadet Jean sans Terre, Aliénor reprend la gestion des terres pour lutter contre Philippe Auguste. Elle se retire en 1199 dans son château d'Oléron et finit ses jours à l'abbaye de Fontevraud où elle est enterrée ainsi que Henri II Plantagenêt, Richard Cœur de Lion et Isabelle d'Angoulême, veuve de Jean sans Terre. Quelques mois après la mort d'Aliénor, Philippe Auguste s'empare de Poitiers, ville à laquelle la reine avait accordé une charte communale en 1199.

L'ÉTAT PLANTAGENÊT À SON APOGÉE (Milieu du 12ᵉ s.)

Possessions des Plantagenêts

Frontière du Royaume de France

Frontière actuelle

0 300 km

Richelieu au siège de La Rochelle (par Henri Motte, Hôtel de ville de La Rochelle)

Le protestantisme

La Réforme, prêchée par Calvin dans la région dès les années 1530, a gagné très vite des disciples dans les villes et les campagnes.

La Réforme

Instiguée par le théologien allemand **Martin Luther** (1483-1546), la Réforme s'oppose au système des indulgences vendues au nom de la morale chrétienne et soumet toutes les affaires ecclésiastiques à l'épreuve des Écritures Saintes. En France, c'est un autre théologien de la Réforme, le Français **Calvin** (1509-1564), qui va répandre sa doctrine clamant la souveraineté de Dieu, la référence aux Écritures comme norme unique de la foi, la suppression du célibat des prêtres et le culte en langue courante. Calvin séjourne à Angoulême en 1633 et à Poitiers en 1634 où il expose ses idées qui seront embrassées par des nobles, des commerçants et des universitaires. Elles gagneront les îles de Ré et d'Oléron et la ville de La Rochelle qui restera longtemps une place forte du protestantisme. Dès 1562, on y imprime et y diffuse des livres protestants.

Les guerres de Religion

C'est en 1562 que débute la première guerre de religion entre catholiques et protestants. Marquée par des massacres dans les deux camps, elle se terminera en 1563 par la victoire des catholiques. Entre 1568 et 1570 a lieu une autre guerre, étape déterminante durant laquelle en mars 1569, le chef protestant Louis de Condé est tué à Jarnac. Quelques mois plus tard, Poitiers alors capitale des protestants va tomber du côté catholique, malgré un long siège échafaudé par Coligny. C'est La Rochelle qui prendra la relève sous l'action de **Jeanne d'Albret** (1528-1572), reine de Navarre et mère du futur roi Henri IV. Elle sera à la tête du parti protestant de La Rochelle de 1568 à 1571. Après la St-Barthélemy, les protestants de la région vinrent se réfugier dans la ville qui supportera un siège tenu par l'armée royale en 1572-1573 et en ressortira libre. D'autres guerres civiles auront lieu jusqu'en 1589.

L'édit de Nantes

Henri de Navarre, devenu le roi **Henri IV** en 1589, se convertit au catholicisme en 1593. En 1598, il promulgue l'édit de Nantes, rétablissant la paix religieuse dans le pays et instaurant des places de sûreté pour les protestants. Le roi réorganise son royaume et dope l'économie du pays. Il sera assassiné par Ravaillac, un moine qui par ce geste crut sauver la religion catholique...

Le siège de La Rochelle

Après la mort d'Henri IV, les protestants ne sont plus protégés par le pouvoir politique. Aussi, lorsqu'en 1627 La Rochelle se met du côté des Anglais (protestants) qui tiennent le siège à l'île de Ré, Richelieu, qui

Bible ancienne protestante

Cimetière familial protestant à Beaussais

Ferme acadienne

cherche à réaliser l'unité de la France, entame un siège de la ville qui durera 416 jours au bout desquels la ville sortira exsangue et vaincue, ses privilèges perdus.

La révocation de l'édit de Nantes et ses conséquences

Lorsqu'en 1685 **Louis XIV** révoque l'édit de Nantes, les « dragonnades », des persécutions de protestants par les dragons ou « missionnaires bottés », contraignent les protestants à changer de religion, par la force. Les conversions au catholicisme sont massives et les nouveaux convertis sont surveillés de près.

Mais ces abjurations n'ont été qu'apparentes et les fidèles organisent des réunions clandestines, les assemblées du Désert, où par centaines, ils se retrouvent *(voir la maison du Protestantisme poitevin dans les alentours de Celles-sur-Belle)*. C'est à cette époque-là également que beaucoup de protestants choisissent de quitter le royaume prenant le bateau à La Rochelle pour émigrer vers l'Europe du Nord ou l'Amérique.

Samuel de Chaplain (vitrail de l'église de Brouage)

Les Acadiens en Poitou

Poitevins en Acadie, Acadiens en Poitou : des liens se sont tissés au cours des siècles entre le Poitou et le Canada.

En 1603, le roi Henri IV concède à Pierre du Gua de Monts, un protestant saintongeais, le territoire américain compris entre le 40e et le 46e degré de latitude Nord. Du Gua de Monts, accompagné par le navigateur géographe **Samuel de Champlain** aborde l'Acadie (actuelles provinces de Nouvelle-Écosse et du Nouveau-Brunswick, au Canada) en 1604. C'est le début d'une période de colonisation à laquelle participeront bon nombre de Bretons, Normands et Poitevins.

Mais par le traité d'Utrecht de 1713, l'Acadie est cédée à l'Angleterre. Commence alors, pour les Acadiens, une période difficile. En 1755, le gouverneur britannique leur présente un ultimatum : partir ou se soumettre au nouvel ordre. Face à leur refus, il signe l'ordre de déportation, c'est le **Grand Dérangement**. Certains se cachent, d'autres fuient, se fixent en Louisiane ; ceux qui sont exilés en France sont recueillis dans les grands ports, à Belle-Île en Bretagne puis dans la région d'Archigny près de Châtellerault.

La ferme acadienne d'Archigny, le musée municipal de Châtellerault, la maison de l'Acadie à La Chaussée au Sud de Loudun, la chapelle de Falaise aux Ormes sont autant d'étapes du souvenir acadien en Poitou.

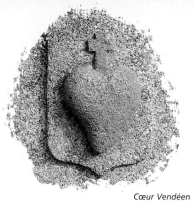

Cœur Vendéen

La guerre de Vendée (1793-1796)

On appelle **Vendée militaire** les territoires qui se soulevèrent en 1793 contre la Convention (assemblée révolutionnaire) : en Anjou, les Mauges, autour de Cholet ; en Poitou, la Gâtine, le Bocage et le Marais vendéens, régions de pénétration difficile, coupées de haies et favorables aux embuscades ; le pays de Retz, autour du lac de Grand-Lieu. On distingue la Vendée militaire, contrôlée par l'Armée catholique et royale, des pays de chouannerie (Maine, Normandie, Bretagne), où les royalistes opérèrent en ordre dispersé.

Vive Dieu ! Vive le Roi !

L'exécution de Louis XVI, la conscription et la persécution des prêtres sont à l'origine de l'insurrection qui éclate en mars 1793 à St-Florent-sur-Loire, puis qui s'étend rapidement à toutes les Mauges angevines et au Bas-Poitou.

Dirigés au début par des chefs issus du peuple, comme **Cathelineau**, colporteur au Pin-en-Mauges, ou **Stofflet**, garde-chasse à Maulévrier, les paysans font ensuite appel à leurs « messieurs ». Dans les Mauges, les gars de Beaupréau vont chercher **d'Elbée** et ceux de St-Florent le marquis de **Bonchamps**. Au cœur du Bocage et du Marais, Sapinaud et le chevalier de **Charette** conduisent leurs fermiers, comme en Gâtine le châtelain de la Durbelière, **La Rochejaquelein**, et celui de Clisson, **Lescure**.

Ces « Brigands », armés de faux et de fourches, puis de fusils pris aux Républicains, sont groupés en paroisses, tous portant le scapulaire, une étoffe passée par les épaules et couvrant le dos et la poitrine orné du cœur enflammé surmonté d'une croix. Le drapeau des Vendéens est blanc, semé de fleurs de lys, et porte souvent la devise « Vive Louis XVII ».

La base de leur tactique est la surprise : les bons tireurs enveloppent la force adverse et, dissimulés dans les haies, déciment l'ennemi. Puis tout le monde se jette à l'assaut au cri de : « Rembarre ! Vive la Religion ! Vive le Roi ! ». Prends ton fusil, Grégoire !

En avril 1793, les Bleus (républicains) ont réagi et, malgré un grave échec à Chemillé, ont repoussé l'Armée catholique et royale sur la Sèvre. Puis celle-ci reprend l'avantage et s'empare de l'Anjou en juin. Mais son chef, Cathelineau, le « saint de l'Anjou », trouve la mort, devant Nantes ; d'Elbée prend alors le commandement.

Inquiète, la Convention envoie l'armée de Mayence conduite par **Kléber**, Westermann et Marceau.

La Rochejaquelein

Vaincue d'abord à Torfou, cette armée remporte la sanglante bataille de Cholet où Lescure, le « saint du Poitou », et Bonchamps sont atteints mortellement. Les Vendéens se retirent sur St-Florent où Bonchamps, mourant, fait grâce aux prisonniers. Puis l'Armée catholique et royale passe la Loire pour se réfugier dans le Maine et en Bretagne où, après les désastres du Mans et de Savenay, elle se désagrège. « Châtiment » de la révolte et des atrocités vendéennes, la répression commence alors ; elle est effroyable durant l'hiver 1794. Des milliers de Blancs (royalistes) sont

Charette

fusillés ou guillotinés tandis que les **colonnes infernales** dévastent la Vendée. Ces troupes, placées sous le commandement du général en chef Turreau, se composent de deux armées divisées chacune en six colonnes ; leur mission est de passer au fil de l'épée les soldats de l'armée vendéenne et même les habitants leur faisant obstacle.

La guérilla

Cependant, au cours de cette année 1794, la Vendée résiste encore et mène une guerre d'usure contre l'occupant : dans les Mauges, Stofflet tient la campagne et défait les Bleus sur plusieurs sites ; dans le Marais et le Bocage, Charette harcèle les Républicains par de petits raids inopinés. Ces actions de détail se révèlent payantes et, au début de 1795, la Convention traite : la paix est signée avec Charette à la Jaunaye, avec Stofflet à St-Florent.

Quelques mois plus tard toutefois, à l'instigation du comte d'Artois, Charette et Stofflet reprennent la lutte. Mais la Vendée est à bout de souffle et, le frère du roi ne secourant pas ses fidèles, **Hoche**, habile et généreux, réussit à pacifier la région ; en obligeant d'Hervilly à se réfugier dans la presqu'île d'Oléron, il assure la victoire de la République en juillet 1795. En 1796, Stofflet, pris à côté de Jallais, est fusillé à Angers ; Charette, capturé à la Chabotterie, subit le même sort à Nantes et meurt, le 29 mars au cri de « Vive le Roi ! ».

Détail des événements de 1794
(Les Lucs-sur-Boulogne)

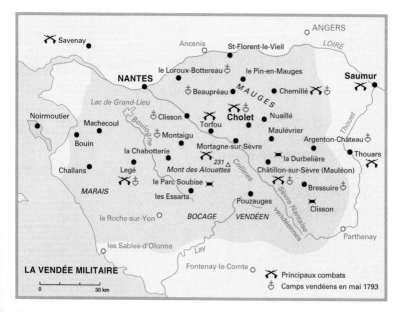

LA VENDÉE MILITAIRE

0   30 km

✗ Principaux combats
⚜ Camps vendéens en mai 1793

ABC d'architecture

Architecture religieuse

CHAUVIGNY – Plan de l'église St-Pierre (11ᵉ-12ᵉ s.)

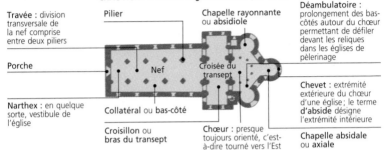

Travée : division transversale de la nef comprise entre deux piliers

Pilier

Chapelle rayonnante ou **absidiole**

Déambulatoire : prolongement des bas-côtés autour du chœur permettant de défiler devant les reliques dans les églises de pèlerinage

Porche

Nef

Croisée du transept

Narthex : en quelque sorte, vestibule de l'église

Collatéral ou bas-côté

Croisillon ou bras du transept

Chœur : presque toujours orienté, c'est-à-dire tourné vers l'Est

Chevet : extrémité extérieure du chœur d'une église ; le terme **d'abside** désigne l'extrémité intérieure

Chapelle absidale ou **axiale**

ANGOULÊME – Coupe du transept de la cathédrale St-Pierre (12ᵉ s.)

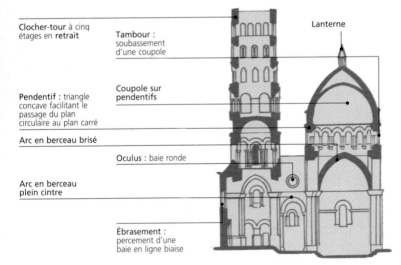

Clocher-tour à cinq étages en **retrait**

Tambour : soubassement d'une coupole

Lanterne

Pendentif : triangle concave facilitant le passage du plan circulaire au plan carré

Coupole sur pendentifs

Arc en berceau brisé

Oculus : baie ronde

Arc en berceau plein cintre

Ébrasement : percement d'une baie en ligne biaise

AULNAY – Portail Sud de l'église St-Pierre (12ᵉ s.)

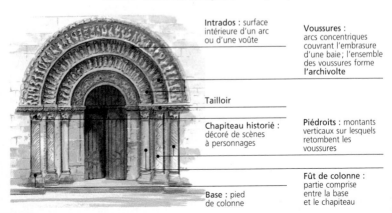

Intrados : surface intérieure d'un arc ou d'une voûte

Voussures : arcs concentriques couvrant l'embrasure d'une baie ; l'ensemble des voussures forme l'archivolte

Tailloir

Chapiteau historié : décoré de scènes à personnages

Piédroits : montants verticaux sur lesquels retombent les voussures

Fût de colonne : partie comprise entre la base et le chapiteau

Base : pied de colonne

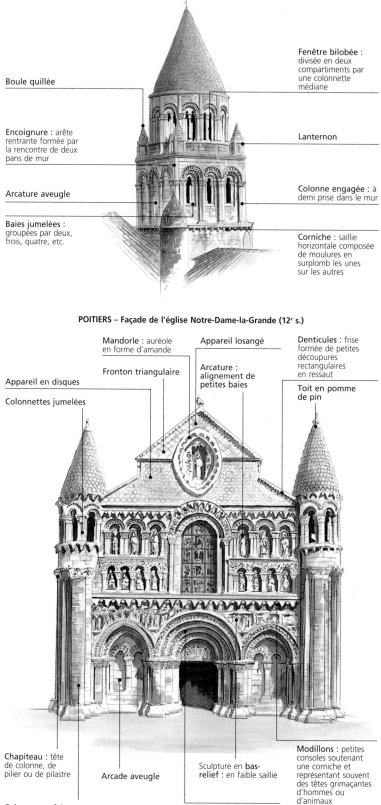

SAINTES – Clocher de l'église de l'Abbaye aux Dames (12ᵉ s.)

Boule quillée

Encoignure : arête rentrante formée par la rencontre de deux pans de mur

Arcature aveugle

Baies jumelées : groupées par deux, trois, quatre, etc.

Fenêtre bilobée : divisée en deux compartiments par une colonnette médiane

Lanternon

Colonne engagée : à demi prise dans le mur

Corniche : saillie horizontale composée de moulures en surplomb les unes sur les autres

POITIERS – Façade de l'église Notre-Dame-la-Grande (12ᵉ s.)

Appareil en disques

Colonnettes jumelées

Mandorle : auréole en forme d'amande

Fronton triangulaire

Appareil losangé

Arcature : alignement de petites baies

Denticules : frise formée de petites découpures rectangulaires en ressaut

Toit en pomme de pin

Chapiteau : tête de colonne, de pilier ou de pilastre

Colonnes en faisceau

Arcade aveugle

Sculpture en **bas-relief** : en faible saillie

Portail

Modillons : petites consoles soutenant une corniche et représentant souvent des têtes grimaçantes d'hommes ou d'animaux

POITIERS – Élévation de la nef de l'église St-Hilaire-le-Grand (11ᵉ et 12ᵉ s.)

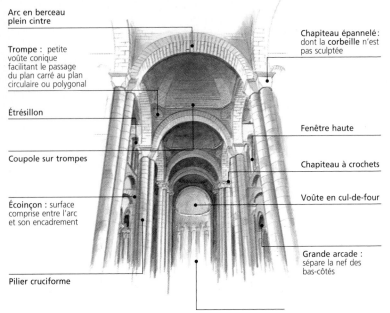

Arc en berceau plein cintre

Trompe : petite voûte conique facilitant le passage du plan carré au plan circulaire ou polygonal

Étrésillon

Coupole sur trompes

Écoinçon : surface comprise entre l'arc et son encadrement

Pilier cruciforme

Chapiteau épannelé : dont la **corbeille** n'est pas sculptée

Fenêtre haute

Chapiteau à crochets

Voûte en cul-de-four

Grande arcade : sépare la nef des bas-côtés

Chœur

MELLE – Chevet de l'église St-Hilaire (12ᵉ s.)

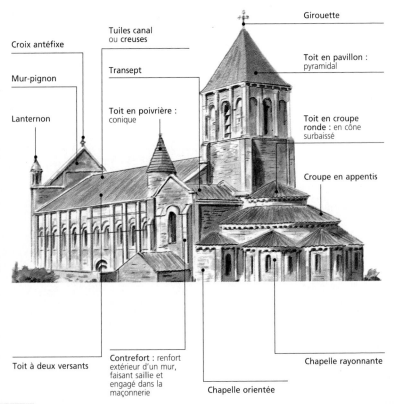

Croix antéfixe

Mur-pignon

Lanternon

Tuiles canal ou creuses

Transept

Toit en poivrière : conique

Girouette

Toit en pavillon : pyramidal

Toit en croupe ronde : en cône surbaissé

Croupe en appentis

Chapelle rayonnante

Toit à deux versants

Contrefort : renfort extérieur d'un mur, faisant saillie et engagé dans la maçonnerie

Chapelle orientée

Architecture militaire

ESNANDES – Église fortifiée (14ᵉ et 15ᵉ s.)

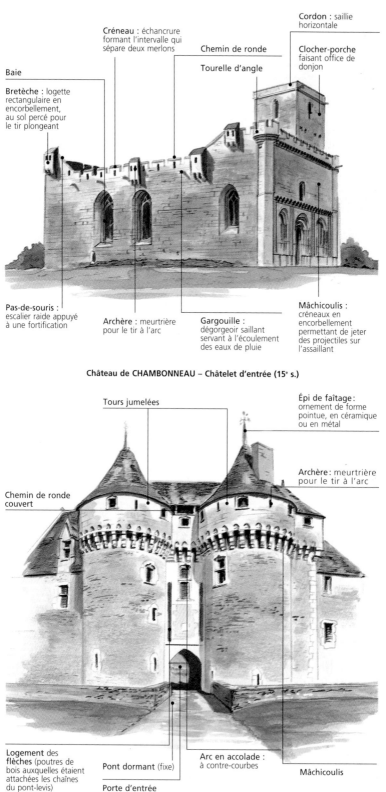

Baie

Bretèche : logette rectangulaire en encorbellement, au sol percé pour le tir plongeant

Créneau : échancrure formant l'intervalle qui sépare deux merlons

Chemin de ronde

Tourelle d'angle

Cordon : saillie horizontale

Clocher-porche faisant office de donjon

Pas-de-souris : escalier raide appuyé à une fortification

Archère : meurtrière pour le tir à l'arc

Gargouille : dégorgeoir saillant servant à l'écoulement des eaux de pluie

Mâchicoulis : créneaux en encorbellement permettant de jeter des projectiles sur l'assaillant

Château de CHAMBONNEAU – Châtelet d'entrée (15ᵉ s.)

Tours jumelées

Épi de faîtage : ornement de forme pointue, en céramique ou en métal

Archère : meurtrière pour le tir à l'arc

Chemin de ronde couvert

Logement des **flèches** (poutres de bois auxquelles étaient attachées les chaînes du pont-levis)

Pont dormant (fixe)

Porte d'entrée

Arc en accolade : à contre-courbes

Mâchicoulis

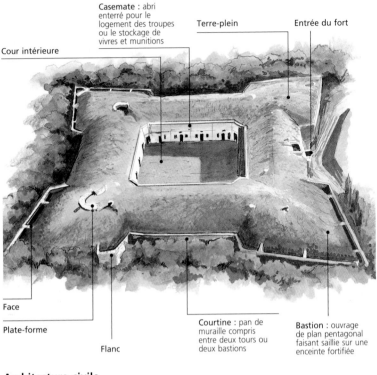

Île d'AIX – Fort Liédot (début du 19e s.)

Casemate : abri enterré pour le logement des troupes ou le stockage de vivres et munitions

Terre-plein

Entrée du fort

Cour intérieure

Face

Plate-forme

Flanc

Courtine : pan de muraille compris entre deux tours ou deux bastions

Bastion : ouvrage de plan pentagonal faisant saillie sur une enceinte fortifiée

Architecture civile

Château de CRAZANNES (15e s.)

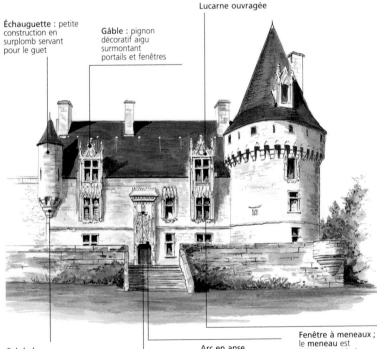

Lucarne ouvragée

Échauguette : petite construction en surplomb servant pour le guet

Gâble : pignon décoratif aigu surmontant portails et fenêtres

Cul-de-lampe mouluré

Pinacle : amortissement élancé de plan carré ou polygonal, plus ou moins orné

Arc en anse de panier

Fenêtre à meneaux ; le meneau est l'élément vertical d'un remplage

FONTENAY-LE-COMTE – Château de Terre-Neuve (fin du 16ᵉ s. et 1850)

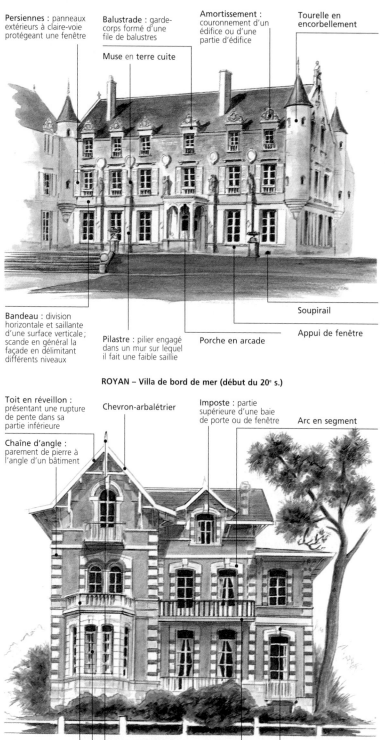

Persiennes : panneaux extérieurs à claire-voie protégeant une fenêtre

Balustrade : garde-corps formé d'une file de balustres

Muse en terre cuite

Amortissement : couronnement d'un édifice ou d'une partie d'édifice

Tourelle en encorbellement

Bandeau : division horizontale et saillante d'une surface verticale ; scande en général la façade en délimitant différents niveaux

Pilastre : pilier engagé dans un mur sur lequel il fait une faible saillie

Porche en arcade

Soupirail

Appui de fenêtre

ROYAN – Villa de bord de mer (début du 20ᵉ s.)

Toit en réveillon : présentant une rupture de pente dans sa partie inférieure

Chaîne d'angle : parement de pierre à l'angle d'un bâtiment

Chevron-arbalétrier

Imposte : partie supérieure d'une baie de porte ou de fenêtre

Arc en segment

Terrasse

Bow-window : construction en saillie, généralement vitrée

Ferme débordante : la ferme (ensemble de pièces de bois ou de fer destiné à supporter la couverture d'un édifice) est dite débordante quand elle est en surplomb par rapport à un mur-pignon

Balcon

Agrafe : élément ornemental placé sur la clé d'une baie

87

Chapiteaux historiés de
St-Pierre de Chauvigny

L'architecture

De l'Antiquité à nos jours, le patrimoine architectural de la région n'a jamais cessé de s'enrichir. C'est bien sûr le pays des églises romanes dont le nombre est impressionnant. Ces dernières furent élevées dans une pierre calcaire somptueusement sculptée, également utilisée pour la construction de magnifiques châteaux Renaissance. Les forteresses étoilées de l'époque classique rappellent que la côte atlantique fut pendant longtemps l'objet des convoitises. Un réveil tardif à la fin du 20ᵉ s. a également apporté à cette région de superbes bâtiments modernes.

Époque gallo-romaine

La région faisait partie de l'Aquitaine romaine, dont les capitales étaient Bordeaux, Poitiers et Saintes. Et malgré le vandalisme du 19ᵉ s., nous en avons encore d'assez nombreux témoignages : les ruines d'amphithéâtres (Saintes), de théâtres (Les Bouchauds, Vieux-Poitiers), de temples et de thermes (Sanxay), d'arcs votifs (Saintes).

Amphithéâtres
On les appelle plus souvent arènes. Ils comportent extérieurement deux étages d'arcades surmontés d'un étage plus petit appelé « attique ». En haut de l'attique sont encastrés les poteaux servant à l'amarrage d'un immense voile (velum) qui abrite les spectateurs. À l'intérieur, clôturant l'arène, un mur protège le public contre les bêtes sauvages lâchées sur la piste où se déroulent aussi les combats de gladiateurs, voire, sous certains empereurs, des persécutions de chrétiens.

Théâtres
Ils comprennent : des gradins, l'orchestre réservé aux personnalités, la scène surélevée par rapport à l'orchestre. Les acteurs, le visage masqué, chaussés de cothurnes (chaussures montantes) pour la tragédie, jouent devant un mur percé de trois portes par où se font les entrées. Recouvrant la scène, un toit incliné rabat les sons et porte au loin la voix des comédiens.

Le roman (11ᵉ-12ᵉ s.)

Après les périodes troublées du haut Moyen Âge marquées par les conflits entre grands féodaux, l'an mille marque un renouveau : des conditions de vie meilleures et un épanouissement dans le domaine des arts. Un élan de foi se développe concrétisé par croisades et grands pèlerinages. Dans la région les principaux sanctuaires s'élèvent au long des chemins de St-Jacques-de-Compostelle *(voir carte p. 91)*.

Le plan
En Poitou, les églises romanes comportent généralement une haute nef centrale, à voûte en berceau, soutenue par des bas-côtés ou collatéraux à peine moins élevés qu'elle, la lumière pénétrant par les baies des bas-côtés.
Dans l'Angoumois et en Saintonge, la nef unique, très large, est tantôt voûtée en berceau, tantôt couverte d'une **file de coupoles** : il s'agirait dans ce cas d'une influence périgourdine qui aurait été transmise par Girard, évêque d'Angoulême.

Les façades
Elles se caractérisent par leurs arcades et arcatures (petites arcades) sur deux étages. Toutefois, la série d'arcatures à l'étage est plutôt un fait angoumois ou saintongeais. Dans le Poitou, on constate une division verticale en trois parties, avec de grandes arcades séparées par des contreforts-colonnes.

Poitevine ou saintongeaise, la façade est généralement surmontée d'un pignon triangulaire et encadrée de colonnes ou de faisceaux de colonnes que
surmontent parfois des lanternons à toit conique,
couvertes d'imbrications. La façade est souvent peuplée de statues et de bas-reliefs : le frontispice de
N.-D.-la-Grande est un des exemples le plus ache-
vés de ces « façades-écrans » s'ordonnant en une
« page sculptée » où la Bible se lit à livre ouvert.

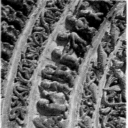

*Détail des voussures du portail
de l'abbaye aux Dames
de Saintes*

En Poitou, Angoumois et Saintonge, les **portails** sont très profonds et ornés de voussures (arcs concentriques surmontant l'ouverture) et de chapiteaux richement sculptés, par contre ils sont généralement privés de tympan. Ils sont souvent encadrés,
comme à N.-D.-la-Grande, d'arcatures latérales aveugles également ornementées.
Dans plusieurs portails on retrouve des influences hispano-mauresques, en raison
de la position de beaucoup de sanctuaires sur la route de St-Jacques-de-Compostelle ou à proximité de celle-ci : arcs outrepassés, **arcs polylobés** ou découpés en
festons (Châtre), arcs en alvéoles (Celles-sur-Belle).

Les clochers

La plupart des clochers romans sont soutenus à leurs angles par de hauts contreforts ou tourelles d'angle. Ils sont aussi percés de petites baies, ajourées dans
les étages supérieurs.
Quelques-uns forment le porche comme à St-Porchaire (Poitiers) ; la plupart, centraux, marquent la croisée du transept, tel celui de l'église de l'abbaye aux Dames
(Saintes).

Les chevets

Les sanctuaires à déambulatoire et petites chapelles rayonnantes
à contreforts-colonnes sont fréquents dans le Poitou : l'église St-
Hilaire (Melle) en offre un bon témoignage. Par contre, certains chevets saintongeais, comme celui de l'église de Rioux,
offrent l'originalité d'une abside richement décorée de baies
et d'arcatures sur deux étages, avec comme couronnement
une frise placée sous une corniche à modillons sculptés.

*Tourelle de la
façade de N.-D.-la-
Grande à Poitiers*

Sculpture

La pierre calcaire, facile à travailler, a permis de sculpter
un décor de qualité remarquable par sa finesse, son abondance et sa variété : rinceaux et feuilles d'acanthe
antiques, entrelacs préromans, monstres orientaux,
scènes de la Bible ou de la Légende dorée des saints, voire
de la vie quotidienne.
Si la façade de N.-D.-la-Grande à Poitiers possède un
décor somptueux, la richesse de la sculpture est surtout
une caractéristique saintongeaise.
Les **thèmes** sont classiques, tel le Jugement dernier, sur
les façades de St-Jouin-de-Marnes ou d'Angoulême.
D'autres sont plus particuliers au Poitou et à la Saintonge : les Vertus et les Vices, les Vierges sages et les
Vierges folles, le Cavalier.

*Plafond de la Salle
du Roi du château d'Oiron*

Sur de multiples voussures
de portails on reconnaît les
Vices sous la forme de monstres,
terrassés par des femmes armées
symbolisant les Vertus.
Dans d'autres voussures se font face les
figures des Vierges sages et des Vierges
folles, symboles des Élus et des Réprouvés au
moment du Jugement dernier : les unes habillées simplement tiennent des lampes
allumées, les autres à la toilette plus luxueuse tiennent des lampes renversées.
À la façade de certaines églises chevauche un **Cavalier** (*voir Melle*), abrité sous une
arcade, son cheval foulant aux pieds un petit personnage. Il pourrait s'agir de la
réminiscence d'une statue romaine de Marc Aurèle. Les pèlerins le prenaient pour
Constantin, le premier empereur chrétien et le personnage terrassé symboliserait
ainsi le paganisme vaincu.

Fresque et peinture murale

La fresque (de l'italien *fresco* : frais) est une peinture murale exécutée à l'eau sur
une couche de mortier frais, à laquelle elle s'incorpore.
St-Savin réunit l'ensemble le plus extraordinaire de peintures murales de l'école poitevine. Ces compositions sont remarquables tant par la beauté des coloris, l'unité
d'ensemble et la perfection de la technique, que par l'intensité de vie qui s'en dégage.
À la même école sont attribuées les délicates peintures de la crypte de Montmorillon.

Les cimetières

Ils abritaient deux sortes de monuments, très répandus dans la région : les lanternes des morts et les croix hosannières. La **lanterne des morts** (Fenioux et St-
Pierre-d'Oléron) est un pilier creux, en pierre, au sommet duquel brûlait un feu,
symbole de la vie éternelle des âmes. La lanterne comprend un soubassement
recouvrant un ossuaire, des degrés accédant à un autel où le prêtre disait la prière
des morts, la colonne à l'intérieur de laquelle se trouve parfois un escalier, le logement du feu et un toit couronné d'une croix.
La présence des **croix hosannières** (Aulnay et Moëze) est liée à la commémora-
tion de l'entrée du Christ à Jérusalem le dimanche des Rameaux. Au pied de la
croix le prêtre récitait l'Évangile des Rameaux, puis l'assistance défilait en chantant l'Hosanna et en déposant les rameaux, les « hosannas ».

Du roman au gothique : le style Plantagenêt

Le style Plantagenêt, dit aussi **angevin**, tient son nom d'Henri Plantagenêt (1133-
1189), roi d'Angleterre (1154-1189) et aussi duc d'Aquitaine grâce à son mariage avec
Aliénor. Il s'agit d'un style à tendance gothique qui connaît son apogée au début du
13e s. et s'éteint avant la fin du siècle.
Son originalité réside surtout dans la **voûte angevine** bombée, probablement issue
de la coupole. Élevée, la clef, point central de la croisée d'ogives, domine d'environ
3 m les clés des formerets et des arcs-doubleaux (arcs supportant la retombée de la
voûte). Alors que, dans les voûtes gothiques normales, toutes les clés sont situées
sensiblement à la même hauteur. À la fin du 12e s. les voûtes angevines s'allègent,

Détail de la façade de N.-D.-la-Grande

les nervures plus nom-
breuses, plus légères,
plus gracieuses retom-
bent sur de sveltes co-
lonnes rondes. Le début
du 13e s. voit le style
Plantagenêt à son apo-
gée. De hautes et fines
colonnes portent des
voûtes légères. La voûte
angevine est employée
en Vendée, Poitou (ca-
thédrale de Poitiers,
Saint- Jouin- de- Marnes,
Airvault), en Saintonge
et jusque dans les pays
de la Garonne.

Bourdon et coquille St-Jacques

Le Chemin de St-Jacques

Parmi les quatre routes qui cheminent jusqu'à St-Jacques-de-Compostelle, la *via Turonensis,* passant par Tours, descend à travers le Poitou et les Charentes. Les pèlerins venant d'Angleterre prenaient le bateau jusqu'à Dieppe avant de rejoindre Tours en passant par Chartres. Quant à ceux qui venaient de l'Europe du Nord, ils allaient d'abord jusqu'à Paris avant de rejoindre Tours. Puis ils cheminaient par Poitiers, Melle, Aulnay-de-Saintonge, St-Jean-d'Angély, Saintes et Pons, poursuivant par Bordeaux et Dax jusqu'en Espagne.

La légende et l'histoire

L'apôtre saint Jacques le Majeur, investi de la mission d'évangéliser l'Espagne, est mort en Palestine, martyre décapité. Son corps jeté en pâture hors de Jérusalem aurait été mis dans une barque par ses anciens disciples et il aurait vogué librement jusqu'en Espagne. Enterré sur la côte de Galice, son tombeau aurait été miraculeusement retrouvé au début du 9e s. à un emplacement où on édifia une église. Lors de la reconquête de l'Espagne sur les Maures, saint Jacques devient le patron des chrétiens : en 844, en effet, à Clavijo, il serait apparu dans un combat sur un cheval blanc terrassant les Maures, d'où son surnom de Matamore.

Le pèlerinage

Durant tout le Moyen Âge, le tombeau de saint Jacques va attirer en Espagne une foule considérable de pèlerins. La dévotion envers « Monsieur saint Jacques » est si vivante dans toute l'Europe que Santiago (Compostelle) devient un centre de rassemblement exceptionnel, aussi réputé que Rome ou Jérusalem.

Depuis le premier pèlerinage français accompli par l'évêque du Puy dès 951, des millions de **Jacquets**, Jacquots ou Jacobits se sont mis en chemin pour aller vénérer les reliques de l'apôtre, à partir des principaux centres de regroupement que constituaient pour l'Europe entière Paris (et Tours), Vézelay, Le Puy et Arles. Le costume du pèlerin ressemblait à celui des voyageurs de l'époque, mis à part le gros bâton à crosse, ou bourdon, et les insignes du pèlerinage : médaille et **coquille** (coquille Saint-Jacques qu'on trouve en bancs sur les côtes de Galice). De nombreux tableaux et des statuettes montrent le chapeau de feutre à larges bords et la vaste cape (pèlerine) ou le mantelet court (esclavine) couvrant les épaules, que portait le pèlerin. Une panetière (musette), une gourde, un couvert, une écuelle, un coffret en tôle abritant les papiers et sauf-conduits complétaient son attirail. Au Moyen Âge, les pèlerins de Compostelle, en majorité des hommes, partent pour obtenir l'absolution de leurs fautes. Ils voyagent le plus souvent en groupe et à pied. Des chevaliers font également le pèlerinage. L'hébergement des pèlerins se fait dans des hôtelleries, des hôpitaux ou des églises. Il existait aussi des sanctuaires spéciaux regroupant un hôpital et une église comme à Pons, en Saintonge. Tout était prévu pour le réconfort et la sécurité des pèlerins : ainsi vers 1140 un *Guide du pèlerin* – œuvre probable du Poitevin Aymeri Picaud, moine à Parthenay-le-Vieux –, enseigne les coutumes, les climats et signale les endroits à voir. Mais, au cours des siècles, la foi s'émousse. Les brigands se rassemblent en bandes de « coquillards », faux pèlerins, dont fit partie le poète Villon. Avec les guerres de Religion, le protestantisme et le jansénisme, les mentalités changent et la méfiance populaire voit volontiers sous la pèlerine un aventurier ou un escroc.

LES CHEMINS DE ST-JACQUES

— itinéraire principal   ● Sanctuaire
----- itinéraire secondaire   ⌂ Hospice

ANGERS
Loire   Saumur
TOURS
NANTES
Thouars
Argenton-Château
St-Jouin-de-Marnes
Bressuire
Airvault
Parthenay
St-Maixent-l'École   Poitiers
Niort
la Rochelle
Aulnay   Charroux
St-jean-d'Angély   Melle
Ruffec
Saintes
Angoulême
Pons
SOULAC
Montmoreau
Guitres
Blaye
Aubeterre
Libourne
Ste-Foy-la-Grde
Bordeaux
la Sauve
la Teste
la Réole
Bazas
Mont-de-Marsan
Garonne
d'Angleterre
de Normandie
de Bretagne
PÉRIGUEUX

SANTIAGO DE COMPOSTELA

0   50km

Le gothique (12ᵉ-15ᵉ s.)

Excepté le style Plantagenêt, qui conserve de nombreux éléments romans, l'art gothique n'a guère eu d'écho dans l'Ouest et le Sud-Ouest. On y rencontre cependant des exemples de gothique méridional, caractérisé par la nef unique, très large et sans transept. Aux 14ᵉ-15ᵉ s., des influences anglaises sont perceptibles dans les tours carrées, flamboyantes, de certaines églises de Saintonge (St-Eutrope à Saintes, Marennes). On rencontre **châteaux**, **donjons**, **places fortes**, véritables forteresses féodales, à Niort, Parthenay, Coudray-Salbart, etc.

Le Vieux Château, île d'Yeu

La Renaissance

La Renaissance n'a pas surgi d'un coup de baguette magique à la suite des expéditions d'Italie. Mais l'arrivée d'une vingtaine d'artistes italiens amenés de Naples par Charles VIII, fin 1495, apporte un souffle nouveau à l'architecture française.

Architecture civile

L'architecture Renaissance locale procède de celle du val de Loire et se développe sous l'impulsion de l'entourage saintongeais ou angoumois de François Iᵉʳ. L'aile François Iᵉʳ du château d'Oiron présente une enfilade d'arcs en anse de panier, tandis que le château de La Rochefoucauld rappelle, avec sa célèbre cour à trois étages de galeries, les palais italiens.

La décoration abondante en arabesques, grotesques... et nourrie de réminiscences antiques s'impose dans les châteaux d'Oiron, Usson, Dampierre-sur-Boutonne. Les toits sont hauts et à pente unique pour chaque versant. Le bâtiment central en avancée s'explique par la présence de l'escalier d'honneur. On retrouve ces éléments dans d'autres châteaux de la région, comme l'ancien château royal de Cognac ou dans des hôtels Renaissance : hôtel Fumé de Poitiers, hôtel Saint-Simon d'Angoulême.

Architecture religieuse

L'architecture religieuse Renaissance en Angoumois et en Saintonge n'offre guère que les exemples d'Oiron, de St-Marc-la-Lande et de Lonzac.

Époque classique

La fin de la Renaissance avait été une époque de stagnation pour l'art français. Avec Henri IV arrive la dynastie des Bourbons à la tête du pays, qui amène un changement et une ère de prospérité matérielle permettant à l'art de s'engager dans une voie nouvelle. L'art dit classique s'étend de 1589 à 1789.

Château de Terre-Neuve à Fontenay-le-Comte

Fortifications classiques

Nées au 16ᵉ s., elles protègent surtout les villes côtières et les îles. Les pans de murs et les bastions sont couronnés d'une plate-forme où sont placés les canons ; des échauguettes (tourelles suspendues) permettent de surveiller fossés et alentours. Brouage, édifiée au début du 17ᵉ s., est l'exemple type de ces fortifications qui annoncent celles de **Vauban** (1633-1707). Ce dernier s'attache à donner à ses ouvrages une valeur esthétique en les agrémentant de monumentales entrées en pierre (St-Martin-de-Ré).

Architecture Henri IV-Louis XIII

Tantôt sobre, tantôt surchargée, s'inspirant de l'art baroque ou de l'art antique, l'architecture Henri IV-Louis XIII présente une grande variété.

La symétrie est privilégiée et une tour abritant l'escalier d'honneur peut remplacer l'avant-corps (St-Loup-Lamairé). Les portes sont coiffées d'un frontonet et les fenêtres hautes sont surmontées par un fronton en plein cintre.

De petits campaniles se dressent sur des hôtels de ville, des églises, des châteaux. L'influence italienne se fait encore sentir dans l'hôtel de ville de La Rochelle qui présente une abondante ornementation de végétaux, de trophées, d'effigies grotesques, de statues placées dans des niches.

Les styles Louis XIV et Louis XV n'ont guère laissé de traces dans la région.

Architecture Louis XVI

De majestueux bâtiments évoquent le style Louis XVI, inspiré de l'art antique, dont l'architecte parisien Louis fut un insigne représentant : sa manière, noble et sobre, s'exprime dans plusieurs châteaux de Saintonge comme celui de Plassac. Au 19e s., le **gothique troubadour**, caractérisé par une imitation superficielle des formes gothiques, eut son heure de gloire, surtout dans les nombreux châteaux reconstruits après la Révolution (Bressuire et Les Essarts).

Le 20e s., le rendez-vous de la modernité

Depuis les années 1980, la région a connu une incroyable poussée moderniste. Le coup d'envoi fut donné par le **Futuroscope** *(voir ce nom)* près de Poitiers dont les premiers bâtiments ont été inaugurés en 1987, et qui n'a cessé de s'agrandir depuis. Denis Laming et Roland Castro sont deux architectes contemporains qui ont confié leur talent à la région.

Denis Laming

Né en 1949, lauréat du concours « Futuroscope » en 1984, il en deviendra l'architecte général et concevra tous les bâtiments du Parc de l'Image et les bâtiments phares situés autour. Son architecture utilisant des formes géométriques simples (sphère, pyramide, cylindre) est destinée à étonner et à provoquer des émotions et symbolise l'immatérialité de l'architecture dans sa signification ! Des bâtiments faits de verre et de miroirs, des façades ondulantes, jouent avec la lumière et avec notre perception visuelle pour nous faire décoller de la réalité. Dans la région Poitou-Vendée-Charentes, Denis Laming a également conçu l'Université catholique de Vendée (1993), l'Institut de sciences et de technologie (1996) et la Bibliothèque universitaire (1997), tous situés à La Roche-sur-Yon.

Roland Castro

Architecte urbaniste et professeur à Paris-La Villette, Roland Castro, né en 1940, a été chargé de mission « Banlieues 89 » auprès du Premier ministre pour établir un projet d'embellissement des périphéries des grandes villes. Depuis 1995, il est coordinateur du Grand Axe à La Défense (entre le Louvre et Saint-Germain), prévoyant notamment la création d'un canal le long d'une avenue paysagère. Expert de la question urbaine, il est reconnu comme le spécialiste de la conception et la réalisation d'espaces publics. Dans la région Poitou-Vendée-Charentes, il a conçu deux bâtiments publics importants, le **CNBDI** (Centre national de la Bande dessinée et de l'Image) à Angoulême et l'**hôtel du département** de Vendée à La Roche-sur-Yon, en collaboration avec Jean-Luc Pellerin.

Hôtel du département de Vendée, par R. Castro

Institut international de prospective Futuroscope, par D. Laming

Polychromies de Notre-Dame-la-Grande à Poitiers, création signée Skertzò

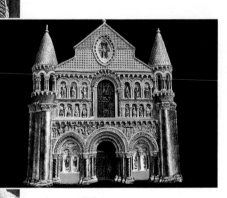

Villes
et sites

Airvault

On vient y débusquer les trésors de la nature généreuse des bords du Thouet : des eaux tranquilles encadrées de peupliers et d'herbe tendre. On cède aussi à l'envie d'une balade dans le centre d'Airvault, ponctuée d'une descente dans ses fontaines souterraines.

La situation

Cartes Michelin n°ˢ 67 pli 18 ou 232 pli 45 – 24 km au Nord-Est de Parthenay – Schéma p.254 – Deux-Sèvres (79).
La ville domine la rive droite du Thouet. Le centre est formé par la rue des Halles, la place St-Pierre et la place du Minage.
🛈 *Maire, 79600 Airvault,* ☎ *05 49 64 70 13.*

Le nom

Il vient de *Aurea vallis*, la vallée d'or, certainement baptisée ainsi à cause de la richesse de ses cultures.

Les gens

3 230 Airvaudais. Dans les archives notariales de la ville, on trouve plusieurs ancêtres de François Marie Arouet, plus connu sous le nom de Voltaire.

VERLAN
Voltaire, le célèbre philosophe des Lumières, se serait approprié le nom de la ville de ses ancêtres, et en aurait inversé les syllabes. Du verlan avant la lettre, on est un génie ou on l'est pas...

---

se promener

Église St-Pierre

Possibilité de visite guidée sur demande. M. Gomez. ☎ *05 49 64 76 86.*
Cette église remarquable est bâtie en pierre calcaire. Dans son architecture s'unissent les styles poitevin (12ᵉ s.) et angevin (13ᵉ s.). La façade est conçue dans la veine du roman poitevin avec ses contreforts-colonnes et son cavalier (mutilé). Le clocher du 13ᵉ s. ressort plutôt de l'école angevine avec sa flèche de pierre sans nervures, flanquée de clochetons presque aussi effilés qu'elle. Les ouvertures du **porche**★ sont pourvues de grilles très décoratives.

Intérieur – Dès l'entrée, admirez la perspective de la nef et du chœur terminé en arrondi. Les piliers supportent de beaux chapiteaux sculptés. À hauteur de ceux qui reçoivent la retombée des voûtes, des statues (12ᵉ s.) sont posées sur des consoles figurant des monstres. Remarquez de belles clés sculptées sur les hautes **voûtes gothiques**, bombées et compartimentées à la manière angevine.

Au revers de la façade, observez un devant d'autel roman du 12ᵉ s. (le Christ entre les Évangélistes) et surtout, dans la chapelle du croisillon gauche, le tombeau, lui aussi roman, du premier abbé d'Airvault, Pierre de Saine-Fontaine, que veillent le Christ et les apôtres, alignés sous des arcades.

À droite de l'abbatiale subsistent quelques arcades de l'**ancien cloître** (15ᵉ s.) et la salle capitulaire (12ᵉ s.), restaurée.

Le porche de l'église St-Pierre, à demi enterré, est couvert de voûtes d'arêtes.

Château

Couronnant la colline, au Nord de l'église, on y accède par des ruelles. Sur l'enceinte, assez dégradée, s'élèvent trois tours carrées dont l'une servait de donjon.

Fontaine souterraine

Située sous la place du Minage, cette ancienne fontaine publique fut recouverte à la fin du siècle dernier par mesure de salubrité.
Un étroit escalier conduit à une salle voûtée, où coule le ruisseau St-Pierre qui traverse encore la ville basse, et au puits qui alimentait autrefois la cité.

Pont de Vernay

1 km au Sud. La route descend à flanc de coteau sur le Thouet.
Le pont, du 12ᵉ s., assez fortement restauré, a été édifié
par les augustins d'Airvault. Du centre du pont, vous pourrez apprécier le tableau charmant formé par le Thouet qui
coule paisiblement entre les saules et les peupliers.

visiter

Abbaye-musée des Arts et Traditions populaires

*De mai à mi-sept. : 14h30-18h ; de mi-sept. à fin avr. : dim.
et j. fériés 14h-17h. 15F.* ☎ *05 49 64 71 42 ou 05 49 64 70 13
(mairie).*
Il est installé dans les bâtiments abbatiaux (11ᵉ-17ᵉ s.) et
occupe essentiellement le **logis abbatial** (14ᵉ et 17ᵉ s.).
Les collections, groupées par thèmes, évoquent la vie
quotidienne et les activités des Poitevins au 19ᵉ et au
début du 20ᵉ s. Ne manquez pas la prison, la chapelle
abbatiale, située au-dessus de deux salles souterraines
du 11ᵉ s. voûtées d'arêtes, et la belle salle du cuvier
(voûtes du 12ᵉ s.) où s'élaborait le vin.

*Naguère, les paysans
Poitevins vivaient dans
une seule pièce.
Le mobilier se composait
généralement d'une table,
d'un banc, de chaises,
d'un lit, d'une cheminée
et d'une horloge à
balancier « qui dit oui,
qui dit non, qui dit je
vous attends » comme
le chantait Jacques Brel.*

Île d'**Aix** ★

Des paysages aux allures méditerranéennes : bois de
chênes verts, de pins et de tamaris, petites criques
et plages de sable fin charment tous les amoureux
de la douceur de vivre. La circulation motorisée est
bannie sur l'île que l'on découvre ainsi à pied, en
calèche ou à vélo !

La situation

*Cartes Michelin nᵒˢ 71 pli 13 ou 233 pli 14 – Charente-Mari-
time (17).* Basse sur l'horizon, l'île est bordée de plages et
de falaises. Située dans une zone stratégique à l'embouchure de la Charente, au large de Fouras, elle a été fortifiée par Vauban. On y accède au départ de la pointe de la
Fumée et, en saison, de La Rochelle, de l'île d'Oléron ou
de l'île de Ré. *Services réguliers depuis Fouras (pointe de la
Fumée), (1/2h). 59F (enf. : 41F).* ☎ *05 46 41 76 24. Liaisons
régulières saisonnières avec l'île de Ré, l'île d'Oléron et La
Rochelle (voir ces noms) et croisières au dép. de La Tranche-
sur-Mer (voir ce nom), avec approche du fort Boyard.*

Le nom

Aux 11ᵉ et 12ᵉ s., l'île est appelée *Aias*, nom dont on n'a
pas trouvé la signification. Il se transforme en *Hé* au
18ᵉ s. Ensuite le « Ai » est revenu et un « x » est arrivé
là : qui sait pourquoi et comment ?

Les gens

199 Aixois. Napoléon Iᵉʳ a passé sa dernière semaine
française sur l'île d'Aix, du 8 au 15 juillet 1815, au lendemain de sa défaite à Waterloo. ▶

> **LIAISONS DANGEREUSES**
> Choderlos de Laclos,
> l'auteur des sulfureuses
> *Liaisons dangereuses*,
> participa en tant
> qu'ingénieur à la
> fortification de l'île d'Aix.

carnet pratique

SE DÉPLACER

Location de vélos – Prestation offerte dès l'arrivée au port et dans le village (comparer les prix). La solution de louer une remorque peut s'avérer judicieuse lorsqu'on se déplace avec de jeunes enfants.

Promenade en calèche – Deux sympathiques attelages attendent paisiblement l'arrivée des bateaux à l'entrée de la place d'Austerlitz, agréablement ombragée.

SE BAIGNER

Les plages de l'île (plus agréables à marée haute) ne sont pas équipées de postes de surveillance. Deux types de rivages s'offrent aux baigneurs : les longues plages de sable fin à l'Ouest de l'île (de l'anse de la Croix à la batterie de Jamblet) et sur une petite partie Est (anse du Saillant), et les charmantes petites criques du Nord-Est de l'île (les Sables Jaunes, Baby Plage) dominées par les chênes verts.

SPÉCIALITÉS

Huîtres – Ramenez sur le continent une bourriche d'huîtres : cabanes ostréicoles (au Nord-Est du village) ou étales dans le bourg (en saison).

Nacres – *R. Gourgaud – 17123 Île d'Aix –* ☎ *05 46 84 66 17.* La boutique ouvre sur l'atelier où l'on peut observer le minutieux travail de l'artisan.

Les artères du Bourg se coupant à angle droit lui donnent l'air d'une petite ville. Mais ses maisons basses blanchies à la chaux, bordées de roses trémières sont celles d'un village où les automobiles sont rares... et c'est tant mieux !

comprendre

À LIRE

La lettre de reddition de Napoléon aux Anglais : « En butte aux factions qui divisent mon pays et à l'inimitié des plus grandes puissances de l'Europe, j'ai terminé ma carrière politique et je viens, comme Thémistocle, m'asseoir sur le foyer du peuple britannique. Je me mets sous la protection de ses lois que je réclame de Votre Altesse Royale, comme au plus puissant, au plus constant et au plus généreux de mes ennemis. »

Napoléon, empereur déchu – Il arrive à l'île d'Aix le 8 juillet 1815, à bord de la frégate *La Saale* et envisage peut-être de gagner l'Amérique, en faussant compagnie à la flotte anglaise qui le surveille. Le 9, il visite les fortifications d'Aix sous les acclamations des 1 500 marins de la garnison. De retour à bord, il apprend que Fouché, son ancien ministre, lui laisse le choix : partir, s'il le peut, ou négocier son avenir avec les Anglais. Le capitaine de *La Saale* n'a qu'une hâte : se débarrasser d'un passager encombrant. Entre le 11 et le 13, il est question d'une possible évasion, mais dès le 10 juillet, Bertrand et Las Cases ont engagé des pourparlers avec le capitaine Maitland, commandant du navire anglais *Bellérophon*. Le 13 juillet, ses amis le supplient de s'en remettre à la magnanimité anglaise. Il se laisse convaincre. Le 15 juillet, Napoléon quitte l'île d'Aix et embarque à bord du *Bellérophon*, à destination d'une autre petite île, Sainte-Hélène, lointaine colonie britannique de l'Atlantique Sud où il mourra en 1821.

se promener

LE BOURG

Le Bourg désigne la partie du territoire de l'île comprise à l'intérieur des remparts. De là, on peut entreprendre le tour de l'île à pied (2 h 1/2) ou faire une **promenade en calèche**. ⌕ *D'avr. à fin sept. : visite guidée de l'île (3/4h) 10h-17h (en fonction des marées). 39F (enf. : 29F).*

Place d'Austerlitz

Au-delà du môle, une porte à pont-levis donne accès à la place d'Austerlitz, ancienne place d'Armes, aux belles allées de cyprès. Le 9 juillet 1815, Napoléon y fit manœuvrer une compagnie du 14ᵉ régiment de marine. À droite, sitôt franchie la porte, on découvre le bâtiment à arcades de l'ancienne gare maritime.

Fort de la Rade

En 1699 Vauban dessine ses fortifications et entreprend la construction d'une citadelle à cinq bastions. Les travaux sont terminés dès 1702, mais en 1757 le fort est en grande partie détruit par les Anglais. Les fortifications présentent, côté mer, un contrevallement protégé par une digue et une large douve en eau. En 1810 sa réédification commença sur l'ordre de Napoléon, mais son achèvement n'eut lieu qu'en 1837.

Le fort porte deux phares. De la jetée on aperçoit, à environ 3 km, la masse allongée du fort Boyard.

Église St-Martin

Mars-oct. : 10h-19h ; nov.-fév : dim. 10h-19h. ☎ 05 46 84 67 76.

C'est l'ancienne église d'un prieuré occupé par des moines bénédictins de Cluny ; il n'en reste que le transept, l'abside et l'absidiole. La crypte du 11ᵉ s. conserve de belles colonnes coiffées de chapiteaux à feuillages.

FORT LIÉDOT

Situé à l'Est de l'île, ce fort connut bon nombre de locataires : prisonniers russes de la guerre de Crimée (1854), prisonniers prussiens de la guerre de 1870, insurgés de la Commune, bagnards en partance pour Cayenne dont le bateau s'était échoué sur les rochers, des soldats russes partisans des bolcheviques, après la révolution russe, en 1917...

Le fort de la Rade a été construit comme une île dans l'île !

> **BEN BELLA**
> L'ancien leader du FLN algérien fut détenu à la prison du fort Liédot pendant sept ans avec des compagnons.

visiter

Musée napoléonien (fondation Gourgaud)

Juin-sept. : 9h30-18h (dernière entrée 1/2h av. fermeture) ; avr.-mai et oct. : tlj sf mar. 9h30-12h30, 14h-18h ; nov.-mars : tlj sf mar. 9h30-12h30, 14h-17h. Fermé 1ᵉʳ mai. 22F. ☎ 05 46 84 66 40.

Il est installé dans la maison construite en 1808 sur ▶ l'ordre de Napoléon et qui l'abrita du 12 au 15 juillet 1815. L'une des seules maisons à étages de l'île, elle est surmontée de l'aigle impériale et présente une porte d'entrée encadrée de deux colonnes classiques. Le baron Gourgaud, arrière-petit-fils de l'officier d'ordonnance de l'Empereur, l'acheta en 1925 et la légua aux Musées nationaux. Une profusion de souvenirs relatifs à l'Empereur, à sa famille, à son entourage remplit les 10 salles :

> **VOYEURISME**
> La chambre de l'Empereur n'a pas changé depuis ces jours tragiques où il suivait du balcon, à la lorgnette, les évolutions de la flotte anglaise. C'est ici qu'il rédigea sa lettre au prince-régent (un fac-similé du brouillon est exposé).

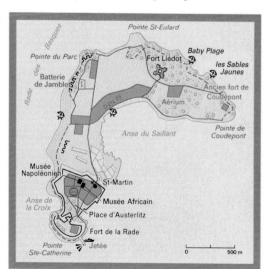

œuvres d'art, meubles, armes, vêtements, autographes, portraits par Isabey, Gros, Appiani, etc. Dans le jardin, frêne greffé sur ormeau par Napoléon, en 1808, et buste à l'antique du souverain, ancienne figure de proue de navire.

Musée africain (fondation Gourgaud)

Juin-sept. : 9h30-13h, 14h-18h (dernière entrée 1/2h av. fermeture) ; avr.-mai et oct. : tlj sf mer. (hors oct.) 9h30-12h30, 14h30-18h ; nov.-mars : tlj sf mer. : 9h30-12h30, 14h-17h. Fermé 1er mai. 16F. ☎ 05 46 84 66 40.

Aménagé dans une suite d'anciens logements militaires, il expose une collection ethnographique et zoologique constituée de 1913 à 1931 par le baron Gourgaud. Un aperçu de la faune africaine est présenté dans des dioramas.

> **UNE SEULE BOSSE**
> Le dromadaire blanc que montait Bonaparte durant la campagne d'Égypte avait été ramené au Jardin des Plantes à Paris. Naturalisé après sa mort, il est aujourd'hui conservé ici.

Angles-sur-l'Anglin★

Les impressionnantes ruines découpées d'un château se dressent sur un piton rocheux surplombant les eaux paisibles de l'Anglin où foisonnent roseaux et nénuphars. Dans ce séduisant village, un des plus beaux de France, se perpétue encore une tradition raffinée de broderie. Les « jours d'Angles », jadis vendus dans les grands magasins parisiens, ont même orné le linge du Normandie !

La situation

Cartes Michelin nos 68 pli 15 ou 238 pli 25 – 16 km au Nord de St-Savin – Schéma p. 133 – Vienne (86).

Le village est bâti au-dessus de l'Anglin. Les D 2 et D 5 desservent le village.

🚹 *Le bourg, 86260 Angles-sur-l'Anglin, ☎ 05 49 48 86 87.*

Le nom

On prend les mêmes que pour l'Angleterre, envahie au milieu du 5e s. par les Angles, et on recommence. Ce sont des membres de cette tribu germanique qui arrivèrent ici au 9e s. sur les bords d'un affluent de la Gartempe, l'Anglin (tiré de « *Angla* »), drôle de coïncidence...

> **À DÉCOUVRIR**
> Près de la localité, des fouilles effectuées dans des abris-sous-roche ont mis au jour d'importantes pièces sculptées datant de l'époque magdalénienne.

Bâtie au-dessus de l'Anglin, Angles s'étage au pied des ruines de son château.

Les gens

424 Anglais. Né à Angles en 1421, le cardinal **Balue** fut ▶
successivement aumônier du roi, intendant des finances,
secrétaire d'État, évêque d'Évreux, puis d'Angers, avant
de recevoir le chapeau de cardinal. Il abusa de la
confiance de Louis XI, lorsqu'il vendit au duc de Bourgogne des secrets d'État. Démasqué, il expia durant onze
ans cette trahison. Libéré à la demande du pape, il se
retira à Rome où il vécut onze années comblé d'hon-
neurs.

> **LES « FILLETTES »**
> Balue serait l'inventeur des « fillettes », d'inconfortables cages de fer dont il fut lui-même la victime quand Louis XI l'y fit enfermer pour trahison.

se promener

Le site★

Placez-vous sur la terrasse proche d'un calvaire et d'une
petite chapelle romane élevés à une extrémité du promontoire rocheux qui supporte le château. De là, on
découvre la meilleure **vue★** d'ensemble sur le site. Au-
delà d'une coupure de la falaise dite « tranchée des
Anglais », le regard se pose sur les murailles et les tours
du château. Au Nord, sur une autre butte, se détache le
clocher roman de l'église haute. Au pied de l'escarpe-
ment, contemplez le charmant tableau que forme
l'Anglin et son pont de pierre. Près de là tourne encore
un ancien moulin. La route chemine vers le faubourg
Sainte-Croix où s'élève une ancienne église abbatiale
(beau portail du 13e s.).

Ruines du château★

*De mai à fin sept. : w.-end et j. fériés 10h30-12h30, 14h30-
18h30 (de juil. à mi-sept. : tlj sf mar.). 10F. ☎ 05 49 48 61 20.*
Angles était au Moyen Âge une place de premier ordre
par sa situation et l'importance de ses défenses. Le château fut laissé à l'abandon au 18e s. La Révolution de 1789
ajouta à ses malheurs en permettant qu'on l'utilise
comme carrière de pierres.

> **OÙ SE RESTAURER ET DORMIR**
> **Le Relais du Lyon d'Or**
> *– Rte de Vicq –*
> ☎ *05 49 48 32 53 –*
> *fermé déc. à fév.,*
> *jeu. midi et mer. –*
> *110/190F.* Dans cette maison du 15e s., la cuisine copieuse est servie dans une salle campagnarde avec poutres et cheminée. Si le cœur vous en dit, après le repas, visitez les expos dans l'atelier ou suivez les stages de peinture décorative avant de vous reposer dans une des jolies chambres.

Angoulême★★

On parcourt Angoulême à pied, pour le plaisir de
découvrir un lacis de rues étroites, de beaux édifices
anciens, ou de se plonger dans l'atmosphère fébrile
du festival de la bande dessinée, fin janvier. La ville
porte d'ailleurs l'empreinte du festival, depuis les
peintures reproduites sur ses murs, jusqu'aux
plaques de ses rues en forme de bulles de BD.

La situation

*Cartes Michelin n°s 72 plis 13, 14 ou 233 plis 29, 30 – Cha-
rente (16).* Angoulême se partage entre une ville haute et
une ville basse. Son **site★**, dominant la Charente, est
admirable. Les voies de communication prolongeant les
nationales et départementales cernent la ville haute et
conduisent à des parkings. Sur le plateau : rues étroites
au Nord, spacieuses au Sud et piétonnes à l'Est.
🖪 *7 bis rue du Chat (place des Halles), 16007 Angoulême,*
☎ *05 45 95 16 84. Site Internet www.tourisme.fr/angouleme
et e-mail : Angouleme tourisme@wanadoo.fr.*

Le nom

Angoulême vient du latin *Iculisna,* transformé en *Eco-
lisna, Engolesma, Engolesme.* Quant à savoir ce que ça
veut dire...

Les gens

42 875 Angoumois ou Angoumoisins. Coup de chapeau
aux fondateurs passionnés du salon de la BD d'Angoulême : Francis Groux, Jean Mardikian et Claude Molteni.
Seuls les deux premiers sont angoumois.

> **DEUX BALZAC, UNE SEULE POSTÉRITÉ**
> Natif d'Angoulême, Guez de Balzac (1597-1654) était un écrivain au naturel sombre qui laissa son nom à un lycée. Honoré (1799-1850) lui, séjourna plusieurs fois dans la ville qu'il décrivit dans *Les Illusions perdues.*

carnet pratique

OÙ DORMIR

• À bon compte

Chambre d'hôte la Templerie – *16430 Denat – 9,5 km au N d'Angoulême dir. Poitiers par N 10, puis Balzac par D 105 – ☎ 05 45 68 73 89 – ⊟ – 5 ch. : 240/270F.* Vous serez reçu dans les anciennes remises de cette magnifique ferme viticole. N'en prenez pas ombrage, car toutes les chambres y sont très agréables et colorées. Deux d'entre elles, de plain-pied, ouvrent leurs volets sur la piscine. Un gîte de six personnes.

• Valeur sûre

Chambre d'hôte Domaine du Chatelard – *Le Got de Dirac – 16410 Dirac – 8 km au SE d'Angoulême dir. Périgueux puis rte secondaire – ☎ 05 45 60 29 45 – 5 ch. : 475/850F – repas 200F.* Entre Périgueux et Angoulême, ce château est un havre de paix au milieu d'un domaine de 90 ha. Tenu par un couple d'Anglais, au bord d'un lac, ses belles chambres confortables et soignées vous permettront de goûter à la quiétude des lieux... Une étape de charme.

Hostellerie du Moulin du Maine Brun – *16290 Asnières-sur-Nouère – 10 km au NO d'Angoulême par N 141 et D 120 – ☎ 05 45 90 83 00 – fermé 16 oct. au 14 avr. – ▣ – 18 ch. : 450/750F – ☲ 65F – restaurant 98/198F.* Si vous rêvez de dormir dans le Louis XIII, Louis XV ou Empire, les chambres de ce moulin de caractère, situé aux bords d'une charmante rivière charentaise, vous iront à merveille. Une jolie terrasse et une piscine donnent sur la campagne tranquille.

OÙ SE RESTAURER

• À bon compte

La Chouc' – *16 pl. du Palet – ☎ 05 45 95 18 13 – fermé 1 sem. en mai et août, dernière sem. de fév. et nov., dim. et lun. – 75/85F.* Sur une place, ce petit restaurant discret ne vous servira point de choucroute, comme son nom peut le laisser imaginer, mais une cuisine de marché simple et bien tournée. Service rapide mais pas précipité, prix très doux. Une adresse à ne pas manquer...

• Valeur sûre

Restaurant Preuve par Trois – *5 r. Ludovic-Trarieux – ☎ 05 45 90 07 97 – fermé le soir (sf ven.) et dim. – 100F.* Une

Instant de détente au café Chez Paul.

boutique pour les « chineurs » et les gourmands, au cœur de la vieille ville. Cuisine simple, légère et conviviale à déjeuner, scones, pâtisseries maison et thé à l'heure du goûter : voilà de quoi vous restaurer avant de faire un tour dans sa petite brocante.

OÙ SORTIR

Café Chaud – *1 r. Ludovic-Trarieux – ☎ 05 45 38 26 32 – mar.-jeu. 12h-2h, ven.-sam. 12h-3h, dim. 15h-2h.* Les amateurs de musiques nouvelles ont élu domicile dans ce café dédié au trip hop et aux fusions musicales des styles et des époques. Son cadre intime en bois et velours et son balcon en font l'un des lieux les plus sympathiques de la ville.

Chez Paul – *8 pl. Francis-Louvel – ☎ 05 45 90 04 61 – tlj 7h-2h.* Ce grand café bénéficie d'une cour intérieure où serpente un cours d'eau. Au fond, une fresque en trompe-l'œil métamorphose en paysage de campagne un banal mur de pierre. L'hiver, un faux jardin aménagé à l'étage offre une vue sur cet étonnant décor.

Galerie MR – *38 r. de Genève – ☎ 05 45 92 90 14 – mar.-sam. 10h-19h30.* C'est au fond d'une galerie d'art moderne, dans une charmante petite cour fleurie parsemée de tessons de verre émoussés, que vous profiterez de quelques instants de calme et de fraîcheur au centre de la rue la plus animée d'Angoulême. En semaine, plat du jour à petit prix préparé avec les produits du marché (mieux vaut réserver).

Le Tire-Bouchon – *18 r. de la Cloche-Verte – ☎ 05 45 95 00 12 – été : lun.-sam. 12h-15h, 17h-2h – hiver : mar.-dim. 12h-15h, 17h-2h.* Dans ce chaleureux bar à vin entièrement décoré d'objets glanés à travers les brocantes, vous dégusterez des vins fruités accompagnés de produits du marché. Des propriétaires charmants dispensent la bonne humeur en permanence : un lieu idéal pour se requinquer.

ACHATS

Letuffe – *10 pl. Francis-Louvel – ☎ 05 45 95 00 54 – lun.-sam. 9h-12h, 14h-19h.* Fondée en 1873, cette maison réputée ouvre les portes de son atelier de fabrication à la visite. Parmi les spécialités, on compte bien entendu les chocolats au cognac et au pineau, mais aussi les Duchesses d'Angoulême qui sont des nougatines fourrées au praliné.

SPORT

Base Nautique Éric Tabarly – *Plan d'eau de la Prairie de St-Yrieix – 16710 St-Yrieix-sur-Charente – env. 5 km au NO d'Angoulême – ☎ 05 45 68 42 46 – fermé 21 nov.-22 mars.* Ce lac (25 ha), géré par la dynamique École française de Voile, est chaque année le théâtre de deux événements exceptionnels : le superbe feu d'artifice du 14 août et surtout l'« Été Actif » pendant lequel, deux mois durant, le plan d'eau devient le théâtre d'une myriade de concerts et d'activités gratuites pour tous.

En attendant vous pouvez vous adonner aux joies du canoë et de la voile et laisser vos enfants nager en toute tranquillité : la baignade est surveillée.

CAM'S Ski Nautique – *Quai du Halage* – ☎ *05 45 92 76 22 – avr.-mai et de mi-sept. à oct. : sam.-dim. 12h-20h – de mi- juin à mi-sept. : lun. 16h30-20h, mar.-dim. 12h-20h – fermé nov.-mars.* Vous avez sous les yeux l'adresse idéale pour une initiation réussie au ski nautique, sans risque et sans chute. Dès l'âge de trois ans, les plaisirs de la glisse sont à votre portée. De plus, un accueil aimable achèvera de vaincre vos dernières réticences. Alors, pourquoi hésiter ?

Moulin du Got – *Moulin du Got – 16410 Dirac – 8 km au SE d'Angoulême –* ☎ *05 45 61 52 72 ou 06 82 06 32 84 – sept., juin : mer., sam.-dim. 9h-19h – juil.-août : lun.-ven. 9h-19h – fermé du 1er au 15 août.* L'objectif de ce club installé dans un superbe moulin est de favoriser l'autonomie et la responsabilité de l'enfant avec son cheval. Les stages d'un jour ou d'une semaine se déroulent dans une ambiance familiale et comprennent, outre les balades en forêt, le déjeuner et le goûter. Les charmantes têtes blondes oublient rarement leur séjour en ces lieux.

SE DÉPLACER

Parking – 3 parcs de stationnement payant au centre-ville : place St-Martial, place Bouillaud (fermé de minuit à 6h), place des Halles (fermé de 2h à 6h).

Bus – Un titre de transport à la journée (ticket tourisme, 25 F) est vendu à l'Office de tourisme et au kiosque STGA, place du Champ-de-Mars, du lundi au vendredi de 13h30 à 18h30 (16h30 le samedi). ☎ 05 45 65 25 25.

MARCHÉ

Marché couvert tous les matins, place des Halles ; marché aux Puces le 3e dimanche du mois, d'octobre à mai, de 8h à 18h.

comprendre

La BD – Fin 1972, tout commence avec la reprise à Angoulême de l'exposition « Dix millions d'images ». En 1974, un **salon de la bande dessinée** démarre ; c'est Hugo Pratt qui signe l'affiche. Hergé, Reiser, Moebius, Tardi, Bilal... vont se mobiliser pour soutenir la manifestation. En 1982, Claire Bretécher et Paul Gillon sont couronnés lors du 10e anniversaire et en 1984 le salon s'offre une exposition sur la BD française à New York. Ensuite vient la création, en 1989, d'un **Centre national de la Bande dessinée et de l'Image** (CNBDI). Il comprend un musée et une médiathèque, et a la charge d'innover dans le domaine de l'image numérique. En 1996, le salon devient Festival international de la BD pour appuyer sa dimension festive. Il attire 200 000 passionnés chaque année, séduisant de plus en plus le grand public. Il s'est branché au multimédia en créant l'Espace Cyberbédé pour les jeunes *(au CNBDI)*.

Le pôle image – Aujourd'hui, la BD sort de ses bulles, s'anime sur les écrans, et Angoulême se dote d'un **pôle image**. Ce projet englobe des centres de formation (cinq établissements formant aux métiers de l'image, depuis le BEP, jusqu'au Bac + 5 en passant par les Bacs et BTS spécialisés), avec notamment une école des métiers du cinéma d'animation (dessins animés, images 3 D...), et un pôle d'entreprises expertes dans le secteur de l'image animée. Son aménagement est prévu sur les bords de la Charente, à proximité du CNBDI, dans le cadre d'une vaste réhabilitation. Véritable symbole la BD, une **fusée de Tintin** à damier rouge et blanc, tout droit sortie des aventures *Objectif lune* (1953) et *On a marché sur la lune* (1954), va être inaugurée pour l'entrée dans le troisième millénaire (2001) !

Peinture murale
« *Mémoire du 20e s.* »
d'après un dessin original
de Yslaire.

se promener

LA VILLE HAUTE★★

Si on veut, on peut faire le tour complet des remparts dans le sens inverse des aiguilles d'une montre. La promenade proposée ici part de l'Office de tourisme, place des Halles. Dirigez-vous vers les remparts, juste pour regarder la vue au Nord.

ANGOULÊME

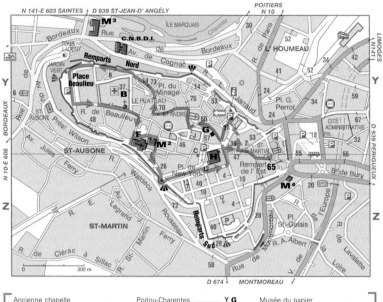

Ancienne chapelle des Cordeliers	**Y B**	Poitou-Charentes	**Y G**
Cathédrale St-Pierre	**Y F**	Hôtel de ville	**Z H**
Hôtel St-Simon-F.R.A.C.		Musée municipal des Beaux-Arts	**Y M²**

Musée du papier « Le Nil »	**Y M³**
Musée de la Société archéologique	**Z M⁴**

Remparts Nord

De là, perspectives plongeantes sur le pont et le faubourg St-Cybard, sur la vallée de la Charente et les industries qui la jalonnent.

Revenir sur ses pas rue du Chat, remonter à gauche la rue de Genève.

Hôtel de ville *(voir « visiter »)*
Prendre ensuite la rue de la Cloche-Verte.

Regardez au n° 15 l'hôtel St-Simon et sa jolie cour Renaissance.

Hôtel St-Simon - FRAC Poitou-Charentes
(voir « visiter »)
Poursuivre tout droit dans la rue St-André.

Observez la peinture murale « Mémoire du 20ᵉ s. » d'après un dessin original de Yslaire (square St-André).
Prendre ensuite à droite rue Taillefer puis tout de suite à gauche rue du Soleil.

Regardez au n° 17, sur cour, la façade Louis XVI.
Descendre à droite la rue Vauban et prendre à gauche pour arriver rue de Turenne.

Au n° 15 : porte Louis XIII, en face porte de l'ancien couvent des Carmélites (1739).
Poursuivre par le rempart de Beaulieu.

Place Beaulieu
Cette esplanade est située à l'extrémité du promontoire, où le lycée Guez-de-Balzac a remplacé une abbaye de bénédictines. Au premier plan apparaissent le faubourg et l'église St-Ausone, bâtie par Abadie au 19ᵉ s. ; au second, le confluent de l'Anguienne et de la Charente. En contrebas, le jardin Vert est un lieu de promenade.
Prendre la rue de Beaulieu.

ENVOL

De la tour Ladent, juste avant la place de Beaulieu, le général **Resnier**, né à Angoulême (1728-1811), s'élança dans le vide muni d'une paire d'ailes. Il effectua ainsi, en 1806, le premier vol sans moteur. S'étant brisé la jambe à l'atterrissage, il renonça à exploiter son appareil, conçu à l'origine pour équiper les soldats de l'armée impériale combattant les Anglais...

Remarquez au n°79 une majestueuse façade à trois tourelles carrées et colonnade ionique (1783). À l'angle de la rue de Beaulieu et de la rue Guérin, vous avez la chapelle des Cordeliers.

Ancienne chapelle des Cordeliers
Visite libre ou guidée sur demande préalable au service Patrimoine de l'hôtel de ville. ☎ 05 45 38 70 79.
C'est aujourd'hui la chapelle de la maison de retraite *(accès par la rue de Beaulieu).* **André Thevet** y fut moine. C'est lui qui rapporta du Brésil en 1556, avant Nicot, le tabac auquel il donna le nom d'« herbe angoumoisine ». La chapelle possède un clocher gothique dont le côté saillant repose sur deux petites trompes. Ne manquez pas dans la nef, à gauche, le tombeau de Guez de Balzac, inhumé en 1654.

De là, reprendre la rue de Beaulieu et à droite la rue du Minage jusqu'au quartier de la cathédrale et de l'hôtel de ville.

Cathédrale St-Pierre★ *(voir « visiter »)*

Musée municipal des Beaux-Arts *(voir « visiter »)*
Revenir vers les remparts Sud pour regarder la vue.

Remparts Sud
Contemplez la vue sur la vallée de l'Anguienne et ses coteaux, derrière la statue monumentale de Carnot.
Remonter la place de New-York plantée d'arbres jusqu'à l'hôtel de ville et entrer dans le quartier commerçant St-Martial par la rue Marengo.

Espace St-Martial
Cette place moderne aménagée en zone piétonne près de l'église St-Martial (19ᵉ s., clocher-porche) constitue un lieu de promenade avec un petit square.
Revenir place des Halles par la rue St-Martial et la rue des Arceaux.

Regardez sur la place de l'Espace St-Martial la sculpture d'une main tenant un crayon, ou celle d'une main ouverte avec un oiseau sur le poignet.

visiter

Cathédrale St-Pierre★
Possibilité de visite guidée sur demande. ☎ 05 45 95 20 38.
Elle date du 12ᵉ s. En partie détruite en 1562 par les calvinistes, elle a été restaurée en 1634 et, surtout, à partir de 1866, par Abadie.

Façade★★ – Admirez la vie de ce grand tableau sculpté de style poitevin, où plus de 70 personnages, statues et bas-reliefs, illustrent le thème du Jugement dernier. Un Christ en majesté, entouré des symboles des Évangélistes, d'anges et

La haute tour à six étages en retrait, qui s'élève à l'extrémité du croisillon gauche, a été en partie reconstituée par Abadie au 19ᵉ s.

Les amateurs de sculpture apprécieront le ciselé de l'œuvre.

Le casque d'Agris, chef-d'œuvre de l'orfèvrerie celtique du 4ᵉ s. avant J.-C.

de saints dans des médaillons, préside l'ensemble. Remarquez aussi les archivoltes et les frises des portails latéraux sculptés de feuillages, d'animaux et de figures d'une grande finesse. Au linteau du premier portail latéral aveugle, à droite, observez les curieuses scènes de combat, tirées d'épisodes de la *Chanson de Roland*.

Intérieur – Il en impose par son ampleur. Son envolée de coupoles sur pendentifs est d'une grande hardiesse. À l'extrémité du croisillon gauche, on entre dans une vaste chapelle, qui supporte la tour. Admirez les remarquables chapiteaux. Jetez un coup d'œil à gauche, dans la nef, sur un bas-relief roman représentant une Vierge à l'Enfant, et sur les orgues du 18ᵉ s. Le chœur se distingue par des chapiteaux à décor végétal provenant de la cathédrale élevée au 9ᵉ s. par Grimoald de Mussidan.

Musée municipal des Beaux-Arts★

12h-18h, w.-end 14h-18h. Fermé j. fériés. 15F, gratuit en sem. entre 12h et 14h. ☎ *05 45 95 07 69.*

Il occupe l'ancien évêché du 12ᵉ s., qui a été remanié aux 15ᵉ et 16ᵉ s. et vaut le détour pour la qualité de ses collections d'art africain et océanien (statuettes rituelles du Congo, masques, reliquaire kota, dénéraux akans) et pour le **casque d'Agris★** *(à l'étage)*. Le musée abrite une collection d'objets médiévaux (chapiteaux, crosses, sculptures), des céramiques régionales, des peintures françaises des 18ᵉ et 19ᵉ s. *(au rez-de-chaussée)*, des toiles italiennes et flamandes des 17ᵉ et 18ᵉ s., et des œuvres d'artistes charentais *(à l'étage)*. On y trouve des photocopies de planches de bandes dessinées imaginées par le musée pour intéresser les enfants à la visite.

Musée de la Société archéologique

Tlj sf mar. 14h-17h (août : tlj sf w.-end). Fermé entre Noël et Jour de l'an. Gratuit. ☎ *05 45 94 90 75.*

Il rassemble dans ses salles et dans un jardin des collections de préhistoire départementale, des mosaïques gallo-romaines, des collections lapidaires de l'époque romaine au 18ᵉ s. et diverses sortes d'antiquités régionales : faïences, armes, émaux limousins, bibelots.

Hôtel de ville

Juil.-sept. : visite guidée (1h) à 15h, 16h, 17h, 18h ; mars-juin : w.-end à 15h30 ; oct.-fév. : un w.-end par mois à 15h30. 25F. ☎ *05 45 38 70 79.*

C'est Paul Abadie, l'architecte du Sacré-Cœur, qui le construisit dans le style gothico-Renaissance entre 1858 et 1868, à l'emplacement du château des comtes d'Angoulême. De ce château, il ne subsiste que la « tour polygonale », ancien donjon des 13ᵉ et 14ᵉ s. **(panorama)**, et une tour ronde du 15ᵉ s. dans laquelle serait née Marguerite d'Angoulême.

LA « MARGUERITE DES MARGUERITES »

C'est ainsi que François Iᵉʳ surnommait sa sœur (1492-1549), née dans la tour ronde du 15ᵉ s. de l'actuel l'hôtel de ville. Elle est restée célèbre pour avoir écrit un recueil de contes imités de Boccace, l'*Heptaméron*.

Hôtel St-Simon - FRAC Poitou-Charentes

15 r. de la Cloche-Verte. Expo mar.-ven. 10h-12h, 13h30-19h, sam. 13h30-19h. ☎ *05 45 92 87 01.*

C'est le siège du Fonds régional d'Art contemporain Poitou-Charentes. On peut y voir des œuvres récentes représentatives de la créativité artistique internationale.

Le Centre national de la Bande dessinée et de l'Image (CNBDI)★

  Tlj sf lun. (hors vac. scol.) 10h-18h (été : fermeture à 19h). Fermé 1ᵉʳ janv., 1ᵉʳ mai et 25 déc. 30F (enf. : 20F). ☎ *05 45 38 65 65.*

Depuis le plateau, on y descend en bus, ou bien à pied, par un chemin qui part de la tour Ladent. Entrée : rue de Bordeaux. Accès possible par un escalier, au départ de l'avenue de Cognac. Son architecture signée Roland Castro mêle le moderne et l'ancien, avec des structures futuristes de métal et de verre, et des fractions de bâtiments industriels du début du siècle. Sur le parvis, regardez les dalles peintes par les stars de la BD.

Médiathèque – Installée au 1ᵉʳ étage, elle reçoit en dépôt légal un exemplaire de tout ce qui est édité en matière de BD (magazines et albums) et rassemble la quasi-totalité de la production française depuis 1946. Vous pouvez consulter librement un important fonds d'albums et de revues, et regarder des cassettes vidéo.

Musée – Un hommage est rendu aux grands auteurs de la BD *(au rez-de-chaussée)*, avec une ou plusieurs planches ou dessins originaux et parfois un écran lumineux assorti de commentaires enregistrés. Des films vidéo retracent les grands moments de la BD. Parmi les précurseurs citons le Suisse Töpffer (milieu du 19ᵉ s.), Christophe (*La Famille Fenouillard,* 1889), Pinchon (*Bécassine,* 1905), Forton (*Les Pieds Nickelés,* 1908), Alain St-Ogan (*Zig et Puce,* 1925). Un peu plus tard, signalons, parmi une infinité de talents, les Belges Hergé (*Tintin,* 1929) et Franquin (*Gaston Lagaffe,* 1957), les Américains Raymond (*Flash Gordon,* 1934) et Schulz (*Peanuts,* 1950) et, en France, Goscinny et Uderzo (*Astérix,* 1959), Gotlib, Claire Bretécher, Reiser, Bourgeon, Wolinski, Loustal, Bilal, Baudoin, Tardi, Teulé.

Musée du Papier « Le Nil »

Tlj sf lun. 14h-18h. Fermé j. fériés. Gratuit. ☎ *05 45 92 73 43. En face du CNBDI.* L'ancienne papeterie Bardou-Le Nil, autrefois spécialisée dans la fabrication du papier à cigarettes, fonctionna jusqu'en 1970. On voit encore ici une des six roues à aubes en métal qui, placées dans les canaux ou coursiers, fournissaient l'énergie à la fabrique, jusqu'au moment où on passa à l'électricité. Avec ce musée de l'industrie papetière, vous découvrez l'activité traditionnelle d'Angoulême, née de la pureté des eaux de ses rivières. Imaginez qu'au 17ᵉ s. près de 100 moulins de la ville fournissaient du papier filigrané à la Hollande. Sous le titre « Imaginaires d'usines », on apprend les différentes phases de la fabrication industrielle du papier et du carton. La matière première – d'abord les chiffons, ensuite le bois et les déchets de papier – est transformée en pâte puis en feuille. Depuis l'invention en 1799 par Louis-Nicolas Robert, de la machine à papier, la feuille est produite en ruban continu. Une fois séchée, elle subit encore de nombreux traitements avant d'obtenir sa consistance définitive. À voir aussi : une exposition sur l'histoire de l'industrie papetière et les industries connexes *(à l'étage).*

Dans le musée du C.N.B.D.I., vous pourrez voir une extraordinaire collection de planches et dessins originaux, exposés par roulement.

circuits

L'ANGOUMOIS

Circuit de 30 km – environ 3 h
Quitter Angoulême par l'Ouest en empruntant la N 141.

Église de Fléac

Cet édifice roman du 12ᵉ s. est dépourvu de transept ; la nef et le chœur sont coiffés de trois coupoles successives. Joli portail décoré d'animaux chimériques.
Poursuivre sur la D 72.

> ▶ **PAR ICI !**
> Par la D 103 qui descend au milieu des vignes et des arbres fruitiers, on arrive au fond de la vallée, tapissé de prairies.

Trois-Palis

Église – Cet édifice roman possède un clocher à deux étages dont la flèche conique est couverte d'écailles. Sa façade a un pignon orné d'un Christ, qu'entourent les symboles des Évangélistes. À l'intérieur (absence de transept), la nef et le chœur sont séparés par une coupole sur pendentifs (chapiteaux historiés).

Chocolaterie Letuffe – *De mi-juin à mi-sept. : visite guidée (1h) 8h30-17h30, sam. 14h-17h30, dim. et j. fériés 14h-18h ; de mi-sept. à mi-juin : 14h-17h30, dim. et j. fériés 14h-18h. Fermé 1ᵉʳ janv. et 25 déc. Gratuit.* ☎ *05 45 91 05 21.* On y fabrique artisanalement les spécialités d'Angoulême : marguerites et duchesses.

Poursuivre sur la D 72, puis prendre à droite la D 41.

La route vers Nersac mène au pont de la Meure d'où se découvre une jolie perspective sur le fleuve.

Prendre à gauche sur la D 699.

Moulin de Fleurac

Avr.-oct. : visite guidée (1h) tlj sf mar. 10h-12h, 14h-19h, w.-end et j. fériés 11h-12h, 15h-19h ; nov.-mars : tlj sf mar. 14h-18h, w.-end et j. fériés 15h-18h. 20F. ☎ 05 45 91 50 69.

Cet ancien moulin à blé, converti en moulin à papier, perpétue une tradition séculaire en Angoumois. La production de papier de luxe repose sur des techniques héritées du 18ᵉ s. : la pâte, obtenue à partir du broyage de fibres végétales (lin, coton ou chanvre), est pétrie par de lourds maillets de bois ou par la pile hollandaise, actionnés par la roue du moulin. Une fois prête, elle est mise en feuilles qui seront pressées, séchées puis encollées. Ne manquez pas le bâtiment *(dans la cour)* qui abrite l'étendoir et un musée. Des passerelles donnent accès aux îles de la Charente et à l'écluse.

Musée du papier d'Angoumois – Il informe sur l'histoire des supports de l'écriture (tablettes d'argile et de bois de l'Antiquité), la contribution des Chinois, des Arabes puis des Italiens, et l'invention de la machine à papier (Louis-Nicolas Robert, fin 18ᵉ s.).

Rejoindre et poursuivre sur la D 699.

Les feuilles de papier sont encollées suivant une méthode exclusive : le collage au trempé.

St-Michel

Église – Cet édifice octogonal du 12ᵉ s., au plan exceptionnel, à coupole unique et huit absidioles, servit de chapelle-refuge aux pèlerins de Compostelle. Les sculptures auraient été exécutées par des artistes de passage. Regardez le Saint Michel du portail et les modillons qui soutiennent les corniches.

Franchir la N 10, puis prendre à droite sur la D 103.

INSPIRATION
La décoration des voussures du portail et des arcatures latérales : palmettes et acanthes, entrelacs et vanneries, sont à rapprocher des sculptures de la mosquée de Cordoue en Espagne.

Château de l'Oisellerie

Construit au 16ᵉ s., c'est aujourd'hui un lycée agricole. Il doit son nom au dressage des oiseaux de proie pour la chasse. François Iᵉʳ y aurait séjourné et participé à des chasses. Un châtelet d'entrée donne accès à une cour au fond de laquelle s'élève un édifice à galerie, flanqué d'une tour crénelée.

Poursuivre sur la D 103, puis prendre à gauche la D 41.

Ancienne abbaye de la Couronne

Consacrée en 1201, l'**abbatiale**, d'une ampleur exceptionnelle, avait été édifiée dans un style de transition romano-gothique ; la façade et les deux premières travées de la nef furent reconstruites au 15ᵉ s. Sous l'Empire, l'édifice servit de carrière de pierres. Le plan offre un tracé cistercien : chevet plat et transept presque aussi long que la nef, sur lequel s'ouvrent quatre chapelles carrées dont l'une est encore intacte. L'élévation est plutôt du style angevin : chapiteaux encore romans et voûtes gothiques bombées. Il reste peu de chose du cloître du 13ᵉ s. En revanche le **palais abbatial** attenant, bâti au 18ᵉ s., a survécu. On peut pénétrer dans la cour d'honneur par un beau portail Louis XV à volutes, orné de ferronneries.

ADMIREZ
La majesté du chœur et du transept dont les hautes arcades se détachent sur le ciel.

Poursuivre sur la D 41 et rejoindre la D 674 par la D 12. Prendre à gauche en direction d'Angoulême, puis, 500 m plus loin, tourner à droite vers Charsé via Giget.

Moulin du Verger

9h-12h, 14h-18h, w.-end et j. fériés 15h-18h. Fermé 1ᵉʳ janv. et 25 déc. Gratuit. ☎ 05 45 61 10 38.

Dans cette papeterie dont l'origine remonte à 1539, le papier est toujours fabriqué à l'ancienne à base de cellulose, coton, lin et chanvre. On visite l'atelier et une salle où est exposée la production.

Rejoindre Puymoyen et prendre à droite sur la D 104.

Église de Dirac
On apprécie son élégante façade romane au décor finement sculpté.
Poursuivre sur la D 104, puis prendre à gauche sur la D 939 qui ramène à Angoulême.

LA VALLEE DE LA TOUVRE
Circuit de 80 km – environ une journée
Quitter Angoulême par le Nord-Est en empruntant la D 941. Peu après L'Isle-d'Espagnac prendre à droite.

Magnac-sur-Touvre
Depuis le pont de la Touvre, en aval des papeteries, beau coup d'œil sur l'église et des jardins bordant la rivière.
Église St-Cybard – Romane, elle porte une tour carrée reposant sur une coupole à pendentifs. L'édifice est en forme de croix grecque.
Poursuivre sur la D 699.

Les habitants des alentours ont eu longtemps une crainte quasi sacrée des sources de la Touvre. Insondables et d'origine mystérieuse, elles coulaient dans un cirque rocheux au silence oppressant, « le Gouffre ».

Touvre★
Église – Petit édifice roman dont la position explique qu'il fut fortifié (bretèche visible sur la façade). De la pelouse qu'ombragent des cyprès, **vue★** plongeante sur les sources et la vallée de la Touvre.

Sources de la Touvre★
Laisser la voiture au parking et emprunter le chemin tracé le long de la rive.
Situées au pied de la falaise, les sources constituent en réalité des résurgences de deux rivières, le Bandiat et la Tardoire, qui disparaissent sous terre pendant six mois de l'année. Le **Bouillant**, que trahit en surface un léger frémissement, s'inscrit dans une fosse ovale de 40 m de longueur, 30 m de largeur et 15 m de profondeur. Le **Dormant**, prolongement du Bouillant, atteint 20 m de profondeur. Il existe une troisième résurgence, la **Font de Lussac**, profondément modifiée lors du tremblement de terre de Lisbonne (1755) ; puis une quatrième, la **Lèche**, située au hameau voisin du même nom.
Les sources de la Touvre assurent l'alimentation en eau potable de l'agglomération d'Angoulême ainsi que de plusieurs communes environnantes, par l'intermédiaire de la station de pompage qui prélève les eaux du Bouillant.
Prendre à gauche la route qui traverse la forêt de Bois Blanc et rejoindre la D 699 (à droite). À la sortie du Quéroy, tourner à droite sur la D 412 vers Ronzac.

> **AU FIL DE L'EAU**
> Les sources de la Touvre donnent également naissance à une rivière qui, après un parcours de 10 km, traversant joncs, algues et roseaux, vient se jeter dans la Charente.

Grottes du Quéroy★
D'avr. à fin oct. : visite guidée (3/4h) dim. et j. fériés 14h-18h (juil.-août : tlj 11h-19h ; de mi-juin à fin juin : tlj 14h-18h). 30F (enf. : 22F). ☎ 05 45 70 38 14 ou 05 45 65 47 09.
Explorées par Norbert Casteret, ces deux grottes s'étendent sur plus de 1 km et composent un labyrinthe de

La hauteur des lanternes des morts, égale à six à huit fois le diamètre, obéit à des canons hérités de l'antiquité romaine.

salles, certaines d'une blancheur immaculée, d'autres rendues brunes par la présence de manganèse. Stalactites et stalagmites, draperies, nids-d'abeilles et marmites de géants possèdent des formes originales. La route passe en vue des tours crénelées du château de la Tranchade (14e-17e s.).

Revenir et poursuivre sur la D 412. À Chazelles, prendre à gauche après l'église sur la D 33.

Pranzac

Sur l'emplacement de l'ancien cimetière se dresse une lanterne des morts du 12e s. Une curieuse ouverture ronde pratiquée dans le fût donne à l'ensemble une allure de pigeonnier.

Quitter Pranzac par l'Est en empruntant la D 699.

Montbron

Au portail de l'église romane, on observe trois voussures décorées de guirlandes ; sur le flanc droit, des enfeus contiennent des tombeaux. À l'intérieur, une coupole couvre la croisée du transept. Voyez aussi l'ancienne chapelle de la Maladrerie précédée d'une clôture romane constituée de colonnettes.

Quitter Montbron par le Nord-Ouest en empruntant la D 6, puis prendre à gauche sur la D 110.

Rancogne

Du pont sur la Tardoire, on domine le site bucolique que forment le château et la rivière coulant au milieu des platanes, des peupliers et des aulnes.

Poursuivre sur la D 110, puis prendre à droite la D 73.

La Rochefoucauld *(voir ce nom)*

Quitter La Rochefoucauld par l'Ouest en empruntant la N 141, direction Angoulême, puis la D 941 (échangeur).

Ruelle-sur-Touvre

En 1750, le marquis de Montalembert établit la Fonderie nationale, sur une île de la Touvre. Cette dernière en utilisait les eaux, tandis que le charbon de bois provenait de la forêt de la Braconne et le fer de la vallée du Bandiat.

Aujourd'hui l'entreprise (Direction des constructions navales) se consacre surtout à la fabrication de missiles.

Poursuivre sur la D 941 qui ramène à Angoulême.

> **CACHÉ**
> Dans la falaise qui borde la rive gauche en aval du pont, s'ouvre une suite de grottes profondes creusées par les eaux et habitées dès l'âge préhistorique.

Argenton-Château

> **OÙ SE RESTAURER**
> **Ferme-auberge Ganne** – *Regueil* – *79250 Nueil-sur-Argent* – *15 km à l'O d'Argenton, dir. Mauléon par D 759 et Bressuire* – ☏ *05 49 65 42 56* – *fermé vacances de fév. et 2 sem. en sept.* – ✉ – *réserv. obligatoire* – *90/110F.* Installés dans la salle ou sous la véranda ouverte sur la campagne, vous retrouverez dans votre assiette les animaux élevés dans cette ferme... La pintade au cidre ou le jambon à l'os sont de belle facture. Jardin avec jeux d'enfants.

Argenton vit sa vie au cœur d'une nature généreuse, à proximité du lac d'Hautibus. Le coin est idéal pour partir en randonné à pied, à cheval ou en VTT.

La situation

*Cartes Michelin n*os *67 pli 7 ou 232 pli 44 – 17 km au Nord-Est de Bressuire – Deux-Sèvres (79).* La petite ville est perchée sur un éperon rocheux, au confluent des vallées de l'Argenton et de l'Ouère.

🛈 *13 r. Porte-Vireche, 79150 Argenton-Château,* ☏ *05 49 65 96 56.*

Le nom

Il vient évidemment d'*argentum*, argent, mot à la fois gaulois et latin. Le sol d'Argenton contenait-il le précieux métal ?

Les gens

1 078 Argentonnais. Le chroniqueur Philippe de Commynes (1447-1511), sénéchal du Poitou sous Louis XI, fut seigneur d'Argenton. Le fait qu'il soit né en Flandres, est à l'origine du jumelage d'Argenton-Château avec Comines en Belgique.

se promener

Église St-Gilles
Son remarquable **portail** roman, dont les voussures abritent des personnages au corps étiré, illustre les thèmes habituels de l'iconographie poitevine : anges, Vertus exterminant les Vices, Vierges sages et Vierges folles, apôtres, signes du zodiaque et travaux des mois. À gauche de l'archivolte, une scène évoque la parabole du festin du mauvais riche, tandis qu'à droite deux autres scènes montrent les Damnés jetés dans la gueule d'un monstre (Enfer) et les Élus groupés dans le sein d'Abraham (Paradis). Sur les chapiteaux des animaux fantastiques symbolisent la luxure. À l'intérieur, voûtes en brique et pierre des 13e et 15e s., et deux baies du 11e s.

Chapelle St-Georges
Située près des ruines du château, elle abrite des fresques découvertes au 20e s. sous un badigeon blanc.

Chemin de la Salette

À environ 100 m au Sud du carrefour des routes de Thouars et d'Angers, partez à pied sur un charmant sentier jusqu'à l'oratoire de la Salette *(1/4h à pied AR)*.

Lac d'Hautibus
Ce lac se trouvait déjà là au temps de Commynes. Niché au cœur d'un site verdoyant, il offre les aménagements d'une base de loisirs.

Ce Christ en majesté du 12e s. est à voir dans la chapelle St-Georges.

alentours

Moulin des Plaines
Visite guidée (1/2h) à Pâques, 1er mai, Ascension, Pentecôte, 20 juin, 18-19 sept. 16h-20h (juil.-août : w.-end et j. fériés). 15F. ☎ *05 49 65 96 56.*
1 km à l'Ouest par la D 759 (route de Mauléon).
Ce moulin à vent (18e s.) moud encore du grain.

Château d'Ebaupinaye
2,5 km au Nord-Est par la D 759 (direction Thouars), puis la D 31.
Ebaupinaye (15e s.) a été édifié en granit rose. Il est entouré de douves et possède quatre tours d'angle.

Pont de Grifferus
5,5 km à l'Est par la D 759 (dir. Thouars), puis la D 181.
Beau site sauvage où l'Argenton coule entre des gorges.

> **VENT TOURNANT**
> Ce moulin est équipé d'ailes à lamelles de bois (système Berton), qu'on met au vent en orientant la toiture à l'aide d'une grande poutre extérieure.

Aubeterre-sur-Dronne ⋆

À mi-chemin entre la Charente et l'Aquitaine, ce village blanc est baigné d'une verdure foisonnante et prend déjà des allures de Sud-Ouest. Une balade dans ses ruelles pentues encadrées de maisons à balcons de bois nous rappelle qu'il reste un des plus beaux villages de France ! Merveille des merveilles, il possède une saisissante église monolithe à découvrir absolument.

La situation
Cartes Michelin nos 75 pli 3 ou 233 plis 40, 41 – Charente (16). Situé à 12 km à l'Est de Chalais, Aubeterre domine la vallée de la Dronne et ses verts pâturages. On y accède par plusieurs départementales. Ses rues sont étroites et escarpées. 🛈 *rue St-Jean, 16390 Aubeterre-sur-Dronne,* ☎ *05 45 98 57 18.*

Le nom
Aubeterre est construit en pierre crayeuse, d'où son nom venant du latin *alba terra* et signifiant « blanche terre ».

> **ROMAN NOIR**
> L'écrivain **Pierre Véry** (1900-1960) est né à Bellon, à quelques kilomètres d'Aubeterre. Il a écrit notamment *Les Disparus de St-Agil.*

Il existait autrefois un château bâti au-dessus de cette église monolithe. Ses seigneurs pouvaient, par un petit escalier caché, accéder facilement à la galerie, et de là épier les foules et participer aux offices.

Les gens

Ludovic Trarieux (1840-1904), avocat et sénateur natif d'Aubeterre, est le fondateur de la Ligue des droits de l'homme et du citoyen. Son buste trône sur la place Trarieux que les 388 Aubeterriens traversent tous les jours.

visiter

CULTE PRIMITIF
Dans la crypte, ont dû se dérouler les cérémonies des adeptes de Mithra, une divinité orientale dont le culte fut répandu en Gaule par les soldats de l'empire romain. Il est caractérisé par le sacrifice d'un taureau, dit taurobole.

Église monolithe★★

Dédiée à saint Jean, cette église appartient à un type rare que les archéologues appellent « monolithe » (d'un seul bloc de pierre). On en trouve une autre à St-Émilion.

Par un couloir bordé de niches funéraires, pénétrez dans une impressionnante cavité taillée dans le roc. Une cuve baptismale du 5e ou 6e s., sculptée en croix grecque, témoigne de l'existence d'une église primitive où se pratiquait le baptême par immersion. L'église actuelle fut probablement commencée au 12e s. pour abriter les reliques du St-Sépulcre de Jérusalem, rapportées de croisade par Pierre II de Castillon, alors possesseur du château. Elle fut utilisée comme atelier de salpêtre sous la Révolution, et ensuite comme cimetière jusqu'en 1865. Parallèle à la falaise, la nef s'élève à 20 mètres de hauteur et ne possède qu'un seul bas-côté où filtre encore une petite source, sans doute bénéfique et vénérée des premiers pèlerins. Dans l'abside remarquez un monument monolithe laissé en réserve lors du creusement de l'église. Il renfermait probablement les reliques du St-Sépulcre.

À l'autre extrémité de la nef, on découvre la chapelle primitive du 6e s. transformée en nécropole au 12e s., après l'aménagement de l'église ; une série de sarcophages sont creusés à même le roc. Dans la partie haute de la nef, une galerie suspendue permet d'avoir une vue d'ensemble sur ce lieu de culte chargé de spiritualité.

Église St-Jacques

Située dans la partie haute de la ville, cette église présente une belle façade romane, rythmée d'arcades et d'arcatures. À gauche du portail central, la frise sculptée évoque les travaux des mois.

En contrebas de l'église se dresse une tour à mâchicoulis (16e s.).

Admirez l'archivolte de la façade de l'église St-Jacques, au décor finement sculpté de motifs géométriques d'inspiration arabe.

Église St-Pierre d'**Aulnay**★★

Ce chef-d'œuvre de l'art roman poitevin, bâti dans une pierre au ton chaud, exhibe des lignes harmonieuses et un somptueux décor sculpté, dans le cadre campagnard et serein du grand chemin de St-Jacques-de-Compostelle.

La situation

Cartes Michelin n°s 72 pli 2 ou 233 pli 17 – 17 km au Nord-Est de St-Jean-d'Angely – Charente-Maritime (17).
L'église St-Pierre-de-la-Tour apparaît solitaire, en bordure de la D 950 au Nord-Ouest du village.
🅱 *290 av. de l'Église, 17470 Aulnay, ☎ 05 46 33 14 44.*

Le nom

Ce serait le nom du chef du camp romain d'*Aunedonacum*, station attestée sur l'itinéraire d'Antonin à l'emplacement d'Aulnay. *Odenaco* (951) se transformera en *Audeniaco, Adonacinse, Oenia, Oniaco, Oeniaio,* avant de devenir Aulnay.

visiter

ÉGLISE ST-PIERRE

Possibilité de visite guidée sur demande auprès de l'Office de tourisme. ☎ 05 46 33 15 09.
Pour en avoir la meilleure vue, il faut se placer au fond du cimetière en se décalant légèrement sur la gauche par rapport à la façade.

L'église St-Pierre-de-la-Tour apparaît solitaire dans le cadre mélancolique des cyprès de son vieux cimetière.

La façade

Un portail en arc légèrement brisé, est au centre de deux arcades brisées aveugles formant enfeus (niches funéraires). Au tympan de l'arcade de gauche est sculptée la Crucifixion de saint Pierre, au tympan de l'arcade de droite, on voit le Christ en majesté entouré de deux personnages.

PETITE LEÇON D'ICONOGRAPHIE

– 1re voussure (en bas) – Anges adorant l'Agneau.
L'agneau symbolise en général le Christ et rappelle son sacrifice.

– 2e voussure – Vertus et Vices.
Le combat des Vertus et des Vices se termine par la victoire des Vertus. Figures armées de boucliers, elles foulent aux pieds les Vices, sous les traits de dragons et de démons.

– 3e voussure – Vierges sages et Vierges folles.
Dix jeunes filles attendent la venue de l'époux. Quand il arrive, cinq ont leur lampe à huile allumée, et les cinq autres ne se sont pas fourni l'huile pour allumer leur lampe, qu'elles tiennent renversée. Cette parabole est liée au thème du Jugement dernier. Celles qui n'étaient pas prêtes iront en enfer...

– 4e voussure (endommagée) – Signes du zodiaque, travaux des mois et apôtres.
Dès l'Antiquité, il a été observé que les douze principales planètes suivaient approximativement la route empruntée par le soleil, l'écliptique. Ici le zodiaque donne une dimension cosmique aux travaux des mois.

Le transept

Il est très développé. Le clocher carré, qui servait de repère aux pèlerins et aux voyageurs, en surmonte la croisée.

Le portail du croisillon droit

Il mérite d'être admiré, car ses voussures sont couvertes d'un décor sculpté minutieux. On reconnaît les sujets suivants :
– animaux (griffons, centaures) et rinceaux en léger relief d'inspiration orientale (1re voussure) ;

Au tympan de l'arcade de droite, on voit le Christ en majesté et deux personnages qui seraient saint Pierre et saint Paul.

– apôtres et disciples du Christ ; cette voussure est soutenue, à l'intrados, par des atlantes assis (2e voussure) ;
– les vieillards de l'Apocalypse (ils sont ici 31 au lieu des 24 habituels) tenant chacun une fiole à parfum et un instrument de musique ; à l'intrados de la voussure, autres atlantes, cette fois agenouillés (3e voussure) ;
– personnages et animaux de fiction : on reconnaît au passage l'âne musicien, un bouc, un cerf, une chouette, une sirène, etc. (4e voussure).

Au-dessus de ce portail s'ouvre une grande baie dont la voussure médiane est décorée de quatre belles effigies de Vertus terrassant les Vices.

Intérieur

La nef, voûtée en berceau brisé, est tenue par ses collatéraux élevés. Notez la profondeur des ouvertures, plus étroites au Nord qu'au Midi, les piliers massifs coupés de deux étages de chapiteaux.

La croisée du transept est couverte d'une belle coupole sur pendentifs, dont les nervures rayonnent autour d'une ouverture circulaire par où l'on hissait les cloches.

Les chapiteaux

Ils constituent un ensemble remarquable. On examinera surtout ceux du transept : éléphants aux oreilles minuscules (croisillon droit, à l'entrée du bas-côté) ; Samson endormi est attaché par Dalila, tandis qu'un Philistin lui coupe la chevelure avec d'énormes ciseaux (pilier Nord-Ouest de la croisée) ; diablotins tirant la barbe d'un pauvre homme (croisillon gauche, à l'entrée du bas-côté), etc.

Cimetière

Jonché de pierres tombales en forme de sarcophages, il possède encore sa croix hosannière du 15e s., un pupitre où le prêtre lisait l'Évangile des Rameaux, et ses statues sous dais des saints Pierre, Paul, Jacques et Jean.

CURIEUX
De chaque côté de la fenêtre centrale du chevet, des rinceaux de style oriental encerclent des figures énigmatiques.

Barbezieux

Si vous êtes gourmand, courez à Barbezieux ! La capitale de la Petite Champagne régale ses visiteurs avec ses eaux-de-vie, ses volailles, ses fruits confits et ses marrons glacés.

La situation

Cartes Michelin n°s 72 pli 12 ou 233 pli 28 – 33 km au Sud-Est de Cognac – Charente (16). La ville est située sur le passage de la N 10 entre Angoulême et Bordeaux. Ses rues étroites ont gardé leur nom d'antan : rue du Minage, rue du Puits-du-Prêche, rue Coudée, rue Froide, Grand'Rue du Limousin...

🛈 *23 r. Victor-Hugo, 16300 Barbezieux,* ☎ *05 45 78 02 54.*

Le nom

Apparemment il est issu de l'ancienne activité d'élevage de moutons pratiquée là. Il viendrait de « bergeresse ». Barbezieux aurait donc à voir avec les bergers...

Les gens

4 774 Barbeziliens. L'écrivain **Jacques Chardonne** (1884-1968), enfant de la ville, écrivit notamment *Le Bonheur de Barbezieux,* une évocation de ses souvenirs de jeunesse : « Il y a quarante ans, dans une petite ville de Charente, tout le monde était heureux autant qu'il est possible sur terre. » Dans *Les destinées sentimentales,* Chardonne évoque la vie dorée sur la côte charentaise dans les années 20.

OÙ DORMIR ET SE RESTAURER
Hôtel Venta – 16360 Bois-Vert – 12 km au S de Barbezieux par N 10 – ☎ 05 45 78 40 95 – fermé 1er au 16 janv., ven. soir et sam. midi de nov. à fin mars – 🅿 – 23 ch. : 150/230F – ☐ 32F – restaurant 76/150F. À quelques kilomètres de Barbezieux, cet hôtel qui a des airs de maison provençale s'est refait une beauté il y a peu. Avec son parc de 5 ha derrière et sa piscine, il est fréquenté par des habitués qui apprécient ses prix serrés et ses installations simples.

circuit

INCURSION DANS LES FINS BOIS

Circuit de 60 km – environ 2 h.

Quitter Barbezieux par le Nord-Est en empruntant la N 10, direction Angoulême. Après 15 km, prendre à droite la D 22.

Église de Plassac-Rouffiac

L'architecture, d'un style pur, relève de l'école locale. La partie la plus caractéristique en est le clocher octogonal coiffé d'une flèche conique à imbrications.

Prendre la D 107 en direction de Jurignac, puis tourner à gauche sur la D 7.

Manoir du Maine-Giraud

9h-12h, 14h-18h. Gratuit. ☎ 05 45 64 04 49.
Le manoir (15e s.), enclavé dans les bâtiments d'une exploitation agricole, n'a pas changé depuis le temps d'**Alfred de Vigny** (1797-1863). L'intérieur est aménagé en **musée**. On peut aussi visiter les chais et la distillerie du domaine.

Revenir et poursuivre sur la D 7.

LA « TOUR D'IVOIRE »
Vigny y méditait sur l'inconstance et la cruauté des hommes. La tourelle est surmontée d'une girouette aux initiales AV.

ALFRED DE VIGNY : LA PLUME ET L'ALAMBIC

On peut être un poète taxé de stoïcisme et apprécier le bon cognac. Le ténébreux auteur de *Chatterton* aimait se retirer dans la solitude de ce manoir qu'il nommait « mon cher désert ». Après sa rupture avec Marie Dorval, Alfred de Vigny s'installe (automne 1838) avec son épouse anglaise Lydia, dans cette propriété dont il vient d'hériter. En une nuit, il y écrit l'inoubliable *Mort du loup.* En 1848, il se présente à la députation en Charente, sans succès. De 1850 à 1853, il se confine de nouveau au Maine-Giraud ; il parraine une cloche de l'église de Champagne, qui porte son nom gravé sur les flancs.
En affaires, celui que Chateaubriand appelait le « grand dadais » se montre moins romantique qu'en littérature. À partir de 1849, sa correspondance avec le régisseur du domaine le montre soucieux du temps, du stockage des récoltes, de la vente des eaux-de-vie. Sur place, Vigny tente d'améliorer la distillation de ses produits ; il ne dédaigne pas de traiter en négociant à l'hôtel Monte-Cristo de Blanzac.

ÉTONNANT
À l'intérieur, la croisée du transept est presque entièrement occupée par la base d'un clocher appartenant à l'église qui précéda l'édifice actuel.

Blanzac

◄ **Église St-Arthémy** – Elle comprend un long chœur roman qui précède une courte nef gothique. Les faisceaux de colonnes surmontés de clochetons et les festons décorant le portail sont hérités du style roman local. En revanche la rosace et les trois arcades aveugles trilobées sont typiquement gothiques.

Quitter Blanzac par le Sud-Ouest en empruntant la D 7.

Chapelle des Templiers de Cressac

Visite guidée sur demande. Mme Labrousse. ☎ 05 45 64 08 74.

Ancien siège d'une commanderie de Templiers, cette chapelle de l'Église Réformée de France recèle de remar-◄ quables **fresques** illustrant un épisode de la deuxième Croisade. Sur le mur Nord de la chapelle : la vie militaire des croisés et des Sarrasins en Palestine. Sur le registre inférieur (fond ocre), un camp de croisés, théâtre d'un échange de prisonnier contre rançon ; au registre supérieur (fond blanc), le départ au combat des chevaliers et une charge de cavalerie contre une armée musulmane en déroute.

Poursuivre la route et prendre à droite sur la D 7. Peu après, emprunter sur la droite la D 434. Au lieu-dit Malatret, prendre tout droit sur la petite route en montée.

GRAND SUJET
Les **fresques**, probablement exécutées entre 1170 et 1180, très endommagées sous la Révolution, relatent la bataille qui opposa en 1163 Guillaume IV Taillefer, comte d'Angoulême, Geoffroy Martel, Hugues VIII de Lusignan et les Templiers de Gilbert de Larcy aux troupes de l'émir Nur el-Din, maître d'Alep et de Damas.

Église de Conzac

Cet édifice roman attire le regard par son abside à chapiteaux et modillons sculptés que surmonte une tour carrée, formant lanterne à l'intérieur. Dans le chœur en hémicycle, les arcades reposent sur de fortes colonnes. Prendre la D 130 sur la gauche, puis encore à gauche la D 46. Après 2 km, tourner à droite vers Brie. Emprunter successivement la D 58, la D 142, puis la D 128.

Église de Berneuil

Voici une église romane dont la façade remaniée au 16e s. révèle une niche surmontée d'un Christ en croix entouré de la Vierge et de saint Jean.

Poursuivre sur la D 128. La D 731 ramène à Barbezieux.

Tumulus de **Bougon**★★

Ce site fascine grands et petits. Comment, pourquoi, et selon quels rites, jusqu'à 4 700 ans avant J.-C., les hommes du néolithique édifiaient de tels monuments funéraires ?

La situation

Cartes Michelin nos 68 pli 12 ou 233 pli 6 – Deux-Sèvres (79). Les tumulus de Bougon se trouvent à 4 km au Nord-Est de La Mothe-St-Héray.

Le nom

Il vient du nom d'un notable gaulois, un monsieur *Bulgoni* qui devint un peu bougon avec le temps...

Le tumulus (FO), dont la chambre présente des sépultures reconstituées, est en fait la partie Sud du grand tumulus F.

comprendre

La nécropole mégalithique – Les cinq tumulus de Bougon sont des sépultures monumentales de pierre et de terre, de forme allongée ou circulaire. Ils représentent l'une des plus anciennes formes d'architecture funéraire connues dans le monde. Ces constructions sont l'œuvre de sociétés néolithiques qui vivaient dans des villages environnants mais dont les habitations n'ont laissé que fort peu de traces.

> ▶ **EXCEPTIONNEL**
> Certains tumulus remontent à 4 700 ans avant J.-C., soit 2 000 ans avant les pyramides d'Égypte.

visiter

Le musée
  Juil.-août : tlj sf mer. matin 10h-19h, w.-end et j. fériés 10h-20h ; sept.-juin : tlj sf mer. matin 10h-18h. Fermé en janv. et 25 déc. 25F. ☎ *05 49 05 12 13.*
Son architecture contemporaine privilégie la transparence. Il propose une promenade à travers la préhistoire, depuis la création de l'univers jusqu'à la nécropole de Bougon. Le parcours retrace l'évolution humaine, technologique, géologique et climatique depuis les origines de l'homme à travers une scénographie moderne. Une **chapelle** du 12ᵉ s. sert de trait d'union entre le musée et le site néolithique.

> ▶ **RECONSTITUTIONS**
> Des maisons du village de Çatal Hüyük (Turquie), une cabane de Charavines (Isère), la chambre à couloir mégalithique de Gavrinis (Morbihan). Dans la salle consacrée aux tumulus de Bougon, remarquez la « fausse » tombe où sont disposés offrandes et crânes trépanés.

Les tumulus
Un chemin pédestre conduit aux tumulus. Il est agrémenté de reconstitutions : un « calendrier » luni-solaire (plan de Stonehenge en Angleterre), une dalle mégalithique, un jardin botanique...

Tumulus A – Premier tumulus à avoir été découvert (1840), il est circulaire et date du début du 4ᵉ millénaire avant J.-C. On y a trouvé quelque 220 squelettes et des offrandes funéraires.

Tumulus B – De forme allongée, il englobait à l'Est deux coffres funéraires, à l'Ouest deux dolmens à couloirs. Les tessons de poterie qu'il contenait ont été datés du milieu du 5ᵉ millénaire avant notre ère, ce qui en fait le monument le plus ancien de la nécropole.

Tumulus C – Il est composé d'une butte circulaire de 5 m de haut (3500 avant J.-C.), recouvrant un petit dolmen à couloir, et d'une plate-forme rectangulaire qui servait peut-être de lieu cultuel. Entre les tumulus C et E s'étend un mur de 35 m de long, qui semble séparer le sanctuaire en deux zones.

Tumulus E – Il comprend deux dolmens qui, précédés d'un couloir orienté vers l'Est, contenaient des ossements et des offrandes funéraires (entre 4000 et 3500 avant J.-C.) ; ce sont les plus anciens connus du Centre-Ouest de la France.

Tumulus F – C'est le plus long : 80 m ! Il englobe en fait deux monuments : au Nord, un tumulus (F2) avec dolmen à couloir de type dit angoumoisin (chambre rectangulaire), datant du début du 4ᵉ millénaire avant J.-C. ; au Sud, un tumulus (FO) (4700 avant J.-C.).

Cette chambre funéraire (tumulus A) est l'une des plus grandes que l'on connaisse. Elle fait 7,80 m de long et la dalle qui la couvre pèse 90 t. Elle est séparée en deux parties par une dalle verticale.

Bressuire

Bressuire est la capitale du bocage vendéen. La viande bovine de la région est d'ailleurs connue pour sa qualité. Tous les mardis matin, on assiste à un incroyable ballet lors du marché aux bestiaux sur l'immense place Notre-Dame.

La situation
Cartes Michelin n°ˢ 67 pli 17 ou 232 plis 43, 44, 32 km au Nord-Ouest de Parthenay – Deux-Sèvres (79).
On y arrive facilement par plusieurs départementales et par la N 149. Basses et coiffées de tuiles bombées, ses maisons grimpent à l'assaut d'une colline bordant le Dolo.
B *Pl. de l'Hôtel-de-Ville, 79300 Bressuire, ☎ 05 49 65 10 27.*

Le nom
Il vient de *Briccio,* nom de personne gaulois. Même si ça sonne italien, on est bien en France.

Les gens
17 827 Bressuirais. Les habitants furent autrefois durement éprouvés par les guerres de Vendée. Le 14 mars 1794, la ville est mise à feu et à sang par les « colonnes infernales ». Un général se vanta d'avoir occis 200 Vendéens en une seule journée !

carnet d'adresses

Où DORMIR ET SE RESTAURER
● *À bon compte*
Hôtel de la Boule d'Or – *15 pl. É.-Zola –* ☎ *05 49 65 02 18 – fermé août, 1ᵉʳ au 18 janv., dim. soir et lun. midi –* **P** *– 20 ch. : 230/280F –* ⌣ *35F – restaurant 69/200F.*
Non loin de la gare, cet hôtel dépannera les petits budgets. Ses chambres désuètes sont de différentes tailles, quelques-unes sont quand même un peu plus confortables que d'autres. Plusieurs menus servis au restaurant.

● *Valeur sûre*
Chambre d'hôte Château de Cirières
– 79140 Cirières – 11 km à l'O de Bressuire par D 960ᵇⁱˢ, puis D 150 dir. Bretignolles – ☎ *05 49 80 53 08 – fermé oct. à avr. –* ⊠ *– 3 ch. : 300/350F.* Au cœur du bocage bressuirais, le parc de cet élégant château du 19ᵉ s. s'étend sur 18 ha. Un écrin de verdure dont vous apprécierez la tranquillité de toutes les chambres... Gravures de chasse et jolie vue dans la salle du petit déjeuner. Étang pour les pêcheurs.

visiter

ADMIREZ
La tour (16ᵉ s.) unit harmonieusement les styles gothique et Renaissance (partie haute). Couronnée d'un dôme à lanternon, elle s'élève à 56 m de hauteur.

Église Notre-Dame
◄ Son architecture s'apparente aux monuments du Val de Loire et du style Plantagenêt du 13ᵉ s. : une nef unique, très large et couverte de voûtes gothiques bombées, des portails et chapiteaux encore romans. De même le vaste chœur quadrangulaire, de style gothique flamboyant, semble avoir subi les influences angevines, bien qu'il soit seulement de la fin du 15ᵉ s.

Durant les guerres de Vendée, Bressuire obéit au marquis de Lescure, le « saint du Poitou » ; la ville servait alors parfois de quartier général aux chefs de l'Armée catholique et royale.

Musée municipal

De fin janv. à mi-déc. : tlj sf lun. et jeu. 14h30-17h30, dim. et j. fériés 14h30-18h30. Gratuit. ☎ 05 49 65 26 79.

Sur la jolie place de l'hôtel de ville (début 19e s.), l'ancienne halle aux grains abrite un petit musée consacré à l'histoire locale. Un intérieur régional, des faïences (St-Porchaire, Parthenay, La Rochelle), des souvenirs des guerres de Vendée, etc. y sont présentés.

Château

Juil.-août : 14h30-18h30 ; avr.-juin et sept.-oct. : sur demande. Fermé nov.-mars. Gratuit.

Jadis fief de la puissante baronnie des Beaumont-Bressuire, il comprend deux enceintes en partie ruinées, que jalonnent 48 tours semi-circulaires.

L'enceinte intérieure remonte au 11e s. Par une ancienne porte, on accède à la cour seigneuriale. Incendié pendant la Révolution, le logis seigneurial du 15e s., en ruine, a été remplacé par un bâtiment de style « troubadour ».

> **COUP D'ŒIL**
> En suivant l'enceinte extérieure (13e s.) sur la gauche vous découvrirez les romantiques murailles baignées de verdure et leurs tours en ruine.

Brouage★

La silhouette étoilée des remparts de Brouage jaillit du labyrinthe de bras d'eau des marais, battue par les vents salés de l'océan.

La situation

Cartes Michelin nos 71 pli 14 ou 233 pli 14 – Charente-Maritime (17). À 8 km au Nord-Est de Marennes, la ville est esseulée au milieu des marais. On y arrive par la D 3.
🅱 *Forge Royale, 17320 Brouage, ☎ 05 46 85 19 16.*

Le nom

Dans les temps anciens, le site s'appelait *Broadga*. Les navires appréciaient le « plus beau havre de France » abrité grâce à la presqu'île de « Brou » qui signifie vase, boue.

Les gens

498 Brouageais. Samuel de Champlain est né à Brouage entre 1567 et 1570, d'une famille protestante. Ce navigateur avisé, aux ordres du roi Henri IV, colonisa une partie du Canada. Parti de Honfleur (Normandie) en 1608, c'est lui qui fonda Québec. Un monument contemporain marque l'emplacement de sa maison.

> **MÉMOIRE**
> Brouage est la ville-mémorial de l'amitié franco-québécoise.

comprendre

Grandeur et décadence – Dès le Moyen Âge, Brouage joue un rôle commercial important. Le bourg est la capitale européenne du sel. Recueilli dans les marais salants voisins (8 000 ha) il est expédié surtout en Flandre et en Allemagne. Le siège de La Rochelle (1628) fait de Brouage l'arsenal de l'armée royale. Richelieu chargera l'ingénieur picard Pierre d'Argencourt d'en reconstruire les fortifications. Au terme de dix ans de travaux, la cité peut entretenir une garnison de 6 000 hommes, et constitue la plus forte place de la côte atlantique... À la fin du 17e s., Brouage connaît une période de déclin. Le rétablissement de l'enceinte de La Rochelle et la fondation de Rochefort lui enlèvent une part de son rôle militaire. Vauban entreprend cependant de renforcer ses remparts, mais le havre s'envase et les marais salants passent à l'état de « marais gâts », générateurs de fièvres.

Amour et raison d'État – En 1659, Louis XIV aime **Marie Mancini**, la nièce de Mazarin. Ils ont vingt ans et veulent se marier. Mais le cardinal désire sceller la paix avec l'Espagne par un mariage du roi et de l'infante

Cette œuvre, que vous pourrez découvrir dans l'église St-Pierre, est l'un des deux vitraux offerts par le gouvernement du Nouveau-Brunswick et la ville de Québec.

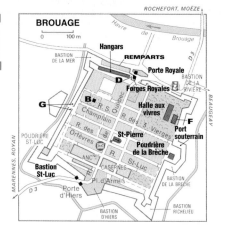

Emplacement de la maison
de Samuel de Champlain.......**B**
Escalier Mancini.....................**D**
Ancienne Tonnellerie ....**F**
Courtine de la Mer.................**G**

BROUAGE

ROCHEFORT, MOÈZE

Marie-Thérèse. C'est de La Rochelle que Marie apprend l'entente du mariage espagnol de Louis. Du 4 septembre au 30 décembre, elle vient cacher son chagrin à Brouage, dont son oncle est gouverneur. Louis épouse l'infante à St-Jean-de-Luz. Sur le chemin du retour, il fausse compagnie au cortège et gagne Brouage. Il s'installe dans l'ancienne chambre de Marie et arpente le rempart et les grèves, en soupirant après sa fiancée perdue. Racine s'est inspiré de cette histoire dans sa tragédie *Bérénice*.

FORTERESSES
La plupart des maisons
de Brouage ont disparu,
y compris l'hôtel
du Gouverneur,
où descendirent Marie
Mancini puis Louis XIV.
Seules les dépendances
militaires ont mieux
résisté.

*Les murs des remparts de
Brouage, de 13 m de
haut, sont surmontés d'un
parapet de briques percé
de canonnières.*

se promener

Les remparts★★

Les remparts de Brouage, bâtis de 1630 à 1640, constituent un excellent exemple de l'art des fortifications avant Vauban. Dessinant un carré de 400 m de côté, ils sont défendus par sept bastions, eux-mêmes munis d'échauguettes. Deux portes s'y ouvraient : la porte Royale et celle de Marennes. Le côté Nord formait le front de mer, donnant sur le havre, aujourd'hui réduit à un chenal. La place d'armes se trouvait au Sud, près des casernes. Le rempart Ouest était protégé par une demi-lune, détachée de la courtine.

Chemin de ronde

On peut parcourir presque entièrement le sommet des remparts, couvert d'herbe. La disposition de la place forte apparaît nettement, tandis qu'une vue étendue se développe sur le marais, les îles d'Aix et d'Oléron.

Porte Royale

Percée dans le bastion Nord, dit **bastion Royal**, elle donnait jadis accès aux quais. Dans le passage voûté, sur le mur de droite, en sortant, on distingue des graffiti anciens représentant divers types de bateaux. À l'extérieur, la porte est surmontée d'un fronton aux armes (à demi effacées) de France et de Navarre. Dans le pan de muraille à gauche de la porte, restent des fers placés entre les blocs, qui assuraient la solidité de l'appareil.

Forges royales

Elles étaient adossées au bastion Royal. Dans l'une d'elle ▶ est installé le bureau du tourisme, où s'élève encore une imposante cheminée.
À gauche s'alignent les **hangars de la porte Royale**, anciens magasins ou ateliers, transformés en boutiques. Au Sud de ceux-ci s'élevait l'hôtel du Gouverneur.

> **« L'ESCALIER MANCINI »**
> À gauche de la forge qu'occupe l'Office de tourisme, cet escalier était emprunté par l'infante Marie-Thérèse quand elle allait rêver sur le rempart. Parallèle à cet escalier, une rampe permettait de hisser les canons.

Église St-Pierre

Construite en 1608, on note un portail à fronton classique aux armes royales encadrées par les écussons des d'Espinay-Saint-Luc et des Comminges. Sa remise en état a été effectuée aux frais de la ville de Québec. À l'intérieur, ne manquez pas la Vierge en bois, ancienne figure de proue d'un navire suédois naufragé. Dans les bas-côtés, parcourez l'exposition sur les origines et l'évolution de la « Nouvelle France » devenue le Canada, et sur les échanges franco-québécois.

Autres installations militaires

La **halle aux vivres** : ses voûtes de brique et pierre très ▶ bien restaurées se fondent à l'ensemble de la ville. À côté s'élève l'ancienne **tonnellerie**. Près du bastion de la Brèche, la **poudrière de la Brèche**, édifice voûté de pierre et couvert de dalles, était l'une des deux poudrières de la ville forte. Datant de 1692, elle est due à Vauban. Les latrines publiques qui avaient été aménagées à l'intérieur des remparts, à l'Ouest, dans la **courtine de la Mer**, surprennent par leur décoration : frontons et fenêtres à meneaux. Sous l'échauguette d'angle du bastion St-Luc font saillie les armes de Richelieu *(visibles de la D 3)*.

> **PORT SOUTERRAIN**
> À l'Est, dans le bastion de la Brèche, se dissimule l'entrée d'un port. Sa voûte de pierre aménagée dans les flancs du rempart, était faite pour les barques.

Celles-sur-Belle

S'il n'y en avait qu'une ce serait celle-là : la superbe abbaye d'augustins de Celles-sur-Belle qui se déploie à l'ombre d'un haut et puissant clocher.

La situation

Cartes Michelin n°s 72 Nord du pli 2 ou 233 pli 6 – Deux-Sèvres (79). La ville est établie en terrasses sur le bord du vallon de la Belle, à 20 km au Sud-Est de Niort.
🚩 *Les halles, 79370 Celles-sur-Belle,* ☎ *05 49 32 92 28.*

Le nom

« Celles » vient du latin *cella* qui veut dire cellule (monastique). Et la « Belle » est une rivière.

Les gens

3 425 Cellois. Trois des abbés de l'abbaye de Celles se sont fait un nom : Geoffroy d'Estissac *(voir Maillezais)*, le cardinal de La Rochefoucauld qui fut Premier ministre de Louis XIII, et le fameux Talleyrand.

> **OÙ DORMIR ET SE RESTAURER**
> Hostellerie de l'Abbaye – *1 pl. des Époux-Laurant* – ☎ *05 49 32 93 32* – *fermé vacances de fév. et dim. soir d'oct. au 15 avr.* – *70/210F.* À côté de l'église, cette ancienne maison est plus coquette côté cour que côté rue. En hiver, la cuisine traditionnelle est servie dans une salle à manger colorée. Chambres simples.

Cette ancienne abbatiale est le siège d'un pèlerinage à la Vierge, dit « la Septembresche », qui a lieu le 1er dimanche de septembre.

visiter

Église Notre-Dame
Possibilité de visite guidée sur demande auprès de l'Office de tourisme.

> **BELLISSIMO**
> Dans le narthex, contemplez le très curieux **portail**★ roman qui appartenait à la première abbatiale. Ne négligez pas ses voussures polylobées, aux masques grimaçants, témoins d'une influence orientale diffusée en France le long des chemins de St-Jacques.

Détruite par les huguenots en 1568, l'église fut relevée cent ans plus tard, dans le style du 15e s., par l'architecte **François Leduc**. Son goût pour l'architecture de l'ordre toscan lui valut le surnom de Toscane.

La nef et ses collatéraux frappent par leur luminosité. Admirez la pureté de ligne des piliers qui jaillissent vers les hautes voûtes bombées. Au fond du chœur apparaît la statue (17e s.) de N.-D.-de-Celles.

Abbaye
Visite guidée (1h) sur demande préalable auprès de l'Office de tourisme.

Accès par le grand portail en contrebas de l'église. Les bâtiments conventuels sont dus, comme l'église, à Leduc. La façade principale, longue de 85 m, ne manque pas d'allure avec ses pilastres ioniques s'appuyant sur des contreforts à volutes. Malheureusement l'aile droite n'a pas été achevée. À l'intérieur on voit un bel escalier, l'ancien réfectoire, la cuisine, une galerie de cloître, le tout du 17e s. Dans l'enclos, ruines de l'ancienne église paroissiale St-Hilaire et sa crypte du 12e s.

alentours

Maison du Protestantisme poitevin
11 km au Nord. Deux temples transformés en lieux d'exposition forment la maison du Protestantisme poitevin.

Temple de Beaussais – ♿ *Billet combiné avec celui de la maison du Protestantisme poitevin.*

C'est une ancienne église catholique du 12e s. qui abrite le petit **musée du Protestantisme**. Les panneaux de l'entrée évoquent les activités des protestants au 20e s., tandis que ceux de la nef retracent l'histoire du protestantisme en France, et notamment dans le Poitou.

Empruntez le « sentier huguenot » de 4 km qui relie Beaussais à La Couarde *(descriptif disponible au musée).*

Temple de La Couarde – ♿ *Juil.-août : tlj sf lun. 14h30-19h ; sept.-juin : w.-end et j. fériés 14h-18h. Fermé en janv. 20F (billet combiné avec celui du temple de Beaussais).* ☎ *05 49 32 83 16.*

Une « Assemblée du Désert » (réunion secrète), avec sa chaire démontable, a été reconstituée.

Voici une autre section de la **maison du Protestantisme poitevin**, installée dans un temple de 1904. Plusieurs panneaux et vitrines (remarquez les « méreaux », jetons qui permettaient d'identifier les fidèles) ont trait principalement au « Désert », période de clandestinité et de répression qui suivit la révocation de l'édit de Nantes (1685). Films vidéo.

Logis de la **Chabotterie**★★

On y découvre l'art de vivre de la Vendée du 16ᵉ au 18ᵉ s., fait d'un mélange de simplicité et de raffinement. Dans le logis, on visite notamment des salles reconstituées grâce à des documents d'archives. Ensuite on part en cette terre de la Vendée historique, sur les « pas » du chef royaliste Charette, le long d'un itinéraire où le souvenir des guerres de l'époque révolutionnaire est omniprésent.

La situation

Cartes Michelin nᵒˢ 67 plis 13, 14 ou 232 pli 40 – Vendée (85). La D 937 puis la D 763 et la D 18 relient La Roche-sur-Yon au logis de la Chabotterie, qui se trouve à 15 km au Sud-Ouest de Montaigu.

Le nom

La Chabotterie n'a rien à voir avec le *Chat botté* ou quelque autre conte. Le nom a dérivé de celui des propriétaires du château fort du 12ᵉ s., les « Chabot ».

Les gens

C'est dans les bois de la Chabotterie que s'acheva la guerre de Vendée, avec la capture, le 23 mars 1796, du chef royaliste Charette.

La Chabotterie est un logis clos. Ce type d'habitat a pour caractéristique de regrouper, autour de sa cour fermée et fortifiée, à la fois la demeure seigneuriale et les communs.
Cette architecture se maintiendra jusqu'au 18ᵉ s.

visiter

LE SITE

9h30-18h, dim. et j. fériés 10h-19h (juil.-août : 10h-19h). Fermé les 3 dernières sem. de janv., 1ᵉʳ janv. (matin), Toussaint (matin) et Noël (matin). 30F (enf. : gratuit). ☎ *02 51 42 81 00.*
Le logis de la Chabotterie a été édifié sur les restes d'un château féodal vers 1560. À cette date apparaît une nouvelle forme de construction en Vendée : le logis clos. Le logis a été de nouveau remanié vers 1770 et l'on y ressent l'atmosphère raffinée de la fin du 18ᵉ s. : mélange de rusticité et de délicatesse propre à la société rurale du Bas-Poitou de l'époque.

Salles historiques

De légers fonds sonores (murmure de conversation, crépitement d'un feu de cheminée, orage, etc.) donnent une impression de vie à chaque pièce. Au cours de la visite, on découvre un ameublement et des objets authentiques : la cuisine (table sur laquelle Charette fut amené pour y être soigné), la salle à manger (table dressée, sièges estampillés, lustre à cristaux taillés), la chambre, le cabinet d'érudit (tapisseries d'Aubusson des 17ᵉ et 18ᵉ s.), la salle de commandement, les combles.

> **POUR SE SOUVENIR**
> Un film vidéo, « Charette général vendéen », résume le combat qu'entreprit le chevalier royaliste, fusillé à Nantes le 29 mars 1796.

Salle des maquettes

Les reproductions d'une dizaine de logis vendéens y sont exposées et commentées.

Parcours spectacle

20 mn. L'atmosphère des lieux est susceptible de choquer les jeunes enfants et certaines personnes sensibles.

Dans trois salles installées dans un bâtiment récent et communiquant par des sas, des automates, des maquettes animées et des documents audiovisuels, évoquent la guerre de Vendée.

Salle 1 : Un « bleu » et un « chouan » monologuent sur leur sort respectif.

Salle 2 : Quatre superbes maquettes s'animent sur 360°.

Salle 3 : Traqué et blessé, Charette profite de ses derniers instants de liberté pour évoquer les massacres provoqués par les « colonnes infernales ».

Le parcours se termine par une série de dessins retraçant la prise de Charette dans les bois de la Chabotterie. Une exposition temporaire *(de mai à octobre)* complète la visite.

Même en demandant gentiment, une petite sieste dans ce lit « à la duchesse » en toile de Nantes (1783), ce ne sera malheureusement pas possible.

Jardin clos

Ce jardin à la française reconstitué se divise en deux espaces : le jardin d'agrément avec sa roseraie, et le potager aux fleuraisons quelquefois très spectaculaires.

Croix de Charette

🚶 *1/2h AR.* À l'extérieur du logis on peut voir une carrière et un labyrinthe avant de se rendre jusqu'à la croix de Charette. Cette croix de granit, érigée en 1911 dans le bois de la Chabotterie, indique l'emplacement où le chef vendéen fut capturé.

alentours

Château du Bois-Chevalier

D'avr. à fin sept. : visite guidée (1h) tlj sf mar. 10h-12h, 14h-17h30, dim. 14h-17h30. 25F. ☎ *02 40 26 62 18.*

18 km à l'Ouest par la D 7 et la D 753. Il a été construit sous Louis XIV par Olivier du Bois-Chevalier qui fut maire de Nantes. Son pavillon central à coupole, flanqué de six autres pavillons coiffés de hauts toits à la française, se reflète dans un miroir d'eau. Il hébergea Charette lors de la guerre de Vendée.

circuit

SUR LES PAS DE CHARETTE★

Circuit de 45 km – environ 3 h

Rejoindre la D 18 et prendre à droite. Franchir la D 763, puis à La Copechagnière, tourner à gauche sur la D 86. Aux Brouzils, emprunter la D 7 en direction des Essarts.

La D 7, puis la D 6 *(à droite, direction Belleville-sur-Vie)* longent la **forêt de Grasla** où Charette et ses hommes trouvèrent refuge le 11 janvier 1794. Une croix commémorative est dressée à l'entrée d'un étrange village caché en pleine forêt.

Refuge de Grasla

◀ ♿ *De mi-avril à fin sept. : 14h-18h (de mi-juin à mi-sept. : 11h-13h, 14h-18h, dim. et j. fériés 11h-13h, 14h-19h). 20F.* ☎ *02 51 42 96 20.*

En 1793, de nombreux habitants des paroisses de la région s'enfoncèrent dans la forêt de Grasla pour échapper aux « Bleus ». Solidaires, quelque 2 000 Vendéens survécurent en dressant un village de huttes en bois.

Poursuivre sur la D 6. À St-Denis-la-Chevasse, prendre sur la droite la D 39 qui amène aux Lucs-sur-Boulogne.

GRANDEUR NATURE
Une reconstitution grandeur nature (chapelle, forge) et un film vidéo permettent de découvrir l'histoire de ce lieu insolite.

Les Lucs-sur-Boulogne

Le 28 février 1794, une des « colonnes infernales » du général Cordelier massacre un grand nombre d'habitants du Grand-Luc. Le 5 mars, c'est le tour des paroissiens du Petit-Luc, réfugiés dans l'église. Les représailles des colonnes infernales républicaines ne sévirent pas seulement aux Lucs, et c'est à la mémoire de toutes ces victimes qu'un monument a été édifié en mai 1993.

Église St-Pierre – Construite en 1902, elle possède des vitraux évoquant les massacres de 1794 *(commande de la bande sonore à côté de l'orgue)*.

À la sortie de la ville en direction de Belleville-sur-Vie, remarquez sur le rond-point le monument commémoratif « **Vendée 93** » et son carillon.

Quitter Les Lucs-sur-Boulogne par le Nord-Est en empruntant la D 18. Sitôt la Boulogne franchie, prendre sur la droite la petite route qui conduit à un vaste parking.

Chemin de la Mémoire des Lucs★

Juil.-août : 10h-19h ; sept.-juin : 9h30-18h, dim. et j. fériés 10h-19h. Fermé les 3 dernières sem. de janv., 1ᵉʳ janv. (matin), Toussaint (matin) et Noël (matin). Gratuit. ☎ 02 51 42 81 00.

Lieu de souvenir et de recueillement, il est dédié à tous les martyrs et victimes de la Terreur. Bâti en 1993, ce mémorial contemporain comprend un parcours historique et spirituel qui va des berges de la Boulogne jusqu'à la chapelle au sommet de la colline.

L'allée de l'Histoire est jalonnée de repères historiques et remet en mémoire les grands événements de la guerre, de mars à décembre 1793. Plus loin se dresse le **Mémorial de Vendée**, où le couloir de la Mémoire fait revivre à travers quatre salles la fin de l'insurrection et l'anéantissement de la Vendée. Des scènes sont reconstituées à l'aide d'objets symboliques (ostensoir en carton, tapisserie sur le thème du Sacré Cœur, faux retournées). Dans la crypte se perpétue le souvenir de toutes les victimes inconnues, symbolisées par des dizaines de stèles. Après avoir franchi la passerelle sur la Boulogne, on aboutit à un mur « calciné » évoquant la destruction des habitations. Un chemin conduit à la **chapelle N.-D.-du-Petit-Luc** érigée en 1867 sur les vestiges de l'ancienne église incendiée.

Rejoindre la D 18 et prendre à droite vers St-Sulpice-le-Verdon jusqu'au logis de la Chabotterie.

Bloc gris à l'architecture dépouillée, le Mémorial de Vendée est un lieu dédié aux victimes de la Terreur.

Charroux★

Vestige du rayonnement de son abbaye romane, la tour de Charroux défie encore tous ceux qui tentèrent de la démolir, dressée sur le chemin du pèlerinage de St-Jacques-de-Compostelle.

La situation

Cartes Michelin nᵒˢ 72 pli 4 ou 233 pli 19 – Vienne (86). Charroux se situe à *28 km au Nord-Est de Ruffec,* dans un vallon de la rive droite de la Charente.

🏠 *2 r. de Chatain, 862520 Charroux, ☎ 05 49 87 60 12.*

Le nom

Charroux viendrait du latin *quadruvium* signifiant carrefour. D'autres hypothèses ont été émises pour l'origine du nom : *caro rubra* (relique sanglante), *carrus* (char romain) ou Charlemagne...

Les gens

1 428 Charlois. L'écrivain **Robert Charroux** (1909-1978) prit le nom de sa ville natale comme pseudonyme. Journaliste et grand voyageur, il fonda la collection « Les énigmes de l'univers » et fut enterré à Charroux, sous un menhir, selon sa volonté.

RELIQUES VÉNÉRÉES
Parmi les reliques de Charroux, qui attiraient environ 25 000 personnes tous les ans en juin, figuraient des parcelles de la Vraie Croix, et le prépuce du Christ.

comprendre

Conciles et pèlerinages – Selon la légende, Charlemagne lui-même aurait acheté à un pèlerin une relique de la croix du Christ et serait à l'origine de la construction de la première église de Charroux. Parmi les conciles qui s'y tinrent, le premier concile de paix de 989 posa les bases de la « Trêve de Dieu », frappant d'anathème les coupables de violations d'église et de brutalités contre les populations civiles. Au 11e s., l'église carolingienne fut entièrement reconstruite dans le style roman, et en 1096 le pape Urbain II consacra le nouvel autel majeur. Situées sur le chemin de St-Jacques, les reliques de l'abbaye étaient en elles-mêmes l'objet d'un pèlerinage. Des visiteurs de marque enrichissaient le trésor de dons en argent et de magnifiques objets d'art. Sa prospérité diminua avec la guerre de Cent Ans et s'effondra lors des guerres de Religion. Supprimée en 1762, l'abbaye a été plus qu'à moitié démolie au début du 19e s. pour être couverte d'habitations. C'est à Prosper Mérimée, inspecteur général des Monuments historiques sous le Second Empire, que revient le mérite d'avoir préservé ce qui en restait.

> **FOUILLES**
> Les fouilles et les restaurations entreprises de 1946 à 1953 ont permis de restituer le plan de l'église et de dégager la crypte. Le cloître a été mis en valeur, et des sondages pratiqués dans la salle capitulaire ont permis la découverte de sarcophages contenant un beau mobilier funéraire.

visiter

Abbaye St-Sauveur★

  Mai-sept. : 10h-12h30, 14h-19h ; oct.-avr. : tlj sf mar. 10h-12h30, 14h-17h30. Fermé 1er janv., 1er mai, 1er et 11 nov., 25 déc. 25F. ☎ 05 49 87 62 43.

Abbatiale – Le plan de l'abbatiale alliait le plan traditionnel en croix latine et le plan circulaire de l'église du St-Sépulcre de Jérusalem. Précédé d'un narthex, l'édifice comprenait une nef, un transept à chapelles orientées et une abside à absidioles rayonnantes. À la croisée du transept, un « sanctuaire » circulaire, entouré de trois collatéraux concentriques, pouvait accueillir les processions fastueuses et la foule des fidèles venue voir les reliques. L'ensemble, qui mesurait 126 m de long, présentait des analogies avec certaines églises primitives d'Orient. L'abbatiale appartenait au style roman poitevin, à l'exception de la façade Ouest, gothique, dont quelques éléments sont enclavés dans une maison.

> **MAQUETTE**
> À l'Office de tourisme, vous trouverez une maquette de l'abbaye reconstituée (5 F).

La tour★★ – Polygonale, elle date du 11e s. et se dresse au-dessus du sanctuaire en rotonde abritant le maître-autel qui surmonte lui-même la crypte où étaient exposées les reliques.

Cloître – Aujourd'hui à ciel ouvert et bien dépouillé, il a été reconstruit au 15e s. sous la direction de l'abbé Chaperon dont les armes, trois chaperons, sont reproduites aux chapiteaux des piliers de la salle capitulaire.

Salle capitulaire – De dimensions imposantes, elle abrite d'admirables **sculptures★★** du 13e s. provenant du portail central de la façade de l'abbatiale. Ce sont le Christ du Jugement jadis au tympan, et plusieurs figures logées autrefois dans les voussures : abbés de Charroux, rois, prophètes et ces délicieuses statues de Vierges sages et de Vierges folles, fréquentes dans le Poitou. Cet ensemble est attribué au même sculpteur que celui des portails de la cathédrale de Poitiers.

Les deux premiers étages de la tour polygonale, qui marquait le centre de l'église, se trouvaient ainsi à l'intérieur de l'édifice. La partie supérieure de la tour se terminait vraisemblablement par une flèche.

Trésor★ – Il contient une précieuse collection de bâtons pastoraux romans et de pièces d'orfèvrerie gothique, provenant des sépultures d'abbés et d'une cachette découverte en 1856. Les objets d'orfèvrerie comprennent surtout deux reliquaires en vermeil, magnifiquement ouvragés. Admirez celui du 13e s. : deux anges tiennent une boîte à découpe quadrilobée, où étaient placées les reliques.

alentours

Abbaye de La Réau

Pâques-Toussaint : visite guidée (1/2h) dim. et j. fériés 10h-19h (juin-sept. : tlj sf mar.). Fermé Toussaint-Pâques (hors j. fériés). 25F, 15F visite extérieure seule. ☎ 05 49 87 65 03 ou 05 49 87 65 96.

Au Nord-Ouest par la D 10, puis la D 741. On y accède par une agréable allée de tilleuls. Construite aux 12ᵉ et 13ᵉ s., l'abbatiale a perdu ses voûtes, écroulées au 19ᵉ s. Défendue par deux échauguettes, la façade est percée d'une grande baie gothique et d'un portail aux multiples voussures. Ce portail donne accès à la nef unique précédant le transept à chapelles orientées et le chœur à chevet plat de type angevin, éclairé par trois baies, et pourvu, à l'extérieur, de deux échauguettes, comme la façade.

Bâtiments conventuels – Ils comprennent un vestibule, des salons ; les anciens dortoirs transformés en cellules au 18ᵉ s. puis en appartements au 19ᵉ s. Dans la salle capitulaire romane (12ᵉ s.), des voûtes d'arêtes reposent sur des masques étranges. On peut y voir la clé de voûte (13ᵉ s.) du chœur de l'abbatiale, représentant la main divine bénissante. À l'extrémité Est des bâtiments se dresse une grosse tour du 15ᵉ s.

> **SUPERBE**
> L'escalier (17ᵉ s.) à balustrade, œuvre de l'architecte François Leduc, dit Toscane.

Thermes de **Chassenon**★

Bains chauds, salles froides, exercices physiques... Les Romains venaient ici se refaire une santé... et nous venons y apprendre que le souci du bien-être ne date pas d'aujourd'hui ! Le faste des thermes a longtemps laissé penser qu'une ville s'était établie ici et que l'immense édifice que l'on visite aujourd'hui était le palais d'un gouverneur romain...

La situation

Cartes Michelin nᵒˢ 72 pli 16 ou 233 pli 21 – 5,5 km au Nord-Ouest de Rochechouart – Charente (16).
Les Romains ont très vite compris l'intérêt d'un lieu qui se trouvait idéalement placé à un carrefour routier et possédait peut-être des eaux thermales. On ignore le rôle de ce site avant la conquête romaine.

Le nom

Controverse : *Cassanomagus* (composé du celte *cassanos*, chêne, et de *magos*, marché) ou *Cassinomagus* (de *Cassinus*, nom d'homme, et de *magos*, marché).

Les gens

Les curistes ont déserté Chassenon au 6ᵉ s., époque à laquelle saint Junien opéra des guérisons miraculeuses qui ôtèrent toute raison d'être à l'ancien sanctuaire gallo-romain.

comprendre

Apogée et décadence – Le sanctuaire atteignit son apogée au 2ᵉ s. On imagine alors l'allure grandiose de ses thermes, richement ornés de revêtements de marbre et d'œuvres d'art multiples.
La décadence commença à la fin du 3ᵉ s. et s'accéléra au rythme des progrès du christianisme. Les statues mutilées retrouvées dans le caniveau et les égouts prouvent que l'on s'acharna à détruire ces symboles païens. Les invasions barbares contribuèrent aussi à la ruine de l'édifice. Celui-ci se transforma d'ailleurs partiellement en atelier métallurgique, les fours subissant

LES THERMES
Ils ont la particularité d'être doubles et d'avoir une fonction curative. La clientèle qui les fréquentait se composait essentiellement de pèlerins-curistes observant tout un rituel religieux (temple à 230 m). L'édifice comprend trois niveaux ; la partie Sud, la mieux conservée, faisait pendant à la partie Nord. Il était desservi par deux aqueducs qui assuraient l'approvisionnement et l'évacuation des eaux.

BIEN-ÊTRE GALLO-ROMAIN

Pour les Romains et les Gaulois de l'époque, les thermes représentaient nos complexes sportifs actuels : salles de gym, saunas, hammams, massages, etc. À une exception près, c'est qu'eux y allaient surtout pour se laver... D'abord les gens entraient dans les vestiaires pour se changer. Ensuite ils avançaient dans la vaste salle centrale, puis, dans le tepidarium pour prendre un bain tiède. Là ils se frottaient longuement la peau à l'aide de strigiles (spatules métalliques). Ensuite ils entraient dans une sorte de sauna ou plutôt de hammam, et se baignaient dans le caldarium (salle chaude). Ils ne leur restait plus qu'à repasser au tepidarium, et à passer dans le frigidarium (salle froide) pour se plonger dans un bain d'eau froide. Dans la palestre (salle de gymnastique) toute proche, ils pouvaient pratiquer toutes sortes d'exercices physiques (natation, etc).

des modifications à cet effet. Un centre de fabrication de sarcophages en « brèche de Chassenon » fit même son apparition. Pourtant, il semblerait que certaines activités médicales liées à la persistance du paganisme local se soient prolongées jusqu'au 6e s.

visiter

Les thermes

Des Rameaux au 11 nov. : visite guidée (1h, dernier dép. 3/4h av. fermeture) 14h-17h30 (de juin à mi-sept. : 10h-12h, 14h-19h). 28F. ☎ 05 45 89 22 49.

Parcourez l'esplanade charretière (où était déchargé le combustible) au pied des hautes murailles, puis pénétrez dans les salles souterraines voûtées et obscures. Elles paraissent avoir été construites pour la circulation des eaux : les passages en chicane qui les font communiquer permettaient une décantation optimale, la rupture du flot contraignant l'eau à déposer un maximum d'impuretés. Dans l'un de ces couloirs sont exposées des pièces recueillies au cours des fouilles, notamment deux statues mutilées. À l'étage intermédiaire, admirez, dans les chaufferies, l'ingénieuse organisation du système de chauffage par hypocaustes. Le rez-de-chaussée Sud est resté relativement complet et permet d'imaginer l'aspect de ces salles dans lesquelles affluaient les usagers. Passez par la salle froide Sud et d'autres salles, puis pénétrez dans la plus vaste au cœur de l'établissement. En ce qui concerne la fonction de cette grande salle, percée de six fenêtres et de six portes, d'une superficie de 235 m², plusieurs hypothèses ont été émises : salle des ex-voto, salle des pas perdus, salle de consultation médicale ou salle consacrée à la divinité guérisseuse. L'itinéraire se termine par la visite des salles tiède (tepidarium) et froide (frigidarium).

HYPOCAUSTES

Les fours, dont la température pouvait être portée à plus de 300°, étaient alimentés au charbon de bois. La chaleur dégagée circulait jusqu'à l'hypocauste, fait d'un empilement de briques liées à l'argile et de conduits rayonnants qui diffusaient la chaleur dans le sol de la pièce supérieure par un système de double plancher. La température obtenue dans les salles chaudes (caldariums), sur hypocaustes avoisinait 20 à 25°.

Châtellerault

On se promène volontiers dans Châtellerault, sur des avenues bordées d'arbres et dans un quartier piétonnier. On se repère dans la ville grâce à son fleuve, la Vienne, que l'on traverse sur l'imposant pont Henri-IV pour rejoindre la Manu, une ancienne manufacture d'armes du 19e s. Cet ancien site industriel a fait l'objet d'une réhabilitation et déploie un intéressant complexe culture et loisirs dans un cadre de verdure.

La situation

Cartes Michelin nos 68 pli 4 ou 232 pli 4 – Vienne (86).
À 35 km au Nord-Est de Poitiers, Châtellerault est desservi par l'autoroute A 10. De grandes avenues entourent le centre-ville.

🛈 *2 av. Treuille, 86100 Châtellerault,* ☎ *05 49 21 05 47. Site Internet www.ville-chatellerault.fr*

Le nom

Initialement châtel Airault, du nom du vicomte qui bâtit un château sur le site au 10ᵉ s.

Les gens

34 678 Châtelleraudais. Natif de la ville, **Rodolphe Salis** (1851-1897), peintre et caricaturiste, est connu pour avoir créé à Paris le cabaret *Le Chat Noir*.

se promener

La visite à pied prend 2 h. Elle est agréable surtout par beau temps. Partir de l'Office de tourisme qui donne sur le boulevard de Blossac et entrer dans le quartier piéton. Prendre la rue Bourbon à droite.

Maison Descartes

Actuellement en cours de restauration, cette maison familiale du 16ᵉ s. a vu grandir le philosophe durant quelques années de son enfance.

Église St-Jacques

Promenez-vous dans l'artère piétonne (rue Bourbon) jusqu'à une placette où il faut tourner à droite pour rejoindre l'église.

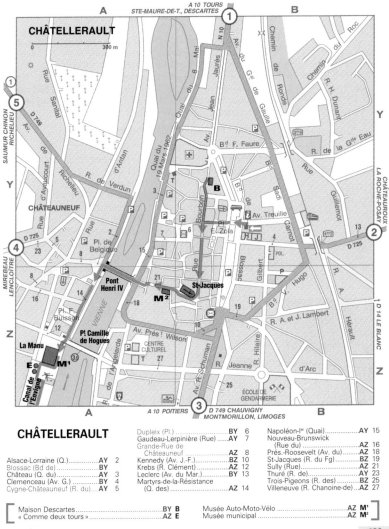

CHÂTELLERAULT

carnet pratique

OÙ DORMIR

• Valeur sûre

Grand Hôtel Moderne – *74 bd Blossac –*
☎ 05 49 93 33 00 – 24 ch. : 295/550F –
☐ 50F – 2 restaurants. À côté de l'hôtel
de ville, ce petit immeuble est plutôt élégant
avec ses frontons à l'ancienne. Si
l'architecture date du début du 20ᵉ s.,
le décor lui est beaucoup plus récent et les
chambres notamment sont régulièrement
rafraîchies. Ne manquez pas d'y manger,
la table est soignée...

OÙ SE RESTAURER

• À bon compte

La Gourmandine – *8 pl. Notre-Dame –*
☎ 05 49 21 05 85 – fermé 1 sem. en fév. et
avr., 2 sem. en août, de Noël au Jour de l'An
et dim. soir – 92/162F. Près de la Vienne,
ce relais de poste du 17ᵉ s. a retrouvé sa
vocation d'antan. Son décor moderne
s'inspire des années passées avec moulures,
pierres apparentes et décor peint. Quant à la
cuisine au goût du jour, elle rassasie les
voyageurs de passage, ravis de cette
trouvaille.

Le Croissant – *15 av. J.-F.-Kennedy –*
☎ 05 49 21 01 77 – fermé 25 déc. au
5 janv., lun. et dim. soir – 75/180F.
Une petite adresse sans prétention non loin
du centre de Châtellerault. Dans sa salle à
manger au décor de pension de famille et
aux tables serrées, vous trouverez sans aucun
doute votre bonheur parmi les différents
menus proposés.

La Grilllade – *86530 Naintré – 9 km au*
S de Châtellerault, dir. Poitiers par N 10 –
☎ 05 49 90 03 42 – fermé dim. soir –
91/193F. En dehors de la ville, sur la route
du Futuroscope, cette maisonnette sert des
viandes grillées à la cheminée devant les
clients et quelques plats simples. Pas de
chichis donc dans sa salle à manger en
rotonde où l'on s'attable sous la charpente.
Plusieurs menus.

SE DIVERTIR

La piscine de Châtellerault (☎ 05 49 21
14 83) propose un ensemble détente et
loisirs avec plusieurs bassins, des toboggans,
une salle de gymnastique, un sauna,
et des lampes à bronzer.

Ancienne priorale des 12ᵉ et 13ᵉ s., elle doit au 19ᵉ s. ses
deux tours et sa façade néo-romanes, mais le chevet à
contreforts-colonnes et le transept sont d'origine.
La voûte de la nef est à croisées d'ogives de style
gothique angevin, celle de la chapelle latérale Sud est à
liernes, tiercerons et clefs historiées. La tour Nord abrite
un **carillon** de 52 cloches.

> **GRAND VOYAGE**
> La statue en bois
> polychrome du 17ᵉ s.
> de saint Jacques vêtu
> en pèlerin rappelle le rôle
> joué par l'église sur les
> chemins de St-Jacques-
> de-Compostelle.

Musée municipal *(voir « visiter »)*

Pont Henri-IV

Construit de 1575 à 1611 par Charles Androuet du Cerceau, il est long de 144 m et large de 21 m ; côté rive
gauche, deux puissantes tours coiffées d'ardoises, autrefois reliées par un corps de logis, en protégeaient
l'entrée, sage précaution au lendemain des guerres de
Religion. En amont, au milieu du pont, une croix à
laquelle pendent deux ancres évoque le temps où la
batellerie était en pleine activité : ce trafic fluvial a disparu au milieu du siècle dernier.

Après avoir traversé le pont Henri-IV, longer la Vienne en
amont sous une allée de platanes, jusqu'à la Manu.

La Manu

Cette ancienne manufacture d'armes, fermée en 1968, a
été réhabilitée en un complexe de culture, d'enseignement (école du cirque) et de loisirs.

Musée Auto Moto Vélo *(voir « visiter »)*

« Comme deux tours » – Créée en 1994 par Jean-Luc
Vilmouth, cette œuvre permet au visiteur qui y monte
d'embrasser du regard la ville et ses environs.

On peut poursuivre la promenade jusqu'au canal de
l'Envigne.

Canal de l'Envigne

Bordé par la patinoire et un jardin parsemé de cèdres
et de séquoias, il est aménagé pour les activités nautiques. On accède au quai de la rive droite de la Vienne
par le **pont Camille de Hogues** (Pont-Neuf). Il permet
d'avoir une vision d'ensemble de la Manu ; de nuit,
des **illuminations** confèrent au site une ambiance
fantastique.

L'artiste Jean-Luc
Vilmouth a greffé une
plate-forme et un escalier
hélicoïdal à deux hautes
cheminées industrielles.

visiter

Musée municipal

Tlj sf mar. 14h-18h. Fermé j. fériés. 17F. ☎ *05 49 21 01 27.*
L'hôtel Sully, édifice du 17ᵉ s., fut conçu par Charles
Androuet du Cerceau, membre d'une célèbre famille
d'architectes. Il est précédé d'une belle cour monumentale. Le musée expose des collections d'armes, de
couteaux, de faïences et de porcelaines du 17ᵉ au 19ᵉ s.,
ainsi que des dossiers de chaises en bois sculptés, sculptures, peintures et objets d'art. L'histoire locale y est
évoquée des origines à nos jours (archéologie avec le
site gallo-romain du Vieux-Poitiers, gravures sur Châtellerault). Tableaux explicatifs, documents et photographies retracent l'histoire des Acadiens (leur départ
de France, la Nouvelle-France, leur retour en Poitou) et
donne un aperçu du rôle économique et culturel de
l'Acadie (région orientale du Canada) d'aujourd'hui. Le
musée présente également des coiffes, bonnets, châles,
robes de baptême portés dans la région du 18ᵉ s. au
début du 20ᵉ s.

> **TOUTE UNE ÉPOQUE**
> Le musée conserve des
> affiches, menus, cartes des
> vins de l'ancien cabaret
> *Le Chat Noir* qui marqua la
> vie nocturne parisienne des
> dernières années du 19ᵉ s.

*La position du guidon
pourrait laisser supposer
que cet engin est l'ancêtre
du chopper ?*

Musée Auto Moto Vélo

&. *W.-end et j. fériés 10h-19h (mai-oct. : tlj). Fermé 1ᵉʳ janv.
et 25 déc. 30F (11-18 ans : 15F).* ☎ *05 49 21 03 46.*
Sur 4 300 m², ce musée décrit les débuts confidentiels
de l'automobile et sa popularisation. Sa collection de
motos est remarquable par sa qualité. Le musée vient de
se doter d'un ensemble de manipulations et d'animations interactives permettant d'apprendre des notions
techniques simples.

circuits

☐ LES ROUTES DE RICHELIEU

Circuit de 130 km – environ 6 h
*Quitter Châtellerault par l'Ouest, en empruntant la D 725.
Franchir l'autoroute, puis prendre à droite la D 14 jusqu'à
Thuré. Au village prendre au Nord la D 43, puis à gauche
la D 74.*

St-Gervais-les-Trois-Clochers

Dans l'église, à gauche, Crucifixion de l'école de Breughel.
*Quitter St-Gervais par l'Ouest en empruntant la D 22 et
rejoindre la D 46 en direction de Richelieu par la D 23 et la
D 66.*

Château de la Roche-du-Maine

On ne visite pas. Ce château a été érigé vers 1520 par
Charles Tiercelin, capitaine des armées de Louis XII et
de François Iᵉʳ en Italie. Avec ses tours à toits coniques,
cet édifice, caractéristique de la première Renaissance, a
cependant conservé des traits défensifs hérités du Moyen
Âge : pont-levis, chemin de ronde sur mâchicoulis,
canonnières ouvertes à la base des tours, châtelet
d'entrée et grosse tour d'angle. Mais la Roche-du-Maine

*Le château de la
Roche-du-Maine occupe
un promontoire dominant
les vastes étendues
de la plaine loudunaise.*

a été confiée à des décorateurs de talent, qui, servis par une pierre excellente, ont donné à cette demeure seigneuriale son aspect italianisant. Au-dessus du portail d'entrée, Charles Tiercelin s'est fait représenter sous la forme d'une statue équestre, comme Louis XII à Blois.

Poursuivre vers la D 66, puis la D 14.

Loudun *(voir ce nom)*

Quitter Loudun par l'Ouest en empruntant la N 147, direction Poitiers. Aux Angliers, prendre à gauche la D 64.
Après Guesnes, les D 64 et D 67 puis la D 24 traversent la forêt de Scevolles.

À l'entrée de Verrue, prendre à gauche la D 20 puis à droite la D 7.

Château de Coussay

Tlj visite libre des extérieurs. ☎ 01 47 02 24 46.

RAFFINÉ
Le décor Renaissance : arcades, portes et baies aux rinceaux et décors sculptés.

◀ Petit, mais accompagné de toutes ses dépendances, ce château du 16ᵉ s. appartint au futur cardinal de Richelieu alors qu'il était évêque de Luçon. Le châtelet d'entrée est flanqué d'un pavillon qui abrite une source ; cantonné d'échauguettes, il s'ouvre sur la cour. L'enceinte rectangulaire, protégée par des douves en eau, a gardé ses tourelles d'angle. Le château proprement dit comprend quatre tours rondes, dont la plus importante, à mâchicoulis, servait de donjon.

À la sortie de Coussay, prendre à gauche la D 41, puis la D 72. À l'entrée de Doussay, prendre à droite la D 20.

Lencloître

Le nom même du village rappelle un passé monastique.

INFLUENCE
Les chapiteaux sont d'influence saintongeaise. Leurs figures fantastiques symbolisent les Vices et les Vertus.

◀ **Église** – Jusqu'à la Révolution, elle fut la chapelle d'un prieuré de femmes relevant de Fontevraud. C'est un édifice de style roman poitevin du 12ᵉ s. Le beffroi présente

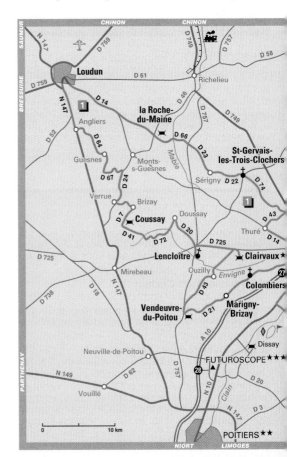

une grosse tour carrée, surmontée d'une flèche minuscule. Au Nord s'ouvre un joli portail à arc en plein cintre. À l'Ouest, la façade a été fortifiée au 15ᵉ s. par l'adjonction de deux échauguettes. L'intérieur comprend trois vaisseaux et un transept surmonté d'une coupole sur pendentifs. Par le porche à l'Est de la place, on peut pénétrer dans l'ancien clos du prieuré pour admirer le chevet de l'église et les restes du couvent avec la chapelle St-Jean.

Quitter Lencloître par l'Est en empruntant la D 725 en direction de Châtellerault.

Château de Clairvaux★

De mi-juin à déb. Sept. : visite guidée (1h) 14h30-18h30. 35F.
☎ *05 49 93 90 08 ou 05 49 93 88 49.*

Fin 15ᵉ s. fut construite une demeure en équerre, flanquée d'une tour ronde décorée à l'arrière d'une fenêtre richement sculptée. Au 18ᵉ s., y fut accolé le corps de logis qui constitue la façade actuelle ; l'avant-corps central est surmonté d'un fronton. Au-delà d'une vaste cour d'honneur, le château, entouré de douves en eau, se dissimule derrière un châtelet d'entrée, à balustrade de pierre ajourée (17ᵉ s.). Vous découvrirez, dans la partie la plus ancienne, la cuisine, couverte d'une voûte gothique, ainsi que la salle de garde qui a conservé des fresques du 16ᵉ s. (combats de chevaliers). Pénétrez ensuite dans le pigeonnier carré à toit de pierre avec lanternon ; remarquez les 1 800 boulins et la grande échelle tournante.

Reprendre la D 725 en direction de Lencloître sur 1 km, puis prendre à gauche la D 43.

Vendeuvre-du-Poitou

Le château des Roches, de 1519, comprend une enceinte et un logis seigneurial aux toits aigus que protège une

> **ÉCHEC ET MAT**
> Dans les salles de la tour d'angle est installé **le musée international du Jeu d'échecs** : riche collection de 150 échiquiers du monde entier, garnis de figurines exécutées dans des matières précieuses (jade, ivoire). Des jeux ont appartenu à Napoléon Iᵉʳ (plateau en cuir) et à l'amiral Nelson (ivoire peint).

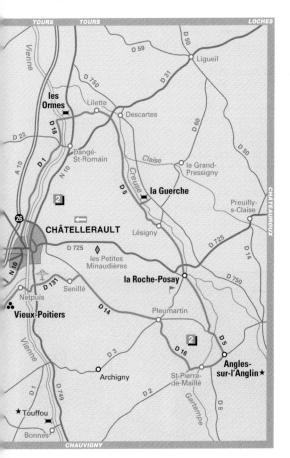

belle entrée flanquée de tours à mâchicoulis. C'est dans cette petite ville qu'est enterré le philosophe Michel Foucault.

Quitter Vendeuvre par l'Est en empruntant la D 21 en direction de Châtellerault.

Marigny-Brizay

Village viticole ; on produit ici des vins blancs et rouges du Haut-Poitou, classés Vins délimités de qualité supérieure (VDQS) depuis 1970.

Retourner à Châtellerault par la D 21 qui traverse la forêt communale.

② LES VALLÉES DE LA VIENNE ET DE LA CREUSE

Circuit de 115 km – environ une demi-journée

Quitter Châtellerault par le Nord en empruntant la D 1 qui longe la rive gauche de la Vienne.

Les Ormes

VIS À VIS
De l'autre côté de la nationale s'allongent les anciennes écuries, appelées « la bergerie », au fronton classique.

Au bord de la nationale à la sortie Nord du village, s'ouvrent les grilles du **château**. Une belle allée de platanes et de marronniers conduit à la cour d'honneur aux vastes pelouses, au fond de laquelle s'étendent symétriquement de majestueux bâtiments : le corps principal (reconstruit au début du 20e s.) est relié par des galeries basses à terrasses à deux pavillons du 18e s. que prolongent des ailes en retour.

Quitter Les Ormes par l'Est. À Lilette, prendre à droite la D 5.

Château de la Guerche

De fin juin à mi-sept. : visite guidée (3/4h) 10h-12h, 14h-19h, dim. et j. fériés 13h-19h. 20F (enf. : 10F). ☎ *02 47 91 02 39.*
Au milieu des frondaisons surgit cet imposant édifice, aux longues courtines jalonnées de tours, construit vers 1485. À l'intérieur, vous verrez la salle des gardes, dite du Pont-Levis, et un salon. Au sous-sol, deux étages voûtés révèlent un immense grenier à grains, une prison et des emplacements d'artillerie.

Poursuivre sur la D 5.

La Roche-Posay

CURISTES
Les eaux de La Roche-Posay sont mentionnées officiellement au 16e s. Bicarbonatées, calciques et silicatées, contenant du sélénium, elles s'emploient avec succès contre les dermatoses, les séquelles de brûlures et les affections buccales.

Dominée par un clocher roman du 11e s., l'**église** a été fortifiée au 15e s. comme en témoigne l'existence de deux tours à mâchicoulis accolées au croisillon Nord. Le vaisseau, voûté d'ogives, se termine par un chœur à chevet plat.

Puissante tour du 12e s., le **donjon** se dresse à l'endroit le plus élevé de la vieille ville. Des fortifications, subsiste aussi une porte du 13e s. à mâchicoulis.

Quitter La Roche-Posay par le Sud-Est en empruntant la D 5 qui longe la Gartempe.

Angles-sur-l'Anglin★ *(voir ce nom)*

Quitter Angles par le Sud-Ouest en franchissant l'Anglin par la D 2. À St-Pierre-de-Maillé, franchir la Gartempe puis prendre la deuxième route à droite en empruntant la D 16

Remarquez la manière de bâtir caractéristique de l'époque : un blocage de moellons noyés dans le mortier est revêtu d'un bel appareil régulier de pierres qu'interrompt, par intervalles, une assise de briques plates.

jusqu'à Pleumartin. Prendre ensuite la D 14 sur 14 km en direction de Châtellerault, puis à gauche la D 133, et à Senillé la D 131 jusqu'à Netpuis.

Vestiges du Vieux-Poitiers

Juil.-août : 14h-19h30 ; avr.-juin et sept. : dim. 15h-18h ; oct.-mars : sur demande. 10F. ☎ 05 49 23 45 63.

De la ville gallo-romaine subsiste un élément de l'enceinte du théâtre aménagé sur la pente regardant le Clain. À 400 m du théâtre, fours de potiers gallo-romains. En contrebas dans la plaine, un menhir porte une inscription celtique.

Entre les Vieux-Poitiers et Moussais-la-Bataille se serait déroulée, en 732, la fameuse bataille de Poitiers au cours de laquelle Charles Martel a mis en déroute l'envahisseur sarrasin *(voir Poitiers)*.

Franchir le Clain pour rejoindre la N 10 qui ramène à Châtellerault.

Chauvigny★

Grandioses et touchants dans leur nudité, les châteaux ruinés de Chauvigny sont veillés par des rapaces qui tournoient sur leurs têtes lors d'un impressionnant spectacle de fauconnerie. À part ça, la petite ville fait son chemin, entre la fabrication de porcelaines et l'exploitation d'un calcaire au grain fin et régulier...

La situation

Cartes Michelin n°s 68 plis 14, 15 ou 233 pli 9 – Vienne (86). Il est très facile de rejoindre Chauvigny qui se trouve à *23 km à l'Est de Poitiers,* par les nationales et départementales et de gagner la ville haute où l'on peut se garer. 🖪 *5 r. St-Pierre, 86300 Chauvigny, ☎ 05 49 46 39 01.*

Le nom

Les origines sont floues, mais il semblerait qu'il remonte à l'époque romaine. On ne sait rien de plus...

Les gens

Les 6 665 Chauvinois seraient-ils particulièrement chauvins ?

se promener

VILLE HAUTE★

Château baronnial

Construit au 11e s. alors que les évêques de Poitiers étaient seigneurs de Chauvigny, il comprend un donjon ancien et les vestiges du Château Neuf environné de remparts, servent de cadre au vol libre de rapaces dressés.

carnet d'adresses

OÙ DORMIR

● **À bon compte**

Chambre d'hôte La Veaudepierre – *8 r. du Berry* – ☎ *05 49 46 41 76* – ✉ – *5 ch. : 200/300F.* Dominée par les ruines du château, cette belle maison de maître du 18e s. a beaucoup de charme : tandis que les mélomanes seront émus par sa collection d'instruments anciens, les autres aimeront sa vue et le raffinement de son décor. Accès à la ville haute à pied par des escaliers.

OÙ SE RESTAURER

● **À bon compte**

Les Choucas – *21 r. des Puys* – ☎ *05 49 46 36 42* – *fermé 1 sem. en janv.* – *68/175F.* En face du donjon, ce petit restaurant dans une maison médiévale sert une cuisine roborative. Les affamés trouveront leur compte entre le bar-crêperie du bas et le restaurant du haut, où l'on déguste un menu régional entre fenêtre à meneaux, cheminée et poutres.

Spectacles de fauconnerie – ♿ *D'avr. à fin sept. : spectacle (1h) à 15h, 16h15, 17h30 (juin-août : tlj sf 14 juil. à 11h, 15h, 16h15, 17h30) ; d'oct. au 11 nov. : à 15h, 16h15 ; de mi-mars à fin mars : à 15h30, dim. et j. fériés 15h, 16h30. Fermé du 11 nov. à mi-mars. 40F (enf. : 30F). ☎ 05 49 46 47 48.*

Démonstrations de haut vol d'une centaine de rapaces : aigles, faucons, vautours.

Château d'Harcourt

Édifié du 13ᵉ au 15ᵉ s., il appartint à l'origine aux vicomtes de Châtellerault. Il possède encore de puissants remparts avec châtelet d'entrée.

Église St-Pierre★

Cette ancienne collégiale de style roman, fondée par les seigneurs de Chauvigny, fut commencée au 11ᵉ s. par l'abside et terminée au siècle suivant par la nef.

Extérieur – Bâtie en pierre grise, l'église est surmontée d'un clocher carré à deux étages de baies. Le chevet est remarquable par l'harmonieux équilibre de l'abside et des absidioles ; il frappe par la richesse de ses sculptures.

◄ **Intérieur** – Défiguré par des bariolages du 19ᵉ s., il montre une nef voûtée en berceau brisé dont les colonnes portent des chapiteaux à palmettes.

> **MAGNIFIQUE**
> Le chœur recèle un trésor avec ses splendides **chapiteaux★★** historiés. Découvrez leurs splendides scènes sculptées : le Pèsement des âmes, l'Annonce aux bergers, Babylone, l'Annonciation, l'Adoration des Mages et la Tentation.

Église Notre-Dame

Cette église se situe dans la ville basse.

À la croisée du transept, intéressants chapiteaux et, dans le croisillon Sud, fresque du 14ᵉ s. représentant le Portement de croix. Le Christ, plié sous le poids d'une très longue croix, est aidé par une multitude de religieux et de civils.

visiter

Donjon de Gouzon★

Vestiges du château de Gouzon qui fut acquis à la fin du 13ᵉ s. par la famille de Gouzon puis acheté vers 1335 par l'évêque Fort d'Aux. À l'origine, le donjon carré était soutenu par des contreforts rectangulaires qui ont été par la suite surmontés de contreforts arrondis.

Espace d'Archéologie industrielle – ♿ *Avr.-oct. : 14h-18h (de mi-juin à mi-sept. : 10h-12h30, 14h30-18h30, dim. et j. fériés 14h-18h30) ; nov.-mars : w.-end et j. fériés 14h-18h. Fermé 1ᵉʳ janv. et 25 déc. 30F. ☎ 05 49 46 91 56.*

Illustrant les chapiteaux de l'église St-Pierre, monstres ailés et démons avalant des êtres humains ne manqueront pas de vous faire frissonner.

La restauration du donjon en 1988 a permis d'accueillir dans ses murs la mémoire archéologique du Pays chauvinois. Installé dans une tour, un **ascenseur vitré** enlacé d'un escalier en spirale et coiffé d'un dôme transparent permet d'accéder aux niveaux aménagés (espaces informatique et vidéo), ainsi qu'au sommet du donjon où une terrasse invite à profiter d'une **vue** étendue sur la région.

Musée de Chauvigny
Mêmes conditions de visite que pour l'Espace d'Archéologie industrielle. 10F. ☎ 05 49 46 40 31.
Aménagé dans une maison représentative de l'architecture traditionnelle locale, il regroupe des objets évoquant la vie des Chauvinois de jadis et une salle d'archéologie (céramiques du 1er s.).

Le donjon de Gouzon est l'édifice le plus élevé de la ville haute.

alentours

Église St-Pierre-les-Églises
Juil.-août : possibilité de visite guidée sur demande ; sept.-juin : dim. ☎ 05 49 46 39 01.
2 km au Sud par la D 749. Isolé sur la rive droite de la Vienne, ce petit édifice préroman présente une abside en hémicycle, ornée de fresques très altérées, figurant la Crucifixion. Datant probablement du 9e ou du 10e s., ce sont les plus anciennes connues en Poitou.

circuit

ENTRE VIENNE ET GARTEMPE
Circuit de 95 km – environ une demi-journée
Quitter Chauvigny par le Nord-Ouest en empruntant la route longeant la rive gauche de la Vienne.

Château de Touffou★
De mi-juin à mi-sept. : visite guidée (1h1/2) tlj sf mar. 10h-12h, 14h-18h30 ; de mai à mi-juin : jeu.-dim. et j. fériés 14h-18h30. Fermé 1er janv., 25 et 31 déc. 45F. ☎ 05 49 56 08 48.
La partie la plus ancienne du château est constituée par le puissant donjon, formé par la réunion, à la Renaissance, de deux donjons des 11e et 12e s. À chacun des angles extérieurs, les contreforts sont surmontés de tourelles très élégantes. Au 14e s. furent édifiées quatre grosses tours rondes : la tour St-Georges aux belles ouvertures sculptées, la tour St-Jean, la tour de l'Hostellerie, exhumée et restaurée en 1938, et la tour de la Chapelle avec ses prisons. L'aile Renaissance, reliant la tour St-Georges et le donjon, fut ajoutée vers 1560 ; elle est ornée de fenêtres à meneaux et de lucarnes dont les frontons triangulaires contiennent un jeu de 17 armoiries, représentant la généalogie de la famille Chasteignier.
Poursuivre la route vers le Nord jusqu'à la D 86. Prendre à droite et franchir la Vienne. Emprunter à gauche la D 749 puis, à la hauteur du pont de Bonneuil-Matours, à droite la D 3.

> **À L'INTÉRIEUR**
> Ne manquez pas la chambre dite « de François Ier » ou « des Quatre-Saisons », décorée de fresques représentant les travaux des champs, la chapelle, la salle de garde et ses cachots, la boulangerie, la cuisine.

Archigny
Le nom de ce village est lié à l'histoire des Acadiens. En 1773 et 1774, des colons français chassés d'Acadie (correspondant aujourd'hui à deux provinces canadiennes) par les Anglais, lors du Grand Dérangement (1755), s'installent au Sud-Est de Châtellerault sur des terres en friche mises à leur disposition par le marquis de Pérusse des Cars. Cinquante-huit fermes toutes semblables, en pisé et brande (bruyère), construites entre Archigny et La Puye, constituent la **« Ligne acadienne »**. Déçus par le fait que la charte de propriété qu'ils espéraient ne leur était toujours pas remise, certains colons quitteront les lieux pour Nantes, d'où ils rallieront plus tard la Louisiane. Il reste aujourd'hui 34 maisons.
Poursuivre sur la D 3. Après 3 km, prendre à droite la D 9.

> **COMMÉMORATION**
> Les Acadiens du Poitou organisent une fête tous les ans le 15 août aux Huit-Maisons, pour commémorer la période du Grand Dérangement et leur retour en Poitou.

Ferme acadienne des Huit-Maisons

De mi-mars à fin oct. : w.-end et j. fériés 15h-19h (juil.-août. : tlj sf lun.). 10F. ☎ 05 49 85 57 46.

Au lieu-dit **les Huit-Maisons** *(6 km à l'Est, accès signalé)*, une ancienne ferme a été transformée en musée. Sous un même toit, on trouve la pièce d'habitation qui renferme du mobilier d'époque, l'étable et du matériel agricole, et la grange où sont présentés des documents sur l'histoire des Acadiens.

Poursuivre sur la D 9.

Le jardin des Rosiers

3 km au Sud de La Puye. ♿ De déb. mai à mi-août : tlj sf lun. 14h30-18h30 ; sept. (2 derniers dim.) et oct. (1er dim.) : 14h-17h. Fermé j. fériés. 35F. ☎ 05 49 46 99 96.

À l'ombre d'une ancienne ferme, un vaste jardin cache un trésor de pétales : 200 roses anciennes et botaniques au parfum subtil. Un cadre reposant invite à la promenade à la découverte des arbres (prunus) et du potager.

Revenir à La Puye. À l'église, emprunter à droite la D 2, puis à la sortie du village (calvaire) prendre sur la droite la D 2^.

St-Savin★★ *(voir ce nom)*

Quitter St-Savin par le Sud en empruntant la D 11.

Antigny

Sur la vaste place triangulaire située devant l'église se dresse une **lanterne des morts** (12e s.). Des restes de sarcophages reposent sous le porche couvert.

Église – Du 12e s., coiffée d'un petit clocher que surmonte une flèche à crochets, elle abrite, à droite du chœur, une chapelle seigneuriale dont la voûte en berceau est ornée de peintures murales d'une facture naïve ; ces peintures du 16e s., où dominent les tons jaunes et ocre, représentent des scènes de la Passion.

Poursuivre sur la D 11, puis prendre à gauche la D 11^B.

Jouhet

Chapelle funéraire – *Visite libre sur demande. Mairie. ☎ 05 49 91 05 32.*

Près du pont, face au monument aux morts. Elle est ornée d'intéressantes peintures murales. Les **fresques★**, exécutées au 15e s., sont d'une facture souvent naïve. Le Christ en majesté, entouré des symboles des Évangélistes, occupe la partie supérieure de la voûte, au-dessus de l'autel. On reconnaît, sur la voûte, à gauche la Création, la Tentation d'Adam et Ève, la légende des trois Morts et des trois Vifs ; à droite, l'Annonciation, la Nativité, l'Annonce aux bergers, l'Adoration des Mages, le Jugement dernier.

Repasser la Gartempe, puis emprunter la D 115 puis la D 83.

Civaux

Nécropole mérovingienne★ – L'origine de cette nécropole reste mystérieuse, mais il pourrait s'agir des tombes des guerriers francs tombés lors d'une bataille opposant

---

VALLÉE DES FRESQUES
La vallée de la Gartempe est jalonnée d'édifices religieux ou civils ornés de peintures murales : abbaye de St-Savin, église de Saint-Germain (à St-Savin), église N.-D. d'Antigny, château de Bois Morand, chapelle de Jouhet, château de Pruniers, Montmorillon. Possibilité de circuits commentés, SIDEM ☎ 05 49 85 54 84.

L'enceinte actuelle du cimetière de Civaux (17e s.) est faite de couvercles de sarcophages mérovingiens dressés. L'ancienne nécropole s'étendait sur près de 3 ha. Plus de 15 000 tombes y furent dénombrées.

Clovis à Alaric, le roi des Wisigoths, ou des sépultures de repentis qui se seraient fait enterrer à l'endroit même de leur conversion. La chapelle ruinée fut remaniée à plusieurs reprises depuis l'époque romane.

Musée archéologique –   *De mi-mars à mi-nov. : jeu.-dim. et j. fériés 14h-17h (de mi-juin à mi-sept. : tlj sf mar. 11h-12h, 14h-18h). 5F.* ☎ *05 49 48 34 61.*

Ce petit musée abrite des objets gallo-romains et mérovingiens (stèles, céramique, mobilier funéraire) et surtout d'intéressantes reconstitutions des divers types de sépultures découvertes dans la nécropole : en cercueil ou en pleine terre, en caisson de pierres sèches ou à simple entourage dressé, en sarcophage enfin.

Église St-Gervais-et-St-Protais – Dans cette église, érigée sur l'emplacement d'un temple romain, subsistent d'importants vestiges, parmi lesquels une cella carrée où fut aménagé un baptistère. Dans la nef du 10ᵉ s., voûtée en berceau, les piliers cylindriques sont surmontés de **chapiteaux historiés** dont les sculptures ont pour thème la peur de l'enfer et de la damnation.

Quitter Civaux par le Nord en empruntant la D 114.

> **ALPHA ET OMEGA**
> L'abside conserve, scellée dans son mur droit, une stèle funéraire du 4ᵉ s., gravée d'un chrisme flanqué de l'alpha et de l'oméga.

Morthemer

Le château et l'église, bel ensemble des 14ᵉ et 15ᵉ s., témoignent de la puissance passée de l'une des plus importantes baronnies du Poitou au Moyen Âge.

Château – Il ne subsiste qu'un imposant donjon pentagonal à tourelles d'angle, très restauré au 19ᵉ s. C'est là que mourut, en 1370, le connétable John Chandos, lieutenant du Prince Noir, blessé lors de la bataille de Lussac.

Église – Accolée au château, elle présente dans sa nef unique un curieux mélange de style roman et gothique français. Elle repose sur une crypte romane qui renferme des tombeaux mutilés des 14ᵉ et 15ᵉ s., ainsi que des fresques de la même époque, représentant un Christ en majesté et une Vierge à l'Enfant.

La D 8 ramène à Chauvigny en offrant de jolies vues sur la rive droite de la Vienne.

> **À VOIR**
> Au fond de l'église, remarquez le beau gisant (début du 16ᵉ s.) de Renée Sanglier, épouse d'un seigneur de Morthemer.

Civray

Vous avez dit chabichous ? C'est sur le marché de cette petite bourgade que vous allez trouver les meilleurs du Poitou ! Muni des précieux fromages de chèvre, on peut partir à la découverte de la façade sculptée de l'église St-Nicolas avant d'aller rêvasser sur les bords de la Charente...

La situation

Cartes Michelin nᵒˢ 72 pli 4 ou 233 pli 19 – 17 km au Nord-Est de Ruffec – Vienne (86). Civray offre un plan original : deux rues parallèles descendent vers deux ponts qui franchissent la Charente ; entre elles, la place Gambetta et la place Maréchal-Leclerc forment le centre urbain.
🛈 *Pl. Mar.-Leclerc, 86400 Civray,* ☎ *05 49 87 47 73.*

Le nom

Son orthographe originelle, *Sivray*, proviendrait du nom du propriétaire d'une villa gallo-romaine du site, *Severus*.

Les gens

2 814 Civraisiens. Le peintre futuriste italien **Gino Severini** (1883-1966) y séjourna à plusieurs reprises et y réalisa de nombreuses œuvres.

La façade de l'église St-Nicolas s'étage sur deux registres horizontaux : deux arcades aveugles y encadrent le portail au rez-de-chaussée et une baie à l'étage.

se promener

Église St-Nicolas★
Possibilité de visite guidée sur demande à l'Office de tourisme.

De style roman, elle présente une façade historiée d'inspiration poitevine alors que son clocher octogonal dénote plutôt une influence limousine. L'édifice a été restauré par deux fois non sans quelques dommages : c'est ainsi qu'en 1858 un tympan a été ajouté au portail central. On peut aller admirer le chevet renforcé de colonnes aux chapiteaux à palmettes ou ornés d'animaux dans le jardin du presbytère.

> **DÉTAILLEZ**
> Sur la voussure de l'arcade de droite, les douze vieillards de l'Apocalypse : l'un tenant un instrument de musique, les autres des livres ou des rouleaux de papyrus.

◀ **Façade★★** – Rectangulaire, elle est solidement renforcée sur les côtés par des faisceaux de colonnes. Le décor sculpté s'affirme par sa profusion. Les thèmes traités sont conformes aux traditions poitevines. Toutes ces sculptures étaient jadis peintes et des cabochons de couleur brillaient dans les prunelles des personnages. Dans les voussures du portail central sont représentés, de bas en haut, le Christ honoré par les anges, les Vierges sages (à gauche) et les Vierges folles (à droite), l'Assomption, les Travaux des mois accompagnés des signes du zodiaque. Les arcades latérales abritent des arcatures géminées. À l'étage, l'archivolte de l'arcade centrale évoque le combat des Vertus et des Vices, les Vertus portant une tunique serrée à la taille, les Vices étant personnifiés par des démons squelettiques. Dans l'arcade de gauche se trouve la statue mutilée d'un cavalier figurant, pense-t-on, l'empereur Constantin, qu'entourent des anges musiciens.

Intérieur – De proportions trapues, et se rétrécissant d'Ouest en Est, il s'orne d'une tour-lanterne octogonale édifiée sur la croisée du transept. La décoration peinte, surabondante, est moderne, sauf dans le croisillon Sud où une fresque du 14ᵉ s. illustre trois épisodes de la légende de saint Gilles : il protège une biche pourchassée par un archer ; il célèbre la messe, un ange lui apporte le parchemin sur lequel est inscrit le péché que Charles Martel n'osait avouer ; Charles Martel reçoit l'absolution.

alentours

Bien que modernes, les polychromies des colonnes de l'église St-Nicolas confèrent au site une certaine harmonie.

Charroux★ *(voir ce nom)*
11 km à l'Est par la D 148.

Château d'Épanvilliers
Juil.-août : visite guidée (1h1/2, dernier dép. 18h30) tlj sf jeu. et ven. 14h-19h ; sept.-juin : sur demande. 32F. ☎ 05 49 87 18 43.

11 km au Nord-Ouest par la D 7. Au bout d'une longue allée, la façade classique de cette demeure de la fin du 17e s. semble émerger de la plaine. Ancien domaine des Montalembert, ce château propose aux visiteurs une intéressante approche de la vie au 18e s. : mobilier, lingerie, etc. recréent l'ambiance de l'époque, des salons en enfilade du rez-de-chaussée aux chambres à alcôve du premier étage.

Couhé

20 km au Nord-Ouest par la D 7. Sise sur la rive droite de la Dive, cette cité ancienne (maison du 15e s., rue Bigeon-Croisil) possède de remarquables **vieilles halles**. Érigée en 1580, la construction en pierre surprend par sa dimension, sa belle charpente et son dallage d'origine.

Les îles de Payré

25 km au Nord-Ouest par la D 7. Dans un cadre de verdure, cette base de loisirs de 22 ha abrite un plan d'eau constitué de plusieurs chenaux.

Port miniature – *De mai à fin sept. : dim. et j. fériés de 14h à la tombée de la nuit (juil.-août : tlj). Site accessible toute l'année. 20F (enf. : 15F).* ☎ 05 49 42 06 17.
Il accueille les apprentis marins rêvant de piloter chalutier, ferry-boat, vapeur du Mississippi... Ces répliques de bateaux (électriques) peuvent transporter jusqu'à 6 personnes dans un décor maritime.

> **DÉTENTE**
> Base de modélisme naval (compétitions), ce site propose également des aires de baignade, de pêche et de pique-nique.

Clisson ★

D'un massif pont de pierre la vue se dégage sur le site de Clisson baigné de verdure, et sur son château médiéval dont la puissante silhouette se reflète dans les eaux plates de la Sèvre Nantaise. Petit bout d'Italie en Loire-Atlantique, on visite à Clisson un splendide domaine de style néoclassique : la Garenne-Lemot.

La situation

Cartes Michelin n°s 67 pli 4 ou 232 pli 29 – Loire-Atlantique (44). Clisson est au confluent de la Sèvre Nantaise et de la Moine. On accède facilement dans son centre.
🅑 *Pl. du Minage, 44190 Clisson,* ☎ 02 40 54 02 95.

Le nom

Il serait d'origine médiévale, venant des « clis », les morceaux de bois qui entouraient les châteaux au Moyen Âge.

Les gens

5 495 Clissonnais. **Serge Danot** (1931-1990), le créateur de Pollux, est né à Clisson. Pour ses loisirs, il fabrique des films de marionnettes animés. Après avoir exercé plusieurs métiers (carnavalier, caréneur de bateaux), ce

> **ROMANCE**
> C'est à Clisson que le poète **René Guy Cadou** (1920-1951) rencontra sa femme Hélène en 1943, sur le quai de la gare.

carnet d'adresses

OÙ SE RESTAURER
• Valeur sûre
La Bonne Auberge – *1 r. O.-de-Clisson* – ☎ 02 40 54 01 90 – fermé 10 au 31 août, mar. midi, dim. soir et lun. – 170/450F. Un joli restaurant un peu à l'écart du centre pour gourmets de passage. Dans un décor très agréable et clair, ses salles se succèdent jusqu'à la véranda, ouverte sur un jardin. Laissez-vous tenter par le millefeuille de homard, le sandre au four ou les rognons de veau...

La Gétignière – *3 r. de la Navette* – *44190 Gétigné – 3 km au SE de Clisson dir. Cholet par N 149* – ☎ 02 40 36 05 37 – fermé 18 août au 8 sept., dim. soir, mar. soir et mer. – 115/330F. Dans une petite rue au cœur du village, ce restaurant tenu par un jeune couple est à la fois simple et gourmand. Pimpante, la salle rénovée au style assez moderne et aux tables espacées, gourmande la cuisine au goût du jour et inventive du patron. Formule déjeuner intéressante.

passionné fait ses premiers pas dans le monde du cinéma comme balayeur avant de grimper les échelons et devenir très vite dessinateur d'animation puis opérateur. Il met au point un petit film *Le manège enchanté* dont le héros est un chien à l'accent anglais : Pollux. Le succès arrivera très vite. La RTF lui commande 90 films. Les aventures de Pollux seront vues dans le monde entier.

comprendre

En 1794, Clisson fut mise à feu et à sang par les « colonnes infernales », si bien qu'à la fin de la Révolution elle avait été désertée par presque tous ses habitants.

Petite Italie – Au début du 19ᵉ s. sous l'impulsion de deux Nantais, les frères Cacault, et du sculpteur **Frédéric Lemot**, qui ont séjourné en Italie, la ville va s'italianiser : ainsi, nombre de demeures de Clisson et divers moulins à eau ou manufactures des environs, reconnaissables notamment à leurs baies en plein cintre appareillées en brique, sont autant de témoignages de cet engouement dont on trouve les prémices dans le parc de la Garenne-Lemot.

visiter

Château d'Olivier de Clisson

Tlj sf mar. 9h30-12h, 14h-18h (dernière entrée 20mn av. fermeture). Fermé pdt vac. scol. Noël. 15F. ☎ *02 40 54 02 22.*
Le château aux ruines imposantes que l'on découvre aujourd'hui protégeait le duché de Bretagne face à l'Anjou et au Poitou. Parmi ses premiers seigneurs, les sires de Clisson, figure le célèbre connétable Olivier de Clisson (1336-1407). En 1420, le château est confisqué par le duc de Bretagne.

SE SOUVENIR
Au centre de la cour d'honneur, vous pouvez voir le puits où en 1794 furent précipités 18 habitants de Clisson qui s'étaient réfugiés dans le château.

◄ Le château initial remonterait aux 11ᵉ et 12ᵉ s. Au 13ᵉ s., on éleva une construction polygonale flanquée de tours. Au 14ᵉ s. un donjon également polygonal lui fut accolé. Il en subsiste un pan de mur encore couronné de mâchicoulis. La cuisine, le logis seigneurial et la chapelle datent aussi du 14ᵉ s. Au 15ᵉ s., pour moderniser les fortifications, le duc de Bretagne François II fait édifier une deuxième enceinte comprenant des prisons et une nouvelle porte monumentale munie d'un pont-levis. Enfin, par crainte de la Ligue, trois bastions sont construits au 16ᵉ s. afin de renforcer le château.

Les ruines imposantes du Château de Clisson.

Les ponts

Du viaduc qui franchit la Moine, la vue plonge sur le château, la rivière, ses berges verdoyantes et le pont St-Antoine du 15e s. Depuis l'autre pont du 15e s. sur la Sèvre, on découvre un autre aspect de la rivière dominée par la masse du château.

Domaine de la Garenne-Lemot★

Accès par la N 149. Son nom vient du bois de la **Garenne** et de Frédéric **Lemot**, le sculpteur qui l'acquiert en 1805. C'est lui qui charge l'architecte Mathurin Crucy d'y réaliser différents aménagements dans le goût italien.

Parc – *Avr.-sept. : 9h-20h ; oct.-mars : 9h30-18h30. Fermé 1er janv. et 25 déc. Gratuit.* ☎ *05 40 54 75 85.*

Il est animé de statues et de « fabriques » dont le style et les thèmes font référence à l'Antiquité. On y verra le temple de Vesta imitant celui de Tivoli, une borne milliaire, un oratoire, un tombeau, la grotte d'Héloïse et deux rochers gravés de poèmes.

▶ **LES HALLES**
Créées au 15e s., elles montrent une belle charpente de chêne (17e-18e s.).

▶ **TRÈS BEAU**
Au bord de la Sèvre, le site rocheux baptisé « Bains de Diane ».

De style néoclassique, la villa Lemot est précédée d'une colonnade en hémicycle rappelant celle de St-Pierre de Rome.

Villa Lemot – *Été : 10h-12h30, 14h-19h, mar. 14h-19h ; hiver : tlj sf lun. 14h-17h30. Fermé 1er janv. et 25 déc. 15F.* ☎ *02 40 54 75 85.*

De la terrasse de derrière on a une jolie vue sur la ville et sur le temple de l'Amitié, construction à colonnade où repose Frédéric Lemot.

Maison du Jardinier – *À droite de l'entrée du parc. Avr.-sept. : 10h-12h30, 14h-19h, mar. 14h-17h30 ; oct.-mars : tlj sf lun. 10h-12h, 14h, 17h30. Fermé 1er janv. et 25 déc. Gratuit.* ☎ *02 40 54 75 85.*

Son architecture est inspirée des maisons rustiques italiennes avec sa tour-pigeonnier. À l'intérieur, on peut voir une exposition permanente sur l'architecture italienne à Clisson : « Clisson ou le Retour d'Italie. »

STYLE
La maison du Jardinier servit de modèle à plusieurs constructions de la région.

circuit

LE PAYS DU MUSCADET DE SÈVRE ET MAINE

Circuit de 65 km – environ 4 h

Clisson est une des portes d'entrée du vignoble du muscadet de Sèvre et Maine, ainsi que de celui du gros-plant. De part et d'autre de la vallée de la Sèvre Nantaise, au cours sinueux, se succèdent, sur les coteaux, les domaines des viticulteurs.

Quitter Clisson par le Nord en empruntant la D 763 puis la N 149 en direction de Nantes.

Le Pallet

Musée du Vignoble nantais – ♿ *De mi-mars à mi-nov. : 10h30-13h, 14h30-19h. Fermé 1er nov. 25F.* ☎ *02 40 80 90 13.* Installé dans un vaste bâtiment vitré, d'architecture contemporaine, ce musée rassemble le patrimoine vinicole et viticole de la région. Après une présentation des zones de production, le visiteur est invité à découvrir le

▶ **PASSION INÉLUCTABLE**
Le Pallet est le village natal de **Pierre Abélard** (1079-1142), philosophe et théologien, célèbre aussi pour sa passion amoureuse pour Héloïse, la nièce du cruel Fulbert. Il l'épousa secrètement avant qu'elle ne fût mise dans un couvent. Ils établirent une correspondance enflammée.

travail du vigneron : techniques de greffage, vendanges, pressurage, élaboration du vin, commerce. Parmi tous ces objets (sécateurs, serpettes, sulfateuses, charrues et tracteurs) utilisés naguère, on remarquera un monumental **pressoir à long fût** du 18e s. La dernière partie évoque la tonnellerie (outils et pèse-barriques) ainsi que l'ethnographie locale.

Quitter Le Pallet par l'Est en empruntant la route qui longe la Sanguèse.

Mouzillon

On y célèbre début juillet « La nuit du Muscadet ». Au Sud de l'église, **pont gallo-romain** sur la Sanguèse.

Quitter Mouzillon par le Nord en empruntant la D 763.

Vallet

Cette commune viticole est considérée comme la capitale du muscadet.

Quitter Vallet par le Nord-Ouest en prenant la D 37.

Château de la Noë de Bel-Air

Visite libre du parc et des abords du château 11h-18h30. Gratuit. ☎ 02 40 33 92 72.

À REGARDER

L'agencement de la brique dans la construction des communs et de l'orangerie est à rapprocher des modèles clissonnais.

◄ Cet élégant château, détruit à la Révolution, a été reconstruit en 1836. Face au parc, se trouve une vaste loggia à colonnes toscanes.

Poursuivre sur la D 37.

Le Moulin du Pé

Du sommet de ce moulin désaffecté : **vue** prenante sur le vignoble et les marais de Goulaine.

Revenir et poursuivre sur la D 37.

Le Loroux-Bottereau

Église St-Jean-Baptiste – *De mi-juin à mi-sept. : 10h-12h, 15h-18h, sam. 10h-12h, 15h-17h30, dim. 10h30-12h30, 15h-18h ; de mi-sept. à mi-juin : tlj sf lun. Fermé entre Noël et Jour de l'an, j. fériés. 5F. ☎ 02 40 03 79 76.*
Elle possède deux fresques du 12e s. représentant la légende de saint Gilles. Du **clocher**, la vue s'étend sur les coteaux du vignoble.

Quitter Le Loroux-Bottereau par le Sud-Est en empruntant la D 7.

COLONNE INFERNALE

Formant un corps d'élite lors de l'insurrection de 1793, les habitants du Loroux-Bottereau déclenchèrent les foudres de Turreau qui fit détruire la ville en 1794.

Marais de Goulaine

Cette étendue verdoyante (1 500 ha) est traversée par de nombreux canaux bordés de roseaux. Par la route, près du légendaire **pont de l'Ouen**, appréciez la belle vue depuis la butte de la Roche.

Promenade en barque – *D'avr. à fin sept. : locations de 10h30-12h, 15h-18h. Fermé pdt période de chasse. Clés et rames à l'Office de tourisme. 50F par barque (1/2 journée) ; 100F (journée). ☎ 02 40 03 79 76.*
On découvre l'intérieur des marais en barque ou en longeant les canaux à pied.

Prendre sur la droite la D 74.

Château de Goulaine

De fin mars à fin oct. : visite guidée (1h) w.-end et j. fériés 14h-18h (de mi-juin à mi-sept. : tlj sf mar. 14h-18h). 30F. ☎ 02 40 54 91 42.
Ce château fut bâti entre 1480 et 1495 par Christophe de Goulaine, gentilhomme de la chambre des rois Louis XII et François Ier. De son passé militaire subsistent une tour à mâchicoulis et un castelet que précède un pont enjambant des douves. Cette belle demeure se compose d'un corps de logis du 15e s., construit en tuffeau du Saumurois dans le style ogival, et de deux ailes ajoutées au début du 17e s.

Intérieur – Un escalier à vis conduit à l'étage qui s'ouvre sur le grand salon (cheminée Renaissance), le salon bleu, le salon gris (panneaux en lambris et scènes de mythologie figurant sur les trumeaux).

Quand vous arriverez dans le salon bleu, levez la tête pour y admirer le superbe plafond à caissons bleu et or. À regarder toutefois avec modération en raison d'un risque soudain de torticolis !

Volière à papillons – Accolée au mur d'enceinte du château, une vaste serre plantée de fleurs et d'arbustes tropicaux abrite des papillons exotiques.

Revenir et poursuivre sur la D 74. À Haute-Goulaine, prendre au Sud la DF 105. À l'entrée de Vertou, tourner à gauche, puis emprunter la D 59 en direction de Clisson. Après 500 m, prendre sur la gauche la D 539.

La Haye-Fouassière

Maison des Vins de Nantes – *Tlj sf w.-end 8h30-12h30, 14h-17h45. Fermé j. fériés. Gratuit.* ☎ *02 40 36 90 10.* Située près du château d'eau, cette espace fournit des informations sur les vins et en propose la dégustation.

Quitter La Haye-Fouassière par le Sud en franchissant la Sèvre Nantaise par la D 74, puis prendre à gauche la D 76 qui longe la rivière.

> **DÉGUSTATION**
> Une spécialité, la fouace, sorte de galette, aurait donné son nom au village.

Monnières

L'église, des 12e et 15e s., possède d'intéressants vitraux modernes, sur le thème de la vigne et du vin.

La D 76 ramène à Clisson.

Cognac

Venez mener l'enquête à Cognac pour découvrir d'où viennent les étranges champignons microscopiques qui noircissent les maisons. Pensez aux vapeurs d'alcool et plongez dans la noirceur, tous les ans au mois de mars, lors du Festival international du film policier. Dans cette localité bien française, mondialement connue grâce à l'eau-de-vie qui porte son nom, on perce le secret du cognac en visitant les chais abritant les tonneaux où se produit l'alchimie liquoreuse. Attention à l'abus d'alcool...

> **JEAN MONNET (1888-1979)**
> Cet économiste et homme politique français, né à Cognac, est considéré comme un des pères de l'Europe. Ne manquez pas la cognathèque, au n° 10 de la place qui porte son nom.

La situation

Cartes Michelin nos 72 pli 12 ou 233 pli 28 – Charente (16). Cognac est sur la N 141 entre Saintes et Angoulême, à 28 km au Sud-Est de Saintes.
La place François-Ier, ornée d'une fontaine, est le centre animé de la ville. Elle fait charnière entre le vieux Cognac, serré sur le coteau de la Charente, et les vastes quartiers modernes.
🚪 *16 r. du 14-Juillet, BP 247, 16112 Cognac,* ☎ *05 45 82 10 71. Site Internet www.cognac.france.com*

Le nom

Il vient d'un nom de personnage romain : *Cominius.* Au fil des siècles, le nom prend la forme *Conmniacum* ou *Conniacum* (11e s.), puis *Coignac* (1212). La terminaison en -ac, indique qu'on est dans un pays de langue d'oc (moitié Sud de la France).

Les gens

19 534 Cognaçais. **François Ier** (1494-1547), fils de
Charles d'Angoulême et de Louise de Savoie, naquit à
Cognac « environ dix heures après midi, 1494, le dou-
zième jour de septembre » et passa une partie de sa jeunesse au château des Valois, près de la Charente.

> **TYPIQUE**
> Voie principale du Cognac
> d'autrefois, la rue Grande
> a un tracé irrégulier et des
> maisons du 15ᵉ s. à pans
> de bois (voir en particulier
> la maison de la
> lieutenance).

se promener

Porte St-Jacques et rue Grande

◀ Avec ses deux tours rondes à mâchicoulis, la porte
St-Jacques (15ᵉ s.) permettait de surveiller un pont disparu. Elle donne accès à la rue Grande. À l'entrée de cette
rue, à gauche, remarquez une fontaine Renaissance.

carnet pratique

OÙ DORMIR

• À bon compte

Hôtel Résidence – 25 av. Victor-Hugo –
☎ 05 45 36 62 40 – 19 ch. : 170/320F – ⌷
35F. La façade sobre aux pierres apparentes
contraste avec les couleurs qui habillent
l'intérieur de cet hôtel. Salon à dominantes
verte et rouge grenat, salle des petits
déjeuners moderne aux tons rose et fuschia et
chambres fonctionnelles aux tissus très colorés.

• Une petite folie !

Château de l'Yeuse – R. de Bellevue –
16100 Châteaubernard – 2 km au SE
de Cognac par D 15, quartier L'Échassier –
☎ 05 45 36 82 60 – fermé vacances de
Toussaint, 3 au 10 janv. et vacances de fév. –
▣ – 21 ch. : à partir de 690F – ⌷ 75F –
restaurant 170/290F. Dans ce ravissant
château de brique rouge et pierre blanche
datant du 19ᵉ s., vous goûterez au calme de
la campagne et au raffinement des grandes
chambres confortables meublées à l'ancienne.
Superbe salle à manger et terrasse en été
pour une cuisine de belle qualité. Piscine.

OÙ SE RESTAURER

• À bon compte

Le Coq d'Or – Pl. François-Iᵉʳ – ☎ 05 45 82
02 56 – ⌷ – 79/249F. Ouvert en 1908, c'est
le plus ancien restaurant de Cognac. Rénové
il y a peu, il a adopté un style 1920 qui lui
va bien : bois, glaces, faïences et pâte de
verre lui ont redonné du lustre. De midi à
minuit, carte brasserie avec, entre autres,
huîtres, choucroutes, etc.

• Valeur sûre

La Boîte à Sel – 68 av. Victor-Hugo –
☎ 05 45 32 07 68 – fermé 20 déc. au
5 janv. et lun. – 105/210F. Cette ancienne
épicerie, dans une rue commerçante tout
près de la place François-Iᵉʳ, a gardé quelques
détails pittoresques, comme ses étagères
garnies de bouteilles, son petit comptoir
et son plancher en bois couvert de tapis...
Cuisine de terroir.

Restaurant du Parc – Parc François-Iᵉʳ dir.
de plein air – ☎ 05 45 82 34 78 – 118/215F.
Au bord de la Charente, tout près du parc
François-Iᵉʳ, vous découvrirez ce drôle de chalet
au milieu des arbres. Dès les beaux jours, vous
profiterez de sa belle terrasse, qui donne sur le
jardin... et, plus loin, le pont d'amarrage.
Cuisine traditionnelle et bar-glacier.

Pigeons Blancs – 110 r. Jules-Brisson –
☎ 05 45 82 16 36 – fermé 10 au 25
janv. et dim. soir – 138/250F. Ce relais
de poste du 17ᵉ s. a été transformé en
restaurant en 1973. En dehors de la ville,
dans un jardin, son décor est certes un peu
désuet mais l'accueil et la table sont
appréciés d'une clientèle d'habitués.
Agréable terrasse et quelques chambres.

OÙ SORTIR

La Maison Blanche – 2 imp. des Moulins –
☎ 05 45 36 51 17 – discothèque : mar.-
jeu., dim. 23h-4h, ven.-sam. 23h-5h – bar
et location de canoë en juil.-août : mar.-dim.
12h-21h. En journée, c'est une petite
terrasse au bord de la Charente. Le soir,
cette maison d'un genre spécial devient
un bar-discothèque très prisé des 30-40 ans.
Vous n'y boirez que du cognac mais, en
revanche, toutes les musiques et toutes
les danses ont droit de cité, en salle
ou à l'extérieur, dans un petit jardin.

Saint-John – Parc François-Iᵉʳ – À la
périphérie N de la ville sur la route qui mène
à la base de loisirs André Mermet –
☎ 05 45 82 34 78 – tlj 12h-19h30.
Ce grand café, situé en plein cœur de la
forêt et au bord de la Charente, offre la plus
belle terrasse de Cognac.

SE GARER

Les parkings payants sont gratuits le lundi.
Les parcs situés place Camille-Godard, place
Beaulieu, rue du 14-Juillet et rue des Allées
le sont en permanence.

MANIFESTATIONS

Festival du film policier de Cognac –
☎ 05 45 82 10 71. Fin mars. Il réunit
chaque année une foule de stars du cinéma
international. Le festival décerne un prix du
meilleur long métrage policier, un prix du
court métrage policier et noir, et un prix du
meilleur téléfilm policier français. Hommages
et rétrospectives sont régulièrement
organisés, avec dernièrement le centenaire
d'Alfred Hitchcock, né à Londres en 1899.
Un prix du roman noir est également
décerné.

Festival Blues passion – ☎ 05 45 32
17 28. Début août. Premier festival de Blues
en France, il attire une pléiade de talents et
anime la ville en été.

Rue de l'Isle-d'Or
Hôtels du 17ᵉ s. avec de belles façades restaurées.

Rue Saulnier
La rue Saulnier, Renaissance, contraste avec la rue Grande. Son nom rappelle une des activités traditionnelles de Cognac, le commerce du sel. Très large pour l'époque, elle a gardé ses vieux pavés disjoints et ses hôtels des 16ᵉ et 17ᵉ s. À son extrémité, maison Renaissance avec boutique.

La **rue du Palais**, la **rue Henri-Germain**, la **rue Magdeleine** et sa maison de la Salamandre sont également à parcourir.

Église St-Léger
Tlj sf dim. ap.-midi. Juil.-août : possibilité de visite guidée. ▶
Monument du 12ᵉ s. profondément remanié. La partie la plus intéressante en est la façade romane percée au 15ᵉ s. d'une grande rosace flamboyante. Au portail, détaillez l'archivolte ornée de sculptures représentant les Travaux des mois et les signes du zodiaque.

L'intérieur révèle une vaste nef dont les murs sont du 12ᵉ s. À droite du portail l'« espace prieural », un cloître du 18ᵉ s., donne accès à une bibliothèque.

> **À REMARQUER**
> Dans le bras droit du transept, beau tableau du 17ᵉ s. : l'*Assomption de la Vierge*.

Couvent des Récollets
Restauré, il abrite des salles d'exposition et sièges d'associations. Admirez la jolie salle voûtée d'ogives et le puits couvert bâti au milieu du cloître.

Parc François-Iᵉʳ
Bordé à l'Ouest par la Charente, c'est l'ancien parc du château que prolonge un bois. Louise de Savoie l'appelait son « dedalus » (labyrinthe) tant il était profond et touffu. Planté principalement en chênes et chênes verts, il se développe dans l'axe du château.

découvrir

LE COGNAC PAR LES CHAIS
Ils sont répartis sur les quais, près du port et dans les faubourgs.

Camus
Mai-oct. : visite guidée (1h) tlj sf w.-end 10h-12h, 14h30-16h30 ; nov.-avr. : sur demande préalable (48h av.). Fermé j. fériés. Gratuit. ☎ 05 45 32 28 28.
La visite de cette maison de négoce du cognac, fondée en 1863, permet de se familiariser avec l'histoire du cognac, sa distillation, son vieillissement et son assemblage. On entre ensuite dans la tonnellerie et dans les chais avant d'assister à l'embouteillage.

Hennessy
♿ *De mars à fin déc. : visite guidée (1h1/4) 10h-17h (juin-sept. : 10h-18h). Fermé 1ᵉʳ mai et 25 déc. 30F. ☎ 05 45 35 72 68.*

De la chaudière au serpentin, vous allez enfin pouvoir comprendre le mystère de la distillation, grâce à la reconstitution d'un alambic traditionnel, en cuivre martelé, dit « charentais ».

Après douze ans de service dans la brigade irlandaise des régiments de Louis XV, le capitaine Richard Hennessy, lassé de la vie des camps, découvre la Charente en 1760, et s'installe à Cognac. Conquis par l'élixir, il en expédie quelques fûts à ses proches restés en Irlande. En 1765, il fonde une société de négoce qui connaîtra une grande prospérité. Ce sont ses descendants qui dirigent la maison.

Les quais Hennessy – Les chais de cette maison s'étendent de part et d'autre de la Charente que l'on traverse en bateau. Appuyés par des scénographies (sons, odeurs), les chais dévoilent les étapes nécessaires à l'élaboration du cognac : double distillation, fabrication des fûts de chêne, vieillissement et assemblage des eaux-de-vie. Un film et la visite d'exposition précèdent la dégustation du cognac.

Martell

Juil.-août : visite guidée (1h) 9h45-17h, w.-end et j. fériés 10h-16h15 ; juin et sept. : lun.-ven. 9h45-11h, 14h-17h ; oct.-mai : lun.-jeu. à 9h30, 11h, 14h30, 15h45, 17h, ven. à 9h30 et 11h. Gratuit. ☎ 05 45 36 33 33.

Voici la plus ancienne des grandes maisons de cognac. Jean Martell, natif de l'île de Jersey, s'installa dans le pays en 1715. On visite la chaîne d'embouteillage, presque entièrement automatisée, puis des chais de stockage et de vieillissement où le cognac se bonifie pendant 6 à 8 ans en fûts de chêne. On utilise ce bois pour son léger tanin qui donnera au cognac sa couleur, et ses fibres serrées qui limitent l'évaporation de l'alcool. Dans la maison du fondateur, trois pièces récemment restaurées restituent l'atmosphère de vie et de travail d'un entrepreneur du début du 18e s. Avant de rejoindre le hall pour une dégustation, vous êtes invités à jeter un coup d'œil aux chais les plus prestigieux : le « purgatoire » et le « paradis » où séjournent des eaux-de-vie parfois plus que centenaires.

Otard *(voir « visiter »)*

Prince Hubert de Polignac

♿ *D'avr. à fin sept. : visite guidée (1h) 10h-12h, 14h30-18h (de juil. à mi-sept. : 9h-12h30, 13h30-19h). Gratuit.* ☎ 05 45 82 09 98.
4 km au Sud-Est par la N 141. Prendre la direction d'Angoulême et sortir au premier échangeur ; passer sous la route nationale et suivre la direction Z.A.

Société coopérative regroupant divers viticulteurs charentais, fondée en 1949. Visite des installations au pavillon du Laubaret.

Rémy Martin

De mi-juil. à mi-sept. : visite guidée (1h1/2) en train 10h-17h30 ; d'avr. à mi-juil. et de mi-sept. à fin oct. : 9h30-11h, 13h30-17h15 (fermé dim. en avr. et oct.). Fermé nov.-mars et 1er mai. 25F. ☎ 05 45 35 76 66 *(réservation recommandée).*
4 km au Sud-Ouest par la D 732. Prendre la direction de Pons, puis tourner à gauche sur la D 47 vers Merpins.

Cette entreprise fondée en 1724 élabore exclusivement ses cognacs à partir des deux premiers crus de la région : la Grande et la Petite Champagne. La visite s'effectue à bord d'un train. On traverse la tonnellerie, puis une parcelle de vigne et des chais de vieillissement.

visiter

Ancien château

Cet édifice des 15e et 16e s. évoque le souvenir des Valois et de François Ier qui y naquit. Devenu, sous Louis XVI, propriété du comte d'Artois (le futur Charles X), il fut mis sous séquestre à la Révolution.

SYMBOLIQUE
Le bâtiment Henessy conçu par l'architecte **Wilmotte** reprend les trois symboles du cognac : le cuivre (alambic), le chêne (tonnellerie), le verre (bouteille).

CORDON BLEU
Dans le chai d'assemblage, l'élaboration des « coupes », mariages de cognacs de différentes origines. Ce sont les ingénieurs œnologues qui les élaborent. Certaines « coupes » tel le Cordon Bleu, ont une immense renommée.

SPECTACLES
Deux spectacles audiovisuels clôturent le parcours.

EMBLÈME
La façade sur la Charente présente un balcon, dit « balcon du roi », soutenu par un cul-de-lampe sculpté de salamandres, emblème de François Ier.

Chais Otard – *Avr.-oct. : visite guidée (1h, dernier dép. 1h av. fermeture) 10h-12h, 14h-18h (juil.-août : 10h-12h, 13h30-19h) ; nov.-déc. : tlj sf w.-end et j. fériés à 11h, 14h30, 15h45, 17h (ven. à 16h). Fermé janv.-mars, 1er mai, 1ᵉʳ et 11 nov., 25 déc. 15F.* ☎ *05 45 36 88 86.*

Allez découvrir la salle au Casque où Richard Cœur de Lion maria son fils Philippe avec Amélie de Cognac. Cette salle conserve une magnifique cheminée surmontée d'un casque, construite par Jean le Bon ; dans un angle, vestiges du château féodal des Lusignan, du 13ᵉ s. De grandes pièces voûtées d'ogives, dont la salle des Gardes, sont à voir. Le parcours se termine par les chais.

Musée de Cognac

Juin-sept. : tlj sf mar. 10h-12h, 14h-18h ; oct.-mai : tlj sf mar. 14h-17h30. Fermé j. fériés. 12F. ☎ *05 45 32 07 25.*

Il est installé dans l'hôtel Dupuy d'Angeac, situé dans le parc de l'hôtel de ville.

Rez-de-chaussée (Arts et Traditions populaires) – ▶ Histoire et civilisation du pays de Cognac des origines à nos jours : estampes, cartes, plans, photographies ; céramiques : faïences de Cognac, d'Angoulême, de La Rochelle ; fossiles (coquillages) trouvés dans la région à l'ère secondaire ; archéologie : préhistoire (pirogue monoxyle néolithique et céramique), époque gallo-romaine (poterie, statuettes, bracelets).

Sous-sol (Galerie ethnologique du cognac) – Rétrospective historique illustrée sur le cognac. Six salles font revivre, à l'aide d'outils et de machines : la culture de la vigne et les travaux du vin, la distillation, le négoce des eaux-de-vie et du pineau charentais, l'artisanat, la tonnellerie, la bourrellerie. Une salle est consacrée à l'agriculture traditionnelle.

Premier étage (Beaux-Arts) – Peintures, sculptures, meubles et objets d'art français et étrangers du 15ᵉ au 19ᵉ s. Sur le palier, intéressantes pièces en pâte de verre (Art nouveau) d'Émile Gallé (1846-1904). Les collections de peintures anciennes proviennent de pays clients du cognac. Regardez deux œuvres de l'école anversoise du 16ᵉ s. : *Loth et ses filles* par Jan Massys, *Adam et Ève* par Frans Floris. Une salle rassemble quelques tableaux d'art contemporain.

> **TRADITIONS**
>
> La reconstitution d'une maison rurale évoquant la vie d'un viticulteur charentais vers 1875. Le costume traditionnel : coiffes, bonnets. La verrerie avec la collection de Claude Boucher, l'inventeur de la machine à fabriquer les bouteilles par moulage (1897).

Depuis 1795, le château est occupé par les chais Otard, maison créée par un descendant d'une vieille famille écossaise.

alentours

St-Brice

3 km à l'Est par la D 15 et la D 157. Les trois sites décrits sont regroupés au Nord de St-Brice (accès par la D 157).

Château de Garde-Épée – Du 17ᵉ s., accompagné d'un colombier, il comprend une enceinte fortifiée avec entrée monumentale : porte cochère et porte pour piétons, défendues par des mâchicoulis. À la Branderaie de Garde-Épée vécut Jacques Delamain (1874-1953), le grand ami des oiseaux dont il décrivit les mœurs dans un livre admirable : *Pourquoi les oiseaux chantent.*

Dolmen de Garde-Épée – Gris foncé *(accès signalé)*, il se détache sur les champs plus clairs.

De forme régulière, le dolmen de Garde-Épée présente une belle dalle tabulaire.

> **ADMIREZ**
> La découpe des festons du portail central et la finesse des motifs sculptés ornant frises, arcs et arcatures. Une file de quatre coupoles sur pendentifs couvre la nef que prolonge un chœur gothique à chevet plat, remplaçant l'abside primitive.

Église de Châtre★ – *Visite libre sur demande dim. ☎ 05 45 32 06 90.*
Émouvante dans sa solitude, l'église Notre-Dame apparaît au creux d'un vallon aux pentes boisées. C'était l'abbatiale d'un couvent d'ermites augustins, dévasté lors des guerres de Religion et transformé par la suite en manufacture de faïences. De puissants contreforts-colonnes encadrent sa façade romane saintongeaise, sobrement décorée mais très élégante.

Gensac-la-Pallue

9 km au Sud-Est par la N 141 puis la D 49. Avant d'arriver à Gensac, la D 49 côtoie la « Pallue » (marais) qui a donné son nom à la localité.
Église – Édifice du 12ᵉ s. dont la façade romane est décorée de hauts-reliefs montrant à gauche la Vierge, à droite saint Martin, patron de l'église, tous deux dans une gloire en amande (mandorle) et emportés au ciel par des anges ; la nef romane, couverte de quatre coupoles sur pendentifs, se termine par un chœur gothique.

circuits

LES BORDERIES

Circuit de 35 km – environ 2 h

Quitter Cognac par l'Ouest en empruntant la route de Saintes. Au rond-point, rejoindre Javrezac, puis prendre la D 401.

Richemont

Église – *Fermé pour restauration.*
Enfouie dans la verdure (tout comme les vestiges d'un château), elle présente une crypte préromane de la fin du 10ᵉ s., bâtie sur une ancienne forteresse comme en témoignent les meurtrières.

Quitter Richemont par le Nord et rejoindre l'Épine. Prendre à droite la D 731, puis, 1 km plus loin, tourner à droite sur la D 85 vers Cherves.

Château-Chesnel

Cette demeure du 17ᵉ s. fut bâtie entre 1610 et 1625 par Charles-Roch Chesnel. Le château, encore imprégné de l'influence de l'architecture militaire médiévale, comme l'attestent ses profondes douves sèches, semble hésiter entre le style Renaissance et le classicisme du 17ᵉ s. commençant. Le corps principal et les tours qui se dressent à chaque angle sont couronnés d'un parapet. L'ensemble de l'édifice s'inscrit dans un vaste quadrilatère, délimité par des bâtiments agricoles.

Poursuivre sur la D 85. Peu après Vignolles, prendre sur la gauche la D 120.

Migron

À 2 km au Nord du bourg, un petit musée consacré au cognac a été aménagé dans une exploitation située au milieu des vignes.

Écomusée du Cognac – *9h30-12h30, 14h30-18h30. 20F.* ☎ 05 46 94 91 16.

On y voit des pressoirs dont un pour le foulage au pied, ▶ un atelier de tonnelier, des outils de vigneron, un intérieur saintongeais et les grands alambics en cuivre encore utilisés pour la distillation. Producteur depuis 1850, le domaine assure l'élaboration de pineau des Charentes et de vieux cognac.

Quitter Migron par le Sud en empruntant la D 131. À Burie, la D 731 ramène à Cognac.

> **ÉLOQUENTE**
> La reconstitution d'une salle de distillation avec un vieil alambic et le lit du bouilleur de cru qui restait à proximité durant toute l'opération.

LE VIGNOBLE DES FINS BOIS

Circuit de 40 km – environ 2 h
Quitter Cognac par le Nord-Est en empruntant la D 24. À Ste-Sévère, prendre vers les Buges et poursuivre sur la D 24.

Macqueville

Au cœur du vignoble des Fins Bois, ce paisible village voue au cognac ses distilleries modernes et ses blanches maisons à toit de tuiles, cour fermée et porche de style Empire. De l'ancien **château de Bouchereau**, bâti au 11ᵉ s., subsiste une façade à pignon décoré et poivrière.

Église St-Étienne – Située sur une place ombragée, elle ▶ est un charmant exemple de l'art roman saintongeais au 12ᵉ s. avec son clocher à absidiole, remplaçant le bras Nord absent du transept, son chevet plat, ses murs à arcatures en plein cintre, son portail Nord sculpté à voussures, les amusants modillons de ses corniches.

Quitter Macquevillle par l'Est en empruntant la D 227.

> **COUP D'ŒIL**
> À l'intérieur, des voûtes gothiques et une magnifique croisée de transept à nervures recouvrent le vaisseau évasé. Regardez les chapiteaux des piliers encastrés.

Neuvicq-le-Château

Ce village conserve des maisons basses à toit de tuiles. Dominant un vallon, le château, qui abrite la poste, comprend un corps principal du 15ᵉ s. avec une jolie tourelle d'escalier, et un pavillon du 17ᵉ s. coiffé d'un haut toit à la française.

Quitter Neuvicq-le-Château par le Sud en empruntant la D 23. À Sigogne, prendre la D 15 qui ramène à Cognac.

Implanté sur un sol crayeux, le vignoble de la célèbre eau-de-vie ondule à perte de vue.

Confolens

Cette jolie cité médiévale à l'atmosphère paisible se met à vibrer au rythme des danses du monde entier, lors de son Festival international de folklore, chaque année, en août.

La situation
Cartes Michelin n°s 72 pli 5 ou 233 pli 20 – Charente (16). Confolens est situé à la limite du Limousin et de l'Angoumois à 40 km au Nord-Est de La Rochefoucauld.
🚩 *Pl. des Marronniers, 16500 Confolens, ☎ 05 45 84 22 22.*

Le nom
Il vient tout droit du mot « confluent », puisque la ville est située à la jonction de la Vienne et du Goire.

Les gens
2 904 Confolentais. Confolens est la patrie d'un disciple de Pasteur, le docteur **Émile Roux** (1853-1933), qui découvrit le traitement contre la diphtérie en 1894.

Histoire de ponts : pour apprécier au mieux le site de Confolens, rendez-vous sur le pont Neuf, situé 200 m en amont du pont Vieux.

se promener

> ### Isolée
> La dernière tour, côté rive gauche, était pourvue d'un pont-levis qui permettait d'isoler totalement la ville, et qu'une arche supplémentaire remplaça au 18ᵉ s.

LE VIEUX CONFOLENS★

Pont Vieux★
La visite de la vieille ville prend 1h à 1h1/2 en partant de la place de l'Hôtel-de-Ville (parking). Partir à gauche dans la rue de la Ferrandie jusqu'au Pont Vieux.
Il daterait du 12ᵉ s., mais il a été modernisé au début du 19ᵉ s. Longtemps il ressembla à une forteresse car il portait trois tours. Il conduit au quartier de la Fontorse – du nom de l'élégante fontaine qui en est l'ornement –, le faubourg actif de Confolens.
Prendre à droite la rue Émile-Roux, puis, à la place de la Liberté, tourner à gauche dans la rue des Buttes. À mi-hauteur de cette rue, un passage mène à la porte fortifiée.

Porte de ville
Cette porte franchie, on découvre, en se retournant, la façade – percée à bonne hauteur de deux fenêtres romanes – d'un édifice seigneurial datant peut-être de la fin du 11ᵉ s., qui abritait le tribunal et la prison du seigneur de Confolens. Cette construction faisait partie intégrante des fortifications qui ceignaient la ville établie sur la rive droite de la Vienne.
En repassant sous la porte, on se dirige vers le **« donjon »** (11ᵉ s.) en continuant la rue des Buttes. Il occupe l'emplacement de l'ancien fossé : jadis, le voyageur venant de Limoges passait par une porte dont on voit encore quelques traces au pied du « donjon » et sur une tour plus basse qui lui fait face. De la terrasse dite « plan d'Olivet », on a une belle **vue** sur les toits de la ville.
Descendre à gauche la rue du Vieux-Château, puis emprunter la rue Pinaguet.

Légèrement en dos d'âne, le pont Vieux constitue un lieu de promenade particulièrement agréable.

Rue Pinaguet

Elle est bordée de maisons médiévales (l'une d'elles, très haute, possède une tour abritant un escalier à vis).
À l'angle de la rue Bournadour, une autre tour fait saillie, coiffée d'une construction carrée à colombage.

Revenir sur ses pas jusqu'au carrefour et tourner à gauche dans la rue Fontaine-de-Pommeau.

Église St-Maxime

Restaurée au 19ᵉ s., elle présente un clocher octogonal gothique troubadour se terminant par une flèche à crochets. À son chevet, on remarque une jolie maison à colombage.

Prendre la rue de la Côte.

Le Manoir

La rue de la Côte débouche sous les murs d'un édifice à haut pignon, orné de fleurons sculptés, construit au 16ᵉ s. par le comte de Confolens.

Du pont de Goire, revenir vers la rue du Soleil.

Rue du Soleil

Rue principale jusqu'au 19ᵉ s., elle est bordée de hautes maisons qui ouvrent sur des terrains et des jardins suspendus qu'on ne voit pas depuis la rue. Remarquez sur la gauche, la **rue des Francs-Maçons**, ruelle en escalier très étroite, aux maisons coiffées de toits débordants. Juste après, se trouve la **Maison du duc d'Épernon★**. Elle date des 15ᵉ et 16ᵉ s. et présente au-dessus du rez-de-chaussée, en retrait, trois étages de colombages.

Regagner la place de l'Hôtel-de-Ville.

> **ÉVASION**
> Elle aurait servi de point de ralliement aux conjurés rassemblés par le duc d'Épernon en 1619 pour faire évader Marie de Médicis.

SUR L'AUTRE RIVE DE LA VIENNE

Église St-Barthélemy

Cet édifice roman présente un clocher carré au toit presque plat, couvert de tuiles romaines. La façade, très sobre, s'ouvre par un portail en plein cintre et présente : au-dessus de la porte, un large bandeau horizontal décoré de sculptures primitives, parmi lesquelles on reconnaît l'Agneau nimbé dans une gloire soutenue par deux anges, ainsi que des animaux fantastiques, sortes de centaures aux têtes monstrueuses.

> **À L'INTÉRIEUR**
> Trois chapelles du 15ᵉ s., voûtées d'ogives, flanquent la nef sur le côté Nord. Dans la chapelle centrale, les nervures rejoignent une belle clef pendante.

circuit

VALLÉE DE LA VIENNE

Circuit de 75 km – environ 4 h

Quitter Confolens par le Nord en empruntant la D 952 qui longe la rive droite de la Vienne.

St-Germain-de-Confolens

Autrefois siège d'une importante châtellenie, St-Germain occupe un site pittoresque au confluent de la Vienne et de l'Issoire. Sur une butte dominant la vallée encaissée de l'Issoire se dressent les ruines des énormes tours, envahies par le lierre, du château de St-Germain au pied duquel se blottit une petite église romane.

Quitter St-Germain par le Sud-Est en empruntant la D 952, puis en tournant à gauche sur la D 82.

> **COUP D'ŒIL**
> De la terrasse proche de l'église se développe une jolie **vue** sur la vallée.

Lesterps

Église St-Pierre – Les restes d'une abbaye fondée au début du 11ᵉ s. sont précédés d'un imposant **clocher-porche★** en granit gris. Au-dessus du porche à trois baies, orné de chapiteau très frustes, se dresse un puissant clocher. À l'intérieur, l'étroitesse des bas-côtés contraste avec la largeur de la nef, voûtée en berceau. On retrouve dans celle-ci des vestiges de l'ancien chœur, des chapiteaux du 12ᵉ s.

Quitter Lesterps par le Sud en empruntant la D 29, puis la D 30.

Brigueuil

À VOIR

Remarquez aussi plusieurs maisons anciennes, une lanterne des morts et, au hameau proche de la Boulonie, un curieux mausolée roman dit de « saint Georges ».

Ce vieux bourg perché a conservé d'importants vestiges de ses fortifications médiévales : rempart à sept tours et deux portes. Près de l'église romane (remaniée aux 14e et 15e s.) se trouvent les restes de l'ancien château (donjon tronqué du 11e s.) et un logis reconstruit au 16e s.
Quitter Brigueuil par l'Ouest en empruntant la D 165. À Saulgond, prendre à gauche sur la D 193.

Château de Rochebrune

Juil.-août : visite guidée (3/4h) 10h-12h, 14h-18h ; juin et sept. : tlj sf mar. 14h-18h. 30F. ☎ 05 45 89 08 29.
17 km au Sud-Est par la D 948. Situé à la limite des anciennes provinces du Poitou et du Limousin, cet édifice, bâti sur un rocher basaltique, reflète dans ses douves la silhouette de ses tours. Au 16e s., le château devient la propriété du maréchal Blaise de Monluc, maréchal de France et gouverneur de Guyenne, qui se distingue en menant contre les protestants une lutte implacable. Après avoir admiré les communs aux toits de tuiles rondes, pénétrez dans la cour d'honneur du château en franchissant les douves par un petit pont de pierre.

SOUVENIRS

Les appartements renferment un mobilier de style Renaissance et Empire, ainsi que de nombreux souvenirs de l'époque napoléonienne.

Trois corps de bâtiment relient entre elles les quatre grosses tours rondes, des 11e et 13e s. Au-dessus des portes figurent les armes du maréchal de Monluc.
Poursuivre sur la D 193, puis tourner à droite sur la D 160 après avoir franchi la Vienne.

Thermes de Chassenon★ *(voir ce nom)*

Quitter Chassenon par l'Ouest en empruntant la D 29. À Chabanais, prendre à gauche sur la N 141, puis, après 2 km, tourner à droite sur la D 370.

Exideuil

Dominant le bourg et la Vienne, le château de la Chétardie est une construction du 16e s.

Église St-André – Ancienne priorale bâtie en 1200, elle comporte un chevet plat et un portail à boudins. La nef, avec sa voûte en berceau brisé et ses piliers encastrés, toute revêtue de moellons, est d'une accueillante simplicité ; elle abrite trois pierres tombales et une cuve baptismale du 13e s. située au cœur du baptistère.
Poursuivre sur la D 370, puis rejoindre la D 16 qui ramène à Confolens en longeant la rive gauche de la Vienne.

Phare de **Cordouan**★

Un phare Renaissance sur un îlot rocheux : pas banal pour ce vigile aux portes de la Garonne. Il fallait bien une tête tranquille pour des pieds plantés dans un fleuve dont les courants sont parfois très dangereux.

La situation

Cartes Michelin nos 71 pli 15 ou 233 pli 25 – Gironde (33).
Dép. du Verdon-sur-Mer en fonction de la marée et des conditions météorologiques, s'adresser à l'Office de tourisme. 140F (traversée en bateau et entrée du phare). ☎ 05 56 09 61 78.

DE L'OCÉAN AU FLEUVE

Le lent défilé des cargos constitue un des spectacles de l'estuaire. Le franchissement des passes de Cordouan est difficile par gros temps mais le creusement de la «passe de l'Ouest », entretenue par dragages, a amélioré les accès.

Les gens

Au 14e s., le Prince Noir fit élever une tour octogonale au sommet de laquelle un ermite allumait de grands feux. À la fin du 16e s., cette tour menaçant ruine, Louis de Foix, ingénieur et architecte qui venait de déplacer l'embouchure de l'Adour se mit en devoir de bâtir, avec plus de 200 ouvriers, une sorte de belvédère surmonté de dômes et de lanternons. En 1788, l'ingénieur Teulère reconstruisit la partie supérieure de l'édifice, dans le style Louis XVI.

Encerclé par les eaux tourmentées de l'estuaire, le phare de Cordouan guide avec beaucoup d'attention la marche des navires pendant la nuit.

visiter

Avec ses étages Renaissance, qu'une balustrade sépare du couronnement classique, le phare (66 m) donne une impression de hardiesse. Une poterne conduit au bastion circulaire qui protège l'édifice des fureurs de l'océan ; là habitent les gardiens du phare. Au rez-de-chaussée, portail monumental donnant sur l'escalier de 301 marches qui grimpe à la lanterne. Au 1er étage, appartement du Roi ; au 2e étage, chapelle (au-dessus de la porte, buste de Louis de Foix) coiffée d'une belle coupole.

À la pointe de Grave, vous trouverez le **musée du Phare de Cordouan** (*voir le guide Aquitaine*).

Crazannes

On y apprend tout sur la pierre de Crazannes, si réputée qu'elle fit le voyage jusqu'à New York pour servir de socle à la statue de la liberté ! Partez en exploration dans les carrières désaffectées envahies d'une végétation « tropicale », et visitez un château du 14e s., construit avec la fameuse pierre. Tout un programme...

La situation

Cartes Michelin n⁰ 71 pli 4 ou 233 plis 15, 16 – Charente-Maritime (17) – Schéma p. 368.
Crazannes se situe sur la rive gauche de la Charente, à *15 km au Nord de Saintes.* On y arrive par les D 114 et D 128.

Les gens

357 habitants. Charles Perrault (1628-1703) se serait inspiré du château de Crazannes dans ses *Contes du temps passé.*

comprendre

PAS BANAL
On retrouve la pierre de Crazannes du port de La Rochelle à fort Boyard, du pont de Tonnay-Charente au phare de Cordouan, en passant par la cathédrale de Bayonne.

◄ **L'histoire d'une pierre** – Sa résistance aux intempéries et aux assauts de la mer, la finesse de son grain, ont forgé sa réputation. À Crazannes même, elle fut remarquablement travaillée par les tailleurs de pierre qui en ornementèrent la façade du château (15e s.). Cette pierre millénaire connut son apogée dans la seconde moitié du 19e s. L'avènement de nouveaux matériaux de construction, puis des coûts de production trop élevés entraînèrent la fermeture des carrières peu après la fin de la Seconde Guerre mondiale.

Le travail du carrier – Attelé à sa tâche sur une parcelle délimitée lors de la « découverte », le carrier extrayait le bloc de calcaire après avoir creusé trois tranchées verticales et décollé sa partie inférieure à l'aide de cales de fer. Des coups répétés sur les coins parvenaient à désolidariser le bloc, qui était ensuite rectifié à l'aide d'un pic à brocher. À la livraison, ce parallélépipède pouvait peser entre 50 et 250 kg.

visiter

Musée de la pierre de Crazannes

♿ *Juin-sept. : 9h-19h ; oct.-mai : 10h-12h, 14h-19h. Fermé 1er janv. et 25 déc. Gratuit.* ☏ *05 46 91 48 92.*
Accès par l'A 837 (Saintes-Rochefort) ou par la D 119 (Crazannes-Plassay). On s'y familiarise avec les techniques employées par les carriers saintongeais pour extraire les blocs de pierre. Les carrières, le transport par voie d'eau et la vie sociale sont également évoqués dans un film vidéo.

Les anciennes carrières

Fermé au public.
Après leur abandon en 1955, les carrières furent rapidement reconquises par la nature. Par endroits, la végétation y est vraiment exubérante : du lierre tombe des parois rocheuses et des fougères, orchidées et valérianes, tapissent les sols. L'espace d'un instant, on a vraiment l'impression de pénétrer dans une forêt tropicale bruissante d'animaux insolites...

Le château, construit en pierre de Crazannes, présente un logis seigneurial orné à gauche d'une tourelle d'angle et flanqué à droite d'une puissante tour à mâchicoulis.

Château de Crazannes

Juin-sept. : visite guidée (1h) 14h30-18h30 ; avr.-mai : w.-end et j. fériés 14h30-18h30 ; oct. : dim. et j. fériés 14h30-18h30. 30F. ☎ 05 46 90 15 94.

Une allée de tilleuls conduit à la terrasse du château édifié au 15e s. sur les bases d'un château féodal du 11e s. dont subsistent une petite chapelle romane, surmontée d'un clocher-pignon, un donjon et les vestiges de l'ancienne enceinte (en particulier douves, tourelle de défense et pont-levis). Sa façade Nord, percée de fenêtres à la Renaissance, offre une **porte★** de style gothique flamboyant à la délicate ornementation sculptée : dans les pinacles latéraux sont logés des artisans tailleurs de pierre représentés avec leurs emblèmes. Une inscription gravée dans la pierre rappelle que le château fut au 18e s. la résidence estivale des évêques de Saintes. À l'intérieur, la grande salle est décorée de boiseries sculptées et d'une cheminée du 15e s. Notez un plafond de bois du 15e s. ; attardez-vous aussi sur les portes basses en arcades donnant accès aux petits salons ; de l'un d'eux part un escalier à vis, orné des célèbres coquilles des pèlerins de Compostelle.

L'accolade de la porte du château de Crazannes met en scène deux hommes sauvages tenant un heaume et deux femmes sauvages accroupies.

Dampierre-sur-Boutonne

On vient par ici pour rendre visite au baudet du Poitou, mais aussi pour découvrir, sur un îlot de la Boutonne, le château de Dampierre qui garde précieusement ses secrets d'alchimistes.

La situation

Cartes Michelin n°s 72 plis 1, 2 ou 233 plis 16, 17 – Charente-Maritime (17).
Le village est situé dans la fraîche vallée de la Boutonne, à 8,5 km au Nord-Ouest d'Aulnay.

Le nom

Dampierre était un ancien lieu de culte dédié à saint Pierre, à qui on avait même donné le titre de seigneur, *dominus.*

Les gens

335 Dampierrois et leurs affectueux compagnons, les baudets du Poitou, qui depuis les années 1950, sont menacés de disparition. La création, près de Dampierre, de l'Asinerie nationale expérimentale permettra peut-être d'en sauvegarder la race, atteinte de consanguinité !

visiter

Château

De mi-mars au 11 nov. : visite guidée (3/4h) dim. et j. fériés 14h-17h (juin-sept. : tlj 10h-18h30). 35F. ☎ 05 46 24 02 24.
Quatre côtés délimitaient la cour intérieure, il ne reste aujourd'hui que le corps de logis principal, dont la défense était assurée par deux grosses tours. Sur la cour, découvrez le bâtiment : deux harmonieuses **galeries★** Renaissance. La galerie supérieure abrite un extraordinaire plafond : ses 93 caissons sont ciselés d'emblèmes. L'écrivain Fulcanelli a tenté d'en donner une interprétation dans son ouvrage alchimique *Les Demeures philosophales* (1931). Scrutez les scènes allégoriques, les symboles, et les phylactères où s'inscrivent des devises, la plupart en latin.
Dans les appartements, vous verrez des tapisseries des Flandres et un superbe cabinet d'ébène (Italie, 16e s.) ; sur la cheminée de la salle des gardes, court une sage devise : Estre, se cognestre et non parestre. Dans le

> **RECONNAÎTRE**
> L'emblème de Claude de France, épouse de François Ier : un cygne transpercé d'une flèche. Des chiffres pour Catherine de Médicis et Henri II. On voit aussi un Cupidon chevauchant une chimère, un labyrinthe, etc.

Admirez les galeries Renaissance à arcs en anse de panier superposées du château de Dampierre ; celles-ci sont séparées par une frise sculptée de rinceaux et de feuillages.

Le baudet du Poitou est pourvu de longs poils laineux qui font son charme et son originalité.

pavillon d'accueil, ne manquez pas les expositions : l'Art et l'alchimie (détails sur les caissons) et les Chevaux de Dali (œuvres du peintre inspirées par ces mêmes caissons).

Maison du baudet du Poitou

S'adresser à la maison du Baudet du Poitou. ☎ *05 46 24 07 72. À la Tillauderie, à 5 km par la D 127 vers Chizé.* Le **baudet du Poitou** est un âne de grande taille, à robe bai brun. Élevé dans la région pendant des siècles, il servait de mâle reproducteur à une jument, la jument mulassière. De ce croisement naissaient des mulets, animaux hybrides stériles, les « mules poitevines ». Particulièrement aptes à porter de lourdes charges, ces dernières firent l'objet d'un important commerce jusqu'au début du 20e s., avant la motorisation des campagnes. Baudets du Poitou et ânesses portugaises paissent dans les prés voisins. On peut aussi voir, dans l'écurie, le robuste étalon mulassier que possède l'Asinerie. Dans le petit musée, panneaux et films vidéo illustrent l'histoire et la sauvegarde des baudets du Poitou.

Esnandes

À l'extrémité maritime du marais poitevin, les maisons basses blanchies à la chaux d'Esnandes racontent l'histoire d'un peuple de gens de mer, éleveurs d'huîtres et de moules.

La situation

Cartes Michelin nos 71 pli 12 ou 233 pli 3 – 12 km au Nord de La Rochelle – Charente-Maritime (17).
Esnandes se situe au contact du plateau de l'Aunis et du Marais poitevin, au creux de l'anse de l'Aiguillon. Le rivage de l'ancien golfe du Poitou se reconnaît par sa falaise morte à stratifications régulières, façonnée par l'érosion marine. Celle-ci s'achève par la **pointe St-Clément** au sommet de laquelle s'offre une large vue sur l'anse de l'Aiguillon et l'île de Ré.

Le nom

Parmi plusieurs hypothèses incertaines, on a retenu une origine gauloise : *Ana*, signifiant marais. Le nom actuel aurait dérivé du nom médiéval *Esnempda*.

Les gens

1 730 Esnandais. Un capitaine irlandais nommé **Walton** s'installa à Esnandes au 13e s., après que son bateau eut fait naufrage dans la baie de l'Aiguillon. Pour survivre, Walton capturait des oiseaux en fixant un filet sur des pieux plantés dans la vase marine. Walton s'aperçut que les pieux se couvraient de petites moules qui grossissaient plus vite que sur les bancs naturels... ainsi seraient nés les premiers bouchots.

OÙ SE RESTAURER
Chez Laurent et Laurence – *Zone ostréicole – La Prée de Sion – 2 km à l'O de Esnandes par D 106E2 –* ☎ *05 46 01 23 60 – fermé oct. à mai et en sem. sf été –* 🚫 *– réserv. conseillée – 55/120F.* Ici, la dégustation de moules, huîtres et anguilles se fait tout simplement dans le hangar d'un ostréiculteur, sur la route de la côte. Avant de vous y installer, jetez un œil sur l'océan qui est de l'autre côté de la digue et les derniers carrelets de pêcheurs.

visiter

Église★

De mars à fin oct. : dim. et j. fériés 14h-19h (de mi-juin à mi-sept. : tlj 10h30-12h30, 14h30-19h30). 6F. ☎ 05 46 01 34 64.

Mise sur un plan rectangulaire aux 14ᵉ et 15ᵉ s., elle fut pourvue sur tout son pourtour de murs de 3,85 m d'épaisseur surmontés d'un chemin de ronde à créneaux et archères (ouvertures pour tirer à l'arc et l'arbalète). Elle fut aussi renforcée de bretèches sur trois côtés et d'un clocher-porche faisait office de donjon. Sur sa façade, une ligne de mâchicoulis court entre deux échauguettes d'angle. Depuis le chemin de ronde on a de belles vues sur les alentours.

> ### DÉRIVE MILITAIRE
> Cette église évoque plus une forteresse qu'un sanctuaire. Si elle a conservé une façade romane à frise sculptée, son aspect général a changé lorsqu'elle fut fortifiée aux 14ᵉ et 15ᵉ s.

Les vicissitudes de la guerre de Cent Ans transformèrent la physionomie de l'église d'Esnandes, qui reprend plusieurs éléments du système défensif des châteaux forts moyenâgeux.

Maison de la Mytiliculture

D'avr. à mi-sept. : tlj sf mar. 14h-19h (de mi-juin à fin août : tlj 10h-12h30, 14h-19h30) ; fév.-mars, de mi-sept. à fin sept. et vac. scol. de Toussaint : lun., mer., sam. 14h-18h ; oct.-nov. : sam. 14h-17h. 20F. ☎ 05 46 01 34 64.

Ce musée retrace l'histoire de l'anse de l'Aiguillon et l'évolution des techniques d'élevage des moules depuis le 15ᵉ s. Les activités du boucholeur et son matériel, bouchots (rangées de pieux longues d'une cinquantaine de mètres), accon (simple caisse que l'on fait glisser sur la vase à marée basse), y sont minutieusement décrits. Montage vidéo.

> ### MERCI WALTON
> C'est lui l'inventeur involontaire des premiers bouchots, ces pieux de bois qu'affectionnent tant les moules et qui servent aujourd'hui à leur élevage…

Fontenay-le-Comte

En route pour le Marais poitevin ou la forêt de Mervent ? Faites escale à Fontenay-le-Comte : cette brillante cité fut la capitale de la Vendée jusqu'en 1804. Dans ses rues, on découvre de superbes bâtiments Renaissance et on se met à imaginer la ville au temps où Rabelais y vivait ! Ne manquez pas de visiter l'incroyable château de Terre-Neuve où Agrippa d'Aubigné, Raymond Queneau et Georges Simenon y séjournèrent chacun leur tour.

La situation

Cartes Michelin n°ˢ 71 pli 1 ou 233 pli 4 – Vendée (85). Fontenay est situé sur les rives de la Vendée, entre la Plaine, le bocage et le Marais poitevin, à 32 km au Nord-Ouest de Niort. L'autoroute A 83 venant de Nantes passe à Fontenay. 🏠 *Tour de l'Octroi, quai Poey-d'Avant, 85200 Fontenay-le-Comte, ☎ 02 51 69 44 99.*

Fontenay-le-Comte
Sur la place Belliard, trois maisons bâties au 16e s. par l'architecte Morisson possèdent des arcades.

OÙ SE RESTAURER ET DORMIR
L'Auberge de la Rivière – 85770 Velluire – 11 km au SO de Fontenay-le-Comte par D 938TER et D 68 – ☎ 02 51 52 32 15 – fermé 3 janv. au 1er mars, dim. soir de sept. à juin et lun. sf le soir en été – 110/235F. Dans cette jolie maison couverte de vigne vierge au bord de l'eau, vous dégusterez fruits de mer et poissons de rivière en profitant de la fraîcheur des canaux de la Venise verte. Décor de maison de campagne aux meubles cirés. Quelques grandes chambres soignées.

Le nom
Fontanetum (1050) vient du latin *fontana* signifiant fontaine. La ville tient son nom de sa fameuse fontaine des Quatre-Tias. Et « le Comte » était le titre du seigneur régnant sur la ville, le duc d'Aquitaine, **comte** du Poitou.

Les gens
14 456 Fontenaisiens. L'écrivain **Michel Ragon**, né à Fontenay-le-Comte en 1924, s'est attaché à décrire la Vendée de son enfance *(L'accent de ma mère, Enfances vendéennes)* et les guerres de Vendée *(Les mouchoirs rouges de Cholet, La louve de Mervent)*.

comprendre

L'histoire – Au Moyen Âge et sous la Renaissance, la capitale du Bas-Poitou est une place forte qui subit de violents assauts. Une héroïne, la belle Jeanne de Clisson, la défendit en 1372 contre Du Guesclin. À la fin du 16e s., Fontenay fut disputée entre parpaillots (protestants) et papistes (catholiques). Et deux siècles plus tard, Vendéens et Républicains s'opposèrent à deux reprises sous les murs de la ville.

La fontaine de beaux esprits – Au 16e s., Fontenay est un foyer de la Renaissance. En 1520, le jeune **Rabelais** arrive au monastère des cordeliers dont la maison se trouvait à l'emplacement actuel de l'hôtel de ville. Il a quitté les cordeliers d'Angers et vient s'initier aux lettres grecques sous la direction du frère Pierre Amy, un précurseur de la Réforme. Celui-ci le mettra en rapports avec l'écrivain Guillaume Budé avec qui il correspondra assidûment. À Fontenay, Rabelais et ses amis se réunissent dans un petit bois de lauriers, dans le jardin d'**André Tiraqueau**. En 1523, Rabelais se réfugie chez les bénédictins de Maillezais, son supérieur ayant découvert chez lui des livres favorables à la Réforme.

UN JURISTE, « HEUREUX »
Père de 30 enfants, André Tiraqueau (1480-1558) est l'auteur – éclairé ! – d'un traité sur les lois matrimoniales pour lequel Rabelais compose un texte en vers grecs.

Dans la seconde moitié du siècle, d'autres humanistes fontenaisiens font parler d'eux : Barnabé Brisson, président au parlement de Paris, pendu en 1591 pendant les troubles de la Ligue, et **François Viète** (1540-1603), mathématicien, génial créateur de l'algèbre. Le poète **Nicolas Rapin** (vers 1535-1608) occupe une place à part. Ce magistrat va participer, à Poitiers, à un tournoi poétique dont le thème est une puce qui folâtre sur la blanche gorge de Mlle des Roches, célèbre « précieuse » poitevine : Rapin remporte la palme avec un morceau appelé *La Puce*, suivi de *L'Anti-puce*. Venu à Paris après cette « performance », il prend une grande part à la *Satire Ménippée* (pamphlet politique dirigé contre la Ligue en 1594), avant de se retirer dans son château de Terre-Neuve, le « Doux Hermitage ».

INTELLECTUELS ENGAGÉS
Barnabé Brisson et Nicolas Rapin, deux humanistes fontenaisiens, résistèrent à la Ligue, association catholique fondée en 1576 par le duc de Guise pour combattre les calvinistes et visant à renverser le roi Henri III.

URBANISME

Bâtie en pierre blonde, la ville s'étire le long de deux axes perpendicu-
laires à la rivière : le Vieux Fontenay se serre de part et d'autre des rues
Guillemet, des Orfèvres, des Loges, St-Jean, des Jacobins ; la ville
moderne s'étend au Sud-Ouest de la percée rectiligne que tracent la
rue Clemenceau, le pont Neuf et la rue de la République. Au centre de
la ville, la place Viète occupe l'emplacement d'un bastion de l'ancienne
enceinte.

se promener

Église Notre-Dame

Clocher★ – *Juil.-août : visite guidée (1/2h) tlj sf dim. et lun.
à 11h, 11h30, 15h, 16h, 17h, sam. à 15h, 16h, 17h. Fermé
j. fériés. Gratuit. ☎ 02 51 69 31 31.*
Du 15ᵉ s., il se distingue par sa flèche. Refaite en 1700
par l'architecte François Leduc, surnommé Toscane, elle
est analogue à celle de la cathédrale de Luçon.

Église – *Tlj sf sam. et dim.*
Le portail principal est de style flamboyant, avec une
grande baie. Dans ses voussures sont logées Vierges
sages avec leurs lampes dressées et Vierges folles avec
leurs lampes renversées. Rue du Pont-aux-Chèvres, la
chapelle Brisson, Renaissance, ressort du chœur. À
l'intérieur, jetez un coup d'œil sur la chaire d'époque
Louis XVI (18ᵉ s.), sur la chapelle Brisson et sur les chapelles absidiales d'époque François Iᵉʳ (16ᵉ s.), dissimu-
lées par le grand retable du 18ᵉ s.

Crypte – *Gratuit. ☎ 02 51 69 31 31.*
Du 9ᵉ s., elle fut découverte accidentellement au 19ᵉ s.
Elle est caractéristique de l'architecture primitive du
Bas-Poitou : dimensions modestes, voûtes à arêtes sou-
tenues par des piliers à chapiteaux byzantins.

Rue du Pont-aux-Chèvres

On y observe plusieurs maisons anciennes. Au nᵒ 3 une
maison du 15ᵉ s. avec une tourelle d'escalier, ancien
monastère bénédictin. Au nᵒ 6, l'hôtel de Villeneuve-
Esclapon de style Louis XIII (17ᵉ s.) a un portail monumental surmonté d'un Laocoon (un groupe sculpté
antique représentant le prêtre d'Apollon, Laocoon,
étouffé avec ses deux fils par des serpents – l'original se
trouve au Vatican) entre les statues d'Hercule et de
Diane. Au nᵒ 14, hôtel Renaissance, récemment amputé
de son aile gauche, autrefois habité par André Rivau-
deau, maire de Fontenay à la fin du 16ᵉ s., et auteur de
la tragédie *Aman* dont Racine s'inspira pour composer
Esther. Au nᵒ 9, la maison des évêques de Maillezais (16ᵉ-
17ᵉ s.), avec un escalier à balustres.

Place Belliard

Sur cette place se trouvent la statue et la maison natale
(nᵒ 11) du général Belliard (1769-1832) qui sauva Napoléon à Arcole, en faisant un rempart avec son corps.
Sur un des côtés s'alignent cinq maisons bâties par
l'architecte Morisson sous Henri IV (16ᵉ s.). ▶

Fontaine des Quatre-Tias

Tias signifie tuyaux en patois poitevin. Construite en
1542 par l'architecte Lienard de Réau, la fontaine porte
la devise donnée à Fontenay par François Iᵉʳ : *Fontana-
cum felicium ingeniorum fons et scaturigo*, signifiant *Fontaine et source de beaux esprits*. Examinez la salamandre
et le blason du roi au fronton du monument. Des inscriptions évoquent les noms des principaux magistrats
de la cité dont celui de Nicolas Rapin.

Rue des Loges

La rue des Loges était l'artère principale de la ville au
18ᵉ s. Aujourd'hui piétonne et commerçante, elle est
coupée de ruelles aux noms vieillots (rue du Lamproie,
rue de la Pie, rue de la Grue), et ponctuée de façades

*Fine et élégante, la flèche
à crochets du clocher
de l'église Notre-Dame
culmine à 82,50 m
de hauteur. C'est
un excellent repère si
vous n'avez pas le sens
de l'orientation !*

SYMBOLE ET DEVISE
Au nᵒ 16, la maison fut
habitée par l'architecte
Morisson qui s'est
représenté au sommet
du fronton, tenant
un compas, le symbole
de son art. Au-dessus
de la baie du 1ᵉʳ étage
est inscrite sa devise :
Peu et Paix.

anciennes au n° 26 (demeure à balcons en ferronnerie et façade ornée de masques humains) ; au n° 85 (beau portail fin 16e s. à pierres ventrues) ; au n° 94 (maison médiévale) ; au coin de la rue St-Nicolas (maison à pans de bois, début 16e s., bien restaurée).

visiter

Musée vendéen

 De mi-juin à mi-sept. : tlj sf lun. 10h-12h, 14h-18h ; de mi-sept. à mi-juin : mer.-ven. 14h-18h. Fermé 1er janv. et 25 déc. 13F. ☎ *02 51 69 31 31.*

ART MODERNE
Une petite salle consacrée à l'art moderne rassemble des œuvres d'Émile Lahner, *La Cuisine, L'Égyptienne*, ainsi que des tableaux abstraits très colorés : *1959, 1960.*

◀ Le musée renferme des collections d'archéologie (verreries gallo-romaines provenant de sépultures locales), d'ornithologie (oiseaux naturalisés) et d'ethnographie (mobilier du Sud de la Vendée) *(rez-de-chaussée et 1er étage).* Un département est consacré à l'histoire de la ville et aux artistes ayant des attaches en Vendée : peintures de Paul Baudry, *Diane surprise*, Auguste Lepère, *Vues des dunes de St-Jean-de-Monts, Le Grain*, C. Milcendeau, *Vue du Marais mouillé, Les Brodeuses, Le Rouet* ; esquisses de Lepère ayant servi à l'exécution de gravures *(2e étage).* Des frères Jan et Joël Martel, remarquez une sculpture monumentale, *Olonnaise revêtue d'un châle.*

Château de Terre-Neuve

Juin-sept. : visite guidée (3/4h) 9h-12h, 14h-19h ; mai : 14h-18h. 28F. ☎ *02 51 69 17 75.*
Accès : de la place Viète remonter la rue Rabelais, puis tourner à gauche dans la rue Barnabé-Brisson. Il a été construit à la fin du 16e s. par l'architecte Jean Morisson pour son ami le poète Nicolas Rapin, auteur des *Plaisirs du gentilhomme champestre.* Sachez que le château accueillit

HÔTES DE PLUME
Agrippa d'Aubigné (1552-1630), Raymond Queneau (1903-1976) et **Georges Simenon** (1903-1989) séjournèrent dans le château. Simenon y resta de 1941 à1943. L'action d'un de ses romans se déroule à Fontenay : *Maigret a peur.*

◀ d'ailleurs plusieurs auteurs renommés. Il a été restauré et embelli vers 1850 par l'archéologue Octave de Rochebrune qui y réunit de nombreuses œuvres, recréant un décor à la fois Renaissance et classique. L'édifice est fait de deux corps de bâtiment disposés en équerre, avec des échauguettes aux angles. La façade est ornée de muses en terre cuite Renaissance italienne et d'un porche provenant du château de Coulonges-sur-l'Autize. À l'**intérieur★**, il ne faut surtout pas manquer : une très belle cheminée dessinée par Philibert Delorme dont le décor sculpté évoque la symbolique alchimique de la Renaissance, des boiseries Louis XIV provenant de Chambord ainsi que la porte du cabinet de travail de François Ier, un beau mobilier des époques Louis XV et Louis XVI, des toiles des 17e et 18e s., et des collections de mortiers, clefs, armes, ivoires et costumes.

La salle à manger du château de Terre-Neuve possède un décor Renaissance avec un plafond à caissons en pierre, une porte monumentale et une imposante cheminée portée par deux griffons.

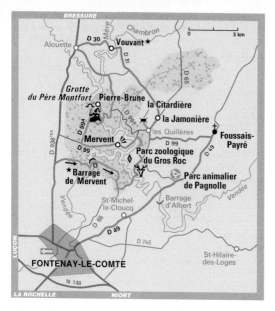

circuit

FORÊT DE MERVENT-VOUVANT★
Circuit de 55 km – environ 4 h
Bienvenue dans la mythique forêt de la fée Mélusine.
Ses bois sombres et profonds étaient autrefois habités
par des loups et l'on peut encore y voir des cerfs, des
chevreuils et des sangliers en liberté. Elle fait le bonheur
des sportifs qui y trouvent de nombreux sentiers de randonnée, des circuits équestres, des parcours de VTT, et
même des terrains d'escalade. Sur l'eau, on a la possibilité de pratiquer le kayak, le canoë, la voile et le pédalo.

*Quitter Fontenay-le-Comte par le Nord en empruntant la
D 938ᵀᴱᴿ, direction La Châtaigneraie. 1,5 km après Pissotte,
prendre sur la droite une route à sens unique.*

Barrage de Mervent★
Ce barrage de 130 m de long sur la Vendée a déterminé
une retenue de 8 500 000 m³, alimentant en eau les
communes de la moitié Sud du département et
quelques-unes des départements voisins. On observe ses
ramifications en amont, entre les pentes boisées. En
contrebas est installée l'usine de traitement des eaux et
de production électrique.

*Poursuivre la route à sens unique, puis tourner à gauche
une première fois sur la D 65, puis une seconde fois sur la
D 116.*

Mervent
Perché sur un éperon rocheux au fin fond de la forêt *(à
l'emplacement de la mairie)*, le château fut au Moyen Âge
le repaire des Lusignan ; il n'en reste rien. En contrebas, sur la retenue du barrage de Mervent une plage est
aménagée (à l'Est) : baignade, pédalos.

Poursuivre sur la D 99, puis prendre à droite la D 99ᴬ.

Grotte du Père Montfort
Louis-Marie Grignion de Montfort *(voir St-Laurent-sur-
Sèvre)* se réfugia vers 1715 dans la forêt pour y méditer
au cours d'une mission de conversion de protestants : la
caverne où il trouva asile est devenue l'objet d'un pèlerinage. La D 99ᴬ mène à un calvaire où l'on laisse la voiture. Juste derrière la croix commence le sentier qui
dévale vers la grotte. Celle-ci s'ouvre à flanc de vallée
au-dessus de la Mère. De là on descend à la Maison du
curé, où s'était retiré un ecclésiastique.

PROPRIÉTAIRES
Au 12ᵉ s., la forêt appartenait aux Lusignan, propriétaires à la fois du château
de Mervent et de celui de
Vouvant. Rattachée au do-
maine royal en 1674, la forêt est donnée au comte
d'Artois en 1778. Après la
Révolution elle devient propriété d'État.

▶ **CHARMANT SIGNAL**
Une sculpture en pierre
représentant une sirène,
œuvre des frères Martel,
indique l'approche
du barrage.

▶ **COUP D'ŒIL**
Du parc de la mairie *(près
de la place de l'église)*, on
découvre une très belle
vue★ sur le lac.

Pour qui a l'imagination fertile, la forêt de Mervent est un lieu magique... Salut les elfes !

On peut alors directement revenir au calvaire ou bien gagner à pied *(1/4h)* le site de Pierre-Brune, en prenant à droite le chemin qui suit la rive droite de la Mère.

Pierre-Brune
Près d'un petit barrage et face à un abrupt rocheux, on trouve un hôtel, des restaurants et un **parc d'attractions** où circule un petit train, le Tortillard. *Juin-août : 10h-20h ; avr.-mai : 10h-19h ; sept.-oct. : dim. et j. fériés 10h-19h. Fermé nov.-mars. 57F.* ☎ *02 51 00 20 18 ou 02 51 00 25 53.*

Poursuivre sur la D 99ᴬ, puis tourner à gauche. Après 2 km, prendre à gauche et rejoindre la D 938ᵀᴱᴿ (à droite). Au lieu dit Alouette, tourner à droite sur la D 30.

Vouvant★ *(voir ce nom)*
Quitter Vouvant par le Sud-Est en empruntant la D 31, direction Foussais-Payré. Après 5 km, prendre à droite sur la D 65, direction Mervent.

La Jamonière
Musée des Amis de la Forêt – *Mars-oct. : tlj sf sam. 10h-12h, 14h-17h30, dim. et j. fériés 14h30-17h30 (juil.-août : tlj 10h-12h, 15h-18h, w.-end et j. fériés 15h-18h) ; nov.-Pâques : lun.-ven. 14h-17h. Fermé entre Noël et Jour de l'an. 13F.* ☎ *02 51 00 00 87.*
Il permet de se documenter sur la forêt de Mervent-Vouvant, sur sa faune et sur les anciennes activités forestières (film vidéo).

Quitter la Jamonière par le Sud-Ouest en empruntant la D 65 jusqu'aux Quillères.

Château de la Citardière
La façade (17ᵉ s.) de la Citardière se reflète dans de larges douves. Dans le château est installé un restaurant.

Quitter les Quillères par le Sud-Ouest en empruntant la D 99.

Foussais-Payré
Remarquez à droite de l'église, une maison d'angle datée de 1552, d'autres maisons Renaissance et des halles du 17ᵉ s.

Église – Cette église en granit possède une **façade** sculptée du 11ᵉ s. Au centre, l'archivolte du portail est ornée d'effigies : de gauche à droite, la Chasteté terrassant la Luxure, des saltimbanques, des apôtres, le Christ entre les symboles des Évangélistes, puis de nouveau des apôtres et des saltimbanques, et enfin des animaux fantastiques parmi lesquels une sirène, symbole de l'attrait du péché... De part et d'autre du portail central, détaillez les deux arcades aveugles. À gauche, on a une scène de la Passion, assez rare en Poitou à l'époque romane : une Déposition de croix et, au-dessus, les ailes d'un ange entre la lune et le soleil voilés de ténèbres. À droite, on voit le Repas chez Simon et, dans la partie supérieure, l'apparition du Christ à Marie-Madeleine.

Quitter Foussais-Payré par le Sud-Ouest en empruntant la D 49, direction Fontenay-le-Comte.

Parc animalier de Pagnolle
♿ *D'avr. à fin oct. : 10h-19h. 35F (enf. : 15F).* ☎ *02 51 69 02 55.*
▣ Dans un grand espace fleuri, se mêlent plus de 1 000 animaux dont quelque 260 variétés d'oiseaux, allant des petites espèces exotiques jusqu'à l'autruche.

Poursuivre sur la D 49 qui ramène à Fontenay-le-Comte.

FOLKLORE
Tous les ans des fêtes folkloriques animées se déroulent dans le bourg de Foussais-Payré.

UN ARTISTE DANS LES ORDRES
Ces sculptures sont l'œuvre de Giraud Audebert, moine de l'abbaye de St-Jean-d'Angély au 11ᵉ s.

Fouras

À quelques encablures de l'île d'Aix, cette station balnéaire familiale vous tend les bras. Son petit port, son ancien château fortifié par Vauban et son casino reflètent bien le style de vie et l'atmosphère du littoral charentais. Une promenade dans son bois de chênes verts, de tamaris et de pins s'impose avant d'aller poser sa serviette sur une de ses quatre plages de sable fin.

La situation

Cartes Michelin n°s 71 pli 13 ou 233 pli 14 – Charente-Maritime (17). À proximité de l'embouchure de la Charente et à 10 km au Nord-Ouest de Rochefort, Fouras est établi à la base de l'étroite pointe de la Fumée.
🛈 *Fort Vauban, BP 32, Fouras,* ☎ 05 46 84 60 69.

Le nom

Ce qu'on sait c'est qu'il faut prononcer « Foura ». À part ça...

Les gens

3 238 Fourasins. C'est d'ici que Napoléon embarqua pour l'île d'Aix en 1815, sa dernière destination française avant son exil à St-Hélène, dans l'Atlantique Sud.

comprendre

Une histoire très tourmentée – Fouras connut bien des péripéties au cours des siècles. Suite aux invasions des Barbares, puis des Normands venus par la mer, la ville se fortifia pour mille ans. Après 1666, Fouras occupa une position stratégique importante dans la défense avancée du port de guerre de Rochefort. Devenue une véritable place forte, Fouras fit face aux Hollandais au 17e s. puis aux Anglais au 18e s. En 1805, la flotte de Napoléon subit un échec notoire dans les eaux de la rade. Dix ans plus tard, l'Empereur y embarquait pour l'île d'Aix. En 1945, la reddition de la poche de La Rochelle occupée par les Allemands fut signée dans une villa située sur la route de la Fumée.

se promener

Promenades en mer

D'avr. à fin sept. : croisière du fort Boyard avec commentaires (1h1/2) dép. en fonction des marées. S'adresser à l'Office de tourisme. ☎ 05 46 84 60 69.
Elles permettent d'approcher le fameux fort Boyard.

OÙ DORMIR ET SE RESTAURER
Hôtel du Commerce – R. du Gén.-Bruncher – ☎ 05 46 84 22 62 – fermé 16 nov. au 14 mars – 12 ch. : 260/300F – ☐ 29F – restaurant 90/140F. Proximité du fort Boyard oblige, vous ne serez peut-être pas surpris d'apprendre qu'une partie du décor de cet hôtel a été réalisé par le décorateur de la série TV du même nom ! Chambres à double vitrage, bien tenues.

Dotée d'un agréable bord de mer et d'une ceinture verte de bois d'essences variées, Fouras dispose de quatre plages de sable, diversement orientées, si bien qu'il en est toujours une d'abritée, d'où que vienne le vent !

Anse de Port-Sud

C'est de là que le 8 juillet 1815 Napoléon embarqua pour l'île d'Aix : en raison des lames déferlantes et des hauts-fonds, l'Empereur fut porté à dos d'homme jusqu'à la chaloupe qui devait le conduire à bord de la frégate *La Saale*. Un monument commémoratif a été élevé sur la plage, en contrebas de la promenade.

Promenade des Sapinettes

Conçue en terrasses, elle domine la plage du Séma-phore, la principale de la station. Jolie **vue**, d'un côté, sur les chênes verts du parc du Casino, appelé aussi Bois Vert, la pointe de la Fumée, l'île d'Aix et les forts, de l'autre, sur les îles Madame et d'Oléron.

visiter

Qu'on se le dise : le fort Vauban défendait l'accès de la Charente.

Fort Vauban

Le **donjon** date du 15ᵉ s. et l'enceinte du 17ᵉ s. Du sommet du donjon *(122 marches à monter)* la vue est superbe.

Musée régional – *Dim. et j. fériés 15h-18h (de mi-juin à mi-sept. : tlj). 10F.* ☎ *05 46 84 15 23.*
Dans une partie du donjon est aménagé un musée qui abrite une crypte (12ᵉ s.), en sous-sol, où pourrez voir une collection de pierres. L'histoire de la cité est présentée dans les étages ; on peut voir en outre des collections de fossiles, crustacés, poissons, oiseaux de mer, ainsi que des maquettes de fortifications et de navires. Sur la plate-forme du sommet, qui domine la mer de 40 m, deux tables d'orientation aident à découvrir un intéressant **panorama★** : au Nord-Ouest la pointe de la Fumée, les forts Enet et Boyard, l'île d'Aix, l'île de Ré, La Rochelle ; au Sud-Ouest, l'île Madame et l'île d'Oléron, dont le pont apparaît par temps clair ; au Sud-Est Rochefort et le pont transbordeur de Martrou ; enfin, à l'Est, au pied même du château, les toits de tuiles orangées de Fouras.

alentours

Pointe de la Fumée

◄ *3 km au Nord-Ouest par la D 214.* Au-delà, les parcs à huîtres s'alignent de chaque côté de la presqu'île. À la pointe de la Fumée se dégage une **vue** étendue : on reconnaît, de gauche à droite, Fouras, les îles Madame et d'Oléron, le fort Boyard, l'île d'Aix, l'île de Ré et la côte de l'Aunis jusqu'à La Rochelle.
🚶 À marée basse, entre la pointe, le fort Enet *(accessible alors à pied)* et l'île d'Aix, apparaissent un banc riche de coquillages et d'huîtres sauvages ainsi que les bouchots à moules. À marée montante on y pêche la crevette, très abondante dans cette région !

ESCAPADE
De la pointe de la Fumée, embarquez pour l'île d'Aix qui n'est accessible que par bateau.

Le **Futuroscope**★★★

Prêt à vivre les expériences sensorielles les plus fortes ? Au Futuroscope, on vibre, on rit, on vole, on tombe dans le vide, on rencontre des acteurs qui sortent des écrans, on devient soi-même le héros d'un film, et tout ça en toute sécurité devant un écran géant ! Aux portes de Poitiers, ce parc européen de l'image à l'architecture futuriste dispose de tout ce qui existe en matière de techniques audiovisuelles, écrans circulaires ou hémisphériques, cinéma dynamique, lunettes à cristaux liquides... pour vous transporter dans la quatrième dimension. Petits et grands peuvent s'amuser aussi avec des jeux de plein air. On peut passer ici deux jours, et ainsi profiter du féerique spectacle nocturne.

La situation

Cartes Michelin n°⁵ 68 plis 13, 14 et 233 pli 5 – 10 km au Nord de Poitiers – Vienne (86). On y arrive par l'autoroute A 10. Autour du site, sont installés hôtels, centres d'enseignement et entreprises de pointe. On accède dans le parc lui-même par une place bordée de boutiques (Office de tourisme, vente de produits régionaux). *Site Internet www.futuroscope.org*

Le nom

Futuroscope : littéralement regard vers le futur.

Les gens

Tous les cybernautes et les amoureux de la technologie de pointe liée à l'image. Coup de chapeau à l'architecte de ce joyau de la modernité, le Français Denis Laming.

visiter

LE PARC EUROPÉEN DE L'IMAGE

♿ *Juil.-août : 9h-nocturne ; sept.-juin : 9h-18h, vac. scol., j. fériés et certains w.-end : 9h-19h. 195F (enf. : 140F), 175F (enf. : 120F) moy. sais., 145F (enf. : 100F) basse sais.* ☎ *05 49 49 30 80.*
La plupart des films présentés sur le site sont renouvelés tous les ans.

Dans un décor futuriste conçu par l'architecte Denis Laming, le Futuroscope réussit la performance de réunir à la fois les loisirs, la formation et le travail, autour d'un thème commun : la communication.

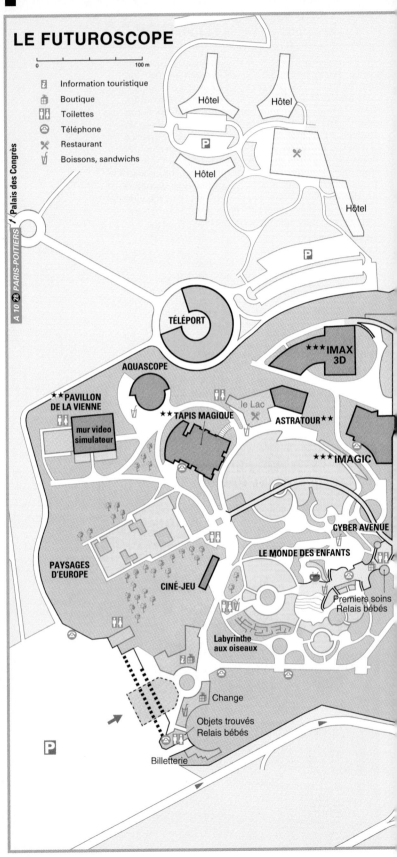

LE FUTUROSCOPE

0   100 m

- 🛈 Information touristique
- 🏪 Boutique
- 🚻 Toilettes
- ☎ Téléphone
- ✕ Restaurant
- 🥤 Boissons, sandwichs

A 10 ⑳ PARIS-POITIERS / Palais des Congrès

Hôtel

Hôtel

Hôtel

Hôtel

TÉLÉPORT

★★★ IMAX 3D

AQUASCOPE

★★ PAVILLON DE LA VIENNE

mur video simulateur

★★ TAPIS MAGIQUE

le Lac

ASTRATOUR ★★

★★★ IMAGIC

CYBER AVENUE

LE MONDE DES ENFANTS

PAYSAGES D'EUROPE

CINÉ-JEU

Premiers soins
Relais bébés

Labyrinthe aux oiseaux

Change

Objets trouvés
Relais bébés

Billetterie

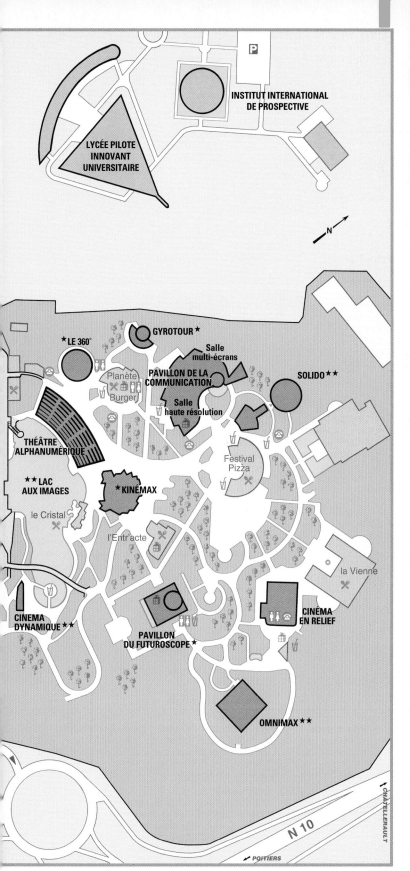

INSTITUT INTERNATIONAL
DE PROSPECTIVE

LYCÉE PILOTE
INNOVANT
UNIVERSITAIRE

N

★ LE 360°

GYROTOUR ★

Salle
multi-écrans

Planète
Burger

PAVILLON DE LA
COMMUNICATION

SOLIDO ★★

Salle
haute résolution

THÉÂTRE
ALPHANUMÉRIQUE

Festival
Pizza

★★ LAC
AUX IMAGES

le Cristal

★ KINÉMAX

l'Entr'acte

la Vienne

CINEMA
DYNAMIQUE ★★

CINÉMA
EN RELIEF

PAVILLON
DU FUTUROSCOPE ★

OMNIMAX ★★

N 10

CHÂTELLERAULT

POITIERS

carnet d'adresses

OÙ DORMIR

• À bon compte

Chambre d'hôte Ferme du Château – 86170 *Martigny – 3 km à l'O du Futuroscope dir. Avanton –* ☎ *05 49 51 04 57 – 3 ch. : 240/280F.* Ne vous attendez pas à dormir au château ! Ici, les chambres, au décor campagnard, sont aménagées dans les anciennes dépendances, coquettement rénovées. Le petit déjeuner est servi dans le vaste jardin en été. Une étape agréable pas très loin du Futuroscope. Belle piscine.

• Valeur sûre

Chambre d'hôte Château de Labarom – 86380 *Cheneché – 15 km au NO du Futuroscope dir. Neuville et Lencloître, puis D 15 –* ☎ *05 49 51 24 22 – site Internet www.chateau.de.labarom@wanadoo.fr – fermé Toussaint à Pâques –* ⌧ *– 3 ch. : 300/390F.* Vous aurez l'impression de remonter le temps dans ce château des 16e et 17e s. entouré d'un grand parc. Le plancher craque, les meubles sont patinés, les chambres spacieuses et l'accueil fort aimable. Ne manquez pas l'imposant pigeonnier classé et ses 280 boulins.

OÙ SE RESTAURER

• Valeur sûre

Le Roller – *Téléport 3 – bd René-Descartes – 86961 Futuroscope Chasseneuil –* ☎ *05 49 49 09 09 – fermé le midi sf dim. – 110F.* Pour prolonger l'aventure après la visite du parc, passez une soirée dans ce temple des années 1960. Salle circulaire sur trois étages, vieilles voitures, piste de danse, banquettes roses ou vertes, service en roller, rock acrobatique... et à table, de grandes assiettes composées.

Informez-vous

Le Pavillon du Futuroscope★

Construit en 1986, il exhibe une sphère blanche posée dans un prisme de verre conçu à partir du nombre d'or (1,618), déjà utilisé par les Égyptiens pour élever les pyramides. Vous y verrez des expositions temporaires, un espace **Hologrammes** de 400 m^2.

Le Pavillon de la communication

350 places. Ce pavillon fut construit en 1989. Des lamelles courent sur la façade blanche et ondulante du pavillon, interrompues par un élément architectural en forme de goutte d'eau. Le pavillon abrite la **salle haute résolution** qui entraîne le spectateur à la découverte des paysages de la région Poitou-Charentes, et la **salle multi-écrans** qui évoque l'épopée de la communication, des tam-tams aux autoroutes de l'information.

Le Pavillon de la Vienne★★

Ce pavillon fut construit en 1994. Sur sa façade vitrée, l'eau coule en cascade, recueillie dans un bassin que l'on traverse sur une passerelle pour entrer dans le bâtiment.

Le mur vidéo – *192 places.* Ce mur d'images, composé de **850 moniteurs** vidéo formant un écran de 162 m^2, est piloté par ordinateur.

Effets spéciaux

Imagic★★★

600 places. Un drôle de magicien (Jean-Claude Dreyfus) va se trouver aux prises avec son propre clone. Des images flottant dans l'air, apparitions, disparitions, animent le film auquel participent les acteurs Roland Blanche et Darry Cowl.

Rien que pour vos yeux

Le Kinémax★

420 places. On ne connaît que lui et sa masse de cristaux de roche géants. Édifié dès la création du site en 1987, c'est la référence architecturale du parc. À l'intérieur du bâtiment, un **écran plat de 600 m^2** attire le spectateur au cœur de l'image.

L'Omnimax★★

351 places. Un vaisseau de verre posé en inclinaison sur la terre renferme une gigantesque sphère. Ce cube transparent s'ouvre sur un **écran de 900 m^2**, permettant de couvrir les 180° du champ visuel. Un océan d'images est diffusé par un objectif « fish-eye » depuis la salle de projection installée sous les sièges.

CYBER COOL

Cyber Avenue – Scintillant de lumières fluorescentes, un espace souterrain de 800 m^2 présente les dernières nouveautés en matière de jeux vidéo (payants). **Cyber Média** – Cet espace (800 m^2) plonge le visiteur dans le monde cybernétique.

PÔLE POSITION

Le Kinémax, on ne connaît que lui et sa masse de cristaux de roche géants. Édifié dès la création du site, c'est la référence architecturale du parc.

Le Tapis magique★★
246 places. Cet édifice aux tubes anthracite vous fera ►
décoller sur son tapis magique... Grâce à deux écrans –
l'un **vertical (672 m²)**, l'autre **horizontal (748 m²)**,
placé à 25 m sous vos pieds (plancher de verre) –, vous
aurez l'impression de vous envoler.

INSTANTS VOLÉS
Sur le tapis magique,
on regarde le monde avec
les yeux d'un papillon.

Le 360°★
450 places debout. Vaste salle circulaire dont les parois
portent **9 écrans**. Au cœur de l'action, c'est vous qui
choisissez votre propre vision du film parmi les images
diffusées par 9 projecteurs synchronisés électronique-
ment, sur les 272 m² d'écran.

Images 3 D

Le Cinéma en relief
420 places. Chaussé de lunettes polarisantes, vous avez
l'illusion de côtoyer les personnages du film grâce à la
projection de deux images légèrement décalées.

L'Imax 3 D★★★
578 places. Une gigantesque mire quadrillée, où s'est
nichée une sphère, évoque le phénomène de la profondeur de champ. Dans ce pavillon à **écran plat (600 m²)**
vous allez vivre les aventures intrépides du héros d'une
fiction. Vous serez équipé de lunettes à verres polari-
sants.

*Le Solido : cet édifice
sphérique fait penser
à la grande coupole
d'un observatoire.*

Le Solido★★
295 places. Équipé de lunettes à cristaux liquides, vous
pénétrez dans l'espace Omnimax où le procédé restitue
le relief sur un **écran de 900 m²**. Parfois la tentation étant
trop forte, vous serez surpris à tendre les bras dans
l'espoir de saisir un objet venant à votre rencontre !

Remuant

Cinéma Dynamique★★
45 places. Cette construction en terrasses abrite un ►
cinéma de mouvement dans une version très remuante.

Astratour★★
80 places. Même technique que le cinéma dynamique...
émotions garanties !

POUR VIBRER
Attention ! la banquette
sur laquelle vous allez
vous asseoir est montée
sur **vérins hydrauliques**.
Départ décoiffant pour le
pays de l'image virtuelle
(60 images par seconde)...

Le simulateur
192 places, situé dans la Pavillon de la Vienne. Face à un
écran de 300 m², le spectateur vit intensément le
film, grâce à l'action conjuguée des mouvements
imprimés à son siège et à la parfaite synchronisation
des images.

Interactif

L'Aquascope
268 places. Ce bâtiment abrite un écran semi-cylindrique
(146°) de 248 m². Derrière un pupitre muni d'une
console informatique, le visiteur est invité à tester ses
connaissances sur l'eau.

Ciné-Jeu
192 places. Équipé d'une palette à réflecteurs rouges et
verts, chaque joueur intervient en temps réel en visant
les images projetées sur un écran vidéo géant de 18 m².

Plein air

La Gyrotour★
Une gigantesque roue aux allures de bobine de film ►
s'élève à l'horizontale vers son sommet, en tournant
autour d'un long pylône.

GRANDISSEZ !
Parvenu à 45 m de
hauteur, on a une **vue**
extraordinaire du parc.

Le Lac aux Images★★
et son théâtre alphanumérique
La nuit, lumières, effets laser, projections sur écrans
d'eau et feux d'artifice se mêlent aux jeux d'eau pour former un ballet féerique. Ce lac propose un spectacle où
des jets d'eau jaillissent au rythme de la musique.

Des jeux de plein air, des jeux aquatiques, et une salle de découverte sont prévus pour les enfants.

Le Monde des Enfants
Une grande partie de ces jeux fonctionnent avec des jetons *(payants)*.

Les paysages d'Europe
À bord de bateaux tractés par un câble d'acier, on est convié à une promenade à travers différentes régions européennes.

AUTOUR DU PARC
Le Futuroscope, c'est aussi des centres de formation et des entreprises axés sur la haute technologie et la communication.

L'aire de formation
Ce site regroupe des établissements d'enseignement et de recherche.

Lycée pilote innovant universitaire – Ce bâtiment a été créé par l'architecte Denis Leming. Il abrite des salles de classe de la seconde à bac + 5.

CNED – Le direction générale du Centre national d'enseignement à distance occupe un édifice dont la façade principale se présente comme une immense lame de verre inclinée vers le ciel.

ENSMA – L'École nationale supérieure de mécanique et d'aérotechnique forme des ingénieurs dans les domaines de l'aéronautique et de l'espace.

Institut international de prospective – Cette construction en forme de lotus blanc accueille des colloques et des conférences.

Le Téléport
Une cinquantaine d'entreprises (créatrices d'images, de logiciels, etc.) se partagent cet espace à la pointe du progrès dans le domaine des techniques de télécommunication.

Le Palais des Congrès
Un nouveau bâtiment remplace celui qui était initialement inséré dans le Parc.

Gençay

Ici le visiteur se retrouve dans l'intimité des traditions du Poitou : négoce de bestiaux, volailles, beurre et fromages. Parmi des monuments d'une robustesse paisible, le château de la Roche-Gençay évoque l'action des chevaliers de l'ordre de Malte, les lointains ancêtres des médecins sans frontières.

La situation
Cartes Michelin n°ˢ 68 pli 14 ou 233 pli 8 – Vienne (86) – Schéma p. 269. Sur la route de Poitiers à 25 km au Sud, un pont enjambe la Clouère bordée de peupliers, près des ruines imposantes du château du 13ᵉ s. où Jean le Bon aurait été enfermé.
🛈 *Pl. du marché, 86160 Gençay,* ☎ *05 49 59 47 37.*

Le nom
Gençay, j'en sais rien... Mais si ! L'origine du nom serait un nom propre romain, *Gentius* qui donna *Gentiacus* puis Gençay.

Les gens
1 580 Gencéens. Le roi Jean le Bon, après sa défaite face aux Anglais à Nouaillé-Maupertuis (1356), près de Poitiers, a été détenu à Gençay.

visiter

Église de St-Maurice-la-Clouère

0,5 km, sur la rive droite de la Clouère. De style roman
poitevin, elle se distingue par des dispositions originales : plan en forme de trèfle, clocher fortifié dont les
angles sont renforcés de tourelles à échauguettes. Des
peintures murales montrent un Christ en majesté du
14ᵉ s. à la voûte en cul-de-four du chœur et une Visitation du 16ᵉ s. sur le côté droit.

> **ATTARDEZ-VOUS**
> Sur le portail du collatéral
> gauche avec ses voussures
> délicatement sculptées,
> l'abside et les absidioles
> à contreforts-colonnes.

Château de la Roche-Gençay

*Juin-sept. : visite guidée (3/4h) 9h-11h, 14h-18h ; avr.-mai :
14h-18h ; oct.-nov. : dim. et j. fériés 14h-18h ; déc.-mars :
sur demande (2 j. av.). Fermé 1ᵉʳ janv. et 25 déc. 35F (enf. :
18F). M. Garin. ☎ 05 49 59 49 55 ou 05 49 59 31 07.*
1,5 km au Sud par la D 13. Entre deux parcs (18ᵉ s.), vous
découvrez la façade du château mi-gothique flamboyant,
mi-Renaissance, et une chapelle fin 15ᵉ s. L'autre façade
et les communs sont d'époque Louis XIII.

Musée de l'Ordre de Malte – Il est aménagé dans les
communs du château. À l'origine ordre des Hospitaliers
de Saint-Jean de Jérusalem, il fut fondé en 1099 afin de
secourir les pèlerins et les chrétiens malades. En 1113,
pour assurer la protection des chrétiens contre les
musulmans, les hospitaliers se militarisèrent. La chute
de Jérusalem, en 1187, entraîna l'installation de l'ordre
à St-Jean-d'Acre, puis à Chypre en 1291 et Rhodes en
1309. Les hospitaliers qu'on appelait alors chevaliers de
Rhodes, restèrent dans la cité jusqu'en 1522 avant d'être
chassés par les Turcs. En 1530, Charles Quint leur
donna l'île de Malte, ils prirent alors le nom de chevaliers de Malte. Bonaparte, en 1798, envahit l'île, les chevaliers se dispersèrent et, en 1831, s'installèrent à
Rome.

> **ORDRE DE MALTE**
> L'ordre, fondé en 1099,
> existe toujours mais n'est
> plus du tout militarisé.
> Il se consacre entièrement
> à l'action humanitaire
> internationale et possède
> de nombreux hôpitaux
> à travers le monde.

*Le pont-levis ayant
disparu, il a fallu innover !
Il vous faudra passer par
l'épreuve de la passerelle
de bois pour accéder au
château de Gençay.*

Les Herbiers

C'est un point de départ idéal pour une balade à la
découverte des moulins de Vendée, de la célèbre
abbaye Grainetière et du mont des Alouettes. Sans
en avoir l'air, la ville est un important centre économique où l'on peut se vêtir et se chausser à bons
prix dans des magasins d'usine.

La situation

*Cartes Michelin nᵒˢ 67 pli 15 ou 232 pli 42 – 19 km au Nord-
Ouest de Pouzauges – Vendée (85).* Cette petite ville est
agréablement située sur une butte dominant la Grande
Maine à 19 km au Nord-Ouest de Pouzauges.
🛈 *10 r. Nationale, 85500 Les Herbiers,* ☎ *02 51 92 92 92.*

carnet d'adresses

OÙ DORMIR

● *À bon compte*

La Métairie du Bourg – *5 km au NE des Herbiers par D 755, puis D 11 et rte secondaire* – ☎ *02 51 67 23 97* – ⊠ – *3 ch : 200/300F.* Cette vieille ferme typiquement vendéenne, qui fait de l'élevage de bovins, reçoit ses hôtes dans des chambres spacieuses et soignées. Les bons vivants apprécieront son accueil chaleureux et ses petits déjeuners copieux... Bon rapport qualité/prix.

OÙ SE RESTAURER

● *À bon compte*

Auberge du Mont Mercure – *Près de l'église – 85700 St-Michel-Mont-Mercure –* ☎ *02 51 57 20 26 – fermé 6 au 20 sept., vac. scol. de fév., mar. soir et mer. sf été – 75/175F.* En haut du village, cette auberge familiale est une adresse simple et chaleureuse. Sous sa belle charpente de bois, on s'attable avec plaisir autour de la cuisine du patron, préparée avec des produits frais. Ses prix ont su rester sages. Menu enfant.

Le nom

D'où vient-il ? On se le demande. Sur les landes alentour, on trouve bien genêts et ajoncs, mais de là à en faire des herbiers...

Les gens

Les Herbretais passent l'essentiel de leur temps à la fabrication de vêtements et de chaussures, et à la construction de bateaux de plaisance.

comprendre

Le pays des moulins – Les hauteurs environnantes eurent longtemps une importance militaire. Les Romains avaient établi une chaussée épousant la ligne des crêtes et un temple couronnait le mont Mercure. Dans d'innombrables moulins à vent, on venait moudre blé et seigle des riches plaines voisines, parfois même à la nuit tombée, lorsque le vent arrivait de la mer. Mais l'utilisation de ces moulins, pendant la Révolution, comme télégraphes optiques (grâce à la position des ailes, les Vendéens

En pierre, le moulin vendéen, comme celui du mont des Alouettes, a la forme d'une tour cylindrique. Il est coiffé d'une toiture mobile, souvent revêtue de bardeaux (petites planches), et à laquelle sont fixées les ailes.

pouvaient indiquer les mouvements de l'ennemi) leur valut souvent d'être incendiés par les troupes républicaines. La mécanisation au 19e s. mit un terme à l'activité des derniers moulins. On s'attache de nos jours à les restaurer et à les faire fonctionner.

visiter

Église
Elle présente un puissant clocher-porche au portail flamboyant qu'encadrent les effigies de saint Pierre et saint Paul.

Chemin de fer de la Vendée★
&♿ *Juil.-août : dép. de Mortagne-sur-Sèvre mer., ven., w.-end à 15h ; juin et sept. : dim. à 15h. 70F AR, 55F A.* ☎ *02 51 63 02 01.*
Ce train circule en saison sur l'ancienne voie reliant Les Herbiers à Mortagne-sur-Sèvre. C'est une façon sympathique de découvrir une partie du bocage vendéen (22 km), avec une halte à la gare des Épesses.

Gare des Épesses
3 km à l'Est par la D 11. Elle se trouve sur la ligne Les Herbiers-Mortagne et possède l'architecture caractéristique des gares de village du début du 20e s.

Musée de l'Histoire des Chemins de fer en Vendée – *De mi-juin à mi-sept. : tlj sf mar. 9h-12h, 14h-18h. 10F, gratuit pour les passagers du « Chemin de fer de la Vendée ».* ☎ *02 51 66 95 55.*
Installé dans la gare, il évoque à travers affiches, objets et documents, le passé du réseau ferroviaire.

circuit

ROUTE DES MOULINS★
Circuit de 90 km – environ une journée
Quitter Les Herbiers par l'Ouest en empruntant la N 160 en direction de La Roche-sur-Yon.

Forêt des Bois-Verts
Ce petit bois où se cache un étang est un lieu de promenade et de pique-nique très fréquenté dès les beaux jours.
Revenir sur la N 160 que l'on poursuit pendant 4 km, puis prendre à gauche.

Abbaye N.-D.-de-la-Grainetière
10h-19h. 10F. ☎ *02 51 67 21 19.*
À la lisière de la forêt de Soubise, elle fut fondée en 1130 par des bénédictins venus du monastère de Fontdouce, près de Saintes. Sous l'impulsion des seigneurs de la région, l'abbaye fut suffisamment puissante au 13e s. pour entreprendre les fortifications lui permettant de soutenir le siège des Anglais en 1372. Mais au 15e s. le règne des abbés engendra un déclin, qui s'aggrava durant les guerres de Religion ; les troubles révolutionnaires et les guerres de Vendée achevèrent, à la fin du 18e s., de ruiner le monastère. Transformé ensuite en exploitation agricole et utilisé comme carrière, il fit l'objet d'une restauration à partir de 1963. Depuis 1978, un prieuré bénédictin s'est établi dans l'abbaye. En face du cloître, la salle capitulaire du 12e s. conserve ses voûtes reposant sur des piliers de granit. Trois absidioles représentent les seuls vestiges de l'église abbatiale. Quant aux fortifications, elles se réduisent aujourd'hui à la tour Sud-Ouest, dite tour de l'Abbé, munie d'une meurtrière.
Revenir au carrefour et prendre à droite. Après 500 m, tourner à droite.

DU VENT DANS LES TOILES
Pour amener les ailes au vent, on manœuvre la toiture à l'aide du **guivre**, longue poutre descendant jusqu'au sol. Les ailes en bois sont tantôt couvertes de toile (jadis du chanvre), tantôt constituées de lamelles de bois articulées selon le **système Berton**, inventé en 1848.

Du cloître, ne subsiste que le côté Ouest, constitué d'une galerie aux fines colonnes jumelées.

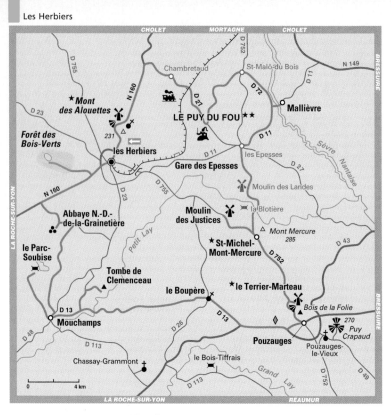

Mouchamps

Mouchamps a vu naître le **commandant Guilbaud**, disparu en 1928 dans les glaces arctiques alors qu'il se portait avec son hydravion, le *Latham 47*, au secours du dirigeable *Italia*.

Depuis le 17ᵉ s., époque où les Rohan, seigneurs du Parc-Soubise, soutenaient le parti huguenot, le bourg est resté citadelle protestante en pays papiste ; les maisons catholiques se distinguaient des autres, il y a encore peu de temps, par une croix blanche tracée au-dessus de la porte.

Quitter Mouchamps par le Nord-Ouest en empruntant la D 13.

> **Osé**
>
> Henri IV s'arrêta ici en 1589 et y entreprit la conquête de sa cousine, la fière Anne de Rohan. Au séducteur qui lui demandait par où il fallait passer pour se rendre à sa chambre, la jeune fille aurait répondu : « Par la chapelle, Sire ! »

Château du Parc-Soubise

◀ Longtemps domaine des Rohan-Soubise, le château, des 16ᵉ et 17ᵉ s., a été brûlé en 1794 par les « colonnes infernales » qui y massacrèrent 200 femmes, vieillards et enfants ; la toiture seule a été restaurée.

Revenir à Mouchamps et poursuivre vers l'Est sur la D 13.

Tombe de Clemenceau

La route suit le vallon du Petit-Lay et aboutit à la ferme-manoir (16ᵉ s.) du **Colombier**, qui appartenait à la famille

L'étang du château-Soubise, qui s'étend sur 28 ha, est entouré de vieux chênes.

Clemenceau. Au terme de la route, poussez le portail qui ouvre, à gauche, sur une allée bordée d'arbres où apparaît une stèle ornée d'une effigie de Minerve, que le « Tigre » fit ériger de son vivant. En contrebas, sur la pente descendant vers le Petit-Lay, se cachent la tombe de Clemenceau et celle de son père, veillées par un cèdre.

Revenir sur la D 13 en direction de Pouzauges.

Église du Boupère

Édifiée au 13ᵉ s., elle a été fortifiée au 15ᵉ s. Sa façade est encadrée de contreforts percés de meurtrières et de canonnières, et surmontés de deux échauguettes que relie un chemin de ronde à mâchicoulis. Les côtés sont défendus par des bretèches.

Poursuivre sur la D 13, puis prendre à gauche la D 960.

Pouzauges *(voir ce nom)*

Quitter Pouzauges par le Nord-Ouest en empruntant la D 752, direction Les Herbiers.

Moulins du Terrier-Marteau★ *(voir Pouzauges)*

Revenir sur la D 752 en direction des Herbiers.

La route descend dans un vallon séparant Pouzauges de St-Michel-Mont-Mercure.

St-Michel-Mont-Mercure★

Cette localité essaime ses maisons de granit autour de l'église dédiée à saint Michel dont le culte a succédé à celui de Mercure, protecteur des voyageurs. L'**église**, moderne (1898) et haute de 47 m, est visible à plusieurs lieues à la ronde. Une gigantesque statue de cuivre (9 m de haut) de saint Michel la surmonte.

Clocher – *Ouv. tlj en dehors des offices. 4F. ☎ 02 51 57 20 32.* Les courageux qui graviront les 194 marches seront récompensés de leurs efforts. Du sommet, découvrez un immense **panorama**★★ jusqu'à la mer.

Quitter St-Michel-Mont-Mercure par le Nord-Ouest en empruntant la D 755, direction Les Herbiers.

Moulin des Justices

De mi-mars à fin sept. : visite guidée (1/4h) 15h-19h (de mi-juin à mi-sept. : 10h-12h, 14h30-19h). 15F. ☎ 02 51 57 79 09. Ce moulin de la fin du 19ᵉ s. est perché à 275 m sur une butte où l'on rendait la justice, d'où son nom. Il est coiffé d'un toit orientable par un treuil intérieur et couvert de bardeaux. Ses ailes ont une largeur variable, grâce à leurs lamelles de bois articulées se déployant selon le système Berton.

Revenir à St-Michel et prendre à gauche sur la D 752.

Passé St-Michel, la route, en lacet, franchit un vallon. Puis on arrive à proximité d'une butte couronnée d'un moulin sans ailes (moulin des Landes) avant d'atteindre Les Épesses où deux églises apparaissent côte à côte.

Mallièvre

Cette ancienne cité du tissage domine la vallée de la Sèvre Nantaise. Le village peut être sillonné à pied en parcourant le **sentier Génovette**, un circuit de fontaines jalonné de bornes sonores.

Maison de l'Eau – *D'avr. à mi-oct. : dim. et j. fériés 14h-19h (de mi-juin à mi-sept. : tlj 10h-12h, 14h-19h). 30F. ☎ 02 51 65 33 99.*

On trouve à l'entrée une fluorescente horloge à eau. Puis le visiteur est invité à franchir le **couloir du néant** relatant la formation du big-bang et l'apparition de l'eau. Un parcours initiatique (avec jeux pédagogiques) est proposé à travers plusieurs salles où l'on apprend à mieux connaître le précieux liquide, de la première pluie (4,4 milliards d'années) au problème actuel de son économie. Une pièce est consacrée à l'histoire locale où de nombreux moulins utilisaient l'énergie de la Sèvre pour la fabrication des tissus.

Quitter Mallièvre en repassant la Sèvre Nantaise, puis prendre sur la droite la D 72 vers St-Mâlo-du-Bois.

> **HORIZON**
> Le bocage, vu de haut, ressemble à une forêt touffue. On distingue au Sud le bois de la Folie, près de Pouzauges, au Nord le mont des Alouettes, près des Herbiers.

Le moulin des Justices produit, aujourd'hui, de la farine biologique. Une bonne adresse pour votre pâte à crêpes.

Le Puy du Fou★★ *(voir ce nom)*

Prendre la D 27 vers le Nord pour rejoindre la route de Cholet.

Mont des Alouettes★

CASQUES AILÉS
Ce site (231 m de haut) tient son nom des alouettes de bronze qui décoraient les casques des légionnaires gaulois de l'armée romaine ayant campé en ces lieux.

En 1793, on y comptait six moulins. Durant les guerres de Vendée, les Blancs se servaient des ailes de ceux-ci pour émettre des signaux ; tous les moulins furent alors incendiés. Après maintes autres péripéties, l'un d'eux a été remis en service en 1989. Ces moulins sont typiques de la région, avec leur guivre fait d'un chêne à peine dégrossi, qui s'engage sous le toit en forme de cône, couvert de bardeaux (petites planches). L'un est dédié à l'écrivain vendéen Jean Yole.

Moulin – *Avr.-sept. : tlj sf lun. et mer. 9h-19h (juil.-août : tlj) ; oct.-mars : sur demande. 15F.* ☎ *02 51 67 16 66.*

L'un d'entre eux, encore en activité, moud le blé, grâce à ses ailes garnies de voiles. La petite chapelle en granit, de style gothique troubadour, a été édifiée à partir de 1823. L'édifice n'a été clôturé et vitré qu'en 1968.

La **vue★★** se dévoile, immense, vers Nantes, la mer et, en direction de Pouzauges, la chaîne des collines où pointe l'église de St-Michel-Mont-Mercure. On est saisi par la nature mystérieuse et redoutable de ce bocage coupé de haies et de petits bois.

Poursuivre sur la N 160 qui ramène aux Herbiers.

Jarnac

Victime d'un coup de Jarnac ? Venez trouver du réconfort au cœur de la Champagne charentaise. À quelques kilomètres de Cognac, dans le décor tranquille de la ville natale de François Mitterrand, on apprend tout sur la distillation du cognac.

OÙ SE RESTAURER
La Ribaudière – *16200 Bourg-Charente – 6 km à l'O de Jarnac par N 141 et rte secondaire* – ☎ *05 45 81 30 54 - fermé 1er au 15 nov., 1er au 21 fév., dim. soir et lun. – 140/330F.* Derrière la façade pimpante de cette maison, un décor confortable avec mobilier contemporain et tables bien espacées, sert de cadre à une cuisine inventive. Soupe de cèpes et foie gras de canard en hiver ou tarte fine aux tomates et langoustines en été : laissez-vous séduire...

La situation

Cartes Michelin nᵒˢ 72 pli 12 ou 233 pli 28 – Charente (16). Située sur la rive droite de la Charente à 14 km à l'Est de Cognac, la ville est nichée dans la verdure. La N 141 entre Saintes et Limoges passe par Jarnac.

🛈 *Pl. du Château, 16200 Jarnac,* ☎ *05 45 81 09 30.*

Le nom

Agannagum (8ᵉ s.), puis *Agernacum* (12ᵉ s.) viendrait d'un nom de personne d'origine germanique, *Agarnus*. Le A a été perdu en route...

Les gens

4 786 Jarnacais. **François Mitterrand** (1916-1996), ancien président de la République française (élu en 1981 et réélu en 1988), est né à Jarnac dans une famille catholique de huit enfants. Il a souhaité être inhumé dans la terre de son enfance, au cimetière des Grand's Maisons, à l'Ouest de Jarnac.

LE COUP DE JARNAC

En 1547, Gui Chabot, **baron de Jarnac**, est offensé par le seigneur de la Châtaigneraie, un familier du roi Henri II, et le provoque en duel. Chabot sait que son adversaire est redoutable, aussi s'entraîne-t-il au combat avec un maître d'armes italien qui lui apprend une botte secrète. La rencontre a lieu le 10 juillet 1547 à St-Germain-en-Laye, en présence du roi, de la reine, de Diane de Poitiers et de la cour. Jarnac est sur le point d'être vaincu, la Châtaigneraie s'apprêtant à lui porter le coup mortel. C'est là qu'il pratique la botte régulière, mais imprévue, qui coupe le jarret de son rival. Depuis, on donne le nom de « coup de Jarnac » aux attaques sournoises, une bien grande injustice pour le brave baron.

visiter

Donation François-Mitterrand
D'avr. à fin sept. : tlj sf mar. 14h-18h (juil.-août : tlj 10h-12h, 14h-18h). 20F. ☎ *05 45 81 09 30.*
Ce musée est installé au bord de la Charente dans un ancien chai de cognac réhabilité en espace culturel dit de l'Orangerie. La bibliothèque conserve l'intégralité des discours prononcés par le président Mitterrand lors de ses deux septennats. Après la Nièvre, la Charente accueille la quatrième donation de l'ancien président de la République. Présentée dans un vaste espace vitré, l'exposition rassemble une partie des œuvres (céramiques, gravures, peintures, sculptures...) provenant du monde entier, offertes au président pendant ses quatorze ans de mandat. En sortant, ne manquez pas la lecture du livre d'or.

Église
Ancienne abbatiale du 11ᵉ s., elle présente un clocher carré revêtu d'arcatures aveugles. L'étage est ajouré de deux baies à colonnettes. La crypte du 13ᵉ s. renferme des vestiges de peintures murales.

François Mitterrand inaugura en mars 1995 sa donation charentaise.

Devinez pourquoi les chais des grandes maisons de Cognac bordent les rives de la Charente ?

découvrir

L'ÉLABORATION DU COGNAC

Maison Courvoisier
&. *Mai-sept. : 9h30-18h ; avr. et oct. : tlj sf w.-end 9h30-13h, 14h-18h. Fermé 1ᵉʳ mai. Gratuit.* ☎ *05 45 35 56 16.*
Pl. du Château. Un petit **musée** *(entrée : près du pont)* retrace l'histoire de la distillerie et les étapes de l'élaboration du cognac. La silhouette de Napoléon Iᵉʳ sur les bouteilles de cette marque rappelle qu'Emmanuel Courvoisier, le fondateur, approvisionnait l'Empereur et que l'entreprise fut décrétée en 1869 fournisseur de la cour de Napoléon III.
On visite également un chai où l'on assiste à une projection de diapositives, sur une sphère.

Maison Louis Royer
Fermé en 1999, se renseigner pour la réouverture.
Quai de la Charmille. Par une entrée décorée d'une belle marqueterie, le visiteur pénètre dans « l'Espace Voyage ». Ce lieu d'accueil original présente l'univers du cognac, de la vigne à l'exportation dans le monde entier. Après ce voyage initiatique, on part à la découverte des chais de vieillissement.
Une exposition temporaire et des ateliers reconstitués évoquent les métiers liés au cognac.

circuit

VALLÉE DE LA CHARENTE★

Circuit de 55 km – environ 1/2 journée
Quitter Jarnac par l'Est en empruntant la D 22 qui remonte la Charente par la rive droite.

Abbaye de Bassac

Désaffectée à la Révolution, l'abbaye fut rendue à la vie religieuse, en 1947, par les frères missionnaires de Ste-Thérèse-de-l'Enfant-Jésus. Les saints Liens ayant servi à attacher le Christ lors de la Flagellation y auraient été conservés dans l'abbaye.

Église★ – La façade de style roman saintongeais fut pourvue au 15ᵉ s. de défenses : un pignon percé de meurtrières et flanqué d'échauguettes. Durant la Révolution une main patriote y traça la parole de Robespierre : « Le peuple français reconnaît l'Être suprême et l'immortalité de l'âme. »

À l'intérieur de l'édifice, la nef unique à chevet plat, couverte de voûtes bombées, témoigne de l'expansion du style gothique angevin. À droite : panneau peint du 17ᵉ s. représentant la Mise au tombeau. Le vaste chœur des moines a été réaménagé au début du 18ᵉ s. : la clôture à laquelle s'adossent deux petits retables, les 40 stalles finement sculptées, le monumental aigle-lutrin, le retable du maître-autel sont l'œuvre des pères bénédictins aidés par des artisans locaux. Ce décor sobre et élégant s'adapte parfaitement à l'architecture médiévale du sanctuaire.

Bâtiments conventuels – *Visite guidée (1h) 15h-18h.* ☎ 05 45 81 94 22.

Ils ont été reconstruits aux 17ᵉ et 18ᵉ s. Une majestueuse porte encadrée de pilastres ioniques, suivie d'un long passage voûté d'ogives, conduit à l'ancien cloître. Les galeries du cloître ont été démolies en 1820 (les amorces sont visibles le long des murs), mais les bâtiments monacaux subsistent, surmontés de charmantes lucarnes à frontons. On voit, au rez-de-chaussée, la salle capitulaire aujourd'hui chapelle (belle voûte du 17ᵉ s. ; vitraux de facture moderne, 1954), le chauffoir, la cuisine, l'escalier à balustres dans l'aile Sud. Devant la façade sur la Charente s'étend un jardinet en terrasses.

Poursuivre sur la D 22. À Vibrac suivre la D 72.

St-Simeux

Village fleuri, étagé au bord de la Charente.
Du pont de la D 422 vers Mosnac, on a une charmante **vue★** sur une anse du fleuve qui borde un moulin à eau et sur St-Simeux dominé par son église.

Poursuivre sur la D 84.

EFFICACE ?

La statue de saint Nicolas (probablement du 13ᵉ s.), a les pieds rognés par la caresse de jeunes filles désireuses de trouver un mari.

La tour carrée de l'abbaye de Bassac comporte quatre étages disposés en retrait, de plus en plus ajourés et terminés par une flèche à écailles.

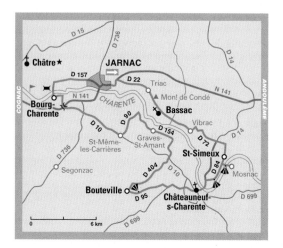

Châteauneuf-sur-Charente

Église St-Pierre – Façade saintongeaise : portail à vous-sures richement sculptées de feuillages, d'animaux, de personnages, et flanqué de deux arcatures aveugles. Le premier étage, séparé du rez-de-chaussée par une corniche soutenue par des modillons sculptés (amusants personnages) est percé d'une baie encadrée de deux statues d'apôtres. À gauche, statue équestre de l'empereur Constantin (décapité).

Quitter Châteauneuf-sur-Charente par l'Ouest en empruntant la D 699, puis, à droite, la D 95.

Bouteville

Portant un nom que les Montmorency illustrèrent, Bouteville se campe sur un socle d'où l'on découvre à perte de vue une campagne qui va, couverte de vignes, suivant les contours de la Charente, d'Angoulême à Cognac. Non loin du château en contrebas, l'église St-Paul est le seul vestige, très remanié, d'un prieuré bénédictin fondé vers 1028-1029.

COUP D'ŒIL
La route offre, à l'arrivée, une belle **vue**★ plongeante sur le château.

Château – Cet édifice est très délabré. On observe le corps de logis du début du 17e s., encadré de tours rondes, et des murs surmontés de merlons sculptés d'une facture originale.

Quitter Bouteville par le Nord-Est en empruntant la D 404 et rejoindre la D 154. 3 km après Graves, tourner à gauche sur la D 90. À St-Même, prendre à droite sur la D 10.

L'église de Bourg-Charente semble immerger du vignoble.

Bourg-Charente

Sur la rive gauche de la Charente, Bourg-Charente regarde la rivière qui se divise en plusieurs bras, enserrant des îles basses, tapissées de prairies.

Église – De style roman saintongeais, sa façade à trois étages est surmontée d'un fronton triangulaire. Remarquez son plan en forme de croix latine et l'alignement des trois coupoles sur pendentifs.

ZOOM
Sur le mur de gauche de la nef, remarquez une fresque du 13e s. représente l'Adoration des Mages.

Château – Élevé sur une butte, de l'autre côté de la Charente, il date d'Henri IV. Son pavillon, imposante bâtisse à baies surmontées de frontons et de hauts toits à la française, est caractéristique de l'époque.

Franchir la Charente pour rejoindre la D 157 qui ramène à Jarnac par la rive droite.

Jonzac

Dans cette station thermale placée au cœur du Cognaçais, on peut venir faire une cure... ou bien se laisser aller à quelques excès en partant en quête des eaux-de-vie et du pineau des Charentes jonzaçais !

OÙ DORMIR ET SE RESTAURER
Le Vieux Logis – 6 km au N de Jonzac par D 142 – ☎ 05 46 70 20 13 – fermé 10 au 30 janv. – 85/190F. Arrêtez-vous dans cette ancienne épicerie-café ! Non seulement vous y mangerez bien, en terrasse si le temps le permet, mais en plus vous pourrez profiter des superbes chambres au décor contemporain sobre et élégant installées dans le jardin. Piscine.

La situation

Cartes Michelin n°° 71 pli 6 ou 233 pli 27 – 19 km au Sud-Est de Pons – Charente-Maritime (17) – Schéma p. 274.
Le pont de pierre qui enjambe la Seugne en amont permet d'apprécier idéalement le site de Jonzac. Sur la rive droite, deux collines : l'une porte le quartier de l'église, l'autre la « cité », jadis ceinte de remparts, englobant le château. Sur la rive gauche, dans le faubourg des Carmes, œuvraient les artisans, mégissiers, tanneurs et tonneliers...
🛈 *25 pl. du Château, BP 43, 17502 Jonzac, ☎ 05 46 48 49 29.*

Les gens

3 998 Jonzaçais. Le château de Jonzac reçut des hôtes illustres : Henri IV en 1609, et 50 ans plus tard Louis XIV, en route pour la signature du traité des Pyrénées et pour son mariage à St-Jean-de-Luz avec l'infante d'Espagne Marie-Thérèse.

Ce n'est peut-être pas la façade du château de Jonzac la plus spectaculaire... mais c'est la plus dégagée !

visiter

Château

De mars à fin nov. : visite guidée (1h) mar. à 15h (juil.-août : mar. et jeu. à 16h). Gratuit. ☎ 05 46 48 49 29.
Par une porte fortifiée du 15e s. on débouche sur une vaste esplanade. La façade Ouest du château est grandiose avec son robuste châtelet du 15e s. et ses tours dont l'une sert de beffroi. De la terrasse avoisinante, vue sur la vallée.

Ancien couvent des Carmes

Tlj sf dim. visite libre de la cour intérieure en dehors des périodes d'expo. (juil.-août : tlj sf lun. 15h-18h). Gratuit. ☎ 05 46 48 49 29.

◄ **ARCHITECTURE**
Ne manquez pas le cloître qui a retrouvé une partie de sa galerie dessinée par des arcs en plein cintre.

Fondé en 1505, ce couvent, ruiné par les guerres de Religion, fut reconstruit au 17e s., puis confisqué comme bien national durant la Révolution. Il a fait l'objet d'une importante restauration. Les chapelles de l'église ainsi que les pièces de l'étage sont occupées par un musée d'archéologie.

Thermes

Ces anciennes carrières exploitées dès le Moyen Âge ont servi de refuge aux protestants au 16e s., et ont été utilisées ensuite comme champignonnières. Des forages réalisés en 1980 y ont révélé l'existence d'une profonde nappe d'eau (65-68°) aux propriétés thérapeutiques. On y a ouvert une station thermale spécialisée dans le traitement de l'arthrose.

alentours

Château de Meux

Juin-sept. : tlj sf mar. 14h30-18h30 ; oct.-mai : sur demande. 25F. ☎ 05 46 48 16 61.

7,5 km à l'Est par la D 2. Édifié en 1453 (à la fin de la guerre de Cent Ans) sur les vestiges d'une forteresse du 13e s., le château appartint durant quatre siècles à la famille Chesnel dont deux membres furent chevaliers de l'ordre de Malte. Flanquée d'une tour, la façade, percée de fenêtres moulurées, est précédée d'une tourelle d'escalier polygonale. L'édifice a été renforcé de contre-forts au 18e s. À l'intérieur, l'escalier à vis dessert les différents étages où l'on remarque des cheminées de pierre blanche sculptée.

> **MANOIR-FERME**
> Le château est entouré de dépendances. Regardez notamment les cuves ou « buroirs » utilisées pour la lessive.

Abbaye de **Ligugé**

Cette abbaye est-elle, comme elle le revendique, le « plus ancien monastère d'Occident » ? Elle abrite aujourd'hui une quarantaine de moines bénédictins qui y vivent suivant la règle : ora et labora – prie et travaille.

La situation

Cartes Michelin nos 68 pli 13 ou 233 pli 8 – Vienne (86) – Schéma p. 269.
L'abbaye est située à 8 km au Sud de Poitiers sur la rive gauche du Clain.

Le nom

Il viendrait du nom d'un Gaulois, un certain *Lucotius*.

Les gens

En quête de spiritualité, l'écrivain J.-K. Huysmans passa une année dans la communauté monastique en 1901, avec le peintre Georges Rouault. Durant la Seconde Guerre mondiale, des personnalités s'y réfugièrent, parmi lesquelles Robert Schuman, un des pères de l'Europe.

visiter

Les fouilles

Pratiquées à partir de 1953, devant et sous la nef de l'actuelle église St-Martin, elles ont permis de dégager une série exceptionnelle d'édifices préromans : villa gallo-romaine, basilique primitive antérieure à 370, découverte en 1956, martyrium (sanctuaire votif) du 4e s., église du 6e s. et basilique du 7e s.
On remarque principalement :
– à gauche, le mur d'une salle de la villa gallo-romaine dont le sol est fait de béton. Le martyrium avait succédé à cette salle ; à droite une arcade de ce martyrium ;
– le croisillon droit de la basilique du 7e s., croisillon formant le soubassement de l'actuel clocher ; voûte de l'an mille ; chapiteau ionique du 4e s. en réemploi ;
– la crypte de la basilique du 7e s. sous la nef de l'église St-Martin. Derrière la crypte, abside de la basilique primitive construite par Martin au 4e s. ;
– l'absidiole gauche de cette même basilique du 7e s. Le pavement composé d'éléments émaillés à motifs géométriques serait le plus ancien de France, dans ce genre.

Le donjon d'Estignac (16e s.) n'est pas accessible au public. Profitez donc de sa vue sur papier !

Église St-Martin

Cette église paroissiale fut reconstruite au début du 16e s. par Geoffroy d'Estissac *(voir Maillezais)*, alors prieur de Ligugé. La **façade** et le clocher flamboyants sont très élégants.

> **PARTAGE**
> Sur l'une des portes Renaissance sculptées, on retrouve l'image de saint Martin partageant son manteau.

SAINT MARTIN

Un officier de l'armée romaine, originaire de l'actuelle Hongrie, se trouve un jour aux portes d'Amiens où il rencontre un mendiant transi de froid. Il coupe alors son manteau en deux pour lui en donner la moitié. Ayant vu en songe le Christ couvert de la moitié de son manteau, il se fait baptiser ; c'est le futur saint Martin. En 361, devenu disciple d'Hilaire, évêque de Poitiers, Martin s'établit dans les ruines d'une villa gallo-romaine de Ligugé et y reste dix ans. Sa foi, sa charité le font connaître et les habitants de Tours viennent le supplier de devenir leur évêque (370) ; il fonde près de Tours le monastère de Marmoutier. Lorsque saint Martin meurt (397) sur les bords de Loire, les moines de Ligugé et ceux de Marmoutier se disputent son corps. Mais les Tourangeaux, profitant du sommeil des Poitevins, mettent le cadavre dans une barque et regagnent leur ville à toutes rames. Un miracle s'opère alors : sur le passage du corps, et bien que l'on soit en novembre, les arbres verdissent, les plantes fleurissent, les oiseaux chantent ; c'est l'été de la Saint-Martin.

ESTHÉTIQUE

Les émaux réalisés par les moines à partir des maquettes de Georges Rouault, Charles Ranc, Georges Braque, Marc Chagall, Alfred Mannessier, Édouard Goerg et Antoni Clavé sont tout simplement superbes.

Monastère

Incorporée dans l'enceinte extérieure, la tour ronde, dite de Rabelais, fut fréquemment habitée par le célèbre conteur de 1524 à 1527, alors qu'il était secrétaire de Geoffroy d'Estissac.

Dans la **galerie d'émaux** est exposée la collection produite par l'atelier et qui a porté dans le monde entier le nom du monastère poitevin. *9h-11h, 15h-17h30, dim. et j. fériés 11h15-12h, 15h-16h15, 17h15-18h. Gratuit.* ☎ *05 49 55 21 12.* Un petit **musée** d'histoire et de géographie monastiques termine la visite. *Mêmes conditions de visite que la galerie d'émaux.*

Loudun

OÙ SE RESTAURER ET DORMIR

Ricordeau – *6 pl. Bœuffeterie* – ☎ *05 49 98 51 42 – fermé lun. sf été et dim. soir – 85/205F.* Cette maison d'angle dont les origines remontent au 15e s. est au cœur de la petite ville. De son passé lointain, il ne reste pas grand-chose mais son décor rénové de nombreuses fois est chaleureux. Plusieurs menus à prix raisonnables. Chambres simples.

Son passé lourd de mystères gardés à jamais par les robustes murs de ses édifices, son rayonnement intellectuel initié par le père de la presse française (Théophraste Renaudot), ont fait de Loudun une ville incontournable dans le Poitou. D'élégants hôtels en pierre des 17e et 18e s., des rues claires et fleuries et de plaisantes promenades ombragées de tilleuls ravissent le visiteur.

La situation

Cartes Michelin nos 67 pli 9 ou 232 plis 45, 46 – Vienne (86). Loudun est à 25 km à l'Est de Thouars. De larges boulevards circonscrivent la ville, située sur une butte. Parkings dans le centre.

🛈 *2 r. des Marchands, 86200 Loudun,* ☎ *05 49 98 15 96.*

Le nom

D'origine gauloise, le nom figurait sur des monnaies mérovingiennes. Loudun vient de *Laucos* suivi de *dunum*, qui donna *Leuduno* puis *Lauduno.* Il signifie colline fortifiée.

Les gens

7 854 Loudunais. Natif de Loudun, **Théophraste Renaudot** (1586-1653) fonda en 1631 le premier journal imprimé en France, *La Gazette.* Il initia également les agences pour l'emploi, les petites annonces, les monts-de-piété et l'Assistance publique. Beau parcours que celui de René Monory : de garagiste à Loudun, il est devenu ministre de l'Éducation et président du Sénat.

comprendre

Les grands procès – **Urbain Grandier** (1590-1634) arrive en 1617 à Loudun. La ville compte alors 20 000 âmes et représente une place de sûreté pour les protestants. Jeune curé formé à Bordeaux, Grandier prend en charge l'église St-Pierre-du-Marché, affichant son esprit tolérant et ne cachant pas son hostilité à l'égard de Richelieu. Ses succès de prédicateur et la liberté de ses mœurs lui attirent de nombreux ennemis. Après la mort du directeur de conscience d'un couvent de Loudun, les sœurs demandent au jeune curé de lui succéder, mais il refuse... C'est alors qu'elles se trouvent possédées par le démon : hallucinations diaboliques, convulsions et débauche nocturne. Des prêtres exorcistes sont convoqués et la mère supérieure sous transe éructe le nom de l'abbé Grandier comme étant le diable. Un procès pour sorcellerie est ouvert contre lui, à l'instigation, dit-on, de Richelieu. Déclaré coupable, le curé est torturé puis brûlé vif sur la place Ste-Croix en 1634.

OUTRAGE

Urbain Grandier écrivit un traité fustigeant le vœu de célibat des prêtres, et reprenant la parole de Dieu de la Genèse : « il n'est pas bon que l'homme soit seul ».

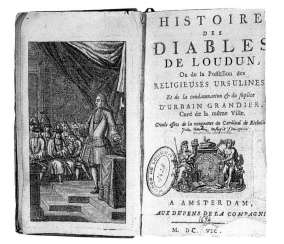

Urbain Grandier continue de faire couler beaucoup d'encre : après le livre du procès publié en 1694, l'écrivain Aldous Huxley a consacré un ouvrage à l'affaire Grandier, The Devils of Loudun *(1952) et le compositeur Penderecki écrivit un opéra (1969).*

Marie Besnard (1896-1980) que l'on appela « l'empoisonneuse de Loudun » est inculpée en 1949, après la mort de son mari, pour onze empoisonnements (son père, sa grand-mère, sa grand-tante, sa sœur, ses beaux-parents, deux cousines, un couple d'amis et son mari). Un mobile apparent se dessine, elle reste seule héritière... Les cadavres de ses présumées victimes sont imprégnés d'arsenic, mais les expertises scientifiques révèlent que le sol du cimetière de Loudun en contient lui-même. Marie Besnard ne cessera de clamer son innocence et sera acquittée, au bénéfice du doute.

ARSENIC ET VIEILLES DENTELLES

À l'ouverture de son procès à la cour d'assises de Poitiers en 1952, Marie Besnard apparaît vêtue d'un manteau de fourrure, et coiffée d'une mantille en dentelle noire...

se promener

La visite à pied prend 2 h, en partant du parking de l'hôtel de ville, rue du Palais. Descendre la rue Renaudot.

Musée Théophraste-Renaudot *(voir « visiter »)*

Église St-Pierre-du-Marché
Fondée en 1215 par Philippe Auguste, elle fut continuée par Saint Louis et coiffée au 15e s. d'une flèche de pierre effilée. Elle présente un imposant portail Renaissance ; anges et médaillons dans les voussures.
Descendre la rue Renaudot et tourner à droite dans la rue des Marchands (Office de tourisme).
Remarquez sur la gauche la place où Urbain Grandier fut brûlé.

Église Ste-Croix
Cette église romane a subi les outrages des guerres de Religion puis de la Révolution, et a servi de marché couvert jusqu'en 1991. Elle abrite aujourd'hui un espace culturel qui organise expositions et concerts. Des peintures murales du 13e s. ont été découvertes lors de sa restauration : sur la voûte en cul-de-four, le Christ en croix avec saint Jean et la Vierge. Le chœur se présente comme un rond-point délimité par des colonnes trapues. À la croisée du transept, les chapiteaux sont sculptés d'anges tenant un blason et de moines portant un livre.

La tour carrée fut découronnée en 1631 sur ordre de Richelieu, en même temps que fut rasé le château adjacent.

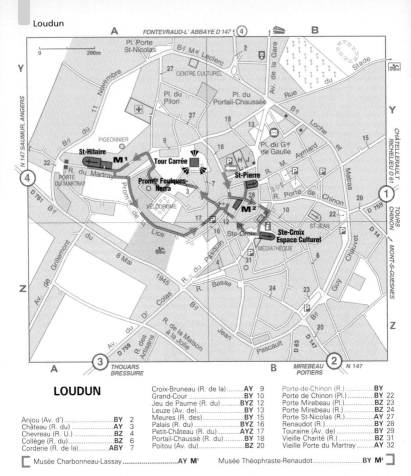

LOUDUN

Remonter la rue du Jeu-de-Paume et rattraper la rue de la Corderie jusqu'à la Tour carrée.

Tour carrée *(voir « visiter »)*

Promenade Foulques-Nerra
Revenir sur ses pas et prendre la rue du Château à droite.
À l'emplacement de l'ancienne forteresse, elle forme une esplanade dominant la campagne. Les tilleuls du mail, les allées sablées et le kiosque à musique composent un agréable tableau provincial.
S'engager à droite dans la rue Philippe-Auguste qui rejoint la rue du Martray.

Musée Charbonneau-Lassay *(voir « visiter »)*

Église St-Hilaire-du-Martray
Commencée au 14ᵉ s., elle s'ouvre sur le côté Sud par un beau portail du 16ᵉ s. aux voussures garnies de niches à dais où s'abritent des anges « thuriféraires » porteurs d'encensoirs.
À l'intérieur, la porte primitive est ornée de rameaux de vignes. Au fond de la nef, derrière le maître-autel, une grande baie est éclairée par une verrière du 19ᵉ s.
Emprunter le chemin de la Glacière qui monte sur la droite et suivre la promenade de la Lice qui longe les anciennes fortifications. Continuer par la rue du Petit-Château et la rue du Palais qui ramène à la voiture.

visiter

Musée Théophraste-Renaudot
Juil.-août : 14h-18h30 ; sept.-juin : 14h-17h30. Fermé 1ᵉʳ nov. et entre Noël et Jour de l'an. 20F. ☎ 05 49 98 27 33.
Cette belle demeure du 16ᵉ s., maison natale de Théophraste Renaudot, a été aménagée en musée de cire

---

RICHELIEU
Au 17ᵉ s., Loudun était une ville où les idées de la Réforme avaient prospéré. En 1630, le cardinal de Richelieu, fort de sa victoire lors du siège de La Rochelle, ordonne la démolition de la forteresse, pour empêcher les protestants de s'opposer à son autorité.

PRIX RENAUDOT

Depuis 1925 ce prix littéraire est décerné par un jury de journalistes. Parmi les lauréats, citons Céline, *Voyage au bout de la nuit* (1932) ; Aragon, *Les Beaux quartiers* (1936) ; Le Clézio, *Le Procès-verbal* (1963) ; Perec, *Les Choses* (1965) ; Annie Ernaux, La Place (1984) ; Dan Franck, *La Séparation* (1991). Deux autres prix, le « Renaudot des lycéens » et le « Petit Théophraste », sont attribués tous les ans par des lycéens et des enfants de Loudun.

retraçant en plusieurs tableaux sa vie et son œuvre. En début de visite, on peut imprimer soi-même la première *Gazette* de 1631. Parmi les pièces, meublées en style Louis XIII, remarquez une imposante presse à bras du 17ᵉ s.

Tour carrée

Juil.-août : 10h30-12h30, 15h-19h ; sept.-juin : dim. et j. fériés 14h-18h. Fermé déc.-janv. 10F. ☎ 05 49 98 15 96.

Dominant Loudun, cette tour de guet, renforcée de contreforts, fut élevée en 1040 par Foulques Nerra, comte d'Anjou de 987 à 1040, et fougueux guerrier. De son sommet *(143 marches)*, beau **panorama** sur les environs.

Musée Charbonneau-Lassay

De mi-juin à mi-sept. : tlj sf mer. 10h-12h, 15h-19h ; de mi-sept. à mi-juin : w.-end et j. fériés 14h-18h. Fermé 1ᵉʳ janv. et 25 déc. 10F. ☎ 05 49 98 08 48.

Installé dans un hôtel particulier du début du 18ᵉ s., le musée abrite une collection réunie par un érudit de Loudun, Louis Charbonneau-Lassay (1871-1946) : outillage de l'âge de pierre, céramiques médiévales, armes blanches, mobilier, peintures, art religieux et artisanat de Loudun. Une salle est consacrée à l' « affaire » Urbain Grandier.

Après Jeanne d'Arc, à quand une superproduction sur la vie d'Urbain Grangier ?

circuit

LA CÔTE LOUDUNAISE

Circuit de 20 km – environ 2 h

Quitter Loudun par le Sud-Ouest en empruntant la D 759.

La route suit en balcon les collines dominant les peupleraies de la vallée de la Dive à travers champs, vergers et vignes.

Église de Glénouze

Petit édifice roman à clocher-pignon.

Quitter Glénouze par l'Ouest en empruntant la D 19.

Ranton

L'entrée du château, une porte fortifiée du 14ᵉ s. flanquée d'une tour à mâchicoulis, laisse encore voir les traces du pont-levis. L'église présente un portail roman.

Musée paysan – *De mars à fin oct. : 14h30-18h (juil.-août : 14h-19h30). 25F. ☎ 05 49 98 61 51.*

Installé dans une ancienne ferme du 19ᵉ s., il fait revivre l'activité des paysans du Loudunais partagée entre la polyculture et l'élevage. Une partie des bâtiments repose sur une cave, creusée dans le calcaire, qui abritait le pressoir, le four à pain, ainsi que des écuries.

Poursuivre sur la D 19.

Curçay-sur-Dive

Dans ce village aux rues étroites, s'élance un donjon carré du 14ᵉ s., pourvu au 19ᵉ s. de mâchicoulis et d'échauguettes.

Quitter Curçay par le Nord en empruntant la D 39 puis la D 19. À l'entrée du village de Ternay, prendre à droite la D 14.

Château de Ternay

D'avr. à fin oct. : visite guidée (1h) tlj sf jeu. à 11h, 14h30, 15h30, 16h30, 17h30 (juin-oct. : tlj sf sam.). 30F (enf. : 17F). ☎ 05 49 22 97 54.

Au détour d'une allée bordée d'arbres se dresse cet imposant château défensif érigé au 12ᵉ s. Vers 1440, Bertrand de Beauveau, sénéchal d'Anjou, et son épouse Françoise de Brézé entreprennent d'importants travaux d'aménagement (donjon, chapelle). Ruiné par les guerres de Religion, le château fut remanié au 17ᵉ s. et au 19ᵉ s. Du Moyen Âge, le château a conservé le donjon octogonal, couronné de mâchicoulis et percé de meurtrières, et la chapelle, chef-d'œuvre de l'art gothique finissant (1444), où se mêlent les styles angevin et flamboyant. L'oratoire compte deux travées que jouxtent deux petites pièces d'où les seigneurs assistaient à la messe. Des sculptures de personnages et d'animaux rehaussent les clefs de voûte, l'arc triomphal et les arcs.

La D 14 ramène à Loudun en traversant le bois de Fête.

REMARQUEZ

Dans la salle voûtée d'ogives qui précède la **chapelle**, les écus et les curieuses têtes grimaçantes en encorbellement. Pour accéder à la chapelle, on passe une baie sculptée d'une élégante frise et fermée par une très belle menuiserie d'époque.

Luçon

Cette charmante cité vendéenne, aujourd'hui centre agricole important, était autrefois un port maritime. Une promenade dans ses rues et son parc romantique est des plus vivantes. Et l'on s'imagine encore entendre, dans sa splendide cathédrale, résonner les premiers sermons de Richelieu.

La situation

Cartes Michelin nᵒˢ 71 pli 11 ou 233 pli 3 – Vendée (85).
Luçon est aux confins du Marais poitevin et de la Plaine vendéenne, au carrefour de la D 949 et la D 746, à 21 km de la côte.
🄱 *Sq. Édouard-Herriot, 85400 Luçon, ☎ 02 51 56 36 52.*

Le nom

C'est un nom d'origine romaine, issu du nom propre *Lucius.*

Les gens

9 099 Luçonnais. Le 21 décembre 1608, un jeune homme au visage pâle est élevé au rang d'évêque dans la cathédrale ; c'est Armand du Plessis de Richelieu.
À l'arrivée de Richelieu à Luçon, la ville a été ruinée par les guerres de Religion et les fièvres des marais y règnent, fièvres qui l'obligeront à se retirer de temps à autre au château de Coussay. À l'évêché, déserté depuis 30 ans, il n'y a même pas une cheminée en bon état. Mais Richelieu ne se décourage pas et fait son métier avec constance, réformant son clergé, restaurant sa cathédrale et son palais, fondant un séminaire. Il fait également édifier la ville qui portera son nom, Richelieu. Parallèlement, il étudie la théologie et l'histoire.

DÉJÀ DIFFICILE

À 23 ans, Richelieu, tout juste nommé évêque de Luçon, écrit à une amie qu'il a pris possession du « plus vilain évêché de France, le plus crotté et le plus désagréable ».

se promener

Cathédrale Notre-Dame

Cette église abbatiale devint cathédrale en 1317. Outre Richelieu, Nicolas Colbert, frère du ministre, fut évêque de Luçon de 1661 à 1671.

Extérieur – Bâti dans une pierre aux tons chauds, l'édifice est en grande partie de style gothique. Le bras gauche du transept est roman. Quant à la façade principale, elle a été entièrement refaite dans les dernières années du 17ᵉ s., sous la direction de François Leduc. Par son équilibre et son ordonnance classique (ordres antiques superposés, volutes), cette façade, formant un clocher-porche, contraste avec la fine flèche de style gothique.

Intérieur – La nef et le chœur sont gothiques. Des boiseries et un baldaquin du 18ᵉ s. ornent le chœur. Dans le bas-côté gauche est déposée une chaire, peinte de fleurs et de fruits, dans laquelle Richelieu aurait prêché. Dans

La fine flèche de la cathédrale Notre-Dame, de style gothique, rebâtie en 1828, s'élève à 85 m.

le croisillon droit du transept, une Descente de croix (école florentine du 16ᵉ s.) a été restaurée par les Beaux-Arts. À la tribune, grand orgue de Cavaillé-Coll (19ᵉ s).

Évêché

À droite de la cathédrale, l'évêché présente une façade du 16ᵉ s. On accède au **cloître** par une porte surmontée d'un arc en accolade encadrant les armes de Louis, cardinal de Bourbon, évêque de Luçon de 1524 à 1527. Sur les galeries du 16ᵉ s. sont réunis des éléments gothiques et Renaissance. À l'étage Ouest, l'ancienne bibliothèque des religieux est percée de baies Renaissance.

Jardin Dumaine★

Ce parc rappelle l'époque Napoléon III avec ses massifs et allées d'arbres, ses pelouses et pièces d'eau. On découvrira tour à tour l'allée d'ifs, le kiosque de fer forgé voisinant avec un bassin encadré de cèdres, le mail d'acacias, la pièce d'eau et l'île avec ses roseaux et bambous, la grande pelouse avec ses plates-bandes de fleurs, son tulipier, ses palmiers, ses magnolias, ses orangers, ses citronniers en bacs et ses massifs floraux sur le thème des *Fables* de La Fontaine.

alentours

Mareuil-sur-Lay

10 km au Nord-Ouest par la D 756. Mareuil, connue pour ses vins (« Fiefs vendéens »), est bâtie au-dessus d'une boucle du Lay : du pont, vue agréable sur la localité.

St-Cyr-en-Talmondais

13 km à l'Ouest par la D 949.
Situé aux confins du bocage et du Marais desséché, ce village abrite deux sites romantiques.
Parc floral★ – ⅙ *De mai à fin sept. : 10h-19h. 44F, 33F mai-juin.* ☎ *02 51 30 86 74.*
Un parcours sillonne un parc de 10 ha à travers des sous-bois, des marécages et des pelouses. De petits ponts de bois, enjambant des jardins aquatiques, mènent au spectaculaire **lac de lotus** (floraison dès la fin juin).
Roseraie de 250 variétés, espace de 30 000 tulipes, allées de bananiers et rideaux de bambous... amateurs de jardins : succès garanti.

> **À REPÉRER**
> Quelques animaux (cygnes, daims) vivant parmi les massifs de fleurs et des plantes de toutes sortes.

Château de la Court d'Aron – *De juil. à fin août : visite guidée (1/2h) 10h-12h, 14h-18h. 15F.* ☎ *02 51 30 81 82.*
Attention, cet édifice se trouve à l'intérieur du parc floral (seul accès possible actuellement). Restauré au 19ᵉ s., il abrite de très intéressantes **collections★**. En parcourant les appartements, vous pouvez admirer quelques cheminées du 17ᵉ s., de superbes tapisseries des Flandres, le tombeau en marbre blanc de Suzanne Tiraqueau (17ᵉ s.) et plusieurs portraits. Dans les vitrines, attardez-vous sur des objets préhistoriques et antiques (ceinturon de général romain), des émaux du Moyen Âge et de la Renaissance, des médailles Renaissance par Laurana (Louis XI) et Spenradio, des ivoires et os sculptés ou gravés, etc.

> **TAPISSERIES**
> *Triomphes des dieux* d'après Jules Romain, scènes de chasses et de banquets d'après Jost Amman...

Combien de personnes photographiant ce superbe lac de lotus en Vendée, ne sont pas tentés de dire à leurs amis qu'ils ont passé leurs vacances en Asie ?

Lusignan

On est porté par le monde fabuleux des légendes en parcourant cette petite cité poitevine, fondée d'un coup de baguette magique par la fée Mélusine.

La situation
Cartes Michelin n°s 68 pli 13 ou 233 pli 7 – Vienne (86).
À 25 km au Sud-Ouest de Poitiers, la ville s'allonge sur la crête d'un promontoire dominant d'un côté la Vonne, et de l'autre un vallon où s'est niché le faubourg commerçant, en lisière de la route de Poitiers.
目 *Pl. du Bail, BP 10, 86600 Lusignan, ☎ 05 49 43 61 21.*

Le nom
Il s'agit à l'origine du nom d'une noble famille romaine : les *Licinius*. *Liziniaco* est attesté au 11e s.

Les gens
2 749 Mélusins, et une fée, Mélusine.

comprendre

RÊVONS
Grâce à son pouvoir magique, Mélusine fait surgir des palais de rêve. Elle fonde le château de Lusignan à l'endroit même où elle a rencontré Raimondin, mais aussi les forteresses de Pouzauges, Tiffauges, Mervent, Vouvant, Parthenay *(voir ces noms)* et Châteaumur.

Qui est la fée Mélusine ? – Dans des temps très anciens, Raimondin, comte du Poitou, tue accidentellement son oncle d'un coup d'épieu lors d'une chasse au sanglier. Cruellement affligé, le jeune homme chemine dans la forêt de Coulombiers, près de Lusignan, quand soudain une source jaillit devant lui, la fontaine de Sé. La fée Mélusine se détache de ce cadre idyllique. Elle lui propose de l'épouser et de faire de lui un gentilhomme important, posant toutefois une condition : il ne devra jamais chercher à la voir le samedi. Car la belle cache un lourd secret. Ayant autrefois assassiné son père, elle a été condamnée à prendre, tous les samedis, l'apparence d'une femme-serpent. Or, un samedi, Raimondin, poussé par son frère jaloux de son bonheur, rompt son pacte avec sa femme et fend d'un coup d'épée la porte de sa chambre. Stupéfait, il la découvre transformée en sirène, se baignant et peignant ses longs cheveux d'or... Mélusine s'envole et se mue en un gigantesque serpent, faisant trois fois le tour de la ville avant de s'abattre sur la tour-poterne du château et de s'évanouir dans les airs.

se promener

Vestiges du château
La forteresse appartint d'abord aux Lusignan dont certains régnèrent à Jérusalem et à Chypre. Il ne reste du château que des salles souterraines et les bases de plusieurs tours d'enceinte. À son emplacement fut implantée au 18e s. l'esplanade de Blossac, du nom de l'intendant qui la fit aménager. De sa terrasse, se révèle une **vue** bucolique sur la vallée de la Vonne, franchie par un viaduc long de 432 m.

Église
Possibilité de visite guidée sur demande à l'Office de tourisme.
Des proportions imposantes distinguent ce monument, bon spécimen d'art roman poitevin, bâti au 11e s. grâce aux Lusignan. Dans le collatéral droit, remarquez un gisant gothique. Le maître-autel s'élève au-dessus d'une crypte à la triple voûte en berceau. À l'extérieur, sur le côté droit de l'édifice, un porche ajouté au 15e s. fait face à une intéressante maison de la même époque, à pans de bois et en encorbellement.

Selon la légende, chaque samedi, Mélusine prenait l'habitude de s'envoler et se muer en un gigantesque serpent...

alentours

Église de Jazeneuil

6 km au Nord-Ouest par la D 94. Cet édifice roman dresse sur le bord même de la Vonne son magnifique chevet à contreforts-colonnes. Admirez aussi le grand portail sculpté en plein cintre et les modillons de la façade latérale Sud. L'intérieur, restauré, est curieux par son transept réduit au croisillon Sud, sa coupole sur pendentifs et ses voûtes : en berceau dans la nef, en cul-de-four dans l'abside ; quelques chapiteaux décorés de feuillages ou d'animaux méritent votre attention.

Maillezais★

On est gagné par la paix de l'esprit devant la majestueuse silhouette ruinée de l'abbaye de Maillezais. Elle se découpe sur un ciel lumineux, en plein cœur du royaume aquatique du Marais poitevin.

La situation

Cartes Michelin n°s 71 pli 1 ou 233 plis 4, 5 – Vendée (85). Depuis Fontenay-le-Comte, 12 km en direction du Sud-Est suffisent à gagner l'abbaye.

🚩 *R. du Dr.-Daroux, 85420 Maillezais,* ☎ *02 51 87 23 01.*

Le nom

D'origine gallo-romaine, le nom actuel découle de *Maillezac* qui a pris l'accent du Sud-Ouest avec sa terminaison en -ac. Mais qui sait pourquoi ?

Les gens

930 Malacéens. Agrippa d'Aubigné (1552-1630), ardent protestant, né en Saintonge près de Pons, fut condamné à mort quatre fois pour ses opinions. Guerrier autant que poète et savant, il est le célèbre auteur des *Tragiques.* De 1584 à 1619, d'Aubigné réside à l'abbaye de Maillezais avec ses troupes de protestants qui en fortifient les murs, ou bien non loin de là, dans son fort du Doignon, près de Maillé. C'est d'ailleurs à Maillé que fut imprimée la première édition des *Tragiques.*

La barque, un excellent moyen pour découvrir le marais et avoir une vue étonnante sur l'abbaye.

comprendre

L'histoire – Il faut s'imaginer que Maillezais est une île battue par la mer, à la fin du 10e s., lorsque Guillaume Fier-à-Bras, comte de Poitou, y fonde l'abbaye St-Pierre pour la confier à des bénédictins. Au 13e s., cette dernière est mise à sac par un Lusignan, soi-disant fils de Mélusine, Geoffroi la Grand-Dent, que Rabelais aurait transposé en ancêtre du vorace Pantagruel. En 1317, le pape français Jean XXII fait de Maillezais un évêché,

UNE SALADE RABELAISIENNE

Après avoir quitté Geoffroy d'Estissac, Rabelais lui enverra de Rome des graines de la salade « romaine ». Ce sont les premières de cette sorte qui aient poussé en France !

carnet d'adresses

OÙ DORMIR

• *Valeur sûre*

Chambre d'hôte Mme Bonnet – 69 r. de l'Abbaye – ☎ 02 51 87 23 00 – ⌷ – 5 ch. : 320/370F. Charmante étape que cette belle maison de maître du 19e s. avec son orangerie de style italien donnant sur un parc aux ifs centenaires. Pour les marins d'eau douce, l'accès aux canaux du marais est direct depuis le verger. Barque à disposition.

OÙ SE RESTAURER

• *À bon compte*

La Grange aux Roseaux – *Le Grand Port –* ☎ 02 51 00 77 54 – *fermé Toussaint à Pâques –* 78/128F. À côté de l'embarcadère de l'abbaye, une tonnelle sous les saules pleureurs abrite quelques tables où l'on s'installe avec bonheur pour goûter un farci ou une autre spécialité poitevine. Si le temps ne le permet pas, réfugiez-vous près de la grande cheminée !

Le monastère est entouré d'une enceinte fortifiée due à Agrippa d'Aubigné qui transforma l'évêché en maison forte.

mais autorise les moines à rester sur place. Pendant les guerres de Religion (1562-1598), les bâtiments sont dévastés. Richelieu, nommé évêque de Luçon en 1608, fera transférer le siège épiscopal à La Rochelle.

Geoffroy d'Estissac – Évêque de Maillezais entre 1518 et 1542, ce Périgourdin d'origine, grand bâtisseur, remania beaucoup tous les établissements sous sa dépendance en Poitou. Il entreprit aussi la construction du château de Coulonges-sur-l'Autize dont on retrouve les éléments décoratifs au château de Terre-Neuve, à Fontenay-le-Comte.En 1523, Geoffroy accueillit Rabelais à Maillezais et en fit son secrétaire. Ce dernier, expulsé de Fontenay, eut la chance de rencontrer un être aussi érudit et libéral. Il passa avec lui trois ans, le suivant dans ses résidences poitevines.

visiter

Abbaye★

Avr.-sept. : 9h-12h30, 14h-19h (juil.-août : 9h-20h) ; fév.-mars et oct. : 9h-12h, 14h-18h ; nov.-janv. : 9h-12h, 14h-17h30. 15F. ☎ 02 51 00 70 11.

Église abbatiale – Elle fut édifiée au début du 11ᵉ s. Le narthex était encadré de deux tours carrées suivant une disposition courante en Normandie. Ici, la façade a été murée lors des travaux menés par d'Aubigné. La nef avait été modifiée au 13ᵉ s. comme le montrent les trois grandes baies du mur du bas-côté gauche. Les bas-côtés étaient surmontés de tribunes comme dans les abbatiales normandes. Le transept, ajouté au 14ᵉ s., et dont il reste une partie du croisillon gauche, était de style gothique. On peut monter au sommet d'un des clochetons découronnés et de là, profiter d'une vue sur les ruines, le bourg et le marais. Le chœur, très vaste et dont on voit encore l'emplacement, avait été rebâti au 16ᵉ s. par Geoffroy d'Estissac.

INGÉNIEUX
Face au marais, un élément fortifié en forme de proue de navire, surmonté d'une échauguette, est collé à la gauche de l'entrée de l'abbaye : dirigé vers le Sud, il servait de cadran solaire.

Monastère – Il datait en majeure partie du 14ᵉ s. On a retrouvé les bases des murs du cloître, son pavage, son puits et le lavabo des moines, un cellier du 12ᵉ s., ainsi que des tombes d'abbés ou d'évêques.

Des bâtiments conventuels, subsiste une aile qu'il est possible de visiter : au sous-sol, la cave à sel ; au rez-de-chaussée, les réfectoires et la cuisine octogonale ; à l'étage, le dortoir des hôtes (infirmerie) avec sa grande cheminée centrale. Dans un des réfectoires, sont exposés les objets trouvés au cours des fouilles (modillons, chapiteaux).

Du 11ᵉ s. subsistent le narthex (vestibule de l'église) et le mur du bas-côté gauche de l'abbaye.

Promenade en barque

S'adresser à l'Association familiale rurale, ☎ *02 51 87 21 87 ou à Aria-Loisirs,* ☎ *02 51 87 14 00.*
Accès piéton (150 m) à partir du parking de l'abbaye. Installé dans le coude d'un canal sous les arbres, le petit port de Maillezais accueille des barques en partance pour le Marais mouillé dans un cadre ravissant.

Église paroissiale St-Nicolas

Au village. Cet imposant édifice roman poitevin a été un peu trop restauré. Sur le portail principal, on observe un décor de petits atlantes (figures d'hommes soutenant un élément d'architecture). Notez, à l'entrée du chœur, à gauche, une Vierge du 14e s.

Le **Marais breton-vendéen**★

D'anciennes îles devenues pâturages ont formé un vaste damier de prés verts, où des chevaux de race vendéenne, de petites vaches brunes et des moutons de pré-salé, broutent tranquillement. On choisit de changer d'atmosphère en traversant cette région aux fabuleux paysages, imprégnée du style de vie ancestral des maraîchins, et marquée par les œuvres d'artistes régionaux.

La situation

Cartes Michelin nos 67 plis 1, 2, 11, 12 ou 232 plis 26, 27, 38, 39 – Au Nord-Ouest de la Vendée (85). Au Nord des collines de Beauvoir, on distingue le marais de Machecoul et l'ancienne île de Bouin séparés par l'étier du Dain ; au Sud, le marais de Monts et celui de Challans séparés par le canal du Perrier. L'ensemble couvre plus de 20 000 ha.

Le nom

Le terme latin *mare* veut dire « mer », et aussi « grande étendue d'eau non salée », et a donné marais. Il faut dire qu'autrefois cette zone était couverte d'îlots qui surnageaient au milieu de la mer.

> **DÉLIMITATION**
> L'appellation « breton-vendéen » vient des temps très anciens où la Bretagne venait jusqu'en Vendée. N'arrivant pas à tracer de frontière entre les deux régions, on avait établi ce que l'on appelle « des marches communes », d'où la survivance de ce nom double.

carnet d'adresses

OÙ DORMIR

● À bon compte

Chambre d'hôte le Pas de l'Île – *Le Pas de l'Île* – *85230 St-Gervais* – *8,5 km au SE de Beauvoir par D 948 puis D 52 puis rte secondaire* – ☎ *02 51 68 78 51* – *fermé 15 nov. au 15 mars* – 🗷 – *4 ch. : 210/250F* – *repas 80F.* Cette jolie maison basse est très caractéristique : autour d'une cour carrée, ses chambres de plain-pied sont toutes indépendantes et décorées de meubles anciens. Vous pourrez vous balader sur le marais, juste derrière, et déguster le foie gras des canards élevés ici.

● Une petite folie !

Château de la Vérie – *85300 Challans* – *2,5 km au SO de Challans par D 69* – ☎ *02 51 35 33 44* – 🅿 – *23 ch. : à partir de 600F* – 🖵 *60F* – *restaurant 160/290F.* Ce ravissant château du 16e s. à la façade blonde vous fera profiter de la belle tranquillité de son parc. Ses chambres, vastes et décorées de meubles anciens au premier étage, sont un peu plus sobres au deuxième. Cuisine soignée servie dans un cadre chaleureux.

OÙ SE RESTAURER

● Valeur sûre

La Pitchounette – *48 r. Bonne-Brise* – *85230 St-Gervais* – *3 km au SE de Beauvoir par D 938* – ☎ *02 51 68 68 88* – *fermé 15 au 30 juin, 15 au 30 oct., mar. midi et lun. sf été* – *100/168F.* Attablez-vous à l'intérieur de cette maisonnette blanche aux volets bleus, à l'entrée de St-Gervais. Bibelots et éclairages soignés lui donnent une atmosphère chaleureuse et son décor baroque vraiment original est très séduisant. La terrasse est hélas un peu bruyante.

Gîte du Tourne-Pierre – *85300 Challans* – *3 km au SO de Challans par D 69* – ☎ *02 51 68 14 78* – *fermé 12 au 30 mars, 8 au 26 oct., ven. soir, sam. midi et dim. soir sf été* – *185/330F.* Un peu en dehors de la ville, cette maison basse est plaisante : avec sa salle à manger ouverte sur la nature et son cadre soigné, elle est la promesse d'un bon moment à table. La patronne, aux fourneaux, fait tout elle-même, des mises en bouche aux cerises à l'eau-de-vie...

Les gens

Les maraîchins. L'écrivain René Bazin (1853-1932) a situé près de Sallertaine son émouvant roman *La Terre qui meurt*. Le peintre Charles Milcendeau (1872-1919) et l'écrivain Léopold Robert (1878-1956), dit Jean Yole, sont nés à Soullans et ont également construit leurs œuvres autour de l'univers du marais.

comprendre

GRANDS TRAVAUX
À l'image du Marais poitevin *(voir ce nom)*, le Marais breton-vendéen a été lentement asséché au cours des siècles à l'aide de canaux et d'étiers (chenaux de marée), d'abord grâce au travail acharné des moines puis au 17e s. grâce aux techniciens hollandais.

◄ **La formation du Marais breton-vendéen** – Il s'étend de Bourgneuf à St-Gilles-Croix-de-Vie. Dans cette zone existait jadis un golfe marin dont il est possible de repérer le rivage grâce au chapelet d'îles qui ont formé un barrage : Bouin, Beauvoir, Monts, Riez. Ces dernières sont à l'origine du colmatage du golfe. Les marais salants (près de Bourgneuf et de Beauvoir) se transforment peu à peu en marais « gâts » (gâtés) et en pâtures fermées par de typiques barrières à contrepoids. Certains sont aménagés pour l'élevage du poisson (mulets, anguilles...). Sur les « mottes » se détachent, isolées, des maisons basses, les « bourrines ». Villages et moulins se groupent sur des buttes, souvent d'anciennes îles. Sur les canaux, le maraîchin circulait en yole au milieu des canards, à l'aide de sa ningle, perche dont il se servait aussi pour sauter les fossés.

circuits

SE RÉGALER
Challans est célèbre pour ses fameux canards, convoités par les plus grands restaurants, et se diversifie avec l'élevage de poulets noirs.

① DU GRAND ÉTIER À L'ÉTIER DU DAIN★

Circuit de 105 km – environ 6 h

Challans

◄ En saison, pendant la **Foire des quatre jeudis**, toute la ville replonge dans les années 1910 avec de nombreuses animations d'époque : marché aux canards, salle de classe, danses folkloriques, jeux traditionnels, courses de vélo...
Quitter Challans par le Nord-Ouest en empruntant la D 948 en direction de Beauvoir-sur-Mer.

Sallertaine

Les étiers séparent les champs du Marais breton-vendéen. Les terres destinées à l'élevage sont fermées par de curieuses barrières, confectionnées à l'aide de quatre longues perches de bois.

Au 11e s., c'était encore une île, lorsque des moines venus de Marmoutier, près de Tours, y fondèrent un prieuré et édifièrent une église romane à coupole. René Bazin a situé près de Sallertaine son émouvant roman *La Terre qui meurt* (1899). En saison, l'« île aux artisans » (nombreux ateliers et boutiques) est le point de départ pour visiter le marais en canoë.
Quitter Sallertaine par le Nord-Ouest en direction de St-Urbain.

Moulin de Rairé

Juil.-août : visite guidée (3/4h) 10h-12h, 14h-18h30 ; juin et sept. : 14h-18h ; fév.-mai : w.-end, j. fériés, vac. scol. 14h-18h. 18F. ☎ 02 51 35 51 82.

Dominant le marais, il n'a jamais cessé de tourner. Construit au 16e s., ce moulin est pourvu d'une toiture tournante manœuvrable de l'intérieur, et d'ailes à lamelles de bois articulées munies d'une voilure blanche. En poursuivant la route, on franchit bientôt le Grand Étier.

La bourrine à Rosalie

De mi-juin à fin sept. : 14h30-18h30 (juil.-août : 10h30-12h30, 14h-19h) ; avr. : 14h30-18h. 10F. ☎ 02 51 68 73 61 ou 02 51 49 43 60.

Maison à toit de rouches (roseaux) typique du marais, composée d'une pièce commune au lit surélevé (pour parer aux inondations), d'une laiterie et d'une « belle chambre » où l'on recevait les hôtes de marque.

Poursuivre sur la D 119, puis prendre à droite la D 82.

Le moulin de Rairé produit une farine de qualité, utilisée pour la fabrication d'un excellent pain vendu sur place.

Salle panoramique

Mai-sept. : tlj sf lun. 10h-12h, 14h-18h, dim. et j. fériés 15h-19h (juil.-août : tlj 10h-19h, dim. et j. fériés 15h-19h) ; fév.-avr., oct., vac. scol. de Toussaint et Noël : tlj sf lun. 14h-18h. 20F. ☎ 02 51 58 86 09.

Un ascenseur installé dans un **château d'eau** permet d'accéder à une vaste terrasse d'où l'on découvre, à 70 m au-dessus de la mer, une **vue★** très étendue : à l'Est le marais qui confine au bocage à proximité de Challans, au Nord la baie de Bourgneuf et le pont de Noirmoutier, à l'Ouest et au Sud le cordon forestier de la Côte de Monts.

Revenir et poursuivre sur la D 82.

Notre-Dame-de-Monts☖

Cette station balnéaire possède un Centre régional de char à voile. Une piste cyclable la relie à La Barre-de-Monts à travers une odorante forêt de pins.

Pont d'Yeu – Au Sud de la commune, un escalier de bois jeté sur la dune donne accès à la plage du Pont d'Yeu. Lors des grandes marées, la mer découvre une étrange chaussée rocailleuse, longue de 3 km, aussitôt accaparée par une nuée de pêcheurs à pied *(attention, soyez attentif : dès que l'eau commence à remonter, quittez la chaussée et regagnez le bord de plage)*. On pense qu'il s'agit des vestiges d'un isthme qui reliait l'île d'Yeu au continent lors des glaciations quaternaires.

Quitter Notre-Dame-de-Monts par le Nord en empruntant une petite route parallèle à la D 38.

L'agréable **route de la Rive** trace une limite naturelle entre la **forêt des Pays de Monts** et les prémices du marais. Côté forêt, de nombreux sentiers mènent vers la mer et ses plages aux dunes couvertes d'oyats.

Pey de la Blet

Ses 41 m en font le point culminant de l'ancienne île de Monts. Entouré de pins et chênes verts, ce site est aménagé pour accéder au sommet et y découvrir une jolie **vue** sur le marais et la mer.

Fromentine

Cette petite station balnéaire est enclavée entre mer et forêt. Porte des îles, elle est le point de départ vers l'île d'Yeu (liaison régulière par bateau depuis l'estacade, voir carnet pratique d'Yeu) et l'île de Noirmoutier (par le pont).

Rejoindre le centre de La Barre-de-Monts et prendre la route face à l'église.

Écomusée du Daviaud★

♿ *Mai-sept. : 10h-19h, dim. et j. fériés 14h-19h ; fév.-avr., oct., vac. scol. de Toussaint et Noël : tlj sf lun. 14h-18h. Fermé 1er janv. et 25 déc. 25F. ☎ 02 51 68 57 03.*

> **POLYGLOTTE**
>
> Des écouteurs sont à votre disposition pour vous permettre d'entendre la description du paysage. Le commentaire est enregistré en plusieurs langues européennes, et en patois local !

Quelle que soit la saison, en période de grande marée, le pont d'Yeu est submergé… par les pêcheurs à pied !

PERFORMANCE

Le centre propose également la pratique d'activités spécifiques au marais : ningle (perche destinée à franchir les étiers) ou yole (barque à fond plat).

◄ Installé dans une ancienne métairie de la fin du 19ᵉ s., ce **Centre de découverte du Marais breton-vendéen** présente une synthèse de l'architecture locale et des activités maraîchines traditionnelles.

Dans une bourrine, une maquette animée décrit les différents types de constructions, et l'organisation de l'espace d'une ferme maraîchine ; une salorge, ancien grenier à sel, située à proximité d'un marais salant, abrite une exposition consacrée à la récolte du sel ; dans une grange-étable, bâtiment bas en torchis chaulé au toit couvert de roseaux, est installé l'écomusée qui présente le milieu naturel (géomorphologie, faune, flore, diaporama sur les oiseaux migrateurs). Un peu plus loin, la reconstitution d'un intérieur maraîchin du début du siècle évoque la rigueur et la simplicité des vies d'autrefois.

Continuer sur la même route, puis prendre à gauche la D 51.

Beauvoir-sur-Mer

Autrefois bordée par l'océan, cette commune possédait un important château, érigé au 11ᵉ s., qu'Henri IV assiégea en 1488, avant qu'il ne soit détruit un an plus tard. L'**église St-Philbert**, du 11ᵉ s., au clocher trapu, présente un élégant portail.

Quitter Beauvoir-sur-Mer par l'Ouest en empruntant la D 948.

Passage du Gois★★

(voir Île de Noirmoutier,« se promener »).

Reprendre la route vers Beauvoir-sur-Mer sur 2 km, puis prendre à gauche.

Époids

Port-du-Bec – Il est situé sur l'étier du Dain, dans la baie de Bourgneuf, peuplée de parcs à huîtres depuis les années 1950, et au Sud des polders de Bouin où se développe une aquaculture de pointe (écloseries et nurseries de coquillages, culture d'algues). Ce « **port chinois** » accueille ainsi les bateaux des ostréiculteurs.

À Époids, prendre la D 51ᴬ, puis à gauche la D 758.

Vénérez cette balise-refuge, elle vous sauvera peut-être la vie un jour ! Chaque année, sur le Gois, des imprudents se font piéger par la marée.

C'est à marée basse, lorsque se dégage la forêt de pilotis qui soutiennent les passerelles d'accès aux quais, que l'on comprend le mieux la justification de « port chinois ».

Bouin

Cette ancienne île cernée par la mer et le Dain (ancien bras de mer) fut maintes fois submergée jusqu'en 1940. Depuis, une solide digue de 14 km protège le charmant village aux ruelles sinueuses, et les polders aquacole et ostréicole. De Bouin, on peut se rendre au port des Champs *(3 km à l'Ouest par la D 21ᴬ)* ou à celui des Brochets *(4 km au Nord par la D 21).*

Quitter Bouin par le Sud-Est en empruntant la D 21 sur 2 km, puis prendre à droite la D 59.

Châteauneuf

Le clocher de l'église abrite une cloche datée de 1487.

Le Petit Moulin – *De mars à fin oct. et vac. scol. : visite guidée (1/2h) 14h-19h (juil.-août : 10h-12h, 14h-19h). 16F. ☎ 02 51 49 31 07.*

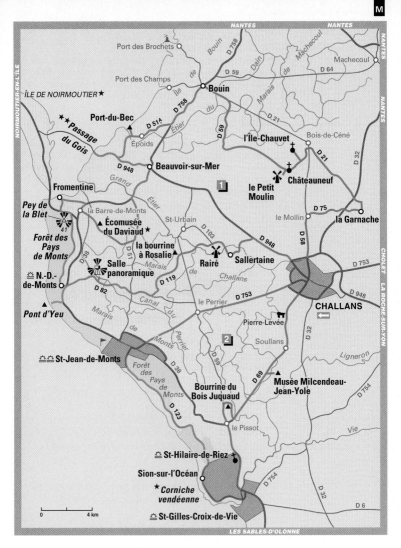

Depuis 1703, date de sa création à l'emplacement d'un moulin en bois, il n'a pratiquement jamais cessé de moudre les céréales. Restauré, il possède une toiture tournante orientable de l'intérieur et des ailes équipées d'une voilure de planches.

Quitter Châteauneuf par le Nord-Est en empruntant la D 28.

Abbaye de l'Île-Chauvet

De juin à fin sept. : tlj sf sam. 13h-18h sur demande préalable. 25F. ☎ 02 51 68 13 19.

Elle fut fondée vers 1130 par des moines bénédictins que fit venir le seigneur de La Garnache. Le site n'était alors qu'une île. La guerre de Cent Ans endommagea l'abbaye que les moines finirent par abandonner en 1588, pendant les guerres de Religion. En 1680, le site reprit vie jusqu'en 1778, mais la Révolution acheva sa ruine. Des bâtiments abbatiaux des religieux qui s'y établirent en 1680, il ne subsiste rien. Dans l'aile où résidaient les bénédictins, vous verrez le dortoir, couvert d'une remarquable charpente du 13ᵉ s. À côté s'élevait l'hospice des pèlerins.

Avant l'entrée de Bois-de-Céné, prendre en face la D 21.

> **ARCHITECTURE**
> Dans les vestiges de l'abbatiale, admirez un beau portail à arc brisé orné de cinq voussures et d'entrelacs.

La Garnache

Cette ancienne cité médiévale dont les puissants seigneurs possédaient de nombreux biens alentour ferme la limite Nord-Est du marais.

Château – ♿ *De mai à fin sept. : visite guidée (1h) w.-end et j. fériés 14h30-19h (juil.-août : tlj 10h-19h, dim. et j. fériés 14h30-19h). 30F.* ☎ *02 51 35 03 05.*

C'EST BEAU UNE RUINE !
Les remparts sont dominés par deux tours éventrées, et la base d'un donjon carré.

Longtemps dissimulé par une végétation luxuriante, cet édifice (12ᵉ s.) comprenait à l'origine une enceinte fortifiée. Remanié aux 13ᵉ et 15ᵉ s., il fut en partie rasé en 1622 sur ordre de Louis XIII, puis ruiné durant les guerres de Vendée.

Musée Passé et Traditions – *De fin juin à mi-sept. : 14h30-19h. 15F.* ☎ *02 51 68 12 81.*

Il recrée un intérieur paysan, avec sa pièce commune et sa « belle chambre », réservée aux visiteurs de marque. Cette maison abrite également une collection de coiffes et de costumes, des instruments agricoles et la reconstitution d'une laiterie.

Quitter La Garnache par l'Ouest en empruntant la D 75.

Cette route est bordée de curieux îlots de pins.

Au Mollin la D 58 ramène à Challans.

Le plus souvent isolées en plein marais, les bourrines ont aussi trouvé leur place en lisière des bois de pinède.

② DU FRONT DE MER AUX PORTES DU BOCAGE

Circuit de 60 km – environ 3 h

Challans *(voir p. 194)*

Quitter Challans par l'Ouest en empruntant la D 753.

St-Jean-de-Monts⛩⛩ *(voir ce nom)*

Quitter St-Jean-de-Monts par le Sud en rejoignant la D 123 par le front de mer.

Sion-sur-l'Océan

Cette station balnéaire est très appréciée des amateurs de pêche à pied, attirés par la qualité des crevettes locales.

Corniche vendéenne★

À la sortie de Sion, on a de belles perspectives sur des rochers ruiniformes dont les plus curieux sont les **Cinq Pineaux**. Puis l'on découvre le bord de la falaise aride, coupée de criques où vient battre l'Océan. À l'extrémité d'un promontoire, se cache le **Trou du Diable**. Pendant les grandes marées, la mer s'engouffre dans cette antre et rejaillit violemment. Son écume percute la plate-forme rocheuse en retombant. La Corniche vendéenne prend fin à la pointe de Grosse-Terre où, près du phare, un escalier permet d'accéder au pied de la falaise. À marée basse, on peut ainsi s'aventurer parmi les rochers pour pratiquer la pêche à pied ou en promenade découvrir l'envers du site. La route emprunte ensuite la **corniche de Boisvinet**, bordée de villas de la Belle Époque. Une jolie vue permet de découvrir la pointe de la Garenne et l'entrée du port.

Le trou du Diable laisse échapper une bien étrange complainte.

St-Gilles-Croix-de-Vie⛩ *(voir ce nom)*

Quitter St-Gilles-Croix-de-Vie par le Nord en empruntant la D 38ᴮ.

À droite de la route, la vue se perd sur l'immense étendue d'eau formée par les marais bordant la rive droite de la Vie.

St-Hilaire-de-Riez⛩

Station balnéaire, ce bourg domine la vallée de la Vie.

Église – *Juil.-août : possibilité de visite guidée ven. 10h45-11h45.* ☎ *02 51 54 33 89.*

Reconstruite au 19ᵉ s., elle renferme trois retables en pierre polychrome du 17ᵉ s.

Revenir et poursuivre sur la D 38ᴮ. Au Pissot, continuer tout droit en empruntant la D 59 en direction du Perrier.

Bourrine du Bois Juquaud

♿ *Mai-sept. : tlj sf lun. 10h-12h, 14h-18h, dim. et j. fériés 15h-19h (juil.-août : 10h-19h, dim. et j. fériés 15h-19h) ; fév.-avr., oct., vac. scol. de Toussaint : tlj sf lun. 14h-18h. Fermé 1ᵉʳ janv., Toussaint et 25 déc. 14F.* ☎ *02 51 49 27 37.*
Dans l'enclos ou « tcheraïe » sont groupées diverses petites constructions, pour la plupart en terre : la bourrine avec son intérieur du début du siècle et le four à pain adjacent, les dépendances telles que grange, grande galerie (pour la charrette), petite galerie (pour le bois), toit à poules, laiterie, etc. Le jardin potager fait également partie de l'enclos.

▶

> **BOURRINE**
> Bien abritée par un rideau d'arbres, cette habitation typique des marais de Challans et de Monts a été restaurée pour former une unité agro-pastorale.

Poursuivre sur la petite route, puis tourner à gauche pour emprunter la D 69 en direction de Soullans.

Musée Milcendeau-Jean-Yole

♿ *Mai-sept. : tlj sf lun. 10h-12h, 14h-18h, dim. et j. fériés 15h-19h (juil.-août : 10h-19h, dim. et j. fériés 15h-19h) ; fév.-avr., oct., vac. scol. de Toussaint et Noël : tlj sf lun. 14h-18h. 20F.* ☎ *02 51 35 03 84.*
Il est consacré à deux personnalités enracinées dans le Marais breton-vendéen, le peintre Charles Milcendeau et l'écrivain Jean Yole. Le musée est installé dans la maison que **Milcendeau** (1872-1919) acquit en 1905. Dessinateur et pastelliste, cet élève de Gustave Moreau était influencé par l'Espagne, comme en témoigne la décoration mozarabe de son atelier. Ses portraits et scènes d'intérieur donnent à son œuvre un caractère presque ethnologique. Cette partie de la visite s'achève par un montage audiovisuel. Né lui aussi à Soullans, **Léopold Robert** (1878-1956), dit Jean Yole, médecin et sénateur de Vendée, fut l'auteur de romans et d'essais consacrés à la crise du monde paysan.

Charles Milcendeau puisa l'essentiel de son inspiration dans la vie quotidienne des maraîchins.

De Soullans, la D 69 ramenant à Challans longe des espaces boisés abritant le menhir de Pierre-Levée.

Le **Marais poitevin**★★

Plonger dans le monde aquatique et végétal du Marais poitevin, c'est percer le mystère d'un immense labyrinthe de bras d'eau et de chemins. On peut se laisser glisser en barque sur les eaux vertes du Marais mouillé ou le parcourir à vélo ou à pied, sous des cieux immenses et lumineux, le long de prés bordés de peupliers et de saules. Le contraste est étonnant entre le fouillis d'arbres du Marais mouillé et les vastes étendues plates du Marais desséché qui aboutit sur la mer. Dans la baie de l'Aiguillon, les oiseaux migrateurs ont trouvé un havre naturel et les hommes s'adonnent à l'élevage des huîtres et des moules.

La situation

Cartes Michelin nᵒˢ 71 plis 1, 2, 11, 12 ou 233 plis 2 à 5 – au Sud-Est de la Vendée – Charente-Maritime (17), Deux-Sèvres (79), Vendée (85).
Le marais se divise d'une part en Marais mouillé vers l'intérieur, limité au Nord par la plaine calcaire de Vendée et au Sud par les coteaux calcaires de l'Aunis ; d'autre part en Marais desséché près de l'océan.

Le nom

Le marais était à l'origine un vaste golfe marin, le golfe du Poitou, d'où son appellation poitevine. Cette mer vaseuse, qui s'étendait jusqu'à Niort, était clairsemée

Même si les embarcations d'aujourd'hui sont des ersatz de yole, la découverte du Marais mouillé ne peut se concevoir sans une promenade en barque.

Où dormir

• À bon compte

Chambre d'hôte Le Logis d'Alpénor – *5 r. de la Rivière – 85770 Le Gué de Velluire – 10 km au SE de Chaillé-les-Marais par D 25 – ☎ 02 51 52 59 10 – fermé 15 nov. au 1er fév. – ⊭ – 5 ch. : 220/280F – repas 100F.* Voilà une adresse comme on les aime ! Au bord de la rivière, cette ravissante maison de maître du 18e s. dans un jardin clos est un délicieux lieu de séjour. Ses grandes chambres sont joliment meublées à l'ancienne. Ne manquez pas la brioche maison du petit déjeuner, c'est un bonheur !

Chambre d'hôte M. et Mme Ardouin – *Basse-Brenée – 85580 St-Michel-en-l'Herm – ☎ 02 51 30 24 09 – ⊭ – 3 ch. : 210/240F.* Isolement total pour cette ferme céréalière de 1766 au cœur du marais : on y rencontre d'ailleurs plein d'oiseaux... Ses chambres sobrement aménagées ouvrent toutes sur la campagne. Celle au rez-de-chaussée avec kitchenette et terrasse est très agréable.

Camping La Savinière – *85360 La Tranche-sur-Mer – 1,5 km de la Tranche par D 105, rte des Sables-d'Olonne – ☎ 02 51 27 42 70 – ouv. 27 mars au 2 oct. – ⊭ – réserv. indispensable 10 juil.-15 août – 106 empl. : 121F – restauration.* Au pied des dunes, ce camping installé dans une forêt est à 900 m de la plage. Très soigné, il partage une partie de ses installations avec le centre aéré qui se trouve à côté. Piscine, half-court, bar-crêperie et location de bungalows.

• Valeur sûre

Hôtel Au Marais – *Quai L.-Tardy – 79510 Coulon – 11 km à l'O de Niort par D 9 et D 1 – ☎ 05 49 35 90 43 – fermé 25 déc. au 31 janv. – 18 ch. : 290/450F – ☕ 40F.* Au bord du quai, ces deux anciennes maisons sont très bien situées pour partir à la découverte du Marais poitevin : vous n'aurez qu'à descendre quelques marches pour embarquer sur la Sèvre... Chambres claires, au goût du jour et bien entretenues.

Chambre d'hôte La Closeraie – *21 r. de la Paix – 85450 Champagné-les-Marais – 11 km à l'E de St-Denis-du-Payré par D 25 – ☎ 02 51 56 54 54 – www.closeraie.com – fermé 28 déc. au 15 janv. – 5 ch. : 280/390F.* Les chambres soignées de ce joli couvent du 19e s. sont aménagées autour d'un jardin clos. De plain-pied, elles sont agréablement meublées à l'ancienne. Petits déjeuners régionaux, vente de produits du terroir et week-ends à thème. Piscine dans un deuxième jardin.

Où se restaurer

• À bon compte

Le Central – *Pl. de l'Église – 79510 Coulon – 11 km à l'O de Niort par D 9 et D 1 – ☎ 05 49 35 90 20 – fermé 27 sept. au 12 oct., 10 au 20 janv., dim. soir et lun. – 99/199F.* Un repas sous les parasols du patio ou dans la jolie salle ? À vous de choisir... Dans cette ancienne auberge sur la place de l'église, vous serez bien accueilli et pourrez savourer une cuisine gourmande déclinée en plusieurs menus.

Theddy-Moules – *72 r. du 14-Juillet – 17230 Charron – 10 km à l'O de Marans par D 105 – ☎ 05 46 01 51 29 – fermé oct. à avr. – réserv. conseillée – 85/140F.* La dégustation se fait dans un préau en bois, construit contre la maison de ce conchyliculteur. Une adresse bien connue des gens du coin qui s'y retrouvent pour manger les fameuses moules « à la Theddy » cuisinées à la crème et au pineau. Vente directe.

• Valeur sûre

Mangeux de Lumas – *79270 La Garette – 12 km à l'O de Niort par D 9, puis D 1 – ☎ 05 49 35 93 42 – fermé 4 au 17 janv., lun. soir et mar. sf été – 138/290F.* Dans un joli petit village, cette ancienne ferme ouvre sa petite terrasse au bord d'une conche dès les premiers rayons de soleil. En hiver, vous serez bien au chaud dans sa salle au décor campagnard. Formule grill en été et menus aux accents régionaux toute l'année.

Anguilles gratinées

Se déplacer

Croisière sur la Sèvre Niortaise – *Nouvelles Croisières Voyages – rte de Damvix – Arçais – ☎ 05 49 35 31 85 ou 06 07 02 21 52.* À l'heure du déjeuner, le *Collibert* quitte le port d'Arçais pour les quais de Coulon.

Découverte du marais – Les randonnées pédestre ou cycliste, voire équestre (nombreux circuits fléchés) restent le meilleur moyen de musarder à travers les chemins de terre du marais.

Cependant, un minibus et un petit train (*voir les Conditions de visite de Coulon dans « circuits »*) sillonnent le marais pour la plus grande joie des enfants et des moins sportifs.

Embarcadères – Outre Coulon et Arçais, de nombreuses localités proposent des promenades en barque *(voir carte)*, avec ou sans guide. *À Arçais, s'adresser à M. Bardet, ☎ 05 49 35 39 18 ; M. Deschamps, ☎ 05 49 35 43 34 ; M. Guinouard, ☎ 05 49 35 37 34 ; Mme Juin, ☎ 05 49 35 39 63. À Bessines (embarcadère des trois Ponts), s'adresser à la mairie, ☎ 05 49 09 16 41. À Damvix,* s'adresser à Aria-Loisirs, ☎ 02 51 87 17 17 ; embarcadère des Conches, ☎ 02 51 87 12 01 ; embarcadère Rocher, ☎ 02 51 87 11 55. À La Garette, s'adresser à M. Largeaud-Bouyer, ☎ 05 49 35 93 35 ; Sarl Matelem, ☎ 05 49 35 93 46 ; Sarl Le Tertre, ☎ 05 49 35 82 84. À Nalliers, s'adresser à l'embarcadère du Communal, ☎ 02 51 30 71 46. Au Mazeau, s'adresser à Mme Matray, ☎ 02 51 52 90 73. À St-Sigismond, s'adresser à l'embarcadère de l'Autise, ☎ 02 51 52 97 45. À St-Hilaire-la-Palud, s'adresser à M. Roy, ☎ 05 49 35 40 68 ; au camping de Lidon, ☎ 05 49 35 33 64. Voir aussi Coulon et Maillezais.

Location de vélos – La Bicyclette Verte *(r. du Coursault, Arçais, ☎ 05 49 94 34 85)* propose un large choix (vélo simple ou électrique) et organise des randonnées « découvertes-nature » *(brochure sur demande).*

SPÉCIALITÉS

Le farci poitevin, la sauce aux lumas (escargots), la fricassée d'anguilles, le filet de perche aux pleurotes, le jambon vendéen grillé aux mojettes, le beurre d'Échiré, la mizotte (fromage), le vin de Mareuil (rouge ou rosé), l'angélique… la liste est longue

d'îles calcaires sur lesquelles furent bâties des villes telles que Marans, Champagné, Elle, St-Michel-en-l'Herm ou Maillezais. Petit à petit, les rivières et cours d'eau (Lay, Vendée, Autise, Sèvre Niortaise) et les courants marins accumulèrent alluvions et vase argileuse, formant le marais.

La nature

Dans cet environnement d'eau, les maraîchins ont dû s'adapter pour exploiter la terre et se déplacer. Le marais est ainsi fait de digues ou « bots » dont la crête est occupée par des routes. Les principaux canaux, dits « contre-bots », refluent en période de crue dans des « achenaux » qui se déversent eux-mêmes dans des « rigoles » puis dans des « conches ».

comprendre

Les travaux d'assèchement du golfe du Poitou *(voir carte)* commencèrent au 13ᵉ s. quand les moines des abbayes avoisinantes creusèrent le canal des Cinq-Abbés pour drainer le marécage au Nord. Interrompue par les guerres, l'entreprise reprit sous Henri IV, sous la direction d'un ingénieur hollandais et s'étala dans le temps. En bordure de la baie de l'Aiguillon, des polders furent conquis sur la mer à l'abri de digues, du 16ᵉ au 19ᵉ s.

Faune et flore : des trésors – Aujourd'hui, le marais s'étend environ sur 80 000 ha de part et d'autre de la Sèvre Niortaise. Il est le royaume des oiseaux, sédentaires ou migrateurs, en quête de nourriture ou à la recherche d'un lieu de repos ou de nidification. Il se

Luçon — Jard-sur-Mer — Longeville-s-Mer — Pointe du Payré — Chaillé-les-Marais — Grues — la Tranche-sur-Mer — St-Michel-en-l'Herm — Champagné-les-Marais — la Faute-s-Mer — l'Aiguillon-s-Mer — Sèvre Niortaise — Pointe d'Arcay — la Dive — Charron — Marans — ÎLE DE RÉ — Pointe de l'Aiguillon — Esnandes — Ars-en-Ré — St-Martin-de-Ré — la Pallice — LA ROCHELLE

0 — 10 km

Rivage au début des temps historiques (falaise morte)	Falaise	Dunes
Rivage en 1700	Roche dure	Plage
		Marais

situe en effet sur le passage des migrateurs venus du Nord de l'Europe, de Sibérie ou du Canada se rendant sur les côtes ibériques ou africaines. Au gré des saisons ou des migrations, on y observe des laridés (mouettes, goélands, sternes) et des anatidés (canards sauvages, tadornes, bernaches, oies sauvages), de grands échassiers (hérons, aigrettes, spatules, cigognes), et surtout des limicoles (petits échassiers de rivage et de marais) : pluviers, chevaliers, bécasseaux, huîtriers pies, échasses, avocettes, vanneaux huppés, etc. La discrète loutre d'Europe *(Lutra lutra)*, au pelage luisant et brun ne sort guère de son terrier que la nuit. Par contre, vous ne manquerez pas d'apercevoir dans les cours d'eau le museau de quelque ragondin, gros rongeur au pelage foncé, qui prolifère dans le marais.

PRÉOCCUPANT
La loutre se fait rare du fait de la pollution et des transformations parfois brutales du milieu dans lequel elle évolue. La loutre a bien du mal à trouver sa subsistance (du poisson principalement) et à survivre.

L'ANGUILLE
L'anguille européenne *(Anguilla anguilla)* du Marais poitevin et du Marais breton-vendéen *(voir ce nom)* est un poisson allongé qui mène une vie peu ordinaire. En effet, son tempérament la pousse à aller se reproduire à très grande profondeur, dans la mer des Sargasses (près des Bermudes, à 6 000 km de l'Europe). Les larves d'anguilles entreprennent alors leur migration à travers l'Atlantique. À leur arrivée près des côtes, sept à neuf mois après, ce sont des civelles (on dit « **pibales** » de la Gironde aux Pyrénées) au corps translucide. Elles remontent les estuaires et les cours d'eau entre novembre et mars. Lors de leur croissance, on les appelle anguilles jaunes. Ensuite, elles restent une dizaine d'années en eau douce où elles prennent leur couleur argentée puis redescendent les estuaires pour gagner les Bermudes. On attrape les anguilles avec des nasses en osier ou à l'aide de la « **vermée** », corde où l'on fixe, en « pelote », des vers et qu'on suspend à une gaule. L'anguille fuyant la lumière, on pratique cette pêche la nuit.

Les traditions – Les maraîchins habitaient des maisons basses, blanchies à la chaux et groupées en villages sur des îlots ou des digues, à l'abri des inondations. Chacun disposait aussi d'une cabane isolée. La plupart des maisons possédaient, au bord de l'eau, leur « **cale** », crique miniature où venaient s'amarrer les barques. Celles-ci constituaient le moyen de transport habituel. On les manœuvrait avec une gaffe (perche munie d'un crochet), la « pigouille », ou avec une rame courte nommée « **pelle** ». Le maraîchin livrait son lait à des coopératives qui fabriquaient un beurre renommé, restituant le petit-lait pour l'engraissement des porcs. Il traquait le mulet, la perche, la carpe, le gardon, l'écrevisse, et confectionnait des « **bourgnons** » (nasses en osier) pour capturer les anguilles. La chasse au gibier d'eau (canard, pluvier, bécassine) était pratiquée en hiver.

BARQUES MARAÎCHINES
Légères et effilées, les « **yoles** » servaient à aller au marché, à la messe, ou à conduire les enfants à l'école. Larges et massives, les « **plates** » étaient utilisées pour le transport des récoltes ou du bétail.

Les « cabanes » du Marais poitevin rassemblent habitation et dépendances sous le même toit.

CATASTROPHE NATURELLE
Les tempêtes qui ont ravagé le paysage français le 26 et 27 décembre 1999 ont déraciné près d'un peuplier sur deux dans le marais mouillé et mis en danger les canaux, par l'affaissement conséquent des berges.

Le marais en péril – Déclassé de son appellation de parc naturel régional en 1996 pour être aujourd'hui un parc interrégional, le Marais poitevin a connu ces dernières années une extension des cultures céréalières qui sont en train d'assécher progressivement le Marais mouillé. L'agriculture intensive pompe à trop grande échelle de l'eau dans les nappes phréatiques et utilise engrais et nitrates qui contribuent à mettre en danger tout l'écosystème. Une prise de conscience du problème par les pouvoirs publics se fait sentir et déjà certaines associations prônent un retour à l'agriculture traditionnelle.

circuits

LE MARAIS MOUILLÉ★★

Dans le Marais mouillé, peupliers de l'espèce « blanc du Poitou », frênes, saules et aulnes croissent à foison le long des chemins d'eau. Ils enserrent des pâturages où paissent les vaches de race maraîchine, frisonne ou normande. Certaines parcelles en culture portent des récoltes d'artichauts, oignons, aulx, melons, courgettes, fèves et ces délicieux haricots blancs nommés « **mojettes** ». En été, le Marais mouillé permet de profiter d'un charmant paysage et d'apprécier sa relative fraîcheur. Mais c'est en période d'inondation (février-mars) que le marais montre son véritable visage. En cette saison les prairies sont noyées et les routes recouvertes d'eau *(avancer avec prudence)* ou parfois coupées.

Promenade en barque

L'idéal pour découvrir le Marais mouillé, apprécier sa beauté, son silence et sa poésie, est de faire une promenade en barque. La barque glisse lentement sur les eaux des « conches » et « rigoles », enveloppée en été par un épais feuillage tamisant la lumière. Le batelier-guide propose souvent à ses passagers de tenter l'expérience du spectaculaire « **feu d'eau** ».

Conseil – Avec l'essor du tourisme, la plupart des villages ou hameaux du Marais mouillé se sont dotés d'embarcadères. Pour une première incursion dans ce labyrinthe de voies d'eau, louez une barque (la plate en bois traditionnelle a été malheureusement remplacée par une barque en plastique) menée par un batelier-guide. Les tarifs (attention aux prix affichés par personne) varient suivant la notoriété du site d'embarquement. Les endroits les plus touristiques n'abritent pas forcément l'embarcadère proposant la promenade la plus intéressante.

① L'Est de la Venise verte

Circuit de 30 km – environ 2 h 1/2

Coulon★

Capitale du Marais mouillé, c'est le principal point de départ pour les **promenades en barque** à travers la « Venise verte ».

Avec ou sans guide. S'adresser à M. Prada, ☎ 05 49 35 97 63 ; La Pigouille, Mme Agnès, ☎ 05 49 35 80 99 ; La Roselière (possibilité de barques agréées pour le transport des handicapés), M. Jubien, ☎ 05 49 35 82 98 ; La Trigale, M. Égreteau, ☎ 05 49 35 83 38 ; Préplot « La maison aux volets bleus », M. Ravard, ☎ 05 49 35 93 66 ; « Les bords de Sèvre », ☎ 05 49 35 58 34.

À partir de Coulon, on peut aussi arpenter les chemins du marais en **petit train** (le Pibalou). *Pâques-Toussaint : découverte commentée du Marais poitevin avec Pibalou, dép. réguliers tlj. S'adresser à DLMS Tourisme, 6 r. de l'Église, ☎ 05 49 35 02 29.*

Et aussi en **minibus** (le Grenouillon). *Avr.-sept. : circuit commenté (2h) dép. à 9h, 11h, 14h30, 16h30. Renseignements et réservation, M. Gourdonneau, pl. de l'Église, 79510 Coulon. 85F (enf. : 50F). ☎ 05 49 35 08 08.*

Église – Romane à l'origine, remaniée dans le style gothique (portails Ouest et Sud), c'est une des rares églises de France à posséder une chaire à prêcher extérieure, qui affiche ici la forme d'une tour à auvent.

Aquarium – ♿ *D'avr. à fin sept. : 9h-18h30. 20F (enf. : 12F). ☎ 05 49 35 90 31.*
Situé sur la place de l'Église, il rassemble des poissons de rivière (anguilles, carpes, gardons, perches, etc.). Un diaporama présente le Marais poitevin

Maison des Marais mouillés – *De fév. à fin nov. : tlj sf lun. 10h-12h, 14h-19h (juil.-août : tlj 10h-20h ; juin et vac. scol. : tlj 10h-12h, 14h-19h, w.-end de juin 10h-20h). 28F (enf. : 12F). ☎ 05 49 35 81 04.*

VENISE VERTE
C'est le surnom donné au Marais mouillé qui s'étend sur environ 15 000 ha. Cette zone est la plus captivante du Marais poitevin, particulièrement à l'Est de l'Autise, de part et d'autre de la Sèvre Niortaise.

INSOLITE
En remuant la vase, un gaz remonte, s'échappe et s'enflamme à l'approche d'un briquet, à la surface de l'eau. Un véritable feu d'eau !

POUR TOUT LES GOÛTS
Dans les circuits routiers proposés vous pourrez dénicher quelques petits ports en plein marais pour partir en barque, à pied ou à vélo, et pouvoir apprécier le silence et la beauté du site. Préférez les ports les plus calmes : Le Vanneau, Damvix, Maillezais, Arçais.

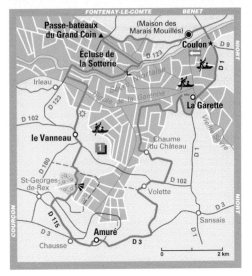

À SAVOIR

C'est l'ancienne maison des percepteurs du **droit coutumier**. Les bateliers empruntant la Sèvre Niortaise devaient s'acquitter de cette redevance, perçue sur la marchandise transportée, et qui permettait l'entretien de la rivière.

Ce musée retrace la conquête et l'adaptation de l'homme sur cette terre d'eau. Y sont présentés des expositions temporaires sur le Marais poitevin *(rez-de-chaussée)*, un intérieur maraîchin de la fin du 19ᵉ s., le **Maraiscope**, maquette et écrans d'images où sont simulées les grandes étapes de la formation du marais *(à l'étage)*. Une salle nature évoque la faune et la flore ainsi que les activités traditionnelles des maraîchins (pêche à l'anguille, fabrication d'une bosselle). La visite se conclut par la présentation de la batellerie locale (construction du « balai ») et la découverte d'objets de l'âge du bronze trouvés sur différents sites autour de Coulon.

Quitter Coulon par l'Ouest en empruntant la D 123. À la sortie du village, prendre la rue du port de Brouillac (laiterie) en direction du Grand Coin. En bout de route, prendre à gauche et franchir le canal. Tout de suite après le pont, tourner de nouveau à gauche.

Le barrage du Grand Coin donne un aperçu de ce qu'est un « **passe-bateaux** ». La route longe le canal bordé de peupliers et de saules pleureurs où s'abritent les pêcheurs. Après avoir passé un petit pont, on distingue sur la droite une solide ferme poitevine aux pierres appareillées.

Au bout du canal, prendre sur la droite la D 123 en direction d'Irleau.

La rive droite de la Sèvre Niortaise offre un tableau inédit de ravissantes « cabanes » (quelques-unes ne sont accessibles qu'en barque). La rivière, jalonnée de conches et de rigoles, voit la pente de son lit chuter brutalement à l'**écluse de la Sotterie**, passant de 30 cm par km à moins de 5 cm ; ralentie dans sa progression, l'eau envahit le marais.

COUP D'ŒIL

Les premiers frênes « têtards » marquent l'entrée du Marais mouillé. Plantés pour consolider les berges, ils doivent leur aspect singulier à une taille régulière tous les cinq à sept ans.

Du bois (le Marais mouillé n'en manque pas) et de l'huile de coude... voilà la recette miracle pour pouvoir glisser sur l'eau.

Après avoir franchi le pont d'Irleau, prendre la première route à gauche. Au bout de la route, prendre à droite. Au carrefour, continuer tout droit puis tourner à gauche sur la D 102.

Le Vanneau

Ce village porte le nom d'un oiseau échassier à huppe noire. Il possède un **port★** joliment aménagé. Une **vue** très dégagée s'étend sur un embarcadère *(attention, pour les promenades en barque se rendre à Ste-Sabine)*, une passerelle typique et une rangée de saules. En bout de cale, la conche centrale s'enfonce dans le Marais mouillé, au-delà d'un rideau de peupliers.

La rue de Gémond (à droite) puis la rue des Vergers (à gauche) conduit sur la D 102 ; tourner à gauche en direction de Sansais. 200 m plus loin, prendre une petite route sur la droite (balisage circuit vélo n°1).

Le paysage a changé : les cultures céréalières cernées de haies ont remplacé les bois.

Au bout de la route, tourner à gauche (route non bitumée), puis à droite (route bitumée) ; 200 m plus loin, tourner à gauche.

Un écrin de verdure enveloppe à nouveau le visiteur qui, en franchissant un pont, peut apprécier la beauté et le calme enchanteur du site.

À la prochaine intersection, prendre sur la droite et franchir, plus loin, un petit pont. Au carrefour, tourner à droite.

Les arbres disparaissent subitement et font place à des champs ; sur la gauche, le bleu d'un silo donne une touche de couleur au paysage, assez austère hors saison.

Au carrefour, prendre en face et rattraper la D 115. Tourner à gauche (sortie de St-Georges-de-Rex), puis au carrefour de Chausse tourner à gauche sur la D 3 en direction de Sansais. Après 400 m, emprunter sur la gauche la V 8.

Amuré

L'église du 12ᵉ s. accueille des expositions en saison ; dans le cimetière, une croix hosannière du 15ᵉ s. domine des tombes sur pilotis. À la différence de la lanterne des morts, la croix hosannière est une colonne sans système d'éclairage. Son nom vient de l'acclamation hébraïque « hosanna ».

Quitter Amuré par l'Est en empruntant la D 3 en direction de Sansais. Après 1,7 km, prendre sur la gauche une petite route non revêtue (balisage circuit vélo n°3). 900 m plus loin, tourner à gauche sur la route bitumée.

Au lieudit Vollette, on peut admirer une belle ferme poitevine transformée en gîte rural.

Au carrefour, emprunter la D 102 sur la droite, puis 400 m plus loin, tourner à gauche. À l'intersection suivante (700 m), prendre à gauche (ne plus suivre le balisage circuit vélo n°3).

Le pont de la Chaume du Château marque le retour du Marais mouillé. Cette portion de route peut être fermée à la circulation en période d'inondation ou lors de la « passée » des canards sauvages *(matin et soir).*

Suivre la route bitumée. Après 2,2 km, la route est coupée par une barrière en bois ; prendre à droite et franchir un petit pont. 600 m plus loin, tourner à gauche.

La Garette

Cet ancien hameau de bateliers est typique par l'alignement de ses maisons sans fondation, qui ont la particularité d'avoir un double accès, sur une « conche » et sur la route. La rue principale *(interdite à la circulation)*, jalonnée de petits embarcadères, s'étire jusqu'à la Vieille Sèvre *(voir ci-après)*.

Du parking, prendre la rue montante qui rejoint bientôt la D 1 ; au carrefour, prendre à gauche.

Des pavés, une passerelle, des saules, des barques. Au Vanneau, comme dans les autres ports, vous n'échapperez pas à ces clichés.

> **ÉTRANGE**
> Deux mégalithes réputés posséder un pouvoir guérisseur se dressent dans un autre cimetière.

Les frênes « têtards » font souvent partie du décor des conches.

La route traverse la partie Est de La Garette et franchit la Vieille Sèvre ; du pont, vue sur la rivière et ses quais. La D 1 qui ramène à Coulon marque la limite entre la zone humide (à gauche) et la zone sèche (à droite).

② Entre Sèvre Niortaise et Autize

Circuit de 50 km – environ 3 h

Maillezais★ *(voir ce nom)*

Quitter Maillezais par le Sud en empruntant la D 15. À la Croix-de-Maillé, prendre à droite sur la D 25 et poursuivre jusqu'au pont situé au Nord de Maillé. Laisser la voiture et prendre sur la droite le chemin de halage.

Aqueduc de Maillé

🚶 *1 km AR.* Cet ouvrage permet au canal de Vix (Marais desséché) de croiser celui de la Jeune Autise (Marais mouillé).

Maillé

Bien des légendes courent sur ce vieux village, comme semblent en témoigner les personnages (acrobates, athlètes portant des lions) qui illustrent les voussures du **portail roman** de l'église Notre-Dame.

Face à l'église, prendre la rue fléchée « Dognon, Millé ».

Au lieudit **Fort Dognon** s'élevait autrefois le donjon d'Agrippa d'Aubigné où le poète fit imprimer en 1616 *Les Tragiques*. La route franchit ensuite un petit pont d'où l'on a une vue étendue sur le marais. Le long des conches, de petits radeaux de plastique blanc sont là pour piéger les trop nombreux ragondins.

1,3 km après la ferme de Millé, un virage marque le départ d'un sentier pédestre (le chemin est fermé par une chaîne : accès interdit aux véhicules).

> **PAR ICI !**
> En bordure du canal du Bourneau, le port accueille un embarcadère niché sous des saules. Au-delà du pont-écluse, on part en balade vers l'île de la Chatte.

Pour remplacer un pont, rien ne vaut le bateau à chaîne. La barque est équipée de deux chaînes (une à l'avant, l'autre à l'arrière), chacune d'elles étant reliée à une berge. Sachant cela, il ne vous reste plus qu'à tirer la bonne chaîne !

Sentier du bateau à chaîne★

600 m AR. Suivre l'itinéraire fléché du GR Pays : « Entre Sèvre et Autizes ».

🚶 Extraordinaire, ce parcours permet de découvrir la face cachée du marais en approchant sa faune et sa flore. Longeant une conche, l'étroit chemin s'enfonce au cœur d'une végétation si luxuriante qu'elle freine parfois la progression de l'explorateur. Le sentier débouche sur un des derniers « **bateau à chaîne** » de la région, que l'on peut utiliser (avec prudence) pour franchir la conche.

Poursuivre sur la même route. Au carrefour, prendre à gauche la D 25ᴮ. Traverser la Sèvre puis tourner à gauche à la sortie du pont du Sablon.

> **PAR LÀ !**
> On a de belles vues sur l'île de la Chatte *(voir ci-dessus)* et ses cabanons de pêcheurs.

L'itinéraire remonte la Sèvre Niortaise par la rive gauche. Une aire de pique-nique est aménagée peu après l'écluse du canal de la Rabatière.

Au carrefour du pont de la Croix-des-Mary, prendre tout droit en direction de Damvix. Au carrefour suivant, tourner à gauche et franchir l'écluse.

Une succession de ponts permet de rejoindre la rive droite de la Sèvre Niortaise en franchissant les **écluses de Bazoin**, important carrefour hydraulique.

Le port d'Arçais est sans doute le plus photogénique des embarcadères du Marais mouillé. À vos appareils !

Damvix

Malmené lors des guerres de Religion, cet ancien village de pêcheurs se distingue par ses petites passerelles qui franchissent les étroits canaux. Un alignement de maisons basses s'étire le long de la Sèvre Niortaise ; près du pont, chaque berge est pourvue d'un embarcadère.

Passer la Sèvre Niortaise et emprunter la D 104 en direction d'Arçais. Après 200 m, prendre à droite une petite route (camping des Conches) qui franchit un pont. Attention : l'itinéraire conduisant jusqu'au village de la Rivière par le Marais sauvage emprunte une route non revêtue, praticable seulement par temps sec ; en cas de forte pluie, rejoindre directement Arçais.

Le Marais sauvage★

Quelques planches de bois jetées sur une conche, puis *(prendre la route de gauche)* le barrage de la rigole de la Garette mènent à l'entrée du Marais sauvage *(à la fourche, prendre à droite)*. Cette zone protégée de 1 600 ha est quadrillée par 100 km de voies d'eau où canaux, conches et écluseaux forment un véritable labyrinthe. Le village de **la Rivière**, aux belles maisons maraîchines, marque la limite du marais. Au Nord, la route qui rejoint la D 101 offre un contraste étonnant entre le marais boisé (à gauche) et les vastes champs vallonnés (à droite) ; au Sud, **Monfaucon** possède un sympathique embarcadère.

Arçais

Le **Grand-Port★★** s'abrite sur une vaste cale pavée. L'embarcadère fait face à une « cabane » caractéristique. Au Nord, le quartier de **la Garenne** est remarquable pour ses fermes à double accès qui s'étirent le long du bief Minet.

Quitter Arçais par le Grand-Port en empruntant la D 102 en direction de Damvix. Aux Bourdettes, franchir le barrage puis l'écluse et prendre à droite le chemin de la Foulée.

L'itinéraire remonte la Sèvre Niortaise par la rive droite jusqu'au Village de la Sèvre. À hauteur d'une passerelle, prendre sur la gauche la route de Sèvre qui conduit au port du Mazeau (embarcadère après le pont).

Quitter Le Mazeau par le Nord-Ouest en empruntant la D 68 en direction de Maillezais. 1 km après St-Sigismond, au lieu-dit la Ragée, tourner à gauche vers Anchais. Au bout de la route, prendre sur la gauche le chemin du port d'Anchais.

> **LE MONDE CHANGE**
> À chaque extrémité du port, deux grues en bois rappellent le temps où les découpes de peupliers, acheminées par voie d'eau, étaient hissées sur le quai.

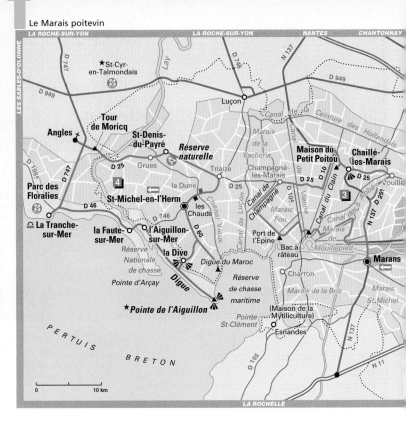

L'Espace Marais

  De mai à mi-oct. : 10h-19h. 20F. ☎ *02 51 00 72 20.*
Une vaste grange abrite des reconstitutions évoquant les
vieux métiers du marais. Un labyrinthe à énigmes, un
aquarium (poissons régionaux) et le jardin du diable
(présentation de plantes toxiques) complètent la visite.
*Rejoindre le carrefour des Quatre Chemins et remonter vers
le Nord ; au-delà du moulin de Bouteline, la D 68 ramène à
Maillezais.*

LE MARAIS DESSÉCHÉ★

C'est un site dégagé, découpé de digues et de canaux. Sa
terre noire de bri demande de l'engrais pour produire
blé, orge, maïs, fèves, haricots. Ses pâturages sont dévo-
lus aux bovins et aux moutons de pré-salé. Dans la baie
de l'Aiguillon, qui s'envase lentement, on élève des
moules sur des « bouchots » : Esnandes et Charron sont
les deux centres de cet élevage.

③ Marais du Petit Poitou

Circuit de 60 km – environ 3 h

Marans

Marché du Marais desséché, notamment pour les grains
(silos), Marans est un port. Il est relié à l'océan par un
canal ; une écluse maintient le niveau d'eau du bassin à
flot où stationnent quelques caboteurs et plaisanciers.

Clocher de l'église Notre-Dame – *S'adresser à l'Office de
tourisme,* ☎ *05 46 01 12 87.*
Une salle panoramique permet de découvrir le Marais.

*Quitter Marans par le Nord en empruntant la N 137 en
direction de Luçon. Au Sableau, prendre à droite sur la
D 25ᴬ, puis à Vouillé tourner à gauche sur la D 25.*

Après 2 km de paysage agricole, peu après le lieudit « la
Groie », on peut observer, sur la gauche, un « **bot** »
(digue) qui borde le marais. Puis, on longe les surpre-
nantes falaises mortes du village de l'An VII (ancien îlot
calcaire) jadis percutées par les vagues.

*L'église de Marans se
caractérise par son clocher
de verre à ossature
d'aluminium.*

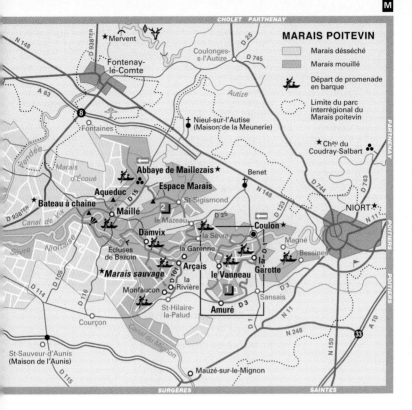

MARAIS POITEVIN

Marais désséché

Marais mouillé

Départ de promenade en barque

Limite du parc interrégional du Marais poitevin

Chaillé-les-Marais

Ce village est une ancienne île du golfe du Poitou qui domine la plaine autrefois immergée. C'est le centre du Marais desséché du Petit Poitou, le premier de cette province à avoir été asséché.

Rejoindre la N 137 et prendre à droite (rue de l'An VI) en direction de Luçon. 900 m après l'Office de tourisme, tourner à gauche.

BELLE VUE

Du belvédère (place de l'église) se dégage une belle vue sur le marais d'où émergent, sur la gauche, les anciens îlots d'Aisne et du Sableau.

Maison du Petit Poitou

&. *D'avr. à mi-sept. : tlj sf dim. matin 10h-18h. 20F.* ☎ *02 51 56 77 30.*

Installée dans l'ancienne habitation du maître de digue, cette maison permet de se documenter sur l'assèchement du marais, sa faune et sa flore, les activités de ses habitants. À l'extérieur, on peut voir dans leurs enclos les animaux traditionnels du marais : le baudet du Poitou, la chèvre poitevine, la vache maraîchine et la poule de Marans.

Reprendre la N 137 en direction de Luçon. Après 700 m, franchir le pont de la Coube et prendre tout suite à gauche la D 10.

La route longe le **canal du Clain** d'où l'on a une vue originale sur les falaises mortes de Chaillé. Le canal, jalonné par quelques rares fermes, est bordé de prairies humides (à gauche) et de champs de céréales (à droite).

Au carrefour de Ste-Radegonde-des-Noyers, prendre à droite sur la D 25. À la sortie de Champagné-les-Marais, tourner à gauche avant le pont pour emprunter le « chemin Sud du canal ».

Le **canal de Champagné**, très fréquenté par les amateurs de pêche, traverse une vaste plaine de culture. De part et d'autre de la route, on peut observer la faune (envol d'un héron) et la flore (chardons, roseaux) du Marais desséché, souvent concentrées près des vannes.

Au bout de la longue ligne droite, prendre à gauche, puis au prochain carrefour (3 km), continuer tout droit.

Le Marais desséché et ses canaux... un classique du genre.

La route contourne le Marais fou. À droite, un clocher et un château d'eau semblent émerger d'une mer de champs. Plus loin, une belle vue s'étend, depuis le pont-écluse, sur le petit **port de l'Épine** où mouillent des bateaux équipés pour la pêche à la civelle. Peu après, une ferme est entourée de pins maritimes, rares en plein marais !

Prendre la D 10ᴬ sur la droite puis, après 1,1 km, emprunter sur la gauche une petite route qui traverse le canal de Vienne. 300 m plus loin, tourner à droite.

CURIEUX

Le bac à rateau était employé naguère au curage des canaux envasés. Ce nettoyage titanesque était entrepris tout les sept à huit ans en milieu d'hiver. C'était l'occasion de rassembler le village et d'organiser une grande fête.

◄ Au carrefour, arrêtez-vous devant le hangar aménagé sur le canal du Clain. On y découvre un curieux « **bac à râteau** ». La route franchit une succession de portes (écluses) dont celle, très originale, des Grands Greniers (maison d'éclusier). Au Sud, la Sèvre Niortaise irrigue cinq canaux (Vienne, Clain, Cinq Abbés, Mouillepied, Vix) depuis le méandre des Fagnes.

Au bout de la longue ligne droite qui longe le canal de Mouillepied, tourner à droite. À la Hutte de la Briand, prendre à gauche.

Après avoir contourné le bien nommé marais de Mouillepied, jalonné d'étonnantes « cabanes », le canal de Vix offre au regard un bel exemple de « contre-bot ».

Au pont-écluse, prendre à droite sur la N 137 qui ramène à Marans.

④ Le Marais maritime

Circuit de 70 km – environ 3 h

St-Michel-en-l'Herm

Ancienne île du golfe du Poitou. Les moines de son abbaye engagèrent de grands travaux, au 13ᵉ s., afin d'assécher cette partie de marais. Proche de l'anse de l'Aiguillon, le village est protégé de la mer par de nombreuses digues entre lesquelles s'étendent des prés-salés appelés localement « mizottes » ; un fromage très prisé dans la région porte également ce nom.

Ancienne abbaye bénédictine – *De juil. à fin août : visite guidée (1/2h) mar., jeu., ven. 10h-11h30, 15h-16h30. Fermé j. fériés. 15F.* ☎ *02 51 30 21 89.*

HAUTEUR

L'abbaye St-Michel-en-l'Herm (du latin *in eremo* : dans un lieu désert) était dédiée à l'archange **saint Michel**. Il apparaissait toujours aux hommes dans les lieux élevés, ce qui explique la position dominante de ses statues ou de ses sanctuaires.

◄ Fondée au 7ᵉ s. par Ansoald, évêque de Poitiers, elle connut une période de prospérité jusqu'au 9ᵉ s. où elle fut dévastée par les Normands. Les guerres anglaises des 14ᵉ et 15ᵉ s., les guerres de Religion du 16ᵉ s., la Révolution lui portèrent de rudes coups. Reconstruite à chaque fois, elle le fut partiellement pour la dernière fois à la fin du 17ᵉ s. par l'architecte François Leduc. On parcourt la salle capitulaire gothique, encore entourée du banc de pierre des moines, le chauffoir, gothique lui aussi, dont les voûtes n'ont gardé que leurs nervures, le réfectoire et le bâtiment des moines, refaits par Leduc au 17ᵉ s.

Musée André Deluol – ঙ *De mi-juin à fin sept. : tlj sf mar. 15h-19h ; d'oct. à mi-juin : w.-end et lun. 15h-17h. 20F.* ☎ *02 51 30 25 15.*

Né en 1909, cet artiste expose une large sélection de ses œuvres dans un bâtiment de 300 m². Outre peintures, dessins et pastels, quelque 120 sculptures (granit, marbre, bois) rendent hommage à la femme, dont les formes généreuses sont travaillées en taille directe.

Quitter St-Michel par le Sud en empruntant la D 60.

Après avoir passé un silo, on découvre, à droite, émergeant à l'horizon, la butte de la Dive *(voir ci-après)*. Peu après, la D 60 *(prendre tout droit au carrefour)* franchit une succession de digues et de « prises » (polders) gagnées sur la mer. La route vient mourir au pied de la **digue du Maroc** (1912) où se dressent d'étonnants perchoirs à rapaces (faucons, chouettes).

Revenir au carrefour et prendre à gauche.

La Dive

HORIZONS

D'en haut, la **vue** s'étend de la pointe d'Arçay à l'anse de l'Aiguillon en passant par l'île de Ré et son pont-viaduc.

◄ Cette ancienne île était encore entourée d'eau au 17ᵉ s. À l'entrée d'une ancienne carrière, la route s'élève et parcourt la butte sur 700 m en dominant le marais.

Revenu au niveau de la mer, on découvre au-delà d'un pré, la falaise morte (largement entaillée par les flots) recouverte en partie de lierre.

Continuer en direction de la mer, puis au carrefour prendre à gauche.

Digue de L'Aiguillon

Créée par des ingénieurs hollandais, la digue porte, sur 6 km, une route que protège un brise-lames ; on distingue à gauche d'anciens marais salants reconvertis en parcs à huîtres. Des plages bordées de dunes se succèdent *(nombreux accès)* à partir des Sablons.

Gagner l'extrémité de la digue.

Dans la baie de l'Aiguillon, le pays de la moule de bouchot, les bateaux plats attendent la marée descendante pour partir récolter les mollusques à coquille sombre.

Pointe de l'Aiguillon★

Cordon littoral qui se prolonge jusqu'au cœur des eaux grises et des vases de l'anse de l'Aiguillon (réserve de chasse maritime). La **vue**, très dégagée, porte, de droite à gauche, sur l'embouchure du Lay et la pointe d'Arçay, l'île de Ré et le port de La Pallice. Les alignements de bouchots à moules apparaissent seulement à marée basse.

Reprendre la digue en sens inverse.

L'Aiguillon-sur-Mer

Les maisons basses s'alignent sur la rive gauche de l'estuaire du Lay, dans un paysage dépouillé qui est déjà celui de l'Aunis. Leurs habitants partagent leurs activités entre la culture florale, la pêche côtière, l'élevage des huîtres et des moules.

Franchir le Lay.

La Faute-sur-Mer

Situé sur la Côte de Lumière, cette localité de vacances familiales est pourvue d'une longue plage de sable fin et d'un casino. Au Sud, le cordon de dunes s'étire jusqu'à la **pointe d'Arçay** (réserve nationale de chasse).

La Tranche-sur-Mer⌂

Cette station balnéaire bénéficie d'une spacieuse plage de sable fin *(13 km)* et d'une pinède (600 ha). Le plan d'eau du Maupas permet la pratique de nombreux sports nautiques (planche à voile, funboard, dériveur, etc.). Au printemps, un corso fleuri est organisé lors de la Fête des Fleurs *(voir « Calendrier festif »)*.

Parc des Floralies – *Juin-sept. : 10h-19h ; mars-mai : 10h-18h. 33F, gratuit l'été. Office de tourisme.* ☎ *02 51 30 33 96.* Des sentiers, ombragés de pins maritimes, sillonnent un parc vallonné (7 ha) où s'épanouissent en massifs multicolores bégonias, jacinthes, narcisses, tulipes, etc.

Quitter La Tranche-sur-Mer par le Nord en empruntant la D 747.

Angles

Ancienne abbatiale dont le pignon porte un gros ours qui, d'après la légende, aurait été changé en pierre par un ermite du nom de Martin. À l'intérieur, le chœur et le transept sont romans, tandis que la nef appartient au style Plantagenêt.

Revenir au rond-point et prendre en face.

La tour de Moricq est aujourd'hui isolée au milieu d'un pré.

Tour de Moricq

Cette grosse tour carrée fortifiée, du 15ᵉ s., défendait jadis un petit port sur le Lay.

Prendre la D 25 en direction de Grues. Après la traversée de St-Denis-du-Payré, poursuivre la route sur 2 km.

Réserve naturelle de St-Denis-du-Payré

Juil.-août : visite guidée (2h) 10h-12h, 15h-19h ; mars-juin : dim. 14h-18h ; déc.-fév. : 1ᵉʳ dim. du mois 14h-18h. 22F. ☎ 02 51 27 23 92.

Elle couvre 207 ha de marais que fréquentent de nombreux oiseaux en période de migration, d'hivernage ou de nidification. Dans le village, la **maison de la Réserve** présente un diaporama et une exposition sur la faune et la flore des prairies humides. On peut se rendre ensuite dans le marais pour voir évoluer les oiseaux depuis l'**observatoire** équipé de longues-vues.

Poursuivre sur la D 25. À Triaize, prendre sur la droite la D 746.

Juste avant le franchissement du Chenal Vieux, on remarque sur la droite un ancien îlot au lieudit la Dune. Du bord de la route, on aperçoit, au niveau des étables, cet incroyable amoncellement de coquilles qui naguère étaient employées à la fabrication de poudre destinée aux volailles (ancienne usine de broyage à gauche de la ferme).

Poursuivre sur la D 746 qui ramène à St-Michel-en-l'Herm.

QUE D'HUÎTRES !
À 500 m de la Dune, la ferme « Les Chauds » *(on ne visite pas)* est bâtie sur une **butte de coquilles d'huîtres** qui daterait de l'an mille.

Marennes

OÙ DORMIR ET SE RESTAURER
Grand Chalet – *2 av. La Cèpe – 17390 Ronce-les-Bains – 8,5 km au SO de Marennes par D 728ᵉ – ☎ 05 46 36 06 41 – fermé fin nov. à déb. fév. – 28 ch. : 280/350F – ☑ 35F – restaurant 135/240F.* En face de l'Île d'Oléron, cet hôtel de 1850 a gardé son amusante façade de chalet. Mais son principal atout est sans aucun doute sa situation : au bord de l'eau, son jardin s'étire jusqu'à la mer. Sa salle à manger et ses chambres un peu désuètes ont une belle vue.

Plus de la moitié des huîtres consommées par les Français viennent de la zone Marennes-Oléron ! On pourrait presque dire que le mot Marennes est le synonyme de « fête de Noël » ou « fête du jour de l'an ». La « Marennes-Oléron » est une huître à chair verte, élevée dans un bassin qui comprend l'embouchure de la Seudre, la côte au Nord de Marennes et la côte Est d'Oléron. Dans cette région, l'huître adulte s'affine sous les effets d'une algue microscopique, la « navicule bleue », qui lui donne sa couleur verte et son goût délicat.

La situation

Cartes Michelin nᵒˢ 71 pli 14 ou 233 pli 14 – Charente-Maritime (17).
Jadis île du golfe de Saintonge, Marennes est situé au cœur du bassin d'ostréiculture de Marennes-Oléron, sur la rive droite de l'estuaire de la Seudre, à 22 km au Sud-Ouest de Rochefort.
🛈 *Pl. Chasseloup-Loubat, 17320 Marennes, ☎ 05 46 85 04 36.*

La région de Marennes… ou quand l'architecture rime avec ostréiculture. Au pays de l'huître, Bourcefranc est doté d'un lycée agricole et maritime !

Le nom

« Marennes » qualifiait au Moyen Âge tout le petit pays qui allait de Brouage au Nord à la Seudre au Sud. Puis, le nom de « Marennes » a été attribué à la bourgade qui autrefois s'appelait Salles. Quant à l'explication de sa signification, c'est une autre histoire...

Les gens

4 634 Marennois. **François Fresneau** (1703-1770), officier du Génie (militaires chargés des fortifications et des travaux), est né et mort à Marennes. Il étudia le caoutchouc de l'hévéa en Guyane et lança son utilisation industrielle.

visiter

Église St-Pierre-de-Sales

De type anglais, sa haute tour carrée du 15ᵉ s., soutenue par des contreforts d'angle et terminée par une flèche à crochets culminant à 85 m, se voit de très loin : elle servait de repère aux navigateurs.

Terrasse de la tour – *Juil.-août : 10h-12h30, 14h-19h ; sept.-juin : sur demande 14h-18h. 7F.* ☎ *05 46 85 03 86.* Accessible par 291 marches, on découvre, à 55 m de haut, un **panorama★** sur le marais, les huîtrières, la presqu'île d'Arvert et les îles.

> **ARCHITECTURE**
> L'intérieur de l'église St-Pierre-de-Sales présente une large nef bordée de chapelles surmontées de tribunes à balustres. Les travées sont voûtées en ogives à huit branches.

Vidéorama de l'huître

 Avr.-sept. : tlj sf dim. 9h15-12h, 14h-18h, sam. 9h15-12h, 14h-17h (juil.-août : 9h15-12h30, 13h30-18h30, dim. 10h30-12h) ; oct.-mars : tlj sf dim. 10h-11h30, 14h-15h30, sam. 9h15-12h. Fermé j. fériés. 11F. ☎ *05 46 85 04 36.*
Dans les locaux du Syndicat d'initiative. Intéressante projection ayant trait au bassin de Marennes-Oléron : histoire de l'ostréiculture, activités des ostréiculteurs.

Château de la Gataudière

De mars à fin nov. : visite guidée (1h, dernière entrée 1/2h av. fermeture) tlj sf lun. 10h-12h, 14h-18h30 (juin-sept. : tlj). 35F (enf. : 25F). ☎ *05 46 85 01 07.*
1,5 km au Nord de Marennes. François Fresneau le fit élever dans le style Louis XIV vers 1749, sur l'emplacement d'une demeure médiévale, au cœur d'anciens marais : les gataudières. Côté parc, la façade est bordée d'une longue terrasse à balustrade en fer forgé. À l'intérieur, remarquez à l'étage noble, un salon aux murs de pierre ouvragés de pilastres cannelés d'ordre corinthien représentant les Arts et les Sciences, et les Quatre saisons. Le salon bleu et la salle à manger renferment un mobilier Louis XV. Dans la cour, un bâtiment abrite une exposition de véhicules tractés par des chevaux.

> **L'AGRICULTURE S'AFFICHE**
> Le pavillon central est décoré de trophées symbolisant les ressources agricoles de la région : le vin, le sel et les huîtres. Il est surmonté d'un fronton à l'antique orné d'un Triomphe de Flore.

alentours

Brouage★ *(voir ce nom)*
6,5 km au Nord-Est par la D 3.

Bourcefranc-le-Chapus
4 km au Nord-Est par la D 26. Les chenaux de ce centre ostréicole renommé regorgent d'embarcations, et sont jalonnés de magasins et de bassins d'expédition (« dégorgeoirs ») des ostréiculteurs.

Pointe du Chapus
7 km au Nord-Est par la D 26. De l'ancien embarcadère du bac d'Oléron, belle **vue★**, devant sur le pont et l'île d'Oléron, au Nord sur le phare de la tour de Juliard et l'île d'Aix, au Sud sur la côte de Ronce-les-Bains.

Fort Louvois★
De juil. à fin août : visite guidée (1h) 10h30-18h30 (visite à marée basse, passage en bâteau à marée haute). 30F (enf. : 15F). ☎ *05 46 85 07 00.*

Imaginez les salves de canons tirées depuis le fort Louvois sur les bateaux corsaires.

Également appelé fort du Chapus, il se découpe à environ 500 m du rivage. On y accède à marée basse par une chaussée tracée entre les huîtrières et les viviers à poissons (à marée haute, une navette assure une liaison). Chaque année, la visite de ce fort du 17e s. est accompagnée d'une exposition ostréicole.

Mauléon

À VOIR
La rue principale débouche sur le **portail d'entrée** de l'ancien château féodal (12e s.) qui donne accès à une esplanade. Vous y verrez une demeure du 17e s., un cinéma à la façade vitrée très originale et un belvédère.

Celle qui fut, l'espace de quelques mois, la capitale de la Vendée militaire, accueille aujourd'hui sereinement ses visiteurs et les plonge dans la nostalgie de l'enfance avec son musée de la Vie des Jouets.

La situation
Cartes Michelin nos 67 pli 16 ou 232 pli 43 – 22 km au Nord-Ouest de Bressuire – Deux-Sèvres (79).
◀ Située au Nord-Ouest des Deux-Sèvres, aux confins de la Vendée et du Maine-et-Loire, cette commune domine de son éperon rocheux la vallée de l'Ouin. La N 149 relie la petite ville à Bressuire.
🚩 *27 Grand'Rue, 79700 Mauléon, ☎ 05 49 81 95 22.*

Le nom
Au Moyen Âge, l'endroit s'appelle *castellum de Maloleone* (1080) du nom de ses châtelains. En 1736, la ville était devenue Châtillon-sur-Sèvre, duché du comte de Châtillon. C'est le nom qu'elle portait toujours lorsqu'elle fut, de mai à octobre 1793, la capitale de la Vendée militaire. La commune de Mauléon n'a repris son ancien nom qu'en 1965.

Les gens
3 168 Mauléonnais. **Henri de La Rochejaquelein** (1772-1794), chef royaliste vendéen, est né à quelques kilomètres de Mauléon, au château de la Durbelière.

MYSTÈRE
Attardez-vous sur les **roches gravées**★ des Vaux, dont une salle rassemble huit exemplaires. Plus de 200 blocs ont été découverts au 19e s. dans les environs. Leur date et leur signification restent une énigme. Elles sont couvertes de motifs : croix, étoiles, cercles, personnages stylisés.

visiter

Musée du BRHAM
14h30-18h. 5F. ☎ 05 49 81 86 23.
Le Bureau de recherche historique et archéologique du Mauléonais est installé dans l'ancienne abbaye de la Trinité, un édifice de granit remanié au 19e s. dans le style
◀ Louis XIV. Des salles évoquent les guerres de Vendée et les traditions populaires (art religieux, coiffes du Poitou, mobilier du bas Poitou).

La Vie des Jouets
Tlj sf lun. et mar. (hors vac. scol.) 14h-18h, dim. et j. fériés 14h30-19h (juil.-août : tlj sf lun. et mar. (hors vac. scol.) 10h-13h, 14h-19h, dim. et j. fériés 14h30-19h). 25F (enf. : 15F). ☎ 05 49 81 64 12.
Une fresque naïve d'enfants jouant dans un jardin public signale l'entrée du musée. La collection présentée comprend près de 3 000 pièces retraçant l'histoire du jouet depuis 1830. Les enfants découvrent émerveillés ces objets dépourvus de composants électroniques, si attachants aux yeux des adultes. Sept salles à thèmes abritent poupées, dînettes, figurines (cyclistes du Tour de France), avions, bateaux, voitures et de nombreux jeux de société.

alentours

St-Aubin-de-Baubigné
5 km à l'Est par la D 759. Une statue, œuvre de Falguière (1895), a été élevée en hommage à **Henri de La Rochejaquelein** qui fut inhumé dans la chapelle funéraire de l'église, auprès de la dépouille de son cousin, le chef vendéen Lescure.

En octobre 1793, Henri de La Rochejaquelein devint le très jeune généralissime de l'Armée catholique et royale.

Château de la Durbelière
2 km au Nord de St-Aubin-de-Baubigné par la D 153.
Cette ruine fait partie d'une vaste exploitation rurale.
C'est dans l'un des pavillons carrés du logis seigneurial
(15e-17e s.) que naquit en 1772 Henri de La Rochejaquelein. Dans la cour du château, « monsieur Henri », haran-
gua 2 000 paysans en ces termes :
« Si j'avance, suivez-moi ! Si je recule, tuez-moi ! Si je
meurs, vengez-moi ! »
À la tête de l'Armée catholique et royale, après un passage en Bretagne, il fut tué par un Bleu à Nuaillé, près
de Cholet, en 1794.

St-Laurent-sur-Sèvre *(voir ce nom)*
13 km au Nord-Ouest par la N 149.

Melle

Petit mélo à Melle : la ville, rattrapée par le progrès
technique dans les années 50, a dû renoncer à l'élevage du baudet du Poitou, le célèbre étalon-repro-
ducteur de la mule poitevine. Vous pouvez y découvrir une ancienne mine de plomb et son jardin
carolingien, un parcours botanique jalonné de variétés rares, et l'église St-Hilaire, superbe sanctuaire
qui accueillait les pèlerins de St-Jacques.

La situation
*Cartes Michelin nos 72 Nord-Est du pli 2 ou 233 plis 17, 18 –
27 km au Sud-Est de Niort – Deux-Sèvres (79).*
En arrivant par la route de St-Jean-d'Angély, on a la
meilleure vue sur le site de Melle, établi à l'angle d'un
vallon et de la barrière de verdure que forme l'étroite
vallée de la Béronne.
🅱 *Pl. de la poste, BP 51, 79500 Melle, ☎ 05 49 29 15 10.*

Le nom
Rien à voir avec le Poitou puisqu'il viendrait de *Medu-
lus*, nom romain qui donna le Médoc !

Les gens
4 003 Mellois. Jean-François Cail (1804-1871) habita la
ville qui a la particularité de posséder trois églises
romanes. Deux d'entre elles, qui appartenaient à des
monastères bénédictins, accueillaient les pèlerins sur la
route de St-Jacques-de-Compostelle.

se promener

Église St-Hilaire★
Ce sanctuaire, bâti dans le plus pur style roman poitevin,
dépendait de l'abbaye bénédictine de St-Jean-d'Angély.
Extérieur – On apprécie la sobriété de l'ensemble formé
par le chevet et la façade flanquée de clochetons

*Le cavalier de Melle :
personnage couronné
vêtu d'une longue robe
dont le cheval foule aux
pieds une petite figure
assise. Un chef-d'œuvre !*

QUI ?

Dans ce personnage équestre, on a cru reconnaître Charlemagne, le Christ écrasant l'Ancienne Loi, ou encore l'empereur Constantin triomphant du paganisme.

coniques. Au-dessus du portail latéral gauche chevauche un « **cavalier** » célèbre dans l'histoire de l'art par les controverses qu'il a soulevées. Au chevet, trois absidioles rayonnantes, à contreforts-colonnes et modillons sculptés, se greffent sur un déambulatoire accolé au transept. Ce dernier est pourvu de deux chapelles orientées et supporte une tour de croisée (le clocher).

Intérieur – L'envergure des trois nefs et du déambulatoire indique que l'édifice accueillait les pèlerins de St-Jacques-de-Compostelle. Des piliers de section quadrilobée soutiennent la voûte en berceau brisé. Admirez les chapiteaux sculptés : le 3e à droite en entrant par la façade principale montre une chasse au sanglier. Ne manquez pas, dans le bas-côté droit, un portail décoré intérieurement, ce qui est très rare : à l'archivolte, le Christ et les saints terrassant des animaux fantastiques (forces du mal).

JUKE-BOX

Au fond du bas-côté droit, un appareil diffuse de la musique rituelle ou sacrée du monde entier plus de 500 morceaux.

Église St-Pierre

Elle appartenait à un prieuré bénédictin dépendant de l'abbaye de St-Maixent. De style roman poitevin, elle s'élève sur le bord de la colline dominant la Béronne.

À l'intérieur les trois nefs sont voûtées en berceau brisé ; le chapiteau du 3e pilier à gauche évoque la Mise au tombeau du Christ.

DÉTAILLEZ

Les voussures du portail Sud (animaux de l'Apocalypse et signes du zodiaque) surmontées par une niche abritant le Christ en majesté. La corniche et ses modillons historiés (symboles des Évangélistes). Au chevet, admirez un chapiteau figurant deux paons, symboles d'immortalité.

Ancienne église St-Savinien

Du 12e s., cette église, désaffectée en 1801, a longtemps servi de prison. De nos jours, elle accueille des expositions et un **festival de musique**. Regardez sur le linteau du portail un Christ auréolé, debout entre deux lions.

Chemin de la Découverte

On peut l'emprunter à proximité des mines d'argent.

🏛 **Arboretum** – Empruntant des tronçons d'une voie ferrée désaffectée, ce chemin, réservé aux piétons, ceinture, sur 5 km, la presque totalité de la ville ancienne. Les zones de végétation naturelle y alternent avec les sections plantées d'arbres et d'arbustes d'espèces étrangères qu'un étiquetage permet d'identifier (voir notamment le **Bosquet d'écorces**, au Nord de l'église St-Hilaire).

visiter

PROMENADE SOUTERRAINE

On y voit les traces d'oxydation créées par les feux qui permettaient de faire éclater la roche, les cheminées d'aération, un petit lac et quelques concrétions.

Mines d'argent des Rois francs

De mars à mi-nov. : visite guidée (1h1/4) w.-end et j. fériés 14h30-18h30 (juin-sept. : tlj 10h-12h, 14h30-19h30). 30F.
☎ *05 49 29 19 54.*

Le sol calcaire de Melle recèle des géodes, sortes de poches où s'est cristallisé le plomb argentifère. Dès le 5e s., on exploite ce minerai et, sous Charlemagne, un atelier monétaire destiné à frapper les monnaies royales en argent est installé à Melle. Au 10e s., l'atelier est transféré et la mine, désaffectée, tombe dans l'oubli jusqu'au 19e s. On a dégagé 350 m de galeries de leurs gravats pour les rendre accessibles aux visiteurs. Un montage sonore restitue l'ambiance de la mine. À l'extérieur, dans le **jardin carolingien**, sont cultivées des plantes consommées ou utilisées à l'époque de l'exploitation de la mine.

alentours

Chef-Boutonne

16 km au Sud-Est par la D 948, puis la D 737.

Le nom signifie « Tête de la Boutonne », car la Boutonne prend sa source à proximité. Dans le faubourg de Javarzay (en aval), l'église date des 12e et 16e s.

Château de Javarzay – Ancienne propriété des Rochechouart, il fut édifié vers 1515. De sa grande enceinte, jadis jalonnée de douze tours, il subsiste un joli châtelet

Le châtelet d'entrée du château de Javarzay est flanqué de tourelles et percé de fenêtres à décor Renaissance.

d'entrée, ainsi qu'une tour ronde à mâchicoulis. Des salles sont consacrées à Jean-François Cail, le grand industriel natif de la petite ville. Il comprend aussi une superbe collection de coiffes et de bonnets.

Pers

20 km à l'Est par la D 950, puis la D 14 et la D 15.

Dans le cimetière jouxtant l'église romane, une **lanterne des morts** (13ᵉ s.) dresse son fût de pierre flanqué de quatre colonnettes. Les angles de ces dernières se terminent par des chapiteaux, supportant un lanternon surmonté d'une croix. Au-dessous du toit pyramidal, quatre fenêtres en plein cintre indiquent l'espace où brûlait une lampe à huile lors des cérémonies funéraires. À l'Est de la lanterne, se trouvent cinq sarcophages, probablement des 11ᵉ et 12ᵉ s.

Meschers-sur-Gironde ★

Délicieuses surprises de la nature, les grottes de Meschers sont creusées dans une falaise blanche baignée par l'estuaire de la Gironde. Sur ces rives on trouve aussi une côte propice à la baignade avec de superbes plages de sable fin.

La situation

Cartes Michelin nᵒˢ 71 pli 15 ou 233 plis 25, 26 – Charente-Maritime (17).
Meschers-sur-Gironde se trouve à 10 km au Sud-Est de Royan.
🏛 *Pl. de Verdun, BP 11, 17132 Meschers-sur-Gironde,* ☎ *05 46 02 70 39.*

Le nom

Prononcez Mèché. À part ça...

Les gens

1 862 Michelais. Certains ont la chance d'habiter dans les extraordinaires grottes de la falaise.

séjourner

Plage des Nonnes

C'est la plage principale de Meschers. Anse harmonieuse ourlée de sable fin, elle dessine une courbe entre deux falaises en bordure d'un bois de chênes verts.
En direction de la pointe de Suzac, au Nord, se succèdent trois autres plages encadrées de rochers : la plage des Vergnes, celle de l'Arnèche et celle de Suzac.

> **OÙ DORMIR ET SE RESTAURER**
> Hôtel des Grottes de Matata – *67 bd de la Falaise –* ☎ *05 46 02 70 02 – 6 ch. : 300/350F –* ⬜ *35F – restaurant 60/90F.* Construit au-dessus des grottes, ce petit hôtel moderne est formidable : dans ses petites chambres simples avec balcon, vous serez aux premières loges pour admirer l'estuaire. Et pour visiter les grottes, il vous suffira de descendre... Bar et crêperie de février à la Toussaint.

Les grottes de Regulus sont accessibles par des escaliers taillés dans le roc.

découvrir

LES GROTTES

Creusées par l'érosion, incrustées de coquillages fossiles, elles ont été habitées dès la fin de la préhistoire. Progressivement agrandies, elles abritèrent ensuite pirates, contrebandiers, protestants traqués pendant les guerres de Religion et pêcheurs. Chacune d'elles possédait un foyer et une petite source filtrant à travers le calcaire. Transformées pour la plupart en habitations, donc inaccessibles, elles ne sont visibles que du fleuve, à l'exception de la **grotte de Matata** *(bar et crêperie, voir page précédente)* et des **grottes du Regulus**.

Grottes du Regulus

De mi-juin à fin août : visite guidée (1/2h) 10h-19h ; d'avr. à mi-juin : 14h-17h30 ; sept.-oct. : 14h-17h. Fermé Toussaint-Pâques. 23F (enf. : 13F), 55F (enf. : 20F) billet incluant le Musée agricole (château de Didonne), le moulin du Fâ (Barzan) et le musée des Amis de Talmont (Talmont-sur-Gironde). ☎ 05 46 02 52 29.

Accès signalé depuis l'église du village. Elles tiennent leur nom d'un bateau qui s'est sabordé au large en 1814 pour ne pas tomber aux mains des Anglais. On y a reconstitué l'habitat des pêcheurs qui les occupaient au 19ᵉ s.

> **ATMOSPHÈRE**
> Au pied des falaises voisines, contemplez le tableau des nombreuses cabanes de pêcheurs sur pilotis (carrelets) avec leurs filets suspendus.

Montendre

Des rues étroites de Montendre, on hume le parfum de pins de la forêt où s'est lovée la ville. On monte admirer sa fameuse tour carrée qui domine le site avant d'opter pour une pause-détente dans les alentours. à 2 km au Sud, on peut caboter sur un lac, y pêcher et même s'y baigner !

La situation

Cartes Michelin nᵒˢ 71 pli 7 ou 233 pli 27 – Charente-Maritime (17). Montendre est situé aux confins de la Charente-Maritime et de la Gironde à 19 km au Sud de Jonzac. 🄱 *17 r. de l'Hôtel-de-Ville, 17130 Montendre,* ☎ 05 46 49 46 45.

Le nom

Rien à voir avec la tendresse : Montendre est une ancienne forteresse romaine, *Mons Andronis. In vicaria Monte Andronis, prior de Montandra, dominus Montis Andronis, Monteandronis* (11ᵉ-13ᵉ s.). Et Andronis aurait des racines germaniques.

visiter

Tour carrée

De mai à fin oct. : visite guidée (1h1/2) tlj sf dim. 9h-12h30, 14h-18h30. Fermé j. fériés. 10F. ☎ 05 46 49 46 45.

Du château, subsistent des vestiges de remparts, une tour ronde démantelée et la fameuse tour carrée dominant la ville et formant châtelet d'entrée. Élevée au 12ᵉ s., remaniée au 15ᵉ s. et très restaurée au début du 20ᵉ s., elle abrite un petit **musée**, consacré aux arts et traditions populaires locaux.

La tour carrée rappelle que Montendre fut une place stratégique que se disputèrent au Moyen Âge Français et Anglais.

alentours

Église de Sousmoulins

8 km au Nord-Est par la D 155. À l'intérieur de cet édifice roman des 12ᵉ et 15ᵉ s., examinez quatre beaux panneaux peints du 18ᵉ s. Acquises en 1818, ces peintures anonymes, de facture très classique, représentent l'Assomption, la Visitation et la Nativité (transept Est) et, au-dessus de la porte, Dieu le Père.

Maison de la Forêt de Haute-Saintonge
&. *Juil.-août : 9h30-18h30 ; juin et sept. : 9h30-12h30, 14h30-18h30 ; oct.-mai : 9h-12h, 14h-18h, w.-end et j. fériés 14h30-17h30. Fermé 1ᵉʳ janv. et 25 déc. 15F.* ☎ *05 46 04 43 67. 12 km au Sud-Est par la D 730.* Situé à proximité de l'échangeur de Montlieu-la-Garde, ce centre propose des expositions à thème et un **sentier de découverte** *(document-guide en vente à l'accueil).* On y reconnaît des variétés d'arbres (alisiers, châtaigniers, chênes, merisiers, pins...) peuplant ce massif forestier. Autour d'un banc de scie des années 30, les ateliers des métiers du bois complètent la visite.

> **PANORAMA**
> Équipée d'une table d'orientation, la **Tour de Guet** permet de contempler l'étendue des 30 000 ha de forêt et le bocage (polyculture) qui le bordent au Nord.

Montguyon
20 km au Sud-Est par la D 730. Ce village saintongeais est dominé par les ruines d'un château médiéval, à l'imposant donjon, et qui fut la propriété des La Rochefoucauld *(voir ce nom).*

Allée couverte de la Pierre-Folle
À 2 km au Nord-Est, une allée d'ormeaux conduit à ce monument mégalithique dont la dalle-toit est colossale. Agréable panorama.

Montmoreau-St-Cybard

Tels des œufs de Pâques cachés dans un pré, les toits rouges de Montmoreau surgissent au milieu des collines charentaises boisées, dominés par la silhouette d'un petit château.

La situation
Cartes Michelin nᵒˢ 75 Nord-Est du pli 3 ou 233 pli 29 – Charente (16). Montmoreau est à 30 km au Sud d'Angoulême. Du pont sur la Tude et de la route de Ribérac (D 709) : belles vues sur Montmoreau.
🚩 *29 av. d'Aquitaine, 16190 Montmoreau-St-Cybard,* ☎ *05 45 24 04 07.*

Le nom
L'origine topographique est claire : *castellania de Montis Maurelli* (1300). *Maurellus* dérive du latin *maurus,* africain. Quant à savoir pourquoi *maurus* est arrivé là ? St-Cybard, pour simplifier les choses, est venu s'y greffer !

se promener

Église St-Denis
Cette église romane appartenait à un prieuré bénédictin situé sur la route de St-Jacques-de-Compostelle. Son style du 12ᵉ s. est homogène, à l'exception de la chapelle de la Vierge, reconstruite au 15ᵉ s. Lors de la restaura-

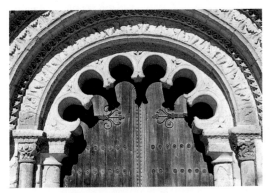

Sur la façade de l'église St-Denis, admirez le portail décoré de festons trilobés, de caractère mauresque.

tion de l'édifice par Abadie, vers 1850, le clocher a été refait à l'imitation de celui de Courcôme. La partie la plus intéressante de cette église est indéniablement sa **façade**.

Château

Le château des marquis de Rochechouart date du 15e s. À proximité subsiste une inhabituelle chapelle romane sur plan circulaire que précède un porche qui servait aussi d'entrée au château. Cette chapelle servait d'abri aux pèlerins de Compostelle.

COUP D'ŒIL
Remarquez sur la chapelle les chapiteaux sculptés d'animaux fantastiques, de palmettes et d'acanthes.

alentours

Abbaye de Puypéroux

8 km au Nord par la D 674 et la D 54. Ce monastère, occupé par les religieuses de la Sainte Famille de Bordeaux, domine un carrefour de vallées. Du haut d'un promontoire battu par les vents et entouré de vieux trembles, on embrasse une région de collines boisées, aux confins de l'Angoumois et du Périgord.

À EXAMINER
Au carré du transept, des chapiteaux historiés dont l'un, à droite, évoque la Tentation sous l'aspect d'une sirène.

Église St-Gilles – L'abbatiale romane a été restaurée en 1895. Sa disposition est originale : le carré du transept, couvert d'une coupole octogonale, est encadré d'étroits passages, courbes près de la nef, rectilignes vers le chœur, qui devaient permettre d'accéder de la nef à l'abside sans traverser le carré où se dresse l'autel. Le chœur lui-même est entouré de sept absidioles accolées les unes aux autres.

Montmorillon

OÙ SE RESTAURER ET DORMIR
Lucullus et Hôtel de France – ☎ 05 49 84 09 09 – fermé 17 janv. au 7 fév., dim. soir et lun. sf j. fériés – 115/250F. Au cœur de la ville, dans une rue animée, cette maison vaut vraiment le détour. Couleurs ensoleillées et décor moderne, tables rondes et chaises en rotin qui évoque une cuisine gourmande et enlevée, à prix doux. Formule bistrot dans un cadre plus simple. Quelques chambres simples.

Montmorillon sait se faire aimer. Son vieux pont, ses romantiques bords de rivière, ses monuments attachants et aussi ses délicieux macarons ne laissent personne insensible. Fébrile et exaltée depuis quelques années, la ville en ébullition est en train de se métamorphoser en une « Cité de l'écrit et des métiers du livre ».

La situation

Cartes Michelin nos 68 pli 15 ou 233 pli 10 – Vienne (86). À 25 km au Sud-Est de Chauvigny, Montmorillon s'étend sur les deux rives de la Gartempe. La ville « nouvelle » se situe sur la rive droite, et la vieille ville sur la rive gauche.
🛈 *2 pl. du Mar.-Leclerc, 86 500 Montmorillon, ☎ 05 49 91 11 96.*

Le nom

C'est le mont de *Maurilius*, l'évêque d'Angers mort en 459.

Les gens

6 667 Montmorillonnais. L'écrivain Régine Deforges est née à Montmorillon et s'est toujours intéressée à la vie culturelle de la ville. L'action de son premier best-seller,

LA CITÉ DE L'ÉCRIT

Créer une « Cité de l'écrit et des métiers du livre » à Montmorillon, voici une belle idée. Ce projet d'envergure qui a été mené sous la houlette de la mairie, se place dans la lignée du premier village du livre d'Hay-on-Wye au pays de Galles, lancé en 1964. C'est rue du Vieux-Pont et rue Montebello que sont installés marchands de livres anciens et artisans du livre. Mais la particularité de la cité de l'écrit est de ne pas se cantonner au monde du livre. Une maison de l'écrit présente l'écriture à travers le temps, à travers le monde, ses outils, ses métiers, ses hommes et femmes et favorise l'accueil d'écrivains en résidence et les ateliers d'écriture. D'autres villages ou cités du livre existent en France : Bécherel (Ille-et-Vilaine), Montolieu (Aude), Fontenoy-la-Joute (Meurthe-et-Moselle).

La Bicyclette bleue, se déroule dans la région. Son goût immodéré pour le point de croix a servi de fer de lance à une biennale du point de croix qui attire des brodeuses du monde entier à Montmorillon.

SALON DU LIVRE 2000
C'est le 6ᵉ salon du livre de Montmorillon.
Il donne le coup d'envoi officiel de la cité de l'écrit (du 9 au 12 juin).

se promener

Église Notre-Dame
Située en haut de la vieille ville, l'église est encore en partie du 11ᵉ s., avec son beau chevet roman en demi-cercle. Quant à la nef, voûtée vers la fin du 12ᵉ s. dans le style gothique angevin, elle a été remaniée par la suite, ainsi que la façade, en partie du 14ᵉ s. Sur le transept, surmonté d'une coupole sur pendentifs, s'ouvrent deux chapelles orientées. Le clocher est moderne.

Crypte Ste-Catherine – L'église basse, située sous le chœur, se compose d'une abside en cul-de-four et d'un vaisseau voûté en berceau. La sobriété de son architecture offre un contraste saisissant avec la richesse de ses **fresques★**. À l'origine, les peintures murales couvraient entièrement la crypte. Elles datent du dernier quart du 12ᵉ s. et ne subsistent plus que dans l'abside et la partie Est du vaisseau. Sur la voûte en cul-de-four on a représentée, dans une mandorle, une Vierge en majesté accompagnée de la sainte. La grâce des attitudes, l'élégance des drapés, l'expression des visages et les tons verts et ocre, témoignent d'un art évolué.

De la terrasse située entre l'église et l'hôpital, on a une vue sur le chevet de l'église Notre-Dame, le vieux pont et les quartiers de la rive droite de la Gartempe.

SAINTE CATHERINE
Les peintures murales de la crypte s'inspirent des principaux épisodes de la vie de sainte Catherine d'Alexandrie. Remarquez à la base du mur, la sainte répondant aux philosophes convoqués par l'empereur Maxence pour établir la vacuité de la foi chrétienne. C'est elle la patronne des catherinettes qui à 25 ans doivent coiffer sainte Catherine, si elles ne sont pas encore mariées...

Les fresques de la crypte Ste-Catherine de Montmorillon comptent parmi les plus célèbres du Poitou, avec celles de St-Savin.

visiter

La Maison-Dieu
Cet hôpital-monastère a été fondé à la fin du 11ᵉ s. par Robert le Pieux, de retour de Terre sainte. Il en subsiste quelques vestiges de fortifications (musée de la Tour), la chapelle St-Laurent, et un curieux édifice appelé, en raison de sa forme, l'Octogone. Les bâtiments monastiques (transformés en maison de retraite : *on ne visite pas*) et la grange dîmière abritant le musée de Préhistoire ont été édifiés par les augustins qui occupèrent les lieux de 1615 à la Révolution.

Chapelle St-Laurent – *Juil.-août : 10h-18h ; juin et sept. : w.-end et j. fériés 14h-18h. Gratuit.* ☎ *05 49 84 54 84.*
La façade du 12ᵉ s., très restaurée, est flanquée d'un élégant clocher octogonal surmonté d'une très belle flèche de pierre. La partie haute est décorée d'une délicate frise, taillée dans un calcaire très fin. Bien que partiellement mutilée, cette frise, de facture gothique, représente divers épisodes de l'enfance du Christ : Annonciation, Nativité, Annonce aux Bergers, Présentation au Temple, Adoration des Mages et Fuite en Égypte. L'intérieur, dont les parois ont été couvertes de peintures murales au 19ᵉ s., accueille concerts et expositions.

La frise de la chapelle St-Laurent est remarquable par la finesse de son exécution et la délicatesse de sa composition.

Chauffoir – Près de la chapelle St-Laurent, ce petit édifice octogonal construit au 17ᵉ s. par les augustins, autour d'un foyer central, permettait aux moines et aux malades de trouver en hiver un peu de réconfort.

Musée de la Tour – *Pas de visites individuelles.*
Installé dans les vestiges des fortifications de l'ancienne Maison-Dieu, il renferme des collections d'histoire locale, notamment des objets provenant des fouilles du sanctuaire gallo-romain de Masamas.

Octogone – *Juil.-août : 10h-18h ; juin et sept. : w.-end et j. fériés 14h-18h. 15F.* ☎ *05 49 84 54 84.*
Au centre du vieux cimetière de la Maison-Dieu, se dresse un curieux monument octogonal de la fin du 11ᵉ s. ou du début du 12ᵉ s. Cet édifice, dont la forme s'inspire du Saint-Sépulcre de Jérusalem, était certainement à l'origine une chapelle funéraire. À l'extérieur, la porte est surmontée de quatre groupes de statues d'assez belle facture. À la base du toit, remarquez une intéressante série de modillons. À l'intérieur, au niveau supérieur, la chapelle présente une belle voûte angevine du 13ᵉ s. et un sol à gradins épouse la forme de la coupole de la partie inférieure.

Musée de Préhistoire – *Fermé au public.*
Ce musée occupe l'ancienne **grange dîmère** des augustins (17ᵉ s.), à l'imposante charpente apparente. Parmi les importantes collections ayant trait à la préhistoire, remarquez le matériel archéologique provenant du gisement de la piscine de Montmorillon (paléolithique supérieur).

circuit

VALLÉE DE LA GARTEMPE

Circuit de 80 km – environ une journée
Quitter Montmorillon par le Sud-Ouest en empruntant la D 127.

Lussac-les-Châteaux

Musée de Préhistoire – *De mai à fin sept. : tlj sf lun. et mar. 10h-12h, 14h-18h. 20F.* ☎ *05 49 48 40 33.*
Il est installé dans une demeure du 15ᵉ s. qui passe pour être la maison natale de Mme de Montespan, une des favorites de Louis XIV. Il abrite un ensemble de bifaces, racloirs, percuteurs, burins découverts dans les abris-sous-roche qui bordent l'étang.
Une série de vitrines est consacrée à la **grotte de la Marche**, l'un des sites majeurs du paléolithique supérieur, contemporain de ceux de la vallée de la Vézère (vers 12 500 ans).

Étang – La falaise qui borde l'étang recèle les nombreuses grottes et abris-sous-roche qui étaient occupés à l'époque préhistorique.
Au lieudit l'Ermitage se trouve un énigmatique monument appelé **Léproserie**. Cette construction de pierre, au toit pyramidal, comprend trois salles voûtées communicantes, dont les murs sont creusés de niches, à l'intérieur comme à l'extérieur. Cet étrange édifice ne semble pas antérieur au 17ᵉ s.

Quitter Lussac-les-Châteaux par le Sud-Est en empruntant la D 116. À Saulgé, prendre la D 5 vers Plaisance. Après 1,5 km, tourner à gauche ; la route longe la rive gauche de la Gartempe. Rejoindre la D 12 (à gauche), puis traverser la Gartempe par la D 10.

Les Portes d'Enfer★

3/4 h à pied AR. Avant le pont sur la Gartempe, laisser la voiture et emprunter, à droite, le sentier signalé, glissant et accidenté, longeant la rive droite.
À mi-parcours, des plates-formes rocheuses dominent les rapides encaissés de la Gartempe. Lorsque le sentier se divise, prendre à droite. On aboutit, 100 m au-delà

EXCEPTIONNEL
Les fouilles de la **grotte de la Marche**, entreprises à partir de 1937, livrèrent plusieurs milliers d'outils en silex, en os et en bois de renne, et 1 512 plaquettes et galets gravés, figurant des animaux (félins, cervidés, ours, mammouths) et des profils humains, datant du magdalénien moyen.

EAU VIVE
Des compétitions de canoë-kayak se déroulent sur la Gartempe. En fin de promenade, vous verrez les « Portes d'Enfer » dont les parois en vis-à-vis ne laissent qu'un étroit passage à l'eau écumante.

d'un rocher fendu en trois, à un énorme bloc surplombant de façon vertigineuse le lit tumultueux du torrent : joli coup d'œil sur ce dernier et sur les roches, en aval, dites « Portes d'Enfer ».

Poursuivre sur la D 10. À Bourg-Archambault, prendre la D 33, puis, après St-Léomer, la D 727.

La Trimouille

L'Île aux Serpents – & *Avr.-sept. : 10h-19h ; mars et oct.-nov. 14h-18h, dim. et j. fériés 10h-19h. 40F (enf. : 30F).* ☎ *05 49 91 33 33.*

Un bâtiment d'architecture moderne abrite 300 spécimens de reptiles. Après la projection d'un film tentant de réhabiliter l'image du serpent, le visiteur découvre les vivariums. Un parcours initiatique présente trois catégories d'espèces : les serpents des campagnes françaises, les serpents bijoux aux couleurs chatoyantes et les colosses rampants (boas, pythons).

Quitter La Trimouille par le Nord en empruntant la D 675.

Prieuré de Villesalem

Les bâtiments du monastère furent en partie démolis au moment de la Révolution. L'église échappa de peu à la destruction, elle fut convertie en grange par ses propriétaires successifs.

Église – *Été : tlj ; hiver : tlj sf mar.* ☎ *05 49 91 62 26.* Construite au début du 12ᵉ s., elle se compose d'une nef à cinq travées rythmées par des contreforts plats du bas-côté Sud. Le transept saillant s'ouvre sur une profonde abside flanquée de deux absidioles.

La décoration sculptée de la **façade**★ est très riche. Le portail droit de la grande façade est en partie masqué par un bâtiment du 17ᵉ s. ajouté par les bénédictins. Le chœur, le transept et les trois premières travées de la nef ont été dégagés. Certains des chapiteaux offrent une élégante décoration de feuillage, mêlé à des entrelacs, des oiseaux, des serpents.

Revenir et poursuivre sur la D 120. À Journet, prendre la D 121 qui rejoint la D 727, ramenant à Montmorillon.

MONDE FANTASTIQUE
Les portails de la façade comprennent des chapiteaux ornés de feuillages, de griffons, d'oiseaux, de lions, de masques humains, et des voussures décorées de rinceaux et de palmettes.

Mortagne-sur-Gironde

Situé sur la corniche de la Gironde et frôlant l'à-pic de la falaise, le « bourg » de Mortagne surplombe son port (60 m plus bas) appelé la « Rive ». À 1,5 km, on visite une superbe chapelle creusée dans la roche.

La situation

Cartes Michelin nᵒˢ 71 pli 6 ou 233 pli 26 – Charente-Maritime (17). Mortagne-sur-Gironde est situé à 29 km au Sud-Est de Royan.

🚹 *1 pl. des Halles, 17120 Mortagne-sur-Gironde,* ☎ *05 46 90 52 90.*

Le nom

Les avis sont partagés. Selon certains, le nom viendrait d'une colonie maure installée dans la région, procédant de *Mauritania.* D'autres évoquent des eaux mortes, *Morte Aygue,* et les derniers proposent un dérivé de « montagne ».

Les gens

972 Mortagnais. Comme à St-Seurin-d'Uzet et à Talmont, après la Seconde Guerre mondiale, les pêcheurs de mortagne récoltaient les œufs de la femelle esturgeon pour faire du caviar.

Aujourd'hui, la pêche (lamproie, alose, civelle ou « pibale »...) n'occupe guère qu'une quinzaine de Mortagnais.

OÙ DORMIR

Chambre d'hôte Le Château des Salles – *Carrefour D 125, D 730 – 17240 St Fort-sur-Gironde – 7,5 km au SE de Mortagne par D 145, puis D 125 – ☎ 05 46 49 95 10 – fermé oct. à mars – 5 ch. : 430/600F – ☐ 50F – repas 160F.* Ce château du 15ᵉ s., très remanié au 19ᵉ s., appartient à des producteurs de pineau, de vins et de cognac (vente directe). Ses chambres confortables donnent sur le jardin et son superbe magnolia. Table d'hôte dans les règles de l'art avec bougies, nappes blanches et service soigné.

visiter

Le port

1 km au Sud-Ouest par la D 6. Du type port-canal, il présente un bassin à flot, où « hivernent » de nombreux yachts. Ce fut jadis le 3ᵉ port de la Gironde, après Bordeaux et Blaye. On y partait pour la pêche à l'esturgeon (1,50 m à 5 m de longueur), nommé ici « créa ». La Gironde est le seul estuaire d'Europe occidentale où l'esturgeon vient se reproduire. Pour protéger ce poisson qui tendait à se raréfier depuis les années 70, on a interdit sa capture en 1982, tout en mettant en œuvre un plan scientifique de sauvegarde de l'espèce.

Ermitage St-Martial

1,5 km au Sud-Est par la D 245. Juil.-août : 11h-20h ; juin : 11h-19h ; avr.-mai : 13h30-19h ; sept.-oct. : 13h30-18h30. Fermé quelques jours mi-oct. selon le temps. ☎ 05 46 90 62 95.

Fondé, croit-on, au 2ᵉ s. par saint Martial, cet ermitage monolithe fut peu à peu aménagé, entre le 4ᵉ et le 10ᵉ s., dans la falaise dont le pied baignait dans la Gironde. Au Moyen Âge, des ermites-pêcheurs faisaient passer l'estuaire aux pèlerins se rendant à St-Jacques-de-Compostelle par St-Christoly-Médoc.

Les cavernes sont aménagées en quatre pièces : vestibule, cuisine, réfectoire et dortoir, plus deux cellules dont une isolée et la chapelle. Ces pièces donnent sur une agréable terrasse ombragée, côté Gironde.

Chapelle★ – Sculptée dans le roc pour tous ses éléments, y compris la balustrade du chœur, elle comporte un déambulatoire, et une tribune découpée de telle sorte que la lumière du jour se concentre en permanence sur l'autel.

alentours

St-Dizant-du-Gua

10 km au Sud-Est par la D 145. À l'entrée du village, à droite, commence le parc de 13 ha où se dresse un château.

Château de Beaulon – *Mai-sept. : 9h-12h, 14h-18h ; oct.-avr. : tlj sf w.-end et j. fériés 9h-12h, 14h-18h. 15F. ☎ 05 46 49 96 13.*

LES FONTAINES BLEUES

Baptisées de noms poétiques (Miroir des Fées, Fontaines sereines, Sources vives, Fontaine de la Main rouge), les sources ont une teinte bleu vif causée par des algues microscopiques.

Ancienne résidence d'été des évêques de Bordeaux, ce petit manoir gothique du 15ᵉ s. abrite un colombier et des chais du 18ᵉ s. Descendez la pente de la pelouse fleurie et plantée d'arbres, de bananiers même, jusqu'à la lisière du bois derrière laquelle se cachent les **Fontaines bleues★** Ces étonnantes cavités profondes (plus de 18 m parfois), en entonnoir et remplies d'une eau bleue fraîche et limpide, sont les sources d'un des petits affluents de la Gironde, l'étier de Beaulon.

Mouilleron-en-Pareds

Ce village du bocage vendéen a donné le jour à deux figures exceptionnelles de l'histoire de France : Georges Clemenceau (1841-1929), homme politique considéré comme le « père la victoire » de la Première Guerre mondiale, et Jean-Marie de Lattre de Tassigny (1889-1952), général français qui débarqua en Provence en 1944. Deux musées de la ville évoquent leur souvenir.

La situation
Cartes Michelin n°s 67 plis 15, 16 ou 232 pli 42 – Vendée (85). Le village est situé sur le tracé de la D 949BIS à 9 km à l'Ouest de La Châtaigneraie.

Le nom
Pierre Gauthier dans ses *Noms de lieux du Poitou*, explique que Mouilleron vient du bas-latin *mollaria* tiré de *mollis*, « mou » et signifie terres marécageuses. Pareds viendrait de *Alparedum* (1060), « hauteur » – le al- pris pour un article, a disparu.

Les gens
1 184 Mouilleronnais. **Jean-Marie de Lattre de Tassigny** (1889-1952) est originaire d'une famille de notables vendéens. Après l'école militaire de St-Cyr, il est officier durant la Grande Guerre et part en 1920 pour le Maroc où il s'illustre au cours de la guerre du Rif. Il est promu général en 1939. Arrêté en 1942, il s'évade un an plus tard, rejoint Londres et de là gagne Alger. Il débarque en Provence en 1944, et à la tête de la Iʳᵉ armée libère l'Alsace, franchit le Rhin et atteint le Danube. Le 8 mai 1945, il signe au rang des Alliés l'acte de capitulation de l'Allemagne.

> **APRÈS LA GUERRE**
> Nommé haut-commissaire en Indochine, en 1950, il meurt à Paris en janvier 1952. Quatre jours plus tard il est élevé à la dignité de maréchal de France.

La maison du maréchal de-Lattre-de-Tassigny a conservé son mobilier d'origine.

visiter

Musées nationaux
De mi-avr. à mi-oct. : tlj sf mar. 9h30-12h, 14h-18h ; de mi-oct. à mi-avr. : tlj sf mar. 10h-12h, 14h-17h. Fermé certains j. fériés. 20F, dim. 15F. ☎ 02 51 00 31 49.

Non loin de l'**église** au clocher du 12ᵉ s. (dont le carillon de 13 cloches retentit toutes les heures), la mairie abrite le **musée des Deux Victoires** qui met en parallèle le destin et la carrière de deux hommes d'exception, Clemenceau et de Lattre, pris dans la tourmente des deux guerres mondiales. Parmi les objets, les documents et les trophées présentés, remarquez une canne au pommeau sculpté d'un tigre, offerte à Clemenceau par ses Poilus, ainsi que la tête de l'aigle qui trônait sur le fronton du Reichstag, que le maréchal soviétique Joukov remit à de Lattre en 1945.

Dans le village, deux plaques signalent la maison natale du Tigre et celle du maréchal devenue **musée Jean-de-Lattre-de-Tassigny**. La reconstitution du cadre de vie des de Lattre est très intéressante car elle montre un intérieur caractéristique d'une génération de notables vendéens. Cette maison renferme un ensemble de vitrines évoquant la vie familiale et la carrière du maréchal.

En sortant de la maison, prendre en face pour atteindre le cimetière où est enterré de Lattre au côté de son fils, tué en Indochine.

> **COMMÉMORATIF**
> Deux autres sites sont consacrés au souvenir du maréchal de Lattre : le mémorial (au lieudit la Boinière) et l'oratoire aménagé dans un ancien moulin à vent situé sur la **colline des Moulins** *(2 km à l'Est)*. De là, belle vue sur le bocage.

Nieul-sur-l'Autise

Fuyez le bruit et la fureur du monde et retirez-vous dans le petit cloître roman de l'abbaye de Nieul. On y comprend pleinement ce que la « paix monacale » veut dire. Dans ce village de caractère, on retrouve aussi les traditions immémoriales de fabrique de farine et de sabots.

La situation

Cartes Michelin n°s 71 pli 1 ou 233 pli 5 – Vendée (85). Nieul se trouve à 12 km au Sud-Est de Fontenay-le-Comte.

Le nom

« Nieul » aurait dérivé du nom gaulois *nantos* signifiant vallée.

visiter

Abbaye

Elle a été fondée en 1068 par le seigneur de Vouvant. Au 13e s., les moines de l'abbaye entreprennent d'assécher le marais voisin. Le culte sera abandonné en 1715.

Voûtées d'arêtes, les quatre galeries romanes du cloître de l'abbaye forment un carré parfait aux lignes sobres et robustes.

ART ROMAN POUR RÊVEURS

Des masques d'animaux fantastiques et des motifs géométriques, rehaussés de palmettes et d'entrelacs sont logés au-dessus du portail central et des arcades latérales.

Église – Cet édifice roman poitevin a été restauré au 19e s. Sa façade présente un riche décor sculpté. Le vaisseau central, d'une majestueuse ampleur, est voûté d'un berceau que renforcent de puissants doubleaux.

Cloître★ – *Avr.-sept. : 9h-12h30, 14h-19h (juil.-août : 9h-20h) ; fév.-mars et oct. : 9h-12h, 14h-18h ; nov.-janv. : 9h-12h, 14h-17h30. 15F.* ☎ *02 51 52 49 03.*

Depuis ses galeries romanes, on découvre une perspective différente à travers chaque arcade : sur le puits, sur l'abbatiale et sur les toits de tuiles en faible pente recouvrant le dortoir des moines.

Autour du cloître s'ordonnent la grande salle capitulaire, revoûtée au 17e s. et contenant une pierre tombale de 1319, la chapelle des Chabot, le lavabo précédant l'entrée du réfectoire, les celliers.

Maison de la Meunerie

De mai à mi-oct. : w.-end 15h-18h (juin-sept. : tlj 10h30-12h30, 14h-19h) ; vac. scol. de Pâques : 15h-18h. 20F. ☎ *02 51 52 47 43.*

LE MOULIN TEL QUEL

Lors de la visite *(commentaire enregistré)*, on découvre la roue à aubes (palettes) et le mécanisme permettant la mouture du blé, ainsi que les pièces où vivaient le meunier et sa famille.

Un ancien **moulin à eau** restauré a été aménagé en musée. Mû depuis les années 20 par un moteur Diesel, il avait cessé de fonctionner en 1970. Près de l'accueil, voir la reconstitution d'une fabrique de sabots.

Camp néolithique de Champ-Durand

Accès par la rue de Champ-Durand : 2 km. ♿ *Visite libre toute l'année. Gratuit.* ☎ *02 51 52 49 03.*

Le camp a été découvert en 1971. On y voit trois murs concentriques en pierre calcaire du 3e millénaire avant J.-C., bordés de fossés plus tardifs. Ce serait les vestiges d'un lieu de rencontre de populations du néolithique qui habitaient dans les environs.

Niort★

Ici, la Sèvre Niortaise, traversée de ponts et dominée par l'immensité d'un donjon, déroule nonchalamment son fil sinueux. Les îlots et les parcs boisés de Niort invitent à une promenade paisible. On grimpe dans des vieilles rues révélant toute la richesse historique d'une ville où, aujourd'hui se concentre la plupart des mutuelles françaises. De là, on part à la découverte du Marais poitevin.

La situation
Cartes Michelin n°s 71 pli 2 ou 233 plis 5, 6 – Deux-Sèvres (79). L'autoroute A 10 passe à quelques kilomètres de Niort qui se trouve pratiquement à égale distance entre Rochefort et La Rochelle (environ 60 km). **🛈** *Pl. de la Poste, BP 277, 79008 Niort Cedex,* ☎ *05 49 24 98 90.*

Le nom
Novum Ritum : nouveau gué. Niort naquit à l'époque romaine d'un gué sur la Sèvre.

Les gens
57 012 Niortais. La petite-fille du poète Agrippa d'Aubigné *(voir Maillezais),* **Françoise d'Aubigné** naît à Niort en 1635 dans une maison de la rue du Pont. Après avoir été au couvent des ursulines de Niort, elle épouse le poète Scarron. Devenue veuve, elle entre à la cour où elle sait se faire apprécier de Louis XIV qui la fait marquise de Maintenon. À la mort du Roi-Soleil (1715), épousé secrètement en 1683, Mme de Maintenon se retire à Saint-Cyr en 1685 et y meurt en 1719.

comprendre

Les activités traditionnelles – Au contraire de la Plaine, du Bocage et du Marais poitevin, Niort, nœud de voies de communication, joua de tout temps un rôle commercial.

Dès le Moyen Âge, les Niortais tiraient profit des foires et marchés tenus dans les halles qui comptaient parmi les plus belles du royaume. Le port, très actif, expédiait sel et poisson, blé et laine, jusqu'en Flandre et en Espagne, tandis qu'il recevait fourrures et peaux de l'Europe du Nord, puis du Canada. Déjà au 14e s. les artisans se livraient au travail de la draperie, de la mégisserie (art de préparer les cuirs), et de la **chamoiserie**. À la veille de la Révolution il y avait une trentaine de moulins à fouler et plus de 30 régiments de cavalerie se fournissaient à Niort en culottes de peau.

La ville des mutuelles – De nos jours, Niort conserve une modeste place dans la chamoiserie, mais d'autres activités se sont développées, notamment l'assurance. La ville est le siège des plus grandes **mutuelles nationales**.

GASTRONOMIE
Ne manquez pas de goûter l'**angélique**, plante aromatique dont les tiges sont confites, cuites (confiture) ou distillées (liqueur d'angélique), et le **tourteau fromagé**, délicieux gâteau au fromage de chèvre. Anguille et petit-gris, provenant du Marais voisin, figurent aussi parmi les spécialités niortaises.

LE CORBEAU
Le cinéaste Henri-Georges Clouzot (1907-1977) est né à Niort. Il réalisa notamment *Le Corbeau* (1943).

Le donjon était autrefois défendu par une enceinte de 700 m dessinant un quadrilatère, délimité par les actuelles rues Brisson, Thiers, de l'Abreuvoir et de la Sèvre.

se promener

Découvrez la rive droite de la Sèvre Niortaise, d'où semble émerger l'église St-André.

La ville occupe deux collines se faisant face. Sur l'une sont érigés le donjon et l'église Notre-Dame, sur l'autre l'ancien hôtel de ville et le quartier St-André. Cœur de la ville, la rue Victor-Hugo remplace, au creux du vallon, le marché médiéval dont elle a respecté le tracé. À l'Est, elle se termine par la place de la Brèche, vaste quadrilatère bordé d'arbres, où convergent les principales routes d'accès au centre-ville. De vieilles rues tortueuses, bordées de maisons basses à toit de tuiles rondes, escaladent les pentes. Nombre d'entre elles ont conservé leurs noms d'autrefois : rues de l'Huilerie, de la Regratterie, du Tourniquet, du Rabot ; quant à la rue du Pont et à la rue St-Jean, c'étaient des voies commerçantes où se pressaient les étals.

Garer la voiture au parking de la place des Halles d'où part la promenade.

Donjon★ *(voir « visiter »)*

De la place des Halles, prendre la rue du Rabot (piétonne) et tourner à droite dans la rue St-Jean.

Rue St-Jean

Découvrez les maisons anciennes de cette rue. Citons au n° 30 la maison du Gouverneur, du 15ᵉ s., et au n° 3 de la rue du Petit-St-Jean, l'hôtel d'Estissac, élégante demeure Renaissance.

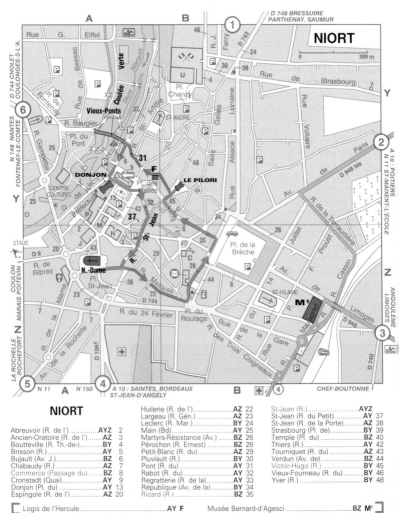

Prendre à droite la grande rue Notre-Dame jusqu'à l'église.

Église Notre-Dame

L'élégance de son clocher (15ᵉ s.) est due à l'allégement de la tour carrée par l'adjonction de pinacles dentelés et creusés de niches dont quatre abritent encore des statues. La flèche, lancée à 76 m de haut, est renforcée d'arcs (de décharge) superposés qui dessinent un décor de chevrons. La façade Nord, rue Bion, montre une belle porte de style flamboyant.

Intérieur – Dans la 3ᵉ chapelle, notez un beau tableau peint (18ᵉ s.), *Saint Bernard foulant aux pieds le décret du pape Anaclet*. Sachez que Françoise d'Aubigné aurait été baptisée dans l'un des fonts baptismaux qui datent du 16ᵉ s. La chaire en bois sculpté, de style gothique, ainsi que le chemin de croix datent de 1877.

Emprunter la rue Mellaise puis la rue Pérochon qui conduisent à l'Office de tourisme. De là, aller sur la grande place de la Brèche puis revenir jusqu'au Pilori.

Ci-gît

Remarquez les mausolées (1684) de Charles de Baudéan-Parabère, gouverneur de Niort, de sa femme et de son fils lui aussi gouverneur de la ville, qui sont représentés sortant de leur tombeau, le jour de la Résurrection des Morts.

Le Pilori★

Bâti sur un plan presque triangulaire, il fut remanié au 16ᵉ s. par l'architecte Mathurin Bertomé, qui y ajouta des tours semi-circulaires, un couronnement de merlons (créneaux) sur mâchicoulis et des fenêtres à meneaux. La partie supérieure du beffroi date du 17ᵉ s. et le clocheton du 19ᵉ. Le Pilori abrite aujourd'hui des expositions temporaires.

Petit rappel

Le pilori était un poteau posé sur une plate-forme où l'on exhibait les condamnés.

Logis de l'Hercule *(voir « visiter »)*

Rue du Pont

Au nᵒ 5 de cette rue, dans une cour, ne manquez pas la maison où naquit Françoise d'Aubigné, future Mme de Maintenon. Vieilles maisons à colombages.

On peut poursuivre la promenade si on le souhaite dans des parcs de l'autre côté de la Sèvre Niortaise, ou bien regagner directement la place des Halles.

Coulée verte

Constituée par les quais de la Regratterie, Cronstadt et de la Préfecture qui ont été rénovés, on y flâne agréablement au bord de la Sèvre Niortaise. Des **vieux ponts**, on a une belle vue sur le donjon.

visiter

Donjon★

Tlj sf mar. 9h-12h, 14h-17h (de mai à mi-sept. : fermeture à 18h). Fermé 25 déc. 17F, gratuit mer. ☎ 05 49 77 16 70.

C'était l'élément majeur d'un château fort entrepris par Henri II Plantagenêt et terminé par Richard Cœur de Lion. Défendu par une enceinte de 700 m, l'ensemble formait une petite « cité » qui englobait des habitations, des jardins, une place d'armes et une collégiale, ruinée au cours des guerres de Religion. Sous les Bourbons, le donjon servit de prison d'État.

Cet ancien hôtel de ville a été construit à l'emplacement du pilori médiéval, d'où son nom.

carnet pratique

OÙ DORMIR

• Valeur sûre

Grand Hôtel – *32 av. de Paris* – ☎ *05 49 24 22 21 – 38 ch. : 335/435F – ⌂ 45F.*
Le plus bel atout de cet hôtel est bien caché derrière sa grande façade des années 1960 : un charmant jardin, sur lequel ouvrent la moitié des chambres et le salon... Heureuse surprise à s'offrir au cœur de la ville ! Décoration un peu datée mais chaleureuse et bien entretenue.

Hôtel Le Moulin – *27 r. Espingole* – ☎ *05 49 09 07 07 – ▱ – 34 ch. : 250/280F – ⌂ 30F.* Un architecte en sa demeure ! C'est le patron, architecte de formation, qui a fait construire son hôtel selon ses propres plans en 1988... Un peu à l'écart de la vieille ville, non loin de la Sèvre, ses chambres simples sont agréables même si l'insonorisation intérieure est un peu juste.

OÙ SE RESTAURER

• Valeur sûre

La Belle Étoile – *115 quai M.-Métayer – 2,5 km à l'O de Niort (près périphérique Ouest)* – ☎ *05 49 73 31 29 – 150/420F.* Vous cherchez un cadre bucolique pour déjeuner ? Cette jolie maison au bord de la Sèvre niortaise devrait vous plaire : sur sa terrasse ou dans une de ses élégantes salles, vous profiterez en toute quiétude de sa cuisine soignée, teintée de douces saveurs régionales.

SE DÉPLACER

Parking – Payant, place de la Brèche, quai Cronstadt et de l'autre côté de la Sèvre.

Bus – 6 lignes TAN (Transports Agglomération Niortaise) desservent Niort et sa banlieue ; renseignements et billetterie au Kiosque, place de la Brèche, en semaine (fermé entre 12h30 et 13h30) et le samedi matin. ☎ *05 49 24 50 56.*

ACHATS

Marché – Halles de Niort. Tous les jours sauf lundi ; grand marché jeudi et samedi.

Angélique – Verte et savoureuse, l'angélique se décline en tiges confites, liqueur, coulis, crème, confiture et chocolats. **Angéli Cado**, *6bis r. Ste-Marthe*, ☎ *05 49 24 10 23.* **Thonnard**, *av. de Sevreau*, ☎ *05 49 73 47 42.*

Spécialités régionales – Produits du terroir : cognac et pineau, sel de mer, tourteau fromagé, confiseries et chocolats, foie gras, objets en faïence ou en bois, etc. **Marché des saveurs Poitou-Charentes**, *aire des Ruralies, A 10.*

À la veille de la Révolution, il y avait une trentaine de moulins à fouler et plus de 30 régiments de cavalerie se fournissaient à Niort en culottes de peau.

POUR FRÉMIR

Dans cette auberge se déclara, en 1603, le premier cas de peste qui décima la population durant sept mois. Dans l'une des salles du musée, on apprend que l'angélique, plante introduite à Niort au 17ᵉ s. par des religieuses, fut longtemps considérée par la pharmacopée comme le seul remède efficace contre la peste.

Sa silhouette aux angles arrondis domine la Sèvre. Le plan est peu commun : deux tours massives carrées sont reliées par un bâtiment du 15ᵉ s., et flanquées de tourelles engagées servant de contreforts.

Une **salle de la chamoiserie et de la ganterie★** *(aménagée pour les non-voyants)* est consacrée à ces activités traditionnelles de la ville. Des expositions temporaires se tiennent au niveau de l'accueil. La **collection archéologique** (dans les salles du bas, voûtées, 18ᵉ s.) : collier d'or de St-Laurs (début de l'âge du bronze), céramiques et objets provenant des fouilles des tumulus de Bougon, roue de char de Coulon (8ᵉ s. avant J.-C.), stèle d'Usseau (fin de l'époque gauloise), sarcophages mérovingiens, monnaies carolingiennes de Melle, manche de couteau en ivoire représentant un berger jouant de la cornemuse (14ᵉ s.). La section ethnologique *(à l'étage)* présente un intérieur poitevin (vers 1830), des costumes, des instruments domestiques.

Montez sur la plate-forme supérieure pour avoir une vue sur la ville et sur la Sèvre.

Logis de l'Hercule

De juil. à fin août : visite guidée (1h1/4). S'adresser à l'Office de tourisme.

Dans les salles voûtées du 16ᵉ s. *(rez-de-chaussée)*, réaménagées dans le style du bas Moyen Âge, sont présentés les objets trouvés dans des fouilles (monnaies, céramiques) et des tableaux, qui, commentés, font revivre le passé de la cité.

Musée Bernard-d'Agesci

Tlj sf mar. 9h-12h, 14h-17h (de mai à mi-sept. : fermeture à 18h). Fermé 25 déc. et en l'an 2000 pour travaux. Gratuit.
Cet ancien lycée en cours de réhabilitation devrait rassembler les collections des musées de la ville. Le musée des Beaux-Arts va y emménager. Il va aussi recevoir les collections du musée d'Histoire naturelle. Les visiteurs peuvent déjà voir quelques salles dont celle de Pierre-Marie Poisson, sculpteur niortais contemporain.

alentours

Forêt de Chizé
20 km au Sud de Niort par la N 150 et la D 1.
S'étendant sur 5 000 ha, ce bois de chênes et de hêtres est implanté sur un sol calcaire permettant le développement d'espèces méridionales.

Zoorama européen★ – &. *Avr.-sept. : 9h-19h, dim. et j. fériés 9h-20h (juil.-août : 9h-20h) ; oct.-mars : 10h-12h, 14h-18h. Fermé déc.-janv. 45F (enf. : 21F).* ☎ *05 49 76 79 56.*
En plein cœur de la forêt de Chizé, ce parc zoologique qui rassemble près de 600 animaux sur 25 ha permet l'observation de la faune européenne.

> ▶ **À NE PAS MANQUER**
> La loutre, si rare et si difficile à voir en liberté dans le Marais poitevin. Armez-vous de patience en attendant qu'elle sorte de son terrier.

Une première partie est consacrée aux prédateurs mammifères (chats sauvages, fouines, genettes, loups, lynx, ours bruns, renards roux), aux oiseaux (rapaces diurnes et nocturnes, échassiers, palmipèdes), aux reptiles et batraciens (vivarium), dans des conditions qui s'efforcent de recréer les biotopes d'origine. Dans la plus grande partie du parc, au gré de votre fantaisie, vous pourrez voir les grands mammifères, (cervidés, bouquetins, chamois et mouflons, bisons d'Europe et sangliers). Le parc possède également des aurochs (taureaux sauvages) et des tarpans (chevaux sauvages), deux espèces disparues, récemment reconstituées. Le plus local des animaux du parc est sans conteste le sympathique baudet du Poitou. Sa race menacée d'extinction parvient ici à perdurer.

Moulin de Rimbault – *Visite guidée (1/2h) sur demande préalable. 20F.* ☎ *05 49 09 79 39.*
Situé à la lisière Nord-Est de la forêt de Chizé, il domine la plaine niortaise. Érigé en 1682, le moulin de Rimbault a tourné sous la conduite d'un meunier jusqu'en 1928. Abandonné, il sera restauré, retrouvant sa toiture mobile posée sur un rail de bois graissé, son guivre, une partie de sa mécanique interne et ses ailes aux volets de bois superposés.

circuits

VALLÉES DE L'EGRAY ET DE LA SÈVRE NIORTAISE
Circuit de 75 km – environ une demi-journée
Quitter Niort par le Nord-Est en empruntant la D 743, direction Parthenay. À Échiré, prendre à gauche sur la D 107, puis à droite après 1 km.

Château de Coudray-Salbart★
Avr.-oct. : tlj sf mar. matin 9h-19h ; nov.-mars : tlj sf mar. 9h-12h, 14h-17h. Fermé en janv. 15F (enf. : 5F). ☎ *05 49 25 71 07.*
11 km au Nord par la D 743. Cette forteresse n'eut jamais à démontrer l'ingéniosité et l'efficacité de son système défensif. Construit au début du 13e s. et abandonné au 16e s., le château a fait l'objet d'une importante restauration. L'originalité de Coudray-Salbart apparaît dans la présence d'éperons destinés à contrer les effets destructeurs des boulets, l'épaisseur considérable des murs (5 à 6 m pour la tour Double), et surtout l'existence d'un **tunnel** dans les remparts. Voûté (environ 1 m de large), ce dernier permet le déplacement rapide des troupes et les tirs dirigés aussi bien vers l'intérieur que vers l'extérieur de l'enceinte, grâce à des archères (ouvertures permettant le tir à l'arc). L'ennemi pouvait ainsi être combattu, même après avoir pris pied dans la place. La **galerie** permet de suivre une partie des remparts. À l'Ouest, la tour du Portal, défendue par un pont-levis, donne, par un passage à voûte gothique, sur la cour intérieure. À droite, la tour du Moulin, protégée par un

Entourée de douves sèches, l'enceinte du château de Coudray-Salbart dessine un trapèze avec quatre tours d'angle et deux tours intermédiaires au milieu des courtines.

assommoir, renferme deux salles superposées. À l'angle Sud-Est se dresse la Grosse Tour aux allures de donjon qui abrite une salle voûtée à huit croisées d'ogives. La galerie traverse ensuite la tour St-Michel pour pénétrer dans la tour Double, d'où l'on découvre l'ample paysage de la vallée de la Sèvre. Enfin, on rejoint la tour de Bois-Berthier et sa cheminée monumentale.

Poursuivre vers le Nord-Est par la D 748. Peu après Rouvre, prendre à gauche vers Breilbon.

Église de Ste-Ouenne

Cet édifice roman se signale par son petit clocher carré et son élégant chevet décoré, à contreforts-colonnes. La nef unique, évasée, conserve des chapiteaux d'une facture intéressante, surtout dans le chœur (feuillages et oiseaux).

Quitter St-Ouenne par le Nord en empruntant la D 12.

Vallée de l'Egray

Les amateurs de randonnée et d'escalade vont pouvoir se dégourdir les jambes. À 2 km de Champdeniers vous verrez, sur la gauche, des abrupts rocheux couverts de pins et de châtaigniers. Un sentier signalé indique les rochers de la Chaize où se trouve une école d'escalade. De là, on profite d'un point de vue magnifique.

MIMIQUES
À l'intérieur, contemplez la variété des chapiteaux, décorés de feuillages stylisés et de têtes grimaçantes.

Champdeniers

Deux conteurs vivent ici : Suzanne Bontems qui écrit et raconte des histoires en patois (livres et CD), et Yannick Jaulin très connu pour son art de parler.

◀ **Église** – Cet édifice est situé au-dessus de la vallée de l'Egray et relève de l'art roman poitevin, bien que sa tour octogonale fasse penser aux écoles limousine ou auvergnate. Le chevet date du 15ᵉ s. Dans le vaisseau latéral Nord du chœur, grande Vierge en bois du 17ᵉ s. Dans la crypte, les voûtes d'arêtes des trois nefs s'appuient sur des colonnes monolithes dont les chapiteaux, sculptés en faible relief, datent du 11ᵉ s.

Quitter Champdeniers par le Nord-Est en empruntant la D 745, puis prendre à droite sur la D 134.

MÉTISSAGE
Les contreforts d'angle de la façade sont formés de colonnettes torsadées Renaissance. Au centre, un grand arc gothique abrite deux baies flamboyantes surmontant deux portes Renaissance en anse de panier. Admirez le raffinement des niches, sculptées avec une extrême finesse.

Église de St-Marc-la-Lande

◀ Elle possède une remarquable **façade★** Louis XII, celle d'une collégiale jadis desservie par les antonins, religieux hospitaliers de l'ordre de saint Antoine (fin 11ᵉ s.), qui soignaient le mal des ardents, fièvre violente appelée aussi « feu de saint Antoine ». L'intérêt principal de cette façade, outre la qualité de la sculpture, réside dans la juxtaposition d'éléments flamboyants et Renaissance.

Revenir à Champdeniers et prendre à gauche la D 6. 2 km après avoir traversé la D 743, prendre à droite sur la D 122 en direction de St-Christophe-sur-Roc.

Château de Cherveux

Édifié au 15ᵉ s., ce château est un intéressant exemple de forteresse féodale avec son donjon et ses tours à mâchicoulis.

Quitter Cherveux par le Sud en empruntant la D 7. Après 4 km, tourner à droite sur la D 142. À Chauray, prendre à gauche sur la D 125. Après Vouillé traverser la N 11.

Les Ruralies

Installé sur une aire d'autoroute, cet espace détente regroupe des expositions, des centres de vente de produits régionaux, des restaurants, un hôtel et la Chambre départementale d'agriculture.

Maison des Ruralies – ♿ *9h-21h (hors sais. : 10h-18h). Gratuit.* ☎ *05 49 75 80 70.*

Une exposition permanente intitulée **L'Aventure humaine en Poitou-Charentes** évoque le peuplement de la région, des temps préhistoriques à nos jours. Des expositions temporaires à thèmes variés y sont également présentées.

Le bon grain sort par le mufle d'un lion chevauché par un personnage. Pour découvrir par où est évacuée la mauvaise graine, faites le tour de la trieuse... surprenant !

Musée agricole – ♿ *10h-18h (de mi-juil. à mi-sept. : 10h-19h). Fermé 1ᵉʳ janv. et 25 déc. 30F, 20F hors sais.* ☎ *05 49 75 68 27.*

Il montre l'évolution des techniques à travers le matériel agricole : araires et charrues, pressoirs à huile, alambics, moissonneuses, tracteurs. Remarquez le remarquable **trieur à grains** (1683), belle pièce en bois équipée d'un cylindre et d'un tamis. Dans la section consacrée à l'apiculture, on peut observer une ruche en activité. Projection de films vidéo.

LE MARAIS POITEVIN** *(voir ce nom)*

L'Est de la Venise verte *(voir p. 203)*
Circuit de 30 km au départ de Coulon – environ 3 h

Entre Sèvre Niortaise et Autize *(voir p. 206)*
Circuit de 50 km au départ de Maillezais – environ 5 h

Île de **Noirmoutier**★

Prenez le large à Noirmoutier et essayez d'arriver par la route du passage du Gois, il y règne une atmosphère de bout du monde. L'île attire grâce à son climat doux, ses criques tranquilles et ses bois odorants... On y retrouve le geste ancestral du saunier, on y hume des wagons de mimosas et on y remplit son panier de sel, de pommes de terre et de fruits de mer. Le peintre Auguste Renoir y séjourna avec palette et pinceaux et écrivit à un ami : « Je viens de Noirmoutier, c'est un coin admirable, beau comme le Midi mais avec une mer autrement belle que la Méditerranée. »

La situation
Cartes Michelin nᵒˢ 67 pli 1 ou 232 plis 25, 26, 37, 38 – Vendée (85). Au Sud de l'estuaire de la Loire, Noirmoutier n'est séparée du continent que par un goulet dont l'ensablement, préoccupant, est visible à marée basse. Un pont routier en béton, long de 700 m, traverse le goulet de Fromentine depuis 1971. En venant du continent, on découvre sur la droite la baie de Bourgneuf. On peut aussi emprunter la route pittoresque du passage du Gois, en prenant certaines précautions *(voir « carnet pratique »).*
⊞ *BP 125, 85330 Noirmoutier-en-l'île,* ☎ *02 51 39 80 71.*

Le nom
Tout porterait à croire que Noirmoutier veut dire « monastère noir », et pourtant, l'origine du nom de l'île est sujette à controverses. Pour certains, le nom ancien était *Herio monasterio* (7ᵉ s.), « Hério » étant un nom de personne. Pour d'autres, *In insula Aeri* (9ᵉ s.) viendrait de *Herus* ou *Herius* et serait d'origine celtique... Conclusion, si le nom n'a rien à voir avec le noir, ses origines restent bien sombres....

Les gens
Les Noirmoutrins sont plus nombreux en été qu'en hiver. La cinéaste française Agnès Varda y a élu domicile.

comprendre

Dunes, sel et mimosas – Depuis l'époque romaine, des affaissements successifs ont réduit les dimensions de Noirmoutier longue encore de 20 km, mais large à peine de 1 km à La Guérinière, là où, en 1882, les flots faillirent la couper en deux.

L'église et le château de Noirmoutier veillent jalousement sur les salines de l'île qui produisent un sel réputé.

LE SEL ET LES SAUNIERS
La production de sel est largement tributaire de l'ensoleillement, de l'amplitude des marées et des intempéries. Des 700 ha qu'ils couvrent, 100 ha seulement sont exploités par 40 « sauniers », propriétaires groupés en un syndicat s'occupant de l'entretien des étiers et commercialisant le sel à travers une coopérative.

carnet pratique

Où DORMIR

• À bon compte

Chambre d'hôte Baranger – 8 r. de la Mougendrie – 85330 Noirmoutier-en-l'Île – ☎ 02 51 39 12 59 – ⊭ – 5 ch. : 240/280F – repas 325F. Dans une ruelle tranquille du centre de Noirmoutier, à deux pas du château, cette maison accueille ses hôtes dans des chambres simples qui ouvrent sur un petit jardin clos. Un studio avec cuisine et terrasse, parfait pour ceux qui souhaitent être autonomes.

Camping Le Caravan'Île – R. de la Tresson – 85680 La Guérinière – ☎ 02 51 39 50 29 – ouv. mars à oct. – réserv. conseillée – 385 empl. : 103F. Après avoir installé votre tente derrière les dunes, à vous les joies des bains de mer en accès direct sur une immense plage de sable fin ou dans la grande piscine chauffée. Parc de loisirs pour les enfants, mini-golf, salle de jeux et location de mobile homes.

• Valeur sûre

Château du Pélavé – 9 allée de Chaillot – Bois de la Chaise – 85330 Noirmoutier-en-l'Île – ☎ 02 51 39 01 94 – 🅿 – 18 ch. : 350/700F – ☕ 45F – restaurant 125/360F. Au cœur du bois de la Chaise, ledit château est en fait une grande villa de granit de la fin du 19ᵉ s., entourée d'un parc joliment planté d'arbres. Ses chambres décorées d'un mobilier moderne sont claires. Quatre d'entre elles ont en plus une vaste terrasse privative.

Piscine, calme et volupté à l'hôtel Punta Lara.

Hôtel Punta Lara – 85740 L'Épine – 5 km au SO de Noirmoutier par D 948 et D 95 – ☎ 02 51 39 11 58 – fermé 18 oct. au 31 mars – 🅿 – 64 ch. : 495/995F – ☕ 75F – restaurant 220/290F. Au bois des Éloux, ces bungalows blanc et bleu posés sur la plage sont en face de l'océan : de leur balcon ou de leur terrasse, vous pourrez admirer la mer. Leur décoration, comme leur architecture, simple et lumineuse évoque celle des maisons des îles grecques. Piscine.

• Une petite folie !

Hôtel Fleur de Sel – 85330 Noirmoutier-en-l'Île – ☎ 02 51 39 21 59 – fermé déb. nov. à mi-fév. – 🅿 – 35 ch. : à partir de 535F – ☕ 52F – restaurant 130/210F. Tout près de la plage des Sableaux, cette jolie maison basse aux murs blancs et tuiles rondes a bien du charme. Le décor de ses chambres pimpantes, avec meubles boisés en if ou pin ciré et ses tissus assortis, crée une atmosphère aux accents insulaires. Service en terrasse l'été et piscine.

Où SE RESTAURER

• À bon compte

La Marine – 5 r. Marie-Lemonnier – 85330 L'Herbaudière – ☎ 02 51 39 23 09 – fermé 15 au 30 nov., mar. soir et mer. sf du 15 juin au 15 sept. – 80/260F. En face du port de pêche, cette maison blanche aux volets bleus est tenue par un jeune couple. Sous sa charpente apparente, au milieu de vieux accastillages en laiton et bois, vous goûterez une cuisine au goût du jour, entre mer et terre. Petit jardin-terrasse pour l'été.

L'Océane – Chemin de la Matte – 85740 L'Épine – 4 km au S de Noirmoutier par D 948 – ☎ 02 58 39 42 87 – fermé 15 sept. au 1ᵉʳ juin, dim. soir et lun. en juin et sept. – ⊭ – 35/50F. Une assiette de fruits de mer ou une douzaine d'huîtres arrosées d'un verre de muscadet : voilà le menu de ce cabanon installé juste à côté d'un hangar d'ostréiculture. Décor sobrissime entre murs blanc et bleu. Prix et fraîcheur imbattables. Vente à emporter.

Le Bistrot des Îles – Pointe de la Fosse, au pied du pont routier – 85630 Barbâtre – 15,5 km au S de Noirmoutier par D 948, puis D 38 – ☎ 02 51 39 68 95 – fermé 16 nov. au 14 fév. et mar. – 95/195F. Dépaysement garanti dans ce restaurant en face de Fromentine, à côté de l'embarcadère des bateaux pour l'Île d'Yeu. Dans un décor inspiré des Antilles, clair et agréable, vous dégusterez une cuisine au goût du jour. Une formule bistrot au bar et glacier en terrasse.

Le Grand Four – 1 r. de la Cure – derrière le château – 85330 Noirmoutier-en-l'Île – ☎ 02 51 39 61 97 – fermé 22 nov. au 17 déc., 4 au 22 janv., dim. soir et lun. d'oct. à mars – 99/198F. Ne manquez pas ce petit restaurant derrière le château : dans une maison couverte de feuillage, il est très coquet avec ses larges fauteuils confortables, son plafond orné de fresques, ses bibelots et ses fleurs partout. Cuisine entre mer et terroir, au goût du jour.

SE DÉPLACER

Conditions pour emprunter le passage du Gois :

– pendant le premier ou le dernier quartier de lune par beau temps (vents hauts) : d'une heure et demie environ avant la basse mer à une heure et demie environ après la basse mer ;

– pendant la pleine lune ou la nouvelle lune par temps normal : de deux heures avant la basse mer à deux heures après la basse mer ;

– en toutes périodes par mauvais temps (vents bas) : ne pas s'écarter de l'heure de la basse mer.

Promenades en mer : de l'Herbaudière à l'île du Pilier et en direction de l'île d'Yeu (digue de la Fosse à Barbâtre). Avr.-sept. :

promenade (1h) vers l'île du Pilier et vers le bois de la Chaise. 50F (enf. : 35F). Pêche en mer. 160F (accompagnateur : 80F, location lancers : 80F). Port de l'Herbaudière. ☎ 02 51 39 09 62.

Location de vélos – Le meilleur moyen pour découvrir les petits chemins de l'île et éviter les bouchons estivaux *(pistes cyclables)*. Au Nord de l'île : Charier cycles, *23 av. Pineau, Noirmoutier-en-l'Île*, ☎ 02 51 39 01 25. Au Sud de l'île : Maurice Gaborit, *2 r. de la Poste, Barbâtre*, ☎ 02 51 39 63 48.

SE BAIGNER

Les plages – Près de 40 km de plages de sable fin occupent le littoral de l'île. Sur la partie Ouest s'étendent de vastes plages, de la pointe de la Fosse (au Sud de Barbâtre) à l'Herbaudière, avec quelques sites particulièrement agréables : plage des Sables d'Or (La Guérinière), plage des Éloux (L'Épine), plage de Luzéronde (l'Herbaudière). Au Nord, les plages du Vieil contrastent avec celles du Nord-Est, où se succèdent de charmantes petites criques, et les belles plages « chic » du bois de la Chaise.

Océanile – *Route de Noirmoutier – L'Épine* – ☎ 02 51 35 91 35. En bordure des marais salants, ce parc aquatique propose de nombreuses attractions (cascades, vagues, torrent, toboggans, etc.) dans une eau à 28°. La partie couverte est ouverte de mi-février à mi-novembre ; l'extérieur ne fonctionne qu'en saison.

SPÉCIALITÉS

Douceurs – Pavés du Gois (caramel et noisette), pommes de terre de Noirmoutier (pâte d'amande), haricots du Pays (bonbons à la nougatine) et galettes St-Philbert sont les principales spécialités réalisées par P. Giraudet, *rue piétonne, Noirmoutier-en-l'Île*, ☎ 02 51 39 07 83. Salon de thé (jardin) et petit déjeuner.

Pommes de terre – *Coopérative agricole de Noirmoutier – le Petit Chessé – Noirmoutier-en-l'Île –* ☎ 02 51 35 76 76. Plusieurs variétés, dont la célèbre bonotte (en mai) sont disponibles au détail ou en bourriches de 5 kg.

Sel – *Maison du Sel, Aquasel – r. des Marouettes – Noirmoutier-en-l'Île –* ☎ 02 51 39 08 30. Comme les paludiers de l'île, cette maison vend le classique gros sel, mais aussi la fleur de sel et le sel aromatisé (thym, etc.).

L'île se divise en trois secteurs. Au Sud, les dunes de Barbâtre s'allongent vers la côte vendéenne dont elles sont seulement séparées par la **fosse de Fromentine**, large de 800 m, mais parcourue de violents courants. En son centre, l'île rappelle la Hollande avec des polders (terres littorales asséchées) et des marais salants, situés au-dessous du niveau de la mer et protégés par des digues. Ils sont quadrillés de chenaux dont le principal, l'étier de l'Arceau, traverse l'île de part en part. Au Nord enfin, la côte rocheuse est découpée de criques ombragées de chênes, pins et mimosas. Au sommet des dunes couvertes de pins maritimes, s'alignent quelques moulins.

Ressources – À Noirmoutier les **marais salants** produisent plusieurs centaines de tonnes de sel par an. *Juil.-août (en fin d'ap.-midi), cinq sauniers de l'île ouvrent leur marais à la visite (1h) : Bernard Chamley,* ☎ 02 51 39 32 89 ; *Michel Gallois,* ☎ 02 51 39 52 72 ; *Véronique Gendron,* ☎ 02 51 39 58 67 ; *Stéphane Leffondré,* ☎ 06 03 07 48 15 ; *Didier Magadur,* ☎ 02 51 39 53 29.

Du pont qui enjambe le goulet de Fromentine, découvrez la partie Sud-Ouest de l'île de Noirmoutier et ses immenses plages de sable fin.

C'est une île à vocation agricole. Enrichie de goémon (algue), la terre fertile donne des pommes de terre et des primeurs réputées. Talus, murets de pierre sèche, haies de tamaris ou rangées de cyprès protègent les cultures du vent marin. Les richesses de l'océan y foisonnent également. Du port de l'Herbaudière on part à la pêche au bar et aux crustacés ; le port de Noirmoutier-en-l'Île, lui, sert plutôt d'abri d'hivernage. On pratique l'ostréiculture en baie de Bourgneuf. Les insulaires habitent des maisons basses aux tuiles rouges et aux murs blanchis à la chaux. Depuis 1959, une canalisation sous-marine apporte l'eau potable du continent.

Le sang coule à Noirmoutier – La guerre de Vendée n'a pas épargné Noirmoutier, position stratégique importante pour les Vendéens qui espéraient recevoir de l'aide des émigrés réfugiés en Angleterre. En mars 1793, l'île est aux mains du royaliste Guerry de la Fortinière, en avril elle est reprise par le républicain Beysser. Dans la nuit du 11 au 12 octobre 1793, M. de Charette, à la tête de 2 000 paysans pataugeant dans le Gois encore sans chaussée, surgit et se jette sur la garnison républicaine qui baisse les armes.

MASSACRE
L'hiver suivant, le général Haxo revient en force et massacre les Vendéens, parmi lesquels le général d'Elbée, commandant des royalistes, et son épouse.

visiter

NOIRMOUTIER-EN-L'ÎLE
Blanche capitale de l'île, Noirmoutier est bâtie en longueur, parallèlement à un port-canal d'où la mer se retire à marée basse. Sa Grande-Rue s'étire sur 1 km pour aboutir à la place d'Armes qui donne sur le port.

Place d'Armes
C'est sur cette esplanade que le **chef vendéen d'Elbée** a été fusillé. Un peu en retrait, sur une petite hauteur, se trouvent le château et l'église. On remarque deux édifices du 18ᵉ s. : à droite, si l'on fait face au château, l'hôtel Lebreton des Grapillières (aujourd'hui hôtel du Général d'Elbée), à gauche, l'hôtel Jacobsen dont le nom rappelle une famille néerlandaise qui travailla à l'assèchement de certaines terres de Noirmoutier.

DE MAL EN PIS
Non remis de blessures reçues à la bataille de Cholet, le général vendéen d'Elbée, incapable de bouger, a été transporté dans un fauteuil (visible au château) jusqu'à la place d'Armes où il fut exécuté.

Château
De juin à mi-sept. : 10h-12h30, 14h30-18h30 (de mi-juin à fin août : 10h-19h) ; de mi-nov. à fin mai : 10h-12h30, 14h30-18h. Fermé de mi-nov. à fin janv. 22F. ☎ 05 51 39 10 42

À Noirmoutier, l'église St-Philbert et le château sont indissociables. Quand vous arrivez sur l'île, ces deux monuments se détachent à l'horizon dès Barbâtre.

Son enceinte du 15e s., austère et nue, forme un rectangle interrompu seulement par deux tours d'angle et des échauguettes. Un chemin de ronde court sur son pourtour d'où l'on découvre des perspectives sur la ville, les marais salants, l'océan. L'enceinte enferme le logis du Gouverneur et un donjon carré du 11e s. (musée).

Rez-de-chaussée – Histoire locale : archéologie et guerre de Vendée. L'exécution du général d'Elbée y est évoquée (on peut voir le fauteuil où il fut fusillé). Un tableau de Julien Le Blant (19e s.) illustre la scène.

Premier étage – Il est consacré à la marine : figures de proue, maquettes de bateaux, croix de coquillages du début du 19e s., hache et sabre d'abordage, etc.

Deuxième et troisième étage – Ils couvrent les Beaux-Arts, avec des œuvres de peintres (A. Baudry, F. Palvadeau, O. de Rochebrune) qui furent séduits par la beauté de l'île. Expositions d'art contemporain (saison).

Logis du gouverneur – À l'étage, on peut admirer une très belle collection de **faïences anglaises★** (18e-19e s.). De la tourelle de la Vigie, **panorama** sur Noirmoutier et le littoral ; le regard porte au Nord jusqu'à La Baule, au Sud jusqu'à l'île d'Yeu.

Église St-Philbert

C'est l'ancienne abbatiale bénédictine de styles roman (chœur) et gothique (nef). Sous le chœur, de part et d'autre duquel on remarque deux somptueux autels baroques, une belle **crypte** du 11e s. occupe l'emplacement de la chapelle mérovingienne primitive ; elle abrite la sépulture de saint Philbert, tombeau vide érigé au 11e s., le sarcophage d'origine ayant été transporté à St-Philbert-de-Grand-Lieu lors des invasions normandes.

Aquarium-Sealand

De fév. à mi-nov. : 10h-12h30, 14h-19h. 45F (enf. : 30F). ☎ *02 51 39 08 11.*

Dans un décor de cavernes sous-marines et de carcasses de bateaux enfouis, sont présentés des échantillons de la faune locale et quelques poissons tropicaux. Un vaste bassin accueille des otaries. Devant chaque bassin quelques lignes explicatives informent sur les espèces.

Musée de la Construction navale

& *De juin à mi-sept. : 10h-12h30, 14h30-18h30 (de mi-juin à fin août : 10h-19h) ; avr.-mai et de mi-sept. à fin sept. : tlj sf lun. 10h-12h30, 14h30-18h ; oct. : tlj sf lun. 14h30-18h. Fermé nov.-mars. 20F.* ☎ *02 51 39 24 00.*

> **BELLES ANGLAISES**
> Ces faïences anglaises★ (18e-19e s.) ont été fabriquées dans le Staffordshire, et certaines sont dites de Jersey, car c'est dans cette île qu'on les entreposait. Elles étonnent par la variété de leurs formes, motifs décoratifs et couleurs.

Dans une ancienne salorge (grenier à sel) utilisée comme chantier naval artisanal, on est initié aux techniques traditionnelles de construction navale : sciage, demi-coques, plans, gabarits, gréements, voiles... L'ensemble restitue l'atmosphère de l'ancien atelier.

se promener

LE RESTE DE L'ÎLE

Bois de la Chaise★

2 km au Nord-Est par la D 948 (suivre la signalisation Plage des Dames). Ce bois de pins maritimes et de chênes verts, en bordure de l'océan, ressemble à un coin de Côte d'Azur égaré sur les rivages de l'Atlantique. On peut y voir aussi les mimosas qui font la réputation de l'île et qui embaument lors de la floraison, en février.

> **DRÔLES DE DAMES**
> La plage des Dames tiendrait son nom des druidesses qui venaient cueillir leurs branches dans le bois voisin.

La **plage des Dames** est bien abritée, et s'étend sur une courbe harmonieuse de sable fin. Là, débute la charmante **promenade des Souzeaux★** *(3/4h à pied AR),* le long de criques boisées.

S'engager à gauche sous les chênes verts dans le sentier qui part à gauche de la digue. Prendre ensuite le premier chemin à gauche, en montée.

Après le phare des Dames, les pins se mêlent aux chênes. La falaise rocheuse domine une mer ponctuée de récifs ; vues sur la côte de Jade et Pornic. On rencontre l'anse Rouge qui veille la tour Plantier avant d'arriver à la plage des Souzeaux.

L'Herbaudière

5 km au Nord-Est par la D 5. Le va-et-vient des bateaux colorés anime ce petit port de pêche dont les poissons, langoustes et homards sont vendus chaque jour à la criée. Les fanions multicolores servant à repérer en mer les casiers à crustacés donnent aux caseyeurs des airs de fête. Le bassin voisin accueille le port de plaisance. De la jetée qui sépare le port de pêche du port de plaisance, vue sur le phare et l'île du Pilier qu'une chaussée reliait jadis à Noirmoutier.

La Guérinière

4 km au Sud par la D 948. La côte Nord de ce village abrite le port du Bonhomme (cabanes ostréicoles). Sur la côte Sud s'étendent des plages de sable fin surplombées par le bois des Éloux et des moulins en enfilade.

Musée des Arts et Traditions populaires – & *De mai à fin sept. et vac. scol. : 14h30-17h30 (juil.-août : 10h-19h). 20F. ☎ 02 51 39 41 39.*
On y découvre les activités traditionnelles de Noirmoutier à la fin du 19e s. et au début du 20e s. : agriculture, pêche, marais salants, artisanat. Il abrite également des reconstitutions d'intérieurs noirmoutrins, des collections de costumes et de coiffes. Ne manquez pas les marines réalisées par des cap-horniers sur des morceaux de voile.

Le musée des Arts et Traditions populaires de la Guérinière présente la reconstitution d'une pièce principale comme on en trouvait naguère dans les maisons de l'île.

Passage du Gois★★

12 km au Sud-Est par la D 948 (rond-point au niveau de Barbâtre).

Ce passage de 4,5 km fut la seule voie d'accès carrossable de la fin du 19ᵉ s. à 1971, date de la mise en service du pont. Des hauts-fonds ont formé le Gois dont le nom viendrait du terme local « goiser » (patauger). Des balises-refuges jalonnent le passage de cette voie submersible, permettant ainsi aux gens surpris par la marée montante de se hisser et d'attendre... la marée descendante.

Si les ostréiculteurs et boucholeurs locaux travaillent sur le Gois, la présence de nombreux pêcheurs à pied rendent ce lieu encore plus insolite.

Abbaye de **Nouaillé-Maupertuis**★

L'abbaye de Nouaillé-Maupertuis a le charme et la vigueur des grands monuments de l'art roman. Dans son village paisible, des taches de verdure surgissent au milieu des vieilles maisons de pierre, charmants vestiges d'un temps où les bénédictins soignaient par les plantes.

La situation
Cartes Michelin nᵒˢ 68 pli 14 ou 233 pli 8 – Vienne (86).
De la D 12 en venant de Poitiers, on découvre une jolie vue plongeante sur l'abbaye qui n'est qu'à 11 km au Sud-Est de Poitiers.

Le nom
Nouaillé vient du latin *novalia*, signifiant terre nouvellement défrichée. Quant à Maupertuis, il a été rajouté au 20ᵉ s., et se décompose en mau, « mauvais » et pertuis, « passage ». Ce passage fut en effet fatal au roi Jean le Bon en 1356.

comprendre

La bataille de Poitiers – En 1356, sur la rive Nord du Miosson, se déroula une des plus sanglantes batailles de la guerre de Cent Ans, la bataille dite « de Poitiers ». Le roi de France Jean le Bon fut défait par le Prince Noir, fils du roi d'Angleterre Édouard III, ainsi nommé à cause de la couleur de son armure.

Revêtu de son armure semée de fleurs de lys d'or, le roi résista longtemps, mais, blessé au visage, il dut se rendre au Prince Noir.

> **À RETENIR**
> Le plus jeune fils du roi, Philippe, encore un enfant, avertit son père du danger, par ces mots désormais célèbres : « Père, gardez-vous à droite... père, gardez-vous à gauche... » Il fut fait prisonnier avec le roi.

se promener

ABBAYE
Tlj sf dim. ap.-midi. Juil.-août : possibilité de visite guidée sur demande. ☎ *05 49 55 35 69.*

L'enceinte qui protège l'abbaye comprend des tours en partie arasées, et des douves qu'alimentent les dériva-

> **À REMARQUER**
> Contigu à l'entrée, le logis abbatial (15ᵉ s.) et sa jolie tourelle d'escalier.

Pour avoir une vue d'ensemble et ainsi apprécier au mieux l'abbaye de Nouaillé, placez-vous sur le côté gauche.

tions du Miosson. Après le charmant petit pont, franchir la porte Nord voûtée et pénétrer dans la cour de l'abbaye.

Église

Extérieur – À droite, le clocher-porche du 12ᵉ s. présente une grande baie percée au 15ᵉ s. Au centre le mur latéral attire l'attention par une élévation très curieuse : deux étages d'arcatures remontant au 11ᵉ s. sont surmontés de baies et d'arcs eux aussi romans, mais de la fin du 12ᵉ s. Les parties hautes du transept et le chœur ont été refaits au 17ᵉ s., l'abside semi-circulaire fut alors remplacée par un chevet plat.

À OBSERVER
Un bel ensemble de boiseries du 17ᵉ s. forme une sorte d'îlot au centre de l'abbatiale : ce sont un jubé, les stalles, un aigle-lutrin.

Intérieur – L'importante coupole sur trompes, renforcée de nervures, forme la première travée de la nef. Celle-ci, voûtée en berceau au 12ᵉ s., est encadrée de collatéraux très étroits. Près de la porte latérale gauche a été réemployée une colonne romaine en marbre gris-bleu. Au fond du chœur, derrière le maître-autel du 17ᵉ s., dans un enfeu décoré de peintures murales, est déposé le **tombeau★** (9ᵉ s.), dit « châsse de saint Junien », énorme masse de pierre sculptée et peinte. De chaque côté du chœur (restauré au 17ᵉ s.), deux escaliers descendent à la crypte *(on ne visite pas)* où étaient vénérées les reliques du saint.

Bâtiments conventuels

Il en subsiste, à droite de l'église, une aile couronnée d'une curieuse cheminée romane – selon certains, ancienne lanterne des morts – et, plus loin, un bâtiment du 17ᵉ s., regardant le Miosson.

Oiron★

Envie d'un petit délire artistique ? Le magnifique château Renaissance d'Oiron qui s'offre au regard dans un parc de cèdres, connaît, depuis 1993, l'expérience réussie d'un mariage entre art ancien et art contemporain. Une rencontre surprenante et séduisante pour ceux qui croient à la continuité de l'histoire de l'art et à l'art vivant.

La situation

Cartes Michelin nᵒˢ 68 pli 2 ou 232 pli 45, Deux-Sèvres (79) – Schéma p. 254. Oiron est un petit village en pleine campagne, entre Thouars et Loudun. On y accède par plusieurs routes départementales : la D 162, la D 64, la D 145.

Le nom

Le nom de la villa d'*Oyon* est attesté en 955. À part ça...

Les gens

1 009 Oironnais. Les 150 habitants du village dont les profils figurent sur les assiettes du service de table de Raoul Marek, dans la salle à manger du château, y sont conviés tous les ans pour un dîner, le 30 juin.

comprendre

Un château mécène – Au 15ᵉ s., Guillaume Gouffier construit le château féodal. Son fils Artus, chambellan de François Iᵉʳ avec qui il voyagea en Italie, commence au début du 16ᵉ s. la construction de la collégiale et de la galerie basse du château. L'aîné de ses enfants, Claude, finit la galerie du château (étage) et la collégiale. Il accumule un grand nombre d'œuvres d'art. On peut dire de lui que c'était un « curieux », un amateur d'art et de belles lettres.

En 1705 Mme de Montespan, alors ancienne favorite de Louis XIV, fait l'acquisition du château et y séjourne fréquemment jusqu'à sa mort deux ans plus tard.

En 1943, l'État acquiert le château qui sera classé monument historique.

À la fin des années 1980, les pouvoirs publics manifestent la volonté de marier patrimoine historique et **art contemporain**, à travers la commande d'un ensemble de collections réalisées sur le thème du cabinet de curiosités.

LES « CURIEUX »

À l'image des grands mécènes italiens de la Renaissance, les **Gouffier** s'intéressaient à divers domaines de la connaissance. Ils ont ainsi fait appel à des artistes talentueux pour créer décors et peintures selon des programmes classiques (histoire antique, mythologie). Les artistes d'aujourd'hui ont travaillé dans la logique de la vocation du cabinet de curiosités, sur les thèmes habituels : érudition, jeux d'optique, sciences naturelles, cinq sens et quatre éléments...

visiter

Château★

De mi-avr. à fin sept. : 10h30-18h30 (dernière entrée 1h av. fermeture) ; d'oct. à mi-avr. : tlj sf lun. 13h30-17h30, w.-end et j. fériés 10h-17h. Fermé 1ᵉʳ janv., 1ᵉʳ mai, 1ᵉʳ et 11 nov., 25 déc. 32F. ☎ 05 49 96 51 25.

Extérieur – Précédé de deux petits pavillons du 17ᵉ s., le château comprend un corps de logis central du 17ᵉ s. au toit à la française, flanqué de deux pavillons carrés couronnés d'une balustrade, une aile du 16ᵉ s. à étage et une aile du 17ᵉ s. à terrasse encadrant la cour d'honneur. À gauche, la **galerie** à arcades en anse de panier est surmontée de médaillons de marbre sculptés de profils d'empereurs romains. Sur la paroi de la galerie, Claude Gouffier, grand écuyer, avait fait peindre sur toile les meilleurs chevaux d'Henri II. Les profils de **chevaux** visibles aujourd'hui sont dus à Georg Ettl (1992). Remarquez le motif répété de montures élégantes où ne varient que les marques qui entourent les chevaux.

Illustrant la paroi de la galerie extérieure, des chevaux ont été dessinés au fusain broyé sur les vestiges de l'enduit ocre.

Intérieur – Par l'escalier à noyau central dont la moulure en spirale sert de rampe, on accède à l'étage formant une majestueuse **galerie★★**. Ici, 14 peintures, aux couleurs passées mais au dessin et à la composition remarquables, animent les murs de thèmes tirés de la guerre de Troie et de *L'Énéide*. Louis Gouffier fit exécuter le plafond Louis XIII, composé de 1 670 panneaux-caissons peints de sujets variés : mammifères, oiseaux, armes... De là, on gagne le pavillon des Trophées et l'ancienne chapelle de Claude Gouffier. Le **pavillon central** a été modifié par La Feuillade, qui épousa Charlotte Gouffier en 1667. L'admirable escalier Renaissance à noyau central évidé s'inspire de celui d'Azay-le-Rideau. Dans la **salle du Roi**, ou salle d'armes, les douze *Corps en morceaux* de Daniel Spoerri (1993) veillent sur un somptueux plafond aux poutres peintes de personnages mythologiques et de grotesques. Ces assemblages d'objets hétéroclites et de membres de mannequins désarticulés semblent être là pour nous rappeler la devise de Claude Gouffier, maintes fois reproduite dans le décor du château, *Hic terminus Haeret* : Ici est la fin. Le **pavillon du Roi** renferme deux salles dont l'exubérance décorative est caractéristique du style Louis XIII. Face au décor surchargé, l'art de Claude Rutault s'éclipse avec ses *Plates peintures*.

Dans la **salle des Jacqueries**, les murs sont rythmés par des fourches plantées entre des portraits aristocratiques et des noix de coco (Braco Dimitrijevic).

▶ **LEVEZ LA TÊTE**
Le plafond de la chambre du Roi présente des caissons peints encadrés de lourds motifs dorés.

Le château d'Oiron, sans cesse remanié, résume deux siècles d'histoire de l'architecture française.

Le **salon des Ondes** recèle les très originaux **Étuis d'or** (1993) de Hubert Duprat. Des larves de papillons s'entourent le corps d'un étui fait de petites brindilles. L'artiste les élève en aquarium et place or, perles et pierres précieuses à leur portée. De véritables bijoux (de 2,5 cm de longueur !) sont ainsi assemblés par les insectes.

L'œuvre de Thomas Grünfeld (1992) dans le **cabinet des Monstres** représente la version personnelle de l'artiste, faite d'associations imaginaires de têtes et corps dissociés d'animaux empaillés, de monstres qui existaient déjà dans les anciens cabinets de curiosités.

Au deuxième étage, la salle des *Wall Drawings* de Sol Lewitt mérite un détour. Avant de vous rendre au bout de l'aile Sud, faites un tour au rez-de-chaussée.

La **tour de Madame de Montespan** (aile Sud) a été édifiée par cette dernière. Les artistes ont voué ce bâtiment à la méditation. La Salle des ouvrières de la Reine offre les senteurs d'un grand mur de cire d'abeille construit par Wolfgang Laib. Dans la salle cylindrique, la lévitation *Decentre Acentre* (1992), de Tom Shannon, compose une allégorie de la terre et du cosmos. Au deuxième, vous devez vous installer sur le lit ou sur la chaise pour entrer en contact avec des pierres énergétiques.

Collégiale★

La façade Renaissance comporte en élévation des portes jumelées et un grand arc surmonté d'un fronton aux armes des Gouffier. Dans le transept, examinez les tombeaux des Gouffier, œuvres de l'atelier des Juste, sculpteurs toscans établis à Tours. Les deux plus grands ont été exécutés vers 1537 ; les deux petits datent de 1559. Dans le croisillon gauche, le tombeau de Philippine de Montmorency, deuxième épouse de Guillaume Gouffier, morte en 1516, la représente gisante, en habit de veuve ; non loin a été érigé le mausolée de son fils, l'amiral de Bonnivet, tué à Pavie en 1525. Dans le croisillon droit sont placés le tombeau d'Artus Gouffier, frère de l'amiral, revêtu de son armure, et celui de son fils Claude. Une peinture du 16ᵉ s. d'après Raphaël représente saint Jean Baptiste. De chaque côté du chœur, les chapelles seigneuriales offrent un très beau décor Renaissance. Remarquez dans la chapelle Nord une toile du 18ᵉ s., *La Sainte Famille,* et dans la chapelle Sud un portrait de saint Jérôme, du 16ᵉ s., ainsi que des clefs de voûte très ouvragées.

INCONTOURNABLES

Ne ratez pas au rez-de-chaussée, le couloir des Illusions de Varini, la salle à manger et le service de Raoul Marek, la galerie des cartes et des cosmogonies, la galerie de portraits de Boltanski, la salle des Belles lettres rabelaisiennes de Baumgarten.

À VOIR

Les statues d'apôtres (16ᵉ s.) au retable du maître-autel, une belle Résurrection, peinture de l'école maniériste flamande (16ᵉ s.), sur la paroi droite du chœur, et le portrait de Claude Gouffier sur la paroi Nord.

île d'**Oléron** ★

Cette île charentaise à la beauté sauvage respire la santé : un air pur, des forêts magnifiques, des plages de sable, et bien sûr... des huîtres ! Les fameuses Marennes-Oléron dont les parcs sont installés dans les contours sinueux et les marais de l'Est. Un rivage de sable forme une couronne le long des dunes boisées au Nord et à l'Ouest. À l'intérieur des terres, de blanches maisons sont entourées de mimosas, lauriers-roses, tamaris et figuiers. De-ci de-là apparaissent d'anciens moulins à vent. On y part sur les traces des oiseaux et surtout à la découverte du monumental et télégénique fort Boyard !

La situation

Cartes Michelin n⁰ˢ 71 plis 13, 14 ou 233 plis 13, 14 – Charente-Maritime (17). Prolongement de la Saintonge, Oléron est la plus vaste des îles françaises (si l'on excepte la Corse), avec 30 km de long sur 6 km de large. Le pertuis (passage) d'Antioche et celui de Maumusson, parcouru de dangereux courants, la séparent des côtes charentaises. Un pont routier, gratuit depuis peu, relie Oléron au continent.

🛈 *Pl. Gambetta, BP 46, 17310 St-Pierre-d'Oléron, ☎ 05 46 47 11 39 et Carrefour du Port, 17370 St-Trojean-les-Bains, ☎ 05 46 76 00 86.*

Le nom

À l'époque gallo-romaine, *Uliaros* était déjà une destination de vacances. En 1047, on l'appelle *insula Olarion*. Quant à la signification du nom, elle donna libre cours aux suppositions les plus farfelues : l'île des plantes médicinales au 18ᵉ s. et « l'île des larons » au 19ᵉ s.

Les gens

L'île d'Oléron accueille en été les familles de vacanciers venues chercher la mer, la pinède odorante, un air salubre et le soleil. Et toute l'année, elle est le lieu de vie des Oléronnais qui pour la plupart exercent le dur métier d'ostréiculteur.

RECORD

En service depuis 1966, le pont-viaduc d'Oléron est le plus long de France. Construit en béton, il repose sur 45 piles et supporte une chaussée et deux pistes cyclables sur 3 027 m !

Au pied du phare de Chassiron, cette borne vous rappelle qu'ici vous êtes au bout du monde.

comprendre

Les ressources – À l'Est, le littoral et les terres basses entre St-Trojan et Boyardville sont entièrement destinés à l'ostréiculture, richesse essentielle de l'île avec les primeurs et la vigne. Cette dernière, localisée surtout autour de St-Pierre et de St-Georges, donne un vin blanc ou rosé à la saveur iodée. Les marais salants, nombreux autrefois près d'Ors, St-Pierre ou La Brée, ont été transformés en « claires » (bassins à huîtres). L'aquaculture s'est développée dans l'île, plusieurs fermes marines produisant palourdes, truites et anguilles. Le principal port de pêche de l'île est celui de La Cotinière. À la pointe de Chassiron et sur la côte rocheuse du Nord-Ouest de l'île, une forme originale de pêche littorale survit dans les **écluses à poissons** : quand la mer est basse, les pêcheurs capturent poissons et crustacés à l'aide de « fouënes » (genre de harpons) et « espiottes » (genre de sabres). Sur la Côte Sauvage la pêche au lancer se pratique surtout en juin et septembre, pour le bar et le maigre.

Les « rôles d'Aliénor » – Aliénor, fille du duc d'Aquitaine, épouse le roi de France en 1137, en divorce quinze ans plus tard et se remarie avec le roi d'Angleterre, ce qui n'arrange pas la France... Âgée de soixante-seize ans, elle séjourne en 1199 dans son château d'Oléron, avant de se retirer à l'abbaye de Fontevraud où elle meurt en 1204. Sur son île, elle se préoccupe de mettre un peu d'ordre car la dangereuse Côte Sauvage est en proie aux

ÉCLUSE À POISSONS

Construites sur le socle rocheux qui se découvre à marée basse, leurs murs bâtis en pierres sèches comportent à leur base des orifices grillagés par où l'eau s'écoule à marée descendante.

carnet pratique

OÙ DORMIR

• À bon compte

Chambre d'hôte Micheline Denieau – *20 r. de la Legère – Le Clos – 17310 La Menounière – 3 km à l'O de St-Pierre-d'Oléron – ☎ 05 46 47 14 34 – ⌶ – 5 ch. : 210/260F.* Des chambres simples et soignées sont aménagées dans les dépendances de cette maison typique. Une salle commune avec cuisine en plus. Par contre, vos hôtes, producteurs de vin d'Oléron et de pineau, vous reçoivent dans leur salle à manger pour le petit déjeuner.

Chambre d'hôte Les Trémières – *5 rte de St-Pierre – 17310 La Cotinière – ☎ 05 46 47 44 25 – fermé déc. – ⌶ – 5 ch. : 200/250F – ⌿ 28F.* À 200 m du port de La Cotinière et des commerces, cette maison du début du 20ᵉ s. est charmante. Son jardinet, caché derrière sa façade de pierres blondes aux volets bleus, est la promesse d'un délicieux petit déjeuner sous le marronnier en été. Chambres et suites.

Camping La Pierrière – *18 rte de St-Georges – 17310 St-Pierre-d'Oléron – ☎ 05 46 47 08 29 – ouv. 7 mai au 26 sept. – ⌶ – réserv. conseillée en été – 140 empl. : 115F – restauration.* Détendez-vous ! Ici, l'accueil, le cadre agréable d'un parc fleuri, l'étang d'agrément, la piscine joliment entourée de fleurs et d'arbustes divers, sans oublier le terrain multisports, vous promettent un séjour des plus agréables et des plus relaxants dans la capitale de l'île d'Oléron.

• Valeur sûre

Hôtel L'Albatros – *11 bd du Dr-Pineau – 17370 St-Trojan-les-Bains – ☎ 05 46 76 00 08 – fermé 1ᵉʳ nov. au 5 fév. – 𝗣 – 13 ch. : 336/387F – ⌿ 46F – restaurant 144F.* Cette ancienne maison d'ostréiculteurs, au bout de la forêt domaniale, a les pieds dans l'eau. Sa terrasse sur deux niveaux ouvre sur le grand large : un point de vue idéal pour savourer un repas de fruits de mer avant de se retirer dans une des chambres colorées de l'hôtel.

• Une petite folie !

Motel Île de Lumière – *Av. des Pins – 17310 St-Pierre-d'Oléron – ☎ 05 46 47 10 80 – fermé fin sept. à Pâques – 𝗣 – 45 ch. : à partir de 670F.* Voilà une bonne adresse de vacances ! Avec ses pavillons aux volets bleus répartis dans un jardin fleuri, cet hôtel est entre mer et terre. Ses grandes chambres familiales, avec mezzanine pour la plupart, ont toutes une terrasse qui ouvre sur les dunes et l'océan.

OÙ SE RESTAURER

• À bon compte

Le Bout au Vent – *Le Port – 17370 St-Trojan-les-Bains – ☎ 05 46 76 05 43 – fermé 15 sept. au 15 juin – ⌶ – 88/125F.* En longeant la rive droite du port, vous trouverez cette amusante maison de pêcheur sur pilotis. De sa terrasse couverte, la vue sur le pont d'Oléron est imprenable. Prenez votre temps, le patron travaille tout seul. Éclade de moules sur demande.

• Valeur sûre

Les Bains – *Au port – 17190 St-Georges-d'Oléron – ☎ 05 46 47 01 02 – fermé 27 sept. au 20 mai – 103/152F.* Un restaurant modeste qui vous permettra de profiter de l'animation du petit port de plaisance de Boyardville en terrasse dès les beaux jours. Salles rustiques et carte appétissante. Chambres d'un autre âge, proprettes et bien tenues.

La Campagne – *D 734 – 17310 St-Pierre-d'Oléron – ☎ 05 46 47 25 42 – 140/260F.* Dans les dépendances d'une ancienne ferme, ce restaurant est entouré d'un beau jardin. Idéal en été, puisque les tables s'installent en terrasse avec le soleil, il est cosy en hiver avec sa salle douillette, ses tables rondes et ses meubles de bois ancien... Cuisine soignée.

Le Relais des Salines – *Au port des Salines, petit village – 17370 Grand-Village-Plage – ☎ 05 46 75 82 42 – fermé 16 oct. au 14 mars – 130/190F.* Au port, cette cabane ostréicole en bois ponctuera agréablement votre visite. Murs colorés, chaises bistrot et toiles cirées pour une jolie vue sur les paysages de salines et les herbes couchées par le vent... Carte simple de produits de la mer.

SE DÉPLACER

Bus – Liaisons par autobus entre la gare SNCF de Rochefort et Le Château-d'Oléron, et entre la gare SNCF de Saintes et la plupart des agglomérations de l'île. Renseignements dans les offices de tourisme.

ACHATS

Des huîtres, bien sûr : on les trouve en gros et au détail dans les quartiers portuaires de toutes les agglomérations oléronaises. Du sel de mer, et les succulents bonbons et caramels au beurre salé.

PROMENADES EN MER

D'Oléron, des promenades en mer, des liaisons avec l'île d'Aix et des croisières ont lieu en saison. *Liaison régulière saisonnière avec l'île d'Aix (voir ce nom). Croisières en sais. vers l'île d'Aix, La Rochelle, l'île de Ré et la Charente (dép. Saintes) organisées par Bernard Palissy II. ☎ 05 46 91 12 92. Juil.-août : excursions en mer au dép. de Boyardville ; mai-juin et sept. : promenade en mer au dép. de Boyardville-Port. S'adresser aux vedettes Oléronaises. ☎ 05 46 76 09 50.*

pilleurs d'épaves. Aliénor aurait fait rédiger une série de règles « touchant le fait des mers, des nefs, des maistres, compagnons mariniers et aussi merchants ». Après le règne d'Aliénor, l'île d'Oléron sera sous la domination des Anglais qui quitteront l'île en 1372, emportant avec eux tous les documents officiels.

La poche d'Oléron – Occupée en 1940, l'île d'Oléron fut libérée les 30 avril et 1er mai 1945. Une opération de grande envergure dite « opération Jupiter », alliant forces terrestres, maritimes et aériennes, aboutit à la capitulation d'une garnison forte d'environ 15 000 hommes.

THÈSE CONTROVERSÉE
Il est vrai qu'un code maritime, connu sous le nom de Rôles d'Oléron, servira de base à tout ce qui sera promulgué à l'avenir en la matière.

visiter

ST-PIERRE-D'OLÉRON
Situé au cœur de l'île, en bordure des marais, St-Pierre en est le centre administratif et commercial. En été, les rues piétonnes du centre-ville sont très animées.

Église
Son clocher octogonal (18e s.) de couleur claire sert de repère aux marins. De chaque côté du chœur, chapelle précédée d'une arcature trilobée reposant sur des piliers en marbre noir.

HORIZONS
De la plate-forme, à 32 m de haut, le panorama★ embrasse la totalité d'Oléron, les îles d'Aix et de Ré, l'estuaire de la Charente.

Lanterne des morts
Haute de 30 m, elle se trouve place Camille-Memain, à l'emplacement de l'ancien cimetière. Elle a été érigée lors de l'occupation anglaise au 13e s. Ses lignes sobres et élancées sont de style gothique commençant. Elle se termine par une pyramide du 18e s. À l'intérieur est conservé l'escalier par lequel on accédait au fanal ; un autel s'adosse à l'une des faces.

Maison des Aïeules
C'est dans cette maison, demeure de ses grands-parents maternels, au n° 19 de la rue qui porte son nom, que **Pierre Loti**, né à Rochefort, vint passer ses vacances d'adolescent. Il fut enterré en 1923 « sous le lierre et les lauriers » dans le jardin familial, comme ses ancêtres protestants. Devant la mairie trône le buste de l'écrivain, rappelant son séjour à St-Pierre.

DERNIÈRES VOLONTÉS
Près du corps de Loti, ont été placés, selon ses désirs, son seau et sa pelle d'enfant ainsi que le paquet de lettres d'Aziyadé.

Musée de l'île d'Oléron Aliénor-d'Aquitaine
31, rue Pierre-Loti. De mi-juin à mi-sept. et vac. scol. de Pâques : tlj sf dim. et lun. 14h30-18h30. 25F (enf. : 15F). ☎ 05 46 75 02 77.
Une maison oléronaise abrite ce musée d'arts et de traditions. Une cuisine locale reconstituée (meubles, objets domestiques, personnages en costumes) évoque la vie d'autrefois. On y voit également des coquillages provenant des côtes ainsi qu'une présentation sur l'activité maritime, agricole et viticole de l'île. Ne négligez pas les documents sur la vie et l'œuvre de Pierre Loti et la maquette du fort Boyard (1867).

séjourner

ST-TROJAN-LES-BAINS⚓
Cette agréable station balnéaire, fleurie de mimosas de janvier à mars, bénéficie d'un climat et d'une végétation quasi méditerranéens. Villas et chalets sont disséminées sous une magnifique forêt de pins maritimes et le Gulf-Stream vient adoucir les eaux de quatre plages de sable fin.

QUIÉTUDE
La station possède un institut de thalassothérapie où sont traités les rhumatismes, les suites de traumatisme et le surmenage.

Forêt de St-Trojan
On se promène à pied ou à bicyclette dans cette vaste (2 000 ha) et profonde forêt domaniale qui couvre des dunes atteignant parfois 36 m de hauteur. Plantée essentiellement de pins maritimes, de quelques chênes verts et de fourrés de genêts, elle est exploitée pour le bois.

*St-Trojan abrite aussi
un secteur ostréicole
très productif.*

Grande Plage
3 km à l'Ouest de St-Trojan par la D 126[E1].
Sur la Côte Sauvage fouettée par le vent, la Grande Plage de sable fin bordée de dunes s'étend à perte de vue.

Pointe de Manson
2,5 km au Sud de St-Trojan.
La route de la pointe de Manson aboutit à une estacade (digue) d'où l'on profite de **vues** sur la pointe d'Ors, le pont-viaduc, la pointe du Chapus, l'embouchure de la Seudre et la presqu'île de La Tremblade qui délimitent une petite mer intérieure.

Plage de Gatseau
4 km au Sud-Ouest de St-Trojan. La route des préventoriums mène aux sables fins de Gatseau, une plage idéale pour la baignade. Au cours de la promenade ne manquez pas de jeter un œil sur la pointe d'Arvert, Ronce-les-Bains et le clocher de Marennes.

Pointe de Gatseau
À l'extrémité Sud de la Grande Plage, ce lieu isolé du trafic routier est l'un des plus beaux de la Côte Sauvage. On y accède par un petit **train touristique** au départ de St-Trojan. *Des vac. scol. de Pâques à fin oct. Se renseigner pour les horaires (Train du Soleil Couchant en juil.-août). 55F (enf. : 35F).* ☎ *05 46 76 01 26.*

*En route vers la pointe
du Gatseau grâce à ce
charmant petit tortillard
qui sillonne la pinède
jusqu'à la Grande Plage.*

circuit

LE TOUR DE L'ÎLE D'OUEST EN EST
Circuit de 85 km – compter une journée

St-Trojan-les-Bains⌂ *(voir ci-avant)*

Le Grand-Village-Plage
Les amateurs de sport, de détente et de culture seront comblés par cette station balnéaire pleine de charme.

La Maison paysanne de la Coiffe et du Costume – *De mi-juin à mi-sept. : visite guidée (1h) tlj sf dim. 10h-12h, 15h-19h ; d'avr. à mi-juin : tlj sf dim. 10h-12h, 15h-17h ; de mi-sept. à fin sept. et vac. scol. de fév. : tlj sf dim. 11h-12h, 14h-16h30. Fermé de fin sept. à déb. fév. (hors vac. scol. sf Noël). 30F.* ☎ *05 46 47 43 44.*
La reconstitution d'une ferme oléronaise des siècles passés fait revivre les traditions folkloriques de l'île. La maison d'habitation, à pièce et fenêtre uniques, renferme un mobilier complet, recréant l'atmosphère de la vie paysanne d'autrefois. Dans les dépendances – chai, écurie, hangars – est exposé le matériel rappelant les activités liées à la mer et à la culture de la vigne.

Le Port des Salines – *D'avr. à fin sept. : 10h-12h30, 14h30-18h30 (de mi-juin à mi-sept. : 9h30-12h30, 15h-19h). 30F.* ☎ *05 46 75 82 28.*
🅱 Ce site enclavé entre la route menant au pont-viaduc, les claires à huîtres et la forêt domaniale, permet de découvrir les anciens marais salants. On y part à pied

**ANCIENNES
« TENDANCES »**
Ne manquez pas en annexe du musée la petite maison de la **Coiffe et du Costume oléronais**★ qui présente le costume traditionnel (fête ou travail) porté dans l'île au siècle dernier.

sur deux circuits balisés. À l'entrée, des **cabanes ostréicoles** aux couleurs vives abritent des expositions (maquettes, vidéo) retraçant les activités pratiquées jusqu'alors dans l'île : histoire du sel en Saintonge, les écluses à poissons et l'ostréiculture. La fleur de sel, la salicorne et des produits à base d'algues sont en vente au grenier à sel. Chalutiers et bateaux ostréicoles mouillent dans les eaux d'un petit port qui donne accès à un chenal ceinturant le jas (vasière). On peut y découvrir la flore et la faune du marais lors d'une **promenade en barque**. Enfin, sur le quai des Hôtes, vous vous verrez proposer un choix de produits du terroir.

Rejoindre la route du viaduc. À Ors prendre la D 275.

Le Château-d'Oléron

Ancienne place forte du 17ᵉ s., le Château conserve les restes d'une citadelle construite à l'initiative de Richelieu. En 1666, la construction du port de Rochefort amena Louis XIV à créer une ceinture de feu pour protéger l'embouchure de la Charente. Fouras et l'île d'Aix furent alors fortifiés, la citadelle remaniée et renforcée. Sous la Révolution elle reçut de nombreux déportés laïques et religieux. La localité s'ordonne géométriquement autour d'une vaste place ornée d'une jolie fontaine Renaissance, soulignée par quatre colonnes torsadées. Le port s'enfonce dans la ville : on y découvre des barques se rendant sur les parcs à huîtres ou en revenant.

Suivre au Nord la « route des huîtres » qui longe la côte. ▶

LA RÉCOLTE DU SEL
Aménagée autour d'une « cabane à Sau » permettant de stocker 200 t de sel, une saline permet d'imaginer ce qu'était la récolte des cristaux blancs (le dernier saunier oléronais ayant cessé son activité en 1990).

« LA ROUTE DES HUÎTRES »
La petite route côtière des Allards, au Nord, dessert de multiples chenaux.

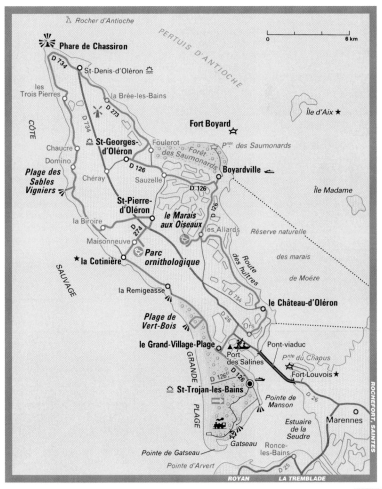

Le Marais aux oiseaux

♭ *Juil.-août. : 10h-20h ; avr.-juin et sept. : 10h-13h, 14h-19h ; oct.-mars : tlj sf sam. 14h-18h. Fermé 1ᵉʳ janv. et 25 déc. 25F (enf. : 12F).* ☎ *05 46 75 37 54.*

Ce **parc animalier** s'étend dans une réserve naturelle constituée pour l'essentiel d'anciens marais salants entourés de chênes. C'est un site d'hivernage et de nidification pour de nombreux oiseaux migrateurs : hérons, aigrettes, pélicans, bernaches évoluent dans de grands enclos, reconstitutions des milieux d'origine de ces oiseaux.

Revenir aux Allards et poursuivre sur la D 126.

Boyardville

Le nom de cette localité vient des cabanes des ouvriers qui y étaient installées pendant la construction du fort Boyard. Ancienne école de torpilleurs, Boyardville possède un petit port de plaisance.

Une route forestière mène à l'ancien fort des Saumonards, aujourd'hui terrain militaire. La plage de 8 km longe la dune des Saumonards couverte d'un petit bois de pins vallonné (450 ha), idéal pour des balades.

UN STUDIO EN MER
Au début des années 1990, des producteurs avisés ont transformé le fort (laissé à l'abandon) en une aire de jeux télévisés, lui donnant une renommée internationale. En saison, des promenades en mer permettent une approche du fort : peut-être apercevrez-vous l'auguste silhouette du Père Fouras...

Fort Boyard

◀ *On ne visite pas.* Cet étrange vaisseau de pierre à la carcasse ventrue, se dresse sur un bras de mer, au cœur même du Pertuis, face à l'île d'Oléron. Bâti pour garder l'embouchure de la Charente, le fort fut mis en chantier en 1804 et achevé en 1859 sous Napoléon III. Mais les progrès de l'artillerie, plus rapides que ceux de la construction, le rendirent inutile aussitôt achevé. En 1871, il devint la prison de bon nombre de communards avant leur jugement et leur déportation vers la Nouvelle-Calédonie.

Gagner St-Georges d'Oléron par la D126.

St-Georges-d'Oléron☺

L'église est un édifice roman des 11ᵉ et 12ᵉ s., restauré en 1618 puis en 1968, dont la façade est joliment décorée de motifs géométriques. L'arc du portail central a été refait au 13ᵉ s., de même que les voûtes gothiques de la nef. Sur la place, belle halle.

On rejoint le littoral du Nord-Est à la sortie du Foulerot. Prendre à gauche la route côtière (ponctuée de petites stations balnéaires) en direction de St-Denis d'Oléron

Phare de Chassiron

De mi-juin à mi-sept. : 10h-19h ; de déb. avr. à mi-juin : 10h-12h30, 14h-18h ; de mi-sept. à déb. avr. : 10h-12h30, 14h-17h. 10F. ☎ *05 46 75 18 62.*

Il vous faudra gravir 224 marches pour accéder au sommet. De là vous pourrez découvrir un vaste **panorama★** sur Oléron, le rocher d'Antioche, qui rappelle une ville engloutie, les îles d'Aix et de Ré, La Rochelle et La Pallice ; autour de la pointe se distinguent, à marée basse, les écluses à poissons.

Suivre la route côtière vers le Sud en direction de Chaucre, via les Trois-Pierres.

Au pied du phare, prenez une bonne inspiration avant d'entamer l'interminable montée.

Belle perspective sur le phare de Chassiron. Cet édifice noir et blanc construit en 1836 s'élève à 50 m de hauteur.

La route, qui se maintient sur les petites falaises marquant le début de la **Côte Sauvage**, est bientôt bordée par une plaine mise en valeur par des cultures maraîchères.

La Cotinière est un charmant port très animé, au centre de la Côte Sauvage.

Plage des Sables Vigniers
Au pied des dunes boisées, entre deux éperons rocheux, elle offre des vues sur la Côte Sauvage et un océan souvent houleux.

Poursuivre la route qui longe le côte. À La Biroire, tourner à gauche.

St-Pierre d'Oléron *(voir « séjourner »)*
Quitter St-Pierre d'Oléron par le Sud en empruntant la D 274.

Parc ornithologique de Maisonneuve
♿ *De 9h30 à la tombée du jour. 33F (enf. : 18F).* ☎ *05 46 47 10 32.*

📷 Environ 200 espèces d'oiseaux, arborant une multitude de couleurs, y sont présentées : loris de Nouvelle-Guinée à calotte noire, grues couronnées à huppe jaune, aras, toucans, etc.

La Cotinière★
Une trentaine de petits chalutiers sont basés au port. Ils pêchent surtout, en été, la crevette, grise ou rose (« bouquet d'Oléron ») ; soles, crabes, homards alimentent aussi les transactions qui ont lieu à la halle appelée ici **« la criée »**. *Tlj sf dim. à 6h et 16h. Fermé j. fériés. Gratuit.* ☎ *05 46 76 42 42.*

Une chapelle des Marins (1967) se dresse sur la dune dominant le port.

La route suit la Côte Sauvage à travers les dunes, passe par **La Remigeasse**, puis s'enfonce dans les bois de pins.

Plage de Vert-Bois
Une route à sens unique, décrivant une boucle à travers les dunes couvertes de pins et de joncs marins, permet d'atteindre la grève d'où se dégage une **vue**★ impressionnante sur l'océan qui déferle en puissants rouleaux, dès qu'il y a un peu de vent.

Poursuivre la route. Au delà du Grand-Village-Plage, la D 126 ramène à St-Trojan-les-Bains.

Zoo de **La Palmyre**★★★

Ce parc animalier de 14 ha, un des plus beaux de France, est installé dans le superbe cadre de la forêt et des dunes de La Palmyre. Les plus petits y seront ébahis par l'incroyable spectacle des perroquets dressés qui font du vélo !

La situation
Cartes Michelin n°s 71 pli 15 ou 233 pli 25 – Charente-Maritime (17).
Il est situé en plein cœur de la forêt de La Palmyre, à 15 km au Nord-Ouest de Royan. Quand vous arrivez à La Palmyre, par l'Est, vous tombez directement sur le zoo.

Le nom
Le coin n'est pas une palmeraie, bien que son nom le laisse supposer, il est plutôt ombragé de pins maritimes et de chênes, ce qui n'est pas mal non plus...

À l'entrée, vous êtes accueilli par des flamants roses qui barbotent au pied d'une cascade.

visiter

Le zoo
&. *Avr.-sept. : 9h-19h ; oct.-mars : 9h-12h, 14h-18h. 70F (enf. : 50F).* ☎ *08 36 68 18 48.*
Un itinéraire fléché sillonne environ 4 km dans le zoo. Le parcours est jalonné de panneaux expliquant le mode de vie et le caractère des différentes espèces. La visite parmi plus de 1 600 animaux de tous les continents est vraiment très attrayante. La forêt de pins, agrémentée de plans d'eau, possède un relief varié qui a été utilisé au mieux pour reconstituer le milieu naturel des animaux.

Les carnivores – Les prédateurs les plus redoutables (guépard, lion, loup, tigre de Sibérie) côtoient de plus doux mammifères (petit panda, suricate).

Les oiseaux – Les espèces les plus variées (autruche, cigogne, calao, goura) sont présentes sur le site. Découvrez aussi des oiseaux exotiques aux superbes plumages : perroquets, cacatoès, ibis rouges, aras hyacinthe bleu nuit munis d'un bec qui fait office de troisième pied !...

En contrebas du bassin des ours, une large vitre permet de voir avec quelle aisance nagent et jouent ces colosses de 450 kg.

Les ongulés – Les mastodontes (éléphant, hippopotame, rhinocéros) contrastent singulièrement avec les espèces plus agiles et rapides (blesbok, impala, zèbre).

Les ours – S'il est devenu commun de voir évoluer les loutres et les otaries, il n'en est pas de même pour les ours blancs. Le **bassin des ours** est une immense piscine (1 000 m³ d'eau) aménagée en banquise.

Les reptiles – Dans une atmosphère lourde et humide, un vivarium abrite des crocodiles du Nil, des pythons royaux, des tortues des Seychelles, etc.

LE ZOO EN CHIFFRES
250 t de fourrage, 180 t de fruits et légumes, 70 t de paille, 50 t de viande, 20 t de poissons et 7 000 l de lait sont consommés chaque année.

FAITES UN VŒU !
Des pièces de monnaie sont éparpillées autour des crocodiles du Nil. Explication : un dicton thaïlandais dit que tout argent jeté où se trouve un crocodile favorise la réalisation d'un vœu !

Les singes – Vous serez conquis par des tas de petits singes au regard pénétrant : tamarin lion doré, originaire du Brésil, au pelage flamboyant (orange vif) ; tamarin empereur, dont le mâle a de magnifiques moustaches blanches. Quelques centimètres de vitres séparent le visiteur des familles de gorilles d'Afrique, le plus imposant des singes et le plus drôle.

Les animations – Le zoo assure la reproduction d'espèces menacées d'extinction (éléphants, guépards, lycaons, etc.). Par ailleurs, les spectacles d'otaries actives et joueuses, de perroquets et de cacatoès (on verra ces derniers faire de la bicyclette, conduire des voitures ou évoluer sur des patins) raviront les enfants. Le repas des fauves reste un moment très impressionnant, tout comme l'est la nursery (le zoo assure la reproduction d'espèces menacées).

Parthenay★

Capitale de la Gâtine, Parthenay est un pôle pour le négoce des bestiaux, mais également une cité historique très attachante. Une promenade le long de la muraille de la citadelle surplombant la boucle du Thouet d'un côté, et les toits du Vieux Parthenay de l'autre, est des plus plaisantes. Du Pont-Neuf, la vue★ ramène neuf siècles en arrière, sur les traces des pèlerins de St-Jacques-de-Compostelle qui empruntaient la célèbre et remarquablement conservée rue de la Vau-St-Jacques.

La situation

Cartes Michelin nᵒˢ 67 pli 18 ou 232 pli 44 – Deux-Sèvres (79) – En arrivant, n'hésitez pas à gagner en voiture le centre historique, juché sur un promontoire. Vous trouverez deux parkings après avoir passé la porte de la citadelle.
🛈 *8 r. de la Vau-St-Jacques, 79200 Parthenay, ☎ 05 49 64 24 24. Site Internet www.district-parthenay.fr*

Le nom

Il vient de *Parthenus*, nom de deux saints romains du 3ᵉ s.

Les gens

10 809 Parthenaisiens. La fée-serpent **Mélusine** aurait présidé à la naissance de Parthenay. La seigneurie de Parthenay resta d'ailleurs dans sa lignée jusqu'au Moyen Âge, puisqu'elle appartenait aux Larchevêque, branche cadette de la famille des Lusignan, issue de Mélusine.

FLIP

Le Festival ludique international de Parthenay se tient tous les ans début juillet *(voir Renseignements pratiques)*. Un amusement garanti : du multimédia en passant par les jeux de société et les jeux de l'esprit...

---

carnet d'adresses

OÙ DORMIR

● *Une petite folie !*

Chambre d'hôte Château de Tennessus *– 79350 Amailloux – 9 km au NO de Parthenay, dir. Nantes par N 149 puis dir. Lageon par D127 – ☎ 05 49 95 50 60 – tennessus@wfi.fr – ✉ – 2 ch. : à partir de 625F.* Un magnifique château fort du 14ᵉ s., dans toute sa démesure ! Avec ses douves, son pont-levis, sa salle des gardes et ses escaliers à vis, c'est un modèle du genre. Vous dormirez dans une des immenses chambres médiévales superbement décorées de lits à baldaquins. Un gîte avec jardin.

OÙ SE RESTAURER

● *À bon compte*

La Truffade *– 14 pl. du 11-Novembre – ☎ 05 49 64 02 26 – fermé 3 sem. en automne, 3 sem. au printemps, mar. soir et mer. – 75/180F.* Une copieuse truffade, des tripous ou un bon jambon d'Auvergne vous tentent ? Arrêtez-vous ici : vous y goûterez une cuisine de là-bas, servie au milieu des photos du pays, des cloches de vaches et des fameux couteaux de Laguiole... Solide appétit de rigueur !

Cette ancienne « cité » des Larchevêque fut renforcée de murailles au 12ᵉ s. Les éclairages de nuit plongent à nouveau Parthenay dans l'Histoire.

comprendre

LE SAVIEZ-VOUS ?
Après leurs dévotions, les pèlerins se dispersaient dans les tavernes et se laissaient charmer par les gracieuses Parthenaisiennes qu'une chanson populaire a célébrées :
« À Parthenay, y avait Une tant belle fille... »

Les pèlerins de St-Jacques – Parthenay fut au Moyen Âge une étape importante sur la route de St-Jacques-de-Compostelle. Venue de Thouars, la troupe harassée de pèlerins s'arrêtait d'abord à la Maison-Dieu, dont la chapelle existe toujours *(route de Thouars),* et y déposait ses malades. Puis, franchissant le pont et la porte St-Jacques, elle se dispersait dans les auberges de la rue de la Vaux-St-Jacques. Venait ensuite la visite aux différents sanctuaires (au nombre de 16) tels N.-D.-de-la-Couldre et Ste-Croix.

se promener

LA VILLE MÉDIÉVALE
La promenade part du parking de l'hôtel de ville et dure environ 1 h.

PARTHENAY

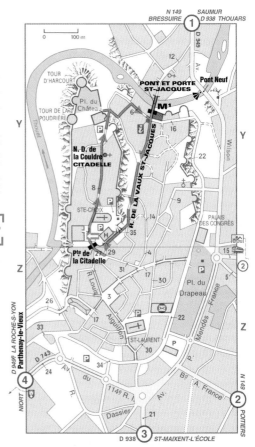

Citadelle

Pénétrez dans l'ancienne « cité » par la **porte de la Citadelle** (ou de l'Horloge), puissante construction gothique encadrée de tours à bec. Cette porte servit de beffroi au 15ᵉ s. : grosse cloche datant de 1454. Rencontrez ensuite l'église Ste-Croix (12ᵉ s.), puis l'**église N.-D.-de-la-Couldre**, dont il reste un beau portail roman poitevin. Vous arrivez à la vaste esplanade gazonnée où se trouvait le château dont il subsiste deux tours (tour de la Poudrière et tour d'Harcourt) : **vues** plongeantes sur la boucle du Thouet bordée de peupliers et sur le quartier de la Vau-St-Jacques.
Emprunter l'escalier qui descend vers St-Jacques et prendre la petite rue du château.

Pont et porte St-Jacques★

L'entrée en ville, côté Nord se faisait jadis par l'étroit pont St-Jacques qui remonte au 13ᵉ s. Un pont-levis unissait celui-ci à la porte St-Jacques, de même époque, qui a conservé ses hautes tours jumelles et son chemin de ronde sur mâchicoulis.

Rue de la Vau-St-Jacques★

Autrefois commerçante, elle s'inscrit entre la porte St-Jacques et la porte de la Citadelle. Son aspect moyenâgeux évoque le temps des pèlerins de St-Jacques. Les antiques maisons à pans de bois présentent par endroits de larges baies marquant l'emplacement des anciennes boutiques. Gravissant la côte du Vau-Vert, la rue longe à son extrémité l'enceinte de la Citadelle dont on distingue les tours arasées.

Un sentier pédestre aménagé au pied des remparts permet de regagner la porte de la Citadelle.

CONTEMPLEZ
De la terrasse près de l'hôtel de ville : la **vue ★** sur les toitures aux tuiles anciennes de la ville basse, et les trouées de verdure des jardins potagers ; à l'arrière-plan, le viaduc du chemin de fer. Du jardin près du commissariat de police, vue sur le Thouet et son pont du 16ᵉ s. Ces vallons offraient à Parthenay une protection naturelle. Au Moyen Âge, la ville était réputée imprenable.

visiter

Musée municipal Georges-Turpin

♿ *Juin-sept. : tlj sf mar. 10h-12h, 14h30-18h30, w.-end 14h30-18h30 ; de mi-avr. à fin mai : tlj sf mar. et sam. 10h-12h, 14h30-18h30, dim. 14h30-18h30 ; d'oct. à mi-avr. : lun.-ven. 10h-12h, 14h-18h. Fermé j. fériés. Gratuit. ☎ 05 49 64 53 73.*
Installé dans la **maison des Cultures de Pays** à l'architecture contemporaine, il comporte deux entrées : par la porte St-Jacques ou par le quai de la rive droite du Thouet *(parking)*.
À l'aide de maquettes animées, ce musée retrace l'histoire et l'évolution de Parthenay. De nombreuses vitrines (archéologie, collection numismatique, mobilier...) et des expositions temporaires vous permettront d'appréhender le passé de la Gâtine. Une salle est entièrement consacrée à la délicate **faïence de Parthenay** représentée par les œuvres (1882-1916) du tandem Jouneau-Amirault, rénovateurs de cet art du feu.

Le marché au bétail

5h-12h ; visite guidée mer. 7h45. S'adresser au marché de Parthenay. ☎ 05 49 94 03 44.
Il a lieu le mercredi matin dans le quartier de Bellevue *(derrière la gare)*. C'est le second de France pour les bovins de boucherie. Les éleveurs vendent également des moutons de bonne qualité. On peut y acheter des produits du terroir.

La faïence de Parthenay : encore confidentielle mais jusqu'à quand ?

alentours

Parthenay-le-Vieux

1,5 km à l'Ouest. Un clocher octogonal signale de loin l'église du prieuré de Parthenay-le-Vieux fondé par les moines de la Chaise-Dieu.
Église St-Pierre★ – Elle présente une façade romane poitevine, remarquable par sa symétrie, le portail et les deux arcatures aveugles, surmontés de trois baies, annonçant les trois vaisseaux intérieurs. L'intérieur, très

DÉTAILLEZ
La fée Mélusine figure à la voussure du portail. Aux tympans des arcatures latérales : Samson terrassant le lion et un cavalier couronné portant un faucon. Sous la corniche : têtes de félins, aux oreilles pointues.

homogène, comprend une nef à berceau légèrement brisé, qu'épaulent deux collatéraux en demi-berceau. À la croisée du transept, la coupole porte le clocher. De chaque côté du chœur, chapiteaux sculptés de lions et de chèvres.

circuit

LA VALLÉE DU THOUET★

Circuit de 80 km – environ une demi-journée

Cette vallée est bordée d'un paysage changeant parsemé de vieux moulins et d'antiques ponts, égayé de vaches et de moutons. Très prisé par les pêcheurs, le Thouet, aux eaux limpides, regorge de poissons.

Quitter Parthenay par l'Est en empruntant la N 149, direction Poitiers. Juste après le grand carrefour, prendre à gauche une petite route qui rejoint bientôt celle menant à La Peyratte.

La Peyratte

Ce village possède une croix hosannière près de l'église du 12ᵉ s. Au Nord, une petite route traversant un paysage bucolique donne accès au site de **la Forge à Fer**.

Quitter La Peyratte par l'Est en empruntant la D 165. Après 2 km, prendre à gauche la route menant à Lhoumois. À la sortie du village, prendre à gauche.

Gourgé

Implanté sur la rive gauche, ce village était un lieu d'étape sur la voie romaine Poitiers-Nantes. Par un **pont roman** franchissant le Thouet, on accède à l'**église** fortifiée des 10ᵉ et 12ᵉ s. qui abrite des blasons polychromes.

> **OÙ SE DÉTENDRE ?**
> En quittant Gourgé, la route longeant la rive droite du Thouet offre de belles vues sur la vallée et le **plan d'eau du Cébron**, une base de loisirs où l'on peut faire une pause détente.

St-Loup-Lamairé

Château de St-Loup – *Juil.-août : visite guidée (3/4h) 10h-19h ; mai-juin et sept. : 14h-19h ; nov.-mars : dim. et j. fériés 14h-19h. 45F (enf. : 35F).* ☎ 05 49 64 81 73.

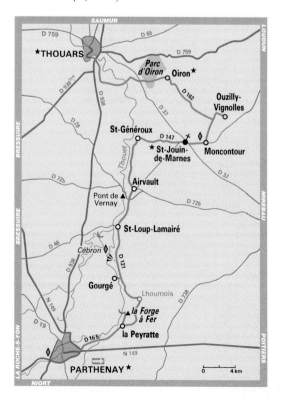

Le château de St-Loup, à l'ordonnancement classique, marque la prépondérance de la manière française sobre et raisonnée, en réponse à l'italianisme alors à la mode : c'est ainsi qu'on note l'absence des ordres antiques.

Son édification est due à Louis Gouffier *(voir Oiron)*, gouverneur du Poitou. Solitaire au milieu de ses douves, le bâtiment, en forme de H, comprend deux courtes ailes formant pavillons qui flanquent le corps principal. Au centre, une petite tour surmontée par un lanternon donne de la légèreté à la façade. Les combles, détachés les uns des autres et couverts de hauts toits à la française, sont typiques du style Henri IV-Louis XIII, qui s'affirme aussi dans l'appareil à chaînages de pierre. De la forteresse féodale, les Gouffier gardèrent le donjon, muni d'échauguettes d'angle.

Parc et jardins historiques★ – Quinze années seront ▶ nécessaires pour restaurer entièrement ce site de 50 ha. En 2002, le domaine devrait avoir retrouvé les jardins tels qu'ils existaient jusqu'à la Révolution, reconstitués grâce aux archives de 1745 conservées au château. Un canal bordé d'arbres conduit à un pavillon carré du 17e s. édifié sur une écluse. Le parc boisé complète la visite.

Grande-Rue – Maisons des 15e et 16e s. en brique et à pans de bois. Celles du 15e s. ont des baies à accolades, celles du 16e s. des ouvertures en anse de panier.

Quitter le village par le Nord en empruntant la D 121.

Airvault *(voir ce nom)*

Quitter Airvault par le Nord en poursuivant sur la D 121.

St-Généroux

Ce village porte le nom d'un moine de St-Jouin qui se retira dans les solitudes du bord du Thouet.

Dédiée à saint Généroux, l'église fut édifiée entre les 9e ▶ et 10e s. À l'intérieur, dans la nef couverte d'une charpente, on observera l'aspect primitif des piles carrées démunies de chapiteaux. Appréciez l'originalité des trois arcades surmontées d'arcatures qui précèdent le chœur : cette disposition très rare paraît d'origine berrichonne.

Remarquable ouvrage du 13e s., le **Vieux Pont** fut construit par les moines de l'abbaye voisine de St-Jouin-de-Marnes *(voir ce nom)*. Étroit, il compte cinq arches appareillées en belle pierre calcaire. Les piles sont pourvues d'éperons en amont et de contreforts (aménagés en refuge pour piétons) en aval.

Quitter St-Généroux par l'Est en empruntant la D 147.

Église de St-Jouin-de-Marnes★

Juil.-août : possibilité de visite guidée dim. ap.-midi. ☎ 05 49 67 40 20.

Extérieur – Cette ancienne abbatiale, construite de 1095 ▶ à 1130, relève de l'architecture romane poitevine la plus pure. Sa façade est flanquée de faisceaux de colonnes portant de part et d'autre un lanternon ajouré couvert d'écailles. Elle est ornée de voussures sculptées et d'un pignon triangulaire où l'on peut voir un Christ vers lequel s'avance la procession des élus.

OÙ FLÂNER ?
Un canal sépare les deux grandes parties des jardins : le potager à l'Ouest, le verger et l'Orangerie à l'Est. Parmi la trentaine de variétés de poires, notez les noms suggestifs de *Cuisse Madame* ou *Mouille Bouche* !

ART PRÉROMAN
À l'exception de sa façade, cette église est un bon exemple d'architecture préromane. Son plan comprend un simple vaisseau prolongé par trois absides juxtaposées, et son décor est limité à l'effet géométrique de la disposition des pierres.

À VOS JUMELLES !
Les portails, sans tympan, ont des voussures décorées de végétaux, masques, coquillages et de petites scènes évoquant les mois (portail central). Les baies sont encadrées de hauts-reliefs : animaux fantastiques, l'empereur Constantin à cheval, Annonciation, saints, Vertus et Vices.

L'église de St-Jouin-de-Marnes impressionne par son immensité ; elle s'étire sur quelque 71 m.

Intérieur – Il est poitevin par ses trois nefs, par les arcatures aveugles disposées autour du déambulatoire et dans le chœur entre les grandes arcades et les fenêtres hautes. Au 13ᵉ s. l'église fut dotée d'élégantes voûtes de type angevin dans la plus grande partie de la nef (restaurée au 19ᵉ s.), le chœur et le déambulatoire. De ravissantes statuettes, en cul-de-lampe, supportent les ogives des absidioles. Le chœur a conservé des stalles et un superbe lutrin du 17ᵉ s. Remarquez les sculptures des clés de voûte du chœur et du déambulatoire.

Quitter St-Jouin par le Sud en empruntant la D 37, puis à gauche la D 46.

Moncontour

Le village de Moncontour, que Du Guesclin reprit aux Anglais en 1372, est connu pour son massif **donjon** (12ᵉ s.) à contreforts, haut de 24 m ; les mâchicoulis rappellent une restauration du 15ᵉ s. C'est à la bataille de Moncontour (1569) que Coligny et l'armée protestante furent vaincus par le duc d'Anjou, futur Henri III.

De nombreuses manifestations sont organisées chaque été dans le cadre des Estivales de la Dive.

Quitter Moncontour par le Nord en empruntant la D 19.

Ouzilly-Vignolles

Autrefois entouré par des marais, ce village se distingue par ses constructions en terre.

Terra villa – ⚹ *Juin-sept. : tlj sf lun. 15h30-19h30 ; mars-mai : tlj sf lun. 14h30-18h30 ; d'oct. à mi-nov. : tlj sf lun. 14h-18h. Fermé de mi-nov. à mi-mars. 28F.* ☎ *05 49 22 61 61.*

Les maisons de terre de ce musée sont construites d'après d'ancestrales techniques de fabrication. Sans fondations, elles ont été édifiées suivant la méthode de la **bauge**, et sont typiques de l'adaptation aux conditions particulières des marais jadis inhospitaliers.

Revenir sur la D 19. À Sauzeau, prendre à droite la D 162.

> **Préparation**
>
> La bauge est un mélange de terre, de rouches, de granulats et d'eau. Maintenant que vous avez la recette, il est temps de passer à la pratique.

Oiron★ *(voir ce nom)*

À la sortie Ouest du village, la route traverse le **parc d'Oiron**.

Traverser la D 37, puis à Maranzais emprunter la D 172 en franchissant le Thouet.

Thouars★ *(voir ce nom)*

Quitter Thouars par la Sud en empruntant la D 938 qui ramène à Parthenay.

Poitiers★★

Authentique petite capitale, Poitiers réunit tous les avantages d'une grande ville tout en gardant des dimensions humaines. Des chemins pentus vous entraînent à la découverte d'une floraison d'églises romanes, véritable « éruption » engendrée par le Moyen Âge. Loin d'avoir un cœur de pierre, la ville séduit par sa jeunesse et par son dynamisme culturel. Dans les quartiers médiévaux du centre, il est bon de flâner dans les rues piétonnes et de se mettre à vivre au rythme des étudiants sur des places animées de terrasses de cafés.

La situation

Cartes Michelin n°s 68 plis 13, 14 ou 233 pli 8 – Vienne (86). La ville est perchée sur un promontoire isolé par le Clain et la Boivre. Pour entrer ou sortir de Poitiers, empruntez la rocade qui enserre le plateau et qui est reliée aux principaux axes de communication. Trois grands parkings sont indiqués dans le centre.

🛈 *place Ch.-de-Gaulle, 86000 Poitiers,* ☎ *05 49 41 21 24. Minitel 3615 Poitiers. Site Internet* www.mairie-poitiers.fr.

Le nom

L'origine du nom de Poitiers est gauloise. C'est le nom de son peuple, les *Pictones*.

Les gens

78 894 Poitevins. **Michel Foucault** (1926-1984) est né à Poitiers dans une famille de médecins, il y fait sa scolarité au lycée Henri-IV et au collège Saint-Stanislas. Ensuite il quittera la région, mais y reviendra tous les étés passer ses vacances familiales à Vendeuvre-du-Poitou, où sa mère possède une demeure. C'est là qu'il repose. Philosophe engagé et figure centrale de la vie intellectuelle française, il a publié entre autres *Histoire de la folie à l'âge classique* (1961), *Les mots et les choses* (1966), *Histoire de la sexualité* (1976 et 1984).

> **LES ÉTUDIANTS**
>
> Ils représentent 25 % de la population de Poitiers. Sous la Renaissance, l'université, fondée en 1431, compte déjà maints « pisseurs d'encre » : Rabelais, Calvin, les écrivains de la Pléiade (Jacques Pelletier, Du Bellay et Baïf), sans oublier Descartes au 17e s.

comprendre

L'aube du christianisme – Aux 3e et 4e s., **saint Hilaire,** premier grand évêque de Poitiers (mort en 368) et docteur de l'Église, fait de la ville le centre du christianisme en Gaule. Il a pour disciple le futur saint Martin qui s'installe à Ligugé, à proximité de Poitiers, avant de devenir évêque de Tours. Poitiers compte alors une très importante communauté chrétienne et le baptistère St-Jean est déjà bâti. C'est probablement le plus vieux sanctuaire chrétien de France. Une superbe église de Poitiers bâtie sur la sépulture de saint Hilaire porte son nom. L'église poitevine va demeurer un centre religieux important grâce notamment à l'arrivée de **sainte Radegonde,** épouse de Clotaire Ier, qui se réfugie à Poitiers en 559 et y fonde le monastère Ste-Croix.

Charles Martel et les Arabes : 732 – Maîtres de l'Espagne, les arabes envahissent la Gaule par le Sud. Tenus une première fois en échec par Eudes, duc d'Aquitaine, ils l'écrasent près de Bordeaux et continuent leur avancée vers le centre du pays. Ils attaquent Poitiers et brûlent l'église St-Hilaire. C'est alors que Charles Martel et ses troupes venues à la rescousse, les affrontèrent victorieusement. L'armée musulmane se repliera petit à petit et quittera l'Aquitaine.

> **À RETENIR**
>
> En 732, Charles Martel, maire du palais mérovingien, va repousser les Sarrasins à Moussais, près du Vieux-Poitiers.

Les comtes du Poitou – Après l'arrivée de Charlemagne, la ville tombe dans le giron des ducs d'Aquitaine. Elle sera marquée par la personnalité de Guillaume IX (1071-1126), le premier troubadour. C'est à la grande époque du pèlerinage de St-Jacques-de-Compostelle (11e-12e s.) que la ville se couvre d'églises romanes.

carnet pratique

OÙ DORMIR

• Valeur sûre

Chambre d'hôte Château de Vaumoret – *R. du Breuil Mingot – 86360 Montamisé – 10 km au NE de Poitiers dir. la Roche-Posay, puis Sèvres Anxaumont par D 18* – ☎ 05 49 61 32 11 – ⊠ – 3 ch. : 300/430F. À quelques kilomètres de Poitiers seulement, vous voilà en pleine campagne ! Tranquillité assurée dans le parc de 15 ha qui entoure ce ravissant petit château du 17e s. et repos garanti dans ses chambres claires, joliment meublées à l'ancienne... Parfait pour déstresser.

Hôtel Château de Périgny – *86190 Vouillé – 17 km au NO de Poitiers par N 149, puis rte secondaire* – ☎ 05 49 51 80 43 – 38 ch. : 420/860F – ⊑ 75F – restaurant 155/270F. Au beau milieu d'un parc, ce château du 15e s. saura à coup sûr satisfaire vos envies de tranquillité. Préférez les chambres du troisième étage : sous une belle charpente de bois, elles sont plus vastes. Celles de l'annexe sont plus fonctionnelles. Cuisine au goût du jour.

Hôtel Gibautel – *Rte de Nouaillé* – ☎ 05 49 46 16 16 – 🅿 – 36 ch. : 250/310F – ⊑ 35F. Une adresse sans histoire en périphérie de la ville. En face d'une clinique, cet hôtel moderne répond parfaitement aux besoins d'une clientèle de passage, avec ses petites chambres sobres, pratiques et bien équipées...

OÙ SE RESTAURER

• À bon compte

La Table du Sommelier – *19 r. Arthur-Ranc* – ☎ 05 49 41 16 33 – *fermé 15 au 31 août, sam. midi, lun. soir et dim.* – 70F. En face de la poste, ce restaurant, bien connu des Poitevins, sert têtes de veau, farcis poitevins et cuisine du marché. Le patron, passionné de jazz comme en témoignent les pochettes de disques aux murs, organise des soirées musicales une ou deux fois par mois...

Le Cheval Blanc – *86190 Vouillé – 18 km au NO de Poitiers par N 149* – ☎ 05 49 51 81 46 – 75/220F. Au bord de la rivière, dans un village au cœur de la campagne poitevine, ce restaurant accueille ses convives dans deux salles à manger entièrement rénovées aux tables bien espacées. Au fond, une belle cheminée dispense sa douce chaleur aux premiers frimas.

Le St-Hilaire – *65 r. T.-Renaudot* – ☎ 05 49 41 15 45 – *fermé 1er au 10 janv., lun. midi et dim.* – 99/280F. Quelle surprise

Café en terrasse rue du Marché Notre-Dame.

de trouver dans cet immeuble moderne une salle voûtée du 12e s., avec ses piliers massifs et ses gros murs de pierre. La décoration médiévale accentue le pittoresque de cet endroit qui fut une chantrerie au Moyen Âge. Plusieurs menus à prix raisonnable.

• Valeur sûre

Les Bons Enfants – *11 bis r. Cloche-Perse* – ☎ 05 49 41 49 82 – *fermé 1er au 15 août, 25 déc au 1er janv., dim. soir et lundi* – ⊠ – 112/145F. Dans le quartier des écoles, ce petit restaurant à la façade verte est décoré d'une grande toile représentant un groupe d'écoliers de la fin du 19e s. On s'y sert les coudes pour déguster, entre autres, ses spécialités poitevines, servies dans une ambiance bon enfant.

Le Chalet de Venise – *Au village – 86280 St-Benoît – 4 km au S de Poitiers par D 88* – ☎ 05 49 88 45 07 – *fermé 23 au 30 août, vac. scol. de fév., dim. soir et lun.* – 175/295F. Il faut sortir de Poitiers pour trouver cette jolie maison dans son écrin de verdure. Dès les premiers jours de soleil, vous passerez un délicieux moment sur sa terrasse, en profitant de la quiétude de son jardin traversé par un cours d'eau. Cadre cosy en hiver et chambres agréables.

La Chênaie – *6 km au S de Poitiers par N 10, sortie Hauts-de-Croutelle* – ☎ 05 49 57 11 52 – *fermé 24 au 30 janv., dim. soir et lun. sf j. fériés* – 125/220F. Séparée de la route par un jardin, cette ancienne ferme tenue par un jeune couple sympathique a été joliment aménagée. La salle à manger avec sa belle charpente, ses murs jaunes et ses tables élégantes, est très agréable. Cuisine soignée, servie en terrasse l'été.

OÙ SORTIR

Buck Mulligan's Irish Pub – *5 r. du Chaudron-d'Or* – ☎ 05 49 30 11 48 – *lun.-ven. 12h-2h, sam.-dim. 14h-2h.* Un vrai pub irlandais au décor sombre avec de vrais Irlandais au comptoir qui trinquent à la mémoire du personnage de James Joyce, Buck Mulligan. Tout en goûtant les spécialités du cru, dont l'inévitable Guinness (saviez-vous qu'en Irlande cette bière riche en fer est recommandée aux femmes enceintes ?), vous pourrez assister à de nombreux concerts et participer à deux quizz par mois.

Chez Cul de Paille – *3 r. T.-Renaudot* – ☎ 05 49 41 07 35 – *lun.-sam. 9h-23h fermé août.* Un bref instant, on croit être le premier client à découvrir cette auberge pavée, avec ses tabourets de paille et ses tables au vernis usé, mais en jetant distraitement un coup d'œil sur les graffitis qui couvrent les vieux murs ocre, on découvre un florilège de signatures, comme celles d'Arletty, de Brel et de Coluche...

Le Pince-Oreille – *11 r. des Trois-Rois* – ☎ 05 49 60 25 99 – *mar.-jeu. 17h-2h, ven. 17h-3h, sam. 21h-3h, dim. 21h-2h.* Dans le décor changeant de ce café-concert survitaminé (transformé en plage de sable lors de notre passage), les musiques se suivent et ne se ressemblent pas. Vingt spectacles (concerts de jazz et de blues et pièces de théâtre) par mois et 40 cocktails pour se remettre de tant d'émotions !

Maison de L'Île Jouteau – *5 chemin du Tison* – ☎ *05 49 60 06 33 – mar.-dim. 12h-22h30, jusqu'à 0h les soirs d'animation – guinguette ts les dim. 14h-19h.* Sur une île de verdure, cette charmante maison est tenue par une association d'insertion professionnelle qui déborde d'idées originales pour faire revivre le Poitiers-plage des années 1950. Au programme des réjouissances : promenades en barque, bac à chaîne, mini-golf, guinguette, concerts...

SPECTACLES

Le Confort Moderne – *185 r. du Fg-du-Pont-Neuf* – ☎ *05 49 46 08 08 – site Internet : www.confort-moderne.fr – ouv. selon le calendrier des manifestations 18h-2h – fermé juil. à sept.* Ni ode aux Trente Glorieuses, ni marchand d'appareils électroménagers, cette association se voue tout entière à la promotion des musiques actuelles et de l'art contemporain. L'équipe organise des concerts (des Négresses Vertes à Maceo Parker), des expos (Arman, Ben, César) et des manifestations impertinentes et originales. Unique en Europe, la fanzinothèque regroupe quelque 7 000 fanzines, bédézines ou graphzines à consulter sur place ou à emprunter. Bar pendant les concerts.

Le Théâtre – *1 pl. du Mar.-Leclerc* – ☎ *05 49 41 28 33* – Le théâtre accueille aussi danse, musique et chanson.

Le Carré Bleu – *1bis r. de Nimègue* – ☎ *05 49 45 88 78* – Le Carré bleu est fréquenté par les amateurs de jazz.

SE DÉPLACER

Bus – Ils desservent Poitiers et son district. La STP (av. de Northampton, ☎ 05 49 44 77 00) a commencé à s'équiper de bus au gaz. De la gare, plusieurs lignes montent vers le centre (arrêt « hôtel de ville »).

Parkings – De Gaulle (Notre-Dame-la-Grande), Carnot (hôtel de ville) et Rivaud (Blossac) sont les principales aires de stationnement payantes du centre-ville.

Piétons – De la place Charles-de-Gaulle partent trois circuits piétons identifiables par un marquage au sol : le jaune sillonne le Nord de la cité, le bleu descend vers le Clain et le rouge part vers l'église St-Hilaire-le-Grand. Les circuits sont jalonnés de plaques explicatives.

ACHATS

Artisans – La Grand-Rue abrite trois boutiques dont les devantures d'antan exposent le savoir-faire d'artisans chevronnés : au n° 113, ciergerie fondée en 1735, François Guédon (☎ *05 49 41 07 43)*; au n° 137, création de **parapluies**, François Frères (☎ *05 49 41 18 77)*; au n° 151, vente et restauration de **poupées anciennes**, La Maison de la Poupée (☎ *05 49 88 17 08)*.

Commerces – Au cœur de la cité, de nombreuses rues piétonnes s'étirent de l'hôtel de ville à l'église Notre-Dame-la-Grande. **Le Printemps** *(pl. du Mar.-Leclerc)* et **Monoprix** *(1 r. des Cordeliers)* constituent les deux plus grandes vitrines du centre-ville.

Marché – Au pied de N.-D.-la-Grande, du lundi au samedi.

Spécialités – Macarons de Montmorillon, gâteaux macaronés et croquets aux amandes chez **Rannou-Métivier** *(30 r. des Cordeliers,* ☎ *05 49 30 30 10)*; les Romanes de Poitiers chez **Tissier** (20 r. des Cordeliers, ☎ 05 49 41 01 62) ; le broyé du Poitou.

Douceurs – les Chardons du Poitou (pâte d'amande, kirsch, noisettes), les Nougatines du Poitou (amandes grillées), le Mouton du Poitou (noix et pâte d'amande pistache), le St-Hilaire (praliné) chez Rannou-Métivier.

S'INFORMER

Presse – *La Nouvelle République* et *Centre Presse* (quotidiens), *Le Picton* (bimestriel) et *Poitou Magazine* (trimestriel) se partagent l'information de la vie locale et régionale.

Radios FM – Chérie FM (93.3), Delta FM (90,2), Nostalgie (101.5), Pulsar (95.9), Radio Forum (91.7) alternent musique et informations pratiques.

SE DIVERTIR

Douceurs – Un long couloir, débouchant sur une cour fleurie, conduit au **Jasmin Citronnelle** (32, rue Gambetta, ☎ 05 49 41 37 26) qui présente des pâtisseries originales et une large variété de thés. Un salon de thé plus classique est installé à l'étage de la **pâtisserie Bajard** (8 rue Carnot, ☎ 05 49 41 22 49).

SPORTS

Outre la natation (4 piscines) et le tennis (15 courts), Poitiers offre la possibilité de pratiquer des loisirs plus surprenants : le canoë-kayak sur la base de St-Benoît, le roller sur l'aire de Rébeilleau et l'escalade sur les rochers de Beauvoir à Pouzioux (5 km à l'Ouest de la cité).

Très récemment, Poitiers et ses communes limitrophes (le district de Poitiers) ont créé des circuits VTT ville-nature et des circuits de randonnée pédestre avec de très nombreux points de départ. Le long des circuits balisés, des plaques explicatives permettent d'identifier les différentes espèces d'arbres rencontrés.

MANIFESTATIONS

La médiathèque François-Mitterrand – *4 r. de l'Université – BP 619 – 86022 Poitiers Cedex –* ☎ *05 49 52 31 51.*

Partenaire de l'accueil d'écrivains en résidence ou du prix du roman historique, elle joue un rôle primordial dans la vie culturelle de la cité.

Le Festival du court-métrage Henri Langlois – *1 pl. de la Cathédrale – 86000 Poitiers –* ☎ *05 49 41 80 00.*

Il a été créé en 1977 par le fondateur de la cinémathèque française, qui, mort la même année, lui laissa son nom. Sa programmation internationale est constituée de films d'études d'écoles de cinéma, et représente une formidable fenêtre sur le monde. À partir de l'an 2000, il se tiendra en mars.

L'été des orgues à Poitiers – *Informations à l'Office de tourisme.*

Cinq églises de la ville abritant des orgues de différentes sonorités organisent des concerts gratuits pendant l'été.

LE RÉVEIL
Après la Seconde Guerre mondiale, sous l'impulsion d'une population rajeunie, Poitiers connaît un dynamisme nouveau et se pose en capitale régionale du Poitou-Charentes en 1961. Au cours des dernières décennies, Poitiers se modernise, profitant de la proximité du Futuroscope et de la desserte du TGV Atlantique.

La cour de Jean de Berry – Passée sous la domination anglaise par deux fois, au 12ᵉ s., sous Henri Plantagenêt et Aliénor d'Aquitaine, puis au 14ᵉ s. après la bataille de Poitiers de 1356 *(voir Nouaillé-Maupertuis)*, la ville, grâce à Du Guesclin, est rendue à la couronne, en la personne du frère de Charles V : Jean, duc de Berry et d'Auvergne, comte du Poitou. Le gouvernement de ce dernier (1369-1416) donne à Poitiers un essor rapide.

Un sommeil de quatre siècles – Les guerres de Religion apportent destruction et misère à Poitiers qui par deux fois subit les rigueurs d'un siège. Dès lors s'amorce la décadence de la ville. En dépit des efforts de l'intendant, le comte de Blossac, cette somnolence se confirme au-delà de la Révolution.

découvrir

ÉGLISE N.-D.-LA-GRANDE★★

Elle se dresse sur la place Charles-de-Gaulle, dans le cadre charmant d'un petit marché. L'église tiendrait son nom de l'église Ste-Marie-Majeure de Rome. Longue de 57 m pour 13 m de largeur et 16,60 m de hauteur. L'œil est immédiatement attiré par sa **façade** qui a récemment fait l'objet d'une longue et admirable restauration (1992-1995). Imaginez que pendant les travaux, 300 000 privilégiés ont eu la possibilité de monter sur les échafaudages pour voir les sculptures de très près !

Façade★★★ (12ᵉ s.)

Caractéristique de l'architecture romane poitevine, bien qu'influencée par l'art de Saintonge, elle présente un décor sculpté animé d'une vie intense et variant suivant les heures du jour. Il faut la lire de gauche à droite et de bas en haut.

À l'étage inférieur apparaît un portail à quatre voussures, encadré de deux arcades en arc brisé montrant à l'intérieur des arcatures jumelles. Au-dessus des arcs, des bas-reliefs figurent : Adam et Ève ; Nabuchodonosor sur son trône ; les 4 prophètes, Moïse, Jérémie, Isaïe et Daniel ; l'Annonciation ; l'Arbre de Jessé ; à droite, la Visitation, la Nativité, le bain de l'Enfant Jésus et la méditation de saint Joseph. Au-dessus du portail s'inscrit une baie, encadrée d'une double rangée d'arcatures, entre lesquelles se situent les apôtres et, aux deux extrémités, les effigies présumées de saint Hilaire et de saint Martin. Les voussures des arcades et arcatures sont ornées d'un décor végétal et d'un bestiaire fantastique, traités avec virtuosité. Le pignon présente, dans une gloire en amande, un Christ en majesté entouré des symboles des Évangélistes et surmonté d'une palme de lumière (le soleil) et d'un croissant (la lune), symboles d'éternité à l'époque romane. La façade est flanquée de part et d'autre d'un faisceau de colonnes supportant un lanternon ajouré, aux corniches droites ou en arcatures, coiffé d'un toit en écailles en forme de pomme de pin.

L'église Notre-Dame-la-Grande témoigne de la perfection de l'art roman, par son architecture harmonieuse, aux lignes équilibrées.

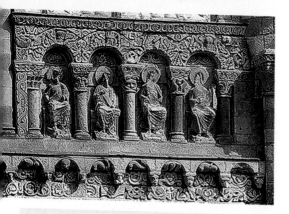

Des jeux d'éclairage au laser, signés du créateur Skertzò, sont là pour nous rappeler qu'au Moyen Âge la façade de Notre-Dame-la-Grande était parée de couleurs.

DES COULEURS DANS LA NUIT

Pendant les mois d'été, une foule attentive remplit le parvis de l'église Notre-Dame-la-Grande pour assister, pendant un quart d'heure, à la montée en lumière (progressive) de polychromies sur la façade restaurée. Il existe 14 versions différentes, dont deux « archéologiques », ainsi vous avez de bonnes raisons pour revenir le lendemain admirer ce spectacle grandiose. Du 21 juin au 31 août à 22h30 et du 1er au 20 septembre à 21h30.

Flanc gauche

Sur le côté gauche de l'édifice ont été ajoutées des chapelles du 15e s. contre le chœur et du 16e s. le long du collatéral. Attardez-vous aussi sur la silhouette originale du clocher datant du 12e s. : sa tourelle ajourée est coiffée d'un toit conique à écailles en forme de pomme de pin.

Intérieur

De type poitevin mais dépourvu de transept, il fut repeint en 1851 dans un style chargé. La nef, voûtée en berceau, est encadrée de bas-côtés voûtés d'arêtes. Dans le chœur, on verra un lutrin de cuivre du 17e s. Les six puissantes colonnes rondes qui forment l'hémicycle du chœur portent la voûte en cul-de-four décorée d'une fresque du 12e s. représentant la Vierge en majesté et le Christ en gloire. À droite du déambulatoire, l'absidiole primitive a été remplacée par une chapelle (aujourd'hui chapelle Ste-Anne) fondée en 1475 par Yvon du Fou, sénéchal du Poitou, dont on voit les armes au-dessus du bel enfeu flamboyant qui abritait sa sépulture. À sa place, une Mise au tombeau du 16e s., en pierre polychrome, venant de l'abbaye de la Trinité de Poitiers, et œuvre d'artistes italiens.

> ### MYSTÈRE
> La statue de Notre-Dame des Clefs (16e s.), derrière le maître-autel, symbolise un miracle qui se déroula en 1202. Un traître allait remettre les clefs de la ville aux Anglais, lorsqu'elles lui furent mystérieusement subtilisées.

se promener

Étant donné la configuration de la ville, la mairie a pris l'initiative de tracer trois circuits de couleurs qui courent sur le sol depuis l'église N.-D.-la-Grande. Quant à nous, nous vous proposons deux promenades assez courtes, et trois visites longues (voir « visiter »), qui recoupent parfois les traits, pour vous éviter de vous perdre !

① LE CENTRE MONUMENTAL

En partant de l'église N.-D.-la-Grande (place Charles-de-Gaulle), prendre la rue de la Regratterie puis tournez à gauche dans la rue du Palais.

Palais de Justice

Tlj sf w.-end 9h-18h. Fermé j. fériés. Gratuit. ☎ *05 49 50 22 00.*

La façade, d'époque Restauration, masque la grande salle et le donjon de l'ancien palais ducal, rares témoignages de l'architecture civile urbaine au Moyen Âge.

ÉLUE

Dans ce palais, en 1429, **Jeanne d'Arc** subit un interrogatoire devant une commission du Parlement : elle fut reconnue investie d'une mission providentielle.

Grande salle★ – Vaste nef, longue de 47 m et large de 17, elle était réservée aux audiences solennelles, aux grands procès, aux réunions des États provinciaux ; le Parlement y siégea sous Charles VII, et Jacques Cœur y fit amende honorable après le jugement prononcé contre lui par la juridiction d'exception chargée de le condamner.

Son édification fut menée à bien sous les Plantagenêts, à la fin du 12ᵉ s., mais le mur-pignon a été refait, sous la direction de Gui de Dammartin, pour Jean de Berry. Ce mur est remarquable par ses trois cheminées monumentales que surmontent un balcon et un fenestrage flamboyants. Tout en haut, quatre admirables statues représentent, de gauche à droite, Jean de Berry, son neveu Charles VI, Isabeau de Bavière et Jeanne de Boulogne, épouse de Jean.

Tour Maubergeon – Ce donjon *(visible depuis la rue des Cordeliers)*, remonte au début du 12ᵉ s. et a été aménagé en appartement pour Jean de Berry. La façade est ornée de statues. Dans le square attenant, vestiges de la muraille gallo-romaine.

En venant du palais de justice, prendre la rue Gambetta, puis à gauche la rue Paul-Guillon.

Hôtel de l'Échevinage

Au n° 7, cet ancien hôtel de ville bâti au 15ᵉ s. abrita d'abord les « Grandes Écoles » de l'université, puis l'échevinage (tribunal municipal du Moyen Âge à la Révolution).

Reprendre la rue Gambetta.

POUR LES CURIEUX

C'est là que plusieurs de nos écrivains du 16ᵉ s. ont usé leurs culottes sur les bancs de l'université.

Église St-Porchaire

De l'église bâtie au 11ᵉ s., seul subsiste le clocher-porche. Trois étages d'arcatures et baies se superposent au-dessus d'un grand arc en plein cintre servant d'entrée et orné de chapiteaux romans. Le clocher abrite la cloche de l'université, fondue en 1451, et jadis utilisée pour annoncer l'ouverture des cours. Derrière le clocher, église à deux nefs reconstruite au 16ᵉ s.

Poursuivre la promenade au-delà de l'hôtel de ville jusqu'à l'angle de la rue Louis-Renard et de la rue du Puygarreau.

Hôtel Jean-Beaucé

Cet édifice Renaissance se distingue par l'originalité de certains éléments : la lanterne coiffée d'une coupole à droite, et au centre la tourelle d'escalier aux ouvertures obliques. À l'angle gauche, les petites baies juxtaposées permettaient d'observer ce qui se passait de chaque côté, sans recourir à l'échauguette traditionnelle.

Les rues du Puygarreau et du Marché Notre-Dame ramènent à la place Charles-de-Gaulle.

Le clocher-porche de l'église St-Porchaire est coiffé d'un toit pyramidal à quatre pans.

② LES 3 QUARTIERS

La promenade dans ce quartier est très sympathique et quelque peu sportive : après la descente, il faudra remonter ! En partant de la place Charles-de-Gaulle, prendre la rue de l'Université et longer la médiathèque.

La médiathèque

Mar. et jeu. 11h-22h, mer. et ven. 11h-18h, sam. 11h-17h (été : se renseigner). Fermé j. fériés. ☎ 05 49 52 31 51.

Conçue par des architectes français, Sylvain Giacomazzi, Laurent et Hervé Beaudoin, elle constitue l'un des plus beaux bâtiments modernes de Poitiers. Une modernité héritée de Le Corbusier qui s'inscrit à merveille au cœur du patrimoine historique de la cité. Chaque façade est conçue dans son rapport à la lumière : d'épais brise-soleil en verre sur la façade Est, un mur rideau en béton troué d'une baie rectangulaire au Nord et des formes saillantes en béton moulé à l'Ouest, alcôves acoustiques de la salle de l'audiovisuel. Entrez pour découvrir l'agencement intérieur. Plusieurs puits de lumière sont aménagés et une rampe douce relie les espaces entre eux.

CULTURE

Ouverte au public depuis 1996, la médiathèque est dotée d'outils de communications sophistiqués, et abrite notamment un précieux fonds médiéval au sein d'un pôle associé à la Bibliothèque de France.

Descendre à droite la rue Cloche-Perse jusqu'à la place de La liberté puis la rue Pierre-Rat.

Vous passerez à proximité du conservatoire de région d'où s'échapperont peut-être quelques sons cacophoniques.

Église de Montierneuf

L'église du « moutier neuf » dépendait d'une abbaye clunisienne dont les bâtiments conventuels, reconstruits au 17ᵉ s., subsistent encore, quelque peu modifiés. Le sanctuaire proprement dit remonte au 11ᵉ s., mais a été complètement remanié aux époques gothique et classique. L'imposant portail de l'abbaye donne accès à l'ancienne cour abbatiale à l'extrémité de laquelle s'élève la façade de l'église, refaite au 17ᵉ s.

Longer le flanc gauche de l'église pour gagner le jardin situé à l'arrière de l'abside.

La partie basse, romane, a des chapelles orientées au transept et des chapelles rayonnantes au chevet. Elle contraste avec la partie haute de style gothique, épaulée par de légers arcs-boutants qui lui confèrent une grâce surprenante.

POITIERS

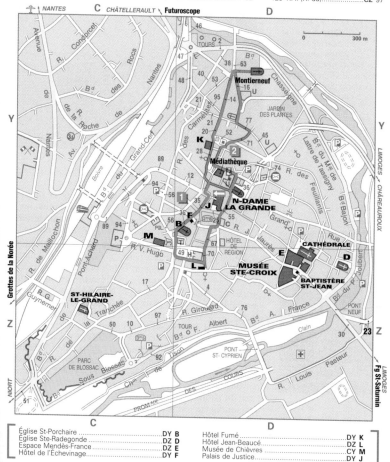

Dans la cour de l'hôtel de Fumé, admirez les colonnes torsadées qui ornent la galerie.

Remonter par la rue Jean-Bouchet et la rue de la Chaîne qui devient rue René-Descartes.

Goûtez à l'ambiance légère de ce quartier de musiciens.

Hôtel Fumé

Arrêtez-vous au n° 8 de la rue Descartes. Il est occupé par plusieurs départements de l'université (histoire, histoire de l'art, psychologie, philosophie, musicologie et sociologie). Sa façade du début du 16e s., récemment restaurée, se pare de lucarnes flamboyantes. La cour, avec sa tourelle d'escalier, sa **galerie** et son grand balcon en encorbellement, est très harmonieuse.

Rejoindre la place Charles-de-Gaulle par la place Charles-VII et la rue de la Regratterie.

visiter

LE QUARTIER ÉPISCOPAL

Cathédrale St-Pierre★

Commencée à la fin du 12e s. et presque achevée à la fin du 14e s., date de sa consécration, St-Pierre surprend par l'ampleur de ses dimensions.

Extérieur – Sa large façade, ornée d'une rosace et de trois portails du 13e s., est flanquée de deux tours dissymétriques ; celle de gauche conserve, sur un support de colonnettes engagées, un étage octogonal surmonté d'une balustrade.

Les sculptures des tympans des trois portails : à gauche la Dormition et le Couronnement de la Vierge ; au centre le Jugement dernier, au-dessus, le Christ en gloire célébré par les anges ; à droite, la vie de saint Thomas, patron des tailleurs de pierre, avec l'édification miraculeuse d'un « palais mystique » pour le roi des Indes.

Contourner l'édifice par la gauche jusqu'à la rue Arthur-de-la-Mauvinière.

Notez au passage l'absence d'arcs-boutants et la puissance des contreforts ; retournez-vous pour apprécier la muraille vertigineuse du **chevet** (49 m de haut), uniformément plat et mis en valeur par la déclivité du sol.

Intérieur – Dès l'entrée s'impose la puissance architecturale du large vaisseau divisé en trois nefs de hauteur presque égale ; l'impression d'une perspective fuyante vers le chevet est accentuée par le rétrécissement progressif de la largeur des nefs et l'abaissement de la voûte centrale à partir du chœur. Vingt-quatre voûtes ogivales bombées, dénotant l'influence du style Plantagenêt, coiffent les huit travées de chaque nef ; le chevet, plat à l'extérieur, est creusé de trois absidioles ; une coursière, supportée par une corniche, ornée de plaisants modillons historiés, règne sur le pourtour des murs décorés d'arcatures aveugles. La cathédrale est éclairée par des verrières en partie anciennes. Au chevet, dans l'axe du chœur, Crucifixion de la fin du 12e s., au centre de laquelle rayonne un Christ en croix entouré de la Vierge et de saint Jean ; de part et d'autre s'inscrivent : au-dessous, la Crucifixion de saint Pierre et la Décollation de saint Paul, au-dessus, les apôtres aux visages levés vers le Christ en gloire, figuré dans une mandorle.

Les orgues du 18e s., œuvre de F. H. Clicquot sont placées au revers de la façade, sur une tribune-coquille en anse de panier.

Pendant les mois d'été, les fresques romanes qui ornent les murs intérieurs du baptistère sont projetées (en boucle) sur l'extérieur de l'édifice. Effets signés Skertzò.

Dans le chœur, les **stalles★** du 13e s. (sièges réservés au clergé) passent pour être les plus vieilles de France. Sur leurs dosserets, les écoinçons sculptés évoquent la Vierge et l'Enfant, des anges porteurs de couronnes, l'architecte au travail.

Derrière la cathédrale, emprunter la rue Ste-Radegonde puis la rue Arthur-de-la-Mauvinière.

Église Ste-Radegonde★

Cette ancienne collégiale fut fondée vers 552 par Radegonde pour servir de sépulture à ses moniales de l'abbaye Ste-Croix. Elle se caractérise par une abside et un clocher-porche romans que relie une nef de style gothique angevin. Notez l'enclos ceint de bancs de pierre où se rendait la justice ecclésiastique.

Du petit jardin à l'Est de l'église, on a une vue agréable sur le **chevet** et sur les lignes harmonieuses de l'ensemble.

Baptistère St-Jean★

Juil.-août : mar., dim., j. fériés 10h-12h30, 14h-18h ; avr.-juin et sept.-oct. : 10h30-12h30, 15h-18h ; nov.-mars : tlj sf mar. 14h30-16h30. Fermé 1er mai. 4F. ☎ 05 49 52 54 65.

Édifié au milieu du 4e s., ce baptistère est le plus ancien témoignage de l'architecture chrétienne en France. Il est enterré de 4 m, à la suite de l'éboulement progressif des sols et des remblais effectués au 18e s. ; un aménagement récent l'éloigne de la circulation automobile et l'entoure d'un espace vert.

À l'origine, il comprenait deux salles rectangulaires, la salle baptismale et le narthex, que précédait un couloir d'entrée encadré de deux vestiaires.

Il présente actuellement une salle baptismale rectangulaire, à laquelle sont accolées une abside quadrangulaire à l'Est, datant des 6e et 7e s., et deux absidioles jadis de plan carré, transformées vers le milieu du 19e s. en absidioles semi-circulaires. L'ancien narthex, restauré au 10e s., a pris une forme polygonale. On observe, sous les fenêtres en partie bouchées et percées d'oculi, des traces d'un ancien appareil romain cubique et, sous les pignons, de curieux pilastres à chapiteaux sculptés en faible relief.

Intérieur – Il renferme un important musée lapidaire, en particulier une belle collection de sarcophages mérovingiens, découverts à Poitiers et dans ses environs, des stèles et bas-reliefs, une ancienne mesure dîmière taillée dans la pierre, des moulages de la décoration sculptée extérieure du baptistère. Le narthex est relié à la salle baptismale par trois grandes arcades, percées dans le mur édifié en retrait du portail d'entrée. Des voûtes en cul-de-four couvrent l'abside principale et les

> **MAJESTUEUX**
> Le clocher-porche, sur plan carré, puis octogonal, a été pourvu, au 15e s., d'un portail flamboyant dont les niches abritent les statues modernes des saints protecteurs de Poitiers.

> **IMMERSION**
> La petite **piscine octogonale** servait au baptême par immersion : le catéchumène (futur baptisé), dépouillé de ses vêtements dans les vestiaires, descendait dans la piscine où l'évêque procédait aux onctions rituelles. Au 7e s., on boucha la cuve sur laquelle furent installés des fonts baptismaux pour procéder au baptême par affusion (eau versée sur la tête).

deux absidioles. Admirez le décor de colonnes de marbre et de colonnettes soutenant les arcatures, et les chapiteaux sculptés de feuilles, tresses, perles, à la mode antique.

Fresques★ – En partie recouvertes par des peintures des 13e-14e s., ces peintures romanes animent les murs : Ascension au-dessus de l'abside principale, Christ en majesté au cul-de-four de cette même abside ; sur les murs de la salle rectangulaire sont représentés les apôtres, l'empereur Constantin à cheval, sur le mur de gauche, des paons, symboles d'immortalité et sur le mur de droite, un combattant et un dragon.

Musée Ste-Croix★★

Tlj sf lun. matin 10h-12h, 13h15-17h, mar. 10h-17h, w.-end 14h-18h (juin-sept. : tlj sf lun. matin 10h-12h, 13h15-18h, w.-end et j. fériés 10h-12h, 14h-18h). Fermé 1er janv., Pâques, 1er et 8 mai, Pentecôte, Toussaint, 25 déc. 15F, gratuit mar. (billet jumelé avec musée des Chièvres). ☎ 05 49 41 07 53.

Il est installé dans un édifice moderne (1974), élevé à l'emplacement de l'ancienne abbaye Ste-Croix.

Le département archéologie *(au sous-sol : accès par un escalier situé au fond de la 1re salle)* réunit des collections sur le Poitou depuis la préhistoire. On y retrace la chronologie du paléolithique. En vitrine, observez silex, outils, et autres objets provenant des fouilles de la cachette de N.-D.-d'Or dans la Vienne (fragment de broche à rôtir en bronze du 7e s. avant J.-C.), du dépôt de Vénat à St-Yrieix-sur-Charente (objets enfouis vers 700 avant J.-C. : lingot de cuivre pur). Autour des vestiges de murs antiques sur lesquels le musée est bâti, se répartissent d'importantes collections gallo-romaines : des inscriptions, fragments de colonnes, bas-reliefs et statues, parmi lesquelles une **Minerve**.

Le reste du musée est quelque peu labyrinthique, très étendu, avec de nombreux étages intermédiaires et de nombreux escaliers ! Faites votre propre parcours, suivant votre inspiration...

On y découvre, parmi **les peintures**, une série représentant Les Mystères de la vie du Christ du Hollandais Nicolaes Maes (17e s.) *(en remontant par le fond de la galerie d'archéologie)*. De la fin du 18e s., regardez entre autres *Œdipe maudissant Polynice* du Poitevin J.-A. Pajou et une Anatomie masculine de l'entourage de Géricault. Le 19e s. est largement représenté avec *Le Jardin du couvent* du Poitevin Alfred de Curzon, *La Parade de Pierrot* d'Octave Penguilly-l'Haridon, *Le Portrait de Germaine Pichot* de Charles Brun, *Ophélia* (1852) de Léopold Burthe. Ne délaissez pas les orientalistes : *La Fête juive à Tanger* d'Alfred Dehodencq, *Fantasia* d'Eugène Fromentin, *Une rue à Constantine* par André Brouillet. Découvrez la silhouette lumineuse de *L'Homme en rouge* (55,7 x 32,7 cm) d'Odilon Redon, et des toiles de Vuillard, Bonnard, Sisley.

Parmi les tableaux de la collection d'art moderne, des œuvres de Marquet, avec notamment *Les Sables-d'Olonne*, un paysage de jeunesse de Mondrian et un Max Ernst attirent l'attention. L'art contemporain est présent au travers d'expositions temporaires ou d'œuvres en dépôt.

Pour ce qui est de **la sculpture**, commencez avec le *Tailleur de pierre*, bas-relief médiéval, le *Chapiteau de la Dispute* (12e s.) et un médaillon Renaissance dessinant les traits du Christ. On peut aussi voir la statue funéraire de Claude de l'Aubespine par Nicolas Guillain (17e s.) et un buste de Louis XIII en marbre provenant du château de Richelieu. Le reste des collections de sculpture est en majorité du 19e s. Vous y verrez : *Jeune fille portant une amphore* (1861), marbre d'Auguste Ottin ; *Le Baiser* (1861), terre cuite de Carrier-Belleuse ; le gisant de Mademoiselle de Montpensier, plâtre de James Pradier ; *Le Sommeil* (1885), marbre de Jean Escoula.

FRESQUES DE LUMIÈRE
En été, de 22h à minuit, les fresques (6 sujets) du baptistère St-Jean sont projetées sur le mur extérieur de l'édifice (durée environ 1/2h).

Parmi les statues, remarquez la célèbre Minerve de marbre blanc (1er s.).

Le musée a reconstitué l'atelier du sculpteur Jean-René Carrière (1888-1982). Du côté des bronzes : des sculptures animalières de Barye (19e s.), de petits bronzes de Rodin (*L'Homme au nez cassé, L'Adolescent désespéré*), de Maillol (*Les Nymphes de la prairie*) et de Camille Claudel. Une salle Camille Claudel récemment aménagée réunit *L'abandon* (1888), *La Valse* (1893), *Profonde pensée* (1900), *La Niobode blessée* (1906) et *La Fortune* (1900-1904). Pour les modernes, admirez un buste de Colette par Sarah Lipska.

Espace Mendès-France

Cet édifice moderne abrite des **expositions** à la pointe de la science, de la technique et de l'industrie. ♿ *9h30-18h30, w.-end et lun. 14h-18h30. Fermé 1er janv., 1er mai et 25 déc. 25F (enf. : 15F).* ☎ *05 49 50 33 08.*
Son **planétarium** projette, en saison, un spectacle multimédia consacré à la ville. ♿ *Visite guidée (1h) tlj sf sam. 9h30-18h30, dim. et lun. 14h-18h30. Fermé 1er janv., 1er mai et 25 déc. 32F (enf. : 20F).* ☎ *05 49 50 33 08.*

LE CENTRE ET LE QUARTIER ST-HILAIRE

Musée de Chièvres

Juin-sept. : 10h-12h, 13h-18h, lun. 13h-18h, w.-end et j. fériés 10h-12h, 14h-18h ; oct.-mai : 10h-12h, 13h-17h, lun. 13h-17h, w.-end et j. fériés 14h-18h. Fermé 1er janv., Pâques, 1er et 8 mai, Pentecôte, Toussaint et 25 déc. 15F, gratuit mar. (billet jumelé avec le musée de Ste-Croix). ☎ *05 49 41 07 53.*

Il rassemble des œuvres allant du 16e au 18e s. : beau mobilier, tapisseries de Felletin et des Flandres, vitrines de céramique, d'émaux de Limoges et de statuettes en bois, et tableaux.

Remarquez, au rez-de-chaussée, deux portraits par Jean Valade, peintre poitevin du 18e s., une corbeille peinte par Monnoyer (17e s.), *Mars vaincu par Minerve,* par Doyen, deux têtes de marbre du 3e s., une superbe représentation du Saint-Sépulcre, incrustée de nacre et d'ivoire (17e ou 18e s.), *Ulysse et Nausicaa,* par le Poitevin Louis Gauffier, *Énée et Didon fuyant l'orage,* par de Valenciennes ; dans le couloir, têtes de marbre d'époque romaine. Admirez également des portraits des écoles flamande et hollandaise des 16e et 17e s. (*Portrait de femme,* par Nicolaes Maes, *Le Duo* de Theodoor Rombouts) et un paysage d'hiver, par le Hollandais Valkenborch, situés à l'étage.

Église St-Hilaire-le-Grand⋆⋆

Un peu à l'écart du centre s'élève cette très ancienne église, considérée par les amateurs d'archéologie comme la plus intéressante de Poitiers.

Intérieur – Au 11e s. St-Hilaire était déjà une grande église dont les trois nefs, couvertes de plafonds de bois, servaient d'abri aux pèlerins sur le chemin de St-Jacques-de-Compostelle. Malheureusement, au 12e s., elle fut ravagée par un incendie et, pour la restaurer, en la couvrant d'une voûte de pierre, les architectes d'alors durent réduire la largeur de ses vaisseaux. Ils partagèrent donc chaque bas-côté primitif en deux nefs par la construction de piliers centraux venant étayer les voûtes d'arêtes en leur milieu. Ceux de gauche ont alors englobé le clocher du 11e s., dont la base forme une superbe salle aux colonnes massives supportant de remarquables chapiteaux archaïques et des voûtes renforcées d'énormes bandeaux.

De même on éleva dans la nef principale une rangée de colonnes qui se raccordent de façon très ingénieuse aux murs d'origine et portent la série des coupoles sur pendentifs. Ainsi sont nés les sept vaisseaux de l'église actuelle. Le **chœur**, lieu du culte, et le transept sont

COLLECTIONS ETHNOLOGIQUES
À l'étage, vous découvrirez des collections évoquant les métiers urbains : cordonnier, tourneur sur bois, textiles, ainsi que le manège fantaisiste du facteur Bonnet.

Le musée occupe l'ancien hôtel particulier Rupert de Chièvres.

IL FAUT TOUT VOIR !
À l'extérieur, contournez l'église et observez, au chevet, les chapelles greffées sur le transept et le déambulatoire. Elles sont ornées de colonnes portant des chapiteaux très ouvragés. Leurs corniches sont décorées de modillons sculptés (têtes de chevaux, feuillages, petits monstres).

C'est du transept qu'apparaissent le mieux l'ampleur et l'originalité architecturale de l'église St-Hilaire-le-Grand. Renversant !

ADMIREZ

Sur les piliers précédant le transept, des fresques très anciennes représentent les évêques de Poitiers. Dans les absidioles, d'autres fresques relatent des épisodes de la vie de saint Quentin et de saint Martin.

considérablement surélevés par rapport à la nef. L'avant-chœur est orné au sol d'une belle mosaïque et, aux piliers, de chapiteaux intéressants dont, à gauche, celui de la mise au tombeau de saint Hilaire. Le chœur est fermé par un demi-cercle de huit colonnes à la base desquelles on observe des grilles de ferronnerie du 12ᵉ s. Ne manquez pas, adossée au mur du déambulatoire, dans l'axe de l'église, une originale statue de la Trinité : Dieu le Père coiffé d'une tiare présente son fils en croix ; au sommet de la croix, la colombe du Saint-Esprit. Dans la **crypte**, un coffret (19ᵉ s.) contient les reliques de saint Hilaire.

LE FAUBOURG ST-SATURNIN

Il s'étend le long de la rive droite du Clain, au pied de la falaise rocheuse, et de chaque côté de la rue du Faubourg-du-Pont-Neuf. Le boulevard Coligny monte au sommet du plateau des Dunes que domine la statue de Notre-Dame-des-Dunes.

Statue de Notre-Dame-des-Dunes

Elle étend son bras protecteur vers la cité. Devant l'entrée de celle-ci, depuis la table d'orientation, se dégage une très belle **vue**★ (surtout en fin de journée) sur le site de Poitiers. Remarquez l'alternance des toits de tuiles rondes (maisons) et d'ardoises (édifices publics), et les nombreux clochers. En contrebas, le fameux rocher Coligny servit de poste d'observation à l'amiral de Coligny, lorsque les protestants assiégèrent la ville en 1569.

Hypogée des Dunes

ÉTONNANT

L'hypogée (sépulture souterraine de la fin du 6ᵉ s.) renferme un mobilier varié, autel, stèles funéraires, bas-reliefs. Remarquez une colonne sur laquelle figurent en ronde-bosse deux personnages en position de suppliciés, représentant la crucifixion des deux larrons, un rare exemple de **sculpture figurative** de l'art mérovingien finissant.

Accès par la rue de la Pierre-Levée, puis la rue de St-Saturnin (1ʳᵉ rue à gauche). Dans un jardin de conifères s'élève une construction de 1909, de style gallo-romain, abritant l'un des monuments les plus étranges du haut Moyen Âge : une chapelle souterraine. Érigée au centre d'un cimetière chrétien primitif à la fin du 6ᵉ s., elle a été découverte en 1878. Elle fut apparemment construite par un abbé qui y établit sa sépulture. Les marches de l'escalier s'ornent de représentations symboliques caractéristiques du christianisme primitif (poissons, serpents entrelacés, rinceaux de lierre...).

La Pierre levée

Accès par la rue de la Pierre-Levée, puis la rue du Dolmen (2ᵉ rue à gauche).
Ce dolmen, brisé au 18ᵉ s., était un but d'excursions, très fréquenté au temps de Rabelais. Celui-ci raconte, dans *Pantagruel*, que les « escholiers » l'escaladaient pour y « banqueter à force flacons, jambons et pâtés, et écrire leur nom dessus avec un couteau ».

circuits

① DE LA FORÊT DE MOULIÈRE
À LA VALLÉE DE LA BOIVRE

Circuit de 110 km – environ une journée

Quitter Poitiers par l'Est en empruntant la D 6 qui longe le Parc des Expositions.

Le Breuil-Mingot

Charmant manoir du début du 17ᵉ s.

Poursuivre sur la D 6. À l'entrée de Bignoux, prendre à droite la D 139.

Le Bois-Dousset

Juil. et sept. : visite extérieure tlj sf w.-end 9h-12h, 14h-18h. Gratuit.

Élégant édifice des 16ᵉ et 17ᵉ s., ceint de douves.

Poursuivre la D 139. À Lavoux, prendre au Nord-Ouest la D 20 sur 5 km.

Peu après l'entrée de la **forêt de Moulière**, le lieudit du Grand Recoin abrite la **maison de la Forêt**. *Avr.-sept. : tlj sf lun. 9h-12h, 14h-18h, w.-end et j. fériés 9h-12h, 14h-19h ; oct.-mars : tlj sf lun. 9h-12h, 14h-17h30, w.-end et j. fériés 9h-12h, 14h-18h. Fermé 1ᵉʳ janv. et 25 déc. Gratuit.* ☎ 05 49 56 59 20.

Au carrefour suivant, prendre sur la droite la D 3.

La route est bordée d'agréables chemins forestiers pour partir en promenade.

> **GRAND RECOIN**
> C'est le point de rencontre des amateurs de nature qui y trouveront un plan du massif boisé.

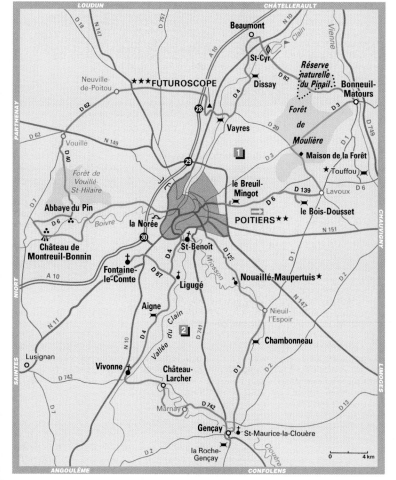

Bonneuil-Matours

Ce bourg possède un moulin à eau. Son église romane, restaurée, est ornée d'intéressants chapiteaux à la croisée du transept et dans le chœur.

Quitter Bonneuil par l'Ouest en empruntant la D 82.

Réserve naturelle du Pinail

<table>
<tr><td>BOTANIQUE
La réserve naturelle du Pinail est une lande où croissent la bruyère à balais (brande), l'ajonc nain et la molinie (herbe à longue tige).</td></tr>
</table>

La route traverse cette zone protégée (135 ha), à la lisière de la forêt de Moulière. Vous y verrez plus d'un millier de mares, conséquence de l'ancienne exploitation de la pierre meulière qui servait à faire les meules des moulins. Deux circuits fléchés parcourent la réserve *(bottes recommandées).*

Poursuivre sur la D 82.

Parc de loisirs de St-Cyr

10h-19h. 18F (enf. : 12F). ☎ *05 49 62 57 22.*

Autour d'un vaste lac artificiel (85 ha), ce parc propose de nombreuses activités : baignade, voile, planche à voile, golf, aires de jeux, tennis, pêche...

Poursuivre sur la D 82 qui traverse bientôt la N 10.

Après avoir arpenté les rues de Poitiers, vous aurez sûrement l'envie de vous rafraîchir... Le lac de St-Cyr comblera vos désirs aquatiques.

Beaumont

De la Grand-Place de ce village vigneron, part un chemin qui conduit à un donjon démantelé sous Louis XIV : vue étendue sur les vallées du Clain et de la Vienne.

Quitter Beaumont par le Sud-Ouest. La route passe bientôt sous la N 10.

Château de Dissay

De mi-juin à déb. sept. : visite guidée (1h) tlj sf mer. 15h-18h ; de Pâques à mi-juin : dim. et j. fériés 15h-18h ; sept.-Toussaint : dim. 14h-17h. 30F.

Dans la cour intérieure, la tourelle d'angle polygonale abrite l'escalier qui se termine par une magnifique voûte en palmier. Analysez les clés ornées de médaillons sculptés figurant les apôtres.

<table>
<tr><td>MEA CULPA
Les peintures murales (16e s.) de la chapelle évoquent les thèmes du repentir et du pardon. Vers une fontaine de miséricorde se tournent les grands pécheurs que furent Adam et Ève, Nabuchodonosor, Manassé, David et Bethsabée (sur cette dernière composition, on reconnaît distinctement l'entrée du château).</td></tr>
</table>

La chapelle a conservé son carrelage et ses vitraux d'origine. Ses murs sont couverts de **peintures murales★**, rehaussées d'or moulu, d'une grande finesse.

Quitter Dissay par le Sud-Ouest en empruntant la D 4.

Château de Vayres

De juil. à fin août : visite guidée (1/2h) tlj sf mar. 15h-18h. 20F. ☎ *05 49 52 71 89.*

Ce charmant manoir date des 15e et 16e s. De ses jardins à la française en terrasses, on découvre une ravissante perspective sur la façade Ouest, mise en valeur par un puissant mur de soutènement à contreforts. Le pigeonnier contient 2 620 cases ; offert par Anne d'Autriche, il a été construit en 1656.

Prendre au Nord la route qui enjambe le Clain.

Le Futuroscope★★★ *(voir ce nom)*

Quitter le Futuroscope en franchissant, au Nord, l'autoroute A 10. En empruntant la D 62, traverser les villes de Neuville-de-Poitou et Vouillé.

Au Sud, la D 40 traverse la forêt de Vouillé-St-Hilaire.

Abbaye du Pin

Fondée en 1120, elle fut confiée aux cisterciens. De la grande abbatiale à nef unique restent les murs et le pignon Ouest. Les beaux bâtiments monastiques de la fin du 16ᵉ s. ont été transformés en château.

Poursuivre sur la D 6, puis après 4 km tourner à gauche.

Château de Montreuil-Bonnin

Le château, en partie ruiné, date du 13ᵉ s. Son enceinte dessine un rectangle jalonné de tours. L'entrée est défendue par un châtelet à pont-levis ; à l'angle Sud-Ouest se trouve la salle seigneuriale, éclairée par d'élégantes baies gothiques. Les murs du donjon ont 3 m d'épaisseur. Un autre logis seigneurial (15ᵉ s.) est encore en bon état. Depuis les terrasses, plantées d'énormes cèdres, profitez de la vue plongeante sur la vallée de la Boivre.

Quitter Montreuil-Bonnin par l'Est. Au carrefour, prendre la D 3 sur 500 m, en direction de Poitiers, puis tourner à gauche pour rejoindre plus loin la D 6.

La route pittoresque longe en sous-bois la rive gauche de la Boivre.

La salle supérieure du donjon de Montreuil-Bonnin, était couverte d'une gigantesque coupole aux bases encore apparentes.

Grottes de la Norée

Fermées actuellement à la visite. Se renseigner auprès de l'Office du tourisme de Poitiers sur une possible réouverture. ☎ 04 49 41 21 24.

Dans un site charmant près d'un moulin en ruine, elles comptent environ 500 m de salles formées dans un terrain dur (calcaire à bancs de silex). La vallée sinueuse est bordée par une falaise creusée de cavernes.

La route de la Cassette ramène à Poitiers.

② LES VALLÉES DU CLAIN, DE LA CLOUÈRE ET DU MIOSSON

Circuit de 65 km – environ une demi-journée

Quitter Poitiers par l'avenue de la Libération et prendre à gauche pour longer le Clain.

La **vallée du Clain** conduit jusqu'au fameux « Seuil » qui sépare le Poitou de l'Angoumois, les pays de langue d'oïl (au nord) de ceux de langue d'oc (au Sud).

St-Benoît

Ce gros village se cache entre les pentes escarpées de collines boisées.

Église – Ancienne abbatiale bénédictine, elle se dresse dans un style roman très sobre qui semble étranger à la manière habituelle de l'école poitevine. À droite de l'édifice, vestiges d'une galerie de cloître du 12ᵉ s., dans laquelle est incorporée l'entrée de la salle capitulaire.

Quitter St-Benoît par le Sud-Ouest pour rejoindre la D 4. À l'entrée de Ligugé, prendre à droite la D 87.

► **ENTREZ !**
À l'intérieur, la disposition des pierres des murs de la nef évoque une construction du 11ᵉ s. Les boiseries et les stalles sont du 18ᵉ s., le tabernacle du 17ᵉ s.

Abbaye de Fontaine-le-Comte

Construite vers 1126-1136 par le comte de Poitiers Guillaume VIII, père d'Aliénor d'Aquitaine, cette ancienne abbaye de l'ordre de Saint-Augustin conserve une vaste église dont la nef unique est voûtée en berceau.

Revenir sur la D 87 pour rejoindre Ligugé.

Abbaye de Ligugé *(voir ce nom)*

Quitter Ligugé par le Sud en empruntant la D 4.

Château d'Aigne

De la terrasse de cet édifice Renaissance très restauré, on profite d'une vue plongeante sur la vallée. Notez au flanc du coteau, la grotte dite de Rabelais.

Poursuivre sur la D 4.

Vivonne

Juché sur un éperon, ce bourg commande le confluent de trois rivières : la Vonne, le Palais et le Clain.

VISION

Dans cette église, Ravaillac aurait eu la vision d'un infidèle enfermé dans un triangle d'épées, une apparition qui le confirma dans son dessein de faire périr Henri IV...

Église – Son architecture est quelque peu disparate mais ne manque pas de saveur : elle comprend un croisillon gauche du 12e s., une nef gothique, dans laquelle on pénètre par un beau portail du 13e s., un croisillon droit et un chevet de la fin du 16e s.

Quitter Vivonne par le Sud-Est en empruntant la D 742.

Château-Larcher

Ce bourg conserve des vestiges de son enceinte et de son château. Église romane au portail sculpté ; dans le cimetière, lanterne des morts du 12e s.

Quitter Château-Larcher par le Sud en empruntant la D 144. Après Marnay, prendre à droite la D 742.

Gençay *(voir ce nom)*

Quitter Gençay par le Nord en empruntant la D 1.

Château de Chambonneau

De juil. à mi-sept. : visite guidée (1h, dernière entrée 1h av. fermeture) ven.-lun. 13h-19h. 20F. ☎ 05 49 42 94 07.

PASSAGES SOUTERRAINS

Au 13e s., la forteresse s'inscrivait dans un vaste système défensif comprenant sept châteaux : Château-Larcher, Gençay, Morthemer... Ils étaient reliés entre eux par des souterrains.

Le château initial daterait du 13e s. À la fin du 15e s., Guy Frotier, seigneur de la Messelière, modifie l'édifice qui prend alors sa configuration actuelle. De face, le château frappe par son aspect défensif : le châtelet d'entrée, flanqué de deux tours rondes percées d'archères et couronnées d'un chemin de ronde couvert sur mâchicoulis, commandait jadis un pont-levis. Les trois corps de bâtiment de l'aile Sud s'appuient sur les courtines. La cour s'ouvre sur une esplanade délimitée à l'origine par quatre tours d'angle.

Poursuivre sur la D 1. Après l'église de Nieuil-l'Espoir, prendre à gauche la D 12.

Abbaye de Nouaillé-Maupertuis★ *(voir ce nom)*

La D 12c ramène directement vers les quartiers Sud de Poitiers.

Pons

Les gourmands connaissent bien les célèbres biscuits des « sires de Pons ». La biscuiterie Colibri perpétue encore ici cette tradition du début du siècle. On vient aussi à Pons pour apprécier le patrimoine du cœur de la Saintonge romane. On y découvre notamment un hospice qui accueillait les pèlerins de Compostelle arrivés après la fermeture des portes de la ville.

La situation

Cartes Michelin nos 71 pli 5 ou 233 pli 27 – Charente-Maritime (17). Située à 20 km de Saintes, la ville s'étire sur une colline au-dessus de la Seugne.
🛈 *Donjon, 17800 Pons, ☎ 05 46 96 13 31.*

Le nom

On a trouvé *in Ponto* (vers 1100) et *prope Pontum* (vers 1110). Ce nom signale simplement le franchissement d'un obstacle, un pont sur la rivière.

Les gens

4 412 Pontois. Agrippa d'Aubigné, grande figure de la Renaissance française, est né près de Pons en 1551. **Émile Combes** (1835-1921), radicaliste militant, a été maire de Pons de 1876 à 1919. Il fut aussi ministre de l'Instruction publique, président du Sénat puis du Conseil. Il est à l'origine de la séparation de l'Église et de l'État en 1905.

Le couronnement actuel du donjon de Pons a été refait en 1904 et relève de la fantaisie.

carnet d'adresses

OÙ DORMIR ET SE RESTAURER

• À bon compte

Hôtel Bordeaux – *1 av. Gambetta – ☎ 05 46 91 31 12 – fermé 14 au 28 fév., lun. midi et dim. d'oct. à avr. – 15 ch. : 195/260F – ☐ 40F – restaurant 90/230F. Dans un immeuble ancien, cet hôtel ouvre ses portes sur un décor plutôt récent. Ses chambres petites sont simples et fonctionnelles. Ne manquez pas la table ; ses prix sages et sa cuisine gourmande méritent votre attention. Terrasse en été.*

• Valeur sûre

Auberge Pontoise – *23 av. Gambetta – ☎ 05 46 94 00 99 – fermé 10 au 31 janv., dim. soir et lun. du 15 sept. au 30 juin – 22 ch. : 270/450F – ☐ 55F – restaurant 105/350F. Dans le village, cette auberge cossue est bien connue des habitants de la région. On y dort mais on y mange surtout bien, dans un cadre au goût du jour, soigné. La cuisine s'attache à des valeurs traditionnelles avec quelques belles spécialités qui font sa réputation.*

visiter

Ancien château

Il couvrait jadis la surface actuellement occupée par la place et le jardin public. Ses possesseurs, les **sires de Pons**, relevaient directement du roi de France ; ils commandaient à plus de 60 villes ou bourgs et plus de 600 paroisses ou seigneuries.

Donjon★ – *De mi-juin à fin sept. : 8h30-12h30, 13h30-18h30 (dernière entrée 3/4h av. fermeture) ; d'oct. à mi-juin : sur demande la veille. Fermé 1er janv., 1er mai, 11 nov. et 25 déc. 10F. ☎ 05 46 96 13 31.*

Érigé au 12e s. (30 m de hauteur), on y pénétrait par des échelles qu'on retirait en cas de danger. L'ensemble de la construction, épaulée par des contreforts, a une allure de puissance.

Du sommet, **panorama** sur la ville et la vallée.

Au fond de l'abrupt, l'ancien logis seigneurial comprend un corps de bâtiment du 17e s. et une tourelle d'escalier ▶ plus ancienne. Il abrite l'hôtel de ville.

Église St-Vivien

Au Sud de la ville, près du cours Jean-Jaurès.

Cette ancienne chapelle à façade du 12e s. attire le regard par son portail roman très profond à voussures et par ses deux petits clochers-arcades, installés au 18e s., qui encadrent de façon insolite le pignon de la façade.

Église Notre-Dame-de-l'Hôpital-Neuf

À 1 km au Sud-Ouest de Pons, sur l'ancienne route de Bordeaux. De mai à mi-sept. : sam. 14h-17h ; toute l'année sur demande préalable. Gratuit. S'adresser à l'Européenne d'Histoire et d'Archéologie, Église N.-D.-de-l'Hôpital-Neuf, BP 83, 17800 Pons.

Édifiée au début du 12e s., elle servit de nécropole aux seigneurs de Pons jusqu'en 1793. Aujourd'hui, cet édifice accueille un mausolée et un **musée historique** consacrés à ces seigneurs, figures majeures de l'Histoire de France.

Face à l'église, ne manquez pas l'hôpital religieux (deuxième moitié du 12e s.). Hors des murs de Pons, il offrait un refuge aux voyageurs ou aux pèlerins de Compostelle. On y arrivait de nuit après la fermeture des portes de la ville.

Passage voûté★

Franchissant la route, il relie l'église Notre-Dame à l'Hôpital-Neuf.

Le portail de la salle des malades s'ouvre sous des voussures plein cintre ornées de motifs végétaux ou géométriques. Regardez de chaque côté du passage, les bancs de pierre qui permettaient aux pèlerins harassés de se reposer ou d'attendre la fin des intempéries. On les imagine dessinant les graffiti qu'on distingue encore sur les murs.

> **ADAGE CONNU**
> « Si roi de France ne puis être, sire de Pons voudrais être... »

> **COUP D'ŒIL**
> Au-delà, on arrive dans un jardin public aménagé en terrasses sur les remparts d'où l'on a des vues plongeantes sur les bras de la Seugne.

Dans les enfeus, des fosses étaient sans doute destinées à recevoir les corps des pèlerins décédés.

Château d'Usson

&. *10h-19h (de mi-juin à mi-sept. : 10h-20h). 20F.* ☎ *05 46 91 09 19.*

1 km au Sud par la D 249. Ce château Renaissance s'élevait près de Lonzac, à l'Est de Pons. À la fin du siècle dernier, menacé de destruction, il fut transporté et remonté, pierre par pierre, à son emplacement actuel. La cour est décorée avec richesse. Au fond, la galerie à arcades en anses de panier est ornée de médaillons (les douze Césars), de statues, de sentences gravées, etc. À l'extrémité d'une des ailes, une tour, au toit original, est toute sculptée de blasons, d'emblèmes et, sous le rebord du toit, d'une frise découpée en panneaux par des tronçons de colonnes creuses. À l'intérieur, attardez-vous dans le salon, paré de **boiseries★** Régence, blanches et or, provenant du château de Choisy-le-Roi. Dans la salle d'honneur, admirez la porte de l'ancienne chapelle, sculptée par Nicolas Bachelier, élève de Michel-Ange.

circuit

LA RÉGION PONTOISE

Circuit de 95 km – environ 4 h

Pour les amoureux de châteaux, d'églises romanes ou Renaissance, les environs de Pons recèlent quelques trésors.

Quitter Pons par le Nord-Est en empruntant la D 732.

Église de Pérignac

◀ L'œil est attiré par sa superbe **façade** de style roman saintongeais. Elle est animée de deux rangées d'arcatures sculptées : au registre inférieur, les apôtres entourant la Vierge contemplent l'Ascension du Christ, et au registre supérieur s'affrontent les Vices et les Vertus.

Quitter Pérignac par le Sud-Est en empruntant la D 128. À Coulonges, prendre à droite la D 146.

Église d'Échebrune

Le portail de cet édifice roman prend beaucoup d'importance par rapport aux arcades latérales, toutes petites,

> **ARCHITECTURE RÉGIONALE**
> La voussure, ornée de têtes de chevaux (grande fenêtre centrale) est caractéristique de la région.

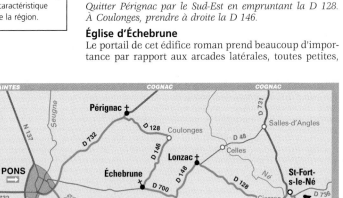

Sous un ciel bas, les champs de colza colorent la morne campagne.

mais son décor très sobre se borne aux chapiteaux découpés en feuilles d'acanthe. Au-dessus de la corniche, une rangée de hautes arcatures occupe toute la largeur de la façade ; celle du centre est polylobée.

Quitter Échebrune par l'Est en empruntant la D 700 en direction d'Archiac. Après 2,5 km, prendre à gauche la D 148.

Église de Lonzac

Construite d'un seul jet, elle allie de façon harmonieuse une structure gothique et un décor Renaissance.

Extérieur – L'édifice est dominé par un clocher (40 m de haut), qu'on aperçoit de très loin. Ses angles sont amortis par de puissants contreforts. Une frise fait le tour des murs, portant les initiales K et I (Katherine et Iacques ou Jacques), alternées avec les emblèmes (boulets ou grenades) et la devise à double sens du grand maître : *J'aime fortune ou J'aime fort une*. Son **portail★**, raffiné, apparaît sous la forme de portes jumelées surmontées de trois niches et d'une grande accolade se terminant par la salamandre de François Ier. Au-dessus des portes, deux bas-reliefs évoquent les Travaux d'Hercule (Hercule, enfant dans son berceau, étranglant les serpents, et Hercule abattant le lion de Némée).

Intérieur – La nef porte des voûtes gothiques retombant sur des pilastres Renaissance. Aux clés de voûte sont sculptés les blasons des Archiac et des Genouillac et aux chapiteaux les emblèmes (boulets et canons) de Galiot de Genouillac. À gauche du chœur, la chapelle seigneuriale, couverte d'une voûte à caissons, était destinée à recevoir le tombeau de dame Catherine. Au-dessus du maître-autel, un tableau peint en 1787 par P. Vincent représente l'Adoration des Mages.

Quitter Lonzac par le Sud-Est en empruntant la D 128. À Cierzac, prendre à gauche la D 731.

Galiot de Genouillac

Ce grand seigneur et homme de guerre était le mécène à qui l'on doit cette église Renaissance à la fois courtisan ambitieux et humaniste, il aimait le faste et s'intéressait à l'art. Il avait épousé la fille du baron de Lonzac, Catherine d'Archiac, qu'il perdit en 1514. C'est pour perpétuer son souvenir et lui donner une sépulture digne de son état que fut élevée, de 1515 à 1530, l'église de Lonzac.

Dolmen de St-Fort-sur-le-Né

1,5 km au Sud-Est du village par la D 151. Entouré d'une mer de vignes, ce monument mégalithique comporte une grande roche plate reposant à l'horizontale sur trois rocs.

Quitter St-Fort-sur-le-Né par le Sud et revenir à Cierzac. Peu après l'église, prendre à gauche la D 150 et suivre cette route jusqu'à Neuillac. Au carrefour, emprunter à droite la D 148.

On suit le tracé de l'ancienne **voie romaine** qui reliait Saintes à Périgueux ; un virage en coude marque une déviation de la route moderne. Coupant un bois, un chemin communal a permis de mettre au jour une partie de la voie romaine.

Pratique

Une table de lecture en lave émaillée permet d'interpréter la partie de route dégagée lors des fouilles archéologiques de 1996.

Poursuivre sur la D 148, puis prendre à gauche la D 250.

Église de Chadenac

Chaque église romane a sa façade, et celle-ci exhibe une exubérante décoration sculptée sur le thème du Bien et du Mal :

La frise sous corniche est ornée de motifs géométriques et de têtes.

– au centre du portail figure le Christ couronné de l'Ascension ; les voussures sont habitées par tout un peuple de saints, de monstres et de figures allégoriques : Vierges sages et folles (voussure centrale), Vertus et Vices (en bas).

– les arcades latérales sont garnies de statues, mutilées en 1840 et surmontées d'un molosse attaquant un agneau qui fuit et un bœuf qui fait front ; dans les écoinçons se font face saint Georges et la princesse de Trébizonde, saint Michel et son dragon.

– les chapiteaux d'angle de la façade représentent à droite les saintes femmes au tombeau, à gauche Constantin à cheval près d'un palmier, foulant l'Hérésie.

Quitter Chadenac par la Sud-Ouest en empruntant la D 146^{E2}.

Marignac

Église St-Sulpice – Dans cet édifice du 12e s., l'**abside★** romane, sur plan tréflé, attire le regard par son originalité, les absidioles se confondant avec les bras arrondis du transept. Admirez la richesse de sa frise sculptée dont les motifs, les personnages (l'homme-tonneau au Sud-Est), les animaux sont traités avec fantaisie. La croisée du transept retient l'attention par ses dispositions : arcades doubles, consoles supportant les bases des trompes de la coupole. L'influence hispano-mauresque du décor des chapiteaux est très claire.

Quitter Marignac par le Sud-Est en empruntant la D 142.

Jonzac *(voir ce nom)*

Quitter Jonzac par le Nord-Ouest en empruntant la D 2. 1 km après St-Germain-de-Lusignan, prendre à gauche la D 148.

Abbaye de la Tenaille

Ce monastère bénédictin est occupé aujourd'hui par une ferme. L'abbatiale romane, à façade saintongeaise, a vu s'effondrer deux de ses trois superbes coupoles sur pendentifs. Le château (1830) possède une **façade** de pur style Louis XVI avec son décor de guirlandes et ses balustrades.

Rejoindre la N 137 et prendre à droite en direction de St-Genis-de-Saintonge.

Château de Plassac

Il fut bâti vers 1772, pour l'évêque d'Autun, par le célèbre architecte Victor Louis. En 1832 le château abrita la duchesse de Berry avant qu'elle ne tente de soulever la Vendée *(voir Blaye dans le GUIDE VERT Michelin Pyrénées Aquitaine)*. En pénétrant par l'allée principale, on peut voir, dans la cour de la ferme, la tour du pèlerin, reste d'un château du 15e s.

Poursuivre sur la N 137. Avant Belluire, tourner à droite sur la D 144.

Église de Fléac-sur-Seugne

Contemplez le dessin original du clocher de cet édifice Renaissance. De base carrée coiffée d'un dôme octogonal, il est surmonté d'une lanterne. De chaque côté du portail, deux colonnes torsadées supportent deux lions.

Poursuivre sur la D 144.

Avy

La façade de l'**église** romane est percée d'un portail dont la voussure représente un concert burlesque. À l'intérieur, à gauche, s'ouvre une chapelle ornée d'une peinture murale du 14e s. : deux donateurs présentés par leur saints patrons vénèrent une Vierge à l'Enfant, portant l'équipement du parfait pèlerin : chapeau, bourdon, besace... La chapelle recouvre un ossuaire dont on voit l'accès à l'extérieur.

La D 142 ramène à Pons.

ZOOM

Détaillez les chapiteaux (scène de chasse au pilier Sud-Ouest, deux amours au pilier Sud-Est) décorés d'une frise répondant à celle de l'extérieur.

La façade de l'église d'Avy est truffée de personnages grotesques.

Pornic ♨

Dans cette station balnéaire comblée, on apprend très vite ce que le mot « vacances » veut dire. Des plages de sable abritées, un important port de plaisance, un institut de thalassothérapie, un terrain de golf, des villas aux jardins ombragés de pins parasols, un petit port de pêche, de vieux quartiers serrés sur une colline... rendent la vie plus belle !

La situation
Cartes Michelin n⁰ˢ 67 pli 1 ou 232 pli 26 – 25 km au Sud-Est de St-Nazaire – Loire-Atlantique (44). Pornic est relié à Nantes par la D 751.
🚩 *La Gare, BP 61, 44210 Pornic,* ☎ *02 40 82 04 40.*

Le nom
Son origine bretonne est évidente. La première apparition du nom est *Porsniti* en 1083. Il viendrait de la contraction du latin *portus*, port en breton *porzh* et du nom d'un homme breton *Nitos*.

Les gens
9 815 Pornicais. Au 19ᵉ s. Pornic commence à accueillir des touristes célèbres : George Sand, Charles Garnier, Gustave Flaubert, Jules Michelet, Auguste Renoir, etc. En 1910, c'est Lénine qui vient y séjourner en compagnie de son épouse. Après la Première Guerre mondiale, Paul Léautaud viendra y passé ses étés. Marc Elder, Julien Gracq, René Guy-Cadou et Max Enrnst sont aussi passés à Pornic.

Élevé aux 13ᵉ et 14ᵉ s., le château appartint au célèbre Gilles de Rais ; il a été remanié au 19ᵉ s.

se promener

Vieille ville
C'était jadis une place forte dont la protection naturelle était assurée au Sud par le port et à l'Ouest par un vallon, aujourd'hui « jardin de Retz ». Le château et des remparts, suivant le tracé de la promenade de la Terrasse puis de la rue de la Douve, constituaient le dispositif de défense.

Le port de pêche – Il offre un abri à une petite flotte de bateaux de pêche.

Château
Enfoui dans la verdure, le château de Pornic, bâti en granit, domine la petite plage du Château. Il fut entouré d'eau et son accès se faisait par un pont-levis qu'a remplacé un pont fixe sous lequel passe la rue des Sables.

> **OÙ REGARDER ?**
> De l'extrémité du port, on a de superbes perspectives, à droite vers la ville étagée sur la pente, en face sur l'anse, à l'entrée de laquelle on distingue au milieu des arbres la silhouette du château.

Une crique étroite qu'occupe un petit port de pêche, de vieux quartiers serrés sur la colline : Pornic est un site privilégié.

carnet pratique

OÙ DORMIR

• À bon compte

Chambre d'hôte Cupidon – *Plage du Portmain – 44210 Ste-Marie – 6 km à l'O de Pornic par rte côtière – ☎ 02 51 74 19 61 – ⊟ – 4 ch. : 230/310F.* À 50 m de la petite plage de Portmain, cette maison récente est conçue comme un chalet côtier. Toute de bois construite, son atmosphère est chaleureuse. La plage s'étend de l'autre côté de la rue, mais s'il y a trop de monde, vous pouvez toujours profiter de sa piscine !

OÙ SE RESTAURER

• À bon compte

La Godille – *La Noéveillard – Port de Plaisance – ☎ 02 40 82 44 67 – fermé 15 nov. au 5 janv., mar. soir et mer. sf été – réserv. conseillée en été et le w.-end – 68/138F.* Les baies vitrées de ce restaurant ouvrent sur une forêt de mâts de voiliers de plaisance. Sur le port, son décor soigné, tout de bois et de métal poli, évoque le pont d'un bateau, pour ne pas dépayser les navigateurs et offrir une pointe de rêve aux autres. Salle climatisée.

MARCHÉ

En matinée, les jeudi et dimanche, place des Halles et de la Terrasse. En saison, marché supplémentaire le mardi.

Promenade de la Terrasse – Aménagée sur l'emplacement des anciens remparts, elle permet de découvrir des vues agréables sur le château et sur le jardin de Retz, envahi par les pépinières.

Corniche de la Noéveillard★

1/2h à pied AR. Prendre le sentier longeant la mer à partir de la plage du Château.
On rejoint un chemin en balcon sur la mer, d'où l'on a de jolies vues sur l'anse de Pornic, les rochers et l'océan. On domine bientôt les installations du vaste port de plaisance avant d'atteindre la plage de sable fin de la Noéveillard.

Corniche de Gourmalon

La route suit le bord de la corniche, passe au-dessus de l'anse aux Lapins (plage), puis sur la pointe de Gourmalon. Vues sur Pornic, le château, la corniche de la Noéveillard.

Dolmen des Mousseaux

Signalé au départ de la plage du Château.
Cette double allée couverte, surmontée de pierres étagées en gradins, aurait eu une double fonction de tombeau et de monument de prestige pour des cultivateurs du néolithique, aux alentours de l'an 3500 avant J.-C.

CURIEUX
Les deux chambres ont une particularité caractéristique de l'estuaire de la Loire : un **plan transepté**, c'est-à-dire un couloir à chambres latérales *(panneau explicatif).*

circuits

LA CÔTE DE JADE★

Circuit de 70 km – environ 1/2 journée
De Pornic à St-Brévin-les-Pins, un chapelet de stations balnéaires fréquentées jalonne le littoral du pays de Retz, nommé la **Côte de Jade** en raison de la couleur de ses flots d'un vert soutenu. Entre Pornic et St-Gildas, la corniche échancrée de criques de sable est particulièrement attractive.

Ste-Marie

À proximité de la plage Mombeau, un sentier en corniche offre une jolie **vue** sur la côte rocheuse où s'inscrivent des plages de sable fin. On remarque de nombreux carrelets (cabanes sur pilotis) installés pour la pêche.
Prendre la direction « Le Porteau par la côte ».
De la plage des Sablons à celle du Porteau, la route suit la mer, longeant en balcon une côte déchiquetée.
Du Porteau à Préfailles, la route ne côtoie plus le littoral ; seuls les adeptes de la marche à pied pourront s'en rapprocher en empruntant le sentier de randonnée (Tour du pays de Retz) qui domine l'océan.

Pointe de St-Gildas★

Laisser la voiture sur le parc aménagé près du port de plaisance.

Couverte de l'herbe rase de la lande, que parsèment les vestiges du mur de l'Atlantique, elle se prolonge par des écueils de schiste sur lesquels se brisent les vagues. C'est au large de la pointe de St-Gildas que sombra, le 14 juin 1931, le vapeur nantais *St-Philibert*, entraînant la mort de 500 passagers de retour d'une excursion à Noirmoutier.

Prendre la route de Pornic (D 313). Après 1 km, tourner à gauche sur la D 13 qui longe la Côte de Jade.

De l'extrémité de la pointe St-Gildas, la vue se développe de la côte bretonne, entre St-Nazaire et Le Croisic, jusqu'à Noirmoutier.

St-Brévin-les-Pins⌂

Dolmen de l'allée des Rossignols – *À St-Brévin-l'Océan.* Ce dolmen de 5 m de long est l'un des plus accessibles parmi les nombreux mégalithes (dolmens ou menhirs) qui parsèment la région brévinoise.

Musée de la Marine – *À Mindin.* & *De mi-juin à mi-sept. : 15h-19h. 15F.* ☎ *02 40 27 00 64.*
À l'embouchure de la Loire, sur le promontoire du Nez de Chien, ce musée occupe un fort désaffecté, construit en 1861. Des documents y évoquent l'histoire de Mindin, en particulier la bataille des Cardinaux entre Français et Anglais en 1759 (pendant la guerre de Sept Ans) : celle-ci eut pour conséquence le naufrage au large de Mindin du navire *Le Juste* dont on peut voir les canons à l'entrée du fort. Parmi de nombreuses maquettes reproduisant des bateaux de toutes époques, on remarque celles de trois géants construits à St-Nazaire : le *Normandie*, le *France* et le *Batillus*, un des plus grands pétroliers du monde (1976). Des abords du fort, **vue** sur St-Nazaire avec ses chantiers de l'Atlantique et sur l'élégant **pont routier St-Nazaire-St-Brévin★**.

Quitter Mindin par l'Est en empruntant la D 77.

Paimbœuf

Belle vue sur l'estuaire de la Loire.

Quitter Paimbœuf par le Sud en empruntant la D 114. À St-Père-en-Retz, prendre la D 86 qui ramène à Pornic.

PAYS DE RETZ

Circuit de 130 km – environ une journée

Quitter Pornic par le Sud-Est.

La route longe la côte et traverse la station balnéaire de la Bernerie. Au Sud des Moutiers-en-Retz, de belles vues se dégagent sur la baie de Bourgneuf et l'île de Noirmoutier.

Bourgneuf-en-Retz

Important carrefour routier desservant les plages de la baie de Bourgneuf (au Nord) et les parcs à huîtres vendéens (au Sud).

Musée du Pays de Retz – & *De fin mars à fin oct. : tlj sf lun. 10h-12h, 14h-18h (juil.-août : tlj 10h30-13h, 14h-18h30). 20F.* ☎ *02 40 21 40 83.*

> ▶ **DE NOMBREUX ATOUTS**
> Des villas disséminées parmi les pins, 8 km de plage de sable fin, un casino, un port de plaisance, voici cette charmante station balnéaire de la Côte de Jade qui englobe la localité de St-Brévin-l'Océan dont les dunes s'étendent au Sud de l'avancée rocheuse du Pointeau.
> Un **petit train** parcourt la station en saison.

HISTOIRE VIVANTE
Une section archéologique, des collections de coiffes et de costumes, un intérieur paysan, de nombreuses reconstitutions d'ateliers font revivre les activités des habitants du pays de Retz (métiers de la mer, agriculture, artisanat).

◄ *6 r. des Moines.* Il occupe les dépendances (17ᵉ s.) d'un ancien couvent de cordeliers.

Quitter Bourgneuf par l'Est en empruntant la D 13.

Machecoul

Capitale historique du pays de Retz, ce bourg organise, en saison, des spectacles mettant en scène l'histoire de cette région.

Quitter Machecoul par le Nord-est en empruntant la D 64. 2 km après St-Même-le-Tenu, tourner à droite sur la D 71. À St-Lumine, prendre la D 61.

St-Philbert-de-Grand-Lieu

Abbatiale St-Philbert – *Avr.-sept. : 10h-12h, 14h-17h30 ; oct.-mars : 10h-12h, 14h-17h30, dim. 14h-17h30.* ☎ 02 40 78 73 88.

Accès par l'Office de tourisme. Sa construction remonte au 9ᵉ s. Utilisée comme dépôt sous la Révolution, elle fut quelque peu dénaturée en 1870 : c'est ainsi qu'on n'hésita pas à araser les murs, les abaissant de plus de 3 m. Les travaux entrepris depuis ont au contraire amélioré la présentation de l'édifice qui a été rendu au culte en 1936. L'aménagement des abords permet de mieux apprécier l'architecture de ce monument. En été, festival de musique et expositions.

> **LA LÉGENDE DE SAINT PHILBERT**
> Philbert, ou Philibert, était un Gascon né vers 616 à Eauze. Il fonda plusieurs abbayes dans l'Ouest de la France, notamment à Jumièges près de Rouen, à St-Philbert-de-Grand-Lieu et à Noirmoutier où il mourut en 685. Sa dépouille connut lors des invasions normandes maintes tribulations. Le sarcophage qui la contenait fut d'abord transféré à St-Philbert-de-Grand-Lieu (836), puis la dépouille seule, enfermée dans un sac de cuir, fut transportée à Cunault, en Anjou, en 858. De là, son exode se poursuivit par Messais, en Poitou (862), puis par St-Pourçain, en Bourbonnais. Cette incroyable odyssée se termina à Tournus où se trouve toujours son corps.

DE-CI, DE-LÀ
Dans la nef, on remarquera des pierres romaines en réemploi et, sur les murs latéraux, la ligne blanche de chaux marquant le niveau du sol avant déblaiement.

◄ **Intérieur** – La nef frappe dès l'abord par son austère majesté. Ses puissants piliers dépourvus de décor et l'alternance de briques et de pierres à la romaine mettent tout de suite dans l'ambiance carolingienne ou, pour certaines parties, au moins préromane. Le chœur ne dément pas la première impression. On y voit une intéressante crypte en forme de « confession » avec des ouvertures permettant aux fidèles de regarder le sarcophage en marbre du 7ᵉ s. qui contenait jusqu'en 858 le corps de saint Philbert.

Maison du Lac – *10h-12h, 14h-17h30 (avr.-sept. : fermeture à 18h30). Fermé vac. scol. de Noël. 16F (billet jumelé avec l'abbatiale).* ☎ 02 40 78 73 88.

Accès par l'Office de tourisme. Ce musée ornithologique remarquablement conçu est consacré aux 225 espèces d'oiseaux nicheurs ou de passage qui hantent le lac de Grand-Lieu. Montage audiovisuel sur la faune et la flore du lac, et vidéo sur la réserve.

Quitter St-Philbert par le Nord en empruntant la D 65.

Lac de Grand-Lieu

D'OUTRE-TOMBE
Sous la vase du lac serait ensevelie la ville d'Herbauge, maudite pour ses mœurs dissolues. Selon la légende, le tintement de sa cloche se fait encore entendre au milieu du lac, à minuit, durant la nuit de Noël…

◄ Communiquant avec l'estuaire de la Loire par l'Acheneau (chéneau : chenal), appelé aussi étier de Buzay, ce lac est une réserve naturelle depuis 1980. Le fond rocheux, d'une profondeur de 1 à 2 m suivant les saisons, est recouvert par endroits d'une importante couche de vase. Important site de nidification du héron cendré et de la rare spatule, le lac de Grand-Lieu, situé sur une voie de migration atlantique, accueille plus de 200 espèces d'oiseaux : bécassines, canards, sarcelles, grèbes, râles, oies…

La superficie du lac de
Grand-Lieu varie suivant
les saisons : de 8 000 ha
en hiver, elle diminue
de moitié en été.

Promenades en barque – *Lors de la fête annuelle des Pêcheurs qui a lieu à Passay le 15 août et dim. suivant.* Elles ne sont autorisées qu'exceptionnellement sur le lac dont seuls les musées (la maison du Pêcheur et la maison du Lac, à St-Philbert-de-Grand-Lieu) permettent de découvrir les beautés naturelles.

Passay

Typique hameau de pêcheurs, c'est le seul endroit d'où l'on peut approcher le lac de Grand-Lieu.

Maison du Pêcheur – *Mars-sept. : 10h-12h, 15h-18h30 ; oct.-fév. : tlj sf lun. Matin 10h-12h, 15h-18h. Fermé 1ᵉʳ janv. et 25 déc. 13F.* ☎ *02 40 31 36 46.*
Installé au pied d'une **tour-observatoire** dominant le lac et ses environs, ce petit musée révèle un milieu exceptionnellement riche. Le lac et son écosystème (faune, flore) sont clairement présentés, ainsi que les activités qui y sont liées, notamment la pêche avec ses techniques particulières. Des aquariums abritent les espèces locales : brochets, sandres, anguilles, carpes...
Quitter Passay par le Nord-Est en empruntant la D 65. À Pont-St-Martin, prendre la D 11 vers l'Ouest. À Bouaye, prendre vers le Sud la route menant à St-Mars-de-Coutais.

Planète sauvage★★

&. *De mi-fév. au 11 nov. : 10h-16h (juin-août : 10h-17h30 ; avr.-mai et sept. : 10h-17h, dim. et j. fériés 10h-17h30). 90F (enf. : 50F).* ☎ *02 40 04 82 82.*

Piste Safari – Après avoir franchi le pédiluve (bac désinfectant), l'automobiliste est invité à rouler au pas sur les 10 km de pistes serpentant à travers le parc. Dans un environnement de brousse et de savane, 13 parcs en enfilade *(accès pour certains d'entre eux par des sas)* permettent de découvrir, en observation rapprochée, les jeux d'eau pratiqués par les hippopotames et les éléphants, une cavalcade de bisons, les sauts prodigieux des impalas et des springboks, des combats entre cerfs Axis, entre cobs, la sieste des ours baribal sur leur rocher, la lutte des tigres, la majesté des lions, la cruauté des lycaons, la placidité des girafes, etc.

Qu'ils sont joueurs ces
éléphants, quand l'heure
du bain a sonné !

Le village du Safari – Ce village, qu'on découvre à pied, propose de nombreuses activités de détente (plaine de jeux, aire de pique-nique, restaurants, boutiques), de culture (jolie salle d'expositions à thème) et de balades dans un décor de village de brousse. La visite peut débuter par l'**Arche des reptiles** (vivarium où serpents et crocodiles cohabitent dans une lumière feutrée) et la ferme des animaux

Ne vous prenez pas
pour le célèbre Daktari,
et restez bien à l'abri
dans votre voiture pour
observer cette lionne.

miniatures (20 espèces), et se poursuivre par un **show d'otaries** avant de longer l'**Île des siamangs** où les singes hurleurs apostrophent les colonies de flamants roses, marabouts et pélicans bordant la rive. Enfin, le jardin exotique précède la **forêt des singes** *(ne pas s'éloigner des chemins tracés)* peuplée de macaques rhésus.

Rejoindre Port-St-Père, et emprunter la D 103 (Nord).

Le Pellerin

Pour les nostalgiques des bacs, sachez que vous pouvez encore en emprunter un pour traverser la Loire.

Quitter le Pellerin par l'Ouest en empruntant la D 58.

Rouans

Ce sympathique petit village a servi de décor au film de Jean-Louis Hubert *Le Grand chemin*. Les joutes verbales entre Anémone et Richard Borhinger résonnent encore !

Quitter Rouans par l'Ouest et rejoindre la D 266 qui traverse la forêt de Princé. Rejoindre la D 6 à Chauvé ; cette route ramène à Pornic.

Pouzauges

Autour de Pouzauges se tricote le patchwork du Haut Bocage vendéen, avec ses petits prés enclos de haies où se pratique l'élevage intensif. De là, on part à la découverte de la Vendée historique.

La situation

Cartes Michelin n°s 67 pli 16 ou 232 pli 42 – Vendée (85) – Schéma p. 176. Pouzauges est étagé sur la pente d'une colline couronnée par le bois de la Folie et située à 9 km au Sud-Est des Herbiers.

🛈 *Pl. de l'Église, 85700 Pouzauges, ☎ 02 51 91 82 46.*

Le nom

Pulzagiae (1080) aurait un lien avec le puits et l'eau.

se promener

Le donjon carré est flanqué de tourelles engagées.

Vieux château

Cette forteresse féodale fut apportée en dot à Gilles de Rais *(voir Tiffauges)* par sa femme. Son enceinte est jalonnée de 10 tours rondes ruinées, et un donjon carré en protège l'entrée. Une croix rappelle le souvenir des 32 Vendéens fusillés à cet endroit pendant la Révolution.

Église St-Jacques

Typiquement vendéenne, trapue et équilibrée, elle a été élevée en granit. Elle possède une tour carrée sur la croisée du transept, une courte nef et un transept du 12e s. dont le style marque la transition du roman au gothique. Le vaste chœur gothique flamboyant à trois vaisseaux est du 15e s.

alentours

Moulins du Terrier-Marteau★

S'adresser à l'Office de tourisme.

1 km par la D 752 puis une petite route à droite. À droite apparaissent ces étonnantes constructions blanches, à toits de bardeaux (planches), dont il est amusant de voir tourner les ailes entoilées. Édifiés au milieu du 19e s, ces deux moulins ont été restaurés. Dans l'un des moulins, vous pouvez découvrir l'univers insolite du meunier, entouré de bruits et de l'odeur enivrante du grain en train d'être moulu. Belle **vue★** sur le bocage à l'Ouest.

Les moulins du Terrier-Marteau ont conservé une toiture mobile où les ailes sont orientées au vent avec l'aide extérieure du guivre (poutre).

Bois de la Folie

Près du Terrier-Marteau. Ce fut vraisemblablement un *lucus* (bois sacré) à l'époque romaine, après avoir été un lieu de réunion pour les druides qui y coupaient le gui et accomplissaient les sacrifices rituels. Sur une hauteur faite d'un amas de roches, une épaisse touffe d'arbres (chênes, pins et hêtres) se dresse. Elle est surnommée le « bouquet de Pouzauges » ou le « phare de la Vendée » par les Vendéens. De là, **vue**★ au Nord-Est sur le bocage.

circuit

ENTRE SÈVRE NANTAISE ET GRAND LAY

Circuit de 75 km – environ 6 h

Quitter Pouzauges par le Sud-Ouest en empruntant la D 43, puis tourner à droite sur la D 113.

Château du Bois-Triffrais

Il abrite un musée qui retrace l'histoire et les vicissitudes du protestantisme dans l'Ouest et particulièrement dans le Poitou.

Musée de la France protestante de l'Ouest – ♿ *De mi-juin à mi-sept. : 11h-13h, 14h-19h, dim. et j. fériés 14h-19h. 15F. ☎ 02 51 66 41 03.*

De nombreux documents mettent l'accent sur les principaux épisodes : prédication de Calvin dans le Poitou (1534), édit de Nantes (1598) et sa révocation en 1685, entraînant l'émigration et la pratique clandestine dite « du Désert », enfin édit de Tolérance (1787).

Poursuivre sur la D 113, puis prendre la route de Chantonnay. Après 2 km, tourner à droite.

> **À VOIR**
> Attardez-vous sur les bibles, reproductions de méreaux (médailles qui permettaient aux pasteurs de reconnaître leurs fidèles pendant la période du Désert) et une chaire démontable (pour les assemblées du Désert).

Prieuré de Chassay-Grammont

Juil.-août : 14h30-19h30 ; mai-juin : dim. et j. fériés 14h30-19h ; de sept. à mi-nov. : dim. et j. fériés 14h30-18h30. Fermé de mi-nov. à fin avr. 20F. ☎ 02 51 66 40 96.

Ce monastère, qu'aurait fondé vers 1196 Richard Cœur de Lion, a fait l'objet d'une importante restauration. À Chassay, tous les bâtiments conventuels sans exception, ainsi que l'église, se groupent en quadrilatère autour d'une cour où se trouvait le cloître. Dans l'église, à nef unique dépourvue de décor, la lumière n'était fournie que par les trois baies de l'abside. Au rez-de-chaussée, la salle capitulaire, avec une voûte de style roman angevin, et le réfectoire, grande salle qui a retrouvé, lors de sa reconstruction, sa voûte de style gothique angevin (13ᵉ s.), ne manquent pas de beauté. À l'étage, on peut voir le dortoir des moines.

Revenir et couper la D 960ᵇⁱˢ. À Sigournais, prendre à gauche, puis à Chavagnes tourner à droite sur la D 89.

> **SOBRIÉTÉ**
> L'architecture de ce prieuré est propre à l'ordre de Grammont. Ces ermites vivaient en communauté dans un lieu retiré. Attachés à la pauvreté, leurs monastères étaient sobres et dépouillés.

Mouilleron-en-Pareds *(voir ce nom)*

Quitter Mouilleron par le Nord-Est en empruntant la D 8.

Église de Pouzauges-le-Vieux

De style roman, à l'exception du chœur refait au 14e s., cet édifice en granit, aux lignes très simples, érigé sur une butte plantée de cyprès, compose un tableau harmonieux. Son portail au dessin pur, son transept très saillant, sa courte tour carrée à la croisée du transept ont servi de modèle à plusieurs sanctuaires vendéens. L'intérieur, voûté en berceau brisé, est pavé de dalles funéraires. Sur le mur gauche, **peintures murales** du 13e s.

Prendre la D 49 en direction de Montournais.

Puy Crapaud

S'élevant à 270 m d'altitude, il est couronné par les vestiges d'un moulin, transformé en restaurant. Du sommet du moulin s'étend un vaste **panorama★★** sur toute la Vendée, jusqu'à l'océan. Admirez particulièrement la perspective sur l'alignement des monts en direction de Pouzauges et de St-Michel-Mont-Mercure. *Pour accéder à la table d'orientation (escalier difficile), s'adresser au bar.*

Revenir sur la D 49 puis, à Montournais, prendre au Nord la D 8 jusqu'à St-Mesmin.

*Parmi les fresques décorant l'église de Pouzauges-le-Vieux, admirez l'*Entretien de la Vierge avec un ange.

Environ 1 km après St-Mesmin, sur la route de Cerisay, on distingue sur la droite les ruines féodales du **château de St-Mesmin**, bien placé ; le donjon a conservé ses mâchicoulis.

Au carrefour, prendre à gauche la petite route qui rejoint la D 27.

La Pommeraie-sur-Sèvre

Un pont romain enjambe la Sèvre. Dans l'**église** gothique, dont la nef porte d'élégantes voûtes Plantagenêt, des fresques du 15e s. représentent les sept péchés capitaux, symbolisés par des personnages chevauchant des animaux.

Quitter La Pommeraie-sur-Sèvre par l'Ouest, en empruntant la D 43 qui ramène à Pouzauges.

Le **Puy du Fou**★★

Faites un saut dans le temps au Puy du Fou ! La nuit, le château brille sous les feux d'un célèbre « son et lumière ». Le jour, un musée retrace le passé de la Vendée et le « Grand Parc » historique et écologique plonge grands et petits dans un monde merveilleux.

La situation

Cartes Michelin n°s 67 pli 15 ou 232 pli 42 – 12 km au Nord-Est des Herbiers – Vendée (85) – Schéma p. 176

Les trois parkings (grandes capacités) sont gratuits. Le visiteur ne peut se garer où bon lui semble, il doit se conformer aux instructions données par les employés du site (le parking situé près de l'entrée est rempli le premier).

Le nom

« Puy » vient du latin *podium* et désigne une hauteur sur laquelle poussait autrefois le *fagus*, branche de hêtre ou « fou ». Ce fou n'a rien à voir avec la folie mais avec le fouet du Père Fouettard...

Les gens

800 acteurs, baptisés Puyfolais, viennent des quinze communes environnantes pour participer à la Cinéscénie, écrite et mise en scène par Philippe de Villiers.

À SAVOIR

En saison, seules deux journées (le vendredi et le samedi) permettent d'enchaîner la visite du Grand Parcours, voire de l'écomusée, et le spectacle de la Cinéscénie.

carnet pratique

OÙ SE RESTAURER

• **Valeur sûre**

Restaurant L'Auberge – Fermé du dim. au jeudi. – ✉ – réserv. obligatoire sur place – 170F. Au Nord du site, cette auberge propose des repas préparés à partir de bons produits régionaux, dans un cadre chaleureux. Service en costume et un menu alléchant dit des « Gourmets ».

DÉJEUNER-SPECTACLE

La Halle Renaissance – 2 services : 11h45 et 13h30 ; services supplémentaires les soirs de cinéscénie : 18h30 et 20h15 – 105 F. Située derrière l'Espace Souvenir, cette salle monumentale accueille des repas-spectacles. Trois salles en escalier font face à une estrade où l'intendant du Puy du Fou présente, à sa façon, chaque plat servi par des pages zélés. À cheval, le maître des lieux vient remercier ses convives.

Le Relais de Poste – 2 services : 11h45 et 13h30 ; services supplémentaires les soirs de cinéscénie : 18h30 et 20h15 – 105 F. Au nord du site, une belle salle aux poutres apparentes s'ouvre sur une cour pourvue de tables où prennent place les amateurs de ripaille désireux d'assister aux repas animés par des musiciens et des danseurs.

ACCÈS

Transport – Les services de cars des villes de Cholet, Les Herbiers, la Roche-sur-Yon permettent de se rendre au Puy du Fou. Des circuits de ramassage sont organisés sur le littoral (vendéen et charentais) ainsi que dans les terres. Se renseigner auprès des offices de tourisme ou à Tourisme Océan, 34 r. Merlet, 85000 La Roche-sur-Yon, ☎ 02 51 47 54 45.

À SAVOIR

Les animaux ne sont pas admis sur le site.

Point d'information – Situé à proximité du restaurant L'Auberge (Nord du site), il est pourvu d'une infirmerie.

Visite – Une fiche détaillée comprenant les horaires des différents spectacles est remise, à l'entrée du site, à chaque visiteur.

Un petit train (réservé en priorité aux personnes âgées ou à mobilité réduite) relie l'entrée du grand parc au village du 18ᵉ s.

découvrir

LA CINÉSCÉNIE★★★

  ♿ Du dernier w.-end de mai au 1ᵉʳ w.-end de sept. : spectacle (1h3/4) ven. et sam. à 22h30. 125F (enf. : 45F). Réserv. obligatoire. ☎ 02 51 64 11 11.

On ne visite pas pendant la journée. **13 500 places**. La terrasse de la façade postérieure du château donnant sur une pièce d'eau compose le décor et l'aire scénique (15 ha) de la grandiose Cinéscénie du Puy du Fou. 800 acteurs « puyfolais » et 50 cavaliers font revivre l'histoire de la Vendée avec des moyens impressionnants : jets d'eau, effets spéciaux, éclairages et pyrotechnie informatisés, structure sous-marine autotractée, laser, etc.

Venez assister à la cinéscénie du Puy du Fou... un formidable spectacle contant l'histoire de « Jacques Maupillier, paysan vendéen ».

LE PUY DU FOU

LE GRAND PARC

- 🛈 Information
- ☏ Téléphone
- ✕ Restauration
- 🍷 Boissons
- 🚻 Toilettes

★★ **GRAND SPECTACLE DE FAUCONNERIE**

★★ **LES VOLIÈRES**

DES

AIGLES

Orgues

Tribune panoramique

Pont flottant

LA CINÉSCÉNIE ★★★

★★**FÊTE DE CHEVALERIE/ LA BATAILLE DU DONJON**

CHÂTEAU
(ÉCOMUSÉE DE LA VENDÉE ★)

Espace souvenirs

Billetterie

P

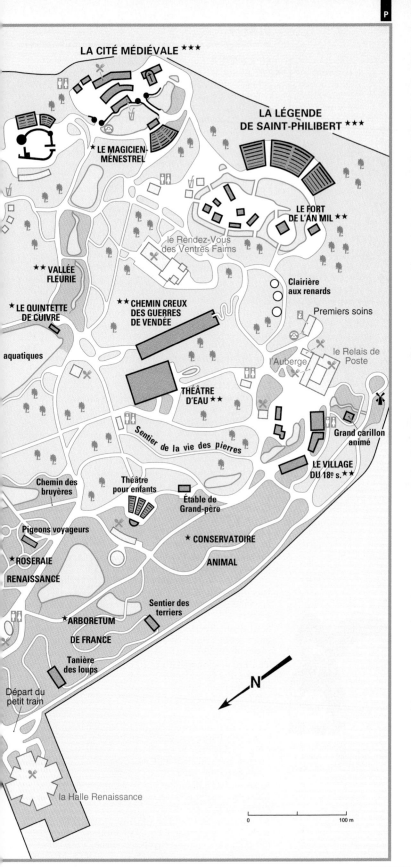

LA CITÉ MÉDIÉVALE ★★★

LA LÉGENDE DE SAINT-PHILIBERT ★★★

★ **LE MAGICIEN-MÉNESTREL**

LE FORT DE L'AN MIL ★★

le Rendez-Vous des Ventres Faims

★★ **VALLÉE FLEURIE**

Clairière aux renards

★ **LE QUINTETTE DE CUIVRE**

Premiers soins

★★ **CHEMIN CREUX DES GUERRES DE VENDÉE**

aquatiques

le Relais de Poste

l'Auberge

THÉÂTRE D'EAU ★★

Grand carillon animé

Sentier de la vie des pierres

LE VILLAGE DU 18e s. ★★

Chemin des bruyères

Théâtre pour enfants

Étable de Grand-père

Pigeons voyageurs

★ **CONSERVATOIRE**

★**ROSERAIE RENAISSANCE**

ANIMAL

Sentier des terriers

★**ARBORETUM**

DE FRANCE

Tanière des loups

Départ du petit train

N

la Halle Renaissance

0   100 m

visiter

LE CHÂTEAU

SOMPTUEUX
Dans l'entrée, l'escalier
à volées droites et plafond
à caissons.

◄ Édifié aux 15ᵉ et 16ᵉ s., il ne fut probablement jamais achevé et brûla partiellement durant les guerres de Vendée *(voir Introduction)*. Il en subsiste cependant, au fond de la cour, un pavillon Renaissance finissant, que précède une colonnade constituant l'entrée de l'écomusée de la Vendée. L'aile gauche est construite sur une longue galerie.

Écomusée de la Vendée★ – *Tlj sf lun. (dernière entrée 1/2h av. fermeture) 10h-12h, 14h-18h (mai-sept. : tlj sf lun. 10h-19h). Fermé en janv. et 25 déc. 15F.* ☎ *02 51 57 60 60.* La première partie de l'écomusée est consacrée au passé de la région, de sa formation géologique à la fin de l'Ancien Régime ; chaque grande période est évoquée par une approche thématique, illustrée par des objets témoins et des reconstitutions (sépulture mégalithique, cuisine gallo-romaine, façade d'église romane...). La seconde partie retrace les guerres de Vendée et les opérations militaires de 1793 à 1796. Ensuite, on explique l'émergence d'une mémoire populaire locale fondée sur des récits et des témoignages. Elle fut structurée et officialisée par la Restauration, et se traduisit par une floraison de portraits de chefs vendéens, un courant littéraire et des récompenses royales.

DANS L'INVENTAIRE
Le patrimoine industriel
de la Vendée est
représenté par une
machine à vapeur Piguet
(début du 20ᵉ s.) qui
entraînait une machine
à filer la laine cardée.

À cette conception s'est opposée, à la fin du 19ᵉ s. une vision républicaine exaltant le souvenir des héros révolutionnaires (Bara, Hoche). L'art officiel imposait alors une image bretonne des combattants de l'Ouest.

LE GRAND PARC★★

&. *De juin à mi-sept. : 10h-19h ; mai : w.-end et j. fériés 10h-19h. 115F (enf. : 50F).* ☎ *02 51 64 11 11.*

Longeant des étangs ou traversant des bois de châtaigniers, les chemins sillonnent le domaine de 35 ha autour du château.

Faune

Volières des aigles★★ – De nombreuses volières de rapaces bordent le chemin grimpant vers le vieux château.

TRÈS DOUX
Le baudet du Poitou
s'avère être le plus
affectueux de tous les
animaux... moyennant
un quignon de pain.

Clairière aux renards – Goupil et les siens rôdent au Nord du bois.

◄ **Conservatoire animal★** – De vastes enclos accueillent les animaux de la ferme.

Étable de Grand-Père – Il est spectaculaire de voir le paysan s'employer de la voix et du geste à faire reculer un attelage de bœufs vers l'entrée de la vieille étable.

Pigeons voyageurs – Utilisés jusqu'à la Seconde Guerre mondiale, les pigeons étaient dressés pour porter des messages entre deux lieux éloignés.

Sentier des terriers – Découvrez la vie souterraine des lapins et des renards (animaux naturalisés) grâce à des reconstitutions de galeries en coupe.

Tanière des loups – Au 18ᵉ s., ces animaux parcouraient par horde la campagne française. Cette tanière raconte l'histoire du dernier loup de Vendée : nous sommes en 1908...

Le spectacle de Fauconnerie, un moment fort du grand parc.

Flore

Arboretum de France★ – Un agréable parcours permet de se familiariser avec un grand nombre de plantes.

Chemin des bruyères – Plusieurs variétés de bruyères poussent parmi les fougères et les rocailles, à l'ombre d'arbres (chêne, noisetier).

Roseraie Renaissance★ – Une centaine de variétés de roses produisent un tableau sensuel aux couleurs et parfums subtils.

Sentier de la vie des pierres – D'où viennent les roches ? Explications et « échantillons » de pierres (amphibolite, granit, rhyolite, schiste, etc.) jalonnent cette promenade.

Vallée fleurie★★ – Plantes et essences diverses sont soigneusement associées le long de sentiers bordés d'étangs et de cascades. Parfois, une brume artificielle d'eau pulvérisée enveloppe le site, donnant à ce lieu de verdure des accents de romantisme.

Mémoire

Chemin creux des guerres de Vendée★★ – *L'atmosphère des lieux est susceptible de choquer les jeunes enfants et les personnes sensibles.* L'évocation des massacres perpétrés par les « colonnes infernales » lors des guerres de Vendée se fait dans une semi-obscurité.

▶ **ÉPROUVANT**
Un parcours souterrain est jalonné de scènes dramatiques.

Musique

Grand carillon animé – Tous les quarts d'heure, vingt et une cloches interprètent d'anciennes mélodies ; des personnages vendéens s'animent chaque demi-heure.

Le quintette de cuivre★ – Coiffés de perruques, des musiciens en habit interprètent de la musique baroque.

Orgues aquatiques – Sur la berge, des pupitres permettent de commander des jets d'eau à distance.

Spectacles

Fête de Chevalerie★★ – *Spectacle de 25mn ; 3 500 places.* Lors de joutes et tournois, les chevaliers tentent d'attirer sur eux le regard de la belle Catherine du Puy du Fou. Parades et cascades équestres, sauts d'obstacles et de haies de feu achèvent ce spectacle coloré par de superbes costumes.

Ne vous y fiez pas, des heures d'entraînement sont nécessaires aux cavaliers pour arriver à une telle prouesse.

La bataille du donjon – *Spectacle de 30 mn ; 3 500 places.* Une nouveauté qui multiplie cascades et effets spéciaux.

Grand spectacle de Fauconnerie★★ – *Spectacle de 30 mn ; 1 700 places.* Les ruines d'un château du 13ᵉ s. servent de cadre au vol libre de rapaces dressés. Installé au centre du site, un fauconnier, en costume d'époque, commente l'historique de cet art et les différentes techniques de chasse. Postés aux quatre coins des ruines, les dresseurs attirent des oiseaux de proie ▶ (aigles, buses, hiboux, faucons, vautours) en faisant tournoyer un appât.

▶ **ÉTOURDISSANT**
Attirés par la nourriture, les rapaces fondent en piqué vers leur « proie », frôlant parfois la tête de spectateurs.

La légende de St-Philibert★★★ – *Spectacle de 30mn ; 3 000 places.* Des effets spéciaux spectaculaires (drakkar surgissant de l'eau) et de formidables courses-poursuites (cavalcades de chevaux, combats) retracent l'épopée *(voir St-Philbert-de-Grand-Lieu)* de ce moine mort à Noirmoutier en 685.

Le magicien-ménestrel★ – *Spectacle de 20mn ; 800 places.* Une toile, dressée au pied des remparts de la cité médiévale, abrite les tours de joyeux compères.

Théâtre d'eau★★ – *Spectacle de 20mn ; 600 places.* Le Puy du Fou est évoqué dans une chorégraphie originale. Orchestrés par ordinateurs, 1 500 jets d'eau jaillissent et se croisent à travers des jeux de lumières multicolores.

Théâtre pour enfants – *Spectacle de 15mn ; 400 places.* Spectacle de marionnettes où le facétieux Pigouille raconte une bien étrange histoire.

Les vikings en Vendée ? Pas de panique ! Mais la reconstitution de leur attaque est tellement réussie que parfois on s'y laisse prendre...

Ours Martin est de sortie sous l'œil bienveillant de sa maîtresse.

Villages

Trois villages d'époques différentes ont été reconstitués au Nord du site.

Le fort de l'an Mil★★ – Entouré de palissades de bois et de fossés remplis d'eau, le village semble à l'abri de toute attaque. Les artisans (forgeron, tisserand) profitent de cette période de calme pour montrer leur savoir-faire, bien installés dans leurs maisons de pierre au toit de chaume pentu.

La cité médiévale★★★ – Un pont-levis permet d'accéder au village féodal que protège une enceinte fortifiée.

À l'ombre des tours, artisans, enlumineurs et ménestrels se croisent au hasard des ruelles. Dans la chapelle romane, le visiteur est convié à un adoubement avant de se rendre dans la crypte.

Le village du 18e s.★★ – On peut voir des artisans en costumes d'époque, des musiciens donner une aubade, des jongleurs virtuoses.

Île de **Ré**★

Allongée à fleur d'eau, nette et dépouillée sur l'horizon, l'île de Ré est l'un des rendez-vous favoris des vacanciers amateurs de soleil et de grand air. Ses plages et ses dunes, au sable extraordinairement blanc, ravissent baigneurs, véliplanchistes et ramasseurs de coquillages. L'« île blanche » est parsemée de villages aux maisons basses, d'une blancheur éclatante, aux façades recouvertes de treilles et de glycines, et bordées de roses trémières ou de belles-de-nuit. On sillonne l'île à vélo en toute quiétude sur de nombreuses pistes cyclables, pour découvrir quelques vignobles et bois de pins, et ses célèbres marais salants.

La situation

Le pont-viaduc est situé à 32 m au-dessus du niveau des eaux les plus hautes.

Cartes Michelin n°s 71 pli 12 ou 233 plis 2, 13 – au large de La Rochelle – Charente-Maritime (17). On y accède par le **pont-viaduc**, un pont routier à péage long de 2 960 m, qui relie l'île au continent depuis 1988. *De mi-juin à mi-sept. : péage AR auto (conducteur et passagers compris), 110F ; de mi-sept. à mi-juin : 60F. Deux-roues : 15F.*

On y part pour les **promenades en mer**, en saison. Des croisières et des liaisons sont organisées avec l'île d'Aix. *De Pâques à fin sept. : liaisons régulières vers l'île d'Aix (avec approche du fort Boyard), assurées par la compagnie Bernard Palissy II, 17610 Chaniers. Des croisières sont également organisées en sais. le long des côtes de l'île et vers La Rochelle, l'île d'Oléron. ☎ 05 46 09 87 27.*

🅱 *Av. V.-Bouthillier, BP 41, 17410 St-Martin-de-Ré, ☎ 05 46 09 20 06. Sites Internet* www.iledere.com. *et* www.sel-de-re.tm.fr.

Le nom

Ratis est une racine possible de Ré et signifie en latin « radeau » ou « bateau ». Mais une autre source donne pour racine *Radis*… L'origine de Ré reste donc malgré tout une énigme.

Les gens

Les Rétais. L'île attire et a attiré de nombreuses stars et célébrités françaises aussi bien du cinéma que de la littérature, du show-business ou de la politique… Citons Charles Aznavour, Claude Nougaro, Régine Desforges, Madeleine Chapsal, Philippe Sollers, Sonia Rykiel, Jean-Claude Casadesus, Claude Rich, Vincent Lindon, Jacques Toubon, Jean-François Kahn. Lionel Jospin et sa femme y passent leurs vacances d'été. On y a vu aussi Emmanuelle Béart, Michel Piccoli, Nicole Garcia et Patrick Bruel.

TROUSSE-CHEMISE
Charles Aznavour qui passait souvent des vacances au village des Portes-en-Ré, a immortalisé le bois voisin de Trousse-chemise dans une chanson désormais célèbre.

carnet pratique

Où dormir

• À bon compte

Camping Interlude-Gros Jonc – *Plage de Gros Jonc – Le Bois-Plage-en-Ré – 17410 St-Martin-de-Ré – 4 km au S de St-Martin par D 201[E2] puis rte de Gros Jonc – ☎ 05 46 09 18 22 – ouv. 3 avr. au 25 sept. – réserv. conseillée – 300 empl. : 184F – restauration.* À 50 m de la plage, dans un parc paysager, vous aurez le loisir de choisir entre la tente, le mobile home et le chalet. Côté détente et sports : piscines, couverte et de plein air, pétanque, ping-pong et salle de remise en forme vous attendent. Les enfants ne manquent pas de jeux non plus.

Camping La Tour des Prises – *Rte d'Ars – 17670 La Couarde-sur-Mer – 4 km à l'E d'Ars-en-Ré par D 735 – ☎ 05 46 29 84 82 – ouv. avr. à sept. – réserv. conseillée en été – 140 empl. : 140F.* Arbres et haies de cyprès donnent un cadre de nature ombragé à ce camping entouré de murs de pierre. Piscine chauffée, salle de jeux et location de mobile homes. Sans oublier les vélos, rois dans l'île, qui vous emmèneront en 5 mn à la plage des Prises.

Hôtel L'Hippocampe – *R. du Château des Mauléons – 17630 La Flotte-en-Ré – ☎ 05 46 09 60 68 – 15 ch. : 115/280F – ☞ 30F.* Dans le village, cette maison qui date de 1927 profite du calme d'une rue paisible. Modeste, sa décoration est pourtant peu à peu remise au goût du jour. Ses chambres, petites et simples, sont encore un peu désuètes. Petit déjeuner servi dehors en été.

• Valeur sûre

Le Clos Bel Ébat – *17 r. de la Grainetère – 17630 La Flotte-en-Ré – ☎ 05 46 09 61 49 – fermé 15 nov. au 15 mars sf vac. scol. – ⌿ – 3 ch. : 400/550F.* Les jolies petites chambres communicantes de cet ancien chai sont parfaites pour une grande famille. Mais elles peuvent aussi être louées séparément, pour les séjours en amoureux. Délicate attention : le panier du petit déjeuner déposé chaque matin devant la porte des chambres...

Hôtel Atalante – *17740 Ste-Marie-de-Ré – 9 km au SE de St-Martin par D 201 – ☎ 05 46 30 22 44 – fermé janv. – ▣ – 65 ch. : 485/1160F – ☞ 35F – restaurant 140/240F.* En face de l'océan, dans un parc de plus de 5 ha, cet hôtel date des années 1970 : ses chambres, installées dans deux bâtiments, ont d'ailleurs gardé des traces de leur décoration d'origine. Un troisième bâtiment un peu plus récent abrite un centre de thalasso.

• Une petite folie !

Domaine de la Baronnie – *21 r. Baron de Chantal – 17410 St-Martin-de-Ré – ☎ 05 46 09 21 29 – fermé Toussaint à Pâques – ⌿ – 5 ch. : à partir de 600F – ☞ 50F.* Une adresse rare sur l'île ! Ce superbe hôtel particulier classé, restauré avec goût, propose des chambres calmes, au confort raffiné. L'une d'elles, en duplex dans la tour, offre une vue ravissante sur le jardin et les toits de St-Martin. Petit déjeuner servi dans une charmante salle.

Hôtel Richelieu – *17630 La Flotte-en-Ré – ☎ 05 46 09 60 70 – ▣ – 39 ch. : à partir de 800F – ☞ 100F – restaurant 300/400F.* Sans aucun doute l'étape la plus luxueuse de l'île... En face de la plage, ses maisons se répartissent dans un jardin. Chambres très spacieuses, richement meublées et très bien équipées, centre de thalasso, grande piscine et restaurant étoilé avec vue. Demi-pension obligatoire en saison.

Où se restaurer

• Valeur sûre

Les Embruns – *6 r. Chay-Morin – Îlot – 17410 St-Martin-de-Ré – ☎ 05 46 09 63 23 – fermé 6 janv. au 6 fév. et jeu. sf été – 115/125F.* Derrière ses volets verts, ce petit restaurant sert une cuisine de marché qui fait la part belle aux poissons. Affichée sur l'ardoise, elle change avec les saisons et se déguste fort bien dans le décor de filets et d'outils de pêche, sur fond blanc et bleu, bien sûr...

La Bouvette – *Le Morinand – 17580 Le Bois-Plage – 2 km au SE de St-Martin-de-Ré par D 201[E2] – ☎ 05 46 09 29 87 – fermé déc., janv., dim. soir, lun. midi et mer. sf été – 110/160F.* À côté du moulin de Morinand, cet ancien chai abrite un restaurant. À l'intérieur, vous dégusterez des poissons de la pêche du jour grillés au feu de bois et quelques viandes. La carte, à l'ardoise, change avec les saisons. Ambiance très décontractée.

L'Auberge de la Rivière – *17880 Les Portes-en-Ré – 1 km à l'O des Portes-en-Ré sur D 101 – ☎ 05 46 29 54 55 – fermé 15 nov. au 15 déc., janv. et mer. d'oct. à Pâques – 130/350F.* Au bout de l'île, cette maison assez récente est séparée de la route par un jardin. Bien connue des gens du coin, sa cuisine soignée a une bonne cote. Préférez sa deuxième salle, plus agréable avec ses tables rondes en bois laqué blanc. Un menu intéressant en semaine.

Le Bistrot de Bernard – *1 quai de la Criée – 17590 Ars-en-Ré – ☎ 05 46 29 40 26 – fermé 11 nov. au 20 déc., 4 janv. au 15 fév., lun. soir et mar. d'oct. à mars – 130/175F.* Sur le port, cette vieille maison de pays ne manque pas de charme... Avec sa terrasse qui s'installe devant en été et sa jolie salle à manger qui ouvre ses fenêtres sur une cour-jardin, elle est très agréable. Décoration balnéaire en accord avec la cuisine de poissons.

Le Chat Botté – *17590 St-Clément-des-Baleines – ☎ 05 46 29 42 09 – fermé 21 sept. au 14 déc., 6 janv. au 9 fév., lun. de mi-sept. à mars – 130/370F.* On entre dans cette maison de pays, à côté de la place de l'église, par le bar. Sa grande salle à manger agréablement rénovée donne sur une terrasse et un jardin. Décor de boiseries et meubles modernes pour une cuisine traditionnelle, déclinée en menus.

• Une petite folie !

L'Écailler – *3 quai Senac – 17630 La Flotte-en-Ré – ☎ 05 46 09 56 40 – fermé 2 nov. à*

*Pâques, lun. sf j. fériés et vac. scol. –
210/290F.* Sur le port, entre la terrasse et le
joli patio de cette maison du 17ᵉ s., vous
dégusterez poissons et fruits de mer... Un
délicieux moment en perspective, à passer
entre amis ou en amoureux, autour d'une
carte présentée à l'ardoise. Adresse bien
connue des Rétais.

SE DÉPLACER

Bus – Le réseau **Rébus** (St-Martin-de-Ré,
☎ 05 46 09 20 15), dessert l'île de Ré (de
Sablanceaux aux Portes-en-Ré) à partir de la
gare SNCF de La Rochelle. Il existe des cartes
d'abonnement de 10 voyages et des billets
AR.

Escalier hélicoïdal du phare des Baleines.

Bicyclette – La location de vélo est
possible un peu partout dans l'île, où les
offices de tourisme suggèrent 5 parcours
évocateurs des divers visages de Ré :
chemins de la Forêt, du Littoral, des
Marais, de la Campagne et de l'Histoire.

SORTIR

Le Bastion de la mer – Cours Pasteur –
St-Martin-de-Ré – ☎ 05 46 09 21 92. Night-
club et discothèque, sur le site des anciennes
poudrières des fortifications de St-Martin.
Vue sur la mer, rythmes éclectiques, soirées
à thème.

ACHATS

Souvenirs – Paniers de spécialités (fleur de
sel, salicornes, bière (la Réblanche), caramels,
etc.), **L'Île en Ré-ve,** *10 r. de Sully,
St-Martin-de-Ré,* ☎ 05 46 09 02 96.
Coopératives et boutiques spécialisées
fournissent en vêtements marins.

Marchés – Tous les matins en saison : Ars
(place du Marché d'Été), Le Bois-Plage (place
R.-Dupeux), La Couarde (place du Marché),
La Flotte (Vieux Marché), Loix (place de la
Mairie), Les Portes (place de la Liberté),
St-Clément (place de l'Église), Ste-Marie
(place d'Antioche), La Noue (cours des
Écoles), St-Martin (rue Jaurès).

Vins – Vente de vins du Pays Charentais
et de pineaux, Coopérative Vinicole de l'Île
de Ré, *rte de Ste-Marie, le Bois-Plage,*
☎ 05 46 09 23 09.

comprendre

La rivalité franco-anglaise – De la guerre de Cent Ans
à la chute de Napoléon, les combats auront été
perpétuels à l'île de Ré, où les Anglais tentèrent de nombreuses incursions. Les guerres de Religion n'épargnè-
rent pas, non plus, l'île.

En 1625, **Toiras** gouverne l'île qu'il a conquise sur les
protestants et renforcée avec l'édification du fort de la
Prée et de la citadelle de St-Martin. C'est un homme
habile et spirituel. Pour l'instant, Ré est en alerte. Une
flotte anglaise, dirigée par le duc de Buckingham, se présente devant les Sablanceaux. L'infanterie de Sa Gra-
cieuse Majesté débarque et vient assiéger St-Martin,
défendu par 1 400 Français, et le fort de la Prée. Très vite
la place manque de vivres. Il n'y a plus qu'un jour de
pain lorsque le miracle se produit : une trentaine de vaisseaux de la Marine royale débouchent dans le Pertuis
breton et, avec l'avantage du vent, réussissent à pénétrer
dans le port.

Le siège continue cependant. Le 6 novembre, 6 000
Anglais entonnent les psaumes puis se jettent à l'assaut
des murailles. Ils sont repoussés après de sanglants corps
à corps. C'est alors que Louis XIII, arrivant à La Rochelle,
envoie à Ré un contingent de renfort, commandé par le
maréchal de Schomberg. Les Anglais, pris entre deux
feux, sont rejoints au pont de Feneau, près de Loix, et
taillés en pièces. Toiras sera fait maréchal de France.

Le pays et les hommes – Ré, qu'on surnomme « l'île
blanche », s'étend sur près de 30 km. Elle est formée
d'une suite d'îlots calcaires qui se sont soudés. Les principaux îlots sont Ré proprement dit, Loix et Ars. Au
Nord, la baie du Fier d'Ars et les marais qui la bordent
constituent la réserve naturelle de Lilleau des Niges. Au
Sud, une ligne de dunes repose sur un plateau rocheux
qui se poursuit loin vers le large : ces rivages battus par
les flots forment la Côte Sauvage. La partie orientale de

> **SAGESSE OU IRONIE ?**
> Une chronique rapporte
> qu'un officier ayant
> demandé à Toiras,
> à la veille d'une bataille,
> la permission d'aller voir
> son père malade, il aurait
> répondu : « Allez... Tes
> père et mère honoreras...
> afin de vivre
> longuement ! »

l'île, la plus large et la plus fertile, est consacrée aux cultures, morcelées en lopins minuscules : primeurs, asperges et surtout vigne qui donne un vin blanc, rouge ou rosé, savoureux, au goût d'algue. Quant au pineau, il vaut celui d'Oléron. À l'Ouest, jusqu'à La Couarde s'étendent bois de pins et vignes ; au-delà de La Couarde, au pays d'Ars-en-Ré, c'est le domaine des salines, dont l'exploitation se fait de plus en plus rare.

Les Rétais sont plus terriens que marins. Des fruits de la mer ils ne retiennent guère que le goémon (algue aussi appelée le « sart ») ramassé à l'aide de grands râteaux, les coquillages ou les crevettes qui pullulent sur le « platin » rocheux entourant le littoral et visible à marée basse.

L'ostréiculture a été introduite dans la Fosse de Loix et le Fier d'Ars. Autrefois, les îliennes avaient l'habitude de se couvrir la tête d'une coiffe : la **quichenotte** utilisée comme protection contre le soleil ardent. On garde le souvenir d'autres traditions perdues, grâce à des cartes postales anciennes, comme celles où l'on voit les ânes de l'île dans les marais salants porter un pantalon rayé ou à carreaux, afin de les protéger des mouches, des moustiques et des herbes coupante, et un chapeau de jardinier ! On peut toujours voir des ânes culottés dans le parc de la Barbette !

Le nom de quichenotte viendrait du mot anglais kiss not (n'embrassez pas).

visiter

ST-MARTIN-DE-RÉ★

La capitale de l'île, jadis place militaire puissante et port actif, est devenue une charmante cité aux rues étroites et paisibles, pavées et reluisantes de propreté, et qui dans l'ensemble ont gardé l'aspect classique du Grand Siècle.

Fortifications★

Elles remontent au début du 17ᵉ s. mais ont été entièrement remaniées par Vauban. Afin de renforcer la défense des installations navales de Rochefort créées par Colbert en 1666, Vauban vint inspecter l'île de Ré en 1674. Il acheva la fortification de St-Martin-de-Ré en

ST-MARTIN-DE-RÉ

Imaginez que les pavés des quais du port ont servi de lest aux anciens navires marchands.

1692. L'enceinte est percée de deux portes monumentales, la porte Toiras et la porte des Campani, précédées par des espaces demi-circulaires et pourvues de corps de garde sur leur face interne.

La citadelle – Édifiée en 1681, elle était déjà une prison sous l'Ancien Régime. On ne visite pas cette citadelle, mais on peut parcourir les bastions du front de mer d'où l'on a de belles **vues** sur le Pertuis breton et le continent : remarquez les embrasures à canons et les tourelles de guetteurs. L'entrée principale est une majestueuse porte classique au fronton sculpté d'emblèmes guerriers ; face à cette porte, entre deux bastions, est aménagé le petit port particulier de la citadelle. En dépassant la citadelle et les tennis en contrebas, on atteint une plage de sable fin.

Parc de la Barbette

À l'abri des fortifications on découvre de très beaux arbres, parfois abîmés par les tempêtes : pins, chênes verts, acacias, robiniers. Une agréable promenade surplombe la mer, offrant une vue sur la côte Sud-vendéenne au loin.

Hôtel de Clerjotte (Ancien arsenal)

De hautes toitures d'ardoises couronnent cet édifice mi-flamboyant mi-Renaissance, qui était l'hôtel des Officiers des Seigneurs de Ré, avant de devenir arsenal.

Dans la cour bordée de galeries Renaissance, on admire la porte flamboyante à accolade ornée de motifs floraux qui donne accès à la tourelle d'escalier. Aujourd'hui, cet hôtel abrite un musée régional et l'Office de tourisme.

Musée Ernest-Cognacq – *Juil.-août : 10h-19h ; sept. : tlj sf mar. (hors vac. scol.) 10h-12h, 14h-18h ; oct.-juin : tlj sf mar. (hors vac. scol.) 10h-12h, 14h-17h. 23F.* ☎ *05 46 09 21 22.* Sur deux niveaux, il évoque l'histoire locale à travers des objets de marine, des gravures (cartes et plans), des dessins et peintures des 17e et 18e s., ainsi que des objets maçonniques ; un ensemble de documents (affiches, maquette d'un marais salant) et de costumes (coiffes) retracent la vie économique et traditionnelle rétaise.

VOYAGE, VOYAGE
Des collections de faïences (plat de Delft) et de porcelaines de Chine rappellent les échanges commerciaux maritimes entre Ré et le monde entier.

Le port

Sa forme est originale : le bassin enserre l'ancien quartier de marins, aujourd'hui bordé de commerces, qui forme presque un îlot au centre du port. Au 17e s. il connut une époque de prospérité grâce à ses relations commerciales avec le Canada et les Antilles.

Les bateaux de plaisance et quelques bateaux de pêche ont remplacé les voiliers venus du Nord chercher le sel ou le vin, et les goélettes des Antilles chargées d'épices.

Église St-Martin

10h-23h. ☎ *05 46 09 58 25.*
Appelée « Grand Fort », en raison des défenses qui la protégeaient, encore visibles au transept, l'église date du 15e s. Ruinée par les bombardements de la flotte anglo-hollandaise en 1696, elle a été restaurée au début du 18e s. Une chapelle dédiée aux marins contient des ex-voto des 18e et 19e s.

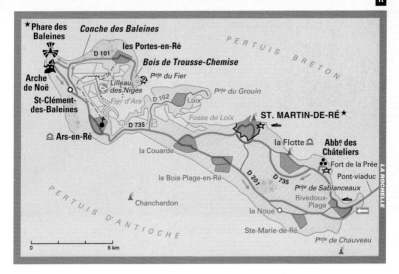

Ancien hôtel des Cadets de la marine
Il abrite l'hôtel de ville et la poste. Ce bâtiment fut ▶
construit au 18ᵉ s. pour servir de logement à une compagnie de cadets (officiers subalternes) des troupes de marine.

> **ENFANT DU PAYS**
> Au début du 20ᵉ s., le propriétaire de l'édifice, Ernest Cognacq, négociant et fondateur des grands magasins de la Samaritaine à Paris, en fit don à sa ville natale.

circuit

LE TOUR DE l'ÎLE
Circuit de 75 km – Compter une journée
De la **pointe de Sablanceaux**, la D 735 longe la côte et arrive en vue du **fort de la Prée** (à droite), jadis défenseur de La Rochelle. Prendre la première route à droite.

Ancienne abbaye des Châteliers
Sur la lande couvrant le promontoire des Barres, face au Pertuis breton (passage maritime), le vent joue dans les vestiges d'une abbaye cistercienne fondée au 12ᵉ s. et ruinée en 1623. De l'abbatiale subsistent la façade et les murs dessinant une nef et un chevet plat à la mode de Cîteaux ; le chœur est percé d'une élégante baie. À gauche de l'église, les piliers et départs d'ogives attestent qu'il y eut là un cloître : des fouilles ont ramené au jour des chapiteaux, pièces de monnaie, squelettes.
Poursuivre sur cette petite route qui bientôt traverse la jolie station balnéaire de **La Flotte**⚓.

> **« LE JOUR LE PLUS LONG »**
> Ce film légendaire, avec John Wayne dans le rôle principal, a été tourné en 1961 sur la plage de Sablanceaux dont on peut voir les blockhaus, et dans la conche des Baleines.

St-Martin-de-Ré★ *(voir « visiter »)*
Quitter St-Martin par l'Ouest en empruntant la D 735.

Ars-en-Ré⚓
Sur la place centrale, ancien cimetière maintenant remblayé et planté d'ormes, s'élèvent l'**église St-Étienne** et son **clocher** fin comme une aiguille, peint en blanc et noir pour servir de repère aux marins. Un portail roman, à demi enterré, précède la nef de même époque renforcée par d'épaisses nervures en ogives. Le chœur gothique, plus long que la nef et flanqué de larges collatéraux, porte des voûtes bombées angevines.
Rue Gambetta, non loin de l'église *(au Sud, à 50 m)*, maison du Sénéchal, Renaissance, à deux tourelles d'angle.
Réserve naturelle de Lilleau des Niges – *Visite guidée (2h1/2) sur demande préalable, visite libre en périphérie de la réserve. 30F (enf. : 10F).* ☎ *05 46 29 50 74.*
Cette réserve est peuplée de milliers d'oiseaux : courlis cendrés, pluviers argentés, sarcelles, bernaches... que vous pourrez découvrir de la piste cyclable qui la borde au Sud.
Laisser St-Clément-des-Baleines et rejoindre la D 101.

> **LE PORT DU SEL**
> Un réseau de ruelles, si étroites qu'il a fallu tailler les angles des maisons pour que les attelages puissent virer, s'enchevêtre au centre d'Ars, dont le port recevait les vaisseaux de Hollande et de Scandinavie venus embarquer le sel.

La pointe du Fier, au Nord de l'île de Ré, c'est un peu le bout du monde !

Les Portes-en-Ré

Cet ancien village de sauniers est surnommé « le bout de l'île ». À la sortie Est, remarquez la curieuse chapelle de la Redoute qui cache en fait une ancienne poudrière.

Bois de Trousse-Chemise

Rendu célèbre par la chanson écrite et interprétée par Charles Aznavour, ce bois, enclavé par les résidences secondaires, est agréablement aménagé (panneaux de découverte de la faune et de la flore des dunes). Cette pinède donne accès à la vaste plage de la **pointe du Fier**.

Conche des Baleines

Un petit chemin forestier permet d'atteindre cette grande baie bordée de dunes qui dessine une magnifique courbe. À l'époque romaine, des centaines de baleines seraient venues s'y échouer, d'où son nom.

Phare des Baleines★

Connaissez-vous l'histoire de la rose trémière qui voulait devenir aussi grande que le phare des Baleines ?

Juin-sept. : 10h-12h30, 14h-18h (avr.-mai et de mi-juin à mi-sept. : 10h-19h) ; fév.-mars et de fin sept. à mi-nov. : 10h-12h30, 14h-17h30 ; de mi-nov. à fin janv. : 10h-12h30, 14h-17h. 10F. ☎ 05 46 29 18 23.
Haut de 55 m, il a été construit en 1854 pour remplacer une tour-fanal du 17ᵉ s. qu'on repère à proximité du rivage et à laquelle on accède en poursuivant le chemin. On monte au sommet du phare par un escalier hélicoïdal de 257 marches débouchant sur une galerie ; de là s'offre un **panorama★** embrassant les côtes de Vendée, le Pertuis breton et la pointe de l'Aiguillon à l'Est, Ré au Sud-Est, Oléron au Sud. À marée basse on distingue les **écluses à poissons**, aménagées à la pointe.

L'Arche de Noé

Juin-août : 10h30-18h ; oct. (dim.) et vac. scol. de Toussaint : 14h-18h ; avr.-mai et sept. : 14h-17h. Fermé nov.-mars. 45F (enf. : 30F). ☎ 05 46 29 23 23.
◀ À proximité du phare des Baleines *(voir ci-avant)*, ce **centre attractif et culturel** invite à découvrir un monde magique et merveilleux au sein d'un parc floral peuplé de diverses espèces d'animaux (singes, oiseaux). L'histoire de la navigation est retracée par des dioramas et des maquettes (l'Aventure de la marine). On peut y voir une collection de crustacés et de coraux (Océanorama), des oiseaux de l'île naturalisés, un labyrinthe, des animaux exotiques, une jungle de perroquets. Un planétarium accueille le spectacle « musicarium » qui associe la musique (orgue et synthétiseurs) à des jeux de lumières (fibres optiques).

FIGÉ POUR L'ÉTERNITÉ !
Dans le **Naturama★**, on verra une remarquable collection d'animaux naturalisés du monde entier, groupés selon leurs milieux de vie, une collection de papillons exotiques et d'insectes, des aquariums ainsi qu'une tortue de 537 kg échouée en 1978 sur une plage de l'île.

St-Clément-des-Baleines

🚩 **Maison des Marais** – *16 r. de l'École.*
Elle abrite un centre d'information sur la flore et la faune de l'île de Ré. Des sorties pédestres y sont organisées pour découvrir la dune, le littoral ou le marais.
Poursuivre sur la D 735. À La Couarde, rejoindre la D 201, par Le Bois-Plage-en-Ré, qui ramène à la pointe de Sablanceaux par Ste-Marie-de-Ré.

Château de la **Roche-Courbon**★

Offert à un bois de chênes centenaires, la Roche-Courbon semble tout droit sorti d'un conte de fées. On se met à rêver à la vie de château en découvrant son harmonieuse suite de terrasses à balustres et ses somptueux jardins à la française.

La situation

Cartes Michelin nos 71 Ouest du pli 4 ou 233 pli 15 – 2 km au Nord de St-Porchaire – Charente-Maritime (17) – Schéma p. 368.
On y accède facilement depuis Saintes ou Rochefort par la N 137.

Le nom

D'après plusieurs recoupements, on s'est rendu compte que le nom de « Roche » n'est rien d'autre que la désignation d'un château ou d'une forteresse, assis sur une roche (pierre). Quant à « Courbon », c'est le nom du propriétaire du château au 17e s., Jean-Louis de Courbon.

Les gens

« Le château de la Belle au bois dormant », tel fut le titre de l'article que Pierre Loti (1850-1923) fit paraître en 1908 dans *Le Figaro,* pour tenter de sauver le château alors abandonné et menacé de perdre les bois qui l'enserraient.

> **DÉCISIF**
> L'action de Loti conjuguée à celle de l'écrivain André Hallays permit, à partir de 1920, de restaurer le château et de reconstituer ses jardins.

visiter

Mai-sept. : visite guidée (3/4h) 10h-12h, 14h30-18h30 (jeu. de mi-sept. à mi-juin : château fermé, jardins ouv.) ; oct.-avr. : tlj sf jeu. 10h-12h, 14h30-17h30. Fermé de mi-janv. à fin janv., 1er janv. et 25 déc. 40F, 26F jardins seuls. ☎ 05 46 95 60 10.
On arrive à l'intérieur du domaine par la porte des Lions, portique monumental à trois arcades (17e s.), orné de cariatides à son revers. Après avoir franchi des douves, bordées de balustrades au 17e s., on passe sous le « donjon », ancienne tour d'enceinte à mâchicoulis.

Château

Comme le « donjon », il date du 15e s. mais a été profondément modifié par Jean-Louis de Courbon au 17e s., époque à laquelle furent refaites baies et lucarnes et

La salle de peintures est appelée par tradition « Salle de Bain ».

EXCEPTIONNEL

Contournez le miroir d'eau que termine un nymphée, pour atteindre une terrasse. Contemplez la **vue**★★ ravissante du château qui se mire dans les eaux plates du bassin. Ensuite suivez la grande allée percée à travers bois, jusqu'à une colonne surmontée d'une sphère. Revenez sur vos pas : la Roche-Courbon surgit. C'est bien le château de la Belle au bois dormant, tel que le vit Loti.

ajoutées les arcades supportant le balcon qui orne la façade donnant sur les jardins. Observez l'équilibre de la façade, son perron et son escalier à balustres.

À l'intérieur on parcourt un bureau-bibliothèque au mobilier Louis XIII, la salle de peintures revêtue de panneaux peints sur bois, d'époque Louis XIV, représentant la vie d'Hercule, des paysages, des allégories, des épisodes bibliques provenant de l'ancienne chapelle. Le grand salon du 18e s., aux meubles d'époque et aux murs lambrissés, contient un buste de Hubert Robert d'après Pajou et un tableau du peintre hollandais Hackaert, reproduisant le château tel qu'il était au 17e s. De là, on franchit un vestibule Louis XVI, orné de paysages peints par Casanova, le frère du célèbre libertin, et de rares papiers peints panoramiques du début du 19e s., pour passer dans deux salles du 17e s., aux plafonds Louis XIII : une salle avec une grande cheminée de pierre portant la devise *Fide, Fidelitate, Fortitudine* (par la Foi, par la Fidélité, par le Courage), et une cuisine-salle à manger (curieux tournebroche ancien, meubles et faïences régionaux).

Jardins★

Les parterres et bassins, jalonnés de statues et d'ifs taillés, composent une magnifique perspective dont l'axe aboutit à un escalier encadrant une allée d'eau. Partiellement établis sur des marais, ces jardins ont la particularité d'avoir été préservés de la « noyade » par leur régulière reconstruction sur pilotis (17 ans de travaux).

Salle des fêtes

Vous y verrez un superbe escalier de pierre à balustres (fin du 16e s.).

Grottes

🚶 *1/2h à pied AR.*

Le sentier se termine par une allée de chênes verts débouchant sur le vallon creusé par le Bruant, affluent de la Charente, qui alimente les bassins du parc.

Dans la falaise s'ouvrent des cavernes qui furent habitées à l'époque préhistorique.

Rochefort★★

On arrive à Rochefort sur les pas de Pierre Loti, comme en de si nombreux endroits du globe... Mais ici, c'est dans la ville natale de l'écrivain-voyageur que l'on pose le pied, celle où il aimait revenir.

Créé par Colbert au 17e s., Rochefort est fier de son riche passé maritime. Son arsenal où se préparaient les grandes expéditions, exhale encore un parfum d'exotisme très particulier.

La situation

Cartes Michelin n°s 71 pli 13 ou 233 plis 14, 15 – 30 km au Sud-Est de La Rochelle – Charente-Maritime (17).
La ville est située à quelques kilomètres du littoral atlantique, entre la rive droite de la Charente et les marécages. L'autoroute A 837 y arrive. Elle a un aspect un peu sévère, dû au quadrillage de ses larges rues tracées au cordeau et se coupant à angle droit (certaines ayant conservé leurs pavés de pierre bleue du Québec). On peut se garer au centre, à proximité des deux offices de tourisme. 🛈 *Av. Sadi-Carnot, et aussi Porte de l'Arsenal, 17300 Rochefort, ☎ 05 46 99 08 60. Site Internet www.ville-rochefort.fr.*

Le nom

Voici encore un nom issu du mot « roche », pris dans le sens de « forteresse assise sur un rocher » : *Roccafortis* (1030).

Fasciné par la mer et les pays lointains, Pierre Loti fait l'école navale et devient officier de marine.

carnet pratique

OÙ DORMIR

• **Valeur sûre**

La Belle Poule – *3 km au S de Rochefort par rte de Royan* – ☎ *05 46 99 71 87* – ▯ – *20 ch. : 275/295F* – ☲ *34F* – *restaurant 280F.* Tout près du Pont de Martrou, cette maison dans un jardin fleuri est une gentille étape. À une encablure des îles, du centre de Rochefort et donc de la maison de Pierre Loti, elle vous ouvre ses grandes chambres et son agréable salle à manger avec cheminée... pour un séjour familial.

Hôtel Corderie Royale – *R. Audebert* – *près de la Corderie Royale* – ☎ *05 46 99 35 35* – *fermé fév. et dim. soir de nov. à Pâques* – ▯ – *50 ch. : 485/800F* – ☲ *50F* – *restaurant 150/205F.* Aménagé dans les magnifiques bâtiments de l'Artillerie royale du 17e s., cet hôtel est en face du port. Une très belle étape, au cœur du quartier de l'Arsenal, même si sa décoration des années 1980 n'est pas du goût de tous. Superbe vue sur la Charente depuis le restaurant. Piscine.

OÙ SE RESTAURER

• **À bon compte**

Ferme aquacole de l'Île Madame – *17730 Port-des-Barques* – ☎ *05 46 84 12 67* – *réserv. obligatoire* – *80/155F.* Attention ! Cette ferme sur une île n'est accessible qu'à marée basse. Au milieu des bassins et des marais salants, vous dégusterez les fruits de mer et les anguilles élevés ici. Certains jours, la mer couvre le gué à l'heure du déjeuner mais rassurez-vous, ça ne dure guère !

SE GARER

Le parc de stationnement du cours Roy-Bry, situé près de la poste et de l'Office de tourisme, à 5 mn de la place Colbert, comprend 800 places gratuites. Attention, une foire et un marché s'y tiennent respectivement le 2e jeudi et le 4e samedi du mois.

MARCHÉS

En matinée les mardi, jeudi et samedi, dans l'avenue Charles-de-Gaulle ; au même endroit, le marché couvert ouvre tous les matins sauf le lundi ; marché aux antiquités et à la brocante le 4e samedi du mois, cours Roy-Bry.

Les gens

25 561 Rochefortais. L'écrivain **Pierre Loti** (1850-1923) ▶ est né ici, sous le nom de Julien Viaud. Ses voyages lui inspirent de nombreux romans qui le portent à l'Académie française à quarante et un ans : *Aziyadé*, *Le Mariage de Loti*, *Le Roman d'un enfant*, *Pêcheur d'Islande*, *Madame Chrysanthème*, *Vers Ispahan*, *Ramuntcho*... Il restera dans la marine jusqu'à sa retraite. Il est enterré à l'île d'Oléron.

> **PHILOSOPHIE POLICIÈRE**
> Le philosophe Maurice Merleau-Ponty (1908-1961) et l'écrivain de roman policiers Thomas Narcejac sont de Rochefort.

comprendre

Le choix de Colbert – Vers 1650, Colbert cherche une base pour la défense des côtes de l'Atlantique menacées par les incursions anglaises. Brouage s'envase et la rade de La Rochelle n'est pas assez abritée. Il choisit Rochefort, situé à 15 km de l'embouchure de la Charente, dont les abords sont bien protégés par les îles de Ré, d'Aix, d'Oléron et par les promontoires (Fouras, le Chapus) faciles à fortifier. Un port militaire est ainsi créé de toutes pièces, muni d'un chantier naval important. À partir de 1666, les remparts sont tracés et les plans de l'arsenal sont établis. En 1671, Rochefort compte déjà 20 000 habitants ; treize vaisseaux, une galère et plusieurs navires à deux mats y sont construits. À l'origine en bois, la ville est reconstruite en pierre sous l'intendant de la Marine **Michel Bégon** (1688). C'est lui qui a donné son nom au bégonia.

L'arsenal – L'arsenal de Colbert est, en 1690, « le plus grand, le plus achevé et le plus magnifique du royaume » : 47 navires y sont armés parmi lesquels plusieurs à trois ponts, tel le fameux *Louis-le-Grand.* De 1690 à 1800, 300 nouveaux vaisseaux glissent sur les eaux de la Charente. Dans la première moitié du 19e s., on construit le *Sphinx*, premier grand bâtiment à vapeur de la marine militaire, puis le *Mogador*, la plus puissante frégate à roues qui ait été réalisée en France. L'arsenal ferme en 1926. Il employait de 5 000 à 10 000 ouvriers. Matin et soir, le vaisseau amiral tirait un coup de canon pour annoncer l'ouverture et la fermeture des portes.

> **NAUFRAGÉS**
> En 1816, la frégate la *Méduse* appareille de Rochefort pour se rendre au Sénégal. Son naufrage, au large des côtes de la Mauritanie, inspira à Géricault son célèbre tableau *Le Radeau de la Méduse* (1819).

Les pontons de Rochefort – En automne 1792, l'épuration du clergé est commencée. Par centaines, les prêtres « non jureurs » (qui n'ont pas prêté serment à la Constitution civile du clergé) sont dirigés vers Rochefort d'où ils doivent être exilés vers la Guyane.

Ancrés sur la Charente, de vieux vaisseaux démâtés (appelés des « pontons ») les attendent. Les prisonniers sont entassés dans les entreponts de deux anciens navires négriers par groupes de 400.

Un beau jour, les pontons appareillent et vont jeter l'ancre dans la rade de l'île d'Aix. On fusille sur le pont aux cris de : « Vive la République ! Vive Robespierre ! » Puis en janvier 1794, le typhus apparaît. Douze à treize prêtres meurent chaque jour. Les cadavres, d'abord jetés à la mer, sont ensuite portés à l'île Madame et à l'île d'Aix par des jeunes prêtres dont beaucoup périssent à la tâche.

Transférés enfin sur l'île Madame, les survivants seront libérés en 1795.

> **INFERNAL**
> Couchés sur une paille pourrie, les prêtres n'avaient, pour se laver, que de l'eau salée. Pour manger, une assiette de bouillon où nageaient quelques fèves, les sans-culottes revendant une partie des vivres prévus pour eux.

découvrir

LE PASSÉ MARITIME

Le quartier de l'Arsenal★

L'arsenal s'étendait le long de la Charente sur deux plans encore existants, séparés par des cales de lancement ou de radoub. Il comprenait une fonderie spécialisée dans la fabrication des clous doublés de cuivre, une chaudronnerie, des forges, des scieries, une tonnellerie, une corderie. Enfin, d'immenses magasins pourvoyaient aux subsistances. Des fosses aux mâts pouvaient contenir 50 000 stères de bois que l'eau saumâtre rendait imputrescible. Et un atelier de « sculpteurs de la Marine » ciselait poupes et proues.

> **CALE SÈCHE**
> L'arsenal abritait 11 chantiers de construction et 4 bassins de « radoub » (carénage) dont la **Vieille Forme,** la plus ancienne cale sèche maçonnée du monde (1669).

Porte du Soleil

Construite en 1830, en forme d'arc de triomphe, elle constituait l'entrée de l'arsenal. Côté ville, notez ses trophées marins sculptés.

Formes de radoub

Creusées à partir de la Charente en 1728, ces immenses coquilles étaient utilisées pour la réparation navale.

Chantier de reconstruction de l'Hermione

Juil.-août : 9h-19h ; sept.-juin : sam. 10h-13h, 14h-18h. Fermé 1er janv. et 25 déc. 20F. ☎ *05 46 87 01 90.*

Spécialement restaurée et aménagée pour cet événement, une des deux formes de radoub accueille la construction d'une réplique de *l'Hermione*, « frégate de 12 » (canons équipés de boulets de 12 livres) de La Fayette. Ce fameux trois-mâts, long de 45 m, est de nouveau assemblé à Rochefort depuis le 4 juillet 1997 avec les mêmes techniques de construction navale qu'en 1779.

> **TRANSATLANTIQUE**
> C'est de Rochefort que **La Fayette** embarqua pour la deuxième fois à destination de l'Amérique (21 mars 1780).

La frégate l'Hermione fut construite à l'arsenal, afin d'aller soutenir les Américains contre les Anglais.

Hôtel de Cheusses

Édifié au 17e s. Un majestueux portail donne accès à la cour. L'hôtel, qui fut Commissariat général de la marine, est affecté à un musée de la Marine.

Musée de la Marine – *Avr.-sept. : 10h-18h ; oct.-mars : tlj sf mar. 10h-12h, 14h-17h. Fermé de mi-nov. à mi-déc., 1er janv., 1er mai et 25 déc. 29F.* ☎ *05 46 99 86 57.*

Modèles réduits de navires, figures de proue et cariatides, instruments de navigation, peintures, armes et drapeaux évoquent l'histoire de la marine de guerre française du 17e au 20e s. ; des cartes, documents et maquettes explicatives sont consacrés à l'ancien arsenal de Rochefort.

> **MENTION SPÉCIALE**
> Pour les très grosses maquettes de vaisseaux et de moulins à vent, notamment le cabestan du *Duguay-Trouin* (grande salle extérieure).

Hôtel de la Marine

Cet édifice, dont la partie ancienne remonte à Louis XIV, hébergea Napoléon. Il est précédé par une porte monumentale du 18e s. Une haute tour carrée, voisine, servait à communiquer par signaux visuels.

Jardin de la Marine

Paisibles et abrités, ses mails et ses quinconces de tilleuls ont été plantés en terrasses sur la Charente au 18e s.

Un escalier terminé par une porte à trois arcades assure l'accès à l'ancienne corderie royale.

La façade postérieure de la Corderie royale est renforcée par d'élégants contreforts en forme de volutes.

Corderie royale★★

En contrebas du jardin de la Marine et dominant la Charente s'étend l'ancienne Corderie royale. Construit par Colbert en 1666, l'édifice est ancré sur un radeau formé d'un quadrillage de madriers de chêne, en raison de la nature marécageuse du sol. Achevée en 1670, la Corderie fournit toute la marine en cordages jusqu'à la Révolution. Son activité déclina lorsque apparut la vapeur et elle ferma ses portes en même temps que l'arsenal.

Très endommagée durant la dernière guerre, elle a fait l'objet d'une importante restauration, qui lui a restitué sa longue et très harmonieuse façade, que surmonte un comble mansardé à ardoises bleues, percé de lucarnes à frontons. Ce bâtiment classique représente l'un des rares témoignages de l'architecture industrielle du 17e s.

Centre international de la Mer – ♿ *9h-18h (juil.-août : 9h-19h). Fermé entre Noël et Jour de l'an. 30F.* ☎ *05 46 87 01 90.*

Il renferme une exposition permanente sur les corderies et cordages. Des expositions temporaires à thème maritime sont également organisées ici.

Autour de la Corderie est aménagé le **jardin des Retours** en référence aux retours de grandes expéditions des vaisseaux chargés de plantes. En se baladant dans ce jardin contemporain planté d'espèces rares, on rejoint le **Labyrinthe des batailles navales** composé d'ifs, le **jardin des Amériques**, et l'**Aire des gréements** évoquant la marine ancienne.

> **CORDE RAIDE**
> Dans cet édifice de 374 m de long, on assemblait des fils de cordages pour des grands navires de guerre.
> Dans le **centre international de la Mer** vous apprendrez comment le chanvre arrivé d'Auvergne était filé, puis commis (torsion et assemblage des fils). Au cours de cette opération, la longueur du bâtiment conditionnait celle des cordages. Regardez l'imposante machine à corder du 19e s., montée sur rail.

ROCHEFORT

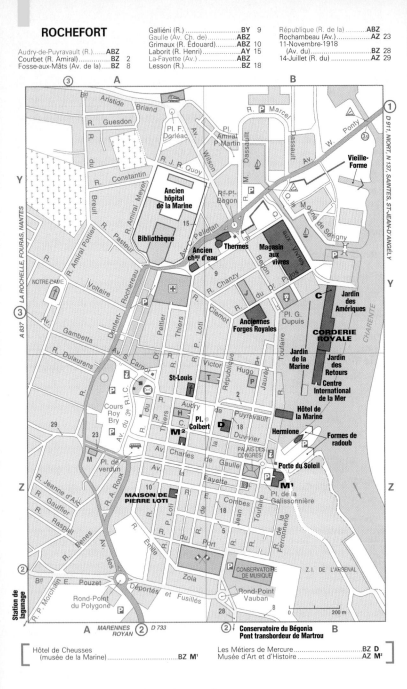

RECORD
La boulangerie était capable de fournir 20 000 kg de pain par jour.

◄

Magasin aux vivres

Situé en bordure du bassin aux vivres, face au port de plaisance, il est de la fin du 17ᵉ s.

Ancienne École de médecine navale

Avr.-sept. : visite guidée (1h) tlj sf w.-end 10h-18h ; oct.-mars : tlj sf mar. et w.-end 14h-17h. Fermé de mi-nov. à mi-déc., 1ᵉʳ janv., 1ᵉʳ mai et 25 déc. 29F. ☎ *05 46 99 59 57.*
Bâtiment de la fin du 18ᵉ s., situé dans l'ancien hôpital de la Marine, au milieu d'un parc. La chapelle, surmontée d'un clocheton, est précédée par un avant-corps à fronton sculpté. L'École de médecine navale et tropicale fut créée en 1722. On visite aujourd'hui la bibliothèque (25 000 livres) et des collections d'anatomie, de chirurgie et d'histoire naturelle.

Sources thermales

Besoin ou envie d'une cure ? Voici l'**établissement thermal** et la source de l'empereur. En 1808, suite à la visite de Napoléon 1er, on a entrepris l'exploitation de sources thermales. Depuis 1953 on peut en apprécier à nouveau les vertus. L'eau jaillit naturellement chaude (42°) des entrailles du marais. La **source l'Empereur** est efficace dans le traitement des rhumatismes, arthroses, dermatoses...

ENCORE DE L'EAU
À proximité jetez un œil à l'ancien **château d'eau**, belle construction de pierre quadrangulaire datant de 1900, qui servait à alimenter la ville.

Anciennes forges royales

Cet autre imposant ensemble de bâtiments techniques est occupé par le conseil général de la Charente-Maritime.

visiter

Église St-Louis

Elle a été bâtie sur l'emplacement de la chapelle d'un couvent de capucins dans un style classique (1672).

Place Colbert

L'hôtel de ville est installé dans l'hôtel d'Amblimont ; de l'autre côté se dresse une fontaine monumentale du 18e s. symbolisant l'Océan et la Charente mêlant leurs eaux. Regardez aussi les façades néoclassiques et les balcons rocaille de la place.

Prendre la rue Pierre-Loti jusqu'au n° 141, maison de Loti.

LES DEMOISELLES DE ROCHEFORT
C'est sur cette place centrale qu'ont été tournées de nombreuses scènes des *Demoiselles de Rochefort* (Jacques Demy, 1967) avec Catherine Deneuve et Françoise Dorléac.

Musée d'Art et d'Histoire★

Tlj sf dim. et lun. 13h30-17h30 (juil.-août : tlj sf lun. 13h30-19h). Fermé j. fériés. 10F. ☎ 05 46 99 83 99.

L'ancien hôtel Hèbre-de-Saint-Clément abrite les collections du musée. Dans le cabinet et la grande galerie, attardez-vous sur une esquisse de Rubens *(Lycaon changé en loup par Jupiter)*, des tableaux de fleurs (17e s.), des portraits de l'école italienne du 16e s., d'autres par Roques, maître d'Ingres, Pater *(La Leçon de musique)*. Série de portraits et de paysages des époques Empire ou romantique, par Gauffier *(Le Retour de l'enfant prodigue)*, Rouget (portrait de Lola Montès), Michallon, et d'autres œuvres plus récentes. Dans la galerie Lesson, belles collections ethnographiques d'Afrique et d'Océanie (superbes masques polynésiens). Voir, dans la salle suivante, des marines (par Garneray, Roullet) et une copie du *Radeau de la Méduse* de Géricault ; La salle Camille-Mériot est consacrée aux coquillages.

CARTOGRAPHIE
Dans la salle d'histoire locale, l'étonnant **plan-relief** de Rochefort, exécuté en 1835, et *Le Port de Rochefort*, tableau de Vernet.

Maison de Pierre Loti★

Visite guidée (3/4h) tlj sf mar. et dim. matin à 11h, 12h, 14h, 15h, 16h (de juil. à mi-sept. : à partir de 10h, dép. toutes les 1/2h). Fermé en janv., 1er et 11 nov., 25 déc. 45F. ☎ 05 46 99 08 60 (réserv. recommandée).

La maison de Pierre Loti se compose en fait de deux maisons communicantes : sa demeure natale et celle dont il fit plus tard l'acquisition. Son somptueux intérieur aurait pu accueillir Schéhérazade.

Le salon turc du musée Pierre Loti est inspiré de l'Alhambra de Grenade.

Au rez-de-chaussée se succèdent deux salons. Aux murs du premier, des tableaux de famille, certains de la main de la sœur de Loti, et son piano. Dans le second, un mobilier Louis XVI et des bibelots. La **salle à manger « Renaissance »** est meublée dans le style espagnol avec des tapisseries flamandes du 17e s. Elle possède une cheminée monumentale et une tribune de musiciens.

Au 1er étage, la chambre du maître contraste par son dépouillement avec les aménagements voisins. La **mosquée** est décorée d'éléments provenant d'une mosquée damasquine (collection de tapis de prière, de candélabres, d'armes, plafond en cèdre peint). Loti y fit transporter la stèle d'Aziyadé (tous les éléments avaient été rapportés par des contrebandiers). Remarquez le **salon turc** avec son sofa, ses coussins, ses tentures, son plafond en stuc. La **chambre arabe** est parée d'émaux et d'un moucharabieh (grille en bois placée devant une fenêtre).

MÉMORABLE

Le « dîner Louis XI » qui eut lieu en avril 1888 dans le salon 15e s. (entresol, ancien atelier de peinture de la sœur de Loti).

Les convives de ce repas gargantuesque avaient dû arriver costumés et ne se parler qu'en vieux français !

Les Métiers de Mercure★

Tlj sf mar. 10h-12h, 14h-19h, dim. et j. fériés 14h-19h (juil.-août : tlj 10h-20h). Fermé en janv. et 25 déc. 30F. ☎ 05 46 83 91 50.

Dans un entrepôt du début du siècle ont été reconstitués avec un soin minutieux une série de commerces et d'ateliers de 1900 à 1940 (bar rochefortais avec sa devanture de style 1900, chapellerie, pharmacie, épicerie, forge, atelier de teinturerie, etc.), plaisante évocation de la vie d'autrefois.

Conservatoire du Bégonia

Visite guidée (1h) tlj sf dim. et lun. à 14h, 15h, 16h, 17h (nov.-janv. : pas de visite à 17h). Fermé j. fériés. 20F. ☎ 05 46 99 08 26.

Prendre au Sud l'avenue du 11-Novembre, puis à gauche l'avenue de la Charente à droite la rue Charles-Plumier. Dans une grande serre, on fait croître plus de 1 300 espèces de bégonias. Cette plante fut découverte aux Antilles à la fin du 17e s. par un botaniste, le père Plumier, qui la baptisa ainsi en l'honneur de l'intendant de Rochefort, Michel Bégon. La plante ne fut néanmoins introduite en Europe qu'à la fin du 18e s.

Si vous « charriez dans les bégonias », c'est que vous exagérez un peu.

Pont transbordeur de Martrou

♿ Mai-sept. : 10h-12h, 14h-19h, lun. 14h-19h (juin-août : fermeture à 20h) ; avr. : 14h-18h, w.-end 10h-12h, 14h-18h ; mars et oct. : w.-end 10h-12h, 14h-17h ; fév. et nov. : sam. 14h-17h, dim. 10h-12h, 14h-17h. Fermé déc.-janv. 10F. ☎ 05 46 99 08 60.

Situé au Sud, rue Jacques-Demy dans le prolongement de l'avenue du 11-Novembre. Cet ouvrage d'art (1900) en fer, long de 176 m, surplombe le cours de la Charente de plus de 50 m. Ce pont transbordeur est le dernier à pouvoir être emprunté par les bicyclettes et les piétons (il a été remis en service en 1994). Depuis 1991, le passage des voitures est assuré par un viaduc *(voir ci-après).*

ET S'IL N'EN RESTE QU'UN...

Cinq ponts de ce type furent construits en France par l'ingénieur Ferdinand Arnodin : à Marseille, Brest, Rouen, Nantes, Rochefort.

Les ponts transbordeurs permettaient autrefois aux piétons et véhicules de passer d'une rive à l'autre sans que les bateaux de haute mer soient gênés par les structures d'un pont fixe.

Station de Lagunage

  De mi-juil. à fin août : visite guidée (2h1/2) tlj sf sam. 14h-17h ; de sept. à mi-juil. : dim. 15h-17h30. 30F. ☎ *05 46 82 12 44.*

Accès par l'avenue du 11-Novembre. Avec ses bassins situés en bordure du fleuve (35 ha), elle épure de façon écologique les eaux usées de Rochefort. Elle accueille de nombreuses espèces d'oiseaux aquatiques et sert de halte migratoire (hérons, petits échassiers des rivages, canards tadornes de Bélon). Un observatoire vous permet de les examiner à l'aide de jumelles.

circuit

DU MARAIS DE BROUAGE AU CANAL DE PONT-L'ABBÉ★

Circuit de 75 km – environ une journée

Quitter Rochefort par le Sud en empruntant la D 733 en direction de Royan.

On franchit l'imposant **viaduc de la Charente**, à péage ; en service depuis 1991, il a remplacé un pont à travée levante construit en 1967 et démoli depuis. *Péage auto. 25F A, 40F AR.*

Sortir au premier échangeur et prendre à droite la D 238[E1].

Soubise

Ancienne baronnie et place forte des Rohan. La façade de l'église St-Pierre, du 16e s., présente quatre pilastres d'ordre ionique. À l'intérieur, litre funéraire aux armes des Rohan-Soubise. Face à l'église se tient un élégant hôtel du 17e s.

Quitter Soubise par l'Ouest en empruntant la D 125.

Port-des-Barques

Ce village de pêcheurs et d'ostréiculteurs s'est développé en station balnéaire avec un port de plaisance.

À l'Ouest, une route agréable rejoint l'accès au tombolo (cordon littoral) reliant le continent à l'île Madame. Si la marée le permet, on peut descendre sur l'estran et remonter à pied vers les **falaises** et Port-des-Barques.

Île Madame

L'île Madame est reliée à la terre ferme par la **Passe aux Bœufs★**, découverte à marée basse.

À l'extrémité Sud-Est une grande croix de galets, à même le sol, marque l'endroit où furent ensevelis, en 1794, 275 prêtres réfractaires qui moururent de maladie ou d'épuisement à bord des pontons de Rochefort *(voir ci-avant).*

Des parcs à huîtres sont exploités tout autour de l'île, et sur les bancs rocheux prolifèrent coquillages, huîtres sauvages, coques, palourdes.

Revenu sur le continent, on poursuit la route vers le Sud en longeant des claires. Bientôt un site aménagé (table d'orientation et bancs) permet d'apprécier la mer avec, sur la gauche, une jolie **vue** sur un alignement de carrelets.

De St-Froult, prendre au Sud-Ouest la petite route longeant le littoral.

Réserve naturelle des Marais de Moëze

Visite guidée (3h) sur demande préalable auprès de l'Espace Nature (Information Nature Environnement), pl. Colbert, 17300 Rochefort-sur-Mer. 30F. ☎ *05 46 82 12 44.*

Très vaste (6 700 ha), elle s'étend du continent (du chemin des Tannes au Havre de Brouage) jusqu'à la côte Est d'Oléron (de Boyardville au Château d'Oléron). Le domaine terrestre couvre 200 ha de marais, permettant l'observation de nombreux oiseaux migrateurs.

Une Maison d'accueil propose des visites guidées sur la réserve, dont certaines sorties matinales et crépusculaires. Le chemin des Tannes est jalonné de postes d'observation *(à droite de la route).*

Au bout de l'accès à la réserve, prendre à droite.

1/600

Longue de 1 km, large de 600 m, l'île n'est occupée que par une ferme et quelques maisons. De la côte Nord, défendue par un fort aujourd'hui désaffecté, on découvre de jolis points de vue sur Fouras, l'île d'Aix et ses forts, l'île d'Oléron ; au Sud s'étendent des marais salants délaissés et transformés en pâtures.

OBSERVEZ

Cinq zones des marais où se répartissent les oiseaux : les prairies humides (oies, vanneaux), les anciennes salines (busards, faucons crécerelles), les lagunes (courlis), les prés-salés et la zone ostréicole survolés par de nombreuses espèces (hérons).

Moëze

L'église est dominée par un haut clocher gothique qui servait de point de repère aux bateaux. Dans le cimetière, la **croix hosannière★**, dite aussi « Temple de Moëze », est un gracieux monument de style corinthien, de proportions réduites mais harmonieuses, datant du début du 16ᵉ s. De plan carré, l'édifice repose sur une vaste plate-forme dodécagonale (douze angles).

Quitter Moëze par le Sud-Ouest en empruntant la D 3.

Brouage★ *(voir ce nom)*

Poursuivre la D 3. À Hiers, prendre à l'Est la D 238.

La route traverse la partie Est des anciens marais salants.

Après Beaugeay, emprunter sur la droite la D 125 jusqu'à St-Agnant. Avant l'église, prendre à gauche la D 239. À Champagne, suivre vers l'Est la D 18.

Pont-l'Abbé-d'Arnoult

Bourg jadis fortifié sur l'Arnoult canalisé, ce village aux maisons blanchies à la chaux s'est développé autour d'un prieuré de bénédictins implanté au 11ᵉ s. par Geoffroy Martel, comte d'Anjou. Originaire de Mauzé-sur-le-Mignon *(11 km au Nord-Est de Surgères)*, l'explorateur **René Caillié** (1799-1838) est enterré au cimetière de Pont-l'Abbé.

René Caillié est le premier Européen à être revenu vivant de Tombouctou.

La partie basse de la façade de l'**église** est décorée de sculptures romanes. Au centre de la première voussure du **portail** figure l'Agneau mystique, honoré par les anges, tandis que la deuxième et la quatrième illustrent Vertus et Vices, Vierges sages et Vierges folles. La troisième voussure est consacrée aux saints.

Les tympans des arcades latérales montrent, à gauche, saint Pierre sortant de sa prison, scène peu lisible, à droite, saint Pierre crucifié.

Un porche voisin donne accès à la cour du prieuré (15ᵉ-16ᵉ s.) dont la façade porte une élégante tourelle.

Quitter Pont-l'Abbé par le Nord en empruntant la D 117.

Trizay

Installée à l'Est de la vallée de l'Arnoult, cette commune abrite, à l'Ouest, les ruines d'une abbaye et une base de loisirs.

Prieuré St-Jean-l'Évangliste – Cet imposant édifice reste une énigme quant à sa construction, mais il semble que des moines venus de la Chaise-Dieu *(voir LE GUIDE VERT Auvergne)* s'y soient installés dès la fin du 11ᵉ s. De forme octogonale, l'église n'a conservé que trois chapelles ; les bâtiments (salle capitulaire, réfectoire, dortoir, sellier) sont en cours de restauration.

Le Bois Fleuri – Occupant une ancienne carrière, ce site boisé entoure un plan d'eau de 5 ha.

De la base de loisirs, poursuivre sur la D 123. Après la voie ferrée, prendre sur la gauche la D 238.

Église d'Échillais

◄ Admirez sa **façade★** de style roman saintongeais, sans pignon. Des modillons garnissent la frise et la corniche supérieure : animaux ou personnages jouant de la viole, jongleur, tireur à l'arc, etc.

Revenir vers la D 238 au Nord-Est d'Échillais.

Promenades sur les « Perles d'eau »

De mi-juin à mi-sept. : w.-end 10h-18h (juil.-août : tlj 13h-18h, w.-end 10h-18h). 65F (1h), 120F (2h.), 175F (3h) 220F (4h). ☎ 05 46 83 07 07 ou 05 46 99 08 60.

À partir de l'écluse de Pillay, partez à la découverte du canal de la Seudre à la Charente, à bord d'un bateau à moteur électrique et silencieux.

Revenir sur la D 123. À St-Hippolyte, prendre à gauche la N 137.

DÉTAIL CROUSTILLANT
À gauche du portail, un chapiteau porte un de ces monstres que les Saintongeais nomment « grand goule », parce qu'il semble avaler le fût de la colonne.

Pont suspendu de Tonnay-Charente
Circulation autorisée uniquement aux piétons et aux cyclistes. Long de 204 m, il a été jeté sur le fleuve en 1842 par l'ingénieur Louis Dor, puis modifié à plusieurs reprises. Appréciez les vues sur la vallée de la Charente, Rochefort, les ponts *(voir ci-avant).*
La route longe la voie ferrée, puis la N 137 ramène à Rochefort.

La **Rochefoucauld**

La Rochefoucauld a du caractère. On peut y voir un château et des maisons à colombage, et y acheter des charentaises. C'est sous Louis XIV qu'on commença à produire ici cette pantoufle réalisée avec du matériel de récupération. Pour le dessus, on prenait les restes d'un tissu utilisé pour la confection des cabans de marins. Pour les semelles, d'anciens feutres ayant servi à sécher la pâte à papier faisaient l'affaire. Elle connut un tel succès qu'on en vit même à la cour !

La situation
Cartes Michelin n⁰ˢ 72 pli 14 ou 233 pli 30 – Charente (16). On y arrive d'Angoulême par la N 141. La ville est située sur les bords de la Tardoire à *22 km au Nord-Est d'Angoulême .* Du pont (17ᵉ s.), vues sur la rivière et sur le château.
🛈 *Les Halles aux grains, 16110 La Rochefoucauld,* ☎ *05 45 63 07 45.*

Le nom
Il vient du nom des vicomtes du château, et de « Roche » pris dans son sens de « forteresse » assise sur une roche.

Les gens
3 448 Rupificaldiens. La famille La Rochefoucauld est incontournable ici, et plus particulièrement François VI (1613-1680), le pessimiste auteur des *Maximes.*

OÙ DORMIR
Chambre d'hôte L'Âge Baston – *L'Âge Baston – 16110 St-Projet-St-Constant – 3 km au S de La Rochefoucauld, dir. Angoulême puis Pranzac par D 33 –* ☎ *05 45 63 53 07 – site Internet lagebaston@aol.com –* ✉ *– 4 ch. : 300/320F – repas 110F.* Sur un promontoir dominant La Rochefoucauld, cette grosse bâtisse des 16ᵉ et 17ᵉ s. a gardé son authenticité avec ses parquets et ses murs inégaux. Ses chambres, au décor un tantinet désuet, sont spacieuses. Accueil et ambiance décontractés...

visiter

Château★
De Pâques à oct. : 10h-19h ; de nov. à Pâques : dim. et j. fériés à partir de 14h. 40F. ☎ *05 45 62 07 42.*
Il appartient toujours à l'illustre famille des La Rochefoucauld. Son harmonieuse façade Renaissance rappelle

Admirez l'étonnante ornementation des lucarnes et bordures de rives du château de La Rochefoucauld.

À NE PAS MANQUER
L'**escalier** à vis et son élégante voûte en palmier, et le **petit boudoir**★ de Marguerite d'Angoulême, décoré de panneaux peints.

les châteaux de la Loire, et sa **cour d'honneur**★★ bordée de trois étages de galeries à arcades, les palais italiens.

Ancien couvent des Carmes

Il comprend un vaste cloître gothique et une salle capitulaire restaurée. Une partie a été aménagée en musée de la préhistoire.

Église N.-D.-de-l'Assomption-et-St-Cybard

Cette église représente un style rare dans l'Angoumois : le gothique du 13ᵉ s.

Ancienne pharmacie de l'hôpital

Visite guidée sur demande préalable (1/2h) 10h-12h, 14h-17h. S'adresser au bureau d'accueil de l'hôpital. Gratuit.
☎ *05 45 67 54 00.*

L'hôpital (17ᵉ s.) possède une collection de pots à pharmacie et de mortiers des 16ᵉ et 17ᵉ s., une trousse de chirurgien de l'Empire, ayant appartenu à un chirurgien de l'armée de Napoléon, un beau Christ en ivoire du 17ᵉ s., une collection d'étains (gobelets, écuelles), un gaufrier à hostie de 1740.

circuit

FORÊTS DE BELAIR ET DE LA BRACONNE

Circuit de 55 km – environ 1/2 journée

Quitter La Rochefoucauld par le Nord-Ouest en empruntant la D 6. Au Pont-d'Agris, prendre sur la droite la D 11.

Chasseneuil-sur-Bonnieure

Mémorial de la Résistance et cimetière national – &
Visite libre du mémorial tlj, visite guidée de la crypte en sem. Gratuit. ☎ *05 55 34 45 45.*

SE SOUVENIR
2 026 soldats et maquisards, tués de 1940 à 1945, reposent ici sous les pelouses et rosiers.

Situé à l'Ouest du village *(D 27)*, le mémorial occupe le centre d'un cimetière disposé en gradins sur la colline.

Poursuivre sur la D 27 qui traverse la forêt de Chasseneuil. 1 km avant St-Mary, prendre à droite la D 36 qui s'enfonce dans la forêt de Belair.

Cellefrouin

Église – Cette ancienne abbatiale d'un monastère d'augustins était florissante au Moyen Âge, mais ne comptait plus qu'un moine au 18ᵉ s. L'édifice, sobre et pur, a été bien restauré. La façade quelque peu enterrée, est rythmée d'arcatures et de colonnes engagées. À l'intérieur de l'église, l'élévation du sol nuit un peu aux proportions et à la perspective. Reposant sur des colonnes massives, la nef et les collatéraux sont voûtés en berceau. Une imposante coupole sur trompes, supportant le clocher, couvre la croisée du transept. Au fond du croisillon gauche, sculptures encastrées dans le mur, dont une représente la main bénissante du Seigneur.

À NOTER
La base de la 3ᵉ colonne à droite, qui a été dégagée, montre le degré de surélévation du sol actuel.

Lanterne des morts – Élancée (12,50 m de haut), la lanterne est formée d'un faisceau de huit colonnes que surmonte un toit conique. Dans une des colonnes s'ouvre la niche où l'on plaçait la veilleuse symbolique.

Quitter Cellefrouin par l'Ouest en empruntant la D 739. Après 1,5 km, tourner à gauche sur la D 91.

Église de Ste-Colombe

Sa façade romane est ornée de statues-colonnes (sainte Colombe, saint Pierre) et de bas-reliefs figurant les symboles évangéliques.

Rejoindre la D 6 (à gauche), puis tourner à droite sur la D 45. À Jauldes, prendre à gauche la D 11, puis après 1 km, tourner à droite sur la D 88.

Forêt de la Braconne

Le massif de la Braconne (environ 4 000 ha) occupe un plateau accidenté de « fosses » produites par des affaissements dans le sol.

La plus connue et la plus spectaculaire est la **« grande fosse »**, vaste entonnoir de 55 m de profondeur et de 250 m de diamètre. De moindres dimensions, la **« fosse limousine »** *(au Sud-Est du rond-point de la Grande Combe)*, masquée de grands hêtres, ne manque pas d'attrait.

Poursuivre sur la D 88 qui ramène à La Rochefoucauld.

> **LA « FOSSE MOBILE »**
> Selon une légende, un fils parricide tenta, en vain, d'y faire disparaître sa victime, la fosse se déplaçant devant lui. Ce gouffre sert de lieu d'entraînement aux spéléologues locaux.
> *Pas accessible au public.*

La **Rochelle**★★★

S'il y a une ville qui réussit son entrée dans le nouveau millénaire, c'est bien La Rochelle ! Porte sur l'Atlantique imprenable depuis des siècles, son port fut poussé par le vent du large vers l'avenir, en se dotant des meilleures structures nautiques. La ville a eu le bon goût d'ouvrir ses artères aux vélos jaunes, gratuits pendant 2 h, grâce auxquels le visiteur peut apprécier, lors d'une promenade très saine, ce joyau historique et architectural. Première ville à fabriquer des voitures électriques, La Rochelle initia aussi les journées sans voitures en France, et demeure un modèle pour la mise en valeur de l'environnement. Sous de magnifiques et mystérieuses arcades, on y fait une vertigineuse traversée historique : musées, forteresses, églises, parcs, plages, rien ne manque ici. Il ne reste qu'à ajouter un festival de musique francophone, qui attire, disons, des navires mélodieux du monde entier, tous les ans au mois de juillet.

La situation

Cartes Michelin nᵒˢ 71 pli 12 ou 233 pli 14 – Charente-Maritime (17). De Rochefort, on y arrive par la N 137, et du Nord-Est par la N 11. Laissez vite la voiture dans un des nombreux parkings de la ville (notamment près du port) pour enfourcher un vélo jaune *(gratuit 2h, voir « Carnet pratique »).* ⓘ *Pl. de la Petite-Sirène, Le Gabut, 17025 La Rochelle,* ☎ *05 46 41 14 68. Minitel 3615 La Rochelle, site Internet www.Ville-Larochelle.fr, E-mail : tourisme.la.rochelle@wanadoo.fr*

Le nom

Il vient du latin *Rochella* (10ᵉ s.), « petite roche ». Dès le 11ᵉ s., La Rochelle est un havre de pêcheurs, sauniers et viticulteurs, campé au fond d'une anse de l'Atlantique.

Les gens

100 264 Rochelais. **Michel Crépeau** fut maire de La Rochelle pendant 28 ans (1971-1999). Né à Fontenay-le-Comte en 1930, il fait ses études de droit à Bordeaux, devient avocat et se lance en politique. En 1971, il fonde le MRG. (mouvement des radicaux de gauche) dont il restera le président toute sa vie. À partir de 1981, il sera placé à la tête de différents ministères, dont celui de l'Environnement (1981-1983). C'est dans l'exercice de son mandat de député de Charente-Maritime qu'il a succombé à une crise cardiaque en mars 1999, à Paris.

Histoire, eau, bateau, festivité... il fait bon vivre à La Rochelle.

> **UNE PERSONNALITÉ AVANT-GARDISTE**
> La Rochelle lui doit notamment son port rénové et résolument tourné vers le nautisme (une de ses passions) et un centre-ville presque débarrassé des voitures, où il est agréable de flâner.

comprendre

Les libertés communales – Henri II, roi d'Angleterre et second mari d'Aliénor d'Aquitaine, fait de la cité une commune en 1199, l'affranchissant ainsi de toute tutelle féodale ou ecclésiastique. La ville en gardera toujours un esprit rebelle.

carnet pratique

OÙ DORMIR

• À bon compte

Chambre d'hôte Margorie – 17139 Dompierre-sur-Mer – 8 km au NE de La Rochelle par N 11, puis rte de Mouillepied – ☎ 05 46 35 33 41 – ✍ – réserv. conseillée – 4 ch. : 200/250F. Cette vieille ferme isolée dans la campagne rochelaise est une étape tranquille : entourée de murs, sa joli cour est fleurie et plantée d'arbres. Ses chambres, aménagées dans les dépendances, s'organisent autour d'une deuxième cour ; certaines ont une mezzanine.

Hôtel de la Plage – Bd de la Mer – 17340 Châtelaillon-Plage – ☎ 05 46 56 26 02 – fermé oct. à mars – 🅿 – 10 ch. : 230/280F – ☕ 32F. Ce tout petit hôtel en face de la plage est certes fort simple mais sa tenue impeccable et sa situation le rendent tout à fait recommandable. Ses petites chambres sont coquettes, bien insonorisées et leur prix tout doux devrait convaincre les plus difficiles...

• Valeur sûre

Hôtel France-Angleterre et Champlain – 20 r. Rambaud – ☎ 05 46 41 23 99 – 36 ch. : 320/580F – ☕ 50F. La campagne à la ville : dans une rue passante, non loin du centre historique, cet ancien couvent du 16ᵉ s. cache un joli jardin, merveilleusement reposant après une journée en ville. Dans cet écrin, les chambres souvent grandes sont décorées de meubles de style.

Hôtel Les Brises – Chemin digue Richelieu (av. P.-Vincent) – ☎ 05 46 43 89 37 – 🅿 – 48 ch. : 420/630F – ☕ 50F. Pour le plaisir d'ouvrir ses fenêtres sur l'océan et de respirer la brise marine au réveil... Cet hôtel des années 1960 jouit d'un bel emplacement entre terre et mer : les pieds dans l'eau, vous profiterez de la vue de la terrasse panoramique et de la plupart des chambres.

Hôtel de la Monnaie – 3 r. de la Monnaie – ☎ 05 46 50 65 65 – 🅿 – 31 ch. : 480/620F – ☕ 55F. Juste derrière la tour de la Lanterne, ce ravissant hôtel particulier du 17ᵉ s. où se frappait autrefois la monnaie est une adresse agréable. Vous apprécierez le calme de ses chambres entre cour et jardin, leur aménagement contemporain et leur bonne taille.

Le cloître des Dames Blanches accueille, en saison de nombreuses expositions.

OÙ SE RESTAURER

• À bon compte

Café de la Mer – Port du Plomb – Lauzières – 17137 Nieul-sur-Mer – 4 km à l'O de Nieul-sur-Mer par D 106[E1] – ☎ 05 46 37 39 37 – fermé oct. à janv. et lun. à jeu. de fév. à mai – 70/120F. Mouclades, huîtres et crêpes en été, plats mijotés en hiver : voilà le programme de ce petit restaurant qui ouvre ses baies vitrées sur le pont de l'île de Ré. Un endroit qui plaira aux solides appétits car les portions sont généreusement servies !

Le Boute-en-Train – 2 r. des Cloutiers – ☎ 05 46 41 73 74 – fermé dim. et lun. – 60/120F. Près des halles, ce charmant restaurant sert tartes salées et cuisine du marché. Détail amusant, des dessins d'enfants ornent les murs de sa petite salle bistrot... Une collection qui grandit tous les jours puisque crayons et feuilles sont à la disposition des enfants...

Le Belvédère – Au pont de l'île de Ré – 7 km au N de La Rochelle – ☎ 05 46 42 62 62 – fermé lun. soir, mar. soir et mer. soir de nov. à Pâques – 98/220F. Vous aurez une belle vue sur le pont et le port de La Pallice en vous attablant dans l'une des deux salles de ce restaurant. Décor brasserie pour le déjeuner, plus confortable le soir, pour une seule et même carte qui décline formules et menus et met le poisson à l'honneur.

L'Océan – 121 bd de la République – 17340 Châtelaillon-Plage – ☎ 05 46 56 25 91 – fermé mi-déc. à mi-janv., dim. soir et lun. – 72/220F. Ne vous arrêtez pas à la façade vieillotte de ce restaurant où vous serez très gentiment accueilli et bien servi. Chaises en skaï rouge, lino par terre et fleurs aux murs pour le décor, produits de la mer d'une grande fraîcheur à table. Bon rapport qualité/prix.

• Valeur sûre

À Côté de Chez Fred – 30 r. St-Nicolas – ☎ 05 46 41 65 76 – fermé 30 oct. au 22 nov., lun. sf le soir de Pâques à Toussaint et dim. – 130/220F. Ici, le poisson est tout frais ! Et pour cause, ce petit restaurant s'alimente avec les produits de sa voisine et sœur, la poissonnerie... Résultat : une ardoise qui change avec les arrivages et une ambiance folklorique dans un décor simple, juste derrière le port.

André – Pl. de la Chaîne – ☎ 05 46 41 28 24 – 164F. Un incontournable de La Rochelle ! Sur le vieux port, en face de la tour de la Chaîne, cet immense restaurant déploie une dizaine de salles style bistrot, où l'on s'attable coude à coude pour déguster fruits de mer et poissons. Cadre marin de rigueur avec objets et tableaux à l'appui.

Le Petit Rochelais – 25 r. St-Jean-du-Pérot – ☎ 05 46 41 28 43 – fermé 19 déc. au 6 janv., dim. soir et lun. – 150F. C'est une équipe bien rodée et sympathique qui a repris du service dans cette ancienne pizzeria. Cadre bistrot, toiles cirées et présentation sur ardoise, pour une cuisine enlevée, préparée au jour le jour et accompagnée de bons petits vins.

Terrasse de café quai Duperré.

Où SORTIR

Cour du Temple – Tous les bars à bière de la ville sont réunis autour de cette cour arborée des plus sympathiques. La tradition veut que l'on passe de l'un à l'autre jusqu'au point du jour.

Le Comptoir de Belgique – *13 r. St-Nicolas – ☎ 05 46 50 51 40 – Mar.-sam. 17h-2h.* Le bar et les tables de ce véritable « atelier de dégustation » sont installés sur des fûts coupés. Entouré de véritables amateurs de bonne bière, vous choisirez la vôtre parmi les 200 bouteilles exposées sur un rail accroché au plafond en forme de cuve.

Bar du Musée – *Pl. Bernard-Moitessier – sur le pont du France 1, bateau du Musée maritime (Bassin des Chalutiers) – ☎ 05 46 34 57 90 – tlj 10h30-3h – fermé oct.-mars.* Non, ce n'est pas une cafétéria ! Malgré son nom peu attrayant, ce petit bar sur le pont du France 1 est le théâtre d'une fête perpétuelle. Alors, puisque aucun panneau ne l'indique, laissez-vous guider par la musique et... larguez les amarres!

Café de la Paix – *54 r. Chaudrier – ☎ 05 46 41 39 79 – lun.-sam. 6h45-21h30, dim. 6h45-20h30.* Derrière sa façade de bois sculpté, ce grand café couvert de miroirs et de moulures a une longue histoire. Hôpital en 1709, salle de spectacle à la Révolution, il devient, à partir de 1900, un café apprécié des artistes de passage : Colette, Jean Gabin, Lino Ventura...

Cave de la Guignette – *8 r. St-Nicolas – ☎ 05 46 41 05 75 – lun. 15h30-20h, mar.-sam. 9h-13h30, 15h30-20h.* Ce bar à vin charmant et coloré était autrefois le rendez-vous des pêcheurs (qui ont aujourd'hui déserté la ville). Vous pourrez y déguster la spécialité de la maison : la Guignette, un apéritif à base de vin et de fruits.

Le Garibaldi – *48 r. St-Nicolas – ☎ 05 46 41 05 49 – avr.-sept. : lun.-sam. 18h-3h – oct.-mars : lun.-jeu. 18h-2h, ven.-sam. et veilles de j. fériés 18h-3h.* Sur la façade rouge de cette maison du 18e s., on peut lire cette inscription programmatique : « bar des navigateurs, des musiciens et des rêveurs »... À l'intérieur, ce drôle de café ressemble à un vieux train, avec ses banquettes en bois et ses porte-bagages. Un régal... La salle du haut, en bois et vieilles pierres, se transforme chaque semaine en salle de spectacle et de poésie.

Le Morgane Pub – *99 bd de la Mer – 17340 Châtelaillon-Plage – 12 km au S par la D 937 – ☎ 05 46 56 39 19 – mer.-lun. 9h-2h – avr.-sept. : tlj 9h-3h – fermé janv.* On se souvient du sort que la fée Mélusine réserva au vieux Châtelaillon qui lui avait refusé le gîte. Rien à craindre de tel ici tant la fée Morgane répand plutôt le bienfait de ses charmes dans ce pub-terrasse situé face à la mer.

Le Saoufé – *12 r. du Port – ☎ 05 46 41 46 96 – oct.-avr. : lun.-sam. 17h-3h – mai-sept. : tlj 17h-3h.* Voici un petit bar d'habitués, aux murs graffités et qui mérite bien son nom (qui signifie « ça va » en créole). Rire et bonne humeur y sont toujours au rendez-vous. En plus, le rhum y est fameux, mais attention à ne pas trop en abuser car, à la nuit tombée, les quais tout proches sont glissants...

SE DIVERTIR

Casino – *Allée du Mail – ☎ 05 46 34 12 75 – casino : tlj 10h-5h – le Cosy : mar.-dim. 19h-5h.* Une centaine de machines à sous vous tendent ici les bras. Dès 19h, vous avez aussi accès aux jeux traditionnels : boule, black-jack et roulette. Entre deux parties, vous pouvez prendre un verre au Cosy et réviser vos martingales. Avec sa moquette écossaise, son comptoir en marbre, ses fauteuils en cuir et sa terrasse sur l'océan, ce bar chic mérite bien son nom.

Les célèbres vélos jaunes : ils sont gratuits pendant les deux premières heures de votre promenade non polluante !

SE DÉPLACER

Locomotion « propre » – Ici les deux-roues sont rois ; le 9 septembre 1997, La Rochelle organise, pour la première fois en France, une journée sans voiture. Une agréable piste cyclable relie le Vieux Port aux Minimes.

Vélos – On peut louer les célèbres vélos jaunes (gratuits les deux premières heures) place de Verdun et quai Valin en saison.

Véhicules électriques – Electric Autoplus *(pl. de Verdun, ☎ 05 46 34 02 22)*, propose la location de vélos, de scooters *(40F la demi-journée)* et de voitures électriques *(60F la demi-journée)* couleur soleil, pour partir à la découverte des environs de La Rochelle (ces communes sont équipées de bornes de recharge).

Bateaux – Le problème du stationnement peut être résolu en laissant son véhicule sur les quais Sud et en rejoignant le centre-ville par bateau.

Bus de mer – Une « croisière » de 20mn permet de relier le port des Minimes (vaste parking) au Vieux Port. Départ toutes les 1/2h en juillet et août, toutes les heures d'avril à juin et en septembre (fonctionne le week-end et les vacances scolaires le reste de l'année). Vente des billets à bord du bateau : 11F A.

Le passeur – Une courte traversée (4F) relie le quartier de la Ville-en-Bois (nombreuses aires de stationnement) à l'esplanade St-Jean d'Acre.

Cours des Dames – Plusieurs organismes réunis sur cette partie du port proposent des croisières qui vous feront découvrir l'archipel charentais : fort Boyard, îles de Ré, d'Oléron et d'Aix. Vous pouvez également vous adonner à des croisières fluviales sur la Charente, au milieu de paysages verdoyants...

PROMENADES EN MER

Dans la rade – *De fin mars à déb. nov. et vac. scol. : promenades en mer commentées (Croisières Océanes) tlj au dép. du cours des Dames ; de déb. nov. à fin mars : w.-end. La rade (1h), 30F (enf. : 20F) ; les trois ports (1h1/2), 45F (enf. : 35F) ; découverte de Fort Boyard (1h1/2), 65F (enf. : 40F) ; 1 j. Île d'Aix ou d'Oléron, 110F (enf. : 60F) ; 1/2 j. Île d'Aix, 90F (enf. : 50F).* ☎ *05 46 50 68 44 (M. Le Formal).*

Vers les îles – *De Pâques à fin sept. : liaisons régulières vers l'île d'Aix (approche de Fort-Boyard), juil.-août : liaisons saisonnières vers les îles d'Oléron et de Ré. Bernard Palissy II.* ☎ *05 46 91 12 92. Liaisons maritimes La Rochelle-St-Denis d'Oléron (3/4h) et La Rochelle-île d'Aix. Croisières Océane.* ☎ *05 46 50 68 44.*

ACHATS

Commerces – Concentrés dans le quartier ancien sillonné de nombreuses rues piétonnes (belles vitrines rue du Temple). Principales artères commerçantes : rue du Palais, rue Dupaty, la place du Marché donne accès aux boutiques des arcades de la rue des Merciers et de la rue St-Yon. À noter à l'Ouest du Vieux Port, l'ambiance sympathique de la rue St-Nicolas (puces et antiquaires).

Douceurs – Les Pavés de La Rochelle (caramels aux fruits enrobés de nougatine), les Carrés du Marais (caramels au beurre salé) et les Rochelines (bonbons pralinés, café et cognac) chez Jeanne d'Albret, *10 r. Chaudrier,* ☎ *05 46 41 17 40.*

Marché – Chaque matin, la place du Marché s'anime de 7h à 13h.

Vins – Sur une charrette à bras, deux tonneaux vitrés présentent un éventail de vins régionaux (Mareuil, Pays des Charentes) et de pineaux que l'on peut déguster au verre (à consommer avec modération) dans une ambiance chaleureuse. Cave de la Guignette, *8 r. St-Nicolas,* ☎ *05 46 41 05 75.*

S'INFORMER

Presse – *Charente-Maritime, Sud-Ouest, La Charente libre* (quotidiens) et *Agriculteur charentais* (hebdomadaire) se partagent l'information de la vie locale.

Radios FM – Accords (95.5), Alouette FM (90.2), Collège d'Aytré (95.9) et Radio-France La Rochelle (98.2) font alterner musique et informations pratiques.

SE BAIGNER

Les plages – Les petites plages des Minimes *(au Sud)* et du Chef-de-Baie *(à l'Ouest)* peuvent dépanner les amateurs de baignade ; la plage de la Concurrence *(près de la tour de la Lanterne)* est fréquentée par les adeptes du bronzage. Mais pour profiter des joies de la mer, il convient de se rendre à Châtelaillon-Plage *(10 km au Sud)*, la station balnéaire des Rochelais.

Centre aquatique – *Av. de la Falaise – Châtelaillon-Plage –* ☎ *05 46 56 44 11.* Tout pour se détendre et s'amuser dans une eau à 29°.

Embarquez pour une courte croisière à bord du Passeur.

SE DIVERTIR

Cinémas – Outre les salles du Dragon *(cours des Dames et r. L.-Vieljeux)* et de l'Olympia *(r. Chaudrier)* qui animent le centre-ville, La Rochelle possède désormais un vaste complexe cinématographique (Méga CGR, *avenue H.-Becquerel*) à deux pas de l'université.

Festivals et spectacles – Les Francofolies (musique, en juillet) et le Grand Pavois (salon nautique, en septembre) sont les vedettes des fréquentes manifestations organisées au long de l'année. La Semaine internationale de la voile (mai-juin), le Festival international du film (juin), le Festival de l'inattendu (juillet) et le Marathon (novembre) attirent de nombreux amateurs. Des représentations musicales et théâtrales sont données à la Coursive et au Carré Amelot, les derniers films se trouvant à l'affiche des cinémas, cours des Dames.

Sport – Écoles de voile et croisières *(espl. St-Jean-d'Acre, port des Minimes)*, piscine *(r. L.-Mailho)*, squash *(r. du Pont-des-Salines)*, tennis *(42 av. A.-Briand)*, bowling *(port des Minimes)*, golf de 18 trous *(Marsilly)* et kart *(circuit de la Repentie)* constituent d'excellents moyens de détente.

Le très photogénique Vieux Port est fréquenté par les chalutiers, les petits navires de plaisance et les flâneurs.

Le commerce portuaire – Dès le 13ᵉ s., des remparts sont dressés et La Rochelle noue des relations commerciales avec l'Angleterre et les Flandres. Le vin et le sel sont exportés, les toiles et la laine sont importées. La ville regorge de banques et de marchands bretons, espagnols, anglais ou flamands. À partir du 15ᵉ s., le port va s'enrichir avec le Canada (commerce de fourrures) et surtout les Antilles, avec la traite des noirs.

Les premiers conflits – Très tôt, La Rochelle compte des adeptes du protestantisme. En 1565, lors des guerres de Religion (1562-1598), des prêtres sont jetés dans la mer du haut de la tour de la Lanterne. Trois ans plus tard, les protestants ont le pouvoir à La Rochelle. En 1571, un synode national s'y tient sous la présidence de Théodore de Bèze, disciple de Calvin. Jeanne d'Albret, son fils Henri de Navarre (le futur Henri IV) et le prince de Condé y assistent. En 1573, un premier siège est tenu devant la cité par l'armée royale. Mais La Rochelle résiste. Les Rochelais ont une machine, nommée par dérision « l'Encensoir », qui déverse goudron et huile bouillants sur les assaillants. Six mois d'investissement n'entament pas la défense et les troupes royales ont perdu 20 000 hommes quand le siège est levé. **Un second siège** aura lieu en **1627**, opposant de nouveau la ville, représentée par son maire **Jean Guiton** à l'armée royale alliée aux Anglais. Un blocus est organisé côté terre, et sur la mer une digue gigantesque barre la baie. Les Rochelais ne réagissent guère, persuadés que l'ouvrage ne résistera pas aux tempêtes. Or, il tiendra, réduisant la cité à la famine : le 30 octobre 1628, Richelieu entre dans la ville, Louis XIII l'y rejoint le 1ᵉʳ novembre.

De 28 000 âmes avant le siège de 1627, il ne reste que 5 000 survivants, dont Jean Guiton qui servira plus tard le roi !

Les Quatre Sergents – Au mois de février 1822, un régiment arrive à La Rochelle pour y tenir garnison. Il compte dans ses rangs des membres de la société secrète des « **carbonari** ». Ce sont en majorité des sous-officiers partisans de la liberté qui complotent pour renverser le gouvernement de la Restauration. Démasqués, ils seront incarcérés sur place avant d'être transférés à Paris où ils seront condamnés à mort et exécutés. Cette sentence exagérément lourde en fit les martyrs du roi Louis XVIII. À La Rochelle, ils furent emprisonnés dans la tour de la Lanterne où l'on peut encore voir leurs graffiti.

Les écrivains célèbres – Plusieurs écrivains de passage ont fait de La Rochelle une de leurs villes de prédilection. L'un des premiers, **Rabelais**, fit étape à La Rochelle qu'il cite dans *Pantagruel*. Ingénieur militaire, **Choderlos de Laclos**, l'auteur des *Liaisons dangereuses* (1782), tint garnison à La Rochelle vers 1786, s'occupant de la construction de l'arsenal. **Eugène Fromentin** (1820-1876), peintre et écrivain, est un Rochelais pur sang. Son unique roman, *Dominique,* décrit avec une précision de naturaliste la société rochelaise du 19ᵉ s. **Guy de Maupassant** (1850-1893) évoque magnifiquement l'atmosphère de La Rochelle dans *L'Épave* (1886). L'écrivain

> **LIAISONS... FACILES**
> Choderlos de Laclos habitait une maison qui communiquait avec l'hôtel Duperré par un escalier dérobé et un souterrain. Ce sont peut-être ces relations faciles qui lui firent épouser Solange Duperré, sœur de l'amiral Duperré ?

belge **Georges Simenon** (1903-1989) s'installa en Charente-Maritime avant la Seconde Guerre mondiale. C'est à La Rochelle qu'il dira avoir passé les plus belles années de sa vie. Il allait souvent s'installer au Café de la Paix pour prendre quelques notes, en face du commissariat...

Le monde de la voile – Le port de La Rochelle est une escale sur le trajet de plusieurs courses (Open UAP, Le Figaro, Hong Kong Challenge) et sera sur celui de la Whitebread, future Volvo Ocean Race, en 2002. Il bénéficie de la présence de chantiers de construction de coques et de fabriquants très réputés également en voilerie, électronique et accastillage. Plusieurs grands navigateurs ont élu domicile à La Rochelle : Philippe Poupon, Isabelle Autissier, Marc Thiercelin, Christine Briand... et y ont amarré leurs bateaux. Des manifestations commerciales liées au nautisme ont lieu pendant l'année *(voir « carnet pratique »)*.

se promener

① LE VIEUX PORT★★

La promenade part de l'Office de tourisme et prend 1 h 1/2.
Le port ancien (le nouveau port ultramoderne, doté d'une halle à criée informatisée, a été transféré à La Palice) est situé au fond d'une baie étroite. Vous pouvez distinguer l'avant-port, le bassin d'échouage ou **Vieux Port**, le petit bassin à flot où s'amarrent les yachts, le bassin à flot extérieur ou bassin des chalutiers, le bassin de retenue alimenté par un canal amenant les eaux de la Sèvre.

Quartier du Gabut

Ce quartier résidentiel et commerçant était autrefois occupé par des hangars de pêcheurs. Les façades à revêtement de bois et à couleurs vives lui donnent un cachet nordique.

Vue du ciel,
La Rochelle est
encore plus belle.

Tour St-Nicolas★ *(voir « visiter »)*
Prener au Sud et passer sur un petit pont et empruntez à
droite l'allée qui borde l'avenue Marillac. On passe devant
la médiathèque (inaugurée en 1998) conçue par un architecte rochelais. On longe les quais pour apprécier la vue
sur les tours et le vieux port. De là, on emprunte le petit
bateau (4 F) qui amène au pied de la tour de la Chaîne.

Cours des Dames
Ce quai bordé d'anciennes maisons d'armateurs, servait de
poste d'accostage aux vaisseaux de haut bord. Autrefois
investie par les marchands de sardines et les pêcheurs rac-
commodant leurs filets, l'esplanade, plantée de vieux
tilleuls, est un des lieux animés du Vieux-Port (complexe
de cinéma, musée Grévin et restaurants à terrasse). C'est
le point de départ de nombreuses **promenades en bateau**.

> **À VOS APPAREILS**
> **PHOTOS OU...**
> **À VOS PINCEAUX !**
> Le port de La Rochelle
> a été peint par **Joseph**
> **Vernet**, **Corot**, **Signac**
> et **Marquet**.

LES FRANCOFOLIES : LA DÉFERLANTE MUSICALE
Chaque année, vers le 14 juillet, un avis de tempête musicale est
annoncé sur La Rochelle. Pendant six jours, le Vieux Port voit se succéder des vagues d'amateurs de concerts en plein air. L'idée de ce festival est partie du Québec où Jean-Louis Foulquier remarqua
l'enthousiasme suscité par une Francofête, réunissant des chanteurs
québécois francophones. En 1985, cet homme de radio choisit sa ville
natale pour hisser, en haut des tours du Vieux Port, le pavillon des Francofolies. La fête attira 25 000 personnes la première année, entraînées
par un spécialiste de la scène : Jacques Higelin. Ouvert à tous les courants musicaux, ce festival fait cohabiter rock, variétés, jazz et rap. Au
fil des éditions, le public se lancera à l'abordage des Aznavour,
Bashung, Cabrel, Ferré, Guidoni, Halliday, Lara, Lavilliers, Renaud, MC
Solar, Rita Mitsouko, Sapho, Souchon, Manau, Faudel, Pierpoljak,
Zazie, Enzo Enzo et Kent, et autres Zebda... L'esplanade St-Jean-d'Acre
accueille les talents confirmés autour de la grande scène (décibels et
effets de lumières garantis). Le Grand Théâtre et la Salle bleue se prê-
tent mieux aux artistes intimistes ou à la découverte de nouveaux
talents, le Carré Amelot à la scène régionale. « La rue est à nous »
complète les Francofolies officielles. Sur le cours des Dames, l'Espace
organise chaque après-midi des dédicaces d'artistes. À vos photos !

La Coursive

Aujourd'hui salle de spectacle, cette **ancienne chapelle des Carmes** possède un imposant portail du 17e s. surmonté d'une coquille Saint-Jacques. À l'intérieur, belle cour à arcades.

Tour de la Chaîne *(voir « visiter »)*

Rue Sur-les-Murs

Reliant la tour de la Chaîne à celle de la Lanterne, cette petite rue passe sur la crête du rempart médiéval. C'est la seule section non détruite par Richelieu qui souhaitait l'utiliser comme défense contre les Anglais. Son pied était alors baigné par la mer.

Tour de la Lanterne★ *(voir « visiter »)*
On poursuit la promenade au bord de mer puis dans les jardins.

Parc Charruyer★

Ce parc ceinture la ville le long des anciennes fortifications (2 km de long et 200 m de large). Il est parcouru d'allées sinueuses et possède une rivière où s'ébattent cygnes et hérons. À l'Ouest, le parc se prolonge sur le **mail**, promenade favorite des Rochelais, qui aboutit au monument aux morts, œuvre maîtresse de Joachim Costa. Entre cette majestueuse allée d'ormes et la mer, s'étendent les jardins en terrasse du casino, le parc d'Orbigny, et le parc Delmas.

Préfecture

Installée dans l'ancien hôtel Poupet, d'époque Louis XVI et typique de l'architecture privée rochelaise, la préfecture ouvre sur la place par un porche monumental, couronné de balustres.
De là, on rejoint la porte de la Grosse-Horloge d'où l'on peut partir pour la deuxième promenade ou bien revenir vers le quartier du Gabut par le quai Duperré.

Quai Duperré

De ce quai bordé de cafés se découvre le va-et-vient des bateaux dans le port. La perspective est fermée par les tours St-Nicolas à gauche, de la Chaîne à droite, et à l'extrême droite apparaît le chapeau pointu de la tour de la Lanterne. Sur le quai aboutissent la rue du Port et la Petite-Rue-du-Port, habitées par les marins. À l'Ouest se dresse, face à la grosse horloge, la statue de l'**amiral Duperré** : né à La Rochelle en 1775, il commandait la flotte française lors de la prise d'Alger en 1830.

Pour se couper de la foule et se ressourcer, rien de tel qu'une escapade au parc Charruyer.

② LE QUARTIER ANCIEN★★

La promenade prend 1 h 1/2. Dans le quartier ancien, on tourne quelques pages de l'histoire de cette cité marchande et militaire, tracée sur plan régulier. Jusqu'en 1913, elle était protégée par des remparts à la Vauban. Au centre du **quartier commerçant** se trouve l'hôtel de ville. Ses grands axes sont la grande-rue des Merciers et la rue du Palais. Observez la configuration originale de beaucoup d'habitations. Se développant en profondeur, elles possèdent presque toujours deux issues, sur la rue principale et sur une voie secondaire parallèle. Leur plan

ATMOSPHÈRE

Des rues aux anciennes plaques de pierre gravées, des passages secrets, parfois voûtés, des « porches » sombres où circulent les passants, vous plongent dans la véritable ambiance de la ville.

Place Barentin, la porte de la Grosse-Horloge marque la transition entre le Vieux Port et le quartier ancien.

comprend : au rez-de-chaussée, une vaste pièce, souvent convertie en magasin, une cour intérieure avec escalier et balcon formant galerie, une arrière-cour entourée de communs ; à l'étage, au-dessus du magasin, une salle sur rue et une cuisine sur cour à côté d'une « chambre noire », sans éclairage direct. Les maisons les plus anciennes sont à **pans de bois** couverts de plaques d'ardoise destinées à protéger ceux-ci de la pluie.

Les « **beaux quartiers** » s'étendent à l'Ouest de la rue du Palais. C'est dans les rues de l'Escale et Réaumur que les vieilles familles protestantes se retirent, dans des hôtels du 18ᵉ s., entre cour et jardin. Admirez leurs hauts murs percés de grands portails et parfois couverts de balustres (rue Réaumur).

Suivre l'itinéraire indiqué sur le plan p. 318.

Porte de la Grosse-Horloge★

Entrée de ville côté port, cette tour gothique a été remaniée au 18ᵉ s. par l'adjonction d'un couronnement. Au centre, son beffroi abrite la cloche et l'horloge. Il est surmonté d'une coupole à pans et d'un lanternon. Les deux tours de part et d'autre ont reçu des trophées marins.

Place des Petits-Bancs, à l'angle de la rue du Temple, observez une jolie maison (1654), à façade sculptée Renaissance. En franchissant la porte de la Grosse-Horloge, on débouche sur la place des Petits-Bancs, au centre de laquelle se situe la statue d'Eugène Fromentin.

Rue du Palais★

C'est l'une des principales voies de La Rochelle, reliant le quartier commerçant et le quartier résidentiel.

À droite, les boutiques se succèdent sous des galeries dont le profil diffère suivant l'époque de leur construction. À gauche alternent galeries et bâtiments publics ; on y voit de vieilles maisons, comme la quatrième aux fenêtres ornées de petites arcades et de masques fantastiques.

Hôtel de la Bourse★ – Siège de la Chambre de commerce depuis sa fondation, cet édifice a été bâti au 18ᵉ s., dans le style Louis XVI commençant. La cour avec galerie périphérique et portique a une façade ornée de trophées maritimes. Dans un angle, à gauche, bel escalier à rampe de fer forgé (style Louis XVI). En face de la Bourse un passage mène, par la cour de la Commanderie, à la cour du Temple (vieilles maisons à pans de bois).

Palais de justice – Il présente une majestueuse façade à colonnes cannelées corinthiennes et frise sculptée. Au fronton trônent l'inscription « Temple de la justice » et les traditionnels attributs sculptés : balance, glaive... Au croisement de la rue Chaudrier et de la rue Eugène-Fromentin, signalons une maison du 17ᵉ s. à tourelle d'angle et escalier sur corbeau sculpté et, en face, à l'entrée de la rue Dupaty, une maison ancienne à pans de bois couverts d'ardoises.

Remarquez sur la façade de la cour de l'hôtel de la Bourse des poupes de navires saillantes !

Prendre à gauche la rue Eugène-Fromentin.

Maison Venette

Elle s'élève dans la **rue de l'Escale★**. Ses pavés ronds étaient utilisés jadis comme lest par les vaisseaux en provenance du Canada. Cette rue est en partie bordée d'arcades et en partie jalonnée de porches derrière lesquels se dissimulent de nobles demeures du 18ᵉ s. La maison (17ᵉ s.) a été édifiée pour le docteur Venette.

Regagner la rue du Palais.

Rue Chaudrier★

Au début de la rue, observez au n° 6 une ancienne maison à pans de bois et plaques d'ardoise. Devant la maison, un panneau porte une inscription extraite des élégies de Ronsard, à la gloire de Chaudrier, l'un des défenseurs de La Rochelle.

Tourner à droite, dans la rue des Augustins : maison Henri II au n° 11 bis.

Maison Henri II★ *(voir « visiter »)*

Reprendre la rue Chaudrier.

> **LA MÉDECINE S'AFFICHE**
> La façade est rythmée de phrases latines et de têtes sculptées de médecins de l'Antiquité et du Moyen Âge : Avicenne, Hippocrate, Galien, etc.

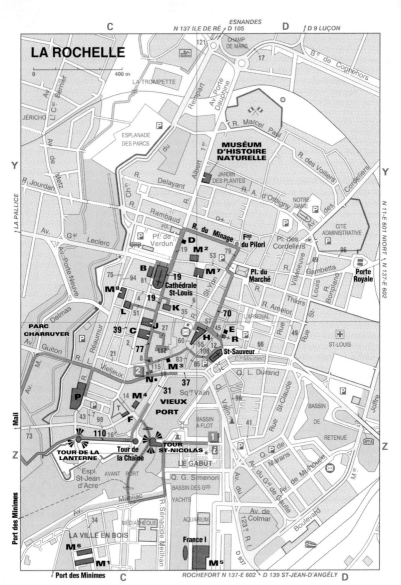

LA ROCHELLE

Cathédrale St-Louis

Sobre et sévère, elle a été bâtie en partie sur l'église St-Barthélemy, sur les plans des architectes Gabriel père et fils. La façade Louis XVI, un peu lourde, est surmontée d'un fronton à volutes.

Le **trésor** contient des objets de culte des 18e et 19e s., déposés par les paroisses du diocèse. *Tlj sf dim. et j. fériés 8h30-18h. Gratuit.*

Derrière la cathédrale, regardez le superbe portail Louis XV de l'ancien hôtel de l'Intendance.

Café de la Paix

Voici le seul témoin restant des opulents cafés du siècle dernier, où les bourgeois lisaient la gazette et jouaient au billard. Sur sa façade, notez les panneaux de verre en forme d'arcades, ornés de dessins en verre dépoli. L'intérieur est paré de boiseries sculptées et de dorures. Admirez les grandes glaces en arcades, les lustres et les médaillons du plafond, peints en trompe-l'œil (1895).

Rue du Minage

La rue du Minage est bordée de part et d'autre de vieilles **arcades★** aux formes irrégulières, responsables d'un alignement fantaisiste. On y voit de très anciennes maisons ornées de frises et de sculptures, ou de fenêtres à fronton triangulaire (nᵒˢ 43, 22, 4 et 2). La rue prend fin à la **fontaine du Pilori**, du 16e s. mais refaite au 18e s.

Par la rue du Pas-du-Minage, gagner le marché.

Place du Marché

À l'entrée de l'impasse Tout-Y-Faut se font face deux maisons anciennes bien conservées : l'une du 15e s., à pans de bois, meneaux de bois et haute lucarne ; l'autre du 16e s., en pierre, aux étroites baies coiffées de frontons.

Grande-rue des Merciers★

Très commerçante, c'est une des artères les plus caractéristiques de La Rochelle, par ses nombreuses galeries et ses maisons des 16e et 17e s. Les maisons moyenâgeuses, aux pans de bois couverts d'ardoises, alternent avec des demeures Renaissance en pierre, ornées de fantastiques gargouilles sculptées.

Prendre à droite la rue de la Grille, pour tourner ensuite à gauche dans la rue de l'Hôtel-de-Ville.

Hôtel de ville★ *(voir « visiter »)*

Emprunter à gauche la rue de la Ferte. À gauche, à l'entrée de la rue St-Michel, se trouve le Temple protestant.

Temple protestant

Superbe façade classique à décor sculpté de palmes et de draperies. C'est l'ancienne chapelle des Récollets, construite en 1708. *Pour le musée, voir « visiter ».*

Cloître des Dames Blanches

Tlj sf w.-end 8h-18h. Fermé j. fériés. ☎ *05 46 51 50 00.* Jouxtant le temple protestant, ce cloître faisait partie de l'ancien couvent des Récollets. C'est devenu un espace culturel abritant, sous ses 32 arcades, expositions de peinture et concerts (en saison).

Église St-Sauveur

Édifice des 17e et 18e s. Le haut clocher remonte au 15e s. *On s'engage dans rue St-Sauveur d'où l'on gagne la rue du Temple, puis on revient à la porte de la Grosse-Horloge.*

> ### EX-VOTO
> Attardez-vous (3e chapelle du bas-côté gauche) sur les ex-voto peints des marins. Ils contrastent, par leur candeur, avec les savantes et académiques compositions que le Rochelais Bouguereau (1825-1905) a brossées à la coupole de la chapelle absidale.

Il est très agréable de s'attarder au marché pour découvrir les produits régionaux.

> ### ARDOISES ET PIERRES
> À l'angle de la rue du Beurre, une maison médiévale à colombage et ardoises, tout comme celles des nᵒˢ 33, 31, 29, et vers le fond de la rue les maisons des nᵒˢ 17 (17e s., à baies surmontées de frontons), 8 (fin 16e s., à baies étroites aux lourds frontons), 5 (début 17e s., à curieuses figures sculptées), 3 (1628), ces deux dernières ayant été habitées par Jean Guiton.

La tour St-Nicolas doit son nom au patron des navigateurs. Percée de meurtrières munies de bretèches, elle servit longtemps de prison.

visiter

LE VIEUX PORT★★

Tour St-Nicolas★

COUP D'ŒIL

De la plate-forme supérieure de guet, bordée de hautes parois à meurtrières et mâchicoulis, **vue** sur la sortie de la rade, la baie et l'île d'Aix.

Avr.-sept. : 10h-19h ; oct.-mars : tlj sf mar. 10h-12h30, 14h-17h30. Fermé 1er janv., 1er mai, 1er et 11 nov., 25 déc. 25F, 45F billet jumelé avec la tour de la Chaîne et de la Lanterne. ☎ 05 46 34 11 81.

La tour (hauteur totale : 42 m), légèrement penchée, est une véritable forteresse. Elle fut édifiée au 14e s. sur plan pentagonal. Ses cinq angles sont renforcés par trois tourelles circulaires engagées, une tourelle rectangulaire et une tour carrée, plus haute, faisant donjon. Un escalier extérieur aboutit à la salle principale, octogonale et couverte d'une élégante voûte d'ogives. De là, d'autres escaliers, pratiqués dans l'épaisseur des murs, conduisent à des salles. Dans celles de la première plate-forme sont exposés des plans aquarellés du 18e s., maquettes, dioramas, retraçant l'évolution du site portuaire du 12e s. à nos jours, faisant partie du musée maritime.

Tour de la Chaîne

Avr.-sept. : 10h-19h ; oct.-mars : tlj sf mar. 10h-12h30, 14h-17h30. Fermé 1er janv., 1er mai, 1er et 11 nov., 25 déc. 25F, 45F billet jumelé comprenant les tours de la Lanterne et St-Nicolas. ☎ 05 46 34 11 81.

UNE CHAÎNE POUR UN GÉANT

La tour doit son nom à la grosse chaîne qui, durant la nuit, la joignait à sa sœur St-Nicolas pour fermer le port. Selon Rabelais, cette chaîne, que l'on voit encore au pied de la tour, aurait servi à attacher Pantagruel dans son berceau.

La tour fut utilisée comme poudrière. Bâtie au 14e s., mais découronnée au 17e s., elle était jadis accolée à une tourelle qui fut démolie pour élargir la passe. Aujourd'hui, elle abrite une exposition consacrée au siège de La Rochelle.

Tour de la Lanterne★

Avr.-sept. : 10h-19h ; oct.-mars : tlj sf mar. 10h-12h30, 14h-17h30. Fermé 1er janv., 1er mai, 1er et 11 nov., 25 déc. 25F, 45F billet jumelé avec la tour de la Chaîne et de St-Nicolas. ☎ 05 46 34 11 81.

Érigée au 15e s., elle concilie soucis esthétiques et impératifs militaires. L'ouvrage, aux murs de 6 m d'épaisseur à la base, contraste avec la flèche octogonale à crochets et la fine lanterne, servant jadis de fanal, qui la surmontent. Elle servit de prison aux Quatre Sergents. Sur les murs de la grande flèche, regardez les nombreux **graffiti★** de prisonniers ou de soldats (17e et 18e s.) : les plus précieux sont protégés par des plaques de verre.

En bas, dans la salle des gardes, des panneaux évoquent l'histoire de la ville. Dans la grande flèche on découvre quatre salles superposées. À mi-hauteur de la flèche *(2e plate-forme)*, un balcon offre un superbe **panorama★★**

sur les toits de la vieille ville, le port, les îles ; à marée basse, on distingue les fondations de la digue de Richelieu, à hauteur de Fort-Louis, au-delà du mail.

QUARTIER ANCIEN

Maison Henri II★

De juil. à fin août : selon les possibilités. Gratuit.

Au fond du jardin s'élève cette luxueuse demeure, construite vers 1555 pour Hugues de Pontard, seigneur de Champdeniers. Examinez la façade de style Henri II (16ᵉ s.) avec ses deux pavillons, sa galerie et sa loggia, sa frise découpée en rainures verticales, médaillons et bucranes (têtes de bœufs décharnées). À l'étage inférieur, deux contreforts du pavillon gauche portent, à droite, un satyre jouant de la guitare, à gauche, une femme ailée aux prises avec un serpent.

Au-dessus de la façade postérieure de l'hôtel de ville, est sculpté le vaisseau figurant aux armes de la ville.

Hôtel de ville★

Juin-sept. et vac. scol. : visite guidée (3/4h) à 15h (juil.-août : à 15h et 16h) ; oct.-mai : w.-end et j. fériés à 15h. Fermé 1ᵉʳ janv. et 25 déc. 20F. ☎ 05 46 41 14 68.

Élevé entre la fin du 15ᵉ s. et le début du 16ᵉ s., cet édifice composite est remarquable par la richesse de sa décoration. Une enceinte gothique surmontée d'un chemin de ronde sur mâchicoulis, que renforce une tour-beffroi, défend la cour rectangulaire.

Sur cette cour se développe la **façade★** principale de l'édifice, construite sous Henri IV à la mode italienne. Admirez, au rez-de-chaussée, la galerie aux colonnes cannelées, ornée d'un plafond à caissons, et de trophées, de médaillons, de chiffres aux initiales d'Henri IV et de Marie de Médicis. Plus beau encore est le 1ᵉʳ étage, auquel on accède par un escalier à balustrade. On est émerveillé par les piliers et des niches à la mode toscane, où sont placées les effigies des vertus cardinales : Prudence, Justice, Force et Tempérance.

À **l'intérieur**, outre le cabinet de Jean Guiton (fauteuil en cuir de Cordoue et tapisseries d'Aubusson), vous pourrez voir, dans d'autres salles, le siège de La Rochelle, peint en 1628 par Van der Kabel, au 19ᵉ s. par Henri Motte, ou gravé par Jacques Callot, rappelle un épisode tragique de l'histoire de la ville.

La **façade postérieure** donne rue des Gentilshommes ; elle est d'époque Henri IV et comporte la porte « des gentilshommes », empruntée par les échevins le jour où se terminait le mandat qui leur donnait la qualité de gentilhomme.

►

QUI A PARLÉ DE SE RENDRE ?

Dans le cabinet de Jean Guiton, vous verrez le bureau que l'énergique maire aurait frappé du coup de poignard légendaire en prononçant ces paroles : « De la pointe de ce glaive, je percerai le cœur de quiconque parlera de se rendre. »

Musée protestant

De juil. à mi-sept. : tlj sf dim. 14h30-18h ; de mi-sept. à fin juin : sur demande. Fermé j. fériés. 10F. ☎ 05 46 50 88 03.

Dans une salle est retracée l'histoire du protestantisme, notamment dans la région de La Rochelle. Parmi les documents et objets présentés : exemplaire de la Confession de foi de La Rochelle (1571) avec les signatures des pasteurs ; une bible de 1606 imprimée à La Rochelle même. Une table et une chaire démontables, de même qu'une collection de méreaux (pièces servant de reconnaissance entre protestants), illustrent la période des réunions clandestines dite « période du Désert ».

Muséum d'Histoire naturelle★★

Tlj sf lun. 10h-12h30, 13h30-17h30, w.-end et j. fériés 14h-18h (de mi-juin à mi-août : fermeture à 18h). Fermé 1ᵉʳ janv., 1ᵉʳ mai, 14 juil., 1ᵉʳ et 11 nov., 25 déc. 21F (enf. : gratuit). ☎ 05 46 41 18 25.

Situé à l'entrée du jardin des Plantes, il occupe deux bâtiments se faisant face.

Musée Lafaille – Aménagé dans l'ancien hôtel du Gouverneur, bel édifice du 18ᵉ s., il a conservé en partie ses boiseries Louis XV.

Le rez-de-chaussée abrite le **cabinet Lafaille**. Armoires vitrées, vitrines, « coquillier », le seul conservé en France, se fondent dans de magnifiques boiseries,

►

ETHNOLOGIE

La statue du dieu Terriapatura rapportée de l'archipel des Gambiers par Dumont d'Urville, la statuette bicéphale « Moaï-Kava-Kava » originaire de l'île de Pâques, le grand masque kwélés du Congo, les terres cuites saoes du Tchad.

Contrôleur ordinaire des guerres, passionné de sciences naturelles, Clément de Lafaille s'était constitué un cabinet de curiosités qu'il légua en 1770 à l'Académie royale de La Rochelle et qui fut transféré ici en 1832, avec son mobilier.

ornées de corail et sculptées d'objets scientifiques. De rares coquillages, mollusques et crustacés retiennent l'attention. On accède au 1er étage par un vaste escalier de pierre décoré de têtes et de massacres d'ongulés ; le palier est occupé par la première girafe introduite en France, cadeau du pacha d'Égypte Méhémet Ali au roi Charles X. Ne manquez pas les collections exposées dans les **salles d'ethnologie**. La grande **salle de zoologie**, créée en 1832, témoigne de la muséologie de l'époque. Soucieuse de donner une vision très complète du règne animal, la classification commence à obéir alors à une véritable rationalisation.

Musée régional Fleuriau – Il est consacré à l'histoire naturelle régionale : géologie, paléontologie, préhistoire, zoologie. Reconstitution d'une partie de forêt avec la faune locale : cerfs, sangliers, loutres, chevreuils...

Musée du Nouveau Monde★

Tlj sf mar. 10h30-12h30, 13h30-18h, dim. et j. fériés 15h-18h. Fermé 1er janv., 1er et 8 mai, 14 juil., 11 novembre, 25 déc. 21F. ☎ 05 46 41 46 50.

L'hôtel Fleuriau, acquis en 1772 par l'armateur rochelais de ce nom, abrite dans ses salons à lambris Louis XV et Louis XVI, les collections de ce musée. Elles illustrent les relations tissées entre La Rochelle et les Amériques depuis la Renaissance. Les armateurs s'enrichirent avec le Canada, la Louisiane et surtout les Antilles où ils possédaient de vastes domaines produisant des épices, du sucre, du cacao, du café, de la vanille. Ces « négriers » prospéraient aussi avec le commerce du « bois d'ébène » ou commerce triangulaire : vente de tissus et achat d'esclaves sur les côtes d'Afrique, vente de ces esclaves et achat de produits coloniaux à l'Amérique, vente de ces produits coloniaux en Europe.

Partez à la découverte des Indiens... ou il était une fois l'Amérique !

Parmi les pièces exposées, on s'attardera devant les cartes anciennes et les gravures aquarellées, devant les allégories de l'Amérique, les papiers peints (Les Incas de Dufour et Leroy) et les objets usuels indiens. Ne négligez pas les évocations de l'esclavage, de la chute de Québec, la littérature (*Atala*) et les gravures anciennes des Antilles.

Musée des Beaux-Arts★

Tlj sf mar. 14h-17h. Fermé 1er janv., 1er et 8 mai, 14 juil., 11 nov., 25 déc. 21F. ☎ 05 46 41 64 65.

Le musée occupe le 2e étage du palais épiscopal, édifié sous Louis XVI par Monseigneur de Crussol d'Uzès suivant la formule locale : entre cour et jardin, hauts murs à balustres. Un escalier, à rampe de fer forgé, conduit à la galerie à alcôves et aux salles où sont exposés les tableaux. Le reste du palais est occupé par une bibliothèque et une section d'études et de fonds anciens. On découvre des portraits dus à des artistes rochelais du 18e s. (Brossard de Beaulieu, A. Duvivier). Le 19e s. est représenté par des compositions de Bouguereau (originaire de La Rochelle), Corot, Chassériau et Eugène

ŒUVRE ULTIME
L'Adoration des mages, dernière œuvre connue d'Eustache Le Sueur (école française du 17e s.).

Fromentin (toiles orientalistes). Une section est consacrée au 20e s. (verreries de Maurice Marinot, *Miserere* de Georges Rouault), avec une présentation par roulement.

Musée d'Orbigny-Bernon★

Tlj sf mar. 10h-12h, 14h-18h, dim. et j. fériés 14h-18h. Fermé 1er janv., 1er et 8 mai, 14 juil., 11 nov., 25 déc. 21F. ☎ 05 46 41 18 83.

Ces collections étaient celles d'un armateur de la fin du 18e s. À l'intérieur, on verra des souvenirs des sièges de La Rochelle et des documents évoquant la prospérité économique et la vie intellectuelle au 18e s. Ne ratez pas la série exceptionnelle de céramiques évoquant l'histoire de la faïencerie de La Rochelle. Dans les armoires du 18e s. sont exposés des vases de pharmacie provenant de l'hôpital Aufredi. Quelques belles pièces de Marseille, Strasbourg, Nevers et Moustiers complètent cette collection. L'Extrême-Orient *(au 2e étage)* est présent avec de précieuses porcelaines chinoises de l'époque Song à Qing, des instruments de musique.

▶ **À VOIR**
Dans la collection archéologique *(au sous-sol)* regardez le célèbre tombeau du 12e s., dit de Laleu, vraisemblablement dû à un moine bâtisseur.

Musée Grévin

9h-19h (juil.-août : 9h-23h). Fermé en sem. en janv. 29F (enf. : 19F). ☎ 05 46 41 08 71.

Ouvrant sur le Cours des Dames, dans la tradition du genre, ce musée présente en 15 tableaux où se confondent histoire et légende les grandes heures de La Rochelle (siège de 1628, commerce triangulaire) et les personnages qui ont profondément marqué le passé de la cité (Aliénor d'Aquitaine, Richelieu, Jean Guiton...).

Musée du Flacon à parfum

10h30-12h30, 14h-19h, lun. 15h-19h (juil.-août : 10h30-12h30, 14h-19h, lun. 15h-19h, dim. 15h-18h). Fermé j. fériés. 25F (-10 ans : gratuit). ☎ 05 46 41 32 40.

33 rue du Temple, au 1er étage d'une parfumerie. Charmante collection de flacons à parfum, de boîtes à poudre et d'étiquettes, créés depuis les années 20. Quelques modèles de flacons sont signés Lalique, Dali, Cocteau...

LA VILLE-EN-BOIS

À l'Ouest du grand bassin à flot s'étend le quartier de la Ville-en-Bois, nommé ainsi à cause de ses maisons basses en bois, anciens ateliers de réparation de bateaux et magasins de pièces détachées. Après un incendie, on a réaménagé le quartier : artisanats, université et musées y cohabitent.

Musée maritime : Neptunéa★

Avr.-sept. : 10h-20h ; oct.-mars : 14h-18h30. Fermé en janv., de mi-nov. aux vac. scol. Noël, 25 déc. 50F. ☎ 05 46 28 03 00.

Bordant les quais Est du bassin des Chalutiers, ce vaste complexe se signale par la présence d'une rampe de mise sur cale (slipway).

Musée à flot – Le long des quais mouille une flopée de ▶ bateaux de toutes tailles (canots, chalutiers, remorqueur de haute mer, yachts). Avec ses 80 m de long, la frégate météorologique **France I**, le plus imposant navire de la

AU PLAISIR DES YEUX !
Remarquez l'élégant ketch rouge **Joshua** avec lequel Bernard Moitessier participa au Golden Globe Challenge, la première course autour du monde en solitaire (1967-68).

Cagoule, hublot de cristal, cloche à plonger, etc. De Végétius à Jules Verne, les écrivains ont débordé d'imagination pour que leurs héros s'attaquent au mythe de l'abysse, royaume du roi Triton.

flottille, ouvre ses cinq ponts à la visite. N'y manquez pas d'intéressantes expositions sur la vie à bord, la météorologie et les bateaux en bouteille. Le dernier bateau arrivé, **La Calypso** du commandant Cousteau, n'est malheureusement pas encore visitable. C'est à La Rochelle que la veuve du commandant a choisi d'ancrer sa fondation.

Musée à quai – Dans un espace réhabilitant les anciens bâtiments de l'Encan (criée aux poissons), il propose le Comptoir des océans (boutique et librairie maritime), Cinévague (cinéma de la marine), Peinture sur mer (expositions d'artistes) et Halle à marée (exposition sur les techniques de pêche ; bassin ventilé où naviguent des modèles réduits télécommandés).

Musée des Automates★

Laissez-vous prendre par l'univers fantastique des créateurs d'automates.

♿ *Juin-août : 9h30-19h ; fév.-mai et sept.-oct. : 10h-12h, 14h-18h ; nov.-janv. : 14h-18h. 40F (enf. : 25F).* ☎ 05 46 41 68 08.

⊙ Dans des décors et une mise en scène somptueuse, 300 personnages en mouvement rivalisent d'ingéniosité pour attirer l'attention du visiteur. D'un réalisme stupéfiant, ces automates sont mus des mécanismes que l'on peut observer sur l'arlequin écorché. Regardez l'œuvre plus récente de l'automaticien J. de Vaucanson et son célèbre canard, des vitrines animées, des sujets pour enfants et des reconstitutions historiques. Une bouche de métro donne accès à la place de **Montmartre★★** où l'atmosphère de « Panam » est fidèlement reconstituée. Les enfants seront émerveillés par les nombreux automates publicitaires des boutiques. Les adultes pourront flâner dans des rues pavées éclairées par des candélabres et se laisser surprendre par le passage d'un métro aérien.

Musée des Modèles réduits

♿ *Juin-août : 9h30-19h ; fév.-mai et sept.-oct. : 10h-12h, 14h-18h ; nov.-janv. : 14h-18h. 40F (enf. : 25F).* ☎ 05 46 41 64 51.

⊙ Un train miniature emprunté par les enfants ceinture le bâtiment. La visite débute par une collection de maquettes de camions et de voitures dont certaines sont télécommandées. Un intérieur de sous-marin plonge le visiteur dans le monde des profondeurs. Les passionnés de train pourront rêver devant des circuits ferroviaires (l'un d'eux se déploie autour de la gare de La Rochelle) et de rutilantes locomotives de toutes tailles, dont certaines fonctionnent à la vapeur.

> **PARTANT POUR UNE BATAILLE NAVALE ?**
> L'histoire des grandes découvertes maritimes évoquée dans un décor de galion, et une fabuleuse **bataille navale★** reconstituée.

PORT DES MINIMES

À l'entrée de la baie, rive Sud, se trouve le port de plaisance des Minimes, qui peut accueillir 3 200 quillards de tous types, ce qui en fait le premier port européen sur l'Atlantique. Trois bassins à flot en eau profonde ont été aménagés à cet effet : Lazaret, Bout-Blanc et Marillac. Tout autour du port s'est développée une zone artisanale

Requin et tortue composent un véritable ballet aquatique autour de Pascal Coutant... un directeur d'aquarium qui n'a pas peur de se mouiller !

liée à la plaisance (réparations navales, accastillage, voilerie, etc.) ainsi qu'une zone d'immeubles d'habitation. Une école de voile réputée est également installée là. *Des bus de mer relient les Minimes au Vieux Port.*

Aquarium★

 ♿ *Juil.-août : 9h-23h ; avr.-juin et sept. : 9h-19h ; oct.-mars : 10h-12h, 14h-19h. 42F (4-11 ans : 25F, 12-18 ans : 37F). ☎ 05 46 34 00 00.*

Fondé par René Coutant, cet aquarium moderne présente un panorama de la faune et de la flore sous-marines en provenance de toutes les mers du globe. Les trois premières salles sont consacrées aux espèces spécifiques d'un océan ou d'un milieu particulier (Atlantique, Méditerranée, tropiques). Un tunnel aux parois transparentes permet au visiteur d'évoluer au sein d'un environnement marin tropical, tandis qu'un immense bac de 2 500 hl accueille des requins et des tortues. Petit jardin tropical (aquarium avec piranhas).

alentours

Marsilly

9 km au Nord par la D 105.

Église St-Pierre – *D'avr. à fin sept. : tlj sf lun. et mar. 14h30-18h30. Fermé 1er mai. 15F.*

Érigée au 13e s., fortifiée au 14e s., elle fut ruinée pendant la guerre de Cent Ans et partiellement détruite durant les guerres de Religion. Du 14e s. subsiste un imposant clocher-porche de style flamboyant. Du haut du clocher (28 m) s'offre un vaste **panorama** sur cette région du Nord de l'Aunis.

Esnandes *(voir ce nom)*
12 km au Nord par la D 105.

Château de Buzay

De juil. à fin sept. : visite guidée (1/2h) 14h30-17h30. 25F. ☎ 05 46 56 63 21.

À La Jarne, 8 km au Sud-Est par la D 937. Édifié en 1771 pour un armateur rochelais, Pierre-Étienne Harouard, il présente une élégante façade à avant-corps central formant péristyle, encadrée de deux pavillons. À l'arrière, des guirlandes surmontent les baies du rez-de-chaussée. À l'intérieur, admirez la rampe en fer forgé de l'escalier, les boiseries et le mobilier d'époque, et de nombreux portraits de famille.

Châtelaillon-Plage

12 km au Sud par la D 937. Châtelaillon a succédé à une ville fortifiée qui fut la capitale de l'Aunis et que la mer engloutit peu à peu, à partir du 13e s. La plage, immense, a retrouvé sa splendeur, grâce à un apport de 337 000 m³ de sable pompé au large de l'île de Ré.

De la **pointe des Boucholeurs** *(3 km au Sud par la D 202)*, où se pratique l'élevage des huîtres et des moules, on a une vue sur le pertuis d'Antioche. ♿ *Visite guidée (1h) des parcs à huîtres et moules en charrette tractée à marée basse tlj sur demande (24h av.). Fermé de déc. à mi-mars. 30F (enf. : 15F). Office du tourisme de Châtelaillon-Plage. ☎ 05 46 56 26 97.*

Réserve naturelle du Marais d'Yves

15 km au Sud par la D 937.

Elle s'étend au Sud de la pointe des Boucholeurs, autour d'une vaste lagune. Dans le **Centre nature**, aménagé à proximité *(Aire du Marouillet, sur la N 137)*, on peut se documenter sur la réserve, observer les oiseaux à l'aide de longues-vues. *De mi-juin à mi-sept. et vac. scol. : visite guidée (1h et 2h) 14h-18h (de juil. à déb. sept. : 9h30-12h, 15h-19h) ; de mi-sept. à mi-juin : mer. et dim. 14h-18h. Fermé 1er janv. et 25 déc. 30F (2h), 15F (1h). ☎ 05 46 82 12 44 ou ☎ 05 46 56 41 76.*

Il est possible de se rendre avec un guide au poste d'observation situé à 1 km.

▶ **AUNIS GRAFFITI**

À l'étage, dans une salle voûtée d'ogives, dite salle des Pèlerins, conservant de nombreux graffiti (fers à cheval, blasons...) est présentée une originale exposition de moulages de graffiti, réalisés sur les murs des maisons et monuments de la région.

▶ **COUP D'ŒIL**

De sa **promenade de mer**, on a une vue semi-circulaire portant, de gauche à droite, sur la pointe de la Fumée, le fort Enet, l'île d'Aix, l'île d'Oléron à l'arrière-plan, la pointe du Chay. En arrière s'élève le **palais de l'Atlantique,** bel édifice restauré abritant le Casino.

La **Roche-sur-Yon**

Entre des rues tracées à la règle, une immense esplanade centrale et l'impériale statue équestre de Napoléon, on pourrait croire qu'il n'y a rien de bien extravagant à La Roche-sur-Yon. Eh bien l'on se trompe... car on peut y voir le très beau et très moderne bâtiment de l'hôtel du département, des haras abritant de superbes pur-sang, et y prolonger la nuit avec les concerts des « Cafés de l'été » (juillet-août), une manifestation musicale gratuite où se produisent groupes, chanteurs et conteurs de tous les horizons.

La situation

Cartes Michelin nos 67 plis 13, 14 ou 232 pli 40 – Vendée (85). Cette ville est située sur un plateau dominant l'Yon et le bocage. Son urbanisme reflète la conception politico-architecturale du milieu du 19e s.

🅱 *R. Georges-Clemenceau, 85000 La-Roche-sur-Yon*, ☎ *02 51 36 00 85.*

Le nom

« La Roche-sur-Yon » est un nom ancien : *Rocha super Oionis fluvium* (1035), *apud Rocam Castrum* (1128). On sait qu'à l'époque féodale, le mot « roche » peut désigner un château assis sur une roche, ici, une hauteur. Mais l'histoire du nom de la ville est un peu plus compliquée... En 1804, Napoléon décide que La Roche-sur-Yon sera le chef-lieu du département de la Vendée à la place de Fontenay. La ville est alors baptisée « Napoléon-Vendée » mais va encore changer plusieurs fois de nom. Elle devient « Bourbon-Vendée » sous la Restauration (1814) et la monarchie de Juillet (1830), redevient « Napoléon-Vendée » sous le Second Empire (1852), et change encore pour reprendre son vieux nom, « La Roche-sur-Yon », sous la 3e République (1870)... Ouf !

Les gens

45 219 Yonnais. La ville d'aujourd'hui est née de la volonté d'un seul homme, Napoléon.

La silhouette de bronze de Napoléon, perchée sur un cheval, snobe les passants sur la place qui porte son nom.

carnet pratique

OÙ DORMIR

● *Valeur sûre*

Hôtel Mercure – *117 bd A.-Briand* – ☎ *02 51 46 28 00 – 67 ch. : 430/520F* – 🍽 *55F – 2 restaurants.* Cet hôtel de chaîne du début des années 1990 est à quelques encablures de la place Napoléon. Ses chambres toutes identiques sont grandes, modernes et bien équipées. Deux restaurants : le Jardin Gourmand et la Brasserie Lafayette qui est ouverte tous les jours jusqu'à 23h.

Hôtel Napoléon – *50 bd A.-Briand* – ☎ *02 51 05 33 56 – fermé 24 déc. au 2 janv. – 29 ch. : 280/450F –* 🍽 *38F.* Le hall et la salle des petits déjeuners de cet hôtel évoquent bien sûr le souvenir de Napoléon, avec mobilier et objets à l'appui. Sur un grand boulevard, il est heureusement bien insonorisé côté façade. Trois de ses chambres ont un petit coin salon.

OÙ SE RESTAURER

● *À bon compte*

Auberge de la Borderie – *4 km à l'O de La Roche-sur-Yon par N 160 –* ☎ *02 51 08 95 95 – 80/180F.* Non loin de La Roche-sur-Yon, cette auberge sera une étape sympathique et pas trop chère sur la route des Sables-d'Olonne. Au milieu d'une collection de balances et de petits objets de cuisine, vous pourrez goûter la cuisine bien tournée du patron. Bon rapport qualité/prix.

OÙ SORTIR

Le Newton – *R. Newton – Les Oudairies –* ☎ *02 51 36 05 65 – ven.-sam. 22h30-5h – fermé les 3 premières sem. d'août.* Au-dessus d'une vieille Juva 4 qui sert de cabine au DJ, un avion de chasse traverse le mur de cette discothèque installée dans une ancienne grange. Plus cosy et moins guerrière, une seconde salle en vieille pierre accueille les 30-40 ans dans une ambiance rock et salsa.

SPECTACLES

Le Manège – *R. Pierre-Bérégovoy – espl. Jeannie-Mazurelle –* ☎ *02 51 47 83 83 – ouv. selon le calendrier des manifestations – accueil : mar.-sam. 13h-19h – fermé juin-août.* Cette scène nationale de 860 places gère aussi certains spectacles du parc des expositions et du théâtre municipal. Dans le même bâtiment, l'Athéna Café se révèle un lieu chaleureux et très animé les soirs de spectacle (internet, jeux de société).

comprendre

Histoire et urbanisme – Napoléon voulait s'implanter au cœur de la Vendée pour prévenir de nouveaux soulèvements. En 1804, il transfère le chef-lieu du département de Fontenay à La Roche-sur-Yon, une modeste bourgade. Il fait tracer un plan de ville par l'ingénieur militaire Duvivier, qui, contraint par l'absence de pierres, doit bâtir en pisé. C'est sous la Restauration que la ville prend sa configuration actuelle : plan géométrique en forme de pentagone, larges artères se coupant à angle droit, immense esplanade faisant office de place d'armes. Les six grandes voies rectilignes permettent à des troupes de se déplacer rapidement.

> **FUREUR IMPÉRIALE**
> Lorsque l'Empereur fait étape en 1808 dans la nouvelle cité bâtie en terre, il destitue immédiatement le responsable, lui reprochant d'avoir élevé une « ville de boue » !

se promener

Place Napoléon
Cette vaste esplanade, prévue pour accueillir 20 000 soldats, est entourée d'édifices de style néoclassique. Au centre de la place s'élève une statue équestre (1854) de Napoléon Ier.

Hôtel du département
Jetez un coup d'œil à ce bâtiment moderne conçu par les architectes Roland Castro et Jean-Luc Pellerin. Il possède une immense façade de verre aux lignes pures et une grande tour cylindrique rose où siègent les assemblées du conseil général. Dans l'ancien hôpital napoléonien restauré se tiennent des expositions.

visiter

Musée
Tlj sf dim. et lun. 13h30-18h, mer. 9h30-12h, 13h30-18h, sam. 9h30-12h, 14h-17h. Fermé j. fériés. Gratuit. ☎ 02 51 47 48 50.
Outre des collections archéologiques (époques préhistorique, gallo-romaine et médiévale), il propose un panorama de la peinture académique parisienne de la fin du 19e s. et une série de toiles d'artistes locaux de la même époque. Le musée possède aussi une collection permanente d'œuvres d'artistes contemporains tels que Boltanski ou Beuys, et organise des expositions d'art contemporain.

> **PEINTRES RÉGIONAUX**
> Le musée permet de découvrir des artistes tels que C. Milcendeau, portraitiste du monde des marais à qui un musée est consacré à Soullans, ou P. Baudry, natif de La Roche et décorateur de l'Opéra de Paris.

Haras
Juil.-août : visite guidée (1h1/4) tlj sf dim. 10h30-12h, 14h-17h45 ; sept. : tlj sf w.-end à 15h ; oct.-fév. : mer. à 15h. 25F (enf. : 15F). Fermé mars-juin et j. fériés. ☎ 02 51 46 14 47.
C'est un des plus importants de France. Nombreux étalons pur sang et trotteurs français.

L'heure de la sortie est le meilleur moment de la journée... c'est ce que doivent penser en chœur ces étalons !

alentours

Église de la Chaize-le-Vicomte

11 km à l'Est par la D 948. Vaste et sobre édifice de granit, elle est campée sur un rocher face aux ruines de l'ancien château féodal. On admire la façade fortifiée de cette église romane et sa nef, très majestueuse. Intéressants chapiteaux historiés.

Les Essarts

20 km au Nord-Est par la N 160. Ce gros bourg-marché est installé dans un vallon, au cœur du bocage.

Vieux château – *De mi-juin à mi-sept. : 10h-12h, 14h-18h. 10F.* ☎ *02 51 62 88 86 (pdt h. de repas).*
Une entrée, flanquée de deux tours rondes découronnées, donne accès aux **ruines** de la forteresse, siège au Moyen Âge d'une puissante baronnie.

À droite de l'entrée, le donjon carré, du 11ᵉ s., renferme une salle voûtée. À gauche, on distingue, sous les arbres, un tumulus gallo-romain qui fut transformé en « motte », entourée de douves et de palissades. Dans le fond se dresse le logis seigneurial, reconstruit au 15ᵉ s. et incendié en 1794. On découvre une vue d'ensemble de l'enceinte depuis le parc dessiné au 19ᵉ s. par Bühler.

> **CHÂTEAU MODERNE**
> Il a été bâti de 1854 à 1857 par un architecte spécialisé dans le style gothique troubadour : Phidias Vestier (1796-1874).

Royan ☼☼☼

Le matin, un bon bol d'air iodé, c'est la forme pour toute la journée.

Star de la Côte de Beauté, Royan a connu d'importantes reconstructions et restaurations après les bombardements alliés qui la dévastèrent en 1945. On la retrouve sous les traits d'une ville moderne qui a tissé sa toile le long de splendides plages de sable.

La situation

Cartes Michelin nᵒˢ 71 pli 15 ou 233 pli 25 – Charente-Maritime (17). Royan est desservi par plusieurs départementales et par la N 150 venant de Saintes (35 km au Sud-Ouest). Plusieurs artères sillonnent la ville.
🛈 *1 bd de la Grandière, BP 138, 17208 Royan Cedex,* ☎ *05 46 05 04 71.*

Le nom

Royan... Royan... ça doit venir de « roy » et de « an », le roi de l'an ? Honnêtement, personne ne sait rien sur ce nom...

Les gens

16 837 Royannais. Jacques-Henri Lartigues (1894-1986) passe ses étés à Royan de 1924 à 1926. La ville est alors une station balnéaire très prisée. Il y est rejoint par son couple d'amis Sacha Guitry et Yvonne Printemps. Il immortalisera ses vacances avec de remarquables photos. Et l'on se met à rêver d'un temps où il y avait peu de monde sur les plages !

> **PICASSO**
> En septembre 1940, Picasso (1881-1973) s'est réfugié à Royan avec sa femme Marie-Thérèse et sa fille Maya. Il y peindra une toile tourmentée, *Le Bar des Bains.*

comprendre

Un site privilégié – À l'entrée de la Gironde, Royan est situé dans une magnifique zone balnéaire. Citons ses charmantes voisines : Pontaillac, St-Palais et St-Georges-de-Didonne. Des plages de sable fin se dessinent aux creux des **conches**, anses tièdes et abritées des vents. Entre elles alternent falaises ou dunes, et une forêt de chênes verts et de pins maritimes dégage ses vivifiants effluves. Un climat doux et sain et des bains de varech attirent les curistes. L'équipement de Royan et ses multiples distractions expliquent son succès.

carnet pratique

OÙ DORMIR

• À bon compte

Hôtel Pasteur – 40 r. Pasteur – ☎ 05 46 05 14 34 – 15 ch. : 180/300F – ☑ 27F. Dans un quartier calme de Royan, cette grosse maison d'après-guerre rénovée affiche des prix raisonnables pour la station. Ses chambres sont bien tenues et sobrement meublées, même si leur style est un peu désuet. Esprit pension de famille.

• Valeur sûre

Hôtel Primavera – 12 r. Brick par av. de la Grande Côte – 17420 St-Palais-sur-Mer – ☎ 05 46 23 20 35 – fermé 15 nov. au 15 déc. et vac. scol. de fév. – 🅿 – 45 ch. : 480/680F – ☑ 50F – restaurant 120/230F. Construite à la fin du 19e s., cette élégante villa au bord de la mer profite du calme de son parc. Dans sa partie ancienne ou dans son aile récente, le décor est bourgeois et la plupart de ses chambres ont vue sur la mer. Deux annexes plus simples, une piscine couverte et un tennis.

Hôtel Téthys – Plage de Nauzan – 17420 St-Palais-sur-Mer – 1,5 km de St-Palais par rte de Royan – ☎ 05 46 23 33 61 – fermé oct. à avr. – 🅿 – 23 ch. : 275/305F – ☑ 37F – restaurant 98/192F. En face de la plage de Nauzan, cet hôtel familial est à la fois tout près du centre et calme. Ses chambres plutôt récentes sont de différentes tailles et impeccablement tenues. La moitié d'entre elles ouvrent sur la mer, comme la salle à manger, sobre avec ses meubles de jardin.

OÙ SE RESTAURER

• À bon compte

Le Petit Poucet – La Grande Côte – 17420 St-Palais-sur-Mer – ☎ 05 46 23 20 48 – fermé 3 janv. au 4 fév., 1er au 10 déc. et mer. sf de juin à sept. – 80/200F. La vue sur la mer est saisissante ! C'est là le principal atout de cette drôle de bâtisse des années 1950, construite au-dessus de la plage. Dans son décor moderne blanc et bleu, la cuisine est banale mais les prix très doux. Bar derrière.

La Siesta – 140 r. Gambetta – ☎ 05 46 38 36 53 – fermé 20 déc. au 10 janv., mer. sf de juin à août – 98/135F. Ce restaurant, reconstruit en lieu et place de la Brasserie des Bains où Pablo Picasso vécut quelque temps, est en face du port de plaisance. Vous y goûterez la « bruschetta », une tranche de pain grillé, huilée, garnie et gratinée, avant de savourer poissons ou pâtes italiennes.

Cabines de bain royannaises.

Le Relais de la Mairie – 1 r. du Chay – ☎ 05 46 39 03 15 – fermé 15 nov. au 7 déc., vac. scol. de fév., dim. soir sf été et mar. – 85/180F. Ne vous fiez pas aux apparences ! Derrière une façade un peu tristounette, la salle de ce restaurant est certes étroite, mais sa décoration colorée est assez agréable. Un menu intéressant est servi tous les jours. Carte un peu chère.

• Valeur sûre

La Jabotière – Espl. de Pontaillac – ☎ 05 46 39 91 29 – fermé 20 au 26 déc., 2 au 31 janv., dim. soir et lun. hors sais. sf j. fériés – 140/395F. Parasols blanc et bleu, terrasse de bois et grandes baies vitrées avec vue sur la conche de Pontaillac : ce restaurant de plage à deux pas du casino est une halte très agréable. En été, une formule moins chère permet de profiter de la terrasse à l'heure du déjeuner.

OÙ SORTIR

L'Astoria – 42 av. du Gén.-Leclerc – ☎ 05 46 05 85 75 – été : tlj 8h-2h – hiver : tlj 16h-2h. Point de départ des soirées royannaises, ce petit café-expo ne rivalise pas, certes, avec le faste de ses confrères et amis, mais tous aiment se retrouver dans son cadre intime, qui oscille entre bistrot populaire et carnet de voyage imaginaire.

Le Koud à Koud – Plage du Chay – ☎ 05 46 38 51 99 – hors sais. : ven.-sam. 10h-2h – mai-sept. : tlj 10h-2h. Que vous choisissiez la folle ambiance de la grande salle, l'intimité du coin billard ou la tranquillité de la terrasse dominée par un immense figuier, vous passerez une soirée merveilleuse dans ce cadre extraordinaire surplombant la mer.

La Maison Blanche – Av. de la plage de Nauzan – 17640 Vaux-sur-Mer –2 km au N de Royan – ☎ 05 46 38 01 06 – tlj 9h-2h – fermé nov.-fév. Une vue imprenable sur la mer, une grande piscine entourée de palmiers, des banquettes en labyrinthe disséminées à travers une immense « casbah », décorée de tissus et de masques africains : chaque jour, cette maison aux 3 bars est... noire de monde !

PÊCHE SPORTIVE

Gispier 5 – Quai du 13e-Dragons – ☎ 05 46 39 86 51 – sur réservation. Bars, daurades, soles, congres, mais aussi thons et requins (jusque-là réservés à une certaine élite)... Voici l'occasion de découvrir la pêche sportive et le grand large à bord de ce Merry Fisher de 11 m, équipé d'un matériel (radar, sondeur, sonar, GPS...) qui aurait fait le bonheur de l'équipe Cousteau elle-même !

SE DÉPLACER

Bus – Une ligne de bus dessert Royan et ses environs, de Meschers à St-Palais en passant par St-Georges-de-Didonne et Vaux-sur-Mer. Renseignements et horaires à l'Office de tourisme et à la gare routière Aunis-Saintonge, cours de l'Europe, ☎ 05 46 05 02 81.

ACHATS

Spécialités – Pâtissiers et chocolatiers proposent des sardines (voire des huîtres et des petits-gris) en chocolat, à cause de la « royan » pêchée par les sardiniers locaux.

Marché – Tout autour et sous le marché central, tous les matins (sauf lundi du 15 septembre au 17 juin) jusqu'à 14h.

ROYAN

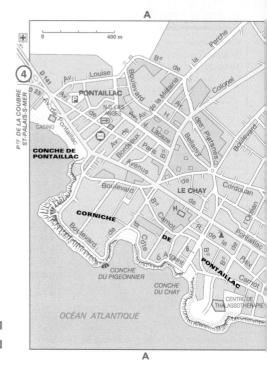

La « poche de Royan »

Au moment de la libération de la France, à l'automne 1944, les troupes allemandes stationnées dans l'Ouest refluent en quelques points du littoral : St-Nazaire, le Verdon, Royan... Royan est encerclée par les forces françaises du **général de Larminat** qui tentent de convaincre les civils de quitter leurs maisons. Le 5 janvier et les 14 et 15 avril 1945, deux sanglants bombardements aériens des alliés rasent presque totalement la ville. Le 17, les Allemands se rendent, trois semaines seulement avant l'armistice du 8 mai.

La ville moderne

Qui a connu la Royan d'avant-guerre se souvient non sans nostalgie de ses villas et de ses chalets nichés dans la verdure, de ses grands hôtels victoriens aux façades chargées, de ses casinos imitant les palais baroques. Aujourd'hui, seul le quartier de Pontaillac reste pour évoquer ces souvenirs. Royan même a été reconstruit suivant les normes de l'urbanisme de l'après-guerre. De vastes avenues sont bordées d'immeubles à grands balcons et couverts de toits de tuiles roses, à la charentaise.

> ### VILLAS À VOIR
> De nombreuses villas Belle Époque (festival Belle Époque, le 14 juillet et le 15 août) et quelques-unes de style art nouveau ont résisté malgré tout aux bombardements ; et les années 1950 en ont vu refleurir de très belles.

se promener

Église Notre-Dame★

Construit de 1955 à 1958 sur les plans des architectes Guillaume Gillet et Hébrard, c'est un édifice en béton armé, recouvert d'une couche de résine pour le protéger contre l'érosion du vent.

De la place Notre-Dame, située un peu en contrebas, la perspective ascendante du chevet formant proue est accusée par le clocher culminant à 65 m. À gauche notez le baptistère pyramidal, détaché de la nef.

Sous la tribune, remarquez, à gauche, la statue moderne, en cuivre, de Jeanne d'Arc et, en face, près des fonts baptismaux, celle de saint Joseph que jouxte un Christ allongé, sculpture en bois, du 14e s.

> ### SURPRENANT
> À l'intérieur, l'envolée de la nef, spacieuse et claire, frappe le visiteur. Les grandes orgues en étain martelé, dues au poitevin Robert Boisseau, sont renommées pour leur musicalité.

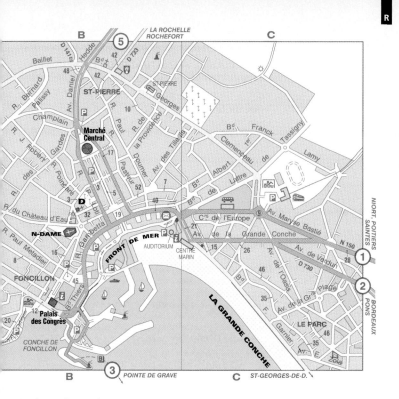

Le front de mer★

Le long de la **Grande Conche**, une immense plage de 2 km s'incurve le front de mer de Royan. Commerçant et résidentiel, il est agréable d'y faire ses achats et d'admirer, à couvert, la vue sur la Gironde (à droite, on reconnaît la silhouette du phare de Cordouan).

Au bout du front de mer, le port se déploie. Il comprend un bassin d'échouage pour les chalutiers et les sardiniers pêchant la fameuse « royan », un bassin pour les bateaux de plaisance, un bassin à flot avec jetée où aborde le bac de la pointe de Grave.

À bord de la vedette « La Bohême II » (99 passagers) sont organisées des visites du phare de Cordouan, des **promenades** *le long des falaises de Meschers et du promontoire de Talmont, ainsi que des parties de pêche à pied sur le plateau de Cordouan lors des grandes marées. ☎ 05 56 09 62 93 (M. Grass) ou 05 46 39 05 55. Minitel 3615 Royan. Embarcadère sur le quai de Gosport au port de plaisance de Royan.*

Église réformée

Ses lignes sont d'une grande sobriété, suivant la tradition protestante. Jetez un coup d'œil sur l'intérieur en bois.

Marché central

Ne manquez pas le marché couvert avec sa coupole compartimentée en voile de béton (environ 50 m de diamètre).

Palais des Congrès

Le palais des Congrès (2 000 personnes) domine la conche de Foncillon.

Corniche de Pontaillac★

Promenade à faire de préférence au moment de la marée haute ; suivre les boulevards Carnot et de la Côte-d'Argent.
Après les tennis et l'ancien fort du Chay, on domine plusieurs petites conches (conche du Chay, conche du Pigeonnier) qui offrent des points de vue sur l'estuaire de la Gironde et la Côte de Beauté, de la pointe de Suzac à la pointe de la Coubre. On aboutit à la **conche de Pontaillac★**, où des villas cossues sont disséminées sous les frondaisons.

> **BON TUYAU**
> À la **conche de Pontaillac**, n'hésitez pas à étendre votre serviette sur la plage, c'est la plus en vue de Royan.

circuit

DE LA COUBRE À L'ESTUAIRE DE LA SEUDRE★

Circuit de 110 km – Compter une journée
Quitter Royan par le Nord-Ouest en empruntant la D 25.

Vaux-sur-Mer

Dans son église romane, vous verrez de beaux chapiteaux à la croisée du transept (à droite, le montreur d'ours).
Rejoindre au Sud la D 25, direction Pontaillac.

Nauzan

Conche de sable fin, bien protégée du vent par des falaises.

St-Palais-sur-Mer⌂

St-Palais est une station très fréquentée dont les villas s'éparpillent au milieu des pins et des chênes verts. De la conche, admirez la vue sur le phare de Cordouan. À l'extrémité de la plage, à droite en regardant la conche, prendre la rue de l'Océan au bout de laquelle commence ⚫ le **sentier de la Corniche★** *(signalé, 3/4h à pied AR)* nommé aussi « sentier des pierrières ». Il serpente à travers les bois de chênes verts puis franchit une anfractuosité où, à marée haute, le flot s'engouffre avec un bruit de tonnerre. On arrive enfin à une pointe dont les rochers sont bizarrement découpés : la roche du Moine, le pont du Diable, les Pierrières.

> **OÙ S'AMUSER ?**
> Le parc du marais du Rhâ *(derrière le marché couvert)*, est aménagé autour d'un lac. C'est un endroit idéal pour les loisirs (golf miniature, piste cyclable, tennis, pêche, etc.).

La Grande Côte★★

Laisser la voiture sur le parc, à gauche, à l'endroit où la D 25 quitte le bord de mer pour pénétrer sous bois. Gagner la plate-forme rocheuse. Longues-vues.
Priez pour que le temps soit mauvais ou même médiocre, car vous pourrez contempler le spectacle grandiose des lames s'écrasant avec fracas et des embruns qui jaillissent. **Vue** de gauche à droite sur la Gironde, la pointe de Grave, le phare de Cordouan, la pointe et le phare de la Coubre. Faire quelques pas à droite : vue en enfilade sur les plages et les dunes sauvages de la Grande Côte, où le flot déferle en puissants rouleaux (bains dangereux). Sur la grève déserte se pratique la pêche au lancer lourd, surtout pour le bar.

Zoo de La Palmyre★★★ *(voir ce nom)*

L'itinéraire traverse la forêt puis la station de **La Palmyre**. On longe alors la **Bonne Anse**, refuge de barques, créée par la formation d'une flèche littorale *(voir ci-dessous)* dans l'axe de la pointe de la Coubre.

> *Sur les rochers de la Grande Côte, une forêt de pieux de bois supportent les passerelles menant aux carrelets. Les accès sont privés.*

Phare de la Coubre★

Plusieurs fois reconstruit à cause de la mobilité de la dune, l'ouvrage actuel date de 1905 et s'élève à plus de 60 m. Sa silhouette bicolore, fine et élancée, domine la

pointe de la Coubre. Ses parois intérieures sont revêtues d'opaline bleue. De son sommet, **panorama**★ : au Nord et à l'Est sur la forêt de la Coubre et l'île d'Oléron ; au Sud, sur la pointe de la Coubre qui, à son extrémité, se recourbe en crochet sous l'action du courant littoral. On distingue, à l'horizon, le phare de Cordouan, isolé en mer, la pointe de Grave et la Côte de Beauté jusqu'aux falaises de Meschers.

Forêt de la Coubre★

Juil.-août : visite guidée (2h1/2) tlj sf dim. et j. fériés : j. pairs (connaissance de la forêt) et j. impairs (découverte de la dune). Rendez-vous à 9h30 sur le parking de la maison forestière de Bouverie. 25F. ☎ 05 46 67 80 80.

C'est une forêt (8 000 ha) de pins maritimes et de chênes verts, parcourue par des cerfs et des chevreuils. La forêt de la Coubre fixe les dunes de la côte d'Arvert dite aussi Côte Sauvage que, durant la guerre, l'Organisation Todt avait parsemée de casemates. Une piste cyclable parcourt la forêt et dessert les plages.

À environ 1 km au Nord du phare de la Coubre *(parking aménagé)*, un chemin de sable conduit à la grève : vue impressionnante sur les lames s'écrasant sur le sable.

8 km plus au Nord, au-delà de la métallique tour du Gardour, surmontant une éminence boisée à droite de la D 25, une tour panoramique en bois, la **tour des Quatre Fontaines**, à l'extrémité du chemin forestier dit des Quatre Fontaines, permet de découvrir l'ensemble du massif forestier et l'océan.

Ronce-les-Bains

Au débouché de l'Estuaire de la Seudre.
Paisible villégiature, coquettes villas à l'ombre des pins. Vues sur la pointe du Chapus, le pertuis de Maumusson, le Sud d'Oléron.

La Tremblade

Important centre ostréicole avec de nombreuses cabanes alignées le long du chenal.

Musée maritime – *Fermé pour travaux.* ☎ 05 46 36 30 11 *ou 05 46 36 37 71.*
Il est consacré à la vie de l'huître (élevage et histoire) ; un diaporama présente la célèbre Marennes-Oléron.

Revenir vers Ronce et prendre, à droite, la D 728^E.

Vous empruntez le **viaduc de la Seudre** : **vues** sur les innombrables parcs à huîtres et claires qui ont colonisé l'estuaire de la Seudre.

Marennes *(voir ce nom)*

Quitter Marennes par le Sud-Est en empruntant la D 241, direction Luzac.

St-Just-Luzac

L'église présente une belle façade flamboyante.

Atlantrain – *De mi-juin à mi-sept. : tlj sf lun. 14h-18h. 20F.* ☎ 05 46 85 33 35.
Retombez en enfance au musée des trains miniatures (locomotives, tramways, wagons) et jouets anciens.

Poursuivre sur la D 18, direction St-Jean-d'Angle.

La Gripperie-St-Symphorien

Une haute tour ronde domine l'église romane de St-Symphorien. Les voussures du portail montrent de fines sculptures : palmettes, chimères à corps d'oiseaux, personnages.

Poursuivre la route, et tourner à droite sur la D 118.

Donjon de Broue

Jetez un coup d'œil au donjon carré (12e s.) à demi en ruine (restauration en cours). De là, belle vue du marais.

Église de St-Sornin

De style roman, sa coupole octogonale sur trompes couvre le carré du transept. Scrutez ses chapiteaux historiés : Vierge à l'Enfant, personnages impudiques. Dans le chœur, fresques de style un peu naïf (période classique).

Prendre la D 728 en direction de Saintes.

LUMINEUSE PORTÉE
Signalant les approches de la Gironde, sa lumière est vue jusqu'à 53 km. C'est l'un des plus puissants phares de France. On atteint son sommet par 300 marches puis par une échelle métallique.

D'importants travaux de reboisement ont effacé les traces du grand incendie qui a ravagé en 1976 la forêt de la Coubre.

PROMENADE EN BATEAU
En saison, embarquez pour une visite en mer ou dans le bassin ostréicole. *Visite du bassin ostréicole de Marennes-Oléron à bord de « La Seudre », s'adresser à Éric Pagot, ☎ 05 46 36 90 41. Visite du bassin ostréicole de Marennes-Oléron jusqu'à fort Boyard à bord de vieux gréements, s'adresser à « L'association Trembladaise pour faire vivre les vieux gréements », ☎ 05 46 36 26 18. Visite du bassin ostréicole de Marennes-Oléron et journée croisière autour de l'île d'Aix à bord de « l'Embellie », ☎ 05 46 85 78 02.*

DU PLUS GRAND AU PLUS PETIT

Allez saluer l'émeu, le plus grand oiseau après l'autruche, et le bec de corail, seulement 10 cm de long !

Cadeuil

Village des Oiseaux – *Route de Saintes. &. De mi-juin à déb. sept. : 10h-19h ; d'avr. à mi-juin : 14h-19h ; de déb. sept. à fin oct. : 14h-18h. Fermé de nov. à Pâques. 30F. ☎ 05 46 94 43 49.*

Sur 3 ha, une succession d'enclos, de volières et de bassins où évoluent des centaines d'espèces ornithologiques de tous les continents parées de plumages multicolores.

Prendre la D 733 en direction de Royan.

Le Gua

Ce village – Prononcer « Ga » – Abrite un musée qui évoque un épisode tragique de la Seconde Guerre mondiale dont Royan *(voir ce nom)* fut le théâtre.

Musée de la « Poche de Royan » 1944-45★ – *Route de Marennes. &. Juil.-sept. : 10h-19h ; oct.-juin : 10h-12h, 14h-18h. 35F. ☎ 05 46 22 89 90.*

Ce musée utilise mannequins, armes et véhicules *(en état de marche)*, dans des décors reconstitués, pour mettre en scène les troupes allemandes dans la forêt de la Coubre, les troupes américaines (13ᵉ brigade d'artillerie) et françaises (chars de la 2ᵉ DB). Observez le poste émetteur-récepteur clandestin de la résistance, le sabotage d'une voie de chemin de fer, un parachutage de nuit. Remarquez l'engin Goliath, petit char explosif télécommandé. Photos et affiches de l'époque, vitrines contenant divers documents (journaux, etc.) et objets (pièces d'uniformes, etc.) complètent le musée. À l'extérieur a été placée une péniche de débarquement (île d'Oléron, 1945).

Rejoindre et poursuivre sur la D 733, puis prendre à gauche la D 14 qui suit la voie ferrée.

Ce soldat allemand semble dépité tant la victoire alliée paraît inévitable.

Saujon

Petite ville thermale située sur la Seudre.

Église – Elle renferme *(dans la nef à gauche)* quatre **chapiteaux★** romans, d'une rare finesse d'exécution, qui proviennent de l'église de l'ancien prieuré St-Martin.

CHAPITEAUX

En haut à gauche, vous reconnaîtrez Daniel dans la fosse aux lions, à droite, les saintes femmes au tombeau ; en bas à gauche, le Pèsement des âmes, à droite, le transport d'un gros poisson.

Chemin de fer touristique de la Seudre – *Août : mer., ven., dim. ; juil. : mer., dim. ; juin : 2 derniers dim. Dép. de Saujon à 11h05, 14h10, 17h15 ; dép. de La Tremblade à 9h20, 15h25, 18h40. Train Diesel ou autorail suivant les heures. La locomotive à vapeur Schneider de 1891, actuellement en restauration, est visible à la gare de Chaillevette à 11h50 et 15h55. 60F (enf. : 30F), transport gratuit des vélos. ☎ 05 46 36 64 59.*

Il relie Saujon à La Tremblade en longeant la partie Ouest de l'**estuaire de la Seudre**. Vous découvrirez un paysage très particulier : quadrillage de parcs à huîtres, chenaux où s'alignent bateaux et cabanes d'ostréiculteurs, marais.

Quitter Saujon par le Sud-Ouest en empruntant la N 150 qui ramène à Royan.

Ruffec

Située au cœur d'un pays d'élevage, la ville est connue pour ses marchés, ses foires, ses brocantes et pour son fromagé, une délicieuse tarte au fromage.

De là, on part à la découverte de ravissants villages qui jalonnent le chemin d'Angoulême. Sur les bords de la Charente, une randonnée, une balade à vélo ou en canoë, s'impose à tous les amoureux de la nature.

La situation

Cartes Michelin n°s 72 pli 4 ou 233 pli 19 – 43 km au Nord d'Angoulême – Charente (16).
Un peu à l'écart de la Charente et au Nord du département du même nom, Ruffec est un lieu d'échanges commerciaux au contact de l'Angoumois et du Poitou. La ville compte deux axes principaux, la N 10 et la rue Jean-Jaurès que prolonge la rue du Docteur-Roux, artère principale de la ville ancienne.
🅱 *Pl. du Marché, 16700 Ruffec,* ☎ *05 45 31 05 42.*

Le nom

Le nom de ce village médiéval vient apparemment du nom de l'ancien propriétaire d'une villa gallo-romaine sur le site, *Rufius*, devenu *Rufiaco* entre 988 et 1031.

Les gens

3 893 Ruffécois. L'ancien château de Ruffec a appartenu au duc de Saint-Simon (1675-1755), le célèbre mémorialiste. Des Ruffécois ont participé à des mouvements de Résistance lors de la Seconde Guerre mondiale. Peu nombreux au début de la guerre, s'ignorant souvent les uns les autres, ils vont à partir de 1942 s'organiser et jouer un rôle important dans l'évacuation des aviateurs alliés et la réception de parachutages. Ils réceptionneront notamment les deux survivants de l'opération « cockleshell » (coques de noix) de décembre 1942, qui remontèrent la Gironde la nuit pour aller faire sauter des navires allemands à Bordeaux, les aidant à passer en zone libre. Plusieurs seront déportés, torturés et fusillés. Après la Libération, la résistance s'est fondue dans le groupe armé « Bataillon Foch ».

se promener

Église St-André

Elle dépendait jadis du diocèse de Poitiers. Sa façade romane sculptée mérite un coup d'œil : dans les arcatures de l'étage sont postés les apôtres ; au pignon : Christ en gloire. L'ensemble représente l'Ascension.

circuit

VALLÉES DE LA CHARENTE ET DU BIEF

Circuit de 75 km – environ une journée
Quitter Ruffec par l'Est en empruntant la D 740. Après avoir franchi la Charente à Condac, prendre la D 56.

Verteuil-sur-Charente

C'est dans cette petite ville que Balzac fit naître Rastignac dans son roman *Le Père Goriot*.
Église – Elle renferme, dans le croisillon gauche du chœur, une superbe **Mise au tombeau**★ du 16ᵉ s., en terre cuite polychrome (d'origine). Cette œuvre a été attribuée à Germain Pilon.
Château – *On ne visite pas.* Il a été souvent remanié. Son donjon rectangulaire remonte au 11ᵉ s. et ses grosses tours rondes à mâchicoulis sont du 15ᵉ s. Sa construction est due aux La Rochefoucauld, et le grand moraliste y conçut ses *Mémoires* et quelques-unes de ses célèbres *Maximes* ; il appartient toujours à un membre de cette famille.
Poursuivre sur la D 56. Peu après Puychenin, tourner à gauche sur la D 185 qui franchit bientôt la Charente.

Lichères

Établie un peu à l'écart du village, l'**église romane St-Denis** a conservé une belle façade poitevine. Son portail comprend un tympan, fait très rare dans la région. Il est orné de sculptures d'inspiration byzantine : à l'archivolte, des lions, des cerfs, enserrés dans des rinceaux, et, au tympan, deux anges portant l'Agneau dans

OÙ DORMIR ET SE RESTAURER
Hôtel Beau Rivage – *Pl. Gardoire – 16230 Mansle – 18 km au S de Ruffec par N 10 –* ☎ *05 45 20 31 26 – fermé 1ᵉʳ au 15 mars, 15 au 30 nov. et dim. soir du 1ᵉʳ nov. au 15 avr. –* 🅿 *– 32 ch. : 160/260F – ⊡ 32F – restaurant 66/160F.* Le jardin de cet hôtel du centre longe la Charente : vous pourrez y louer barques et canots pour vous balader sur l'eau. Côté installation, les chambres aménagées dans deux grands bâtiments sont pour la plupart claires, colorées et bien entretenues. Une bonne adresse familiale.

POIGNANT
Cette mise au tombeau comprend les personnages habituels, grandeur nature, entourant le corps du Christ. Les visages lisses des femmes, ceux, burinés, des hommes, les vêtements, soignés dans le détail, sont particulièrement harmonieux.

EAUX TRANQUILLES
Dans le bas du village, empruntez le bac à fond plat sur la Charente, comme au temps où on y faisait passer le bétail. Ici, les eaux regorgent de goujons, brochets et perches. Vous pouvez également faire de jolies randonnées dans les alentours.

une gloire. Remarquez la disposition du chevet : l'abside était séparée des absidioles (il n'en subsiste qu'une) par de curieuses petites chapelles carrées. Détaillez par ailleurs les modillons du côté droit de la nef. À l'intérieur, l'original pavage en petites pierres date du 18e s.

Poursuivre sur la D 185 et rejoindre la D 739 (à droite).

Mansles

Mansles existait déjà à l'époque gallo-romaine, à la croisée des chemins de Poitiers à Angoulême et de La Terne à Limoges. La petite ville fut dévastée par les guerres de Religion. Outre le GR 36 à proximité, les adeptes du tourisme vert y seront ravis par un grand nombre d'activités sportives pendant l'été : canoë-kayak, randonnées pédestres, VTT, équitation, natation, etc.

Quitter Mansle par le Sud-Ouest en empruntant la D 18.

Dans la **forêt de Boixe**, qui a appartenu au peintre Eugène Delacroix, on peut voir des dolmens et des pierres inclinées, ainsi qu'une chambre funéraire du néolithique.

St-Amand-de-Boixe

Église★ – De taille imposante (69 m de long), cet édifice possède une nef romane et un chœur gothique, reconstruit au 15e s. À l'extérieur, le décor raffiné d'un des côtés du croisillon gauche, a été rapproché de celui de la cathédrale d'Angoulême. La façade principale s'organise ainsi : au rez-de-chaussée, dans l'arcade de gauche, un tombeau orné de croix de Saint-André, à l'étage, dans les arcades latérales, des oculi légèrement différents l'un de l'autre.

Intérieur – La majestueuse nef en berceau est soutenue par deux bas-côtés très étroits, et presque aussi élevés qu'elle, suivant l'habitude poitevine. Au transept, coupole du 12e s. Le chœur, désaxé par rapport à la nef, est beaucoup plus profond que ne l'était le chevet roman primitif, comme le prouvent les deux absidioles qui subsistent dans le croisillon gauche. Une des deux a été tronquée lors de la reconstruction du chœur. Les piliers de la croisée du transept portent des chapiteaux très travaillés. Des fresques du 14e s. restaurées, qui se trouvaient initialement dans la crypte, ont été placées dans le bras droit du transept.

Ancien logis abbatial – L'abbaye bénédictine, prospère au 12e s., amorça son déclin au 14e s., lors des guerres franco-anglaises et fut ruinée par les guerres de Religion. Aujourd'hui ne subsistent que quelques arcades mutilées d'un cloître gothique. Derrière elles s'élève l'ancien logis abbatial dont l'une des salles a conservé une cheminée monumentale (17e s).

Reprendre la D 18 vers Mansle sur 2 km, puis prendre à gauche sur la D 32 qui bientôt longe la Charente.

Ligné

Cette bourgade possède un site exceptionnel : un cimetière des chevaliers du Temple de Jérusalem (les Templiers). Il contient une soixantaine de pierres tombales des 13e et 14e s., dont certaines sont ornées d'épées, de bannières et d'insignes militaires évoquant l'ordre du Temple. Au centre, une base de lanterne des morts porte une croix hosannière.

Poursuivre sur la D 32. À Charmé, prendre la D 736.

Église de Courcôme

De style poitevin, cet édifice roman (11e-12e s.) attire l'attention par son élégant clocher carré surmontant la croisée du transept et sa nef en berceau haute et étroite.

Poursuivre sur la D 736 qui ramène à Ruffec.

Par une porte en bois sculpté (16e s.) et un escalier, on accède à l'intérieur de l'église, en contrebas, en raison de la déclivité du terrain.

BESTIAIRE
Dans la nef, remarquez d'intéressants chapiteaux ornés d'animaux fantastiques.

Les **Sables-d'Olonne** ⌣⌣⌣

Venez prendre un bol d'air marin aux Sables-d'Olonne. Cette merveilleuse station balnéaire de l'Atlantique comble ceux qui aiment les contrastes : grands vents et douceur de vivre. Sa luxueuse promenade de bord de mer déborde de résidences, de boutiques et de cafés, et tranche avec les quartiers plus typiques du port et de la Chaume, où vivent les pêcheurs. Optez pour une vivifiante balade en mer et enchaînez sur la terre ferme avec une visite des Sables et une séance de bronzage ou de thalassothérapie. À moins que vous ne soyez là pour le départ du Vendée Globe Challenge, la course à la voile autour du monde en solitaire, sans escale et sans assistance, qui s'élance du port Olona tous les quatre ans (prochain départ en novembre 2000).

La situation

Cartes Michelin nᵒˢ 67 pli 11 et Sud du pli 12 ou 233 pli 1 – 37 km au Sud-Ouest de La Roche-sur-Yon – Vendée (85). La ville, bâtie sur les sables d'un cordon littoral, s'étire entre son port aux quais animés et son immense plage de sable fin, en pente douce, qui court sur plus de 3 km au pied du célèbre « Remblai ». **🄱** *Av. du Mar.-Leclerc, BP 146, 85104 Les Sables-d'Olonne Cedex, ☎ 02 51 96 85 75.*

Le nom

Les « Sables », c'est tout un programme : une immense plage de sable qui s'est immiscée sur un rivage rocheux. Quant à « Olonne », il viendrait de l'hébreu, voulant dire, « placé au-dessus d'une source d'eau ».

Les gens

15 830 Sablais. Hormis les figurantes des cortèges folkloriques de la saison estivale, on ne rencontre plus les brunes Sablaises dans leur costume ancestral : « légères et court-vêtues », en bas et sabots noirs à talons, portant la jupe plissée et la haute coiffe.

comprendre

Les découvertes – Le port, creusé en 1472 sous le patronage de Louis XI, fut doté de chantiers navals et vit partir ses navires à la découverte du nouveau monde.

La pêche – Le port des Sables compte un bassin de pêche où il est d'ailleurs très agréable de flâner. Un bassin à flot est destiné aux navires ayant de lourdes cargaisons. Et le port de plaisance de 1 100 anneaux, **Port Olona**, est situé dans un bassin reliant les Sables à la

---

FLIBUSTIER !

Au 17ᵉ s., un marin des Sables, Nau, dit l'Olonnais, fit parler de lui aux Antilles lors d'une guérilla sanguinaire. Aventurier de l'île de la Tortue, il était allié aux « Frères de la Côte », mi-corsaires mi-flibustiers, qui menaient une lutte sans merci contre les Espagnols. Il est mort dévoré par des cannibales…

Donnant sur la Grande Plage, le Remblai est le rendez-vous préféré des baigneurs qui n'ont que la chaussée à traverser pour aller boire un verre ou faire leurs courses.

carnet pratique

Où DORMIR

• À bon compte

Alizé Hôtel – 78 av. A.-Gabaret – ☎ 02 51 32 44 90 – fermé 20 déc. au 20 fév. – 24 ch. : 210/265F – ☐ 30F. Sur une avenue passante, un peu en retrait du centre, cet hôtel modeste est tout à fait bien pour les petits budgets. Ses chambres, au décor un peu désuet, sont impeccables et bien tenues. Prix très raisonnables pour la station.

• Valeur sûre

Hôtel Antoine – 60 r. Napoléon – ☎ 02 51 95 08 36 – fermé 16 oct. au 19 mars – 19 ch. : 270/340F – ☐ 32F – restaurant 100/130F. Entre le port et la plage, dans l'ancien quartier des pêcheurs, cet hôtel à la façade pimpante est aussi une pension de famille où logent quelques habitués. Ses chambres, de différentes tailles, sont proprettes. Demi-pension possible en saison. Accueil aimable.

Atlantic Hôtel – 5 prom. Godet – ☎ 02 51 95 37 71 – 30 ch. : 440/750F – ☐ 50F – restaurant 99/150F. Cet hôtel des années 1970 est sur la promenade, juste en face de la baie des Sables-d'Olonne. Ses chambres agréables sont de bonne taille. Préférez le côté mer : en plus de la vue, vous aurez un balcon. Restaurant Le Sloop et piscine couverte.

• Une petite folie !

Chambre d'hôte Château de la Millière – 85150 St-Mathurin – 9 km au NE des Sables par N 160 – ☎ 02 51 22 73 29 – fermé oct. à avr. – ☒ – 4 ch. : à partir de 540F. Cette élégante demeure du 19e s. est lovée dans un parc boisé de 25 ha. Ses grandes chambres, décorées de meubles d'époque, ouvrent leurs fenêtres sur les arbres. La piscine est dans un joli jardin avec kiosques. Billard français pour les amateurs. Un gîte dans une dépendance.

Où SE RESTAURER

• À bon compte

L'Affiche – 21 quai Guiné – ☎ 02 51 95 34 74 – fermé 1er au 10 janv., dim. soir et lun. – ☒ – 68/158F. Vous ne pourrez pas rater ce petit restaurant sur le port de pêche : sa façade jaune soleil est lumineuse ! Son décor simple est soigné et la carte variée, avec évidemment une dominante de poissons et fruits de mer.

• Valeur sûre

L'Auberge Robinson – 51 r. du Puits-de-l'Enfer – 85100 Château-d'Olonne – 4 km au SE des Sables par la corniche – ☎ 02 51 23 92 65 – fermé 1er au 18 déc., dim. soir et lun. du 6 sept. au 26 avr. – 150/230F. En sortant des Sables-d'Olonne par la corniche, vous tomberez sur cette auberge coquette avec son petit jardin et ses auvents. En été, viandes grillées au barbecue sur la terrasse, et en hiver, cuisine alléchante dans la salle rose bonbon, pleine de bibelots et de petits objets.

Cayola – 76 prom. de Cayola – 85100 Château-d'Olonne – 7 km au SE des Sables par la corniche – ☎ 02 51 22 01 01 – fermé janv., dim. soir et lun. de sept. à mars – 155/320F. Perchée sur la falaise, cette belle villa contemporaine surplombe magnifiquement l'océan. Sa grande salle à manger moderne ouvre ses larges baies vitrées sur la terrasse en teck, la piscine à débordement et au loin la mer... Vertigineux ! Cuisine soignée, au goût du jour.

La Pêcherie – 4 quai Boucaniers – la Chaume – ☎ 02 51 95 18 27 – fermé 21 au 26 juin, 18 au 30 oct., 9 janv. au 11 fév., lun. en été, mar. soir et mer. de sept. à juin – 120/220F. En face de la sortie du Port Olona, ce petit restaurant avec véranda est tenu par un jeune chef dynamique. Dans sa salle, aux dominantes de jaunes et de bleus, vous dégusterez une cuisine de produits de la mer bien menée et servie avec le sourire.

Où SORTIR

Casino des Pins – Av. Rhin-et-Danube – ☎ 02 51 21 69 00 – tlj 10h-4h sf sam. midi pour le Cotton Club – minigolf et tennis : de mi-juin à mi-sept. tlj 8h30-23h. Outre ses 90 machines à sous et ses jeux traditionnels, ce casino abrite un pub chic et confortable doté d'une grande terrasse fleurie et ombragée autour d'un bassin avec jets d'eau. Un concert par semaine en été.

Hot Blues Café – 24 prom. Clemenceau – ☎ 02 51 95 91 01 – sept.-mars : mar.-jeu. 12h-2h, ven.-dim. 12h-3h – avr.-août : tlj 12h-3h. Avec ses murs ornés d'une grande fresque représentant un concert de blues, ce tout petit bar en sous-sol est le repère des autochtones fuyant l'agitation du centre. Un lieu authentique qui vit au rythme des riffs de blues.

Le Navarin – 18 pl. Navarin – ☎ 02 51 21 11 61 – mar.-dim. midi 9h30-23h – juil.-août : tlj 9h30-23h – fermé de déc. à mi-nov. Parmi tous les cafés qui font face à la mer, celui-ci a l'avantage notable d'être un peu surélevé : vous profiterez d'une vue meilleure et de la fraîcheur des embruns plutôt que de la pestilence des gaz d'échappement !

SPORT

Le Ranch – Rte de la Mer – 85340 Olonne-sur-Mer – ☎ 02 51 90 76 96 – hiver : tlj 9h-12h, 14h-18h – été : tlj 7h30-12h30, 14h-21h30. Hiver comme été, ce ranch propose des balades en forêt, dans les marais et sur la plage, quel que soit votre niveau d'équitation. En été, deux sorties de 2h sont organisées sur la plage, à 7h30 et 19h30.

Les Circaètes – Quai Gerbaud – Port Olona – À côté du ponton d'accueil de la Capitainerie – ☎ 06 09 80 28 70 – tlj 10h-20h – fermé de mi-sept. à mi-juin. Une vieille ambulance très colorée (rassurez-vous, elle ne sert jamais) sert de bureau à ce sympathique couple de sportifs diplômés qui vous proposeront ski nautique et parachute ascensionnel et même... sensationnel puisqu'il s'élève tout de même à 80 m.

Vendée Plongée – *Quai de l'Amiral-de-la-Gravière – port Olona – en face du ponton 1 – ☎ 02 51 21 51 51 – tlj 8h30-19h30 – fermé déc.-fév. (selon la météo marine).* Au programme de cette école, baptêmes de plongée et explorations d'épaves. Si certains chalutiers ont été coulés volontairement à des fins touristiques, d'autres épaves demeurent plus impressionnantes, comme celle de l'Alizé qui gît par 35 m de fond depuis l'année 1940.

La plage et le Remblai.

Loisirs

Base Canoë – Les Salines – *120 rte de l'Aubraie – ☎ 02 51 90 87 74 – tlj : 10h-12h30, 14h-19h – juin-août : 10h-19h (horaire tributaire des marées) – fermé oct.-avr.* Quelque 1400 ha de marais sauvages sont à découvrir en canoë sur la rivière du site historique des Salines. Plusieurs itinéraires vous seront conseillés selon vos désirs et la durée de votre escapade.

Le kifanlo – Organisme de Culture, d'Étude et d'Action maritimes – *D'oct. à mi-mars – inscription à l'Office de tourisme – ☎ 02 51 96 85 85.* C'est à bord d'un superbe chalutier classé monument historique, capable d'embarquer 12 personnes, que vous seront exposées toutes les facettes du terrible et beau métier de marin-pêcheur.

Le Lys – *Quai Guiné – ☎ 06 68 40 33 39 – tlj à partir de 7h30 – fermé de mi-oct. à avr.* Véritable petit bolide, ce catamaran, propulsé à une vitesse de 80 km/h par deux moteurs de 250 CV, enverra par le fond casquette et autre bob. Au programme : pêche, promenades et mini-croisières.

Les Salines – *Port Olona Nord – ☎ 02 51 21 01 19 – tlj 9h-19h – fermé nov.-mars.* Le vrai pays olonnais se découvre en bateau, au fil de la rivière salée. La visite guidée dure 2h et se termine par une escale aux marais salants, en compagnie des sauniers. La partie droite des marais abrite aujourd'hui une réserve ornithologique.

Paint ball – *R. des Marchais – Le Puits d'Enfer – ☎ 02 51 21 48 91 – tlj à 10h30 sur rendez-vous, 15h-21h par beau temps, 14h-21h par temps gris – fermé sept.-juin.* Inventé par des bergers australiens pour marquer les moutons tout en s'amusant, ce jeu est encore assez rare en France. Petits et grands s'adonnent à une partie de cache-cache sportif et joyeux, sur un grand terrain devant la mer.

Vedettes Sablaises : L'Aigue Marine – *Quai Guiné – ☎ 02 51 21 31 43 – mar., jeu. et sam. à partir de 7h – juil.-août : tlj – fermé de mi-sept. à mi-avr.* Pour découvrir la Côte Sauvage, autrefois sillonnée par les corsaires, rien de tel qu'une belle balade en mer de 50mn, agréablement commentée. Par ailleurs, si vous êtes férus de pêche au lancer, vous serez comblés : une vedette vous conduira vers le phare des Barges, sur les hauts fonds poissonneux. Lancers et appâts fournis...

Se déplacer

Parking – Gratuit toute l'année : centre de Marée, rue Nicot, centre culturel, place de la Digue-place de Strasbourg.

Bus – Transports publics du Pays des Olonnes. *Tarifs, plans-horaires et vente de billets (en saison) à l'Office de tourisme. Renseignements ☎ 02 51 32 95 95.*

Bacs – La Sablaise fontionne toute l'année, le bac St-Nicolas et le bus Marin uniquement en juillet-août. Compter 4 F ou 5 F le passage (possibilité d'abonnement mensuel et carte de 10 passages à La Sablaise).

Chaume. C'est de là que part le Vendée Globe. La pêche hauturière se pratique toujours, notamment dans le Sud du golfe de Gascogne et dans le canal St-Georges, entre l'Irlande et la Grande-Bretagne. Le port se classe aujourd'hui au 12e rang français.

Les marais salants – Au Nord de la ville, ils ne sont plus beaucoup exploités : il est prévu de les transformer en zone d'aquaculture (huîtres, moules). En revanche, les potagers de la Chaume produisent toujours des primeurs de qualité, artichauts, fraises, etc.

séjourner

Du port, on peut partir pour des **promenades en mer** en saison. *De Pâques à fin sept. : promenade (3/4h) ap.-midi. Vedettes sablaises de la compagnie Croisières Inter-Îles et Fluviales.* ☎ 02 51 21 31 43.

Autrefois, jusqu'à cent morutiers par an partaient du port des Sables-d'Olonne, au loin, pêcher la morue.

Le Remblai★

Édifié au 18e s. pour protéger la ville qui se trouve en contrebas, le Remblai est une promenade bordée d'immeubles luxueux et de boutiques, de cafés et d'hôtels. À l'extrémité Ouest du Remblai se trouvent la piscine, le casino de la Plage, un théâtre de 700 places et une salle de congrès de 1 000 places. Cachées derrière des immeubles se dissimulent les ruelles de la vieille ville.

La Corniche

Elle prolonge le Remblai vers le nouveau quartier résidentiel de la Rudelière. La route suit le bord de la falaise et atteint *(3 km)* le **Puits d'Enfer**, un creux étroit et impressionnant au fond duquel bouillonne la mer.

Quartier de la Rudelière

Près du **lac de Tanchet** et de son école de voile s'est développé un nouveau quartier résidentiel où se trouvent le casino des Sports, l'institut de thalassothérapie, des installations sportives et le zoo de Tanchet.

Parc zoologique de Tanchet – ♿ *De mi-fév. à fin oct. : 10h30-12h, 14h-18h (d'avr. à mi-sept. : 9h30-19h) ; de nov. à mi-fév. : 14h-18h. 55F (enf. : 30F).* ☎ 02 51 95 14 10.

On y rencontre différentes espèces d'animaux : chameaux, lamas, kangourous, singes, oiseaux.

visiter

Église N.-D.-de-Bon-Port

Elle a été élevée en 1646 par Richelieu. Sa nef est représentative du style gothique tardif : des voûtes gothiques s'allient avec des pilastres d'ordre corinthien qui les soutiennent.

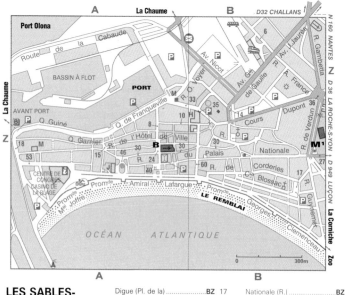

Du prieuré St-Nicolas, descendez jusqu'à la pointe de la grande jetée, occupée par un phare. Spectacle garanti les jours de tempête.

Musée de l'abbaye Ste-Croix
De mi-juin à fin sept. : tlj sf lun. 10h-12h, 14h30-18h30 ; d'oct. à mi-juin : tlj sf lun. 14h30-17h30. Fermé j. fériés. 30F, gratuit dim. ☎ 02 51 32 01 16.

Installé dans une abbaye bénédictine du 17ᵉ s., il est consacré à deux domaines spécifiques : l'art moderne et contemporain et l'ethnologie.

Au rez-de-chaussée, on voit des œuvres de Victor Brauner : la série *Mythologies et Fêtes des mères* (1965), *Les Onomatomies* (1949). Au 1ᵉʳ étage sont exposées des œuvres de Gaston Chaissac (1910-1964), considéré comme un des représentants de l'Art brut. La seconde salle accueille des expositions temporaires. Le 2ᵉ étage regroupe des toiles de peintres modernes et contemporains : Baselitz, Beckmann, Cahn, Magnelli, Marquet, etc.

> **ETHNOLOGIE**
> Sous les combles du 17ᵉ s. sont désormais présentées des collections : intérieur maraîchin d'une bourrine du marais de Monts, costumes traditionnels, photos, marines de peintre sablais Paul-Émile Pajot, maquettes de bateaux.

circuit

LE PAYS OLONNAIS
Circuit de 40 km – environ 1/2 journée
Quitter Les Sables-d'Olonne par l'Ouest.

La Chaume
Cet ancien quartier de pêcheurs a conservé ses petites maisons aux toits de tuiles qui contrastent singulièrement avec l'urbanisme moderne de la station des Sables. Une navette relie celle-ci à la Chaume *(départ quai Guiné)*.

Tour d'Arundel – Ancien donjon d'un château fort construit au 12ᵉ s. par lord d'Arundel, il est utilisé aujourd'hui comme phare.

Prieuré St-Nicolas – Cette ancienne chapelle du 11ᵉ s., transformée en fort en 1779, domine le passage des bateaux qui entrent et sortent du port.

Aux abords, on profite des jardins où se trouve une **fresque-mosaïque** (1971) à la mémoire des marins péris en mer. Belle vue sur la baie.

Quitter la Chaume par le Nord en empruntant la D 87ᴬ.

Forêt d'Olonne
Formant un bras de verdure entre l'océan et les marais de la Vertonne, elle s'allonge sur une quinzaine de kilomètres au Nord des Sables. Chênes et pins couvrent plus de 1 000 ha de dunes sillonnées par de nombreux sentiers où l'on peut parfois croiser des familles de chevreuils.

À Champclou, prendre à gauche sur la D 80.

St-Nicolas-de-Brem
Curieuse église du 11ᵉ s., partiellement reconstruite au 17ᵉ s., dont le portail est surmonté d'une statue de saint Nicolas. Près de l'église, tumulus, ancienne butte féodale édifiée sans doute pour protéger le port.

Quitter St-Nicolas-de-Brem par le Sud-Est en empruntant la D 38. À L'Île-d'Olonne tourner à droite sur la D 87.

> **À LA CARTE**
> À droite de la route s'étend une zone de **marais salants**. On peut les découvrir en bateau en direction de la **Route des Salines**. *De mars à fin oct. : visite guidée (1h3/4) 9h-12h30, 14h-19h (de juin à mi-sept. : 9h-19h). 60F. ☎ 02 51 21 01 19.*
> Ou à pied en parcourant le Jardin des Salines (6 ha d'un site présentant l'historique du sel). *Juin-août : 10h-19h ; mai : tlj sf mer. 10h-12h30, 14h30-19h ; sept. : tlj sf mer. et sam. 10h-12h30, 14h30-19h. 42F. ☎ 02 51 90 87 74.*

La route s'engage dans le **marais d'Olonne** dont la partie droite a été concédée pour servir de réserve ornithologique. Ce marais est le résultat de l'envasement progressif, depuis les temps préhistoriques, de l'ancien golfe d'Olonne.

Observatoire d'oiseaux de L'Île-d'Olonne

De fin juin à déb. sept. : 9h30-19h30 ; de mi-avr. à fin avr. : 9h30-12h30, 14h30-18h. 10F. ☎ *02 51 33 12 97.*

Situé en hauteur, il domine le marais d'Olonne. On y observe au télescope les oiseaux de la **réserve de chasse de Chanteloup** (38 ha) qui accueille notamment une importante colonie d'avocettes en été.

Revenir à L'Île-d'Olonne et poursuivre sur la D 38.

Olonne-sur-Mer

C'était le port maritime de la région du temps où la mer occupait les marais d'aujourd'hui.

Quitter Olonne-sur-Mer par l'Est en empruntant la D 80.

Château de Pierre-Levée

Cette maison de plaisance champêtre, de style et d'époque Louis XVI, fut édifiée par Luc Pezot, receveur des Finances.

La N 160 ramène aux Sables-d'Olonne.

Saint-Georges-de-Didonne ≜

Cette station balnéaire est parfaite pour des vacances familiales les pieds dans l'eau : pêche, régates et promenades au bord de mer dans une forêt de pins... On oublie tout sur une très longue plage de sable qui descend en pente douce et ne présente aucun courant dangereux.

Les falaises de la pointe de Suzac abrite parfois d'agréables petites plages de sable fin.

La situation

Cartes Michelin n°s 71 pli 15 ou 233 pli 25 – 2,5 km au Sud-Est de Royan – Charente-Maritime (17). St-Georges se cache au creux d'une courbe de sable fin de plus de 2 km. 🄱 *Bd Michelet, BP 75, 17110 St-Georges-de-Didonne,* ☎ *05 46 05 09 73.*

Le nom

On aurait pu croire que le nom était d'origine céleste, issu de la rencontre d'un saint, « saint Georges » et d'une héroïne de la mythologie, « Didon », mais non... Didonne était le nom des seigneurs du château... de Didonne, donc.

Les gens

4 705 St-Georgeais. L'historien Jules Michelet (1798-1874) y séjourna chez un ami en 1859, travaillant à l'écriture de deux ouvrages.

carnet d'adresses

OÙ DORMIR ET SE RESTAURER

• À bon compte

Hôtel Colinette et Costabela – *16 av. de la Grande Plage –* ☎ *05 46 05 15 75 – fermé janv. – 24 ch. : 180/360F –* 🍴 *30F – restaurant 87/136F.* Un hôtel tout simple au bord de la mer. Ambiance et décor style pension de famille, avec petites chambres proprettes et un peu désuètes. Quelques chambres un peu plus grandes dans l'annexe « Costabela ». Menus à prix tout doux.

OÙ SORTIR

La Kouba – *Bd de la Corniche –* ☎ *05 46 06 08 78 – hors sais. : ven.-sam. 19h-5h – de mi-juin à mi- sept. : tlj 19h-5h – fermé janv.* Au-dessus de la discothèque, qui s'ouvre sur la plage les soirs d'affluence, le bar de nuit et sa terrasse dominent une superbe crique privée. Toujours animé, ce lieu propose deux ambiances qui varient au gré de l'âge et de l'humeur des Royannais qui le fréquentent.

La Réserve – *Plage de Vallière –* ☎ *05 46 05 36 60 – hors sais. : mer.-dim. 17h-2h – juin-sept. : tlj 10h-2h.* Margarita et coucher de soleil sur la mer ouvrent les festivités de ce bar survolté, dirigé par une accorte patronne qui connaît son affaire sur le bout des doigts... Viennent ensuite les tapas, les rhums, les cocktails et la musique latine sur la plage. L'ambiance se réchauffe alors à la vitesse du mercure : attention, âmes sensibles s'abstenir...

se promener

Pointe de Vallières★
À l'Ouest, par la rue du Port et le boulevard de la Corniche.
On y va pour profiter d'une **vue** remarquable : la pointe de Grave en face, à droite Royan, à gauche la pointe de Suzac boisée de pins.
Phare de St-Georges – *De juil. à déb. sept. : 10h-12h, 15h-19h. 10F.* ☎ *05 46 06 21 59.*
Cet édifice 1900 (désaffecté), protège le petit port du même nom.

Pointe de Suzac★
Au Sud de la plage de St-Georges, prendre la direction de Meschers et la 1ʳᵉ route à droite en impasse.
Faites quelques pas sur le sentier qui court au sommet ▶
de la falaise pour découvrir les plages de sable fin
nichées dans des creux.

> **POUR SE SOUVENIR**
> Notez les quelques
> vestiges du mur
> de l'Atlantique.

*Autour du phare de
St-Georges, empruntez
un petit sentier pour
admirer les panoramas
sur la pointe de Grave,
la pointe de Suzac et,
en mer, le phare
de Cordouan.*

alentours

Château de Didonne
7 km à l'Est par la D 730.
Il appartient aujourd'hui à la coopérative agricole des ▶
cantons de Cozes et Saujon. On visite un **chai de vieillissement**. ♿ *Juil.-août : visite guidée (1/2h) sur demande à 11h, 14h, 15h, 17h30, 18h. Gratuit.* ☎ *05 46 06 01 01.*
Parc-arboretum – ♿ *Visite toute l'année. Gratuit.*
Il contient plus de 50 espèces d'arbres parmi lesquelles un très beau cèdre du Liban bicentenaire.
Musée du Vieux Matériel agricole – ♿ *De Pâques à fin oct. : dim. et j. fériés 14h-18h (juil.-août : tlj 10h-19h). 30F (-15 ans : gratuit).* ☎ *05 46 06 01 01.*
Il fait revivre l'histoire des campagnes à travers la présentation d'un intérieur charentais et de matériel ancien : araire du 18ᵉ s., semoir de céréales du 19ᵉ s., attelages, locomobile (machine à vapeur qui servait à actionner une batteuse), moissonneuse-batteuse, tracteurs ; voir aussi la ruche en activité.

> **PAS ORDINAIRE**
> Le château fut construit
> au 18ᵉ s. avec les pierres
> d'un château féodal
> voisin, en ruine, dont il
> reçut le nom.

Saint-Gilles-Croix-de-Vie ♒

Des bateaux multicolores sont amarrés dans le port de St-Gilles, prêts à partir pour la pêche à la sardine, aux homards, aux langoustes et thons. Les marins vivent dans le quartier de Petite-Île, dans de typiques maisons massives, tandis que les vacanciers se dorent sur les plages de Boisvinet et La Garenne, longées de villas. Bien abrité, le port de plaisance peut accueillir 600 bateaux et intéresse surtout les amateurs de voile.

OÙ SE RESTAURER
La Crêperie – *4 r.
Gautté – ☎ 02 51 55
02 77 – fermé 15 j. en
oct., 15 j. en fév., 8 j.
en juin, dim. midi et
lun. sf été – 70/90F.*
Le décor de cette jolie
maison du 17ᵉ s. aux
murs de pierres, marie
tomettes anciennes,
tables de bois et chaises
en fer forgé, voiles,
cordages et tableaux
contemporains. Côté
cuisine, la pâte est
battue à la main et les
galettes faites sous vos
yeux. Terrasse abritée
derrière.

**LA CROISÉE
DES CHEMINS**
À St-Gilles-Croix-de-Vie
vous allez peut-être trouver
la chance de votre vie,
connaître le moment cru-
cial de la rencontre de votre
âme sœur ? Et tout ça
grâce à saint Gilles…

La situation

*Cartes Michelin nᵒˢ 67 pli 12 ou 232 plis 38, 39 – 30 km au
Nord-Ouest des Sables-d'Olonne – Schéma p. 197 – Vendée
(85).*
La configuration de l'estuaire de la Vie constitue une
curiosité géographique : le cours d'eau vient d'abord
buter contre un cordon de dunes sablonneuses, la pointe
de la Garenne, puis sur le promontoire rocheux dit « Corniche vendéenne », décrivant ainsi plusieurs méandres
avant de déboucher dans l'Atlantique entre les plages de
Croix-de-Vie (plage de Boisvinet) et de St-Gilles (Grande
Plage) par un goulet.
En saison, des **promenades en mer** sont organisées au
départ du port. *Juil.-août : à bord de la Godaille ou de l'Ami
du Pécheur, promenade (1h) tous les ap.-midi, 40F. Juil.-août :
pêche en mer à bord de la Godaille 7h-12h, 130F. À bord du
Class Europ (voilier type course croisière, initiation aux
manœuvres sortie de 3h, 190F. S'adresser à l'agence Paren-
thèse, 34 bis bd de l'égalité, 85800 St-Gilles-Croix-de-Vie.*
🅱 *Bd de l'Égalité, BP 57, 85800 St-Gilles-Croix-de-Vie,
☎ 02 51 55 03 66.*

Le nom

Ce nom est le résultat d'une union : le port de pêche de
Croix-de-Vie forme une seule commune avec St-Gilles-
sur-Vie situé sur la rive gauche de l'embouchure de la
Vie.

Les gens

6 296 Gillocruciens. Mis à part la pêche, ils travaillent
dans des conserveries ou chez des grossistes de poissons
et crustacés, ou bien dans la construction de bateaux de
plaisance (Bénéteau).

circuits

DU FRONT DE MER AUX PORTES DU BOCAGE

*(voir Marais breton-vendéen)
Circuit de 60 km – environ 3 h*

ENTRE LE JAUNAY ET LA VIE

*Circuit de 45 km – environ une demi-journée.
Quitter St-Gilles-Croix-de-Vie par le Sud en empruntant la
D 38, puis prendre à gauche vers L'Aiguillon-sur-Vie.*

Coëx

Le jardin des Olfacties★ – ♿ *De déb. juin à fin sept. :
10h30-19h. 30F. ☎ 02 51 55 53 41.*
Situé au cœur du village, ce parc floral est traversé par
le cours d'eau du Gué-Gorand, dans un paysage vallonné. Répartis autour d'un plan d'eau, des espaces de
senteurs (armoises, menthes, sauges, géraniums odorants, roses, etc.) livrent leurs effluves. Le parc accueille
également des espaces culture et détente.
Quitter Coëx par le Nord en empruntant la D 40.

PLANTES ET ODEURS
Sur le parcours du jardin,
on est initié aux
associations plantes-
odeurs dans une
succession de **chambres
de senteur.**

Apremont

Accroché à un rocher escarpé, ce village est situé dans un paysage vallonné qui contraste singulièrement dans ce plat pays. Près du barrage, profitez de l'agréable cadre aménagé sur le **plan d'eau** de la Vie (baignade, pédalos).

Château – *De fin mars à mi-sept. : 14h-18h (juin-août : 10h30-18h30). 25F été (billet combiné avec celui du château d'eau), 20F hors saison.* ☎ 02 51 55 70 54.
Construit au 12e s., il a été remanié au début du 16e s. par Philippe Chabot, amiral de France sous François Ier. Entrez par la porte médiévale et le jardin, et visitez les tours Nord et Sud Renaissance, le chevet de l'ancienne chapelle, deux grandes salles de communs. Descendez dans la « voûte cavalière », une galerie demi-souterraine en pente raide aboutissant au pied du rocher.

Château d'eau – *De juil. à fin août : 10h45-18h15. 25F (billet combiné avec celui du château).* ☎ 02 51 55 70 54.
L'ascenseur de cette tour de 80 m permet d'accéder à une rotonde vitrée. De cet observatoire, on découvre un immense **panorama** sur la campagne vendéenne, allant jusqu'à l'océan à l'Ouest.
Quitter Apremont par le Nord-Ouest en empruntant la D 21, direction Challans. Après 5 km, tourner à gauche.

Au château d'Apremont, ne manquez pas la tour de l'Échauguette (12e s.).

Château de Commequiers

Construit au 15e s. sur un plan octogonal, pour Louis de Beaumont, il fut démantelé sur ordre de Richelieu en 1628. Ce château possède toujours ses huit tours reliées par des courtines. On accède à l'enceinte par une passerelle qui franchit les douves.

Quitter Commequiers par le Sud-Ouest en empruntant la D 754 qui ramène à St-Gilles-Croix-de-Vie.

Saint-Jean-d'Angély

Avec un nom comme ça, on est déjà en train de rêver à un voyage au pays des anges, celui d'une marquise... angélique ! La ville éblouit par ses demeures anciennes des 15e et 16e s., ses vieux hôtels des 17e et 18e s. magnifiquement mis en valeur et ses perles d'arts roman et Renaissance.

La situation
Cartes Michelin n⁰ˢ 71 plis 3, 4 ou 233 pli 16 – 30 km au Nord-Est de Saintes – Charente-Maritime (17).
En Basse-Saintonge, la Boutonne arrose le pied de la colline où s'est établi Saint-Jean-d'Angély à l'emplacement d'une ville romaine, dans une campagne calme. Ceinturé de boulevards, le centre de la ville se resserre en un lacis de rues tortueuses et de placettes triangulaires. L'autoroute A 10 dessert la ville.
🛈 *Pl. du Pilori, BP 117, 17416 Saint-Jean-d'Angély,* ☎ 05 46 32 04 72.

Le nom
Le nom de « Saint-Jean » vient du saint auquel l'abbaye de la ville était dédiée : saint Jean Baptiste. « Angély », apparemment, a dérivé d'un nom de personne : *Angiriaco* (942), *Angeliaco* (1077).

Les gens
8 060 Angériens. Né dans l'Yonne en 1762, Michel Regnaud de Saint-Jean-d'Angély fut député aux États Généraux de 1789, puis se lia avec Bonaparte, fut nommé au Conseil d'État et contribua à la rédaction du Code civil (1804).

OÙ SE RESTAURER
Scorlion – *5 r. de l'Abbaye* – ☎ *05 46 32 52 61 – fermé nov., fév., dim. et lun. – 149/336F.* Dans un des anciens bâtiments de l'abbaye, ce restaurant ouvre ses fenêtres sur une grande cour paisible. Ne le manquez pas : vous regretteriez de ne pas avoir goûté sa cuisine préparée avec de bons produits.

TROP D'ÉMOTION
Proscrit après la chute de l'Empire, Michel Regnaud s'exila. Il bénéficia d'une mesure d'amnistie en 1819 mais mourut d'émotion le jour même de son arrivée à Paris. Une statue a été érigée à sa mémoire sur la place de l'Hôtel-de-Ville.

comprendre

Un bastion de la Réforme – Au Moyen Âge, étape sur la route des pèlerinages de Saint-Jacques-de-Compostelle, Saint-Jean-d'Angély connut une période de prospérité. En 1152, Aliénor d'Aquitaine apporta en dot la Saintonge à Henri Plantagenêt, roi d'Angleterre en 1154. La ville se trouva alors et pendant des siècles au cœur des combats qui opposèrent les rois de France et d'Angleterre.

Au 16e s., Saint-Jean devint un des principaux bastions de la Réforme. Des presses de son imprimerie sortit l'*Histoire universelle* d'Agrippa d'Aubigné. En 1621 la ville fut prise aux protestants après un siège conduit par Louis XIII en personne.

se promener

◀

Ancienne abbaye

L'ATTRACTION DE LA MORT
Le crâne « de saint Jean Baptiste » était l'objet d'un important pèlerinage et figurait, avec les lis royaux, parmi les armes de l'abbaye qui furent ensuite adoptées par la ville. Un beau jour, il disparut lors d'un incendie et les pèlerins se détournèrent de cette abbaye...

Elle fut élevée au 9e s. pour accueillir une relique, le « chef » (crâne) de saint Jean Baptiste (il y en eut un autre à Amiens !) rapporté d'Alexandrie et donné à Pépin d'Aquitaine qui le confia aux bénédictins.

Après la destruction du monastère par les protestants en 1562 pendant les guerres de Religion, les bénédictins entreprirent deux campagnes de reconstruction, aux 17e et 18e s. La dernière, très ambitieuse, ne put être menée à bien à cause de la Révolution.

Les « Tours » – De l'immense abbatiale commencée en 1741 ne furent réalisées que les grandes arcades débutant la nef et une monumentale façade, demeurée inachevée, qu'on appelle ici les « Tours ». Effectivement, cette façade majestueuse et puissamment campée est encadrée de hautes tours à dômes, dont l'une servit de prison pendant la Révolution : les chapiteaux et les clés d'arcs sont simplement ébauchés. Le porche est encadré de colonnes doriques.

De l'abbatiale gothique ruinée en 1562 subsiste seulement une partie du chevet. À l'intérieur de l'église actuelle, édifiée à la fin du 19e s., Vierge à l'Enfant en bois sculpté du 17e s. et, dans le chœur, deux grands tableaux : *Jésus au jardin des Oliviers*, par Chassériau, et la *Présentation au temple,* de Sotta.

Bâtiments conventuels – Occupés par l'école municipale de musique. Vastes bâtiments classiques ordonnés autour d'une cour, à laquelle donne accès une porte Louis XV.

Fontaine du Pilori

Au cœur du vieux Saint-Jean, elle a été amenée en 1819 du château voisin de Brizambourg jusqu'au quartier du Pilori, où les condamnés étaient exposés au public. Il comporte une margelle que protège un petit dôme couvert d'écailles et portant l'inscription sculptée en lettres gothiques « L'an 1546 je fus édifié et assis ».

Tour de l'Horloge

Elle enjambe la rue Grosse-Horloge où l'on regardera de superbes maisons à pans de bois et en encorbellement. La tour est un ancien beffroi gothique à mâchicoulis : sa cloche, le « Sin » (du latin *signum*, signal) annonçait jadis le moment de la fermeture des portes de la ville. Elle sonne encore dans les grandes occasions.

De style Renaissance, la fontaine du pilori fut installée à l'emplacement d'un puits qui était destiné à alimenter la ville en cas de siège.

Hôtel de l'Échevinage – Cet édifice du 15e s., à porte en accolade, abrita le tribunal municipal du Moyen Âge à la Révolution. C'est ici que se tenaient les réunions des notables de la ville et les assises royales.

VALLÉE DE LA BOUTONNE

Circuit de 100 km – environ une journée
Quitter St-Jean-d'Angély par le Sud-Ouest en empruntant la
D 127.

Château de Beaufief

Pâques-Toussaint : visite guidée (1/2 h) 14h30-18h30. 15F.
☎ *05 46 32 35 93.*

Une allée bordée de pelouses mène à Beaufief (prononcer Beaufié), une maison de plaisance de Louis XV composée d'un corps central avec deux ailes en arcs de cercle. Observez la toiture mi-tuiles, mi-ardoises, la couleur de la pierre, et les nombreuses fenêtres qui forment un ensemble élégant.

L'escalier souligné par une rampe en fer forgé conduit ▶
au salon où l'on peut voir au-dessus de la cheminée une sculpture représentant l'été. La petite chapelle possède un sobre décor de gypse.

Revenir vers Saint-Jean-d'Angély, puis, après 2 km, tourner
à gauche sur la D 739. Après avoir franchi l'A 10, prendre
à droite ; à Ternant suivre la D 218. Enjamber la Boutonne,
puis à Torxé prendre à droite sur la D 119.

> **TROMPE-L'ŒIL**
> La plinthe de la cage
> d'escalier, en bois peint,
> imite parfaitement
> le marbre.

Église de Landes

Romane, elle abrite des peintures murales de la fin du 13ᵉ s., représentant des scènes de la Bible (le Baptême du Christ, l'Annonciation, la Visitation...).

Quitter Landes par l'Ouest en empruntant la D 213.

Tonnay-Boutonne

La ville a conservé une partie de ses défenses, notamment les fossés et la majestueuse porte St-Pierre du 14ᵉ s.

Quitter Tonnay-Boutonne par le Sud en empruntant la
D 127ᴱ³. Après avoir franchi l'A 10, tourner à gauche.

Fenioux★

Église – Sa construction remonte à l'époque carolingienne (9ᵉ s.) pour les murs de la nef : petit appareil ▶
caractéristique de l'époque, de très rares baies, et de minces dalles de pierre ajourées, dessinant un réseau d'entrelacs et nommées « fenestrelles ». La **façade** est de style roman saintongeais. Des faisceaux de colonnes encadrent un immense portail qui compte dix piédroits (montants verticaux), et dont les voussures évoquent de haut en bas les Travaux des mois et signes du zodiaque, les Vierges sages et les Vierges folles, les Anges adorant l'Agneau, les Vertus terrassant les Vices. Sur le côté gauche de la façade, un petit portail charme par la grâce de son décor végétal et floral.

Lanterne des morts★ – Elle se dresse au milieu d'un ancien cimetière ; un caveau voûté lui est accolé. Constituée par un faisceau de onze colonnes supportant un

> **PRESTIGIEUX**
> Le clocher à jours est
> célèbre dans l'histoire de
> l'art roman par sa légèreté
> et son audace.
> Il a souvent inspiré
> les architectes pasticheurs
> de la fin du 19ᵉ s.

*Vous ne pouviez pas
le deviner mais un escalier
à vis de 37 marches
occupe l'intérieur
du fût de la lanterne
des morts de Fenioux.*

lanternon entouré lui-même de treize colonnettes, elle est terminée par une pyramide couverte d'imbrications et surmontée d'une croix.

Quitter Fenioux par le Sud en empruntant la D 127. Après 2,5 km tourner à gauche sur la D 124 (St-Hilaire).

Église de Matha

Dédiée à saint Hérie, elle possède une façade romane où l'on peut voir, dans une arcade à droite, une charmante statue dite de sainte Blandine.

Quitter Matha par l'Ouest en empruntant la D 939.

Église de Varaize

De style roman, elle présente une abside en hémicycle, une nef et des collatéraux sans voûtes, une croisée du transept couverte d'une coupole sur trompes.

Quitter Varaize par l'Ouest en empruntant la D 130, puis la D 939 qui ramène à St-Jean-d'Angély.

> **UNE INFINIE RICHESSE**
> Le portail latéral Sud est remarquable par la finesse de ses voussures sculptées. Contemplez les anges adorateurs de l'agneau, les Vertus triomphant des Vices, le Christ en majesté accompagné d'apôtres et de vieillards de l'Apocalypse.

Saint-Jean-de-Monts

Venez goûter aux plaisirs de la plage dans cette station balnéaire réputée. On y pratique des sports de vent : la voile, la planche à voile, et aussi, chose plus rare, le char à voile. Ses longues étendues de sables sont très sûres pour la baignade et permettent également de pratiquer des loisirs tels que le cerf-volant ou la pêche à pied, au moment des grandes marées. La ville est dotée de nombreux équipements modernes : casino, golf, centre de thalassothérapie et constitue un lieu de vacances idéal.

La situation

Cartes Michelin n°s 67 pli 11 ou 232 pli 38 – Vendée (85) – Schéma p. 197. 17 km au Nord-Ouest de Saint-Gilles-Croix-de-Vie. St-Jean-de-Monts a pour noyau un bourg que des dunes boisées séparent de l'océan.

🄱 *Palais des Congrès, BP 207, 85162 Saint-Jean-de-Monts, ☎ 02 51 59 60 61.*

Le nom

La station, ancien lieu de culte chrétien, porte de le nom de l'apôtre saint Jean. Quant à « Monts », ils désignent les dunes du cordon littoral qui sépare le Marais breton-vendéen de l'océan aussi appelées « le pays de Monts ».

Sur le remblai, vous remarquerez ce monument aux Oiseaux de mer (1966), œuvre des frères Martel.

se promener

Le bourg

Des maisons basses se groupent autour d'une charmante église. Elle a été reconstruite en 1935 mais a tout de même conservé son allure de la fin du 14e s. Son clocher du 17e s. est couvert de bardeaux (planches de bois).

carnet d'adresses

OÙ DORMIR

● *Valeur sûre*

Hôtel Robinson – *28 bd du Gén.-Leclerc – ☎ 02 51 59 20 20 – fermé 6 déc. au 25 janv. – 80 ch. : 250/400F – ⊇ 39F – restaurant 74/215F. À 150 m de la plage, cet hôtel étire les courbes blanches de sa façade moderne le long de la route. Ses chambres réparties dans plusieurs pavillons sont claires et agréables. Chambres modernes plus spacieuses dans l'annexe. Piscine couverte.*

OÙ SE RESTAURER

● *À bon compte*

Le Petit Saint-Jean – *128 rte de Notre-Dame-de-Monts – ☎ 02 51 59 78 50 – fermé déb. nov. à mi-déc., mar. hors sais. et lun. – 98/145F. Sur la route de Notre-Dame-de-Monts, cette petite auberge rustique est accueillante. Aidé par sa fille, le patron concocte une cuisine bien tournée qui pianote sur les saveurs du terroir et celles de la mer. Plusieurs menus et une carte.*

Le front de mer

Des immeubles résidentiels sont alignés le long d'une plage de sable fin bordée, sur près de 3 km, jusqu'à la plage des Demoiselles, d'une esplanade et d'une route à double circulation récemment réaménagée (vastes parkings). Devant le palais des congrès (nombreuses expositions en saison), le monument aux Oiseaux de mer (1966) est l'œuvre des frères **Jan et Joël Martel**. Au Nord de la station, jouxtant le centre de thalassothérapie, un centre de rééducation accueille parfois de grands noms du sport français.

Si la plage de Saint-Jean est immense, elle ne représente cependant qu'une des sections aménagées de la **Côte de Monts** qui s'étend sur 26 km, de Fromentine à Sion.

> **UN FLIC**
> En 1972, l'esplanade du front de mer a servi de décor naturel au début du film de J.-P. Melville : *Un flic.*

Saint-Laurent-sur-Sèvre

Incontournable ville sainte de la Vendée, St-Laurent-sur-Sèvre possède une flopée d'églises et de congrégations religieuses. Après un moment de recueillement, immergez-vous dans la nature de la vallée de la Sèvre Nantaise, souvent appelée « la Suisse vendéenne » et partez en randonnée dans une végétation luxuriante ou en canoë au fil d'une rivière paisible.

La situation

Cartes Michelin n° 67 pli 5 ou 232 pli 42 – Vendée (85). St-Laurent est situé dans le cadre frais d'un petit bassin formé par la Sèvre, à 10 km au Sud de Cholet.
🛈 *Mairie, 85290 Saint-Laurent-sur-Sèvre ☎ 02 51 67 81 44.*

Le nom

La petite ville porte le nom d'un saint, comme tant d'autres lieux dans toute la France. Saint Laurent était un martyr du 3e s. Le nom est complété par une précision géographique puisque la Sèvre Nantaise coule ici.

Les gens

3 247 St-Laurentais. Cette ville sainte de la Vendée doit sa célébrité à **saint Louis-Marie Grignion de Montfort** qui y mourut en 1716, au cours d'une mission. Très vénéré dans l'Ouest de la France, cet humble prêtre breton parcourut les campagnes en prêchant. Il fonda trois institutions religieuses : la congrégation des Filles de la Sagesse, la Compagnie de Marie et la congrégation enseignante des Frères de St-Gabriel.

> **OÙ DORMIR ET SE RESTAURER**
> **L'Hermitage** – *R. Jouvence* – ☎ *02 51 67 83 03* – *fermé 1er au 15 août, vac. scol. de fév., sam. d'oct. à avr. et dim. soir de mai à fin sept.* – 🅿 – *16 ch. : 200/280F* – ☕ *38F* – *restaurant 75/160F.* Au bord de la rivière et un peu à l'écart du centre, ce modeste hôtel familial dépannera à moindre coût les visiteurs du Puy du Fou et des environs. Ensemble désuet mais chambres propres et bien tenues.

visiter

Maison du Saint-Esprit

De mars à fin oct. : visite guidée sur demande. Gratuit. ☎ *02 51 64 37 00.*
La maison des missionnaires montfortains comprend la Maison longue qui abrite un petit musée consacré à la vie et à l'œuvre du père Grignion de Montfort, et la chapelle des Missionnaires, érigée en 1854.

Maison mère des Filles de la Sagesse

 ♿ *11h30-12h30, 14h-18h. Gratuit.* ☎ *02 51 64 38 00.*
Une imposante chapelle de style néogothique élevée entre 1864 et 1869 abrite un reliquaire de saint Louis-Marie Grignion de Montfort. Un parcours sonorisé et des films vidéo évoquent la vie et l'œuvre du saint et celle de Marie Louise de Jésus, qui fut la première disciple du père de Montfort et la cofondatrice de la congrégation des Filles de la Sagesse. Dans le cloître qui mène à la chapelle vous découvrirez que la congrégation s'est établie dans d'autres pays.

Le lieu de prière est aménagé dans le réduit où mourut le père de Montfort.

Centre gabriéliste

 ♿ *10h-12h, 14h-18h, sam. 10h-18h, dim. 14h-18h (juil.-août : fermeture à 20h). Gratuit.* ☏ *02 51 92 30 87.*
4 av. Rémy-René-Bazin. Une exposition vous permettra de tout connaître sur l'histoire de la congrégation des Frères de St-Gabriel.

Parc de la Barbinière

À la sortie de la ville, en direction de la Verrie, ce parc s'étend sur la rive gauche de la Sèvre Nantaise dominée par des collines boisées. En aval du tumultueux couloir étroit de Mallièvre, la rivière s'apaise et égrène ses îlots verts dans un dédale de rochers sombres. À 1 km en aval, un moulin à eau, partiellement remis en état, se dissimule sous une épaisse frondaison.

> **PARCOURS DÉTENTE**
> Dans le parc de la Barbinière vous trouverez des circuits de randonnées et des aménagements vous permettant de passer un agréable moment au bord de la Sèvre.

alentours

Mortagne-sur-Sèvre

5 km au Nord-Ouest par la N 149. Depuis l'ancienne N 160 vous verrez des perspectives sur le site de Mortagne, étagé sur la rive droite de la Sèvre. Un vallon situé sur le côté est dominé par les ruines du château médiéval dont la courtine est jalonnée de tours. En aval de la ville, importante tannerie.

Chemin de Fer de la Vendée – ♿ *Juil.-août : visite guidée (3h AR) en train, dép. en gare de Mortagne mer., ven., w.-end à 15h (se présenter av. dép. pour retirer son billet) ; juin et déb. sept. à mi-sept. : dim. 70F AR, 55F A.* ☏ *02 51 63 02 01.*
Un train à vapeur de la Belle Époque relie Mortagne aux Herbiers (en saison), en passant par la gare des Épesses. Il permet de découvrir le pays du Puy du Fou.

Saint-Maixent-l'École

St-Maixent n'a l'air de rien. Pourtant, la cité s'est forgé une solide réputation. Son école militaire, fondée en 1881, a formé et forme encore des générations d'officiers et de sous-officiers français. Et ses marchés recèlent certainement les meilleurs fromages de chèvre du Poitou.

La situation

Cartes Michelin n°s 68 pli 12 ou 233 pli 6 – 24 km au Nord-Est de Niort – Deux-Sèvres (79). Située sur la pente d'une colline regardant la Sèvre Niortaise, la ville est desservie par la nationale N 11 et l'autoroute A10.
⊟ *Porte Chalon, 79400 St-Maixent-l'École,* ☏ *05 49 05 54 05.*

Le nom

L'évêque et historien Grégoire de Tours (538-594) mentionne déjà le monastère *cella Sancti Maxentii*. Saint Maixent était un abbé du 5e s., arrivé sur les bords de la Sèvre sous le nom d'*Adjutor*. « L'École » a été rajouté au nom après l'implantation d'une importante école militaire au 19e s.

Les gens

6 893 Saint-Maixentais. Le colonel **Pierre-Philippe Denfert-Rochereau** (1823-1878) est né à St-Maixent. Il est resté célèbre pour son combat victorieux contre les Prussiens à Belfort en 1870.

se promener

Porte Chalon

Cette ancienne porte de ville du 18e s. a l'aspect d'un arc de triomphe. Admirez les armes de la ville sur la grille de fer forgé.

> **OÙ DORMIR ET SE RESTAURER**
> **Logis St-Martin** – *Chemin Pissot* – ☏ *05 49 05 58 68* – fermé janv., dim. soir et lun. de nov. à avr – ▣ *– 11 ch. : 440/580F* – ✇ *65F – restaurant 160/430F.* Cette gentilhommière du 17e s. entourée d'un joli parc est assurément une adresse de charme... Ses chambres, toutes en façade, sont soignées et joliment décorées de meubles de style. Salle à manger cosy, chaleureusement illuminée par la cheminée en hiver.

Allées Vertes

Avenue Gambetta. L'intendant du Poitou Blossac les fit
tracer au 18ᵉ s., à l'emplacement des anciennes fortifications. Elles forment une perspective avec la place Denfert.

Hôtel Balizy

Rue du Palais. Construit pour un « capitaine du château », cet hôtel est un excellent exemple de style Renaissance. Appréciez la délicatesse du décor sculpté : dans les médaillons, les effigies d'empereurs romains et au fronton, les lucarnes parées de coquilles.

Abbaye

Elle est fondée au 5ᵉ s. par l'ermite Agapit et son disciple ▶
Adjutor (saint Maixent). Au 7ᵉ s. c'est l'abbé saint Léger, futur évêque d'Autun et martyr, qui s'y installe. Puis l'abbaye bénédictine sera en grande partie détruite durant les guerres de Religion. Elle sera restaurée par l'architecte François Leduc, dit Toscane, mort à St-Maixent en 1698.

Église★ – L'ensemble est flamboyant. Mais on y distingue des éléments divers : les murs latéraux et le narthex sont romans ; le chœur à chevet plat, gothique, du 13ᵉ s., remanié au 17ᵉ s. ; la tour du clocher, gothique, du 15ᵉ s. Le mobilier date en grande partie du 17ᵉ s. : le jubé (transporté du chœur au revers de la façade), l'ange-lutrin, les stalles des moines rivalisent de richesse ornementale. Dans le bras droit du transept, près de la sacristie, observez un bel enfeu flamboyant et une bonne toile de l'école française du 17ᵉ s. : *Soldats jouant aux dés la robe du Christ*. Près de l'entrée se trouve une niche où, en 1962, fut découvert le passage roman conduisant à l'ancien cloître détruit pendant les guerres de Religion. Il était muré depuis 300 ans. Des 6ᵉ et 7ᵉ s., les sarcophages (vides) de saint Maixent et saint Léger reposent sous le maître-autel, dans la crypte romane.

Bâtiments conventuels – *Fermé au public.*
Transformés en caserne (caserne Canclaux), ils occupent une vaste surface à droite de l'abbatiale. Une monumentale porte cochère donne accès à la cour. Jetez un coup d'œil sur l'imposant escalier de pierre à rampe en fer forgé et le cloître du 17ᵉ s.

Maison ancienne

Nᵒ 13 de la rue Anatole-France. Cette maison du 15ᵉ s. a été bâtie pour un apothicaire qui y fit mettre l'inscription publicitaire « Hic Valetudo » (Ici la santé).

Musée militaire

13h30-17h30. Fermé vac. scol. de Noël et 15 août. Gratuit.
☎ 05 49 76 84 76.
Il retrace l'histoire des écoles militaires qu'a accueillies ▶
St-Maixent et plus particulièrement de l'école des sous-officiers. Dans la section consacrée aux sous-officiers vous verrez des souvenirs de parrains de promotions. Attardez-vous sur une **série d'uniformes★** portés par les sous-officiers, de l'Ancien Régime à nos jours.

circuit

DU HAUT VAL DE SÈVRE À LA VONNE

Circuit de 70 km – environ une demi-journée
Quitter St-Maixent par le Sud en empruntant la D 10 en direction de Melle.

Souvigné

Au cœur du Poitou huguenot, ce village où l'église et le temple se font face possède de nombreux sentiers bordés de châtaigniers, lesquels ont donné au pays le nom de **Pèlebois**. Au hasard de vos pas, vous découvrirez de nombreuses fontaines et quelques cimetières protestants isolés en pleine nature.

SOUVENIR
À l'un des angles de la place Denfert, la **chapelle Notre-Dame-de-Grâces** (15ᵉ s.) a été édifiée pour remercier Charles VII de l'octroi des libertés communales.

PAS BANAL
La nef, œuvre de François Leduc, est gothique, du 17ᵉ s., extraordinaire par sa perspective intérieure et par la hauteur (24 m) de ses voûtes en étoile.

St-Maixent-l'École s'est développé sur la rive droite de la Sèvre Niortaise.

À VOIR
Des souvenirs de **Denfert-Rochereau**, des tenues évoquant la carrière des élèves, des décorations françaises et étrangères, une collection d'armes orientales, des documents illustrant l'histoire des écoles.

À quand le retour de la coiffe régionale dans les défilés de mode ?

Musée de la Coiffe et du pays Pèlebois – *De mi-mai à mi-oct. : visite guidée (1h1/2) sur demande. 20F.* ☎ *05 49 05 79 34 ou 05 49 05 76 41 (réservation).*

Installé dans un ancien prieuré des 11ᵉ et 14ᵉ s., il retrace l'évolution de la coiffe régionale. La visite débute par un intérieur paysan et une belle cave voûtée du 11ᵉ s. À l'étage, quelque 80 coiffes et bonnets sont présentés. Chef-d'œuvre d'une vie, la coiffe affichait la provenance et l'état civil de sa propriétaire, par sa forme et ses fines broderies : la Gâtinelle (Parthenay), la Malvina (Ménigoute), la Mothaise (La Mothe-St-Héray)...

Quitter Souvigné par le Sud-Ouest en empruntant la D 103.

Temple de Beaussais (*voir Celles-sur-Belle*)

Quitter Beaussais par le Nord en empruntant la D 10.

Temple de La Couarde (*voir Celles-sur-Belle*)

La route qui traverse la **forêt de l'Hermitain** abrite dans sa partie Nord-Est le légendaire **rocher de la Dame de Chambrille** (*commentaire au pied du rocher*), point de départ de sentiers de randonnées.

La Mothe-St-Héray

Étirée de chaque côté d'une longue rue parallèle à la Sèvre, La Mothe-St-Héray est fidèle à son folklore.

La ville tient son nom de son château féodal qui occupait une « motte » défensive. Refait au 16ᵉ s., il a été démoli au 19ᵉ s. Il n'en subsiste que l'**orangerie**, bel édifice rose à lucarnes sculptées, et deux pavillons coiffés de dômes (*à la sortie de la localité à droite, sur la route de Melle*).

Maison de la haute Sèvre – *De mi-mars à fin nov. et vac. scol. de Noël : (dernier dép. 1h av. fermeture) 14h30-18h (de déb. juil. à déb. sept. : tlj sf mar. 10h30-12h, 14h30-18h30). 18F.* ☎ *05 49 05 19 19.*

Le moulin de Pont l'Abbé (en partie occupé par le Syndicat d'initiative) propose des expositions et une démonstration de fonctionnement du moulin, avec une sonorisation et des effets de lumière.

Quitter La Mothe-St-Héray par le Nord-Est en empruntant la D 5.

Musée des Tumulus de Bougon★★ (*voir ce nom*)

Revenir et poursuivre sur la D 5. À Sanxay, prendre au Nord vers le château d'eau.

Château de Marconnay

Visite guidée (1h) tlj sf lun. 14h-18h30. 10F. ☎ *05 49 53 53 70.*

Il s'agit d'un ensemble fortifié du 15ᵉ s. Le logis seigneurial a été construit après 1650.

Revenir à Sanxay.

Sanxay

Ruines gallo-romaines – *Mai-sept. : 10h-12h30, 14h15-19h ; oct.-avr. : tlj sf mar. 10h-12h30, 14h-17h30. Fermé 1ᵉʳ janv., 1ᵉʳ mai, 1ᵉʳ et 11 nov., 25 déc. 25F. Office de tourisme.* ☎ *05 49 53 61 48.*

VERTU

Le jour de la fête des Rosières (*1ᵉʳ samedi de septembre*), vous assisterez à un mariage en costume poitevin.

INCONTOURNABLES

Son enceinte baignée de douves, sa poterne et son pont-levis (15ᵉ s.).

Parmi les ruines gallo-romaines de Sanxay, remarquez le théâtre. Ses gradins, adossés au coteau, pouvaient recevoir, croit-on, près de 10 000 spectateurs !

Il s'agit d'un sanctuaire païen et de ses annexes, du 2ᵉ s. après J.-C. ; l'affluence des pèlerins devait être grande à en juger par les dimensions des édifices mis au jour.
En descendant vers la rivière, on rencontre d'abord le **théâtre**. La Vonne franchie, les **thermes** apparaissent, protégés par un hangar. Ils ont encore des murs de 3 à 4 m de haut et on distingue fort bien les emplacements des trois salles principales ; les conduites d'eau et les fours de chauffe ont été conservés. Poursuivre enfin tout droit sur le chemin conduisant à ce qui était autrefois la façade du **temple**. De celui-ci, long de 75 m, il reste seulement les bases, mais on discerne parfaitement, au centre, l'emplacement de la cella, où se trouvait l'effigie du dieu.
Poursuivre sur la D 3.

► **VERSION LATINE**
Frigidarium (bains froids), *tepidarium* (bains tièdes), *caldarium* (bains chauds).

Ménigoute

Cette petite ville possède une croix hosannière du 16ᵉ s.
Chapelle Boucard – Admirez son style gothique flamboyant, ouvragé et fouillé comme une châsse. Des contreforts creusés de niches et surmontés de pinacles à crochets garnissent son pourtour.
Musée d'Arts et Traditions populaires Raoul-Royer – *De fév. à fin oct. : tlj sf lun. 15h-18h. 20F.*
Vous y découvrirez des objets (coiffes, mobilier) et des outils de la vie rurale, utilisés au début du siècle.
La D 58 et la D 121 ramènent à St-Maixent-l'École.
À la fin du parcours : jolies vues plongeantes sur la ville depuis le coteau d'Exireuil.

NATURE
Ménigoute organise le **Festival international du film ornithologique** (*voir calendrier festif*) et la fête des Traditions paysannes.

Abbaye de **Saint-Savin**★★

Derrière les portes de l'abbaye de St-Savin se cachent des fresques d'une valeur universelle exceptionnelle, inscrites sur la liste du patrimoine mondial de l'Unesco. La découverte de ce cycle de peintures bibliques du 11ᵉ s., miraculeusement sauvées de la destruction, est spectaculaire. On comprend quelle prouesse a pu représenter leur exécution sur une voûte de 16 m de hauteur lorsqu'on se tord le cou pour les observer avec des jumelles !

La situation

Cartes Michelin nᵒˢ 68 pli 15 ou 233 pli 10 – 17 km au Nord de Montmorillon – Vienne (86). La ville est bâtie sur la rive gauche de la Gartempe. Elle est desservie par la N 151 et par des départementales.
🖥 *15 r. St-Louis, 86310 St-Savin,* ☎ *05 49 48 11 00.*

ACCUEIL
Les bâtiments abbatiaux abritent le service d'accueil. On peut avoir des jumelles si on loue les écouteurs, ou si on fait du charme à l'hôtesse !

Le nom

St-Savin est le nom d'un des deux saints honorés par l'abbaye.

Les gens

1 089 Saint-Savinois. C'est Prosper Mérimée qui, en 1836, sauve les fresques et fait classer l'église monument historique. Il entreprend d'importants travaux de restauration qui se poursuivent pendant près d'un siècle.

► **INVENTION**
Léon Edoux, un ingénieur de St-Savin, est l'inventeur de l'ascenseur (1867). Il l'expérimenta dans le logis abbatial.

comprendre

La part de la légende – Vers le milieu du 5ᵉ s., en Macédoine, deux frères, Savin et Cyprien, sont condamnés à mort pour avoir refusé d'adorer des idoles. Les supplices les laissent insensibles. Emprisonnés, ils s'échappent et partent pour les Gaules. Mais leurs bourreaux les rejoignent sur les rives de la Gartempe et les décapitent. Savin est inhumé par des prêtres sur le mont des Trois Cyprès, non loin de la ville actuelle.

IMAGINEZ
La décoration peinte recouvrait complètement l'intérieur de l'édifice et était exécutée au fur et à mesure de l'avancement des travaux de construction.

Les étapes de la construction – Près de ce lieu sacré, au 9ᵉ s., est élevée la première abbatiale placée sous le vocable du martyr. Louis le Débonnaire y installe vingt bénédictins. Protégée par une ligne de fortifications, l'abbaye n'en est pas moins pillée par les Normands en 878. Sa reconstruction ne devait commencer qu'au 11ᵉ s. et, grâce à des moyens très importants, allait être menée à bien en un temps relativement bref.

Déclin et renouveau – La guerre de Cent Ans met un terme à la prospérité de l'abbaye qui est l'enjeu de violents combats entre les soldats du roi de France et ceux du Prince Noir. Puis les guerres de Religion voient catholiques et huguenots se disputer sa possession. Elle sera dévastée en 1562 et 1568 par les calvinistes qui brûlent les stalles, les orgues et la charpente, et pillée six ans après par l'armée royale. Ensuite commence la démolition de la plupart des bâtiments, dont l'entretien était trop onéreux. De 1611 à 1635 enfin, un aventurier qui se faisait appeler le baron des Francs se retranche dans l'église comme dans une place forte. L'arrivée, en 1640, de religieux de la congrégation de Saint-Maur met un terme aux profanations dont l'abbaye avait été l'objet depuis trois siècles. En 1836, l'intervention de Mérimée, l'auteur célèbre de *Carmen*, alors inspecteur des monuments historiques, permettra de commencer des travaux de restauration qui se poursuivront pendant près d'un siècle.

UN BIEN POUR UN MAL
En 1640, les moines ont sauvé les bâtiments d'une ruine complète, mais la décoration peinte a souffert des restaurations qu'ils entreprirent…

découvrir

Les peintures murales★★★

Certaines peintures ont été détruites au cours des dévastations subies par l'abbaye, d'autres ont été abîmées par le badigeon des bénédictins ou lors des premières phases des travaux de restauration. Contrairement à la plupart des fresques exécutées à partir d'un canevas, les peintures de St-Savin ont été dessinées directement sur le mur, par un procédé intermédiaire entre la fresque et la détrempe.

STYLE
Une vie intense anime les personnages : les pieds entrecroisés indiquent le mouvement, les vêtements moulent les formes, les mains souvent d'une longueur disproportionnée sont très expressives. On retrouve cette allure dansante observée dans la sculpture romane. Les visages sont dessinés à grands traits, des taches rouges et blanches soulignant les joues, les narines et le menton.

Les fresques de St-Savin sont vraisemblablement l'œuvre d'un seul atelier qui les aurait réalisées dans un temps très court, entre 1080 et 1110.

Couleurs – Elles étaient appliquées sur un mortier déjà ancien et ne pénétraient que dans la couche superficielle de cet enduit, ne formant qu'une très légère pellicule. Peu nombreuses, les couleurs employées se réduisent à l'ocre jaune, à l'ocre rouge et au vert, mélangés au noir et au blanc. L'ensemble présente généralement une grande douceur de tons, mais reste très lumineux grâce à des jeux de contrastes.

Dans le narthex – Les diverses scènes représentent des épisodes de l'Apocalypse : Christ en gloire de la Jérusalem céleste, combat de l'Archange et de la Bête, la Jérusalem nouvelle, le Fléau des sauterelles. La prédominance des tons très pâles (vert, ocre jaune, ocre rouge) permet une meilleure lecture de ces peintures, le porche étant placé dans une demi-obscurité.

Dans la nef – Pièce maîtresse de l'édifice, elle attire d'emblée tous les regards. Mises en valeur par l'admirable pureté de l'architecture, les peintures de la voûte se déroulent à plus de 16 m de hauteur, sur une superficie de 412 m². Ce qui frappe tout d'abord, c'est la tonalité fondue, beige et rose, des colonnes supportant la voûte. Sur cette dernière se succèdent les scènes fameuses inspirées de la Genèse et de l'Exode, placées sur deux registres, de part et d'autre de la ligne du sommet. Au revers de la porte d'entrée est représenté le Triomphe de la Vierge. On distingue deux parties dans la nef. Les trois premières travées composant la première partie de la nef sont séparées par des doubleaux, alors que le reste de la voûte constitue un berceau continu facilitant la décoration picturale : l'artiste a, toutefois, dessiné un faux doubleau, qui comporte une série de douze médaillons, entre la 5ᵉ et la 6ᵉ travée.

Les peintures de la nef ont fait l'objet de délicats travaux de restauration.

Se placer dans le bas-côté droit pour voir les fresques de la partie gauche de la voûte.

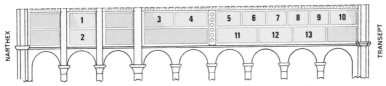

1) Création des astres (Dieu place la Lune et le soleil dans le firmament).

2) Création de la femme – Dieu présente Ève à Adam – Ève et le serpent.

3) Ève assise file sa quenouille.

4) Offrandes de Caïn et d'Abel (Abel, élu de Dieu, est seul nimbé).

5) Meurtre d'Abel – Malédiction de Caïn.

6) Énoch, les bras levés vers le ciel, invoque Dieu – Dieu annonce le déluge à Noé et l'invite à construire l'arche.

7) L'arche de Noé pendant le déluge.

8) Dieu bénit la famille de Noé sortant de l'arche (image illustrant le « beau Dieu » de St-Savin).

9) Noé sacrifie un couple d'oiseaux et un agneau pour remercier Dieu.

10) Noé cultive la vigne. Avant de poursuivre l'histoire de Noé sur la partie droite de la voûte, voir le registre inférieur illustrant la fin de l'Exode et contant la vie de Moïse.

11) Passage de la mer Rouge : les flots engloutissent la cavalerie égyptienne et le char de Pharaon.

12) L'ange de Dieu et la colonne de feu séparent les Égyptiens des Hébreux et protègent ces derniers qui marchent en rang serrés, conduits par Moïse.

13) Moïse reçoit de Dieu les Tables de la Loi.

Traverser la croisée du transept et se placer au début du bas-côté gauche pour voir les fresques de la partie droite de la voûte.

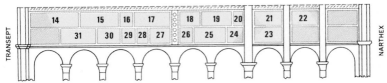

14) Noé s'enivre en dansant, une coupe à la main.

15) Ivresse de Noé : étendu, il dort, sa robe entrouverte ; Cham se moque de son père, tandis que ses frères Sem et Japhet apportent une couverture pour le couvrir.

16) Noé maudit Chanaan, devant Sem et Japhet.

17) Construction de la tour de Babel.

18) La vocation d'Abraham.

19) Séparation d'Abraham et de Loth.

20) Annonce du combat des rois et appel au secours de Loth à Abraham.

21) « Le combat des rois » (déposée).

22) Rencontre d'Abraham et de Melchisedech, roi de Salem et prêtre du Très-Haut, qui lui apporte le pain et le vin (déposée).

23) Mort d'Abraham.

24) Isaac bénit son fils Jacob.

25) Joseph vendu par ses frères.

26) Joseph acheté par Putiphar, officier de Pharaon.

27) Joseph, Putiphar et sa femme (Tentation de Joseph).

28) Joseph en prison.

29) Joseph explique le songe de Pharaon.

30) Pharaon passe son anneau au doigt de Joseph et fait de lui son intendant.

31) Triomphe de Joseph.

visiter

Abbaye★★

Avr.-oct. : 9h30-12h30, 13h30-18h30 (juil.-août : 9h30-19h) ; fév.-mars et nov. : 14h-17h30. Fermé en janv. et 24-25, 31 déc. 30F (enf. : gratuit). ☎ *05 49 48 66 22.*

Bâtiments abbatiaux★ – Reconstruits au 17ᵉ s. dans le prolongement du bras du transept de l'abbatiale, ils ont été restaurés. L'ancien **réfectoire**, à droite de l'entrée, abrite des expositions d'art mural contemporain organisées par le CIAM (Centre international d'art mural) qui siège dans l'abbaye. À gauche, dans la **salle capitulaire**, des reproductions photographiques évoquent la crypte de l'abbatiale. Du jardin, en bordure de la Gartempe, on a une jolie vue sur la façade postérieure des bâtiments abbatiaux, entre le logis abbatial (à gauche), d'origine médiévale, remanié aux 17ᵉ et 19ᵉ s., et le chevet de l'abbatiale où s'étagent clocher, abside et absidioles.

Abbatiale★★ – Elle allie l'harmonie et la sobriété et frappe par l'ampleur de ses dimensions : longueur totale 76 m, longueur du transept 31 m, hauteur de la flèche 77 m. À l'intérieur, attardez-vous sur les **chapiteaux** de la nef : ceux ornés de feuillages et parfois d'animaux faisant saillie sur la pierre profondément ciselée ; ceux du chœur, décorés de feuilles d'acanthe et de lions.

> **VUE**
>
> Traversez la Gartempe. À gauche, s'allongent les bâtiments abbatiaux, tandis que l'élégant clocher-porche terminé par une flèche, domine l'abside et ses absidioles et le clocher trapu. À droite, on remarque le **Vieux Pont** à avant-becs, ouvrage des 13ᵉ et 14ᵉ s.

Si vous êtes saturés par les fresques, admirez donc les chapiteaux finement sculptés qui ornent la nef de l'abbaye de St-Savin.

Saint-Vincent-sur-Jard

Cette station balnéaire de la côte vendéenne est à jamais marquée par la personnalité de Georges Clemenceau (1841-1929). Il choisit de s'y retirer en 1920, après une carrière politique bien remplie, y séjournant entre deux voyages au long cours. Celui que l'on avait surnommé le « Tigre » pour ses virulents coups de gueule, n'est-il pas parti en Inde à la chasse au tigre, justement, à l'âge de quatre-vingts ans !

La situation

Cartes Michelin n°s 67 pli 11 ou 233 pli 2 – Vendée (85). St-Vincent-sur-Jard se trouve à 9 km au Sud-Est de Talmont-St-Hilaire.

🛈 *Le Bourg, 85520 St-Vincent-sur-Jard,* ☎ *02 51 33 62 01.*

Le nom

« St-Vincent » vient de *Vincentius,* nom d'un prêtre espagnol qui vécut à Saragosse au 3e s. Mort sous la torture, il devint un saint très populaire. Et le « Jard » est la rivière qui coule à St-Vincent où elle se jette dans la mer.

Les gens

658 Saint-Vincentais. Le plus célèbre de tous pour l'instant, c'est toujours Clemenceau !

> **RETRAITE**
> Georges Clemenceau choisit St-Vincent-sur-Jard pour sa retraite, où, entre de nombreux voyages à l'étranger, il se consacre à l'écriture, après un demi-siècle de présence politique.

comprendre

La vie de Georges Clemenceau – Il est né en 1841 à Mouilleron-en-Pareds, dans une famille bourgeoise vendéenne de tradition républicaine. Après des études de médecine, il séjourne aux États-Unis et se lance véritablement dans la carrière politique à son retour en France en 1869. Maire de Montmartre en 1870, il est élu député à l'Assemblée nationale un an plus tard, où il siège à l'extrême gauche. Ministre de l'Intérieur en 1906, président du Conseil la même année, il se lance dans une active politique de réformes, mais il est renversé en 1909 par les radicaux qui lui reprochent son intransigeance et la dure répression des grèves du Midi. Désormais dans l'opposition, il fonde un journal, *L'Homme enchaîné,* qui combat systématiquement tous les gouvernements

> **DU CARACTÈRE**
> Élu député en 1870, il fait tomber plusieurs ministères. Anticolonialiste et humaniste, il fait un plaidoyer anti-raciste à l'Assemblée nationale en 1885 et prend vigoureusement le parti de Dreyfus en 1898.

carnet d'adresses

OÙ DORMIR

● À bon compte

Camping les Batardières – *85440 St-Hilaire-la-Forêt – 7,5 km au NO de St-Vincent par D 19A, puis dir. Longeville par D 70 –* ☎ *02 51 33 33 85 – ouv. 27 juin au 5 sept. –* ✂ *– réserv. conseillée – 75 empl. : 85F.* Une halte sur ce terrain familial sera agréable : mi-ombre mi-soleil, ses emplacements délimités par des lauriers sont bien spacieux et aérés. Ses installations sont impeccables et l'accueil chaleureux. Tennis.

Camping les Écureuils – *Rte des Goffineaux – 85520 Jard-sur-Mer –* ☎ *02 51 33 42 74 – ouv. 21 mai au 12 sept. –* ✂ *– réserv. obligatoire en été – 261 empl. : 126F – restauration.* Dans une forêt de chênes verts et de pins, à 300 m de l'océan, ce terrain vous séduira par la qualité de son accueil, l'arrangement soigné de ses locaux, et sa décoration plaisante qui pallient son léger manque d'ampleur. Piscine et club-enfants.

● Valeur sûre

Hôtel de l'Océan – *1 km au S de St-Vincent –* ☎ *02 51 33 40 45 – fermé 30 nov. au 15 fév. et jeu. hors sais. –* 🅿 *– 38 ch. : 330/440F –* 🍽 *37F – restaurant 80/240F.* À côté de la maison de G. Clemenceau et à 50 m de la plage, cet hôtel familial est apprécié d'une clientèle d'habitués qui revient chaque année profiter d'un séjour entre océan et piscine. Décor d'une autre époque, ambiance sympathique et tranquillité préservée.

OÙ SE RESTAURER

● À bon compte

Le Chalet St-Hubert – *Rte de Jard –* ☎ *02 51 33 40 33 – fermé 15 nov. au 15 déc., dim. soir et lun. du 15 sept. au 15 juin – 85/160F.* Une pension de famille proprette tenue par une femme accueillante. Son fils aux fourneaux prépare une cuisine bien tournée, servie à des prix doux. Si vous choisissez d'y dormir, préférez les chambres de plain-pied : plus grandes, elles donnent sur le jardin.

jusqu'en 1917, date à laquelle il est rappelé à la présidence du Conseil. De nouveau à la tête du pays, il fustige le défaitisme et visite le front, où il descend dans les tranchées jusqu'aux premières lignes. Il mobilise l'énergie des civils et des militaires et soutient le moral des troupes. Très vite, le Tigre, devenu le Père la Victoire, jouit d'une très grande popularité. En 1918, il négocie le traité de Versailles, devient Président de la conférence de la paix en 1919, et établit les traités fixant la succession des Habsbourg. Clemenceau démissionne de la présidence du Conseil en 1920 et quitte la scène politique.

visiter

Maison de Georges Clemenceau

 ♿ *Avr.-sept. : visite guidée (1/2h) 9h30-19h ; oct.-mars : tlj sf mar. 10h-12h, 14h-17h30. Fermé 1ᵉʳ janv., 1ᵉʳ mai, 1ᵉʳ nov. et 25 déc. 25F (enf. : 15F). ☎ 02 51 33 40 32.*

Elle se trouve à peu de distance du bourg, à l'extrémité de la D 19ᴬ. Cette maison basse faisant face à l'océan et à l'île de Ré correspond bien à l'âme farouche et tourmentée du vieil homme. Dans le jardin, orné d'un buste de Clemenceau, fleurissent les roses qu'il aimait. On visite le kiosque à toit de chaume, le salon, la chambre qui servait aussi de cabinet de travail, la cuisine-salle à manger où figure un arrosoir de cuivre battu dit de Marie-Antoinette.

SOUVENIRS

La promenade à travers les pièces de la maison est jalonnée de souvenirs du Père la Victoire : le célèbre bonnet de police, la table de travail avec le nécessaire de bureau garni de plumes d'oie, les armes de duel, le fauteuil vendéen, la bibliothèque de campagne...

Très vendéenne d'aspect, la maison de Georges Clemenceau a été conservée telle qu'elle était à la mort du « Tigre ».

circuit

LE TALMONDAIS : FALAISES ET MÉGALITHES

Circuit de 55 km – environ 3 h

Quitter St-Vincent-sur-Jard par l'Ouest et traverser Jard-sur-Mer.

La route longe un cordon dunaire boisé de pins maritimes.

Abbaye N.-D.-de-Lieu-Dieu

De mi-mai à mi-oct. : visite guidée (1/2h) 16h-18h (juil.-sept. : 10h-12h, 14h-18h, dim. 14h-18h). 25F (enf. : 15F). ☎ 02 51 33 40 06.

Entre les marais de Talmont et la pinède littorale de Jard s'élève la masse imposante de l'ancienne abbaye de Lieu-Dieu. Fondée en 1190 par Richard Cœur de Lion, duc d'Aquitaine et prince de Talmont, elle fut pillée et mise à sac durant la guerre de Cent Ans. Ruinée par les protestants au 16ᵉ s., elle est reconstruite au 17ᵉ s. par des moines qui édifient l'étage aux échauguettes d'angle octogonales. Mais à la fin de ce siècle, l'abbaye est complètement abandonnée.

Poursuivre la route, qui se termine par un parking devant la ferme de St-Nicolas.

ARCHITECTURE

Aujourd'hui, la salle capitulaire des 12ᵉ et 14ᵉ s. a conservé des voûtes Plantagenêt et s'ouvre sur un jardin tracé à l'emplacement de l'ancien cloître.

Pointe du Payré★

🚶 Un circuit pédestre *(2 h 1/2 AR)* permet de découvrir ce merveilleux site naturel protégé. Le sentier traverse entre dunes et marais une forêt « toujours verte » de chênes, houx, lierre... À l'approche du rivage le vent du large et les embruns transforment les chênes verts sous l'effet d'une anémomorphose (modification d'aspect par l'effet du vent). Du bord de mer on admire : à droite, la plage de sable des Mines et à gauche, l'anse St-Nicolas bordée de falaises dominant les roches littorales. En revenant dans le sous-bois, restez sur le sentier longeant la mer pour atteindre les avancées rocheuses qui constituent une plate-forme. Le chemin suit des passages voûtés faits de la jonction des branches de chênes qui le bordent.

À la pointe du Payré, on a une très belle vue sur les falaises du Veillon.

Revenir à Jard-sur-Mer, puis emprunter au Nord la D 21. Après 2 km, prendre à gauche.

La route est bordée sur la gauche par les marais de la Boulière.

Prendre à gauche la D 108.

La route débouche sur **le Port** où débute une zone ostréicole, située au confluent du chenal de l'île Bernard et du chenal du Payré.

Reprendre la D 108 vers le Nord.

Talmont-St-Hilaire *(voir ce nom)*

Quitter Talmont par l'Est en empruntant la D 949 sur 4 km. Au Poteau, prendre à droite.

St-Hilaire-la-Forêt

Centre archéologique d'Initiation et de Recherche sur le Néolithique – ♿ *Juil.-août : 10h-13h, 15h-19h, w.-end 15h-19h ; avr.-juin et sept. : tlj sf sam. 15h-18h. 36F.* ☎ *02 51 33 38 38.*

On est initié à la période préhistorique au cours de laquelle ont été érigés les mégalithes, grâce à des panneaux explicatifs et des photographies. On peut parfaire ses connaissances avec le diaporama sur les mégalithes du Talmondais *(carte lumineuse)* et le vidéogramme. À l'extérieur du centre, en saison, ont lieu **des démonstrations de techniques préhistoriques★** : construction d'un dolmen, usage du polissoir, etc. Quelques plantes dont la culture est attestée à l'époque néolithique ont été semées. Et un circuit fléché invite à la découverte des mégalithes des environs.

Quitter St-Hilaire par le Nord-Est en empruntant la D 19.

> **DOLMENS ET MENHIRS**
> Le village de St-Hilaire-la-Forêt marque l'entrée dans la zone des mégalithes du Talmondais. Son foisonnement en dolmens et menhirs en fait, avec l'île d'Yeu, la région de Vendée la plus riche en pierres dressées du néolithique.

Avrillé

Dans le parc municipal, derrière la mairie, s'élève le **menhir du camp de César**. Seul rescapé d'un groupe de pierres dressées, c'est le plus haut menhir de Vendée et l'un des plus grands de France : 7 m au-dessus du sol.

Quitter Avrillé par l'Ouest en empruntant la D 949.

Château de la Guignardière

Juin-août : visite guidée (1h) 10h-19h ; mai et sept. : 14h-19h. 35F. ☎ *02 51 22 33 06.*

Le propriétaire de ce château était le panetier du roi Henri II, c'est-à-dire celui qui lui fournissait son pain ! Le château date approximativement de 1555, mais resta inachevé car le panetier fut assassiné. Sur le parc, sa façade Renaissance en granit est percée de grandes fenêtres et surmontée de hautes cheminées de brique. Quelques modifications, dans le même style, ont été apportées au 18e s. Dans le parc, un circuit fléché fait découvrir les étangs avec leurs cyprès chauves à racines aériennes et, disséminés dans le bois de Fourgon, trois groupes de menhirs, vestiges d'anciens alignements, le plus haut de ces mégalithes atteignant environ 6 m.

Revenir à Avrillé pour emprunter au Sud-Est la D 105, puis à gauche la D 91ᴬ. Au Bernard, prendre à gauche la D 91, puis au calvaire tourner à gauche.

> **ENTREZ !**
> À l'intérieur du château, ne manquez pas : les monumentales cheminées en granit, un escalier en granit également, à mi-chemin entre l'escalier à vis et l'escalier à palier, les combles avec leur magnifique charpente à trois niveaux en chêne, et enfin les caves voûtées.

On remarque, au passage, à droite, les trois **dolmens de Savatole** *(panneau explicatif)*.

La dalle unique (aujourd'hui fracturée) du dolmen de la Frébouchère pèse environ 80 t.

Dolmen de la Frébouchère

De type « angevin », cet imposant monument de granit possède un portique précédant une chambre rectangulaire.

Reprendre la D 91 vers le Sud. À Longeville-sur-Mer, emprunter la D 105 sur 1 km en direction de La Tranche-sur-Mer, puis tourner à droite.

La route longeant la partie Nord de la forêt de Longeville ramène à St-Vincent-sur-Jard.

Saintes★★

Des platanes et des maisons blanches à toits de tuiles donnent à Saintes des airs de ville du Sud. Pris dans un véritable tourbillon, on ne sait plus où donner de la tête tant le patrimoine historique et artistique de la ville est riche. Commencez par le centre historique, avant de découvrir la splendide abbaye aux Dames, puis l'église St-Eutrope et les arènes gallo-romaines. On ne peut pas s'ennuyer à Saintes qui est certainement une des villes les plus pétillantes de la région.

La situation

Cartes Michelin n°s 71 pli 4 ou 233 pli 27 – 39 km au Sud-Est de Rochefort – Charente-Maritime (17). L'autoroute A 10 dessert la ville, qui est traversée par l'avenue Gambetta et les cours National et Lemercier ombragés de platanes. On peut se garer au centre, à proximité des Halles.

🖪 *Villa Musso, 62 cours National, BP 96, 17109 Saintes,* ☎ *05 46 74 23 82.*

Le nom

Saintes vient de *Santones*, mais qui n'a rien à voir avec les santons de Provence. Il s'agit du nom d'un peuple gaulois. On trouve *Mediolanum Santonum*, dans l'Antiquité. Au 4ᵉ s., la ville s'appelle *Santones*, puis au 11ᵉ s., Xainctes, qui va perdre son X pour le S à la fin de l'Ancien Régime.

Les gens

◀ 25 874 Saintais ou Santons. Goulebenèze (« bouche bien aise en patois » saintongeais) est le pseudonyme d'**Évariste Poitevin** (1877-1952). Ce troubadour moderne, poète au chapeau rond et à la moustache, sillonnait la Saintonge avec ses spectacles en patois. Bon vivant, il savait faire rire son public. Il fit des tournées dans toute la France et enregistra des disques. Trop généreux, Goulebenèze refusait souvent les cachets, et, bien qu'il connût un énorme succès, mourut dans la misère.

LES CHAPSAL

Ferdinand Chapsal a été maire de Saintes de 1919 à 1939, date de sa mort. Il fut aussi haut fonctionnaire et ministre. Sa petite-fille, la romancière Madeleine Chapsal (née en 1925) a grandi ici et y vit toujours. Elle décrit la Saintonge dans *On attend les enfants* (1991).

carnet pratique

OÙ DORMIR

• À bon compte

Chambre d'hôte Anne et Dominique Trouve – 5 r. de l'Église – 17810 St-Georges-des-Coteaux – 9 km au NO de Saintes, dir. Rochefort par N 137, puis D 127 – ☎ 05 46 92 96 66 – fermé 16 nov. au 31 mars – ⊟ – 4 ch. : 210/270F. Les littéraires vont adorer cette ferme séculaire où chaque chambre porte le nom d'un écrivain et contient ses œuvres, à lire confortablement installé parmi les meubles anciens. Qu'ils mettent quand même le nez dehors, pour voir le « bujour » où se faisait la lessive autrefois...

Hôtel Avenue – 114 av. Gambetta – ☎ 05 46 74 05 91 – fermé 24 déc. au 4 janv. – ⊞ – 15 ch. : 181/276F – ⊠ 34F. Dans cet hôtel des années 1970 situé au centre-ville, vous serez relativement au calme car les chambres sont toutes tournées vers l'arrière. Belle salle des petits déjeuners.

• Valeur sûre

Relais du Bois St-Georges – R. de Royan – ☎ 05 46 93 50 99 – ⊞ – 27 ch. : 480/1250F – ⊠ 95F – 2 restaurants. Vous ne résisterez pas aux chambres à thèmes de cet hôtel. Celle de « 20 000 lieues sous les mers » est conçue comme la cabine du capitaine Nemo. Les autres, toutes originales, laissent libre cours à votre imagination... Belle piscine au milieu du parc, près de l'étang.

OÙ SE RESTAURER

• À bon compte

Le Bistrot Galant – 28 r. St-Michel – ☎ 05 46 93 08 51 – fermé dim. soir et lun. – 98/195F. Ce petit restaurant dans une rue piétonne calme du centre-ville est tout à fait recommandable avec ses menus intéressants, sa cuisine au goût du jour et ses deux petites salles aux couleurs gaies.

• Valeur sûre

Auberge des Glycines – 17350 Taillebourg – 16 km au N de Saintes dir. St-Savinien par D 114 – ☎ 05 46 91 81 40 – fermé fév., oct. et mer. sf été – 100/138F. Dans un charmant village, cette maison bourgeoise est au bord de la Charente. De ses fenêtres vous pourrez profiter de la vue. En été, vous quitterez sa petite salle pour son jardin clos, caché derrière. Une étape tranquille pour goûter une savoureuse cuisine régionale.

SE DIVERTIR

Bar Le Vaudeville – 13 quai de la République – ☎ 05 46 93 11 91. On y boit un verre installé en face de l'arc de Germanicus de l'autre côté de la Charente.

MARCHÉS

Place du 11-Novembre (mardi et vendredi), place St-Pierre (mercredi et samedi), marché St-Pallais (jeudi et dimanche). Foire, cours National et avenue Gambetta (1er lundi du mois).

comprendre

La croissance – *Mediolanum Santonum*, capitale des Santons sous domination romaine, s'étendait sur la rive gauche de la Charente. Sur son pont franchissant le fleuve était érigé l'arc de Germanicus. Le poète latin Ausone mourut ici dans sa villa de Pagus Noverus, alors même que saint Eutrope commençait à prêcher l'Évangile. À l'époque médiévale, sous les Plantagenêts, la ville se couvre de monuments religieux et sur son pont défilent les pèlerins de St-Jacques-de-Compostelle. Deux faubourgs, issus d'établissements ecclésiastiques, l'escortent : celui de St-Eutrope et, sur la rive droite de la Charente, celui des Dames. Jusqu'à la Révolution, qui fait de Saintes le chef-lieu de la Charente-Inférieure mais lui retire son évêché, nobles et hommes de loi s'y font élever des hôtels cossus, d'architecture classique. Le 18e s. fait aussi œuvre d'urbanisme en aménageant les cours tangents à la vieille ville, sur l'emplacement des remparts. Enfin, au 19e s., le cours National, axe de la ville moderne, se borde d'édifices néoclassiques parmi lesquels, face à face, le palais de justice et le théâtre.

Un obstiné – Ancien compagnon verrier, **Bernard Palissy** (1510-1590) fait son « tour de France » et s'installe à Saintes vers 1539. Il choisit bientôt de se consacrer à l'art de la céramique, dans un atelier près des remparts. Là, « Maistre Bernard, ouvrier de terre et inventeur des rustiques figulines du Roy », peina dans le dénuement avant de découvrir le secret de l'émail. Ne dit-on pas qu'il fut obligé de brûler ses meubles et son plancher pour entretenir le feu de son four ?

À quoi pense Bernard Palissy ? Sans doute au secret de l'émail.

À partir du pont, vous pourrez flâner agréablement le long de la Charente.

COUPER
La guillotine fut mise au point par le docteur Louis en 1792, mais baptisée « guillotine », ce qui déplut fortement au docteur Guillotin.

Un philanthrope – À son corps défendant... **Joseph Ignace Guillotin** (1738-1814), médecin de Saintes, a laissé son nom à la guillotine. Souhaitant l'égalité de tous devant la mort (la décapitation étant jusque-là réservée aux nobles) et désireux d'éviter aux condamnés des souffrances inutiles, Guillotin proposa en 1789 à l'Assemblée nationale l'usage d'une machine à décapiter à action rapide.

se promener

LA VIEILLE VILLE★

Garer sa voiture place du Marché d'où part la promenade.

Cathédrale St-Pierre

Elle a été édifiée sur les bases d'un édifice roman, dont il reste une coupole au bras Sud du transept. Sa construction, menée sous la direction successive de trois évêques de Saintes, membres de la famille de Rochechouart, date en majeure partie du 15ᵉ s. Elle subit, en 1568, de gros dommages causés par les calvinistes.

Extérieur – Le clocher massif, alourdi par d'énormes contreforts, n'a pu être achevé : un dôme de plomb à pans remplace la flèche qui devait le couronner. Ce clocher abrite un porche, dont le portail de style flamboyant est orné d'anges, de saints et de prophètes.

UNITÉ ET SIMPLICITÉ
Voilà les caractéristiques de l'architecture intérieure. Cette impression est accentuée par les rais de lumière venant des fenêtres hautes ou latérales, qui rendent plus blancs les murs de pierre.

Intérieur – Les grands piliers ronds de la nef, comme les piliers gothiques du chœur, dépourvus d'ornementation, portent un mur supérieur nu et un plafond de bois apparent ; seuls les bas-côtés sont voûtés de pierre. La nef gothique et les collatéraux datent presque en totalité du 16ᵉ s., les grandes orgues des 16ᵉ et 17ᵉ s. Dans le bras droit du transept, une porte ouvre sur l'ancien cloître des chanoines, du 13ᵉ s., dont subsistent deux galeries et les vestiges de la salle capitulaire. La chapelle axiale, aux niches surmontées de dais très ouvragés, témoigne des ultimes recherches de la période flamboyante ; les crédences (consoles) sont déjà Renaissance.

Trésor – *Juil.-août et vac. scol. de Pâques : tlj sf lun. 11h-17h. Fermé 14 juil. et 15 août. Gratuit.* ☎ *05 46 74 20 97.*
Dans une chapelle annexe, il enferme une collection de vases sacrés et d'ornements sacerdotaux.

Partir de la place du Marché, contiguë à St-Pierre, et suivre sur toute sa longueur la rue St-Michel jusqu'à la rue Victor-Hugo que l'on emprunte à gauche.

Dans la rue St-Michel, regardez la suite de demeures saintongeaises en pierres apparentes. La rue Victor-Hugo, ancienne Grande-Rue, suit le tracé de la voie antique qu'enjambait l'arc de Germanicus à l'entrée du pont sur la Charente.

Le Présidial
2 rue Victor-Hugo (en retrait au fond d'un jardin). Érigé en 1605, cet hôtel fut la demeure du président du tribunal Le Berthon. Il abrite aujourd'hui le musée des Beaux-Arts *(voir « visiter »).*

Continuer la rue Victor-Hugo jusqu'à la rue Alsace-Lorraine que l'on prend à gauche. Dépasser la place de l'Échevinage.

Ancien échevinage
Au-delà d'un portail classique, il présente une façade du 18e s. contre laquelle est accolée une tourelle du 16e s. L'escalier à vis de cet ancien beffroi (1586) permet d'accéder aux deux étages du musée des Beaux-Arts de l'Échevinage *(voir « visiter »).*

Revenir sur la place de l'Échevinage et prendre la rue du Dr-Mauny. Passer sous le porche à trois arcades, pour entrer dans la cour de l'hôtel Martineau.

Hôtel Martineau
Il renferme la bibliothèque municipale.

Chapelle des Jacobins
Elle est percée d'une baie flamboyante au dessin élégant.

Rue des Jacobins, on passe devant la façade arrière de l'hôtel Martineau. Prendre à gauche, on arrive aux escaliers qui montent à l'hôpital.

Hôpital
Pavillon du 16e s. Ses jardins fleuris dominent les vieux quartiers.

De là, les plus courageux partiront à pied en direction de l'église St-Eutrope et des arènes (parcours fléché, voir le chapitre « visiter »). Les autres redescendront par les escaliers, repasseront devant la cathédrale St-Pierre et descendront sur le quai de Verdun.

Le long du quai de Verdun s'alignent les jardins suspendus de vieux hôtels des 17e et 18e s., fiers de leurs ferronneries et de leurs balustres.

Emprunter la passerelle piétonne au-dessus de la Charente.

Jardin public
C'est l'ancien terrain de manœuvres. Transformé en jardin après le départ des militaires en 1924, il est décoré de vestiges romains. À son extrémité ont été bâties une façade dans le goût du 18e s. et une orangerie.

Arc de Germanicus★
Cet arc romain, à double arcade, se dressait, jusqu'en 1843, sur le pont principal de Saintes. Menacé de destruction quand le pont, d'origine romaine, commença à être démoli, il fut sauvé par l'intervention de Prosper Mérimée, inspecteur des Monuments historiques, et remonté sur la rive droite de la Charente.

En son centre, les arêtes des trois piliers qui soutiennent la double arcade sont soulignées par des pilastres cannelés coiffés de chapiteaux corinthiens.

De là, on peut partir à pied vers l'abbaye aux Dames (voir le chapitre « découvrir »). Puis on revient sur ses pas jusqu'à la place du Marché par la passerelle.

découvrir

ABBAYE AUX DAMES
De mi-avr. à fin sept. : 10h-12h30, 14h-19h ; d'oct. à mi-avr. : 14h-18h, mer. et sam. 10h-12h30, 14h-19h. Fermé entre Noël et Jour de l'an. 20F. ☎ 05 46 97 48 48.
Consacrée en 1047 et placée sous le patronage de sainte ► Marie, elle dut sa prospérité à Agnès de Bourgogne, remariée à Geoffroy Martel, comte d'Anjou, maître de la

Les arcades de Germanicus s'ouvrent sur la vieille ville qui est dominée par la cathédrale St-Pierre.

FAITES UN PETIT CROCHET
Avant de traverser la Charente, partez vers l'**hôtel de la Bourse** (1771) au magnifique portail sculpté. Allez voir aussi l'**hôtel d'Argenson** à pilastres ioniques sur sa façade.

DÉVOTION
Bâti en l'an 19, ce n'était pas un arc de triomphe, mais un arc votif. Les inscriptions qu'il porte le dédiaient à Germanicus (fils adoptif de Tibère), à l'empereur Tibère et à son fils Drusus. On lit aussi le nom du donateur, Caius Julius Rufius.

UNE JEUNE FILLE DE BONNE FAMILLE
L'abbaye compta parmi ses pensionnaires Athénaïs de Rochechouart, la future marquise de Montespan, favorite de Louis XIV.

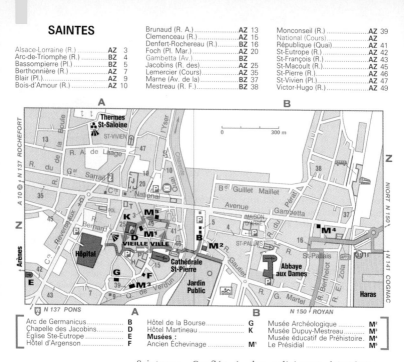

Arc de Germanicus	B	
Chapelle des Jacobins	D	
Église Ste-Eutrope	E	
Hôtel d'Argenson	F	
Hôtel de la Bourse	G	
Hôtel Martineau	K	
Musées :		
Ancien Échevinage	M¹	
Musée Archéologique	M²	
Musée Dupuy-Mestreau	M³	
Musée éducatif de Préhistoire	M⁴	
Le Présidial	M⁵	

Saintonge. Confiée à des religieuses bénédictines, l'abbaye fut dirigée par une abbesse portant le titre de « Madame de Saintes », qui avait la charge d'éduquer les jeunes filles nobles. La Révolution et l'Empire entraînèrent le déclin de l'abbaye. Transformée en caserne jusqu'aux années 1920, elle nécessita un important travail de restauration avant d'être rendue au culte.

Église abbatiale★

Elle est de style roman saintongeais. On entre dans la première cour de l'abbaye par un porche du 18ᵉ s. où l'on découvre la façade et le **clocher**. Les bâtiments conventuels s'ordonnent autour de l'abbatiale.

Extérieur – Les voussures sculptées du **portail** central accueillent, de bas en haut : six anges adorant la main de Dieu ; les symboles des Évangélistes autour de l'Agneau ; le supplice des martyrs, menacés d'une hache, du glaive ou du fouet ; 54 vieillards couronnés se faisant vis-à-vis deux par deux et jouant de la musique. La voussure de l'arcade latérale droite évoque la Cène, celle de gauche la présence divine d'un Christ auréolé face à cinq figures nimbées, à la signification incertaine. Remarquez les chapiteaux historiés (chevaliers, petits monstres) et, au pignon, les armes de Françoise Iᵉ de La Rochefoucauld, abbesse de 1559 à 1606.

Intérieur – Dans la première moitié du 12ᵉ s., l'architecte Béranger y réalisa des transformations (une inscription gravée sur le mur extérieur Nord situerait son

> **SUPERBE**
>
> Le **clocher**★, élevé à la croisée du transept, est caractérisé par un étage de plan carré décoré de trois arcades par face. Cet étage est surmonté d'une assise octogonale, sur laquelle repose une rotonde percée de 12 baies jumelées, séparées par des colonnettes, et coiffée d'un toit à écailles conique, légèrement renflé.

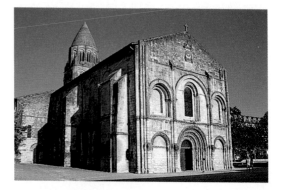

La façade de l'abbaye aux Dames est dotée d'arcatures latérales aveugles, encadrant un portail central richement ornementé.

œuvre avant 1150). Les croisées d'ogives sur les bras du transept et la chapelle gothique du bras Nord témoignent d'apports du 15ᵉ s.). La **nef** à deux travées, jalonnée de six gros piliers élevés au 12ᵉ s. en avant des murs du 11ᵉ s., est couverte de plafonds de bois posés en remplacement des deux anciennes coupoles sur pendentifs, incendiées en 1648. À l'entrée du transept, à droite, une console supporte une tête de Christ du 12ᵉ s. Le carré du transept, porté par quatre gros piliers, est surmonté d'une coupole sur trompes. Dans le croisillon droit s'inscrit la tribune des Infirmes.

▶ **ARCHITECTURE**
Le chœur roman présente une voûte en berceau brisé, que prolonge une voûte en cul-de-four, légèrement en retrait.

Bâtiments conventuels
La façade de ce long corps de logis du 17ᵉ s. a retrouvé la pureté originelle de ses lignes : deux étages percés d'étroites fenêtres que surmonte un comble rythmé par des lucarnes à frontons. À gauche, jouxtant trois travées rénovées de l'ancien cloître du 14ᵉ s., s'ouvre une belle porte du 17ᵉ s. à pilastres, dont les sculptures exubérantes contrastent avec la sévérité de la façade.

visiter

LES MUSÉES DE LA VIEILLE VILLE

Musée des Beaux-Arts★ : Le Présidial
Mai-sept. : tlj sf lun. 10h-12h, 14h-18h ; oct.-avr. : tlj sf lun. 10h-12h, 14h-17h30, dim. et j. fériés 14h-18h. Fermé 1ᵉʳ janv., 1ᵉʳ mai, 1ᵉʳ nov. et 25 déc. 10F, gratuit dim. ☎ 05 46 93 03 94.
Il est principalement consacré à la peinture du 15ᵉ au 18ᵉ s. Y figurent : les écoles flamande et hollandaise (Bruegel de Velours, Gilles Copignet, Floris Schooten, Marienhof, etc.), l'école française des 17ᵉ et 18ᵉ s. (G. Rigaud, E. Allegrain, F. de la Traverse...). Une salle rassemble des céramiques saintongeaises du 14ᵉ au 19ᵉ s.
Continuer la rue Victor-Hugo jusqu'à la rue Alsace-Lorraine que l'on prend à gauche. Dépasser la place de l'Échevinage.

Musée des Beaux-Arts : l'Échevinage
Mai-sept. : tlj sf lun. 10h-12h, 14h-18h ; oct.-avr. : tlj sf lun. 10h-12h, 14h-17h30, dim. et j. fériés 14h-18h. Fermé 1ᵉʳ janv., 1ᵉʳ mai, 1ᵉʳ nov. et 25 déc. 10F, gratuit dim. ☎ 05 46 93 52 39.
Il renferme des œuvres de peintres des 19ᵉ et 20ᵉ s. La salle du rez-de-chaussée est consacrée à la peinture de salon (orientalistes, néoclassiques, académiques, etc.). Au premier étage voisinent des paysages dont celui du régionaliste L.-A. Auguin, et une belle collection de porcelaines de Sèvres de 1890 à 1910. Le dernier étage présente un ensemble d'œuvres contemporaines *(accrochages temporaires)*.

L'édifice du Présidial marque les débuts du style classique avec ses baies et ses lucarnes à frontons triangulaires.

Musée Dupuy-Mestreau
Visite guidée (1h) tlj sf lun. à 14h30, 15h30, 16h30 (juil.-août : tlj sf lun. à 11h, 14h30, 15h30, 16h30). Fermé 1ᵉʳ janv., 1ᵉʳ mai, 1ᵉʳ nov. et 25 déc. 10F, gratuit dim. ☎ 05 46 93 36 71. 4 r. Monconseil. Installé dans l'ancien hôtel du marquis de Monconseil, bâti au 18ᵉ s., ce musée d'art régional renferme d'importantes collections.
Dans la cour, remarquez un puits Renaissance et une berline de voyage de la fin du 18ᵉ s. Le vestibule est orné d'une cheminée en bois peint d'époque Louis XV et d'une collection d'enseignes régionales. L'escalier avec sa rampe de fer forgé est dominé par un plafond provenant du château de Romegoux.
Une salle conserve de rares boiseries Louis XIV ou à la ▶ Bérain, provenant du château de Tonnay-Charente. Une autre salle renferme de nombreux souvenirs marins dont une figure de proue et un coffre de corsaire. Plus loin, on admire un choix de coiffes saintongeaises et d'habits paysans. La salle des faïences contient près de 400 pièces d'origine régionale. Ailleurs, on peut voir des armes du 13ᵉ s. trouvées dans la Charente, des habits brodés du 18ᵉ s., une collection de perlés et sablés.

RECONSTITUTION
Une chambre du 18ᵉ s. a été reconstituée avec son lit « à la duchesse » et son armoire charentaise, tandis qu'une autre pièce reproduit la chambre-cuisine d'un intérieur charentais du milieu du 19ᵉ s.

Vous arriverez au musée archéologique par une allée bordée de colonnes doriques.

À L'EST DE LA VIEILLE VILLE

Musée archéologique

♿ *Mai-sept. : tlj sf lun. 10h-12h, 14h-18h ; oct.-avr. : tlj sf lun. 10h-12h, 14h-17h30, dim. et j. fériés 14h-18h. Fermé 1er janv., 1er mai, 1er nov. et 25 déc. 10F.* ☎ *05 46 74 20 97.*

> **DÉCOUVERTE RÉCENTE**
> Ne ratez pas les vestiges métalliques d'un **char de parade**★ (fin du 1er s.) et les éléments de harnachement des chevaux qui le tiraient.

Il renferme une intéressante collection lapidaire romaine : colonnes, chapiteaux, architraves, bas-reliefs, remarquablement sculptés, découverts pour la plupart lors de la démolition du mur du castrum gallo-romain. Aux alentours du musée on trouve d'autres vestiges romains.

Musée éducatif de Préhistoire

Visite guidée (1h) ap.-midi sur demande préalable. ☎ *05 46 93 43 27.*

140 av. Gambetta. Une présentation commentée de tableaux, schémas et d'outils (authentiques) permet de mieux connaître la vie des hommes de la préhistoire. Dans le jardin, le polissoir de Grézac, immense pierre pesant plusieurs tonnes, retient l'attention. L'homme préhistorique utilisait sable et eau pour polir des outils ; le polissage creusait des rainures encore nettement visibles sur la pierre.

Haras

♿ *De mi-juil. à mi-fév. : 15h-17h45 ; de mi-fév. à mi-juil. : tlj sf dim. et j. fériés 14h30-17h30, sam. 15h-17h. Gratuit.* ☎ *05 46 74 35 91.*

On y voit pur-sang anglais et anglo-arabes, selle français, trotteurs français, chevaux de trait bretons, percherons, traits mulassiers, baudets du Poitou, au nombre d'une soixantaine.

À L'OUEST ET AU NORD DE LA VIEILLE VILLE

Église St-Eutrope

Été : possibilité de visite guidée.

La reconstruction de l'édifice, sous sa forme actuelle, fut entreprise par des moines clunisiens à la fin du 11e s. L'église a été un lieu de pèlerinage consacré à **St-Eutrope**, évêque des Santons au 2e s., et une importante étape sur la route de St-Jacques-de-Compostelle. Cette double fonction explique l'originalité architecturale de ce sanctuaire, constitué à l'origine d'une nef unique et de deux chœurs superposés. Cette disposition permettait à la fois d'accueillir les pèlerins et d'assurer la permanence du culte monastique.

La richesse des sculptures ornant les chapiteaux de l'église St-Eutrope contraste avec la sobriété du chœur gothique qui a remplacé au 15e s. la chapelle absidiale primitive.

Mutilé en 1803 par la destruction de la nef, l'édifice n'a conservé que le transept et l'ancien chœur roman (nef de l'église actuelle), aux magnifiques **chapiteaux** historiés (Daniel dans la fosse aux lions, saint Michel et le Pèsement des âmes...).

Le clocher, érigé au 15e s. grâce à la générosité de Louis XI qui avait une dévotion particulière pour « Monseigneur Saint Eutrope » à qui il attribuait la guérison de son hydropisie, doit son aspect élancé à sa flèche, haute de 65 m.

Église inférieure★ – Elle offre un contraste saisissant avec l'église haute. Faiblement éclairée par les collatéraux, cette église à demi enterrée reproduit à l'identique le plan de l'église haute. Elle est entièrement voûtée d'arêtes, avec d'épais doubleaux séparant les travées de la nef. Les chapiteaux s'ornent de motifs végétaux : palmettes, acanthes... Dans l'absidiole du croisillon Sud se trouve une imposante cuve baptismale monolithe. Le chœur abrite le sarcophage reliquaire (4e s.) de saint Eutrope, découvert en 1843 là où il avait été dissimulé durant les guerres de Religion.

Arènes★

Avr.-oct. : 9h-19h ; nov.-mars : tlj sf lun. 10h-12h30, 14h-16h30. 5F.

Accès par les rues St-Eutrope et Lacurie. Un peu à l'écart de la cité, les arènes (en réalité un amphithéâtre) doivent une part de leur agrément et de leur pouvoir évocateur à la verdure qui a remplacé la plus grande partie des gradins. Élevées au début du 1er s., les arènes de Saintes comptent parmi les plus anciennes du monde romain mais sont de dimensions moyennes (un peu plus petites que celles de Nîmes) ; 20 000 spectateurs pouvaient y prendre place.

> **MARTYR**
>
> Dans une anfractuosité à mi-pente des gradins, côté Sud, jaillit la petite fontaine Ste-Eustelle, à l'emplacement où fut décapitée une jeune disciple de saint Eutrope.

Thermes St-Saloine

Le caldarium (salle chaude) en est la partie la mieux conservée. De ce site s'offre une belle vue sur la ville.

L'ellipse de cet amphithéâtre mesure, hors tout, 126 m de long sur 102 m de large !

circuits

1 LES ÉGLISES ROMANES SAINTONGEAISES★

Circuit de 75 km – environ 4 h

Quitter Saintes par l'Ouest en empruntant la N 150 puis D 728.

Église de Corme-Royal

Elle dépendait de l'abbaye aux Dames de Saintes.

Extérieur – Admirez les sculptures de sa façade romane : les petits personnages (frise), les Vierges sages et les Vierges folles vêtues de robes à larges manches (grand arc au-dessus de la baie centrale), les Vertus et les Vices (arc de droite), les effigies (arc de gauche : sainte Catherine d'Alexandrie, saint Georges et, d'après la tradition locale, Geoffroy Martel en chevalier et son épouse Agnès de Bourgogne). Le portail, encadré de deux arcatures en arc brisé, montre le Christ donnant la règle bénédictine aux moines ainsi qu'un groupe d'acrobates se tenant par les pieds.

Intérieur – Il a retrouvé sa voûte d'origine et s'éclaire de vitraux modernes. Remarquez un bel alignement de colonnes gothiques (15e s.) et un bénitier creusé dans un chapiteau gallo-romain, en marbre à feuilles d'acanthe.

Des sculptures finement ciselées aux thèmes variés illustrent les arcatures du portail de l'église de Corme-Royal

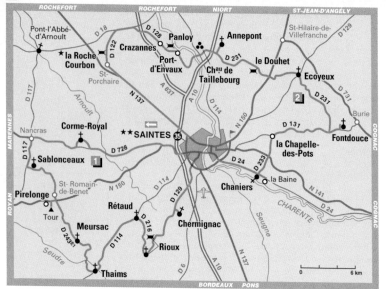

À droite de l'église, dans la cour de l'ancien prieuré donné par Geoffroy Martel à l'abbaye aux Dames, subsiste le mur Sud de cet édifice, fortifié au 15ᵉ s.

Revenir sur la D 728. À Nancras prendre à gauche la D 117.

Abbaye de Sablonceaux

Juil.-août : tlj sf mar. 15h-19h ; sept.-juin : 1ᵉʳ dim. du mois 15h-18h. Son et lumière en été, se renseigner. Gratuit.
☎ 05 46 94 41 62.

LUMINEUX
Le chœur gothique à chevet plat s'abrite sous une haute voûte d'ogives nervurées, et laisse pénétrer la lumière par trois grandes baies aux vitraux modernes.

◄ **Abbatiale** – Grâce à une importante restauration, l'église a retrouvé une partie de sa splendeur. La nef romane comptait à l'origine quatre coupoles sur pendentifs, dont deux ont subsisté à la croisée du transept et sur la nef. La sobriété de cette église est toute cistercienne.

Bâtiments conventuels – Longtemps utilisés comme bâtiments agricoles, ils sont aujourd'hui en cours de rénovation. À l'Est s'ouvre la porte en plein cintre de la salle capitulaire. Un portail Louis XVI armorié donne accès à une ancienne cour de ferme ombragée par un majestueux noyer d'Amérique. Là s'élève le logis abbatial reconstruit au 18ᵉ s., dont la façade présente des arcades séparées par des pilastres doriques et des balustres à l'étage. Les celliers gothiques sont surmontés du « grenier d'abondance » ; cette salle de 320 m² laisse apparaître une imposante charpente, récemment restaurée.

Prendre la D 243ᴱ¹ qui mène à St-Romain-de-Benet.

Hameau de Pirelonge

Visite guidée (2h) tlj sf lun. 10h-12h, 14h30-19h. Fermé en fév. 30F (enf. : 10F). ☎ 05 46 02 00 14.

Plusieurs vieilles maisons restaurées de façon traditionnelle abritent de petits musées, gardiens du patrimoine local.

TRADITIONS
En automne, les fêtes des Alambics et des Vendanges se déroulent dans le hameau.

Musée des Alambics – Installé dans la distillerie Brillouet, il rassemble des alambics charentais (servant encore à l'élaboration du cognac) et une série d'alambics ambulants utilisés naguère pour obtenir de l'alcool à partir de vin ou de fruits par les bouilleurs de cru dont les privilèges ont été progressivement réduits. Une collection d'alcoomètres est à signaler.

ET ENCORE
Certaines maisons abritent également des expositions de **vêtements sacerdotaux** (aubes, chapes et chasubles) et **numismatiques** (des assignats aux billets de nos jours), ainsi que des reconstitutions d'**ateliers d'artisans** (forge, tissage, tonnellerie, etc.).

◄ **Musée charentais de l'Imprimerie** – Un vaste atelier abrite une trentaine de machines (linotypes, vieilles presses) servant aux démonstrations d'impression à l'ancienne. Le jeune visiteur découvrira avec étonnement l'histoire de l'imprimerie avant l'ère informatique, lorsque le plomb régnait en maître.

Tour de Pirelonge

À 200 m du hameau *(derrière la ligne de chemin de fer)* s'élève cette construction romaine encore partiellement coiffée de pierres sculptées d'écailles. Entre vignes et bois, cette curiosité est située en bordure d'une voie romaine, mais sa fonction reste un mystère : borne ou monument religieux ?

Revenir sur la N 150 en direction de Saintes. Après 500 m, prendre à droite la D 243ᴱ¹.

Église de Meursac

Un chœur roman voûté en berceau brisé prolonge un édifice gothique dont les murs sont renforcés par de puissants contreforts. Le retable et le tabernacle sont en bois sculpté et doré. Sous l'église, une crypte du 5ᵉ s. a été découverte en 1972 ; on y accède par un étroit escalier à vis situé près du chœur. Entièrement taillée dans le roc, la crypte révèle une grande salle coiffée d'une coupole.

Poursuivre sur la D 243ᴱ¹ vers le Sud-Est.

> **INATTENDU**
> Dans le chœur, des chapiteaux romans montrent des oiseaux becquetant des lions et un homme étranglant deux lions.

Église de Thaims

Ce modeste édifice roman a été élevé sur l'emplacement d'une villa gallo-romaine, dont on voit les murs s'élevant jusqu'à 2,50 m de hauteur, au pied Nord de la tour octogonale. Dans le jardin qui longe le côté Sud de l'église sont disposés des sarcophages mérovingiens. À l'intérieur de l'église, la croisée du transept montre des corniches mérovingiennes et des scènes gravées carolingiennes. L'avant-chœur sert de musée lapidaire : remarquez deux vestiges de sculptures gallo-romaines.

Quitter Thaims par le Nord-Est en empruntant la D 114.

> **COUP D'ŒIL**
> à l'intérieur, notez les deux chapiteaux à l'entrée de l'abside, les colonnettes qui encadrent ses baies et une partie d'un ornement funéraire.

Église de Rétaud

Édifiée au 12ᵉ s., elle possède une frise très décorative sur sa façade, un clocher octogonal à la croisée du transept et une abside à pans richement sculptée : détaillez les modillons façonnés de grotesques.

Quitter Rétaud par le Sud en empruntant la D 216.

> **UN SOMMET !**
> Le chevet★ est une beauté : des contreforts-colonnes séparent ses pans coupés ; des motifs décoratifs géométriques variés soulignent l'encadrement des fenêtres et des arcatures.

Église de Rioux

Son mur-façade présente des voussures et des arcatures très travaillées ; parmi ses archivoltes sculptées, l'une, au centre, encadre une belle madone en majesté. À l'intérieur, bien mis en valeur, on verra des litres seigneuriales et, dans le chœur à droite, un remarquable groupe en bois sculpté, représentant le Mariage mystique de sainte Catherine (première moitié du 16ᵉ s.). À gauche, chapelle seigneuriale ajoutée au 15ᵉ s.

Le chevet de l'église de Rioux : une telle « perfection » décorative marque l'aboutissement de l'art roman saintongeais n'évoluant plus que par la virtuosité de ses sculpteurs.

Quitter Rioux par le Nord-Est en empruntant la D 129.

La route passe en vue du château de Rioux, qui appartenait au Moyen Âge à la famille des seigneurs de Didonne, vassaux des comtes de Poitou.

Église de Chermignac

Les voussures du portail représentent des suites de personnages ou des animaux effrayants ; près de l'église se dresse une belle croix hosannière.

Rejoindre la D 129 qui ramène à Saintes.

② BASSE VALLÉE DE LA CHARENTE ET BOIS SAINTONGEAIS

Circuit de 90 km – environ une journée

Quitter Saintes par le Nord-Ouest en empruntant la N 137, direction Rochefort. À St-Porchaire, prendre à droite sur la D 122.

Château de la Roche-Courbon★ *(voir ce nom)*

Poursuivre sur la D 122, puis prendre à droite la D 18 et encore à droite la D 128.

Crazannes *(voir ce nom)*
Poursuivre sur la D 128.

Château de Panloy (Port-d'Envaux)

&. *De mi-mars à mi-déc. : visite guidée (1/2h) tlj sf lun. 10h-12h, 14h-18h30. 30F.* ☎ *05 46 91 73 23.*

Extérieur – Il a été édifié de 1770 à 1773 sur les bases d'un ancien château dont il a conservé les deux pavillons d'entrée Renaissance. Le château offre son harmonieuse façade au regard dans une large cour d'honneur, fermée par une balustrade de pierre ajourée. À l'arrière du château, où débouche le chemin d'accès, se situent les écuries et un **pigeonnier** (1620), qui a conservé son échelle tournante.

◀ **Intérieur** – Visitez d'abord la grande salle à manger aux boiseries Louis XV et un salon. Puis, une porte du salon donne accès à la galerie de chasse ajoutée au 19ᵉ s. et décorée de quelque 70 têtes de cerfs et de chevreuils. Au bout de la galerie, un petit couloir d'angle contenant quelques tableaux du 17ᵉ s. mène au pavillon opposé présentant un mobilier Renaissance. Remarquez en sortant l'ornementation des murs : colonnettes et masque Renaissance.

Poursuivre sur la D 128, puis tourner à gauche.

Taillebourg

Château – *Laisser la voiture sur l'esplanade du monument aux morts (route d'Annepont).*
◀ En passant entre deux pavillons du 18ᵉ s., on pénètre dans le parc public aménagé dans les ruines où se dresse encore une haute tour d'angle à mâchicoulis. De la terrasse du parc, contemplez la vue sur la paisible vallée de la Charente, tapissée de prairies.

Quitter Taillebourg par l'Est en empruntant la D 127.

Église d'Annepont

Petit édifice roman ; à droite du portail, niche du 15ᵉ s. Au Sud de Taillebourg, après le pont sur la Charente, en surplomb de la route, court une **chaussée romaine** refaite en 1220, dont les traces se perdent un peu avant St-James.

Revenir vers Taillebourg. Avant que la D 127 ne franchisse l'A 10, tourner à gauche sur la D 231.

Château du Douhet

&. *Avr.-oct. et vac. scol. : 10h-12h, 14h-19h ; nov.-mars : dim. et j. fériés 14h-17h30. 30F.* ☎ *05 46 02 30 00 ou 05 46 97 78 14.*
◀ Ce château du 17ᵉ s. restauré, aux lignes sobres, bâti, croit-on, sur les plans de Hardouin-Mansart, occupe avec ses dépendances et son parc plus de 20 ha.

INCONTOURNABLE

Salon Louis XV : des panneaux muraux ornés de cinq **tapisseries de Beauvais★**, d'après des cartons de J.-B. Huet, représentant des scènes pastorales du 18ᵉ s.

BATAILLE

Taillebourg a donné son nom à une célèbre bataille qui eut lieu en fait à Saintes, où s'affrontèrent, en juillet 1242, Saint Louis et le roi d'Angleterre Henri III Plantagenêt. Elle s'acheva par la déroute des Anglais.

À NE PAS MANQUER

Le parcours extérieur *(1 h)*, du colombier Renaissance aux deux bassins carrés à balustres, toujours alimentés par l'aqueduc gallo-romain du 1ᵉʳ s., jadis pourvoyeur des thermes de Saintes. En chemin, on appréciera la fraîcheur du **bois de buis★** centenaire. De la terrasse qui borde le bois et domine les pièces d'eau, belle perspective.

À l'intérieur du château *(accès par le perron de la façade Sud)*, dont les aménagements d'époque n'ont pu être qu'en partie préservés, l'intérêt se portera surtout sur le curieux salon dit de la Lanterne, aux boiseries du 17e s. Dans l'aile droite a été aménagé un musée folklorique avec reconstitution d'un intérieur bourgeois saintongeais de la première moitié du 19e s. et présentation de collections minéralogique, préhistorique et gallo-romaine.

Poursuivre sur la D 231 qui bientôt coupe la N 150.

Église d'Écoyeux

Imposante église du 12e s., fortifiée au 15e s. : deux échauguettes encadrent sa façade.

Quitter Écoyeux par le Sud-Est en empruntant la D 231.

Abbaye de Fontdouce

Pâques-Toussaint : visite guidée (3/4h) dim. et j. fériés 14h30-18h30 (de juil. à mi-sept. : tlj 10h-12h, 14h30-18h30, dim. et j. fériés 14h30-18h30). 25F (enf. : 10F). ☎ 05 46 91 55 24.

Les huguenots ruinèrent cette prospère abbaye bénédictine. Seuls ont échappé quelques bâtiments conventuels : le cellier, du 12e s., le chauffoir orné d'un campanile au 16e s., le bâtiment principal, des 12e et 13e s., auquel le 19e s. a adjoint une maison de maîtres charentaise. Au rez-de-chaussée vous découvrez le parloir, les deux chapelles romanes superposées et surtout la magnifique **salle capitulaire**★ composée de douze travées à voûtes d'ogives reposant sur une forêt de piliers. Pour évoquer l'abbatiale disparue, il reste quelques vestiges de colonnes et une massive base de pilier qui se trouvait à la croisée du transept.

Prendre la D 131 en direction de Saintes.

> **ZOOM**
>
> Dans la salle capitulaire, détaillez les admirables clefs de voûte sculptées, parmi lesquelles le curieux visage à quatre yeux, symbolisant probablement la Trinité.

La Chapelle-des-Pots

Dans ce bourg se perpétue l'artisanat de la céramique dont l'origine remonte au 13e s.

Quitter la Chapelle par le Sud en empruntant la D 233.

Chaniers

Église – De style roman, elle présente une abside fortifiée de plan tréflé et un clocher au-dessus d'une coupole sur trompes ; hors œuvre, chapelle du 15e s.

La Baine – Joli site au bord de la Charente qui se divise ici pour former deux îles reliées par des passerelles. Peupleraie et barques.

Quitter Chaniers par la D 24 qui ramène à Saintes.

Surgères

Qui ne connaît le beurre de Surgères ? Cet important centre laitier se consacre à la production de beurre depuis 1888, date à laquelle le phylloxéra ravagea les vignes de la région. L'association centrale des laiteries coopératives des Charentes et du Poitou y regroupe près de 150 sociétés ! On vient à Surgères pour soupirer sur les pas de la Belle Hélène le long de l'enceinte de son ancien château, pour admirer une magnifique église romane, et pourquoi pas aussi pour se faire une petite tartine... de beurre.

La situation

Cartes Michelin nos 71 pli 3 ou 233 pli 15 – Charente-Maritime (17). Ce royaume du beurre se situe à 27 km au Nord-Est de Rochefort.

🅱 *Angle r. Gambetta et r. Audry-de-Puyravault, BP 111, 17700 Surgères,* ☎ *05 46 07 20 02.*

Le nom

Il coule de source, la petite ville étant située sur le cours de la Gères : « Sur »-« Gères ».

> **OÙ SE RESTAURER**
> Le Vieux Puits –
> *6 r. P.-Bert, proche du Château – ☎ 05 46 07 50 83 – fermé 20 sept. au 10 oct., jeu. soir et dim. soir – 98/190F.* Dans une rue étroite en face du château, il faut franchir le pas d'une petite cour pavée pour trouver ce restaurant. Ses salles sur deux niveaux sont simples ; celle du rez-de-chaussée est réchauffée par une cheminée en hiver. Plusieurs menus.

Les gens

6 049 Surgérois. La Belle Hélène (1546-1618) naquit à Surgères et appartint à « l'escadron volant » des filles d'honneur que Catherine de Médicis utilisait pour tisser ses intrigues. Dans l'ambiance dissolue de la cour, Hélène sut garder sa réputation intacte, s'attirant les hommages des poètes de la Pléiade. Elle ne se maria point et revint vivre à Surgères, auprès de son frère. Là, elle se voua aux bonnes œuvres et aux tâches ménagères, accomplissant ainsi la parole du poète :

Quand vous serez bien vieille, au soir, à la chandelle,
Assise auprès du feu, dévidant et filant,
Direz, chantant mes vers et vous émerveillant,
Ronsard me célébrait, du temps que j'étais belle...

AMOURS IMPOSSIBLES
Le chef de file de la Pléiade, Pierre de Ronsard fut le prétendant le plus assidu d'Hélène. Il fut éconduit malgré ses soupirs d'amour, dont l'ensemble constitue les immortels *Sonnets à Hélène*.

visiter

Château

&. *Mai-sept. : tlj sf dim. et lun. 10h-18h (de mi-juin à mi-sept. : tlj sf dim. et lun. 9h30-18h30) ; oct.-avr. : mar.-ven. 10h-17h. Fermé j. fériés. 25F (pour 2 pers.).* ☎ *05 46 07 20 02.*

C'était, au Moyen Âge, une importante forteresse. L'enceinte, refaite au 16e s. par le frère d'Hélène de Surgères, déroule un mur compris entre 20 tours sur près de 600 m. Une porte donne sur un parc, planté de beaux arbres dont des marronniers séculaires. Sortir de l'enceinte par le Sud pour admirer la muraille et les douves.

LA TOUR D'HÉLÈNE
Le logis seigneurial du 17e s. abrite la mairie où l'on admire un escalier. À proximité se dresse un superbe portique Renaissance et une tour médiévale, la tour Hélène.

À l'étage de l'église Notre-Dame, de chaque côté de la baie centrale, des niches abritent des cavaliers dont l'identification prête à controverse : Hugues de Surgères et Geoffroy de Vendôme, fondateurs de l'église, ou l'empereur Constantin et le Christ triomphant entrant dans Jérusalem ?

Église Notre-Dame★

Cet édifice roman (12e s.), dominé par un imposant **clocher** octogonal garni de colonnettes, présente une large façade ornée de deux registres d'arcatures et renforcée de deux faisceaux dissemblables de colonnes engagées. Détaillez les deux corniches : celle du bas montre les signes du zodiaque ou l'image des Vices en alternance avec de savoureuses figurines (coqs, sirènes, singe jouant de la vielle, montreur d'ours, troubadour...), celle du haut évoque les travaux des mois entre des animaux fantastiques. À l'intérieur, le chœur voûté en cul-de-four est éclairé par cinq fenêtres romanes à colonnes ornées de beaux chapiteaux.

L'actuel centre socioculturel occupe, derrière l'église, une **ancienne remise du 18e s.** dont l'harmonieuse façade de pierre blanche est surmontée d'un comble d'ardoise bleue à la Mansart.

SOUS-SOL
La **crypte** fut aménagée pour recevoir les tombeaux des seigneurs de Surgères ; elle conserve aussi quelques vestiges de fresques du 16e s.

Talmont-Saint-Hilaire

Remontez le temps à Talmont-St-Hilaire. La ville vous transporte au Moyen Âge dans un château en ruine. Et vous êtes invité à porter votre regard sur une extraordinaire collection d'automobiles et de cycles anciens qui rendent nostalgique. Le temps passe !

La situation

Cartes Michelin nᵒˢ 67 pli 11 (cartouche) ou 233 pli 1 – Vendée (85).
Talmont occupe la zone alluviale de l'estuaire du Payré, à 13 km au Sud-Est des Sables-d'Olonne, envahi par les marécages (marais salants et à poissons).
🚩 *Pl. du Château, 85440 Talmont-St-Hilaire, ☎ 02 51 90 65 10.*

Le nom

Talmont est un nom très ancien. « Tal » serait d'origine pré indo-européenne, antérieure aux Gaulois et voudrait dire « terre argileuse ».

Les gens

4 409 Talmondais. Saint Hilaire est le fondateur du christianisme en Poitou, la première région chrétienne de Gaule. Sa réputation est très répandue et de nombreux lieux ont adopté son nom.

> **FUSION**
> Le nom de Talmont-St-Hilaire résulterait de la fusion entre les communes de Talmont et de St-Hilaire de Talmont.

visiter

Château de Talmont

De mars à déb. nov. : 14h-18h (avr.-sept. : 10h-13h, 14h-19h). 17F. ☎ 02 51 90 27 43.
Sur une hauteur dominant l'ancien port, ce château en ruine remonte au 11ᵉ s. On entre par une porte d'enceinte dans la cour seigneuriale sur laquelle donnent la chapelle et le donjon roman. Du sommet de celui-ci, belle vue sur la rivière et le port jusqu'à la mer.

> **REMONTEZ LE TEMPS**
> En saison, des animations médiévales font revivre le passé du château : adoubement (cérémonie où un jeune homme est fait chevalier), enluminures, tir à l'arc, troubadours, etc.

Musée automobile de Vendée★

♿ *Avr.-sept. : (dernière entrée 1h av. fermeture) 10h-12h, 14h-19h (juin-août : 9h30-19h) ; oct.-mars et vac. scol. : 14h-18h. Fermé 1ᵉʳ janv. et 25 déc. Tarif non communiqué. ☎ 02 51 22 05 81.*
2,5 km au Nord-Ouest. Une collection de près de 150 véhicules construits entre 1885 et 1970, restaurés et pour la plupart en état de marche, représente les marques prestigieuses de l'automobile : Léon-Bollée, Rochet-Schneider, Brasier, de Dion-Bouton, Chenard. Parmi les modèles exposés, certains sont exceptionnels, notamment les véhicules datant de la fin du 19ᵉ s. : un tricycle de Dion-Bouton à vapeur de 1885, le vis-à-vis de Dion de 1898 où sont installés confortablement le marquis de Dion et son illustre chauffeur Zélélé. Regardez aussi de

> **EN PLUS**
> Ne manquez pas non plus les cycles (Draisienne 1818, Grand-bi 1885), motocycles, radiateurs, et la collection d'affiches d'époque (de Anglay, Sauvage, H. Gerbault, Mich).

Le musée automobile de Vendée présente cette Brazier de 1911 comme au salon de l'auto de l'époque !

nombreuses voitures produites avant la Première Guerre mondiale : l'étonnante Léon Bollé de 1904 avec sa carrosserie ressemblant à un ancien wagon de chemin de fer, la Renault (Frères) de 1906, voiture de maître immatriculée le 25 avril 1907 et qui roulait déjà à 70 km/h, une Motobloc de 1908, une Peugeot Lion de 1910.

alentours

Port-Bourgenay

(9 km au Sud-Ouest). Sur la **Côte de Lumière**, une petite station s'est développée depuis la création en 1985 d'un port de plaisance (capacité, 510 anneaux). Non loin de là, près d'un golf et d'une piscine, le **Village du lac★** déploie des résidences colorées à l'architecture imaginative sur les rives découpées d'un petit plan d'eau. En face se dresse la chapelle de l'abbaye N.-D.-de-l'Espérance dont la façade est flanquée de deux insolites tours crénelées.

Talmont-sur-Gironde★

Du bout de leur presqu'île, le village de Talmont et son église toisent la mer qui vient leur lécher les pieds. La vue sur le site★ de Talmont-sur-Gironde est inoubliable, avec sa série de cabanes de pêcheurs sur pilotis au premier plan.

La situation

Cartes Michelin n°s 71 plis 15, 16 ou 233 pli 26 – Charente Maritime (17). Talmont est à 16 km au Sud-Est de Royan. Il vaut mieux se garer au parking situé à l'entrée du village.

Le nom

Talmont serait un nom très ancien, antérieur aux Gaulois, et voudrait simplement dire « mont de terre argileuse ». La Gironde vient se jeter dans la mer devant Talmont.

Les gens

83 Talmontais. La plupart des habitants sont des artisans qui vendent des objets de nacre et de cuir.

visiter

La charmante « ville close » de Talmont vue du Caillaud.

Église Ste-Radegonde★

Du plus pur style roman saintongeais, l'église Ste-Radegonde se découvre après avoir longé des remparts et traversé des ruelles encadrées de roses trémières. Menacée

carnet d'adresses

OÙ SE RESTAURER ET DORMIR

• À bon compte

L'Auberge des Monards – *16 Le Port des Monards – 17120 Barzan – 4,5 km au SE de Talmont par D 145 – ☎ 05 46 90 44 44 – fermé 15 nov. au 15 déc., mer. soir et jeu. sf 15 juin au 15 sept. – 98/180F.* Sur un petit port typique de l'estuaire, voilà une adresse connue des gens du coin. Sous la véranda, la grande cheminée flambe toute l'année pour griller poissons et viandes. Décor simple et soirées dansantes sur des thèmes culinaires comme les pibales ou la côte de bœuf.

L'Estuaire – *Au Caillaud – 1 av. de l'Estuaire – ☎ 05 46 90 43 85 – fermé 1er au 10 oct., 15 janv. au 15 fév., mar. soir et mer. sf été – 98/190F.* Superbement situé, ce restaurant offre une vue rare sur l'estuaire et le village. Dans son décor simple (mais peu importe, ici !), vous en profiterez en dégustant l'alléchante cuisine régionale de la patronne. Quelques chambres bien tenues sont louées en saison.

d'effondrement par le courant qui attaquait ses assises calcaires, elle a été longtemps en péril. La falaise a été consolidée et on a restitué à l'église son aspect du 12ᵉ s. Elle est entourée d'un petit cimetière marin (à voir un jour de tempête) d'où la **vue** porte sur l'estuaire et, à droite, sur les blanches falaises de Meschers.

L'édifice est ramassé : la nef a perdu une de ses deux travées, effondrée au 15ᵉ s. Abside et absidioles traditionnelles, en cul-de-four. Une tour carrée surmonte la ▶ croisée du transept.

Pénétrez à l'intérieur par le croisillon gauche où s'ouvre un joli portail. Ses voussures sont ornées d'anges adorant l'Agneau, d'acrobates et de bonshommes tirant sur une corde aux extrémités de laquelle sont attachés deux lions. Regardez la coupole sur pendentifs et quelques chapiteaux autour de l'abside en cul-de-four.

Sentinelle à l'extrémité du promontoire fortifié, l'église Ste-Radegonde est entourée d'un petit cimetière marin.

> **CONTEMPLEZ**
> Du pied de la falaise,
> à marée basse, on
> apprécie la beauté du site
> et le chevet rythmé par
> des contreforts-colonnes.
> Il est couronné de grandes
> arcatures entourant
> les fenêtres au 1ᵉʳ étage
> et de petites arcatures sur
> colonnettes au 2ᵉ étage.

Musée d'Histoire locale

De mi-juin à fin août : 10h30-12h, 14h-19h. 10F, 50F (enf. : 20F) donne accès au Musée agricole (Château de Didonne), aux Grottes du Regulus (Meschers) et au Moulin du Fâ (Barzan). ☎ 05 46 90 16 25.

Près du cimetière marin, l'ancienne école abrite des expositions sur le site ; une part importante des collections est consacrée à la pêche traditionnelle pratiquée dans l'estuaire de la Gironde.

alentours

Site gallo-romain du Fâ

Avr.-sept. : visite guidée (3/4h, dernière visite 3/4h av. fermeture) 14h-18h (juil.-août : 10h-13h, 14h-19h) ; oct.-mars : w.-end et j. fériés 14h-17h. 17F. ☎ 05 46 90 43 66.

Barzan, 2 km au Sud-Est. Des fouilles ont mis au jour les vestiges (thermes et sanctuaire) d'une ville gallo-romaine, qui s'étend sous 150 ha de terres cultivées. Une exposition présente le site et les dernières découvertes archéologiques.

Meschers-sur-Gironde★ *(voir ce nom)*

Thouars ★

Cette ancienne cité militaire médiévale aime l'ambiguïté. D'un côté, ses habitants font revivre son passé à travers des fêtes folkloriques, et d'un autre, ils s'ancrent irrémédiablement dans leur époque en montrant leur attachement à l'art contemporain.

La situation

Cartes Michelin n°s 67 pli 8 ou 232 plis 44, 45 – 38 km au Nord de Parthenay – Deux-Sèvres (79) – Schéma p. xxx. Thouars est bâtie sur un promontoire rocheux et cernée par le Thouet. L'arrivée par le Sud (D 39) vaut pour la vue sur la longue façade classique du château de La Trémoille, et sur la ville qui s'étend à sa traîne.

🄱 *3 bis bd Pierre-Curie, 79100 Thouars, ☎ 05 49 66 17 65.*

PANORAMA

Au Nord-Ouest du plan, prendre la D 759 puis tourner à gauche. Une descente offre un **point de vue** sur Thouars et la vallée du Thouet.

Le nom

Le nom est en rapport direct avec la rivière qui entoure la ville, le Thouet, *fluvium toarum* au 9ᵉ s. Il viendrait du gaulois *tava* : « tranquille ».

Les gens

10 905 Thouarsais. Une association, la Cité libre du Vieux Thouars, organise toute l'année des fêtes costumées et des mariages en habits traditionnels. Et l'été, la ville organise des visites animées en costume médiéval.

comprendre

L'histoire – Les vicomtes de Thouars restèrent longtemps fidèles aux Plantagenêts, les rois d'Angleterre, mais Du Guesclin s'empara de la cité en 1372, après un siège mémorable. Ayant acheté Thouars à la famille d'Amboise, Louis XI y résida plusieurs fois et son épouse, Marguerite d'Écosse, voulut y être ensevelie.

Aux confins du Poitou et de l'Anjou, Thouars mêle ses toits de tuiles romanes et d'ardoises angevines.

carnet d'adresses

OÙ DORMIR

● **À bon compte**

Le Moulin Bernard – *79150 Massais – 13 km à l'O de Thouars dir. Argenton, puis rte secondaire* – ☎ *05 49 96 84 64* – *fermé 11 nov. au 15 mars, lun. et mar. sf été* – *4 ch. : 200/230F – repas 58/102F.* Ici, amoureux de la nature et sportifs seront comblés. Repas au bord de l'Argenton, camping en aire naturelle, hébergement en gîte ou chambres d'hôte : ils auront l'embarras du choix, dans un cadre simple. Sans compter les nombreuses activités : canoë, escalade, pêche, etc.

OÙ SE RESTAURER

● **Valeur sûre**

Le Logis de Pompois – *Centre d'Aide par le Travail – Pompois – 79100 Ste-Verge – 5 km au NO de Thouars dir. Doué-la-Fontaine et Pompois* – ☎ *05 49 96 27 84* – *fermé 1ᵉʳ au 15 janv., 1 sem. en fév., 1 sem. en juil., dim. soir, lun. et mar.* – *140/240F.* Dans un hameau, cet ancien domaine agricole viticole des 18ᵉ et 19ᵉ s. dresse ses tables en face des champs en été. En hiver, les convives sont reçus dans son élégante salle qui marie détails anciens et modernes. Dîners « jazzy » deux samedis par mois. Cuisine soignée.

THOUARS

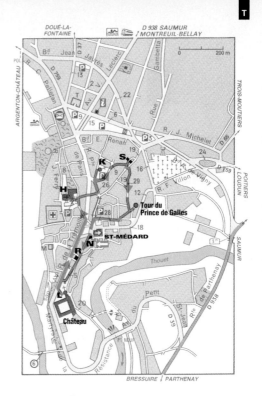

Charles VIII donna Thouars aux La Trémoille qui en restèrent seigneurs jusqu'à la Révolution. Thouars embrassa la religion réformée mais, à la révocation de l'édit de Nantes, la ville perdit la moitié de ses habitants.

se promener

Garer la voiture place St-Médard. De là, la promenade prend 1 h.

Église St-Médard★
St-Médard est un édifice roman malgré la rosace gothique ornant sa belle **façade**★★ de style poitevin. Une tour carrée à échauguette lui a été ajoutée au 15ᵉ s. Le portail, très décoré, est surmonté d'un Christ en majesté adoré par les anges ; ses voussures, dont la dernière est interrompue par un Christ de la Résurrection, retombent sur des chapiteaux historiés montrant le châtiment des Vices. Les trois nefs romanes ont fait place, au 15ᵉ s., à une nef unique. À gauche, la chapelle St-Louis fut construite en 1510.

Descendre la rue du Château qui poursuit la rue St-Médard. Elles formaient autrefois l'artère principale de Thouars, et aboutissaient au vieux pont.

> **IL FAUT TOUT VOIR !**
> Au-dessus des arcades latérales : saint Pierre, saint Paul, des prophètes et des sibylles. Sur le côté gauche de l'église, portail roman à arcs festonnés d'inspiration mauresque.

Maisons anciennes★
Passé la place, la rue du Château a préservé deux maisons de briques à pans de bois, dont l'hostellerie Clocher-St-Médard, accolée à un passage voûté.

Sur l'esplanade, ancienne cour seigneuriale où se trouvent la chapelle N.-D. et le château.

> **PAS BANAL**
> Plusieurs façades en encorbellement, à pignons aigus. Au nº 11, l'hôtel des Trois Rois (15ᵉ s.) où coucha Louis XI. Notez la sorte de bretèche qui permet de surveiller la rue.

Chapelle Notre-Dame
Elle fut bâtie sur une série de cryptes dont l'une sert encore de caveau funéraire aux La Trémoille. Sa ravissante façade flamboyante est surmontée d'une galerie Renaissance à décor de coquilles.

Château (Collège Marie-de-La Tour-d'Auvergne)
Visite guidée uniquement. S'adresser à l'Office de tourisme.
Sur le corps de bâtiment central, un pavillon à dôme fait saillie ; d'autres pavillons s'élèvent aux extrémités.

Remonter par l'avenue de La Trémoïlle jusqu'à l'abbaye St-Laon.

Ancienne abbaye St-Laon

Desservie par les bénédictins, puis, à partir de 1117, par les augustins, elle comporte une église (12ᵉ-15ᵉ s.) au beau clocher roman carré dans laquelle fut enterrée Marguerite d'Écosse, épouse de Louis XI, morte en 1445. Dans les bâtiments conventuels (17ᵉ s.) est installé l'hôtel de ville.

Prendre la rue Régnier-Desmarais, la rue St-Médard et prendre à droite jusqu'à la chapelle Jeanne d'Arc.

Chapelle Jeanne d'Arc *(voir « visiter »)*

Remonter par la rue Du Guesclin jusqu'à la porte au Prévôt.

On ne rentre pas dans ce château du 17ᵉ s. Seuls les collégiens qui y suivent des cours ont ce privilège.

Porte au Prévôt

Par cette porte, Du Guesclin pénétra dans Thouars, lors du siège de 1372. Elle est encadrée de deux tours en demi-lune à base octogonale.

Descendre la rue du Président-Tyndo.

Tour du Prince de Galles *(voir « visiter »)*

Revenir place St-Médard par les rues Prince-de-Galles et Saugé.

visiter

Tour du Prince de Galles

De mi-avr. à fin oct : w.-end 15h-19h (de juin à mi-sept. : tlj sf mar. 10h-12h, 15h-19h ; de Pâques à mi-avr. : tlj sf mar. 15h-19h). Gratuit. ☎ 05 49 67 93 79.

> **À DÉCOUVRIR**
> L'exposition permanente d'art contemporain : les vidéos d'Ange Leccia et le *Lit-cage* de Jacques Vieille constituent deux variations sur le thème de l'enfermement.

Construit vers le 12ᵉ s., cet édifice massif, appelé aussi tour Grenetière, est renforcé de petites bretèches. La tour faisait partie de l'enceinte qui protégeait la partie orientale de la ville. Elle abritait à la fois la garnison et les provisions de grain. Au 17ᵉ s., la tour Prince de Galles sert de prison pour les faux sauniers, qui ramenaient du sel de Vendée, pays producteur où il était moins cher, vers les pays de grande gabelle (Anjou, Touraine, Bassin parisien).

Chapelle Jeanne d'Arc

Expositions temporaires, tlj sf mar. Horaires selon programmations. Gratuit. ☎ 05 49 66 02 25.

Cette chapelle a été édifiée en 1892. Depuis 1993, des expositions d'art contemporain *(quatre par an)* se tiennent dans cet espace qui s'y prête à merveille. Jacques Villeglé, Guillaume Goutal, Michel Verjux et Felice Varini ont déjà investi les lieux.

Tiffauges

À Tiffauges, le château de Gilles de Rais ramène le visiteur dans le monde mystérieux du Moyen Âge, au temps où les chevaliers combattaient sous de lourdes et étincelantes armures. À l'intérieur, on découvre toute une panoplie d'armes médiévales et on peut même assister à des combats !

La situation

Cartes Michelin nᵒˢ 67 pli 5 ou 233 pli 41 – Vendée (85).
Tiffauges est au confluent de la Sèvre Niortaise et de la Crume, à 16 km à l'Est de Montaigu.

Le nom

Tiffauges vient du nom d'un peuple « qui faisait partie de la nation des Goths » : les *Teifali*, ou *Theofali*.

Les gens
1 208 Teiphaliens. Gilles de Rais (ou de Retz, 1404-1440) était propriétaire du château de Tiffauges. On raconte souvent à tort qu'il aurait servi de modèle au Barbe-Bleue des contes de Perrault...

comprendre

Gilles de Rais – Dès sa prime adolescence, Gilles se montre bon cavalier et fin lettré, mais orgueilleux et agressif. Marié en 1420 à Catherine de Thouars qui lui apporte en dot la seigneurie de Pouzauges, il révèle très tôt des qualités de chef de guerre, secondant Charles VII dans sa lutte contre les Anglais et accompagnant Jeanne d'Arc au cours de la reconquête du royaume. Il est fait maréchal de France à vingt-cinq ans. Après la mort de Jeanne (1431), le jeune Gilles, propriétaire de Tiffauges, Pouzauges, Champtocé et Machecoul, mène une vie fastueuse : une suite de 200 cavaliers et une innombrable domesticité vont dilapider une fortune déjà bien entamée. Pour trouver des ressources, le seigneur de Tiffauges est tenté par l'alchimie et invoque les démons. Ainsi Gilles de Rais, compagnon de Jeanne d'Arc, héros du siège d'Orléans, fut accusé d'avoir terrifié la campagne à 20 lieues à la ronde.

visiter

Le château
♿ *De mars à fin-sept. : tlj sf mer. 10h-12h30, 14h-18h, w.-end et j. fériés 14h-19h (juil.-août : tlj 11h-19h ; juin : 10h-12h, 14h-18h, w.-end et j. fériés 14h-19h). 40F.* ☎ *02 51 65 70 51.*

Ses ruines couvrent une vaste superficie (3 ha) délimitée par une enceinte. Les parties les mieux conservées sont le donjon du 12ᵉ s. entouré d'un fossé et la tour du Vidame, du 15ᵉ s., aux mâchicoulis énormes : vous verrez la salle des gardes (cheminée et latrines) et la salle de veille reliée au chemin de ronde, qui conserve le banc circulaire sur lequel s'asseyaient les guetteurs (curieux effet d'acoustique).

Le Conservatoire des machines de guerre : animation ▶ – Comme dans un camp de siège du 15ᵉ s., des machines de guerre, grandeur réelle, reconstituées d'après des documents d'époque, sont installées sur l'esplanade intérieure. Vous assisterez au tir de boulets propulsés à 150 m de distance ! Les canons crachent et des catapultes géantes sont manœuvrées par des chevaliers en costumes médiévaux. Beffroi, arbalètes, canons et bélier sont actionnés, et des combats à l'épée ont lieu entre chevaliers en armures.

MÉPHISTOPHÉLIQUE
Un nécromancien aurait affirmé à Gilles de Rais que le diable lui fournirait de l'or s'il consentait à « donner en offrande, main, cœur, œil et sang prélevés sur de jeunes et beaux enfants ».

POTENCE ET BUCHER
Gilles de Rais se laissa prendre par la justice qui le soupçonnait depuis longtemps. Torturé, il avoua publiquement avant d'être pendu et brûlé, à Nantes, en présence d'une foule immense.

ARCHITECTURE
La chapelle du 13ᵉ s., bâtie sur une crypte du 11ᵉ s., a gardé son abside en cul-de-four.

ACTION !
Le **trébuchet**, la plus puissante machine de guerre médiévale, constitue la pièce maîtresse du château.

Les vieilles pierres du château de « Barbe-Bleue » accueille des machines de guerre du Moyen Âge... en état de marche !

Villebois-Lavalette

Sur les premières pentes d'une colline isolée, ce site★ domine un vaste horizon ondulant et ramène le visiteur dans l'époque féodale. On imagine les rudes combats qui se déroulaient le long de son enceinte fortifiée jalonnée de tours.

La situation
Cartes Michelin n°s 72 pli 14 ou 233 pli 30 – Charente (16). Villebois-Lavalette se trouve à 25 km au Sud-Est d'Angoulême et est desservi par les D 23, D 16, D 5, D 17 et D 16 !

🛈 *Pl. du Champ-de-Foire, 16320 Villebois-Lavalette,* ☎ 05 45 64 71 58.

Le nom
Il viendrait du latin *villa* qui désignait autrefois un village, et du nom propre germanique *Bodenus*. On a recensé *Villaboensi*, *Villboen*, *Villaboe*. Finalement *Boé* aurait été confondu avec « bois ».

Villebois est une ancienne cité fortifiée par les Lusignan au 12e s.

Les gens
765 Villeboisiens. Louis de Nogaret de La Valette (1593-1639), gouverneur de l'Angoumois, acquit la terre de Villebois en 1622. C'est son fils, Bernard de Foix de La Valette qui laissa son nom à Villebois.

se promener

Le « Bourg-Haut »

VIGIE

L'antique ville fortifiée surveillait la voie romaine de Blanzac à La Rochebeaucourt. À cet oppidum succéda la cité féodale dont subsiste la longue enceinte.

◄ Suivez le contour de l'enceinte jalonnée de six tours rondes par le chemin ombragé qui longe le pied de la muraille. De là, on profite de vues étendues sur un immense paysage de collines boisées. Les halles remontent au 17e s. Le **château** proprement dit a été reconstruit au 17e s. par le duc de Navailles, exilé sur ses terres par Louis XIV. Notez le châtelet d'entrée, découronné, et les rainures de son pont-levis. La chapelle des 12e et 13e s., qui avait deux étages, domine la vallée.

alentours

Château de la Mercerie
4 km au Nord-Ouest par la D 5 puis la D 81.
L'impressionnante masse blanche du château de la Mercerie surgit, comme une apparition du Grand Siècle, sur le penchant d'une colline. Ce pastiche de Versailles a été édifié en pierre des Charentes à partir de 1930.

EXTRAVAGANCES

220 m de façade, 15 m de hauteur, 20 m de profondeur. Des jardins à la française sur plus de 1 km ont nécessité l'enlèvement de 30 000 m³ de terre, et sont prolongés par un parc d'essences rares de 40 ha.

◄ L'ampleur de cet étonnant palais, de style, mais non d'époque Louis XIV, confond l'imagination. La folie des grandeurs a ruiné ceux qui entreprirent ce château aujourd'hui à l'abandon.

Église de Gardes-le-Pontaroux
5 km au Nord-Est par la D 16. De style roman, elle est isolée au sein d'un bouquet d'arbres ; curieux clocher carré et façade à chapiteaux historiés.

Église de Charras
15 km au Nord-Est par la D 16 puis la D 25.
Elle occupe un beau site, dominant les forêts d'Horte et de La Rochebeaucourt. L'église fut fortifiée pendant la guerre de Cent Ans. De puissants contreforts renforcent les murs de la nef, un chemin de ronde pourvu de mâchicoulis couronne la partie haute.

Vouvant★

Serré entre le bocage vendéen au Sud et une profonde forêt au Nord, ce village semble tout droit
sorti d'un livre de contes et légendes. Des remparts,
des rues pavées, une superbe église romane et le
château d'une fée font de Vouvant un îlot de silence
à l'atmosphère secrète et préservée.

La situation

Cartes Michelin n° *67 pli 16 ou 233 pli 4 – 11 km au Nord
de Fontenay-le-Comte – Vendée (85) – Schéma p. xxx.* Vouvant est juché sur un promontoire ; la rivière Mère coule
à proximité.
🛈 *Pl. Bail, 85120 Vouvant,* ☎ *02 51 00 86 80.*

Le nom

Vouvant serait un nom importé par les « barbares », issu
de *Wolvingus.*

Les gens

829 Vouvantais. Selon la légende, c'est la fée Mélusine
qui, en une nuit, aurait construit le château *(voir Lusignan).*

visiter

Église★

Possibilité de visite guidée sur demande. ☎ *02 51 00 86 80.*
Elle fut créée comme dépendance de l'abbaye de Mialle-
zais *(voir ce nom).* De la nef du 11ᵉ s., fortement endommagée en 1568 par le passage des protestants, ne
subsistent que les murs des trois premières travées. De
style roman du 12ᵉ s., on observe les trois absides
(restaurées en 1882), la crypte au-dessous (restaurée
également au 19ᵉ s.) et le grand portail Nord.

Portails – Des motifs floraux décorent les voussures, des
animaux et des scènes fantastiques ornent les chapiteaux. Deux reliefs abîmés surmontent chacun des portails : à droite on identifie Samson terrassant le lion et
à gauche Dalila coupant les cheveux de Samson.

Arc de décharge (latéral) – À la première voussure
figurent des atlantes, petits personnages arc-boutés, à la
seconde des figures de fantaisie, animaux et personnages. À gauche et au-dessus de l'arc, Vierge à l'Enfant
dans une gloire, à droite saint Jean Baptiste.

Frises – Celle du bas évoque la Cène, celle du haut les
apôtres assistant à l'Ascension.

Château

À l'époque féodale il appartint aux Lusignan, soi-disant
descendants de Mélusine. La forteresse défendait la base
du promontoire contourné par le méandre de la Mère.

**OÙ DORMIR
ET SE RESTAURER**
Auberge Maître
Pannetier – ☎ *02 51
00 80 12 – fermé 15
au 30 nov., 16 fév. au 7
mars, dim. soir et lun. sf
été – 7 ch. : 220/280F –
⊵ 40F – restaurant
75/360F. C'est l'adresse
rêvée pour profiter de la
tranquillité légendaire
de ce village médiéval.
Ses chambres aux
meubles de bois blond
sont adorables et l'on
retrouve dans ses salles
à manger, au rez-de-
chaussée et dans la
cave voûtée, l'ambiance
douillette des maisons
de famille.*

MERVEILLE
Encadrée de colonnes
en faisceau et terminée
par un pignon très aigu,
la **façade★** du croisillon
gauche du transept forme
une superbe page
sculptée.

*En voyant les sujets
fantastiques qui illustrent
les chapiteaux du portail
de l'église, on peut se
demander sous quel
tranquillisant était
l'artiste.*

Un petit effort !
120 marches permettent
d'accéder au sommet du
donjon, à 36 m de haut,
d'où s'offre un vaste
panorama★ sur le site de
Vouvant, la forêt au Sud,
et le bocage au Nord.

Son enceinte délimite une esplanade plantée de gazon
et de marronniers où se tiennent les foires : c'est la place
du Bail. Jolies vues plongeantes sur la boucle de la
Mère : le lit de cette rivière s'élargit ici, en amont du barrage de Pierre-Brune.

Tour Mélusine★ – *Clef à l'Office de tourisme ou au café
du Centre. 8F.* ☎ *02 51 00 86 80.*
Ancien donjon, elle fut édifiée en 1242. Ses murs, atteignant 3 m d'épaisseur, cachent deux salles superposées
aux étranges voûtes pyramidales.

île d'**Yeu**★★

Cap sur l'île d'Yeu au large des côtes vendéennes.
L'île a su conserver les vertus de son insularité : nature sauvage préservée, climat tempéré et ensoleillé,
circulation automobile limitée. La découverte de
l'île commence dès la traversée en bateau. À l'arrivée, mettez de bonnes chaussures ou enfourchez un
vélo (nombreuses locations) pour une balade
revigorante au bord de l'océan.

La situation
Cartes Michelin n°s 67 pli 11 ou 232 pli 37 – Vendée (85). Sa
position géographique et sa géologie lui ont valu plusieurs surnoms : Corse de l'Atlantique, grain de granite,
île des coups de foudre, petite île à l'œil clair... Sentinelle ou vigie, cette terre insulaire de 10 km de long sur
4 km de large est, parmi les îles de l'Ouest, l'une des
plus éloignées du continent (10 milles nautiques).
🛈 *Pl. du marché, 85350 Port-Joinville,* ☎ *02 51 58 32 58.*

Le nom
Au 8e s., l'île porte le nom énigmatique de *Insula Oya*,
ce qui fit penser à certains que l'île était couverte de
moutons. Pour d'autres, Yeu est un nom germanique.
Oiam insulam (11e s.) est proche du vieil allemand *ouwa*
qui désignerait une petite île.

Les gens
4 941 Islais. De nos jours, en dehors du tourisme, la res-
source principale des insulaires est la pêche. Spécialisés
dans le poisson de qualité, les marins islais détiennent
le record national pour la pêche au thon blanc ou « germon » (101 t). Possédant une flotte de pêche de
81 bateaux équipés de filets maillants dérivants, le port
de l'île d'Yeu fait vivre près de 260 marins.

En première ligne
Souvent contraints de pratiquer leur pêche loin de
leur port d'attache,
quelques Islais ont défrayé
la chronique par des fric-
tions avec leurs collègues
du Sud de l'Europe.

comprendre

Petite sœur de Belle-Île – Par la nature de son terrain –
les schistes cristallins – par sa configuration et sa Côte
Sauvage, l'île d'Yeu peut s'apparenter à sa grande sœur
bretonne Belle-Île. Par ses côtes Sud et Est, elle se
montre vendéenne : longues plages de sable fin, dunes,
pins et chênes verts.

Histoire des Islais – Dès la préhistoire, l'île d'Yeu connut
une présence humaine comme en témoignent les dolmens et les menhirs, que l'on trouve en grand nombre.
Il n'est pas impossible que l'île d'Yeu fût celle où siégeait,
d'après le géographe grec Strabon, un collège de drui-
desses. Dès le 6e s., un monastère y est fondé : il attire,
au début du siècle suivant, le futur saint Amand, apôtre
des Flandres. Au 16e s., tout un village de Cornouaille
débarque dans l'île sous la conduite de son curé. Cependant, le préfixe Ker qui précède certains noms de localités, loin d'être breton, serait une altération du mot

*Qu'il est agréable de se
perdre dans les ruelles
ombragées de Port-
Joinville, bordées de
maisons blanches aux
volets colorés.*

carnet pratique

Où dormir

• À bon compte

Chambre d'hôte M. et Mme Cadou – 10 r. Ker-Guérin – 85350 St-Sauveur – ☎ 02 51 58 55 13 – fermé en oct. – ⌷ – réserv. conseillée – 3 ch. : 210/320F. Cette maison est un des rares lieux d'accueil du pimpant village de Saint-Sauveur. En blanc et bleu, le décor de ses grandes chambres s'inspire de celui des navires et pour cause : monsieur est charpentier naval. Par beau temps, le petit déjeuner est servi dans le jardin.

Hôtel l'Escale – La Croix de port – 85330 Port-Joinville – ☎ 02 51 58 50 28 – fermé 2 au 15 janv. – 28 ch. : 190/300F – ⌷ 35F. Une escale aux couleurs de l'île, un peu à l'écart de l'activité du port. Murs blancs et volets jaunes pour la maison, meubles en tek et décor d'inspiration marine pour la salle des petits déjeuners. Chambres simples, bien tenues.

• Valeur sûre

Chambre d'hôte Villa Monaco – 83530 Pointe des Corbeaux – ☎ 02 51 58 76 56 – ⌷ – 5 ch. : 300/550F – repas 110F. Située à l'extrémité Est de l'île, cette maison vendéenne aux volets bleus vous séduira surtout par son emplacement : depuis son jardin, la vue sur les deux côtes est splendide. Chambres simples décorées avec goût, louées à la semaine en été. Gîte en hiver seulement.

Atlantic Hôtel – Quai Carnot – 85330 Port-Joinville – ☎ 02 51 58 38 80 – fermé 5 au 25 janv. – 15 ch. : 330/390F – ⌷ 35F. Sur le port de pêche, au-dessus d'une poissonnerie, cet hôtel est une bonne adresse de l'île. On y accède par un escalier étroit à côté du magasin. Ses petites chambres modernes sont simples mais fonctionnelles et bien tenues. Accueil sympathique.

Où se restaurer

• À bon compte

La Burette – 3 r. du Petit-Moulin – 85330 Port-Joinville – ☎ 02 51 58 31 34 – fermé 15 janv. au 1er mars et dim. soir – 82/180F. Éloignez-vous un peu du port pour vous attabler dans la jolie salle bleu et jaune de ce restaurant tout simple. La cuisine y est sans prétention, les prix sages et l'accueil agréable. Quelques spécialités comme les patagos, vénus à la crème, ou la choucroute de poissons.

• Valeur sûre

Le Père Raballand – 6 pl. de la Norvège, sur le port – 85330 Port-Joinville – ☎ 02 51 26 02 77 – fermé lun. sf été – réserv. conseillée en été et le w.-end – 115/160F. Une adresse très courue du port. Attablé à sa grande terrasse, vous serez aux premières loges pour admirer les bateaux et profiter de l'animation. Hors saison, vous vous replierez dans la salle décorée d'éléments d'accastillage. Cuisine sans éclat à base de produits de la mer.

Comment venir sur l'île ?

PAR MER – Du continent, trois embarcadères accueillent des bateaux effectuant une liaison maritime régulière ou saisonnière avec l'île :

Fromentine – À l'entrée de l'estacade, la gare maritime abrite la Régie départementale des passages d'eau de la Vendée qui assure la liaison toute l'année par l'Insula Oya II (bateau prenant en charge les voitures). Durée de la traversée : 1h10. En période de pointe il est secondé par la Vendée. En saison, l'élégante Amporelle assure une traversée rapide en 35mn. Horaires en fonction des marées. Il est conseillé de réserver av. auprès de la Compagnie Yeu Continent. 152F AR (enf. : 102F). Juin-sept. : attention, prix du billet majoré de 7% sur le trajet aller. ☎ 02 51 49 59 69, Minitel 3615 YEU, Site internet : www.compagnie-yeu-continent.fr.

L'Insula Oya II relie Fromentine à Port-Joinville.

Île de Noirmoutier – Au Sud de l'île, l'estacade de la Fosse voit mouiller près de ses pontons les vedettes rapides de la société VIIV (en saison). D'avr. à mi-oct. : traversée (3/4h) à partir de l'île de Noirmoutier et de Fromentine. Juil.-août : à partir de St-Gilles-Croix-de-Vie. 160F AR (enf. : 110F). ☎ 02 51 39 00 00.

St-Gilles-Croix-de-Vie – Le port accueille les Vedettes Inter-Îles Vendéennes (VIIV).

PAR LA VOIE DES AIRS – La société Oya-Hélicoptères assure une liaison aérienne entre l'héliport de La Barre-de-Monts (continent) et celui de Port-Joinville (Yeu). Durée : 1h1/4. Il est recommandé de réserver en sais., pdt vac. scol., w.-ends et j. fériés. 400F A (enf. : 240F). ☎ 02 51 59 22 22.

Tour de l'île à vélo

À peine débarqué sur le quai, vous serez sollicité par les nombreux loueurs de vélos de Port-Joinville qui vous proposerons tous à peu près les mêmes services (VTT, vélos hollandais, siège pour enfant)… et les mêmes prix. En ce qui concerne les locations de voitures, pensez à réserver suffisamment à l'avance ; n'hésitez pas à confirmer avant d'embarquer !

bas-poitevin « querry » qui servait à désigner les villages. L'île d'Yeu appartint à différents seigneurs, dont Olivier de Clisson, avant d'être vendue au roi en 1785.

La détention du maréchal Pétain – Le 16 novembre 1945, l'ex-maréchal Pétain, ex-chef de l'État français de 1940 à 1944, est incarcéré à la Citadelle (fort de la Pierre-Levée). Condamné à mort pour collaboration avec les Allemands, sa peine avait été commuée, vu son grand âge (90 ans), en une détention à vie. En 1951, une double congestion pulmonaire le frappe. Le 29 juin on le transporte dans la maison Lucos, près de l'église, où il s'éteint le 23 juillet. Il repose au cimetière de Port-Joinville (*voir ci-après*).

visiter

Port-Joinville★
Son nom vient de l'amiral de Joinville, fils de Louis-Philippe ; on l'appelait auparavant Port-Breton. La vue idéale sur le port s'offre lors de l'arrivée en bateau. Il se montre alors rempli de thoniers et de petits chalutiers dont les fanions multicolores claquent au vent. À l'arrière-plan court le quai bordé de maisons blanches. Le port assèche à marée basse, à l'exception d'un avant-port. En arrière des quais, la localité dissimule une rue commerçante et de multiples ruelles où se pressent les maisons des marins.

Voici l'incontournable vue que vous découvrirez en débarquant de la gare maritime de Port-Joinville.

Musée-historial – *Sur demande. S'adresser à M. Nolleau, hôtel des voyageurs, Port Joinville, 85350 Île d'Yeu. 20F. ☎ 02 51 58 36 88.*
Installé dans la maison où habita la femme du maréchal Pétain pendant la captivité de son mari, il retrace l'histoire de l'île et expose des souvenirs relatifs au maréchal dans la chambre dite « du Souvenir ».

Grand Phare
De juil. à fin août : 9h30-11h30, 14h-17h. ☎ 02 51 58 30 61.
Du sommet (*201 marches*), à 41 m du sol et 56 m du niveau de la mer, **vue★** sur l'île et l'océan et, par temps clair, sur la côte, de Noirmoutier à St-Gilles-Croix-de-Vie.

Dolmen de La Planche à Puare
Il s'élève près de l'anse des Broches. Construction de granit schisteux, il est pourvu de cellules latérales (ici au nombre de deux). On y a retrouvé des ossements.

ORIENTATION
Au cimetière (*depuis l'église, prendre la rue Jean-Simon-Chassin*), est enterré le maréchal Pétain. On ne peut pas manquer sa tombe, c'est la seule face au continent, les Islais préférant face à l'océan.

circuit

CÔTE SAUVAGE★★
L'île se découvre idéalement à pied ou à vélo sur les anciens chemins de douaniers qui longent ses côtes.
Cette côte découpée s'étend de la pointe du But à la pointe des Corbeaux.

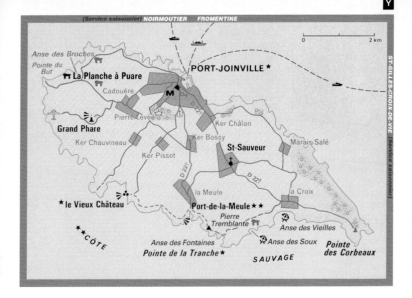

ST-GILLES-CROIX-DE-VIE (Service saisonnier)

Le Vieux Château★

Bâti à l'époque féodale (au 11ᵉ s. ?), remanié au 16ᵉ s., ce farouche nid de corsaires dessine un trapèze défendu par des tours formant bastions. Remplaçant le pont-levis, une passerelle permet d'accéder à l'intérieur de l'enceinte. Du sommet du donjon *(attention, absence de parapet)*, **vues★★** splendides sur la Côte Sauvage et l'océan.

En partant du Vieux Château, suivez, à distance respectable, le bord de la falaise dénudée qui surplombe les flots *(attention au vertige et aux éboulements)*, en direction de Port-de-la-Meule. On arrive au petit bois de pins qui marque l'entrée du havre : **vue★★** plongeante sur la crique.

Port-de-la-Meule★★

Anfractuosité de la côte, longue et étroite. À son extrémité s'est installée la cale des langoustiers et des homardiers qui vont mouiller leurs casiers sur les fonds rocheux de la Côte Sauvage. Sur le haut de la lande, la blanche **chapelle Notre-Dame-de-Bonne-Nouvelle** veille sur le port. Chaque année les marins y viennent en pèlerinage.

En suivant la falaise au-delà de la chapelle, on arrive à la **Pierre tremblante**, énorme rocher dominant la mer, que l'on peut faire bouger en s'appuyant en un point précis.

> **FORTERESSE**
> Le château se dresse sur un éperon de granit coupé de la côte par une étroite crevasse (17 m de profondeur), où le flot s'engouffre avec un bruit assourdissant.

La silhouette fantomatique du Vieux Château, se confondant presque avec la roche qui le porte, est à la fois romantique et impressionnante.

Le petit clocher de la chapelle Notre-Dame-de-Bonne-Nouvelle est, en quelque sorte, le symbole de l'île dYeu.

Pointe de la Tranche★

Nombreuses criques rocheuses. De chaque côté de la pointe, anse des Fontaines ainsi nommée en raison de ses sources, et deux anses bien abritées propices à la baignade, l'anse des Soux (grotte marine) à laquelle fait suite l'**anse des Vieilles**, la plus belle plage de l'île.

Pointe des Corbeaux

De l'extrémité Sud-Est de l'île, on découvre le contraste saisissant entre la côte Ouest, rocheuse, d'allure bretonne, et la côte Est, sablonneuse, plutôt vendéenne, où des plages se succèdent.

St-Sauveur

Jadis capitale de l'île et résidence du gouverneur, communément appelé « le Bourg », St-Sauveur possède une église romane dont la croisée du transept porte une tour carrée.

Index

Sources iconographiques

p.1 : S. Sauvignier/MICHELIN
p.4 : I. Labbé/MICHELIN
p.4 : S. Sauvignier/MICHELIN
p.5 : M. Thiery/MICHELIN
p.5 : S. Sauvignier/MICHELIN
p.14 : M. Thiery/MICHELIN
p.15 : S. Sauvignier/MICHELIN
p.16 : S. Sauvignier/MICHELIN
p.19 : D. Mar/MICHELIN
p.20 : D. Mar/MICHELIN
p.21 : S. Sauvignier/MICHELIN
p.24 : S. Sauvignier/MICHELIN
p.25 : S. Sauvignier/MICHELIN
p.26 : M. Thiery/MICHELIN
p.28 : LPO
p.29 : S. Sauvignier/MICHELIN
p.30 : S. Sauvignier/MICHELIN
p.31 : S. Sauvignier/MICHELIN
p.31 : S. Sauvignier/MICHELIN
p.32 : S. Sauvignier/MICHELIN
p.34 : S. Sauvignier/MICHELIN
p.35 : S. Sauvignier/MICHELIN
p.36 : M. Thiery/MICHELIN
p.37 : S. Sauvignier/MICHELIN
p.38 : S. Sauvignier/MICHELIN
p.38 : S. Sauvignier/MICHELIN
p.39 : M. Thiery/MICHELIN
p.40 : Alliance Pornic
p.41 : I. Labbé/MICHELIN
p.41 : D. Mar/MICHELIN
p.42 : S. Sauvignier/MICHELIN
p.43 : S. Sauvignier/MICHELIN
p.44 : D. Mar/MICHELIN
p.45 : D. Mar/MICHELIN
p.47 : S. Sauvignier/MICHELIN
p.48 : D. Mar/MICHELIN
p.50 : S. Sauvignier/MICHELIN
p.51 : B. Kaufmann
p.51 : M. Thiery/MICHELIN
p.51 : M. Thiery/MICHELIN
p.51 : S. Sauvignier/MICHELIN
p.52 : B. Kaufmann
p.52 : M. Thiery/MICHELIN
p.53 : M. Thiery/MICHELIN
p.53 : D. Mar/MICHELIN
p.53 : M. Thiery/MICHELIN
p.53 : B. Kaufmann
p.54 : M. Thiery/MICHELIN
p.54 : M. Thiery/MICHELIN
p.54 : D. Mar/MICHELIN
p.55 : M. Thiery/MICHELIN
p.55 : S. Sauvignier/MICHELIN
p.55 : M. Thiery/MICHELIN
p.55 : S. Sauvignier/MICHELIN
p.55 : D. Mar/MICHELIN
p.56 : S. Sauvignier/MICHELIN
p.56 : R. Corbel/MICHELIN
p.56 : R. Corbel/MICHELIN
p.57 : M. Thiery/MICHELIN
p.57 : R. Corbel/MICHELIN
p.57 : R. Corbel/MICHELIN
p.57 : R. Corbel/MICHELIN
p.57 : R. Corbel/MICHELIN
p.57 : R. Corbel/MICHELIN
p.57 : M. Thiery/MICHELIN
p.58 : S. Sauvignier/MICHELIN
p.59 : D. Mar/MICHELIN
p.59 : M. Thiery/MICHELIN
p.59 : M. Thiery/MICHELIN
p.59 : B. Kaufmann
p.60 : M. Thiery/MICHELIN
p.60 : M. Thiery/MICHELIN
p.61 : M. Thiery/MICHELIN
p.61 : D. Mar/MICHELIN
p.61 : M. Thiery/MICHELIN
p.61 : M. Thiery/MICHELIN
p.62 : D. Mar/MICHELIN
p.63 : D. Mar/MICHELIN
p.63 : D. Mar/MICHELIN
p.63 : D. Mar/MICHELIN
p.63 : D. Mar/MICHELIN
p.64 : J+M
p.65 : D. Mar/MICHELIN
p.65 : L.-D. Pignoux/STUDIO LUDO,
        Aubin Imprimeur
p.65 : Maison de Pierre Loti, Rochefort

p.66 : I. Labbé/MICHELIN
p.66 : CASTERMAN
p.67 : I. Labbé/MICHELIN
p.67 : M. Thiery/MICHELIN
p.69 : © Atelier Martron/HENNESSY
p.69 : A. Le Bot/DIAF
p.70 : © Atelier Martron/HENNESSY
p.70 : M. Thiery/MICHELIN
p.71 : © Atelier Martron/HENNESSY
p.71 : S. Sauvignier/MICHELIN
p.71 : S. Sauvignier/MICHELIN
p.71 : M. Thiery/MICHELIN
p.72 : M. Thiery/MICHELIN
p.72 : D. Mar/MICHELIN
p.72 : D. Mar/MICHELIN
p.73 : M. Thiery/MICHELIN
p.73 : M. Thiery/MICHELIN
p.73 : M. Thiery/MICHELIN
p.73 : M. Thiery/MICHELIN
p.73 : D. Mar/MICHELIN
p.73 : D. Mar/MICHELIN
p.73 : D. Mar/MICHELIN
p.73 : M. Thiery/MICHELIN
p.74 : S. Sauvignier/MICHELIN
p.75 : M. Thiery /MICHELIN
p.75 : D. Mar/MICHELIN
p.76 : GIRAUDON
p.77 : D. Mar/MICHELIN
p.78 : B. Kaufmann
p.78 : D. Mar/MICHELIN
p.78 : D. Mar/MICHELIN
p.79 : R. Corbel/MICHELIN
p.79 : M. Thiery /MICHELIN
p.80 : M. Thiery /MICHELIN
p.80 : M. Thiery /MICHELIN
p.81 : M. Thiery /MICHELIN
p.81 : M. Thiery /MICHELIN
p.82 : R. Corbel/MICHELIN
p.83 : R. Corbel/MICHELIN
p.84 : R. Corbel/MICHELIN
p.85 : R. Corbel/MICHELIN
p.86 : R. Corbel/MICHELIN
p.87 : R. Corbel/MICHELIN
p.89 : M. Thiery/MICHELIN
p.89 : M. Thiery/MICHELIN
p.90 : S. Sauvignier/MICHELIN
p.90 : M. Thiery/MICHELIN
p.91 : F. Le Diascorn/RAPHO
p.92 : S. Sauvignier/MICHELIN
p.92 : M. Thiery/MICHELIN
p.93 : D. Mar/MICHELIN
p.93 : D. Mar/MICHELIN
p.94 : Skertzò
p.95 : Skertzò
p.96 : M. Thiery/MICHELIN
p.97 : D. Mar/MICHELIN
p.98 : S. Sauvignier/MICHELIN
p.99 : M. Thiery/MICHELIN
p.100 : M. Thiery/MICHELIN
p.102 : I. Labbé/MICHELIN
p.103 : I. Labbé/MICHELIN
p.105 : M. Thiery/MICHELIN
p.105 : B. Kaufmann
p.106 : B. Kaufmann
p.106 : © Mairie d'Angoulême/
         G. Martron
p.107 : D. Mar/MICHELIN
p.108 : D. Mar/MICHELIN
p.109 : S. Sauvignier/MICHELIN
p.110 : D. Mar/MICHELIN
p.111 : D. Mar/MICHELIN
p.112 : J. Damase/MICHELIN
p.112 : M. Thiery/MICHELIN
p.113 : B. Kaufmann
p.114 : M. Thiery/MICHELIN
p.116 : S. Sauvignier/MICHELIN
p.117 : D. Mar/MICHELIN
p.118 : M. Thiery/MICHELIN
p.119 : M. Thiery/MICHELIN
p.120 : M. Thiery/MICHELIN
p.122 : S. Sauvignier/MICHELIN
p.122 : D. Mar/MICHELIN
p.123 : S. Sauvignier/MICHELIN
p.124 : M. Thiery/MICHELIN
p.125 : S. Sauvignier/MICHELIN
p.126 : M. Thiery/MICHELIN
p.130 : M. Thiery/MICHELIN

p.131 : M. Thiery/MICHELIN
p.131 : S. Sauvignier/MICHELIN
p.134 : M. Thiery/MICHELIN
p.136 : M. Thiery/MICHELIN
p.137 : M. Thiery/MICHELIN
p.138 : M. Thiery/MICHELIN
p.140 : M. Thiery/MICHELIN
p.140 : S. Sauvignier/MICHELIN
p.142 : M. Thiery/MICHELIN
p.143 : M. Thiery/MICHELIN
p.145 : M. Thiery/MICHELIN
p.147 : © Atelier Martron/HENNESSY
p.149 : Château de Cognac/OTARD
p.150 : M. Thiery/MICHELIN
p.151 : M. Thiery/MICHELIN
p.152 : B. Kaufmann
p.152 : M. Thiery/MICHELIN
p.155 : J.-D. Sudres/DIAF
p.156 : M. Thiery/MICHELIN
p.157 : M. Thiery/MICHELIN
p.158 : D. Mar/MICHELIN
p.158 : M. Thiery/MICHELIN
p.159 : M. Thiery/MICHELIN
p.160 : M. Thiery/MICHELIN
p.161 : M. Thiery/MICHELIN
p.162 : Château de Terre-Neuve
p.164 : S. Sauvignier/MICHELIN
p.165 : M. Thiery/MICHELIN
p.166 : S. Sauvignier/MICHELIN
p.167 : M. Thiery/MICHELIN
p.171 : S. Sauvignier/MICHELIN
p.172 : S. Sauvignier/MICHELIN
p.173 : M. Thiery/MICHELIN
p.174 : S. Tautereau/Pole touristique
         Haut Bocage Vendéen
p.175 : M. Thiery/MICHELIN
p.176 : M. Thiery/MICHELIN
p.177 : B. Kaufmann
p.179 : T. Orban/SYGMA
p.179 : M. Thiery/MICHELIN
p.180 : M. Thiery/MICHELIN
p.181 : D. Mar/MICHELIN
p.182 : M. Thiery/MICHELIN
p.183 : Abbaye St-Martin, Ligugé
p.185 : D. Mar/MICHELIN
p.185 : M. Thiery/MICHELIN
p.187 : D. Mar/MICHELIN
p.188 : M. Thiery/MICHELIN
p.189 : S. Sauvignier/MICHELIN
p.190 : M. Thiery/MICHELIN
p.191 : I. Labbé/MICHELIN
p.192 : S. Sauvignier/MICHELIN
p.192 : B. Kaufmann
p.194 : S. Sauvignier/MICHELIN
p.195 : S. Sauvignier/MICHELIN
p.195 : S. Sauvignier/MICHELIN
p.196 : S. Sauvignier/MICHELIN
p.196 : J. Sauvignier/MICHELIN
p.198 : S. Sauvignier/MICHELIN
p.198 : R. Corbel/MICHELIN
p.199 : B. Kaufmann
p.199 : M. Thiery/MICHELIN
p.200 : D. Mar/MICHELIN
p.202 : M. Dewinter/MICHELIN
p.202 : R. Corbel/MICHELIN
p.204 : D. Mar/MICHELIN
p.205 : S. Sauvignier/MICHELIN
p.205 : J. Damase/MICHELIN
p.206 : S. Sauvignier/MICHELIN
p.207 : D. Mar/MICHELIN
p.208 : D. Mar/MICHELIN
p.209 : D. Mar/MICHELIN
p.211 : J. Damase/MICHELIN
p.212 : S. Sauvignier/MICHELIN
p.212 : S. Sauvignier/MICHELIN
p.213 : S. Sauvignier/MICHELIN
p.214 : Phototype Inventaire
         général/© SPADEM
p.215 : S. Sauvignier/MICHELIN
p.216 : S. Sauvignier/MICHELIN
p.217 : S. Sauvignier/MICHELIN
p.218 : M. Thiery/MICHELIN
p.219 : M. Thiery/MICHELIN
p.221 : M. Thiery/MICHELIN
p.221 : M. Thiery/MICHELIN
p.223 : B. Kaufmann
p.223 : M. Thiery/MICHELIN

p.225 : B. Kaufmann
p.226 : M. Thiery/MICHELIN
p.227 : M. Thiery/MICHELIN
p.228 : D. Mar/MICHELIN
p.229 : D. Mar/MICHELIN
p.230 : D. Mar/MICHELIN
p.231 : S. Sauvignier/MICHELIN
p.232 : B. Renaud/Musée Jardins
       des Ruralies
p.233 : M. Thiery/MICHELIN
p.234 : S. Sauvignier/MICHELIN
p.235 : B. Kaufmann
p.236 : S. Sauvignier/MICHELIN
p.238 : B. Kaufmann
p.239 : M. Thiery/MICHELIN
p.240 : M. Thiery/MICHELIN
p.241 : S. Sauvignier/MICHELIN
p.242 : D. Mar/MICHELIN
p.243 : M. Thiery/MICHELIN
p.246 : M. Thiery/MICHELIN
p.246 : M.Thiery/MICHELIN
p.248 : M. Thiery/MICHELIN
p.248 : M. Thiery/MICHELIN
p.249 : M. Thiery/MICHELIN
p.250 : S. Sauvignier/MICHELIN
p.250 : S. Sauvignier/MICHELIN
p.252 : D. Mar/MICHELIN
p.253 : Musée G. Turpin, Parthenay
p.255 : S. Sauvignier/MICHELIN
p.256 : D. Mar/MICHELIN
p.258 : M. Thiery/MICHELIN
p.260 : Skertzò
p.260 : M. Thiery/MICHELIN
p.262 : M. Thiery/MICHELIN
p.264 : M. Thiery/MICHELIN
p.264 : M. Thiery/MICHELIN
p.264 : M. Thiery/MICHELIN
p.265 : Skertzò
p.266 : Ch. Vignaud/Musée de Poitiers
p.267 : Ch. Vignaud/Musée de Poitiers
p.268 : B. Kaufmann
p.270 : M. Thiery /MICHELIN
p.271 : M. Thiery/MICHELIN
p.272 : M. Thiery/MICHELIN
p.273 : S. Sauvignier/MICHELIN
p.275 : S. Sauvignier/MICHELIN
p.276 : S. Sauvignier/MICHELIN
p.276 : M. Thiery/MICHELIN
p.277 : M. Thiery/MICHELIN
p.277 : M. Thiery/MICHELIN
p.279 : M. Thiery/MICHELIN
p.281 : M. Thiery/MICHELIN

p.281 : S. Sauvignier/MICHELIN
p.281 : S. Sauvignier/MICHELIN
p.282 : M. Thiery/MICHELIN
p.283 : B. Kaufmann
p.284 : B. Kaufmann
p.285 : GIE/Le Puy du Fou
p.288 : GIE/Le Puy du Fou
p.289 : GIE/Le Puy du Fou
p.289 : S. Sauvignier/MICHELIN
p.290 : S. Sauvignier/MICHELIN
p.290 : D. Mar/MICHELIN
p.292 : M. Thiery/MICHELIN
p.293 : S. Sauvignier/MICHELIN
p.294 : M. Thiery/MICHELIN
p.294 : M. Thiery/MICHELIN
p.296 : S. Sauvignier/MICHELIN
p.296 : M. Thiery/MICHELIN
p.297 : M. Thiery/MICHELIN
p.298 : Ph. Sébert/© Domaine de la
       Roche-Courbon
p.298 : Maison de Pierre Loti, Rochefort
p.300 : M. Thiery/MICHELIN
p.301 : M. Thiery/MICHELIN
p.303 : Maison de Pierre Loti, Rochefort
p.304 : M. Thiery/MICHELIN
p.304 : M. Thiery/MICHELIN
p.306 : D. Mar/MICHELIN
p.307 : M. Thiery/MICHELIN
p.309 : S. Sauvignier/MICHELIN
p.310 : S. Sauvignier/MICHELIN
p.311 : B. Kaufmann
p.311 : M. Thiery/MICHELIN
p.312 : S. Sauvignier/MICHELIN
p.313 : I. Labbé/MICHELIN
p.313 : M. Thiery/MICHELIN
p.314 : R. Rozencwajg/DIAF
p.316 : M. Thiery/MICHELIN
p.316 : B. Kaufmann
p.317 : B. Kaufmann
p.319 : I. Labbé/MICHELIN
p.320 : S. Sauvignier/MICHELIN
p.321 : S. Sauvignier/MICHELIN
p.322 : D. Mar/MICHELIN
p.322 : S. Guittot/DIAF
p.323 : T. Compagnon/Musée Maritime
p.324 : S. Sauvignier/MICHELIN
p.324 : Aquarium de La Rochelle
p.326 : M. Thiery/MICHELIN
p.327 : B. Kaufmann
p.328 : M. Thiery/MICHELIN
p.329 : M. Thiery/MICHELIN
p.332 : S. Sauvignier/MICHELIN

p.333 : S. Sauvignier/MICHELIN
p.334 : Musée La Poche de Royan,
       Le Gua
p.336 : M. Thiery/MICHELIN
p.337 : B. Kaufmann
p.339 : M. Thiery/MICHELIN
p.340 : B. Kaufmann
p.341 : M. Thiery/MICHELIN
p.342 : S. Sauvignier/MICHELIN
p.343 : M. Thiery/MICHELIN
p.344 : B. Kaufmann
p.345 : M. Thiery/MICHELIN
p.346 : M. Thiery/MICHELIN
p.347 : Marco/PIX
p.348 : S. Sauvignier/MICHELIN
p.349 : M. Thiery/MICHELIN
p.351 : D. Mar/MICHELIN
p.352 : D. Mar/MICHELIN
p.352 : D. Mar/MICHELIN
p.354 : M. Thiery/MICHELIN
p.355 : M. Thiery/MICHELIN
p.355 : MICHELIN
p.355 : MICHELIN
p.358 : M. Thiery/MICHELIN
p.359 : M. Thiery/MICHELIN
p.360 : B. Kaufmann
p.361 : M. Thiery/MICHELIN
p.362 : M. Thiery/MICHELIN
p.363 : M. Thiery/MICHELIN
p.364 : I. Labbé/MIHCELIN
p.365 : I. Labbé/MICHELIN
p.366 : I. Labbé/MICHELIN
p.366 : B. Kaufmann
p.367 : D. Mar/MICHELIN
p.367 : M. Thiery/MICHELIN
p.369 : M. Thiery/MICHELIN
p.372 : M. Thiery/MICHELIN
p.373 : S. Sauvignier/MICHELIN
p.374 : M. Thiery/MICHELIN
p.375 : M. Thiery/MICHELIN
p.376 : M. Thiery/MICHELIN
p.378 : M. Thiery/MICHELIN
p.379 : B. Kaufmann
p.380 : M. Thiery /MICHELIN
p.381 : M. Thiery/MICHELIN
p.382 : M. Thiery/MICHELIN
p.383 : S. Sauvignier/MICHELIN
p.384 : S. Sauvignier/MICHELIN
p.385 : S. Sauvignier/MICHELIN
p.386 : M. Thiery/MICHELIN

Notes

La Fondation du Patrimoine

Par dizaines de millions, vous partez chaque année à la découverte de l'immense richesse du patrimoine bâti et naturel de la France. Vous visitez ces palais nationaux et ces sites classés que l'État protège et entretient. Mais vous admirez également ce patrimoine de proximité, ce trésor constitué de centaines de milliers de chapelles, fontaines, pigeonniers, moulins, granges, lavoirs ou ateliers anciens..., indissociables de nos paysages et qui font le charme de nos villages.

Ce patrimoine n'est pas protégé par l'État. Souvent abandonné, il se dégrade inexorablement. Chaque année, des milliers de témoignages de la vie économique, sociale et culturelle du monde rural, disparaissent à jamais.

La Fondation du Patrimoine, organisme privé à but non lucratif, reconnu d'utilité publique, a été créé en 1996. Sa mission est de recenser les édifices et les sites menacés, de participer à leur sauvegarde et de rassembler toutes les énergies en vue de leur restauration, leur mise en valeur et leur réintégration dans la vie quotidienne.

Les délégations régionales et départementales sont la clef de voûte de l'action de la Fondation sur le terrain. À partir des grands axes définis au niveau national, elles déterminent leur propre politique d'action, retiennent les projets et mobilisent les associations, les entreprises, les communes et tous les partenaires potentiels soucieux de patrimoine et d'environnement.

Rejoignez la Fondation du Patrimoine !

L'enthousiasme et la volonté d'entreprendre en commun sont à la base de l'action de la Fondation.

En devenant membre ou sympathisant de la Fondation, vous défendez l'avenir de votre patrimoine.

✄--

Bulletin d'adhésion

Nom et prénom :

Adresse :

Date :   Téléphone *(facultatif)* :

Membre actif *(don supérieur ou égal à 300F)*
Membre bienfaiteur *(don supérieur ou égal à 3 000F)*
Sympathisant *(don inférieur à 300F)*
Je souhaite que mon don soit affecté au département suivant :

Bulletin à renvoyer à :
Fondation du Patrimoine, Palais de Chaillot, 1 place du Trocadéro, 75116 Paris.
Merci de libeller votre chèque à l'ordre de la Fondation du Patrimoine.

Fondation du Patrimoine, Palais de Chaillot, 1 place du Trocadéro, 75116 Paris.
Téléphone : 01 53 70 05 70 – Télécopie : 01 53 70 69 79.

398

LE GUIDE VERT a changé, aidez-nous à toujours mieux répondre à vos attentes en complétant ce questionnaire.

Merci de renvoyer ce questionnaire à l'adresse suivante :
Michelin Éditions du Voyage / Questionnaire Marketing G. V.
46, avenue de Breteuil – 75324 Paris Cedex 07

1. Est-ce la première fois que vous achetez LE GUIDE VERT ? oui   non
Si oui, passez à la question n° 3. Si non, répondez à la question n° 2

2. Si vous connaissiez déjà LE GUIDE VERT, quelle est votre appréciation sur les changements apportés ?

	Nettement moins bien	Moins bien	Égal	Mieux	Beaucoup mieux
La couverture					
Les cartes du début du guide					
Les plus beaux sites					
Circuits de découverte					
Lieux de séjour					
La lisibilité des plans					
Villes, sites, monuments.					
Les adresses					
La clarté de la mise en pages					
Le style rédactionnel					
Les photos					
La rubrique Informations pratiques en début de guide					

3. Pensez-vous que LE GUIDE VERT propose un nombre suffisant d'adresses ?

HÔTELS :	Pas assez	Suffisamment	Trop
Toutes gammes confondues			
À bon compte			
Valeur sûre			
Une petite folie			
RESTAURANTS :	Pas assez	Suffisamment	Trop
Toutes gammes confondues			
À bon compte			
Valeur sûre			
Une petite folie			

4. Dans LE GUIDE VERT, le classement des villes et des sites par ordre alphabétique est, d'après vous une solution :

Très mauvaise	Mauvaise	Moyenne	Bonne	Très bonne

5. Que recherchez-vous prioritairement dans un guide de voyage ?
Classez les critères suivants par ordre d'importance (de 1 à 12).

6. Sur ces mêmes critères, pouvez-vous attribuer une note entre 1 et 10 à votre guide.

	5. Par ordre d'importance	6. Note entre 1 et 10
Les plans de ville		
Les cartes de régions ou de pays		
Les conseils d'itinéraire		
La description des villes et des sites		
La notation par étoile des sites		
Les informations historiques et culturelles		
Les anecdotes sur les sites		
Le format du guide		
Les adresses d'hôtels et de restaurants		
Les adresses de magasins, de bars, de discothèques...		
Les photos, les illustrations		
Autre (spécifier)		

7. La date de parution du guide est-elle importante pour vous ?   oui ☐   non ☐

8. Notez sur 20 votre guide :

9. Vos souhaits, vos suggestions d'amélioration :

Vous êtes :   Homme   Femme   Âge

Agriculteurs exploitants	Employés
Artisans, commerçants, chefs d'entreprise	Ouvriers
Cadres et professions libérales	Préretraités
Enseignants	Autres personnes sans activité professionnelle
Professions intermédiaires	

Nom et prénom :

Adresse :

Titre acheté :

Ces informations sont exclusivement destinées aux services internes de Michelin.
Elles peuvent être utilisées à toute fin d'étude, selon la loi informatique et liberté du 06/01/78.
Droits d'accès et de rectification garantis.